中国区域
金融稳定报告
（2023）

China Regional
Financial Stability Report
(2023)

中国人民银行上海总部金融稳定分析小组　编

中国金融出版社

责任编辑：王雪珂
责任校对：刘　明
责任印制：陈晓川

图书在版编目（CIP）数据

中国区域金融稳定报告.2023/中国人民银行上海总部金融稳定分析小组编.
—北京：中国金融出版社，2023.10
ISBN 978－7－5220－2192－8

Ⅰ.①中…　Ⅱ.①中…　Ⅲ.①区域金融—研究报告—中国—2023
Ⅳ.①F832.7

中国国家版本馆CIP数据核字（2023）第200846号

中国区域金融稳定报告.2023
ZHONGGUO QUYU JINRONG WENDING BAOGAO.2023
出版
发行　中国金融出版社
社址　北京市丰台区益泽路2号
市场开发部　（010)66024766，63805472，63439533（传真）
网上书店　www.cfph.cn
（010)66024766，63372837（传真）
读者服务部　（010)66070833，62568380
邮编　100071
经销　新华书店
印刷　河北松源印刷有限公司
尺寸　210毫米×285毫米
印张　29.75
字数　768千
版次　2023年10月第1版
印次　2023年10月第1次印刷
定价　198.00元
ISBN 978－7－5220－2192－8

《中国区域金融稳定报告（2023）》编写组

组　　长：孙　辉

总　　纂：饶庆文　杨　民　戴　俊　姚景超　王景富

统　　稿：张国文　郑振东　周正清　谢　霏　贾　喆

执　　笔：第一章　贾　喆　谢　霏

第二章　王建斌　曹　越　段金宝

第三章　居　姗　慈庆琪　罗晓蕾

第四章　李　斌　马　娟　宋　渊　石　实

第五章　刘　健　刘晓东

第六章　谢　霏　贾　喆

专　题　王大波　李　靓　安子靖　杨琳蕊　张　靖

戚元臻　郝雨时　吴　晗　丁　攀　李　凌

本报告涉及四个区域：东部地区10个省（直辖市），包括北京、天津、河北、上海、江苏、浙江、福建、山东、广东和海南；中部地区6个省，包括山西、安徽、江西、河南、湖北和湖南；西部地区12个省（自治区、直辖市），包括内蒙古、广西、重庆、四川、贵州、云南、西藏、陕西、甘肃、青海、宁夏和新疆；东北地区3个省，包括辽宁、吉林、黑龙江。

本报告不含港、澳、台地区。

目　录

中国各地区金融稳定报告摘要（2023）

第一章 概 述

2022年是党和国家历史上极为重要的一年。党的二十大胜利召开，描绘了全面建设社会主义现代化国家、以中国式现代化推进中华民族伟大复兴的宏伟蓝图。面对更趋复杂严峻的国际环境和艰巨繁重的国内改革发展稳定任务，各地区[①]在以习近平同志为核心的党中央坚强领导下，认真贯彻落实党中央、国务院决策部署，始终坚持稳中求进工作总基调，高效统筹疫情防控和经济社会发展，完整、准确、全面贯彻新发展理念，着力推动高质量发展，主动构建新发展格局，有效应对多重超预期因素冲击。总体来看，各地区国民经济顶住压力持续平稳发展，经济总量再上新台阶，就业物价总体平稳，高质量发展取得新成效，区域发展平衡性协调性持续增强，全面建设社会主义现代化国家新征程迈出了坚实步伐。各地区金融体系保持稳健运行，有力支持稳住宏观经济大盘，金融改革发展各项工作取得重大成果，金融稳定保障体系不断完善，重大金融风险得到精准有效处置，金融风险整体收敛、总体可控，牢牢守住了不发生系统性区域性金融风险的底线。

一、区域经济运行与金融稳定

2022年，各地区坚决落实疫情要防住、经济要稳住、发展要安全的要求，在复杂多变的环境中基本完成全年发展主要目标任务，经济展现出极强韧性，发展质量稳步提升，经济社会大局和谐稳定。

（一）各地区经济发展再上新台阶，区域均衡协调发展不断推进

2022年，各地区经济运行在合理区间，总体延续恢复态势。东部、中部、西部和东北地区生产总值分别达到62.20万亿元、26.65万亿元、25.70万亿元和5.79万亿元，同比分别增长2.59%、3.98%、3.27%和1.33%（见表1），中部、西部地区经济增速总体高于东部地区。在地区生产总值增速超过3.0%[②]的16个省份中，东部地区占4席、中部和西部地区各占6席（见图1）。其中，福建省和江西省的经济增速均为4.7%，并列全国第1位，湖南省和甘肃省增速均为4.5%，并列第3位，山西省增速为4.3%，列第5位。从各区域GDP占全国比重来看，中部、西部地区GDP占全国比重分别为22.15%和21.35%，较上年分别上升0.17个和0.28个百分点，中部崛起、西部大开发战略扎实推进成效显现；东部地区GDP占全国GDP比重为

① 指东部地区、中部地区、西部地区和东北地区。
② 2022年全国GDP增长率。

51.69%，较上年下降0.36个百分点；东北地区GDP占全国GDP比重小幅下降0.09个百分点，为4.81%。各地区总体呈现出区域平衡协调发展新格局，东西部经济社会发展差距逐步减小，各地区相互促进、优势互补、共同高质量发展的区域经济布局加速形成。

区域协调发展战略、区域重大战略深入实施，重要经济增长极增长带引领作用凸显。各地区通力合作、共同发展，统筹推进京津冀协同发展、长江经济带发展、长三角一体化发展、粤港澳大湾区建设、横琴粤澳深度合作区、前海深港现代服务业合作区、成渝双城经济圈、黄河流域生态保护和高质量发展等一系列国家区域重大战略，开创了区域协调发展新局面。2022年，京津冀地区生产总值10.03万亿元，较上年增长2.0%，占东部地区的比重达16.12%；长江经济带地区生产总值55.98万亿元，较上年增长3.0%；长江三角洲地区生产总值29.03万亿元，较上年增长2.5%；成渝双城经济圈生产总值7.76万亿元，较上年增长3.0%，占西部地区的比重达30.2%；粤港澳大湾区经济总量突破13万亿元，迈上新台阶。

表1　2022年各地区生产总值及增长率　　单位：亿元、%

地区 地区生产总值	东部地区		中部地区		西部地区		东北地区	
	2022年	2021年	2022年	2021年	2022年	2021年	2022年	2021年
规模	622017.81	592201.89	266512.63	250132.54	256985.58	239710.28	57946.34	55698.82
全国占比	51.69	52.05	22.15	21.98	21.35	21.07	4.81	4.90
增长率	2.59	8.16	3.98	8.72	3.27	7.44	1.33	6.07

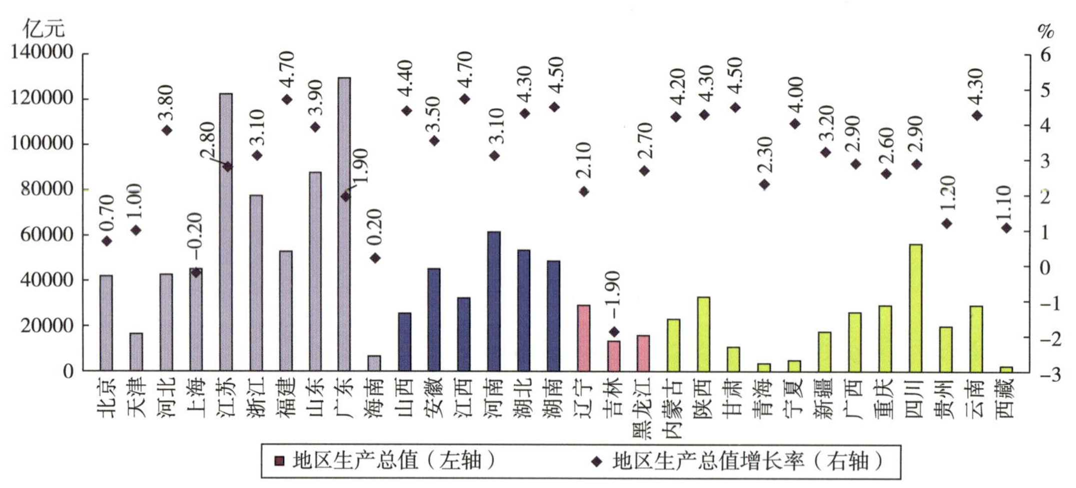

图1　2022年各省（自治区、直辖市）生产总值及其增长率

（二）各地区农业、工业生产持续发展，现代服务业较快增长

2022年，东部、中部、西部和东北地区第一产业增加值分别为2.83万亿元、2.27万亿元、2.93万亿元和0.79万亿元，同比分别增长3.94%、4.13%、4.57%和2.87%，增速较上年分别下降1.62个、4.19个、2.85个和1.89个百分点。各地区第一产业增加值占GDP比重分别为4.55%、8.52%、11.42%和13.63%，东部和东北地区较上年分别上升0.06个和0.20个百分点，中部和西部地区较上年分别下降0.11个和0.03个百分点。农业基础地位进一步夯实。各地

区全年粮食产量再创历史新高，共生产6.87万吨，较上年增产0.5%，连续8年稳定在6.5万吨以上；猪牛羊禽肉类总产量0.92万吨，较上年增产3.8%。

2022年，东部、中部、西部和东北地区第二产业增加值分别为24.45万亿元、11.27万亿元、10.26万亿元和2.10万亿元，同比分别增长2.83%、5.49%、4.57%和-1.03%，增速较上年分别下降6.12个、2.58个、2.18个和6.79个百分点，中部、西部地区增速降幅总体小于东部、东北地区。各地区第二产业占GDP比重分别为39.30%、42.28%、39.93%和36.30%，较上年分别上升0.23个、0.93个、1.31个和1.07个百分点。工业经济“压舱石”作用显著。全年规模以上工业中，电气机械和器材制造业增长11.9%，计算机通信和其他电子设备制造业增长7.6%，汽车制造业增长6.3%。

东部、中部、西部和东北地区全年实现第三产业增加值分别为34.92万亿元、13.11万亿元、12.50万亿元和2.90万亿元，同比分别增长2.27%、2.77%、2.09%和2.39%，增速分别下降5.49个、6.49个、5.80个和4.55个百分点。各地区第三产业占GDP比重略有下降，分别为56.14%、49.20%、48.66%和50.08%，较上年分别小幅下降0.29个、0.82个、1.28个和1.27个百分点（见图2）。信息传输、软件和信息技术服务业、金融业、租赁和商务服务业增加值分别增长9.1%、5.6%、3.4%，现代服务业成为推动第三产业持续恢复的主要拉动力。

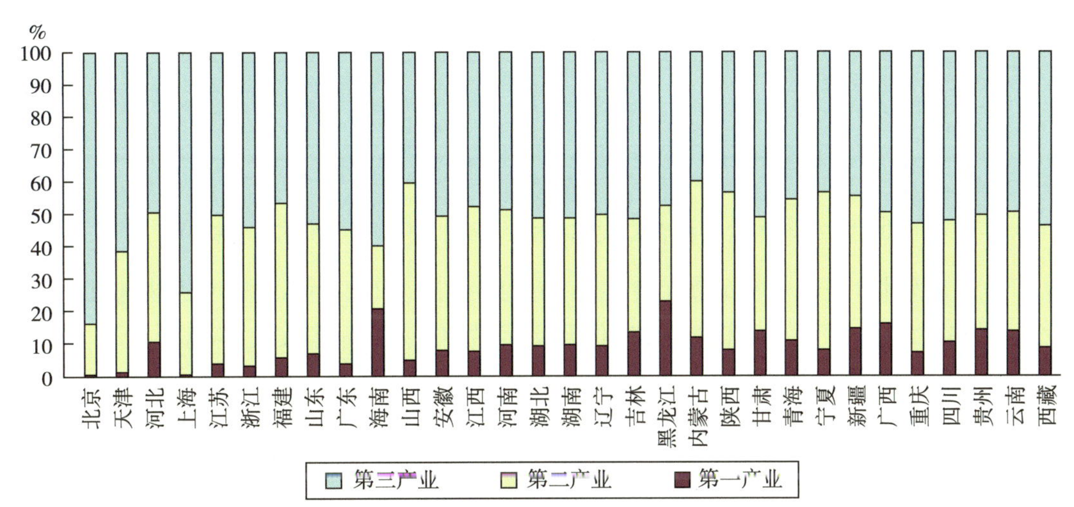

图2　2022年各省（自治区、直辖市）三次产业结构

（三）各地区投资平稳增长，消费基本稳定，进出口增势良好

各地区固定资产投资增长平稳，有力推动扩投资政策效果显现。2022年，各地区全社会固定资产投资57.96万亿元，同比增长4.9%，增速与上年持平。其中，固定资产投资（不含农户，下同）57.21万亿元，同比增长5.1%，增速较上年上升0.2个百分点。分地区看，东部、中部、西部和东北地区固定资产投资同比分别增长3.6%、8.9%、4.7%和1.2%，其中，东部、中部和东北地区增速较上年分别下降2.8个、1.3个和4.5个百分点，西部地区增速较上年上升0.8个百分点。分产业看，三次产业固定资产投资分别为1.43万亿元、18.40万亿元和37.38万亿元，较上年分别增长0.2%、10.3%和3.0%。其中，基础设施投资增长9.4%，增速较上年大

幅上升 8.9 个百分点；制造业投资增长 9.1%，共同带动投资同比多增。

各地区市场消费规模保持基本稳定。2022 年，各地区社会消费品零售总额达 43.97 万亿元，同比微降 0.2%。基本生活消费稳定增长，限额以上单位粮油食品类、饮料类商品消费较上年分别增长 8.7%、5.3%。新业态新模式持续发展，网上零售增长较快，全年实物商品网上零售额 11.96 万亿元，增长 6.2%，占社会消费品零售总额的比重为 27.2%，较上年扩大 2.7 个百分点。分地区看，东部、中部、西部和东北地区社会消费品零售总额分别为 22.22 万亿元、10.76 万亿元、9.14 万亿元和 1.85 万亿元，同比分别增长 -0.32%、1.50%、-1.02% 和 -5.10%，较上年分别下降 11.94 个、13.43 个、13.71 个和 14.56 个百分点（见图 3）。

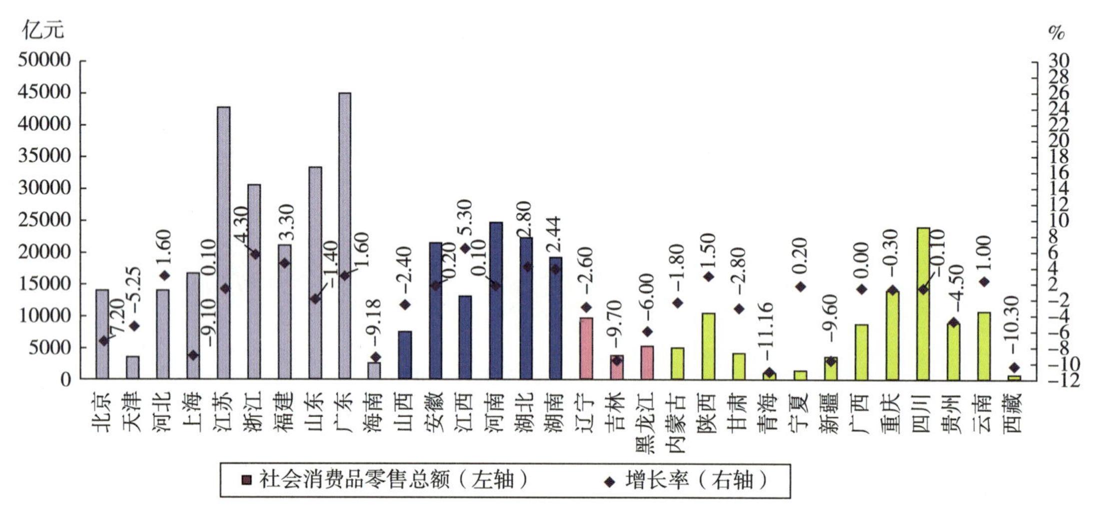

图 3　2022 年各省（自治区、直辖市）社会消费品零售总额及其增长率

各地区进出口较快增长，外贸稳规模优结构持续推进。2022 年，全年货物进出口总额达到 42.1 万亿元，同比增长 7.7%，首次突破 40 万亿元大关，在高基数上实现新突破。分地区看，东部、中部、西部和东北地区进出口总额分别为 49146.34 亿美元、5552.30 亿美元、5734.88 亿美元和 1816.13 亿美元，同比分别增长 2.92%、10.08%、6.55% 和 5.16%。其中，各地区进口总额分别为 24923.66 亿美元、2273.94 亿美元、2272.81 亿美元和 1122.03 亿美元，同比分别增长 2.32%、6.71%、0.54% 和 2.69%；各地区出口总额分别为 24222.69 亿美元、3277.81 亿美元、3462.07 亿美元和 694.20 亿美元，同比分别增长 3.56%、11.92%、10.92% 和 9.43%（见图 4）。贸易结构持续优化。一般贸易进出口增长 11.5%，占进出口总额的比重为 63.7%，较上年提高 2.2 个百分点；民营企业进出口增长 12.9%，占进出口总额的比重为 50.9%，较上年提高 2.3 个百分点。

各地区不断加大吸引和利用外资力度，持续夯实我国全球投资热土地位。各地区全年实际使用外商直接投资金额达 12327 亿元，较上年增长 6.3%，再创历史新高。其中，高技术产业实际使用外资 4449 亿元，较上年增长 28.3%，较上年提高 7.1 个百分点，占全部使用外资比重为 36.1%。分地区看，东部、中部、西部和东北地区实际使用外商直接投资金额分别约折 1567.43 亿美元、129.01 亿美元、103.40 亿美元和 70.46 亿美元。

高质量共建“一带一路”成效显现，高水平对外开放蹄疾步稳。2022 年，我国对“一带一路”沿线国家和地区进出口额创历史新高，达13.8万亿元，增长19.4%。对“一带一路”沿线国家和地区非金融类直接投资0.79万亿元，增长7.2%。全年中欧班列东部、中部和西部三条通道累计开行1.6万列，增长9.0%；西部地区陆海新通道班列累计发送货物75.6万标箱，增长18.5%。

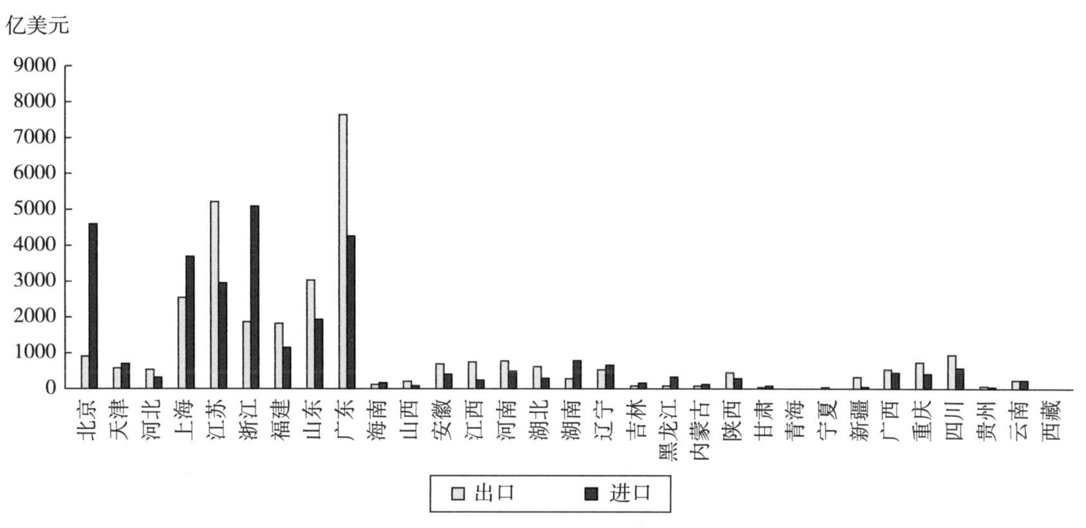

图4 2022年各省（自治区、直辖市）进出口情况

（四）各地区消费价格指数涨势温和，工业生产者出厂价格指数涨幅明显回落

各地区加大重点民生商品产运销衔接，持续做好稳产保供，有效保障了物价形势总体平稳。2022年，消费价格指数（CPI）同比上涨2.0%，较上年上升1.1个百分点，总体呈温和上涨态势，且明显低于英欧美等发达经济体涨幅。分地区看，东部、中部、西部和东北地区CPI分别平均上涨1.98%、1.92%、1.92%和2.00%，中位数分别为1.9%、2.0%、1.9%和2.0%，各地区CPI涨幅未呈现出明显区域性差异。分省份看，上海市、青海省和宁夏回族自治区CPI涨幅居全国前3位，分别上涨2.5%、2.4%和2.3%；海南省、贵州省和云南省并列上涨1.5%，涨幅居全国后3位。

受国际大宗商品价格冲高回落、需求整体偏弱和上年基数较高等因素影响，工业生产者出厂价格指数（PPI）呈持续下滑走势。2022年，PPI同比上涨4.1%，涨幅较上年下降4.0个百分点。分月看，PPI逐月整体呈震荡下行走势，其中10月至12月PPI同比分别下跌1.3%、1.3%和0.7%，进入负值区间。分地区看，东部、中部、西部和东北地区PPI分别平均上涨4.65%、4.75%、7.10%和6.90%，中位数分别为3.10%、3.45%、6.50%和7.90%，西部和东北地区涨幅整体高于东部和中部地区。分省份看，海南、新疆、青海、山西和宁夏5省区的PPI涨幅居全国前5位，同比分别上涨15.0%、12.3%、12.2%、11.4%和11.1%。

（五）各地区财政逆势发力加大纾困支持力度，居民收入增长与经济增长基本同步

各地区财政收入保持平稳。2022年，全国一般公共预算收入20.37万亿元，同比增长0.6%，其中税收收入16.66万亿元，同比下降3.5%。财政持续加大纾困支持力度，全年新增

减税降费及退税缓税缓费超过4.2万亿元，其中新增减税降费超过1万亿元，办理缓税缓费超过0.75万亿元。分地区看，东部、中部、西部和东北地区全年分别实现地方一般公共预算收入6.32万亿元、2.06万亿元、2.24万亿元和0.47万亿元，各地区增速有所分化，中部和西部地区名义增长同比分别为7.11%和6.08%，东部和东北地区名义下降同比分别为2.71%和10.44%（见图5）。财政支出较快增长。2022年，全国一般公共预算支出26.06万亿元，同比增长6.1%，较上年上升5.8个百分点。从支出结构上看，卫生健康支出、社会保障和就业支出增长较快，同比分别增长17.8%和8.1%。分地区看，东部、中部、西部和东北地区全年分别实现地方一般公共预算支出9.22万亿元、4.95万亿元、6.40万亿元和1.57万亿元，名义增长同比分别为3.48%、9.28%、6.89%和7.29%。

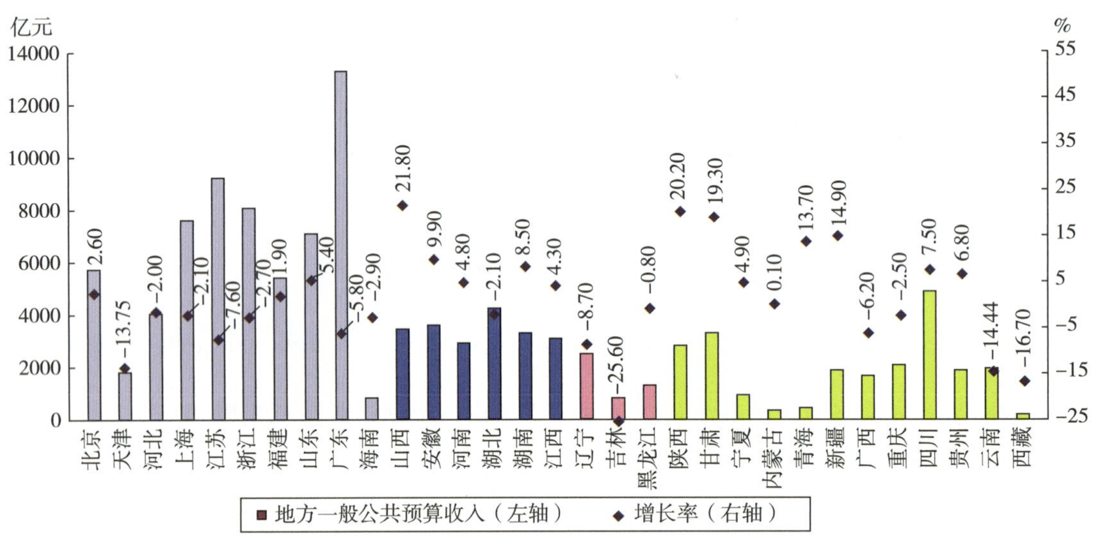

图5　2022年各省（自治区、直辖市）地方一般公共预算收入及其增长率

各地区居民收入增长合理，民生福祉持续增进。2022年，全国居民人均可支配收入36883元，较上年名义增长5.0%，扣除价格因素，实际增长2.9%，与GDP增速基本同步。按常住地分，城镇居民人均可支配收入49283元，实际增长1.9%；农村居民人均可支配收入20133元，实际增长4.2%，农村居民收入增长快于城镇。城乡居民收入相对差距持续缩小，2022年城乡居民人均收入倍差为2.45，较上年缩小0.05。分区域看，东部、中部、西部和东北地区平均居民人均可支配收入分别为50573元、31546元、28868元和30803元，较上年分别实际增长4.5%、6.0%、5.3%和2.9%，中部和西部地区增速分别快于全国居民收入增速1.0个和0.3个百分点。东部与西部地区居民人均可支配收入之比由上年的1.62缩小至1.61，中部、西部地区与其他地区居民收入相对差距进一步缩小。分省份看，上海市、北京市和浙江省的居民人均可支配收入稳居全国前3位，分别为79610元、77415元和60302元。除上述3省市外，江苏（49862元）、天津（48976元）、广东（47065元）、福建（43118元）、山东（37560元）5个省市居民人均可支配收入跑赢全国平均水平。上述8省市均位于东部地区，但从增速看，中部和西部地区省份增长较快。其中，西藏以6.9%的名义增速居全国首位，湖北、湖南、山西、贵州、宁夏等中西部省份增速也位居全国前列，分别达到6.8%、6.4%、6.4%、6.3%、6.1%（见图6）。

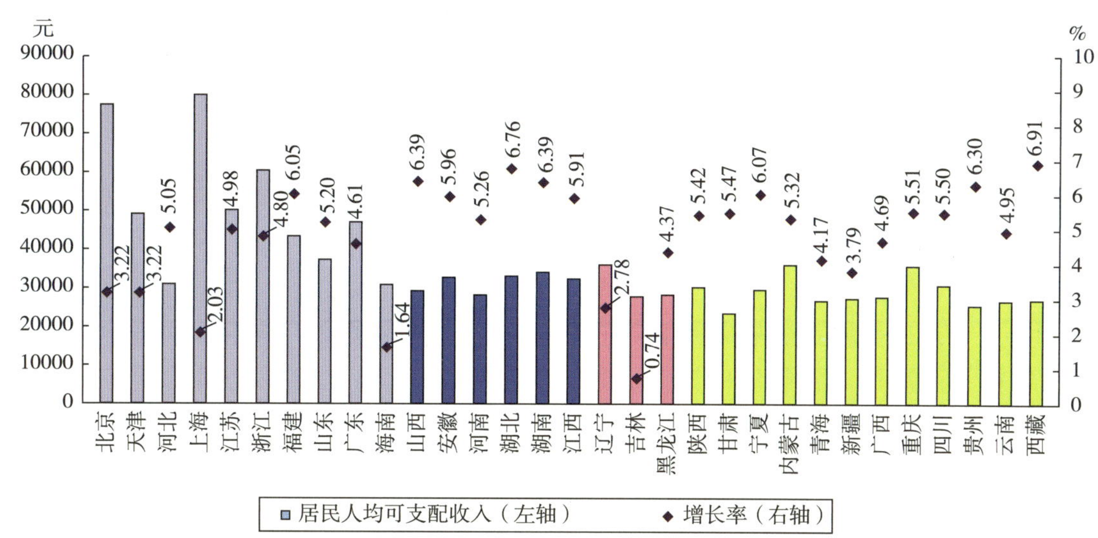

图6 2022 年各省（自治区、直辖市）居民人均可支配收入及其增长率

（六）各地区房地产开发投资意愿转弱，商品房销售面积、销售额双降

2022 年，全国房地产开发投资 13.29 万亿元，较上年下降 10.0%，增速同比大幅下降 14.4 个百分点。分地区看，东部、中部、西部和东北地区房地产开发投资分别为 7.25 万亿元、2.89 万亿元、2.75 万亿元和 0.40 万亿元，较上年分别下降 6.7%、7.2%、17.6% 和 25.5%，东部、中部地区房地产开发投资相对西部、东北地区整体降幅较少。其中，住宅开发投资分别为 5.31 万亿元、2.35 万亿元、2.09 万亿元和 0.32 万亿元，较上年分别下降 6.3%、7.1%、16.9% 和 22.5%，占房地产开发投资的比重分别为 73.22%、81.10%、76.09% 和 80.07%。

2022 年，全国商品房销售面积 13.58 亿平方米，同比下降 24.3%，增速较上年大幅下降 26.2 个百分点，其中住宅销售面积下降 26.8%。分地区看，东部、中部、西部和东北地区商品房销售面积分别为 5.64 亿平方米、4.08 亿平方米、3.46 亿平方米和 0.41 亿平方米，同比分别下降 23.0%、21.3%、27.7% 和 37.9%。全国商品房销售额 13.33 万亿元，同比下降 26.7%，增速较上年大幅下降 31.5 个百分点。分地区看，东部、中部、西部和东北地区商品房销售额分别为 7.74 万亿元、2.84 万亿元、2.45 万亿元和 0.31 万亿元，同比分别下降 25.1%、25.7%、30.6% 和 40.9%，增速分别下降 33.1 个、32.1 个、27.8 个和 30.6 个百分点，西部和东北地区降幅进一步扩大。各地区年末商品房待售面积 5.64 亿平方米，比上年增长 10.5%，增加 0.53 亿平方米，其中住宅待售面积增长 18.4%。

（七）发展新动能继续成长，高质量发展不断推进

2022 年，各地区坚定实施创新驱动发展战略，大力激发创新活力，重大科技成果不断涌现，发展新动能不断成长。全年规模以上高技术制造业增加值增长 7.4%，增速比规模以上工业快 3.8 个百分点，高技术产业投资增长 18.9%；新能源汽车、太阳能电池、工业机器人产品产量分别增长 90.5%、46.8%、21.0%。国家战略科技实力加快壮大，国家实验室体系建设扎实推进，

国际、区域科创中心加快建设。“嫦娥”探月、“天问”探火，中国空间站全面建成，首架 C919 大飞机交付，航母福建舰下水等重大科技成果相继问世。科创投入和产出持续增加。各地区研究与试验发展经费（R&D）达 3.1 万亿元，首次突破 3 万亿元，较上年增长 10.4%，连续 7 年保持两位数增长，发明专利有效量达 421.2 万件，居世界第 1 位。

二、区域金融业与金融稳定

2022 年，各地区金融系统坚决贯彻党中央、国务院决策部署，坚持实施稳健货币政策，重点做好稳增长、稳就业、稳物价工作，有效支持稳住宏观经济大盘，统筹金融支持实体经济与风险防范，保持金融体系总体运行稳定，守牢区域性系统性风险底线，稳妥有序推进中国式金融现代化。

（一）银行业

2022 年，各地区银行业保持稳健运行，资产负债水平稳步提高，存贷款规模适度增长，融资成本不断下降，风险抵补能力不断增强，重点领域和薄弱环节金融支持力度持续加大，为促进各地区经济运行保持在合理区间提供了适宜的金融环境。

1. 各地区银行业资产负债规模稳步增长，盈利能力边际有所下降

截至 2022 年末，东部、中部、西部和东北地区法人银行机构家数分别为 1567 家、1121 家、1378 家和 391 家，占全国的比重分别为 35.16%、25.15%、30.92% 和 8.77%。银行业金融机构总资产 379.39 万亿元，总负债 348.00 万亿元，同比分别增长 10.0% 和 10.4%，增速较上年分别上升 2.2 个和 2.8 个百分点。各地区银行业总资产同比分别增长 10.73%、10.46%、9.15% 和 6.43%，占全国的比重分别为 59.63%、16.38%、18.14% 和 5.85%（见图 7）；总负债同比分别增长 10.76%、11.10%、9.53% 和 7.00%，占全国的比重分别为 59.38%、16.51%、18.20% 和 5.92%。银行业金融机构全年实现账面利润 2.49 万亿元，较上年增长 0.11%，增速下降 0.63

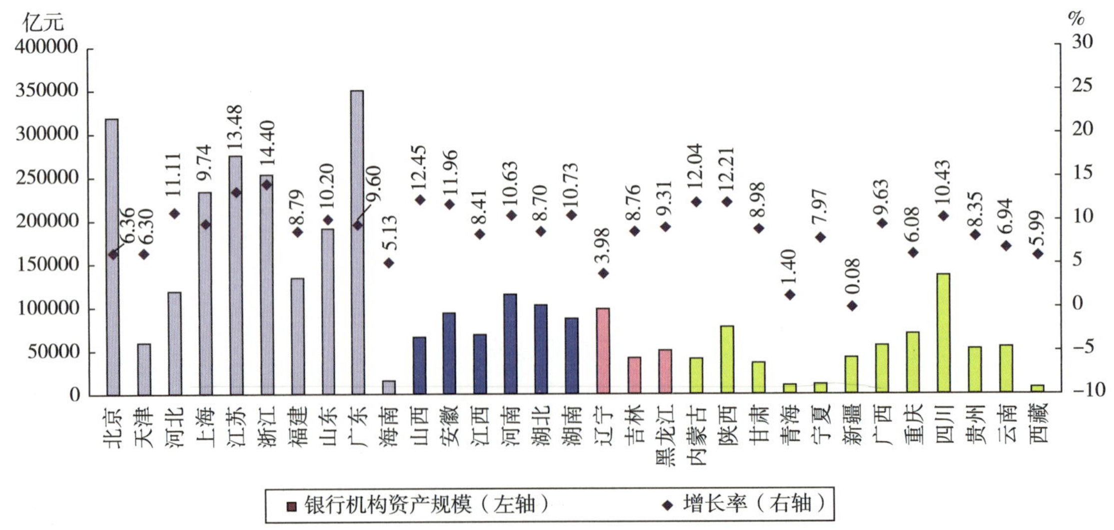

图 7　2022 年各省（自治区、直辖市）银行业金融机构资产规模及其增长率

个百分点。各地区分别为 1.72 万亿元、0.42 万亿元、0.37 万亿元和 -0.02 万亿元，其中东部和中部地区较上年分别增长 1.93% 和 2.78%，西部地区较上年下降 13.27%，东北地区少亏 0.02 万亿元（见图 8）。

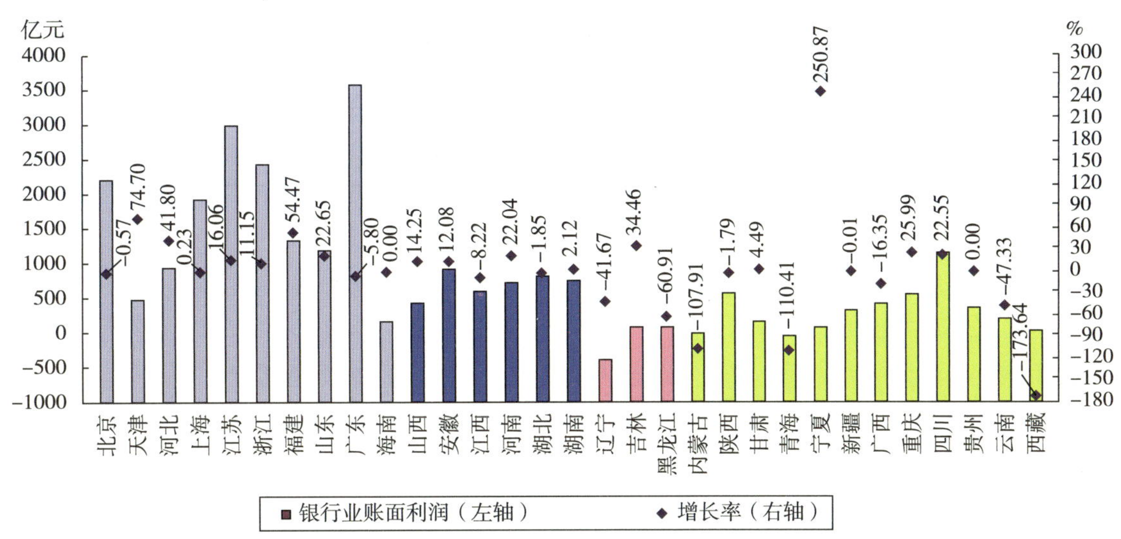

图 8　2022 年各省（自治区、直辖市）银行业账面利润及其增长率

2. 各地区银行业存贷款稳健增长，贷款利率处于历史低位

各地区存款增加较多，居民储蓄意愿增强。截至 2022 年末，各地区银行业金融机构本外币各项存款余额 264.4 万亿元，同比增长 10.8%，增速较上年提高 1.5 个百分点。分地区看，东部、中部、西部和东北地区银行业金融机构本外币各项存款余额同比分别增长 11.68%、12.75%、11.78% 和 9.69%，增速较上年分别扩大 3.10 个、4.51 个、4.90 个和 4.12 个百分点（见图 9）。分部门看，住户部门存款增长较快，为拉动存款规模增长的主要因素。全年住户部门存款新增 17.84 万亿元，同比多增 7.94 万亿元，增速 17.4%，较上年增加 6.7 个百分点；非金融企业存款全年新增 5.09 万亿元，增速 7.2%。各地区存贷比分别为 82.27%、89.03%、

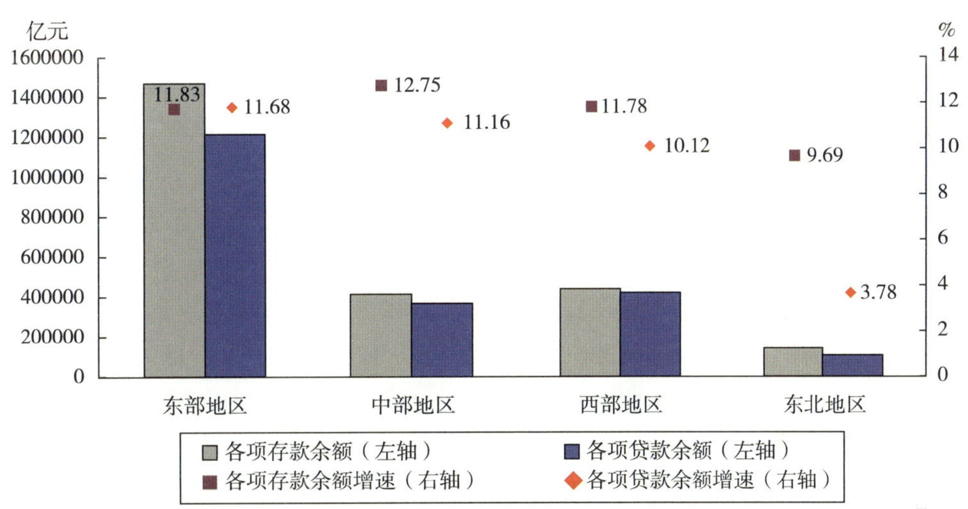

图 9　2022 年各地区银行业金融机构存贷款余额及其增长率

95.93%和72.17%，中部、西部和东北地区较上年末分别下降1.28个、1.44个和4.11个百分点，东部地区较上年末提高0.11个百分点。

各地区贷款较快增长，有效稳固对实体经济的金融支持力度。截至2022年末，各地区金融机构本外币各项贷款余额219.1万亿元，同比增长10.4%，同比多增4969亿元。分地区看，东部、中部、西部和东北地区金融机构本外币各项贷款余额同比分别增长11.83%、11.16%、10.12%和3.78%，增速较上年末分别放缓0.78个、0.74个、1.46个和0.94个百分点。分部门看，住户部门贷款增速继续放缓，2022年末为5.4%，较上年末降低7.1个百分点，较2020年末降低8.8个百分点。企（事）业单位贷款全年新增13.75万亿元，同比多增0.51万亿元，增速14.2%，较上年增加1.7个百分点。

中长期贷款增长强劲，信贷期限结构不断优化。2022年末，各地区中长期贷款余额同比增长12.86%，较年初新增16.20万亿元，为支持实体经济企稳回暖提供可持续助力。其中，制造业中长期贷款余额同比增长36.7%，比各项贷款增速大幅高出25.6个百分点，推动工业企业整体向好。分地区看，东部、中部、西部和东北地区中长期贷款余额分别为78.73万亿元、25.73万亿元、31.29万亿元和6.47万亿元，同比分别增长15.37%、11.27%、10.47%和2.16%（见表2）。各地区中长期贷款占全部贷款的比重分别为65.01%、69.43%、74.26%和61.04%，较上年末分别变动2.00个、0.07个、0.24个和-0.97个百分点。

表2　2022年各地区银行业金融机构中长期贷款情况　单位：亿元、%

地区 / 中长期贷款	东部地区		中部地区		西部地区		东北地区	
	2022年	2021年	2022年	2021年	2022年	2021年	2022年	2021年
余额	787354.02	682441.25	257259.60	231196.48	312902.90	283241.22	64711.49	63344.54
增长率	15.37	9.47	11.27	12.86	10.47	16.00	2.16	7.33

利率市场化改革不断深化，实际贷款利率明显下降。2022年12月末，1年期和5年期以上贷款市场报价利率（LPR）分别为3.65%和4.30%，较上年同期分别下降0.15个和0.35个百分点。贷款加权平均利率4.14%，同比下降0.62个百分点，再创有统计以来新低。

3. 各地区银行业风险基本可控，风险抵补能力高位不断夯实

截至2022年末，各地区商业银行不良贷款余额2.98万亿元，同比增长4.56%，增速较上年下降0.82个百分点；不良贷款率1.63%，比上年末下降0.10个百分点。分地区看，东部、中部、西部和东北地区银行业不良贷款余额同比分别增长4.04%、-1.01%、0.47%和9.93%；不良贷款率分别为1.10%、1.80%、1.70%和4.53%，其中东部、中部和西部地区较上年分别下降0.08个、0.22个和0.16个百分点，东北地区上升0.25个百分点。中部地区不良贷款余额、不良贷款率实现双降，东北地区出现双升。从关注类贷款看，各地区关注类贷款余额分别较上年增长5.59%、12.97%、8.43%和0.22%，明显低于各项贷款增速，且关注类贷款比例整体较上年有所下降，东部、西部和东北地区关注类贷款比例较上年末分别下降0.11个、0.05个和0.27个百分点，中部地区小幅上升0.04个百分点，贷款质量下迁压力总体趋缓。从主要监管指标看，截至2022年末，全国商业银行核心一级资本充足率、一级资本充足率和资本充足率分别为10.74%、12.30%和15.17%，各级资本充足率较上年均有所改善、稳中有升，分别较上年末

提高 0. 11 个、0. 39 个和 0. 66 个百分点；拨备覆盖率 205. 85%，较上年大幅提高 18. 71 个百分点，银行机构风险抵补能力进一步增强。

4. 各地区持续加大重点领域和薄弱环节金融支持力度，助力稳住经济大盘

各地区有关部门坚决把支持经济恢复摆在优先位置，引导金融机构加大对普惠、科创、绿色发展等重点领域的金融资源倾斜力度，精准惠及受困群体，支持薄弱环节加快补短板，金融服务实体经济质效显著提升。一是持续提升普惠小微企业金融服务水平。2022 年末，普惠小微企业贷款余额 59. 7 万亿元，其中单户授信总额 1000 万元以下的贷款余额 23. 6 万亿元，同比增长 23. 6%。普惠小微授信户数 5652 万户，同比增长 26. 8%。各地区人民银行继续运用普惠小微贷款支持工具，持续支持小微企业发展，截至 2022 年末，累计提供激励资金 274. 6 亿元，支持地方法人金融机构增加普惠小微贷款 1. 61 万亿元，支小再贷款余额 1. 42 万亿元。二是科创领域信贷支持力度显著提高。2022 年末，科技型中小企业和“专精特新”企业贷款余额同比分别增长 24. 3% 和 24. 0%，分别比各项贷款增速高 13. 2 个和 12. 9 个百分点。三是绿色贷款保持高速增长。2022 年末，本外币绿色贷款余额 22. 03 万亿元，同比增长 38. 5%，较上年末提高 5. 5 个百分点，大幅高于各项贷款增速 28. 1 个百分点。四是对乡村振兴领域的金融支持力度不断加大。2022 年末，本外币涉农贷款余额 49. 25 万亿元，同比增长 14. 0%，增速较上年末提高 3. 1 个百分点；农户贷款余额 14. 98 万亿元，同比增长 11. 2%；全国支农再贷款余额 0. 60 万亿元，同比增长 20. 9%。五是金融助力巩固拓展脱贫攻坚成果同乡村振兴有效衔接取得积极成效。各地区继续加大改善脱贫地区发展内生动力金融支持力度，2022 年末，脱贫地区各项贷款余额 10. 7 万亿元，同比增加 1. 38 万亿元。全年脱贫人口小额信贷共支持脱贫户和防止返贫监测对象 433. 3 万户，累计发放 933. 5 亿元，同比增长 24. 0%，守住了不发生规模性返贫底线。

（二）证券期货业

2022 年，证券期货业运行整体平稳，IPO 募资额再创历史新高，各类经营机构规模稳健发展，资本实力稳中有进，风险抵御能力不断夯实，多层次资本市场服务功能进一步提升，发挥专业优势助力稳定宏观经济大盘。

1. 直接融资比重有所下降，IPO 募资额再创新高，债券发行规模保持平稳

2022 年，各地区新增直接融资规模 3. 23 万亿元，较上年减少 1. 27 万亿元，同比下降 28. 22%。其中，非金融企业境内股票融资新增 1. 18 万亿元，企业债券新增 2. 05 万亿元，同比分别下降 2. 48% 和 37. 69%。从占比来看，2022 年新增直接融资规模占新增社会融资规模的比例为 10. 08%，较上年下降 5. 87 个百分点。

股票市场融资方面，2022 年沪、深交易所 A 股累计筹资 15109 亿元，较上年减少 1634 亿元。IPO 募资额再创新高，全年首次公开发行 A 股 341 只，筹资 5704 亿元，较上年增加 353 亿元。其中，在科创板首发上市 123 家，融资 2520 亿元，较上年增加 491 亿元；在创业板首发上市 148 家，融资 1796 亿元，较上年增加 321 亿元；北交所公开发行股票 83 只，筹资 164 亿元，分别较上年增加 72 家和 142 亿元，市场规模迅速扩容。A 股再融资① 9405 亿元，较上年减少

① 包括公开增发、定向增发、配股、优先股、可转债转股等。

1986 亿元。分地区看，东部、中部、西部和东北地区 IPO 实际募资额[①]分别为 4552.90 亿元、635.42 亿元、414.54 亿元和 153.15 亿元，IPO 家数分别为 322 家、49 家、43 家和 10 家。分省份看，全年股票市场融资额排名前 5 位分别为广东省、江苏省、北京市[②]、上海市和浙江省，分别实际募资 851.12 亿元、794.69 亿元、559.06 亿元、521.61 亿元和 500.49 亿元。广东省、江苏省、浙江省、北京市和上海市的 IPO 企业数量位居前 5 名，分别达 78 家、70 家、55 家、39 家和 36 家；海南省、宁夏回族自治区和青海省全年无企业 IPO。其中，科创板 IPO 企业分布在 18 个省份，IPO 家数排名前 5 位分别为江苏省（25 家）、上海市（19 家）、广东省（18 家）、北京市（17 家）和浙江省（11 家）。

债券市场融资方面，2022 年累计发行各类债券 61.9 万亿元，同比基本持平。其中，银行间债券市场发行 56.0 万亿元，同比增长 5.4%，占发行总量的 90.5%；交易所市场发行 5.8 万亿元，同比减少 33.3%，占比 9.5%。各类债券托管余额 144.8 万亿元，同比增长 8.46%。分地区看，东部、中部、西部和东北地区企业债券融资增量分别为 13732 亿元、4941 亿元、2226 亿元和 –434 亿元。分省份看，江苏省、浙江省、山东省、广东省和四川省企业债券增量居全国前 5 位，分别为 3881 亿元、3507 亿元、2543 亿元、1862 亿元和 1598 亿元。

2. 证券公司资产规模稳步扩张，经营成效短期承压，风险抵御能力维持高位

截至 2022 年末，各地区共有法人证券公司 140 家，东部、中部、西部和东北地区分别为 101 家、12 家、21 家和 6 家。证券公司资产和负债规模整体保持增长。截至 2022 年末，各地区法人证券公司资产总额和负债总额分别为 11.00 万亿元和 8.19 万亿元，较上年分别增长 4.67% 和 3.48%。东部、中部、西部和东北地区证券公司资产总额分别为 92088.85 亿元、8286.40 亿元、8500.93 亿元和 1137.48 亿元，同比分别增长 4.64%、3.54%、7.05% 和 –1.83%；负债总额分别为 69767.40 亿元、5801.11 亿元、5591.67 亿元和 788.90 亿元，同比分别增长 3.75%、–0.53%、6.78% 和 –10.24%（见图 10）。

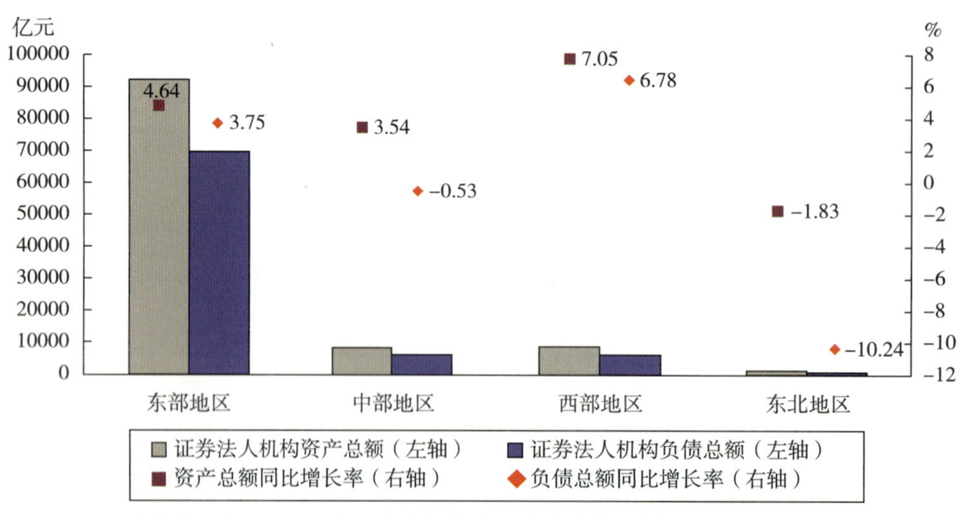

图 10　2022 年各地区法人证券公司资产负债规模及变化情况

① 包括沪深主板、创业板、科创板和北交所 IPO，共计 424 家。

② 北京市 IPO 数据不包括中国移动和中国海油。

受经济下行、市场波动等多重因素影响，2022 年证券公司盈利能力明显承压，行业全年营业收入和净利润分别为 3949.73 亿元和 1423.01 亿元，同比分别下降 21.38% 和 25.53%；行业平均净资产收益率 5.31%，同比下降 2.53 个百分点。证券投资业务收益下滑成为拖累盈利能力主因，行业全年实现投资收益 608.39 亿元，同比下降 55.94%。

行业风控指标均远高于监管标准，合规风控水平保持健康稳定。截至 2022 年末，行业净资本 2.09 万亿元，较上年增长 0.09 万亿元。行业平均风险覆盖率 257.65%，较上年末上升 7.78 个百分点；平均资本杠杆率 19.81%，较上年末回落 1.09 个百分点；平均流动性风险覆盖率 236.03%，较上年末上升 2.08 个百分点；平均净稳定资金率 154.91%，较上年末上升 5.27 个百分点。

3. 期货公司资本实力不断增强，公募、私募基金规模稳中有进

期货公司资本实力快速增强，经营成效同比转弱。截至 2022 年末，各地区共有 150 家期货公司，分布在 30 个省份；行业净资本 1167.43 亿元，资产总额 16996.76 亿元，净资产 1841.65 亿元，同比分别增长 13.53%、23.06% 和 14.07%。分地区看，截至 2022 年末，东部、中部、西部和东北地区期货公司净资本分别为 1015.90 亿元、59.42 亿元、86.26 亿元和 5.82 亿元，资产总额分别为 15646.12 亿元、555.55 亿元、774.19 亿元和 20.91 亿元，期货公司基本集中在东部地区，净资本和资产总额占比分别达 87.01% 和 92.05%。受多因素冲击，行业全年实现营业收入 494.64 亿元，其中手续费收入 314.98 亿元，同比分别下降 18.81% 和 21.70%；净利润 137.05 亿元，同比下降 19.82%。

基金业持续健康发展。公募基金方面，截至 2022 年末，各地区共有公募基金管理人 156 家。其中，公募基金管理公司 142 家，证券公司及其资管子公司 12 家，保险资管公司 2 家。截至 2022 年 12 月末，公募基金资产合计 26.03 万亿元，同比增长 1.84%。其中，货币型基金净值 10.46 万亿元，债券型基金净值 4.27 万亿元，股票型基金净值 2.48 万亿元，混合型基金净值 5.00 万亿元，QDII 基金净值 0.33 万亿元，封闭式基金净值 3.50 万亿元。

私募基金方面，截至 2022 年末，各地区在中国证券投资基金业协会已登记的私募基金管理人共 23667 家，已备案私募基金 145020 只，同比分别增长 -3.83% 和 16.84%，管理基金规模总计 20.28 万亿元，同比增长 2.63%。分地区看，东部、中部、西部和东北地区私募基金管理人分别有 20476 家、1428 家、1518 家和 245 家，较上年分别增长 -3.91%、1.42%、-6.47% 和 -8.92%。各地区管理基金数量和规模分别为 13.31 万只和 17.64 万亿元、0.51 万只和 1.08 万亿元、0.61 万只和 1.50 万亿元、0.07 万只和 0.07 万亿元，同比分别增长 17.19% 和 2.29%、15.53% 和 4.95%、11.46% 和 5.21%、9.72% 和 -3.26%（见图 11）。分省份看，私募基金管理人呈现明显区域集聚特征，上海市、北京市和深圳市管理人数量居全国前 3 位，分别为 4410 家、3970 家和 3868 家，管理人数量合计占比 51.75%；分别管理基金数量 41488 只、22908 只和 21542 只，基金数量合计占比达 59.27%；分别管理基金规模 5.11 万亿元、4.51 万亿元和 2.21 万亿元，规模合计占比达 58.34%。

4. 北京证券交易所高质量快速扩容，持续打造服务创新型中小企业主阵地

以高质量扩容为目标，北京证券交易所初始规模建设取得阶段性成效。截至 2022 年末，北交所上市公司 162 家，总股本 213.54 亿股，全年新增上市公司 83 家，较开市时翻一番；上市公

司中，中小企业占比81%，战略性新兴产业、先进制造业、现代服务业等占比达84%。分地区看，东部、中部、西部和东北地区分别拥有北交所上市公司109家、28家、20家和5家，较上年分别增加58家、13家、8家和1家。分省份看，江苏省、广东省、浙江省、山东省和河南省全年IPO企业数量居前5位，分别为14家、13家、11家、7家和6家，募资总额93.31亿元，占比达56.95%。

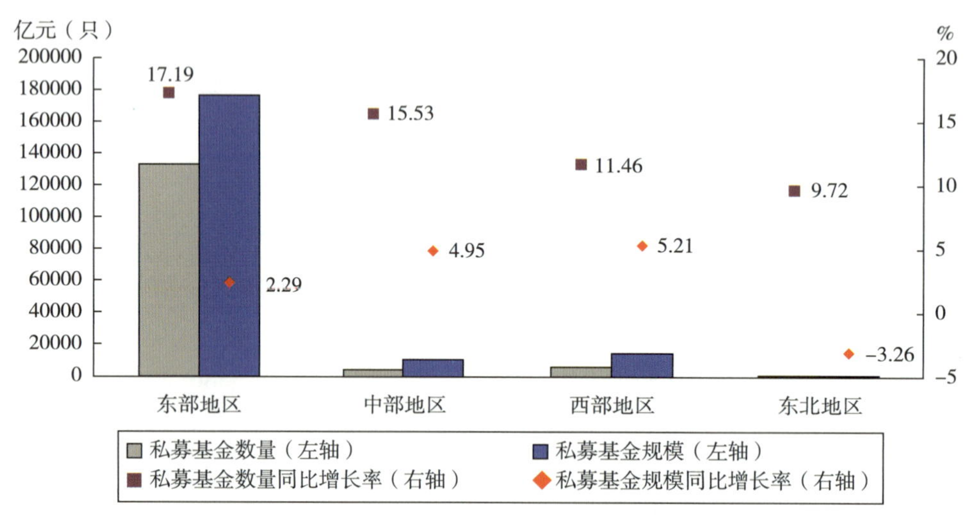

图11　2022年各地区私募基金数量、规模及变化情况

新三板持续发挥主阵地“腹地”功能，市场带动作用不断增强。截至2022年末，各地区企业在新三板挂牌家数6580家，全年新增挂牌270家。新三板企业总股本4508.63亿股，总市值2.12万亿元，同比分别下降1.91%和7.02%，降幅较上年均大幅收窄。分地区看，东部、中部、西部和东北地区新三板全年股票发行家数分别为501家、107家、74家和15家，较上年分别增加99家、8家、7家和减少4家；各地区股票发行融资额分别为142.95亿元、30.03亿元、55.89亿元和3.42亿元，较上年分别增长－24.02%、13.88%、46.65%和－51.56%。分省份看，江苏省、广东省、浙江省、北京市和山东省股票发行企业数量居前5位，分别为109家、96家、78家、69家和55家，融资总额116.26亿元，占比达50.05%。总体来看，新三板、北交所基本形成了按需、小额、多次的接续融资格局，服务中小企业直接融资功能得到有效发挥。

5. 证券业机构积极履行社会责任，接续助力乡村振兴、促进共同富裕

2022年，证券业持续巩固拓展脱贫攻坚成果，立足“一司一县”服务区域协调发展。截至2022年末，共有103家证券公司结对帮扶357个脱贫县，60家证券公司结对帮扶83个国家乡村振兴重点帮扶县，宁夏、海南、江西、吉林四省区脱贫县实现结对帮扶全覆盖。从地理分布看，帮扶脱贫县多数集中在经济条件相对欠发达的中西部地区。证券业通过发挥资本市场配置资源的枢纽作用，引导金融资源更多投向重点领域和薄弱环节，累计帮助贫困地区企业直接融资3824亿元；全年证券公司承销发行乡村振兴债券305.21亿元，同比增长42.77%，为乡村振兴引入源源不断的金融活水。同时，证券业进一步挖掘专业优势，探索普惠金融新模式，通过“引智”“扶智”为乡村振兴“架天线”，加速形成具有证券业特色的公益生态和帮扶合力。

（三）保险业

2022 年，各地区保险业保费收入[①]持续增长，保险业机构资产规模稳健增长，赔付支出总体平稳，保险保障功能不断发挥，作为经济“助推器”和社会“稳定器”，为稳住宏观经济大盘和社会和谐稳定提供坚强保障。

1. 各地区保费收入均实现正增长，保险行业发展水平有所分化

2022 年，东部、中部、西部和东北地区保险业分别实现保费收入 25927. 54 亿元、9339. 38 亿元、8626. 38 亿元和 3061. 60 亿元，较上年分别增长 6. 20%、3. 38%、0. 22% 和 0. 55%。从结构上看，东部地区保费收入占全国比重为 55. 22%，较上年上升 1. 09 个百分点，呈现持续提高态势；中部、西部和东北地区保费收入占比分别为 19. 89%、18. 37% 和 6. 52%，较上年分别下降 0. 14 个、0. 71 个和 0. 23 个百分点。从保险深度看，东部、中部、西部和东北地区分别为 4. 17%、3. 50%、3. 36% 和 5. 28%，东部地区较上年提高 0. 05 个百分点，实现由降转升；中部、西部和东北地区分别回落 0. 11 个、0. 23 个和 0. 18 个百分点，降幅较上年均有所收敛。分省份看，北京市、黑龙江省、吉林省、辽宁省和河北省保险深度居全国前 5 位，分别为 6. 63%、6. 18%、5. 19%、4. 84% 和 4. 82%（见图 12）。

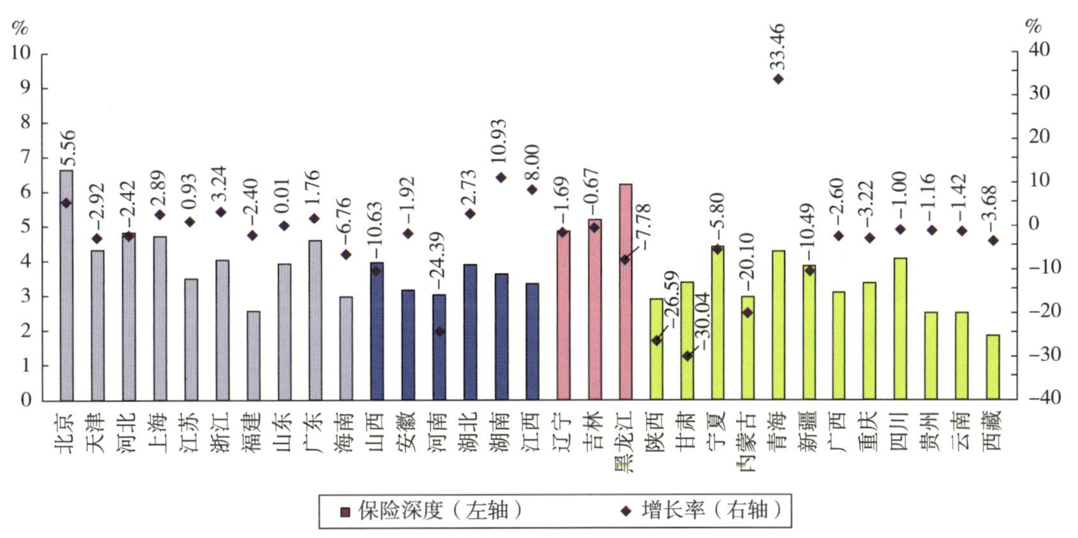

图 12 2022 年各地区保险深度及变化情况

2. 各地区保险业总资产较快增长，保险资金运用规模持续扩大，投资收益回落明显

截至 2022 年末，各地区保险业资产总额 27. 14 万亿元，同比增长 9. 04%，增速较上年末提高 2. 2 个百分点。其中，财产险公司总资产 2. 67 万亿元，同比增长 8. 98%；人身险公司总资产 23. 37 万亿元，同比增长 9. 26%。分地区看，东部、中部、西部和东北地区法人保险公司总资产分别为 23. 87 万亿元、0. 54 万亿元、0. 71 万亿元和 0. 32 万亿元，同比分别增长 10. 75%、12. 28%、9. 14% 和 6. 77%[②]。分地区看，法人保险公司分布不均衡特征明显，各地区分别为 137

① 指原保险保费收入，下同。

② 法人保险公司数据不含华夏人寿等 7 家处于风险处置进程中的机构。

家、10 家、20 家和 9 家，主要集中在东部地区。分省份看，法人保险公司主要集中在北京市、上海市和广东省，分别为 44 家、40 家和 25 家，资产总额分别为 12. 35 万亿元、4. 73 万亿元和 5. 81 万亿元，同比分别增长 11. 06%、10. 53% 和 9. 47%，合计占全国法人保险公司总资产的比重超过九成。

全年各地区保险公司资金运用余额 25. 35 万亿元，同比增长 9. 15%。其中，财产险和人身险公司资金运用余额分别为 1. 93 万亿元和 22. 59 万亿元，同比分别增长 9. 38% 和 8. 69%①。从资金运用结构看，银行存款 2. 83 万亿元，占比 11. 32%，较上年小幅上升 0. 05 个百分点；债券 10. 25 万亿元，占比 40. 93%，较上年提高 1. 89 个百分点；股票和证券投资基金 3. 18 万亿元，占比 12. 71%，与上年基本持平。从投资收益看，受市场波动影响，全年行业资金运用综合收益率 1. 83%，较上年下降 2. 78 个百分点。

3. 各地区农业险、责任险保费收入快速增长，健康险、意外险保费收入涨跌互现

2022 年，东部、中部、西部和东北地区财产险业务分别实现保费收入 6914. 48 亿元、2472. 84 亿元、2746. 37 亿元和 837. 15 亿元，其中东部、中部和东北地区同比分别增长 7. 14%、6. 82% 和 8. 10%，西部地区同比小幅下降 0. 48%，东部、中部和东北地区增速较上年分别上升 5. 68 个、7. 72 个和 14. 32 个百分点，西部地区增速较上年下降 6. 65 个百分点（见表 3）。农业险和责任险业务持续高速发展。其中，农业险方面，各地区分别实现保费收入 362. 56 亿元、291. 62 亿元、382. 52 亿元和 167. 15 亿元，同比分别增长 25. 14%、22. 64%、17. 52% 和 37. 53%，有力支持乡村振兴；责任险方面，各地区分别实现保费收入 718. 86 亿元、171. 94 亿元、197. 98 亿元和 55. 30 亿元，同比分别增长 15. 07%、11. 87%、7. 72% 和 14. 73%。车险市场有所回暖，保费收入均实现正增长。各地区分别实现车险保费收入 4326. 35 亿元、1693. 97 亿元、1718. 20 亿元和 479. 81 亿元，同比分别增长 6. 36%、6. 03%、3. 67% 和 4. 39%；从占比看，除西部地区车险保费收入占比同比提高 2. 51 个百分点外，其他地区车险占比均有所下降，分别下降 0. 46 个、0. 51 个和 2. 04 个百分点。

表 3　　2022 年全国各地区保险业保费收入情况　　单位：亿元、%

保费收入＼地区		东部地区		中部地区		西部地区		东北地区	
		2022 年	2021 年	2022 年	2021 年	2022 年	2021 年	2022 年	2021 年
财产险	规模	6914. 48	6453. 62	2472. 84	2314. 96	2746. 37	2759. 75	837. 15	774. 46
	增长率	7. 14	1. 46	6. 82	-0. 90	-0. 48	6. 17	8. 10	-6. 22
	总保费占比	26. 67	26. 43	26. 48	25. 63	31. 84	32. 06	27. 34	25. 43
人身险	规模	19013. 05	17960. 12	6866. 54	6718. 69	5880. 00	5847. 87	2224. 45	2270. 54
	增长率	5. 86	-0. 41	2. 20	-1. 22	0. 55	-0. 30	-2. 03	2. 75
	总保费占比	73. 33	73. 57	73. 52	74. 37	68. 16	67. 94	72. 66	74. 57
合计	规模	25927. 53	24413. 74	9339. 38	9033. 65	8626. 37	8607. 62	3061. 60	3045. 00
	增长率	6. 20	0. 08	3. 38	-1. 14	0. 22	1. 69	0. 55	0. 31
	全国占比	55. 22	54. 13	19. 89	20. 03	18. 37	19. 09	6. 52	6. 75

① 行业数据不包括华夏人寿、天安人寿、天安财险和易安财险。

2022 年，各地区人身险保费收入除东北地区外均实现正增长。东部、中部、西部和东北地区人身险业务分别实现保费收入 19013.05 亿元、6866.54 亿元、5880.00 亿元和 2224.45 亿元，同比分别增长 5.86%、2.20%、0.55% 和 -2.03%，东部、中部和西部地区增速较上年分别回升 6.27 个、3.42 个和 0.85 个百分点，东北地区下降 4.78 个百分点。健康险业务稳步增长，意外险保费收入有所下降①。2022 年，各地区共实现健康险保费收入 8644.88 亿元，同比增长 2.38%。分区域看，东部、中部、西部和东北地区分别实现健康险保费收入 4636.75 亿元、1773.38 亿元、1616.25 亿元和 618.50 亿元，较上年分别增长 4.20%、-0.46%、1.47% 和 -0.10%。各地区意外险保费收入 1069.79 亿元，同比下降 11.34%。分区域看，各地区分别实现意外险保费收入 590.21 亿元、200.07 亿元、226.10 亿元和 53.41 亿元，均较上年出现不同程度的萎缩，较上年分别下降 12.64%、9.11%、9.43% 和 12.80%（见图 13）。

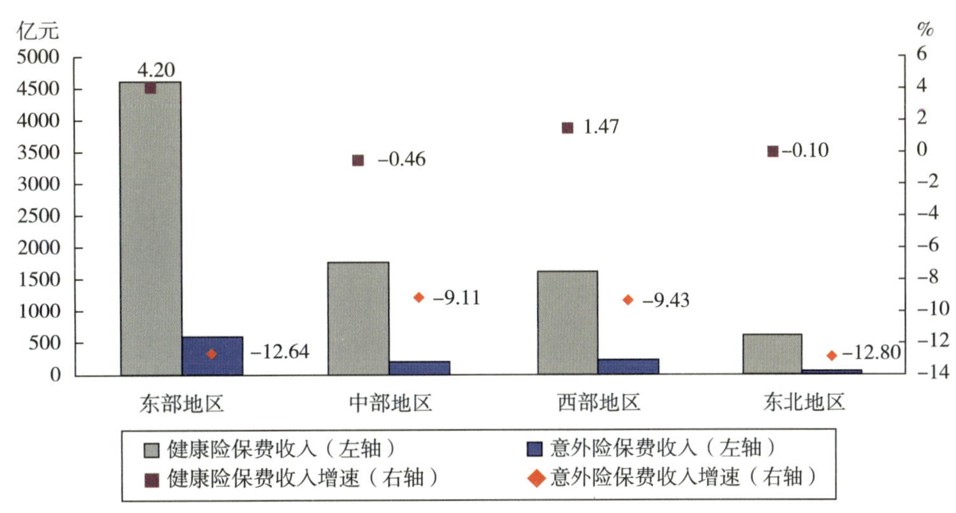

图 13　2022 年各地区健康险、意外险保费收入及变化情况

4. 各地区保险赔付支出总体持稳，保险保障功能不断发挥

2022 年，东部、中部、西部和东北地区保险业各项赔款和给付支出分别为 8298.32 亿元、3230.66 亿元、3093.71 亿元和 1061.05 亿元，同比分别增长 1.10%、1.35%、-1.03% 和 -4.33%，增速较上年分别下降 12.49 个、11.66 个、12.09 个和 14.89 个百分点。分险种看，财产险赔款支出总体略有下降，东部、中部、西部和东北地区全年财产险赔款支出分别为 3998.58 亿元、1600.12 亿元、1676.69 亿元和 520.27 亿元，同比分别降低 0.15%、1.32%、4.73% 和 2.73%。其中，各地区车险赔款支出分别为 2509.66 亿元、1110.23 亿元、1028.87 亿元和 287.78 亿元，同比分别下降 0.73%、6.82%、5.26% 和 6.74%。人身险赔款和给付支出较快，总体保持正增长，仅东北地区边际下降。东部、中部、西部和东北地区人身险赔款和给付支出分别为 4299.75 亿元、1630.25 亿元、1416.99 亿元和 540.77 亿元，同比分别增长 2.29%、4.11%、3.74% 和 -5.83%，各地区增速较上年均出现不同程度的放缓，分别降低 17.60 个、2.73 个、6.63 个和 15.80 个百分点（见表 4）。从风险保障看，2022 年，保险业风险保障金额同

① 健康险、意外险数据不包括集团、总公司本级。

比增长 12.6%，其中科技保险和首台（套）重大技术装备保险风险保障金额同比增长 22%，有力支持国家创新驱动发展战略。

表 4　　2022 年全国各地区保险业赔款和给付支出情况　　单位：亿元、%

赔付支出＼地区		东部地区		中部地区		西部地区		东北地区	
		2022 年	2021 年	2022 年	2021 年	2022 年	2021 年	2022 年	2021 年
财产险	规模	3998.58	4004.50	1600.12	1621.50	1676.69	1760.00	520.27	534.86
	增长率	-0.15	7.66	-1.32	19.67	-4.73	11.60	-2.73	11.34
	总赔付占比	48.19	48.78	49.53	50.87	54.20	56.31	49.03	48.23
人身险	规模	4299.75	4203.47	1630.25	1565.93	1416.99	1365.90	540.77	574.23
	增长率	2.29	19.89	4.11	6.84	3.74	10.37	-5.83	9.97
	总赔付占比	51.81	51.20	50.46	49.12	45.80	43.70	50.97	51.77
合计	规模	8298.32	8207.99	3230.66	3187.66	3093.71	3125.83	1061.05	1109.10
	增长率	1.10	13.59	1.35	13.01	-1.03	11.06	-4.33	10.56
	全国占比	52.91	52.51	20.60	20.39	19.73	20.00	6.77	7.10

5. 农业保险业务创新提质扩面，支农、惠农、富农、强农作用进一步增强

2022 年，各地区持续推动农业保险扩面、增品、提标，稳定农户预期及保障收益，全力支持乡村振兴战略。农业保险全年为 1.67 亿户次农户提供风险保障共计 5.46 万亿元，同比增长 15.68%。东部、中部、西部和东北地区农业保险赔付支出同比分别增长 40.34%、13.67%、22.86% 和 28.48%。

从各省份看，海南省持续推广橡胶保险，引导发展制种保险，推动蔬菜收入保险、猪饲料"保险 + 期货"和鸡蛋价格保险等新险种落地开展。2022 年，农业保险赔款支出 15.86 亿元，同比增长 23.44%，提供风险保障 246.45 亿元；江西省柑橘等地方特色险种纳入省级保费补贴目录，全国首个养殖类"保险 + 期货"县域覆盖项目落地；湖北省出台生猪"保险 + 期货"优惠政策，推出全国首个由财政全额支持的棉花"保险 + 期货"项目，全年共开展项目 13 个，保障金额 6.91 亿元；四川省三大主粮完全成本保险在省内 76 个产粮大县实现全覆盖，生猪保险赔款支出居全国前列；内蒙古自治区奶业保险全年为超过 339 万头奶用牲畜、奶制品提供风险保障 526 亿元，承保数量和风险保障金额同比扩大 30.21% 和 87.07%；青海省结合高原实际探索开展小麦、青稞等主粮作物完全成本保险和收入保险，创新推动草原碳汇遥感指数保险等项目落地，2022 年全省实现农业险赔款支出 9.4 亿元，保障金额 620.34 亿元，受益农户 90.93 万人次，同比分别增长 23.27%、3.65% 和 15.70%；广西壮族自治区多个生猪、糖料蔗"保险 + 期货"项目落地各地市；宁夏回族自治区农业保险为全区 41.9 万户次农户提供 377.7 亿元风险保障，同比增长 2.61%，其中承保大小牲畜 822.8 万头（只），同比增长 18.13%。

三、区域金融市场与金融稳定

2022 年，金融市场整体运行平稳，货币市场成交量持续提升，债券市场发行量保持平稳，股票市场主要股指回落，期货、期权市场整体交易规模有所萎缩，人民币汇率双向波动增强、

韧性彰显，票据市场服务小微能力持续增强。

（一）货币市场成交量持续提升，市场利率中枢下行

2022 年，各地区金融机构银行间市场同业拆借、回购交易活跃，成交规模不断扩大，总成交量达 1526.8 万亿元，同比大幅增长 31.2%。其中，同业拆借累计成交 146.8 万亿元，同比增长 23.6%。分地区看①，东部、中部、西部和东北地区同业拆借融入金额分别为 131.54 万亿元、6.14 万亿元、8.21 万亿元和 0.86 万亿元，同比分别增长 24.39%、5.13%、31.42% 和 −5.25%；融出金额分别为 136.59 万亿元、3.62 万亿元、6.07 万亿元和 0.52 万亿元，同比分别增长 24.08%、42.92%、7.28% 和 −4.43%。银行间市场债券回购累计成交 1380.2 万亿元，同比增长 32.0%。分地区看，东部、中部、西部和东北地区债券回购融入金额分别为 1158.32 万亿元、98.87 万亿元、99.05 万亿元和 22.77 万亿元，同比分别增长 35.54%、15.86%、22.75% 和 −2.10%；融出金额分别为 1185.44 万亿元、62.04 万亿元、91.67 万亿元和 37.66 万亿元，同比分别增长 36.45%、−1.99%、14.63% 和 21.64%，整体呈现东部和东北地区融出较多、中部和西部地区融入较多的特点（见图 14）。银行间市场债券回购中，质押式回购成交 1374.6 万亿元，同比增长 32.1%；买断式回购成交 5.6 万亿元，同比增长 17.4%。从期限结构看，市场交易集中于隔夜回购和隔夜拆借品种，成交量分别占各自总成交量的 86.4% 和 89.2%，占比较上年分别上升 2.0 个百分点和持平。交易所市场债券回购累计成交 403.6 万亿元，较上年增长 15.2%。

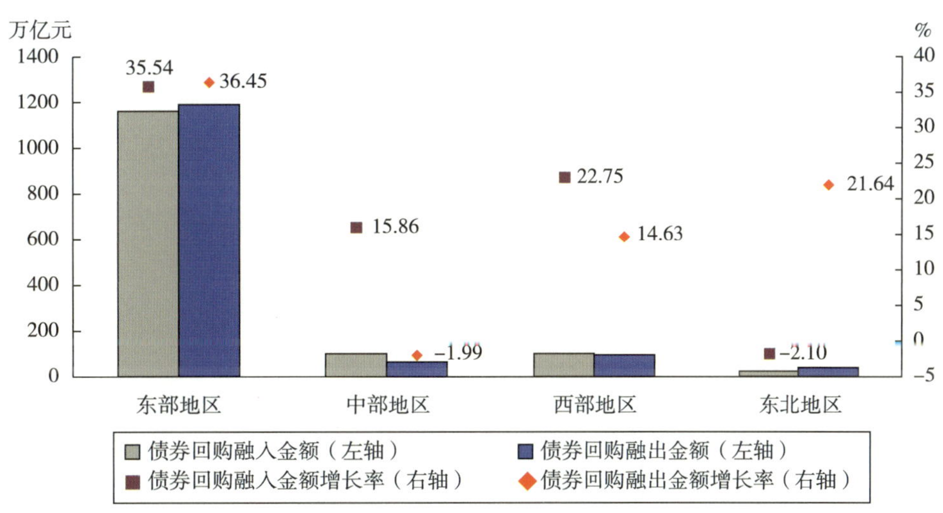

图 14 2022 年各地区债券回购规模及变化情况

货币市场利率中枢下行。2022 年末，同业拆借月加权平均利率 1.26%，同比下降 76 个基点；质押式回购月加权平均利率 1.41%，同比下降 68 个基点。隔夜和 7 天期 Shibor 分别为 1.96% 和 2.22%，同比分别下降 17 个和 5 个基点。

利率互换市场运行平稳。2022 年，人民币利率互换市场成交 24.4 万笔，同比下降 3.2%；

① 不包含港、澳、台，本部分货币市场及债券市场分地区数据均同口径。

名义本金总额 21.0 万亿元，同比下降 0.4%。从期限结构看，1 年及 1 年期以下品种名义本金 14.2 万亿元，占比达 67.7%。

（二）债券市场现券交易规模快速增长，债券发行量与上年基本持平

债券市场现券交易增长较多。2022 年，债券市场现券交易额 309.1 万亿元，同比增长 27.2%。其中，银行间债券市场现券累计交易 271.2 万亿元，同比增长 26.5%，占比 87.7%。分地区看，东部、中部、西部和东北地区现券交易融入金额分别为 208.43 万亿元、31.22 万亿元、19.16 万亿元和 6.36 万亿元，同比分别增长 28.19%、18.07%、18.86% 和 42.82%；融出金额分别为 209.15 万亿元、31.28 万亿元、19.07 万亿元和 6.06 万亿元，同比分别增长 27.68%、23.85%、20.54% 和 50.28%。交易所市场现券累计交易 37.9 万亿元，同比增长 32.0%，占比 12.3%。

债券发行规模保持平稳。2022 年，各地区累计发行各类债券 61.4 万亿元，同比小幅下降 0.81%，与上年基本持平。从发行品种看，国债、地方政府债券和金融债券分别发行 9.72 万亿元、7.36 万亿元和 30.62 万亿元，其中国债发行同比增长 43.23%。

债券收益率涨跌互现，期限利差有所扩大。2022 年末，1 年、3 年、5 年、7 年、10 年期国债收益率分别为 2.10%、2.40%、2.64%、2.82%、2.84%，较 2021 年同期分别下行 15 个、5 个基点和上行 4 个、4 个、6 个基点。1 年期和 10 年期国债利差为 74 个基点，较上年末扩大 21 个基点。

（三）股票市场主要指数回落，市场交易规模总体下降

2022 年，沪、深两市股指呈震荡下行走势。截至 2022 年末，上证综合指数收于 3089.3 点，较上年末下跌 15.1%；深证成份指数收于 11016.0 点，较上年末下跌 25.9%（见图 15）；创业板指数收于 2346.77 点，较上年末下跌 29.4%。

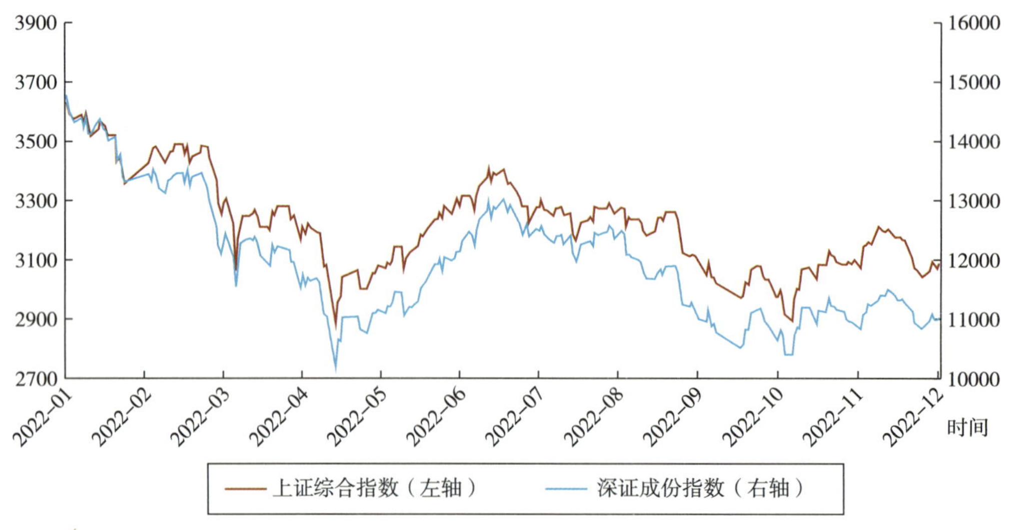

图 15　2022 年上证综合指数和深证成份指数走势

市场交易规模总体下降，科创板、北交所交易保持活跃。沪、深两市主板全年累计成交224.5万亿元，同比下降12.6%；科创板累计成交11.99万亿元，同比增长13.8%；创业板累计成交45.08万亿元，同比下降17.0%；北交所累计成交1980.13亿元，同比增长23.0%。

（四）期货、期权市场整体交易规模有所萎缩，金融期货成交逆市增长

2022年，全国期货、期权市场累计成交量67.62亿手，同比下降6.88%；累计成交额533.83万亿元，同比下降7.86%。其中，商品期货、期权成交量66.11亿手，占总成交量的97.77%，成交额400.79万亿元，占总成交额的75.08%；金融期货、期权全年累计成交量1.52亿手，同比大幅增长65.44%，累计成交额133.04万亿元，同比增长12.82%，分别占全国市场的2.25%和24.92%，占比较上年均提升明显，分别上升0.99个和4.61个百分点。从期货交易所看，上海期货交易所期货累计成交量和成交额同比分别下降23.09%和26.85%，郑州商品交易所成交量和成交额分别下降7.14%和10.33%，大连商品交易所成交量和成交额分别下降3.77%和11.91%，上海国际能源交易中心成交量和成交额分别增长59.73%和86.51%，中国金融期货交易所成交量和成交额分别增长24.44%和12.58%，广州期货交易所成交量和成交额分别为19.36万手和158.40亿元。

（五）外汇市场成交量下降，人民币汇率双向波动增强、韧性凸显

受国际经济金融形势更趋复杂多变、新冠肺炎疫情反复跌宕等多重因素影响，外汇市场交易量有所下降，2022年全年累计成交40.6万亿美元，同比下降10.7%。其中，人民币外汇即期交易累计成交折合8.3万亿美元，同比下降16.6%；人民币外汇掉期交易累计成交折合19.3万亿美元，同比下降4.9%；人民币外汇远期交易累计成交折合1299亿美元，同比增长19.3%。

人民币汇率全年走势延续双向波动，整体呈先贬后升趋势，继续在合理均衡水平上保持基本稳定。2022年末，中国外汇交易中心（CFETS）和参考特别提款权（SDR）货币篮子的人民币汇率指数分别报98.67和96.08，较上年末分别下降3.7%和4.3%。人民币即期汇率年末收于6.9514，较上年末贬值5784个基点（贬值9.08%）。分阶段看，2022年第一季度人民币兑美元汇率相对稳定，在6.35附近波动；第二季度受俄乌冲突叠加国内疫情等因素影响，汇率迅速贬值至6.75；第三季度随着美元加息预期持续走强，汇率进一步贬值并跌破7.0大关；第四季度随着加息预期转弱和国内疫情防控措施优化，汇率走强并企稳在6.9附近，人民币汇率弹性不断增强、韧性尽显，及时有效释放外部冲击压力，有力发挥了宏观经济和国际收支自动稳定器作用。

（六）票据市场业务量增长明显，票据融资较快增长，服务小微能力持续增强

2022年，企业累计签发商业汇票27.4万亿元，同比增长13.4%，较上年上升4.1个百分点；商业汇票未到期金额17.4万亿元，同比增长16.0%。其中，签发票据的中小微企业21.3万家，占全部签票企业的94.5%，中小微企业签票发生额17.8万亿元，占全部签票发生额的64.9%。

票据融资较快增长。2022年，全国金融机构累计贴现53.9万亿元，同比增长17.5%。票据

融资年末余额 12.8 万亿元，同比上升 30.0%，占各项贷款的比重为 6.0%，同比增加 0.9 个百分点。其中，贴现的中小微企业 32.7 万家，占全部贴现企业的 97.1%，贴现发生额 14.2 万亿元，占全部贴现发生额的 72.9%。

四、区域金融生态环境与金融稳定

2022 年，各地区持续提高金融服务水平，支持完善宏观审慎政策框架，推进金融市场制度优化补全，稳妥有序处置金融风险，不断深化金融业高水平对外开放，为稳住宏观经济大盘和金融业稳定健康运行奠定了良好的金融生态环境。

（一）金融服务水平不断提质增效，金融生态环境持续优化

支付监管质效稳健提升，支付降费惠民、惠企成果显现。稳步推进支付降费让利措施，助力小微企业和个体工商户纾困发展。截至 2022 年 9 月 30 日，降费政策实施一周年，各地区支付服务主体共向实体经济让利超过 300 亿元。始终坚持“支付为民”，深入推进涉诈涉赌“资金链”治理，守牢老百姓“钱袋子”。2022 年，各地区有关部门累计向公安机关移送涉诈可疑账户 1221.7 万户，银行网点协助公安机关发现可疑涉诈人员 1.2 万人，主要支付渠道涉赌可疑交易规模较年初下降逾三成，金融业常态化反诈打赌治理格局基本形成。

征信体系建设取得新成效，“全国 + 地方”双层发展有序推进。各地区持续推动地方征信平台建设，缓解中小微企业融资难题。截至 2022 年末，已建成省级地方征信平台 28 个，实现中小微企业非信贷信息通过当地一个平台归集共享，融资服务通过当地一个平台办理。积极推进区域性“征信链”建设，扩展涉企信用信息共享覆盖范围。截至 2022 年末，京津冀征信链累计调用 719.8 万次，帮助金融机构授信近 300 亿元；长三角征信链平台为 711 家金融机构开通查询用户 8584 个，累计上链企业 2287.8 万家，查询信用报告 195 万份；珠三角征信链共上链征信机构、数据源单位、监管部门等节点共 14 个，上链企业 419 万家，上链信用信息 8695.7 万条。

反洗钱工作稳步推进，洗钱犯罪打击力度持续加大。2022 年 1 月，人民银行与公安部等 11 个部门联合印发《打击治理洗钱违法犯罪三年行动计划（2022—2024 年）》，在全国范围内开展打击治理洗钱违法犯罪三年行动，构建打击治理洗钱违法犯罪协作机制，持续加大惩治洗钱犯罪力度，提高反洗钱监管劝诫性。

（二）继续完善宏观审慎政策框架，筑牢系统性金融风险防线

完善系统重要性金融机构监管框架，宏观审慎适用范围进一步拓展。2022 年 7 月，人民银行会同有关部门就《系统重要性保险公司评估办法（征求意见稿）》公开征求意见，明确了我国系统重要性保险公司的评估方法、评估范围、评估流程和工作分工。9 月，人民银行、原银保监会发布 2022 年系统重要性银行名单，基于 2021 年数据评估认定的国内系统重要性银行共 19 家，包括 6 家国有商业银行、9 家股份制商业银行和 4 家城市商业银行。同步统筹实施系统重要性银行附加监管，督促落实附加资本要求，组织制订恢复和处置计划。

稳妥有序开展金融控股公司准入管理，强化持续监管。2022 年，人民银行批准了中信金融

控股有限公司、北京金融控股集团有限公司和招商局金融控股有限公司等的金融控股公司设立许可。以并表为基础，对金融控股公司实施全面、持续、穿透监管，强化股东和股权结构监管。8月，人民银行就《金融控股公司关联交易管理办法》向社会公开征求意见，同时推进制定金融控股公司资本、并表管理细则，持续完善金控公司监管制度框架。

完善房地产金融宏观审慎管理，全力维护房地产市场稳健运行。2022年，人民银行持续完善房地产金融宏观审慎管理，把握好房地产贷款集中度管理的执行力度和节奏，完善房地产贷款集中度管理政策过渡期安排，支持符合要求的银行业金融机构稳健开展房地产贷款相关业务，更好满足合理住房信贷需求。明确保障性租赁住房项目有关贷款不纳入房地产贷款集中度管理，加大对保障性租赁住房发展的支持力度。出台金融支持房地产市场平稳健康发展16条意见措施，设立保交楼贷款支持计划，引导商业银行加大保交楼配套融资政策落实力度。

（三）金融市场制度不断优化补全，更好发挥服务实体经济重要作用

股票市场方面。2022年4月，十三届全国人大常委会第三十四次会议通过《中华人民共和国期货和衍生品法》，全面系统规定了期货市场和衍生品市场各项基础制度，补齐了长期以来期货和衍生品领域“基本法”缺位的法律短板，资本市场法律法规体系架构基本完善。12月，沪深交易所分别发布修订后的《科创板企业发行上市申报及推荐暂行规定》和《创业板企业发行上市申报及推荐暂行规定（2022年修订）》，进一步明晰上市申报及推荐流程，明确科创板、创业板定位。全要素、全链条稳步推进股票发行注册制改革。2022年1月，证监会公布施行《关于注册制下提高招股说明书信息披露质量的指导意见》，为全面实行股票发行注册制奠定良好基础。4月，证监会发布《关于完善上市公司退市后监管工作的指导意见》，健全上市公司退市机制，推动形成证券市场“有进有出，能进能出”的良好生态。5月，证监会发布《证券公司科创板股票做市交易业务试点规定》，推动科创板引入做市商机制，提升科创板股票流动性，增强市场韧性。同月，证监会、司法部、财政部联合发布《关于加强注册制下中介机构廉洁从业监管的意见》，规范中介机构及其从业人员廉洁从业行为，一体推进惩治金融腐败和防控金融风险，为注册制改革保驾护航。

债券市场方面。2022年1月，沪深交易所分别发布《上海证券交易所债券交易规则》《深圳证券交易所债券交易规则》及3个配套指引，形成了“1+3”的交易规则体系，进一步优化债券交易规则。2月，人民银行发布《银行间债券市场债券借贷业务管理办法》，从市场参与者、履约保障品、主协议等方面完善债券市场借贷制度，提高债券借贷交易效率和灵活性，保护市场参与者合法权益。4月，人民银行、原银保监会联合发布《关于全球系统重要性银行发行总损失吸收能力非资本债券有关事项的通知》，明确了总损失吸收能力非资本债券的核心要素和发行管理规定。7月，证监会、国家发改委和全国工商联联合发布《关于推动债券市场更好支持民营企业改革发展的通知》，加大债券融资服务力度，积极推动债券产品创新和加强民营企业信用体系建设，进一步推动民营企业债券发行。8月，人民银行和原银保监会联合发布《关于保险公司发行无固定期限资本债券有关事项的通知》，允许保险公司通过发行无固定期限资本债券补充核心二级资本，对保险公司发行包括无固定期限资本债券在内的资本补充债券实行余额管理。

票据市场方面。2022年11月，人民银行、原银保监会联合修订发布《商业汇票承兑、贴现

和再贴现管理办法》，从明确票据性质分类、强调真实性、强化信息披露及信用约束机制、加强风控等方面对相关票据业务管理制度进行修订，进一步规范商业票据承兑、贴现和再贴现业务，促进票据市场健康发展。

保险市场方面。2022 年 10 月，原银保监会、财政部和人民银行修订发布《保险保障基金管理办法》，修改保险保障基金筹集条款，优化基金使用管理，完善基金救助规定，进一步发挥好保险保障基金制度在防范化解风险中的作用。构建多层次、多支柱养老体系建设迈入新阶段。2022 年，相关部门出台一系列政策措施推进保险业参与养老第三支柱建设，个人养老金健康有序发展。4 月，国务院办公厅印发《关于推动个人养老金发展的意见》。11 月，人力资源和社会保障部等五部门联合发布《个人养老金实施办法》，银保监会印发《关于保险公司开展个人养老金业务有关事项的通知》。同月，证监会公布施行《个人养老金投资公开募集证券投资基金业务管理暂行规定》，对参与个人养老金投资公募基金业务的各类市场机构及其展业行为予以明确规范，养老金进入资本市场制度基础得以确立。

（四）稳妥处置金融风险，守牢不发生区域性系统性风险底线

2022 年，面对风高浪急的国内外形势和跌宕起伏的新冠肺炎疫情，各地区各有关部门始终坚持市场化、法治化风险处置原则，稳妥处置突出金融风险。重点集团、大型企业风险处置持续推进，对“明天系”、“安邦系”、“华信系”、海航集团等资产负债规模大的高风险企业集团进行“精准拆弹”。中小银行风险处置取得积极进展，顺利完成恒丰银行等重点金融机构风险处置，哈尔滨银行、甘肃银行财务重组和增资扩股方案顺利实施。从央行金融机构评级结果看，各地区银行业金融机构整体经营稳健，大部分机构评级在安全边界内，风险总体可控。同时，基于评级结果对金融机构进行分类分段管理，增强风险防范化解针对性。加强银行风险监测预警，针对预警银行苗头性问题及时纠偏，推动大部分银行异常指标回归至行业正常水平，实现风险早发现、早处置。选取部分地区作为试点，对新增的高风险机构强化“早期纠正”的限期整改硬约束。组织对包括 19 家国内系统重要性银行在内的全国 4000 多家银行业金融机构开展年度压力测试，开发建设压力测试系统，压力测试科学化、系统化和自动化水平大幅提升。

（五）完善金融基础设施制度安排，推动金融业高水平对外开放走深走实

2022 年 6 月，证监会发布修订后的《境内外证券交易所互联互通存托凭证业务监管规定》，拓展了参与互联互通存托凭证业务境内外证券交易所的范围。同月，证监会明确内地与香港股票市场交易互联互通机制拓展至交易型开放式基金（ETF）。7 月，中国瑞士证券市场互联互通存托凭证业务正式开通，陆续有多家 A 股上市公司境外发行并上市全球存托凭证（GDR）。同月，人民银行、香港证监会、香港金管局发布联合公告，宣布内地与香港利率互换市场互联互通合作启动建设，便利境外投资者参与境内人民币利率互换市场，支持构建高水平金融开放格局。12 月，人民银行就《金融基础设施监督管理办法（征求意见稿）》面向社会公开征求意见，明确金融基础设施监督管理总体制度框架，健全准入管理，推动形成布局合理、治理有效、先进可靠、富有弹性的金融基础设施体系，促进金融更好服务高质量发展。

五、区域金融改革创新与金融稳定

2022 年，各地区积极贯彻创新、协调、绿色、开放、共享的新发展理念，统筹推进区域金融改革，金融支持国家重大区域发展战略有力有效，科创金融改革创新试点量多面广，普惠金融改革试验区扩容升级，金融业开放创新有序推进，形成了“你追我赶、创新发展”的区域金融改革良好局面，有效助力区域经济协调高质量发展。

东部地区继续充当深化金融改革的开路先锋，各省市金融改革试验区建设硕果累累。北京市跨境贸易投资改革创新政策扩容升级，“银行 + 外贸综合服务企业”跨境资金结算模式在京落地，中关村外债便利化试点范围扩大至北京市高新技术企业和“专精特新”企业。天津市持续深化自贸区金融改革创新，创新推出“白名单”机制和自由贸易（FT）账户“期货 + 现货”“限额 + 规模”双联动模式，2022 年末 FT 账户累计收支超过 6400 亿元。长三角一体化持续推进，区域金融合作取得新成效。2022 年 11 月，人民银行等八部门联合印发《上海市、南京市、杭州市、合肥市、嘉兴市建设科创金融改革试验区总体方案》，不断加大金融支持科技创新力度。上海市推动提升国际金融中心核心竞争力，深入推进国际再保险中心建设，推动浦东新区成功获批气候投融资试点地区，成立全国首个绿色低碳银租合作联盟。山东省济南市科创金融改革试验区着力建立“人才 + 资本”融资服务模式，推出科创人才贷、科创专利贷等创新金融产品。同时，山东省新泰市成功入选中央财政支持普惠金融发展示范区，临沂市国家级普惠金融服务乡村振兴改革试验区持续打造普惠金融支持乡村振兴齐鲁样板的“沂蒙高地”。浙江省出台《关于金融支持浙江高质量发展建设共同富裕示范区的意见》，为金融支持共同富裕提供了顶层设计和制度框架。深化湖州、衢州绿色金融改革，出台全国首个《构建低碳转型金融体系的实施意见》，相关经验做法写入 G20 成果报告。广东省全力支持粤港澳大湾区和深圳中国特色社会主义先行示范区建设，着力深化金融融合发展，提高金融市场互联互通水平，为建设世界一流湾区与世界级城市群提供有力金融支撑。广州市绿色金融改革试验区与深、港、澳共同发起粤港澳大湾区绿色金融联盟，持续推动大湾区绿色金融市场互联互通。海南省聚焦全岛封关运作，扎实有序推动放宽外商投资企业外汇资本金使用范围、扩大可跨境转出的信贷资产和参与机构范围等一系列自贸港金融创新政策落地实施。洋浦经济开放区加快落地跨境贸易投资高水平开放试点业务。截至 2022 年末，开放区已落地取消结汇待支付账户、跨国公司本外币一体化资金池等 9 项高水平开放试点政策，累计发生业务 124.07 亿美元。

中部地区金融改革创新蹄疾步稳，改革成果不断显现。湖北省武汉城市圈构建基于机构设立、经营机制、金融产品、信息平台、直接融资、金融监管的“六专机制”，为科技型中小企业提供全生命周期的金融服务。山西省强化金融服务小微企业长效机制建设。落实再贷款“2 + 1”融资机制、小微企业贷款风险补偿机制。全省 11 个地市设立首贷中心，建立小微企业、个体工商户无贷户“两张名单”推送机制。截至 2022 年末，全省普惠小微贷款余额 2512.7 亿元，同比增长 27.6%；支持普惠小微市场主体 37.4 万户，同比增长 17.7%。湖南省首次提出“区内保税货物转卖外汇收支结算便利”和“完善跨境电商收付汇制度”两项创新，助推湖南自贸区金融改革走深走实。安徽省金融改革创新持续深化，组织实施金改 2.0 工程。探索提升金融服务科技创新、绿色发展和乡村振兴等重点领域能力和水平，推出工业碳账户、碳中和挂钩贷款、知识产权评价增信融资等创新产品。合肥市科创金融改革试验区获批落地，创新科技贷款风险补偿资金池、“技术流”评价授信模式等，引导金融机构多维度为科创企业提供金融支持。江西省普惠金融和绿色金融改革创新有序深化。“赣金普惠”平台3.0版正式上线，目前入驻金融机构291家，接入企业233.54万户，累计发放贷款4090.48亿元，赣州、吉安普惠金融改革试验区中期评估顺利完成。全省碳减排支持工具支持发放碳减排贷款133亿元，带动碳减排量307.8万吨，2022年末绿色贷款余额5432.77亿元，同比增长39.52%。

西部地区统筹推进区域金融改革工作，绿色金融、普惠金融改革创新试点取得积极成效。成渝地区双城经济圈建设稳步推进，共建西部金融中心规划明确提出“六体系一基础”政策框架，推动成渝地区打造高质量发展重要增长极和新的动力源。四川省创新金融科技应用服务国家重大战略实施，推动市州子平台探索建立企业“碳账户”，运用碳核算、碳账户底层算法对企业碳排放进行评分评级，上线全省首份碳征信报告，创新推出“减碳贷”。截至2022年末，21家金融机构通过平台发布绿色金融产品82款，为1275家企业放款72.03亿元。重庆市绿色金融改革创新成效显著。获批绿色金融改革创新试验区，成为全国首个全域开展绿色金融改革创新试验区的省级经济体。推动碳减排支持工具、支持煤炭清洁高效利用再贷款和“绿易贷”“绿票通”落地见效。创新绿色金融产品和服务，推出“碳排放权质押融资”“排污权质押融资”等270余款绿色信贷产品、50余款特色绿色保险产品。陕西省内首个国家级普惠金融改革试验区落地铜川市，提出拓展普惠金融覆盖面、发展数字普惠金融、加大重大领域金融支持等方面17项具体改革措施，区域金融发展进入新阶段。同时，陕西省加大科创金融支持自贸试验区建设力度，创设“科创票链通”解决科创产业链融资难题，提升中欧班列长安号数字金融综合服务平台服务效能，截至2022年末平台累计提供资金支持57.2亿元。内蒙古自治区持续加大对风电光伏等可再生能源和煤炭清洁高效利用重点领域的信贷支持，为碳达峰、碳中和目标如期实现贡献金融力量。截至2022年末，全区绿色贷款余额3507.36亿元，同比增长30.55%，投向主要集中在清洁能源、基础设施绿色升级等绿产，合计占全区绿色信贷比例达77.73%。广西壮族自治区全力推进面向东盟金融开放门户建设。首创人民币与越南盾银行挂牌汇率“轮值报价、抱团定价”新模式，被复制推广到多个省份。开展中马钦州产业园区金融创新试点，截至2022年末，试点地区共有14家银行的48家分支机构备案成为试点银行，创新业务累计达213.09亿元。贵州省贵安新区绿色金融改革创新试验区成立以来，金融机构在管理体制、抵质押模式、担保模式等方面积极探索绿色金融创新，实现绿色金融产品和服务方式创新达100余项，“有效盘活绿色信贷资金支持贵州省绿色发展”等18个典型案例在全国推广。

东北地区聚焦绿色金融改革创新，金融服务经济绿色低碳转型发展不断提质增效。辽宁省绿色金融业务总量增势明显，年末全省绿色贷款余额3978.37亿元，同比增长18.6%。吉林省绿色金融创新稳健发展，年末全省绿色贷款余额2236.3亿元，同比增长21.0%，增速居东北地区首位，绿色信贷增量占各项贷款增量的比例达22.5%；全年企业发行绿色债券45.4亿元，是上年的3倍；绿色金融组织制度建设进一步完善，全省已成立绿色专营机构25家，累计创新推出具有区域性特色的绿色金融产品36项。黑龙江省绿色金融工作取得积极进展，全年累计推出

6 大类 47 项绿色金融贷款产品创新和服务模式创新，累计发放贷款 50.14 亿元，惠及企业 126 家，有效满足市场主体的绿色融资需求。截至 2022 年末，全省开展绿色金融业务的法人银行较上年同期增加 13 家，金融机构绿色金融服务面达 60%；全省绿色贷款余额 1434.6 亿元，同比增长 20.0%，占比较上年同期提高 0.8 个百分点。

第二章　东部地区

2022年，面对新冠肺炎疫情等国内外多重超预期因素冲击，东部地区勇挑大梁、迎难而上，全力打好稳经济“组合拳”和“主动仗”，经济运行大局保持稳定。金融系统紧紧围绕服务实体经济、防控金融风险、深化金融改革等重要任务奋力攻坚克难，银行业总体经营稳健，证券业运行平稳，保险业服务经济社会质效提升，金融改革创新不断深化。但东部地区仍面临经济企稳基础有待夯实、金融业高质量前行仍需强化、区域间发展不平衡不充分等问题。

一、宏观经济大盘总体稳定，企稳向好基础尚需巩固

2022年，东部地区经受住了各种超预期因素考验，经济总量再上新台阶。全年实现地区生产总值62.20万亿元，同比增长2.59%，低于全国平均增速0.41个百分点，增速较上年回落5.57个百分点。三次产业结构为4.55∶39.31∶56.14，其中第三产业占比较上年下滑0.29个百分点，但仍高于全国平均水平3.34个百分点。一是稳增长政策持续发力，经济逐步企稳回升。第二季度以来，随着稳经济“一揽子”政策举措全面落实，经济增速边际回升，东部地区第二、第三、第四季度地区生产总值同比分别增长1.83%、2.54%和2.59%，呈现持续回稳向好态势。福建省、山东省、河北省全年地区生产总值增速靠前，分别为4.7%、3.9%和3.8%。二是总需求稳步增长，投资拉动效应明显。2022年，东部地区固定资产投资（不含农户）同比增长3.6%。全年社会消费品零售总额22.22万亿元，同比略降0.32%。进出口总额4.91万亿美元，同比增长2.92%。其中，出口2.42万亿美元，同比增长3.56%；进口2.49万亿美元，同比增长2.32%。三是居民收入稳步增加，物价水平保持稳定。2022年，东部地区各省市居民人均可支配收入增速为1.64%～6.05%，其中福建省、山东省、河北省、江苏省同比增速较快，分别为6.05%、5.2%、5.05%和4.98%。物价走势总体温和，物价指数涨幅为1.6%～2.5%，有8个省市物价指数涨幅高于上年，其中海南省、福建省、上海市物价指数涨幅同比上升最多，分别上升0.9个、0.8个和0.7个百分点。四是新兴产业引领增长，高质量发展持续推进。北京市云计算、人工智能等新基建项目固定资产投资同比增长25.5%，高于全市固定资产投资增速21.9个百分点，全年数字经济实现增加值占地区生产总值的比重达41.6%，同比提高1.2个百分点；上海市创新型企业加快成长，新增国家级专精特新“小巨人”企业243家，有效期内高新技术企业超过2.2万家；浙江省以新产业、新业态、新模式为主要特征的“三新”经济增加值占GDP比重达28.1%。

2022年，东部地区经济发展不断稳进提质，但回升基础仍需巩固，且面临一些结构性问题

有待解决。一是部分省市宏观经济受疫情冲击较大。在疫情传播速度加快、防控难度增大态势下，部分承压较大省市经济增速受到显著扰动。上海市全年地区生产总值同比下降0.2%，其中第二季度同比下降13.7%。同为长三角地区的江苏省、浙江省全年地区生产总值同比增速分别为2.8%、3.1%，较上年分别回落6.1个、5.6个百分点。二是外需转弱压力显现。2022年下半年以来，特别是第四季度，东部地区对外贸易有所收缩，部分外贸大省出口回落较为明显。广东省11月出口同比增速降至1.2%，增幅环比回落15.3个百分点，12月出口同比增速转负（-3.8%）；江苏省10~12月单月出口同比增速分别为-3.3%、-7.5%和-9.8%，跌幅逐月扩大；浙江省出口总额增速10月由正转负（-1.5%），11月同比增长2.1%，12月同比再度下跌5.5%。三是部分省市财政收支平衡压力较大。2022年，东部各地财政政策持续发力，大规模减收增支，为稳定宏观经济大盘作出积极贡献，但也导致财政赤字扩大，可持续性有所下降。东部地区全年一般公共预算收入6.32万亿元，同比下降2.71%；全年一般公共预算支出9.22万亿元，同比增长3.48%。在稳增长压力下，东部非自有财力占比偏高的部分市县减收增支压力可能进一步加大。

二、房地产市场处于调整阶段，“房住不炒”定位进一步强化

2022年，东部地区房地产市场整体处于筑底调整阶段，主要指标低位运行。一是投资有所放缓。东部地区全年完成房地产开发投资7.25万亿元，同比下降6.7%，增速较上年回落10.9个百分点，低于固定资产投资增速10.3个百分点。东部地区10省市中除山东（6%）、浙江（4.4%）和北京（1%）外，其他省市房地产开发投资均同比下降。二是销售显著下滑。东部地区全年商品房销售面积5.64亿平方米，同比减少23.01%，增速较上年下降25.71个百分点，高于全国1.29个百分点；实现商品房销售额7.74万亿元，同比减少25.09%，增速较上年下降33.09个百分点，高于全国1.61个百分点。分省市看，广东省商品房和商品住宅销售面积均创下2015年以来最低水平，天津、浙江两地商品房销售面积、销售额降幅均超过30%。销售下滑下，居民观望情绪加重，江苏省居民问卷调查显示，43.67%的居民认为“担心房地产市场继续调整，房价下跌”是影响购房意愿及商品房销售的主要因素。三是个人住房贷款增长疲软。2022年末，东部地区个人住房贷款余额同比增速1.15%，低于全国平均水平0.05个百分点。在投资产品收益率持续处于低位下，居民提前还款明显增多。福建省全年个人住房贷款提前还款规模为上年的1.36倍，年末个人住房贷款余额同比增速较上年末回落11.7个百分点；北京市居民还款规模为近五年来最高，年末个人住房贷款余额同比增幅较上年末回落5.4个百分点。四是民营及中小房企流动性压力较大。受个别大型房企违约事件等影响，房地产行业融资信用受损，融资规模下滑，房企违约风险进一步上升，部分民营及中小型房企存量债务难以盘活，流动性持续绷紧，资金链断裂风险有所抬升。

为推动房地产市场平稳健康发展，2022年东部地区继续坚持“房子是用来住的，不是用来炒的”定位，出台相应措施支持刚性和改善型住房需求，房地产市场合理需求逐步释放。南京市8月宣布二套房首付最低降至三成；济南市8月创新推出二手房“带押过户”登记新模式，降低二手房交易成本；杭州市11月宣布二套首付降至四成，且对于首套首付三成的认定条件调

整为“认房不认贷”；北京市11月宣布划归北京经济技术开发区管理的通州区台湖、马驹桥地区商品住房不再执行“双限购”；上海等地将集中供地批次增加至4次及以上，增加优质地块供给，大幅让利房企，提升拿地积极性。在一系列构建新房地产体系的政策推动下，东部地区房地产相关指标降幅收窄。12月当月东部地区房地产开发投资降幅环比收窄8.62个百分点，商品房销售面积、销售额、到位资金、房屋新开工面积等指标降幅也有不同程度的收窄。随着房地产市场健康发展长效机制不断完善，“因城施策”效果逐步显现，房地产市场有望逐步企稳。

专栏1 广东省多措并举支持房地产行业平稳健康发展

近年来，房地产市场持续低迷，投资、销售及新开工等指标明显下滑，消费者购房意愿和对房地产市场的预期转弱，部分房企经营困难。为牢牢守住不发生区域性系统性金融风险的底线，广东省坚决贯彻党中央、国务院决策部署，坚持“房住不炒”，统筹安全与发展，有力推动全省房地产市场平稳发展。

一、统筹金融资源支持房地产行业平稳发展

一是打好房地产调控“组合拳”。综合运用推广二手房“带押过户”“因城施策”支持辖内区市通过降低住房信贷最低首付款比例、调整首套房贷款利率下限、降低公积金贷款利率、支持房企增信发债等方式，支持房地产市场平稳健康发展。二是提升商品房预售资金使用效率。推动地方政府加快制定优化商品房预售资金管理实施细则，支持监管额度外资金用于归还开发贷本息，出台政策明确保函置换预售监管资金，提升资金使用效率，合理释放资金用于“保交楼”。三是积极落实“保交楼”专项借款。推动“保交楼”专项借款资金在广东省落地，支持政策性银行争取有关项目和借款额度。全省首批“保交楼”专项借款资金均及时全部落实到位，为“保交楼”工作提供有力支持。

二、落实好金融支持政策助力优质房企纾困

一是引导银行机构提供信贷支持。鼓励大型国有银行及股份制银行总行与优质房企（主要是优质民营房企）总对总签订战略合作协议，向市场传递正面信号，稳定市场预期；推动国有银行、股份制银行省分行向其总行推荐辖内优质房企，鼓励有条件的地方法人机构特别是大湾区机构，与房地产企业或上下游企业签订战略合作协议，已签订意向性授信金额近1万亿元。二是推动债券融资扩容。“第二支箭”由人民银行再贷款提供资金支持，委托专业机构按照市场化、法治化原则，通过担保增信、创设信用风险缓释凭证、直接购买债券等方式支持民营企业发债融资，预计可以支持约2500亿元民营企业债券融资。“第二支箭”扩容后，万科、美的置业、旭辉分别申报了储架式发行规模280亿元、150亿元和150亿元。三是支持优质房企利用资本市场融资。万科、招商蛇口均发布再融资计划，募集资金用于支持“保交楼”，其中万科非公开发行股票募集资金总额不超过150亿元、招商蛇口募集资金不超过174亿元。碧桂园和雅居乐分别通过配股方式融资38.72亿港元、7.8亿港元，用于偿还外债和一般企业用途。

三、稳妥应对“停贷”对广东省房地产市场的影响

一是快速响应并做好风险应对。2022年7月，针对部分已售房屋无法正常建设交付的情况，有业主在网上发布告知书称将停止偿还银行贷款，直至项目完全复工，事件引发广泛关注。广东省高度重视，第一时间摸清情况，加强会商研判，成功防范风险进一步扩散蔓延。二是持续关注舆情演变并提出工作建议。集体停贷涉及楼盘主要是恒大等大型房企，分布在全国各地，广东省涉及楼盘数量总体较少，但集体停贷存在快速蔓延苗头，停贷原因从“保交楼”向楼盘质量、配套等扩散。三是深入研判事件影响并指导机构做好风险应急处置。对辖内涉及问题楼盘房贷较多的金融机构开展调研，综合研判断供事件对银行机构资产质量和流动性的影响；组织地方法人金融机构开展压力测试，丰富压力测试情景，定期开展应急演练，统筹安排好各类应急处置资源。

四、持续推动房地产市场健康发展

下一步，广东省相关部门将继续落实好房地产调控各项政策，全力推动房地产行业健康发展。一是加强跨部门信息共享，强化房地产行业风险监测预警。建立房地产行业风险监测长效机制，整合金融机构、住建、市场监管、税务等部门信息，定期对流动性不足、杠杆率过高的房企进行风险提示。二是加强金融支持政策效果的跟踪评估。主动加强与困境房企的沟通，重点针对政策落实过程中的难点、堵点及时做好评估并适时动态调整相关政策，确保政策效果。三是支持房地产行业资源整合，按照市场化原则配合地方政府处置房企风险。鼓励中小房企与大型房企进行市场化资源整合，支持优质房企对接吸收资金困难的中小房企或项目，通过纳入品牌优势和提高经营能力改善房企财务状况，切实降低偿债风险。

资料来源：中国人民银行广州分行①。

三、银行业经营总体稳健，高质量发展尚需久久为功

2022 年，东部地区银行业运行继续呈现“总量有力、结构优化、风险可控”的良好态势。一是总体规模稳步增长。2022 年末，东部地区银行业金融机构资产总额 195.49 万亿元，同比增长 10.73%，其中各项贷款 121.11 万亿元，同比增长 11.83%。负债总额 186.90 万亿元，同比增长 10.76%，其中各项存款 147.22 万亿元，同比增长 11.68%。全年实现净利润 1.72 万亿元，同比增长 1.93%。二是贷款结构进一步优化。2022 年，东部地区银行业机金融构积极保障重点项目建设、设备更新改造等融资需求，继续加大中长期贷款投放，中长期贷款余额同比增长 15.37%，增速高于各项贷款增速 3.54 个百分点，中长期贷款占各项贷款的比例 65.01%，同比上升 2 个百分点。三是不良贷款率小幅下降。2022 年末，东部地区银行业金融机构不良贷款率 1.10%，同比下降 0.08 个百分点，低于全国银行业平均水平 0.61 个百分点；不良贷款余额 1.33 万亿元，同比增长 4.04%。关注类贷款余额 2.34 万亿元，同比增长 5.59%，关注类贷款比例

① 按照《党和国家机构改革方案》部署，2023 年 8 月 18 日人民银行分支机构统一完成更名挂牌，鉴于本报告主要涉及 2022 年内容，因此报告中人民银行分支机构仍沿用挂牌前名称（简称），下同。

1.94%，同比下降0.11个百分点。

总体来看，东部地区银行业运行稳健，但高质量发展仍面临不少风险挑战。一是实体经济有效需求不足。“三重压力”冲击下，部分企业及个人信心不足，表现为投资扩张意愿不强、消费恢复较为缓慢，金融运行呈现“贷款增速回落，存款增速上升”特征。二是盈利能力受到冲击。近年来银行存贷利差空间收窄，利润压缩明显。东部地区银行业金融机构全年平均资产利润率0.93%，同比下降0.07个百分点。部分村镇银行资本利润率、资产利润率已分别低于11%、0.6%的监管要求。三是部分领域信用风险暴露加快。截至2022年末，东部地区有4省市不良贷款较年初“双升”，信贷资产质量恶化多源于房地产、零售等领域风险的加速暴露。鉴于阶段性特殊信贷政策将于2023年退出及新的金融资产分类办法即将实施，现阶段通过展期、借新还旧、调整计息等方式导致风险暴露不充分的普惠小微、零售业务风险未来可能批量显现。四是理财业务流动性风险管控压力较大。受股市、债市行情波动等影响，银行理财产品净值陆续出现波动，东部地区银行业机构不少产品一度“破净”。资管新规过渡期已结束，但投资者对理财产品净值化接受程度仍待提高，在市场波动较大的情况下，要警惕产品短期大量赎回而造成“踩踏”现象。五是声誉风险防控挑战增多。近年全国发生豫皖村镇银行事件、代销产品违约、高管涉案等多起负面舆情，此类事件外溢性较强，对区域内银行业声誉造成不良影响。部分中小银行风险抵御能力和危机应对能力不足，面对外部负面舆情，脆弱性进一步上升，声誉风险管控压力加大，一旦处理失当，可能会演变为流动性风险。

专栏2 银行理财净值回撤分析与应对

随着资管新规过渡期结束，2022年银行理财全面进入净值化、规范化发展时代。受国内外经济形势复杂多变、金融市场波动加剧等影响，银行理财出现两轮净值回撤，投资者经历直观的风险考验。

一、两轮净值回撤概述

（一）基本情况

1. 权益市场3月波动引发理财大面积破净。2022年初，俄乌冲突引发海外资本市场震荡，国内经济面临需求收缩、供给冲击、预期转弱三重压力，权益市场波动加剧。受其影响，3月1～27日，理财产品浮亏数量一路上扬，每日新增数十至几百只“破净”理财，破净率超过8%持续半个多月。截至3月末，全市场存续理财产品24940只，破净产品2324只，占比9.32%，主要为涉及投向权益类资产的“固收+”和混合类产品。

2. 债券市场11月起连续下跌引发第二轮理财净值回撤。受第四季度资金面收紧、疫情防控政策优化与房地产政策调整等因素影响，市场风险偏好回升，债券市场连续下跌，理财市场掀起年内第二轮净值“回撤潮”。理财破净产品数量一度超过6000只，12月末破净率19.93%，较上年末上升17.89个百分点。净值型短债产品赎回最多，甚至波及现金管理类产品，部分产品引发巨额赎回。

（二）主要原因

一是理财产品全面净值化，估值从摊余成本法向市值法转型。受宏观经济等内外部因素影响，底层资产价格波动显性化，并直接穿透至产品，产品净值波动明显增加。二是2022年末个人投资者数量达9671万人，相比机构投资者，个人投资者对净值化接受程度有限，更在意短期业绩波动，市场震荡时大量赎回引发负反馈。三是部分产品成立期较短，“安全垫”累积不足，难以覆盖市场波动风险导致破净。四是部分机构缺少风险对冲工具，对冲风险能力有限。

二、投资者反应与机构处置情况

面对两轮净值“回撤潮”，个人投资者恐慌心理较强烈，主要表现为：短期大量赎回产品，部分产品触发大额赎回；对银行和理财公司的投诉量有所增加。此外，部分投资者还向理财公司提出调整投资经理、封闭期内提前赎回产品、赔偿本金损失和按业绩基准兑付等要求。对此，理财公司也采取多项应对措施：一是及时做好投资者解释工作。通过微信公众号等多渠道向投资者普及产品和市场风险情况，组织路演交流等方式安抚投资者情绪。二是做好应急预案，备好充足流动性资产，防范流动性风险，应对赎回压力。三是调整持仓结构，控制产品杠杆和久期，把握因情绪导致的市场超跌机会；同时，购买自家理财产品，向投资者传递信心，如3～4月兴银理财等5家理财公司合计出资28.5亿元认购自家公司旗下理财产品。四是12月以来理财公司推出一些采用摊余成本法估值和混合估值法的理财产品，有效平滑收益曲线，维持资产规模。五是部分机构减费让利，折让管理费，让利投资者，减少集中赎回。

三、应对理财净值波动的对策建议

一是提升净值管理能力。理财机构要提高投研能力，密切跟踪市场变化，及时调整投资策略，积极挖掘优质资产的长期投资价值；同时，逐步丰富风险对冲工具，对冲风险锁定价差，降低净值回撤影响。二是加强投资者适当性管理。理财机构要在了解客户与产品基础上做好客户与产品适当性匹配，完整、准确、真实披露相关信息，充分告知投资产品可能存在的风险，保护投资者合法权益，做到“卖者尽责”。三是强化投资者教育。净值化转型后净值波动将成为常态，两次“回撤潮”表明低风险不等于无风险，更不等于保本。投资者要破除刚兑理念，强化风险意识，树立“买者自负”理念，做好预期管理，理性看待理财产品收益波动。

资料来源：中国人民银行福州中心支行、厦门市中心支行、宁波市中心支行。

四、证券业服务创新能力不断增强，结构性问题仍需重视

2022年，东部地区证券业主动融入经济发展大局，积极服务资本市场改革发展，服务实体经济和居民财富管理的能力进一步提升。一是法人证券公司资产规模保持增长。2022年末，东部地区共有法人证券公司101家，与上年同期持平；资产总额9.21万亿元，同比增长4.64%；净资产2.23万亿元，同比增长4.64%，资本实力持续得到夯实。二是上市公司数量稳步增加。

截至2022年末，东部地区共有境内上市公司3643家，占全国境内上市公司总数的71.73%；市值合计57.96万亿元，占全国境内上市公司总市值的73.35%。三是融资功能持续发挥。2022年，东部地区上市公司通过股票市场累计募集资金11313.78亿元，同比增加860.49亿元，增长8.23%；其中，首发募集资金4664.18亿元，再融资6649.60亿元。四是服务创新能力进一步增强。2022年，东部地区7家证券公司取得首批科创板做市商资格（全国共8家）；山东省科技创新债、低碳转型债、碳中和绿色债券融资超百亿元，首单租赁住房类REITs产品成功发行；深圳市头部证券公司加大境内外协同力度，强化国际化经营能力，为广大投资者提供完整的跨境投融资、产品交易、风险管理解决方案。

东部地区证券公司业绩波动幅度大、地区间差异显著等问题仍需重点关注。一是证券公司营收大幅下降。受市场波动影响，东部地区法人证券公司全年实现营业收入2666.58亿元，同比下降35.01%，降幅高于全国证券公司平均水平13.63个百分点；净利润1035.81亿元，同比下降36.63%，降幅高于全国证券公司平均水平11.1个百分点。二是地域间发展不平衡现象明显。2022年末，广东省、浙江省、江苏省、北京市、上海市共有上市公司3010家，占东部地区上市公司数量的82.62%；全年IPO家数278家，占东部地区全年IPO数量的86.34%，区域分化进一步加大。2022年末，海南省上市公司数量28家，全年无新增上市公司，暂无IPO在审企业，且因转板或退市，数量较上年减少6家。河北省近七成上市公司分布于钢铁、化工、煤炭等传统行业，新能源、科技、生物等高新技术产业上市公司数量较少，年末高风险和次高风险类公司占全省上市公司总数近10%。三是私募基金风险防范处置压力较大。当前东部部分地区“伪私募”等非法金融乱象仍较活跃，一些管理人合规风控意识薄弱，未登记备案的私募基金存量大，游离于监管之外，部分私募机构存在空壳失联、到期不能清算，甚至涉嫌非法集资、合同诈骗，易发生群体性事件。2022年末，深圳市到期未兑付私募基金1449只，合计规模1672.5亿元，涉及627家私募机构。部分地区新设和迁入私募基金数量快速增长，一些私募机构“带病”迁入，私募基金注册地和主要经营地分离等问题较为突出。四是上市公司退市数量显著增多。2022年，东部地区共有23家上市公司退市，较上年增加10家；其中，强制退市22家，较上年增加13家。上市公司退市数量增加，体现了常态化退市机制逐步健全下市场优胜劣汰功能进一步强化和完善，但也要关注退市公司数量增加对投资者、资本市场秩序和地区金融稳定可能带来的负面影响。

专栏3　北交所开市一年运行情况及主要问题

北交所开市一年来，市场运行总体平稳，制度日臻完善，功能定位渐显，但仍存在流动性不足、发行定价方式有待完善等问题，需进一步增强市场便利度，优化发审定价机制，强化投资者教育。

一、北交所一年来运行情况[①]

截至2022年末，北交所上市公司162家，总市值2110.3亿元。全年完成83家公司首

① 资料来源：北交所官网、Wind。

次公开发行和3家公司再融资，金额合计167亿元，服务政府债券发行9502.4亿元。上市公司主要分布在江苏（27家）、广东（23家）、北京（15家）、山东（14家）和浙江（14家）五省市，合计占比57.4%。

（一）流动性和估值水平符合中小股票特征

截至2022年末，北交所市值低于10亿元的公司占比71.6%，流通股本占全部上市公司股本52%。开市以来日均成交13.6亿元，换手率1.9%，整体流动性水平符合中小市值股票特征。当前整体市盈率约20倍，较开市初期超过40倍的市盈率明显下降，市场定价渐趋理性。

（二）制度规则不断完善

北交所总体平移了新三板原精选层的各项基础制度，自成立之日起即试点注册制。设置四套上市标准，包容不同类型、不同阶段的中小企业多元化上市；落地转板上市办法，支持优质公司成长；发布融资融券业务规则，丰富投资者交易策略；上线北证50成分指数，填补宽基指数空白；就做市交易规则征求意见，改进交易定价机制；调降交易经手费，切实让利市场。

（三）服务创新型中小企业发展目标初见成效

上市公司中，国家级专精特新"小巨人"企业占比41.4%，中小企业占比81.5%，战略性新兴、先进制造、现代服务等产业企业占比84%；已公开发行股票累计融资336.2亿元，平均每家约2亿元，金额从0.4亿元至16.7亿元不等，形成了按需、小额、多次的接续融资机制。2022年年报显示，北交所上市公司超过九成实现盈利，研发支出67亿元，同比增长18.03%，其中七成公司研发投入同比增长。

（四）投资者构成日益多元化

北交所合格投资者数量超过526万户，参投公募基金数量达600余只，私募基金、社保基金、保险资金、QFII四类机构投资者均有入市。37家保荐机构布局业务，近1500家次机构开展上市公司调研，21家商业银行、80个省市政府积极对接合作，共同探索支持中小企业、发展普惠金融的新路径。

二、运行发展中存在的主要问题

（一）流动性不足，市场活跃度有待提升

北交所整体20倍的市盈率与科创板、创业板超过50倍的市盈率差距较大，市场活跃度仍有提升空间。2022年，近七成个股日均换手率不足1%，超半数股票日均成交额不足400万元，远低于创业板和科创板，且交易主要集中于新股和次新股，流动性明显不足且分化。主要原因有：一是准入门槛较高，个人投资者准入资金条件为不低于50万元，远高于创业板，众多中小投资者无法入市交易。二是交易费用较高，北交所交易经手费0.5‰，券商交易佣金约0.8‰，均明显高于沪深两市，在一定程度上抑制了市场交易活跃度。三是市场容量小，北交所股票市值和流通盘小，上市公司数量尚未形成规模，缺少做市交易机制且可投资品种较少。

（二）发行制度和定价方式有待改进

一是首发项目实施全额预缴、比例配售制度，投资者需要全额预缴认购资金，但只能获得一定比例的配售额度，大量资金被冻结不利于提高市场效率。二是直接定价发行需参照已上市公司市盈率确定最低发行价格，可能导致企业估值水平偏低。三是网下询价要求剔除报价最高的5%或10%的拟申购量，较高剔除比例加剧投资者间博弈，部分投资者因此“抱团报价”，弱化市场化定价作用。

（三）整体上市时效和转板衔接功能仍需提升

企业上市从受理到注册平均用时145天，最短仅72天，相比其他交易所具有优势。但企业上市前须在新三板挂牌满12个月，整体弱化了北交所审核效率的比较优势，部分优质非挂牌企业选择北交所意愿降低。此外，开市以来仅3家上市公司顺利转板至科创板和创业板，多家已申请企业终止转板。2022年以来符合条件的企业未再提出申请，显示出北交所转板功能尚未得到有效发挥，相关衔接机制仍需进一步完善。

（四）投资者教育工作相对不足

相比沪深交易所，北交所在投资者培训、教育深度和传播投资理念方面仍有差距，投资者普遍反映不清楚北交所的吸引力，认为其缺乏赚钱效应。部分投资者因不熟悉市场标的而无法作出有效的投资决策，降低了投资者参与意愿，也影响了北交所流动水平。

三、政策建议

（一）丰富市场供给，降低交易成本

应鼓励金融机构开发指数基金等产品，吸引增量资金入市。合理调整资金准入门槛，引入更多类型机构投资者，比照沪深交易所标准进一步降低交易费用。完善融资融券与做市交易机制，提升市场流动性和活跃度。

（二）完善上市审核和发行定价机制

优化上市直联审核机制，适当缩短企业挂牌时限，畅通申报前预沟通机制，提高上市审核效率，扩增市场容量。适时推行信用申购、市值配售制度，将网下询价的高价剔除标准与科创板、创业板相统一，提升市场化定价水平。

（三）加强与新三板的一体化发展，强化投资者教育和培训

持续深化新三板改革，培育好上市后备资源，将创新层企业纳入保险资金、社保基金等投资范围。加大投资者教育和中介机构培训力度，纠正投资者认知偏差，提升从业人员执业能力。

资料来源：中国人民银行营业管理部。

五、保险业服务经济社会质效进一步提升，转型发展任重道远

2022年，东部地区保险业稳步发展，业务结构不断优化，服务能力持续提升。一是保险公司资产及业务规模增长较快。2022年末，东部地区保险公司资产总额9.08万亿元，同比增长

11.24%，增速较上年上升2.64个百分点。全年实现原保费收入25928亿元，同比增长6.20%，增速较上年上升6.12个百分点。其中，人身险保费收入19013亿元，同比增长5.86%，增速较上年上升6.27个百分点；财产险保费收入6915亿元，同比增长7.14%，增速较上年上升5.68个百分点。二是保费收入结构进一步调整。人身险保费收入占比略有下降，东部地区全年人身险原保费收入占总保费收入的73.33%，同比下降0.24个百分点。从财产险看，随着非车险需求逐步释放及保险业加强培育新的增长点，车险业务占比继续回落，车险保费收入占财产险总保费的比重降至62.57%，同比下降0.46个百分点。三是保险渗透水平有所提高。2022年末，东部地区保险密度和保险深度分别为4583元/人和4.17%，较上年分别增加271元、上升0.05个百分点，分别高出全国平均水平1257元和0.29个百分点。北京市保险密度和保险深度分别为12604元/人和6.13%，均居全国第1位。四是保险服务水平不断提升。东部地区保险业服务保障民生功能持续发挥，有力支持实体经济提质增效。上海市推出"保险码"平台，面向保险消费者提供一码通查、一码通保、一码通赔、一码通服、一码通代、一码通达等服务，提升保险产品服务的数字化和便民化水平。福建省保险业全年累计提供风险保障163.53万亿元，同比增长39.01%，其中为台胞台企提供风险保障738.78亿元，同比增长120%。海南省推动猪饲料"保险+期货"、鸡蛋价格保险等新险种落地，并推动地方财政蔬菜收入保险在海口、三亚试点。

整体上看，东部地区保险业保障功能不断增强，但行业发展也面临一些不容忽视的问题。一是人身险公司在保费收入和利润增长上短期面临困境。从负债端看，当前人身险行业进入高质量发展期，传统"跑马圈地"式的粗放发展模式已不具备可持续性，在代理人队伍持续萎缩、人均新单产能提升不明显、渠道竞争压力加大等制约下，人身险业短期仍面临调整。2022年，东部地区人身险公司保费收入出现负增长情况较多，76家法人人身险公司中有15家出现保费负增长，且新单保费下降较为明显。从资产端看，2022年因股票、债券市场均承压较大，东部地区人身险公司投资收益普遍下行。保费增速及投资收益均不及预期下，东部地区法人人身险公司全年实现利润1278.09亿元，同比下降37.89%。二是财险行业"马太效应"加剧。车险综改下，中小财产险公司在非车险业务领域寻求突破，但因平台背景、渠道资源和人才储备相对匮乏，不少中小财产险公司未能取得明显成效，市场空间被大型财产险公司进一步压缩。2022年，东部地区保费收入排名前3位的财产险公司市场份额达70%左右。三是保险业市场运行秩序有待进一步规范。当前，部分保险公司在业务运营中仍存在销售误导、机构人员管理不到位等问题，保险诈骗、虚列中介业务、虚列费用等方式套取现金的现象仍时有发生。2022年，青岛市人身险公司报送业外涉刑案件2起、案件风险事件7起，其中代理人利用自身从业经历实施诈骗、引诱原保险客户或社会公众参与非法集资等问题比较集中，行业销售人员素质提升和风险管控任重道远。

专栏4　中小保险公司走出发展困局的经验与启示

近年来，保险行业经营环境发生剧烈变化，中小保险公司业务发展面临困境，主要表现为市场份额受到挤压、同质化竞争严重、渠道话语权偏弱、公司治理问题突出等。面对经营环境的不利变化，部分中小保险公司在依托股东资源、优化发展理念、完善公司治理、夯实差异化竞争优势、加强风控合规等方面多向发力，经营状况保持稳健，对其他中小保险公司走出发展困局具有较好的启示作用。

一、中小保险公司面临的经营困境

（一）市场份额之困

保险行业"马太效应"显著，头部公司占据大部分市场份额，中小保险公司生存空间受到严重压缩。2022 年，全国前 5 家人身险公司保费收入占比合计约 50%，前 5 家财产险公司保费收入占比合计约 75%。

（二）业务模式之困

中小保险公司同质化竞争严重，难以形成有效的盈利模式。人身险公司产品差异化较小，较多产品仍在降费率、丰富保障范围、提升保障责任等方面竞争。中小财产险公司车险业务价格竞争激烈，非车险业务风控和定价能力不足，赔付率和费用率呈现"双高"特征。

（三）渠道拓展之困

中小保险公司对外依赖较深，销售渠道"话语权"偏弱。人身险公司电销渠道收缩，代理人渠道无力建设，银邮渠道竞争加剧，保险业务价值率下降。财产险公司仍以车险业务为主，普遍受制于经销商、经纪代理公司等中介渠道，中介费用较高。

（四）公司治理之困

部分中小保险公司稳健经营理念不强，公司治理问题突出，股东行为不合规不审慎、董事会和监事会履职不到位、战略规划和绩效考核不科学等普遍存在。

二、中小保险公司转型发展的实践经验

面对上述困境，部分中小保险公司积极探索转型发展，经营情况保持相对稳健，总体来看有以下实践经验。

（一）切实利用股东资源

针对管理能力偏弱、客户积累不够等问题，部分中小保险公司充分利用股东现有资源，起到事半功倍效果。某中小人身险公司充分利用银行股东的渠道优势，银行代理新单保费约占九成，对保费收入规模起到重要支撑作用。

（二）切实坚持高质量发展理念

对于规模较难增长的现实困难，部分中小保险公司及时转变观念，坚持"重效益、轻规模"发展思路。某中小人身险公司注重长期现金流入，不追求过高增速，2022 年新单保费期缴占比达 75.64%，收入规模保持平稳增长。

（三）切实建立有效的公司治理机制

完善的公司治理是保险公司稳健经营的基本保障。某中小人身险公司两家股东实力相当，各委派 3 名董事组成董事会，形成既相互制衡又彼此成全的公司治理模式，从机制上杜绝股东不当干预，也避免了与股东间的关联交易风险。

（四）切实夯实差异化竞争优势

部分保险公司发挥自身优势，在细分领域做专做强。某中小财产险公司深耕电力电网

领域，不断强化成本控制，2022 年第四季度综合成本率仅为 83.87%，承保利润率达 16.03%，竞争优势明显。

（五）切实做好风控与合规经营

某中外合资人身险公司资产规模不到300 亿元，但风险综合评级始终保持在 A 级以上，核心和综合偿付能力充足率均大幅高于监管要求，投资端风险偏好保持稳健，2022 年末投资组合中固定收益类占比超过七成。

三、对中小保险公司可持续发展的启示

（一）不断强化“重效益、轻规模”的稳健经营理念

降低成长预期，放弃高增长、粗放式的经营理念，制定切实可行的中长期发展战略，不过度追求保费收入规模、牺牲保单业务价值。

（二）持续探索“小而美、专而精”的差异化发展道路

专注细分市场，实现特色化经营，在产品设计、销售渠道、增值服务等方面建立差异化优势，避免“人海战术”，逐步实现从流量经营到客户深耕转变。

（三）不断夯实“科学、高效”的公司治理机制

着力完善公司治理机制，既要维护股东利益，更要维护被保险人利益，建立严格的关联交易管理机制，切实防范股东不当干预和内部人控制。

（四）持续构建“自主可控、合作共赢”的销售渠道

充分挖掘资源禀赋，丰富销售渠道，减少单一渠道依赖，提升销售渠道话语权，注重建立长期稳定的战略合作关系。

（五）不断强化“风险为本、审慎经营”的内控思路

持续加强偿付能力建设，提升偿付能力水平，做好资产负债管理，更好实现久期匹配、成本收益匹配，推动合规文化建设，确保公司稳健运营。

资料来源：中国人民银行深圳市中心支行。

六、区域金融改革创新不断深化，金融业对外开放稳步推进

2022 年，东部地区继续勇立潮头、担当作为，金融发展不断迈向绿色普惠之路，科技赋能金融加速提质增效，金融对外开放稳步推进，区域金融改革取得显著成效。

一是绿色金融改革质效提升。天津市建立绿色金融服务联席会议机制，完善绿色金融标准体系，充分发挥碳减排支持工具、绿色金融评价工作的激励作用。研制绿色租赁相关标准，推动国内首份金融租赁公司环境信息披露报告出台。浙江省湖州市积极探索绿色金融与转型金融有序衔接，率先出台《深化建设绿色金融改革创新试验区 探索构建低碳转型金融体系的实施意见》，为转型金融发展路径、低碳转型金融服务方式、“双碳”有序推进提供了科学指南，相关经验做法写入 G20 可持续金融工作组成果报告。深圳市有效运用碳减排支

持工具激励引导金融机构加大碳减排贷款、绿色信贷投放，2022 年末绿色贷款余额同比增速高于各项贷款增速 35.8 个百分点。落地全国首单“乡村振兴”绿色金融债券和银行间市场粤港澳大湾区首单“蓝色债券”，全年银行间市场“绿色债券”发行规模同比增长 260.7%。

二是普惠金融改革纵深推进。山东省完善全省普惠金融发展监测评估体系，持续推进普惠金融示范区建设，新泰市成功入选中央财政支持普惠金融发展示范区。加大临沂市国家级普惠金融服务乡村振兴改革试验区建设推进力度，打造普惠金融支持乡村振兴样板。江苏省金融支持乡村振兴试点工作成效明显，构建网格化金融服务体系，实现普惠金融与物流、电商等“一站多能”，推动农业保险“一站式”服务。持续增加试点乡镇金融资源供给，试点乡镇从 19 个扩展到 60 个。浙江省丽水市运用区块链技术建成全国首创、服务于丽水市域外小超市和小宾馆的“两小”创业通平台，特色收单申请、融资办理、特色理财、银行卡申请、金融信息查询等 5 项金融服务实现线上办理，普惠金融服务可得性有效提升。

三是科创金融改革成效显著。北京市继续推动北交所高质量扩容，转板制度、交易制度、融资融券等多项改革举措稳步推进，为一大批创新型中小企业提供融资服务，全年上市的 162 家公司中有 67 家为国家级专精特新“小巨人”企业，继续彰显服务于创新型中小企业的特质。2022 年 11 月，《上海市、南京市、杭州市、合肥市、嘉兴市建设科创金融改革试验区总体方案》正式印发，科创金融改革迎来扩容，东部地区各省市迅速行动，加快推进科技、产业、金融深度融合。上海市积极引导金融机构加大科创企业信贷支持，“3 + X”科技信贷产品体系初步形成。山东省济南市自 2021 年 11 月获批全国首个科创金融改革试验区以来，科创金融专营和特色机构加快成立，涵盖科创企业全生命周期的特色金融产品体系逐步形成，44 项科创企业专项信贷产品创新推出。截至 2022 年末，全市已设立科技分（支）行等科创金融专营（特色）银行机构 20 家、科创金融事业部（中心）12 家，科创企业贷款余额同比增长 13.1%，其中纯信用贷款余额同比增长 25.64%，高于各项贷款增速 13.64 个百分点。

四是金融业高水平高质量对外开放稳步前行。深圳市与香港间人民币跨境收付额达 2.6 万亿元，占同口径本外币跨境收付额的 51.3%，人民币连续三年成为深港间第一大跨境结算货币。优质企业贸易外汇收支便利化、跨国公司本外币一体化资金池、高新技术和“专精特新”企业跨境融资便利化等改革不断深化。福建省深化跨境金融服务平台试点，促进贸易投资外汇收支便利化试点提质扩面。发挥对台政策优势，支持闽台产业合作，推进闽台优势产业链供应链价值链融合。继续推进对台征信合作，拓展台企资本项目便利化试点成效。海南省不断建设完善自贸港金融政策体系，加快重点领域和关键环节改革，推动放宽外商投资企业外汇资本金使用范围、取消非金融企业外债逐笔登记、扩大可跨境转出的信贷资产范围和参与机构范围等政策落地实施。

七、定量评估

运用区域金融稳定定量评估模型，对东部地区的区域金融稳定状况进行评估。从定量评估结果看，东部地区 2022 年金融稳定状况综合得分为 75.2 分，较上年下降 4.0 分，高于全国平均水平0.8分，处于较稳定区间①。其中，各项得分均高于全国平均水平（见图16）。

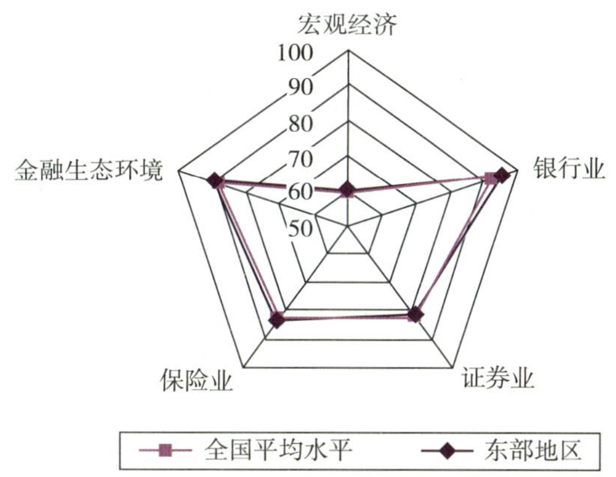

图16　2022年东部地区金融稳定状况和全国平均水平的比较

从具体指标得分变动情况看，东部地区共有5项指标较上年有所上升，14项指标较上年有所下降，6项指标与上年基本持平。宏观经济方面，地区生产总值增长率、第三产业增加值增长率、全社会固定资产投资增长率、社会消费品零售总额增长率、进出口总额增长率、城镇居民可支配收入增长率、农村人均纯收入增长率和典型城市房地产销售价格指数得分均较上年有所下降，宏观经济整体得分较上年下滑明显。银行业不良贷款率得分有所上升，核心资本充足率和流动性指标有所下降，综合得分较上年略有下降。证券业净资本负债率指标有所改善，盈利能力指标延续下降态势，综合得分与上年基本持平。保险业应收保费指标止跌回升，寿险公司退保率有所改善，推动综合得分边际上升。金融生态环境维度各指标均保持基本平稳，得分较上年总体持平（见表5）。

表5　2022年东部地区评价指标及其得分变动情况

指标分类	变动方向	评价指标	得分变动情况		
			上升	稳定	下降
宏观经济	↓	地区生产总值增长率			✓
		第三产业增加值增长率			✓
		全社会固定资产投资增长率			✓
		社会消费品零售总额增长率			✓
		实际利用外资增长率			✓
		进出口总额增长率			✓
		城镇居民可支配收入增长率			✓
		农村人均纯收入增长率			✓
		居民消费价格指数	✓		
		城镇登记失业率			✓
		典型城市房地产销售价格指数			✓

① 将定量评估结果进行五大区间的等级评估：非常稳定（95分及以上）、稳定（80～95分）、较稳定（70～80分）、较不稳定（60～70分）和不稳定（60分以下），稳定、较稳定和较不稳定区间得分上限均不包括在本等级内。

续表

指标分类		变动方向	评价指标	得分变动情况		
				上升	稳定	下降
金融机构	银行业	↓	核心资本充足率			✓
			不良贷款率	✓		
			资产利润率		✓	
			流动比率			✓
	证券业	→	净资本充足率		✓	
			净资本负债率	✓		
			资产利润率			✓
	保险业	↑	应收保费率	✓		
			保费收入增长率			✓
			寿险公司退保率	✓		
金融生态环境		→	法治环境调查综合得分		✓	
			地方财政收入占 GDP 比重		✓	
			银行服务密度		✓	
			数据库覆盖率		✓	

注：表中“↑”代表上升，“↓”代表下降，“→”表示稳定。

综合历史数据考察区域金融稳定变动趋势，东部地区 2022 年金融稳定综合得分出现一定程度的下降，但仍处于较稳定区间（见图 17）。分项来看，宏观经济得分有所下降，近年波动较为明显；银行业得分较上年略有下降，但仍处于稳定区间；证券业得分与上年相比基本保持平稳；保险业得分终止连续三年下降态势，较上年出现上升；金融生态环境得分保持稳中有进趋势（见图 18）。

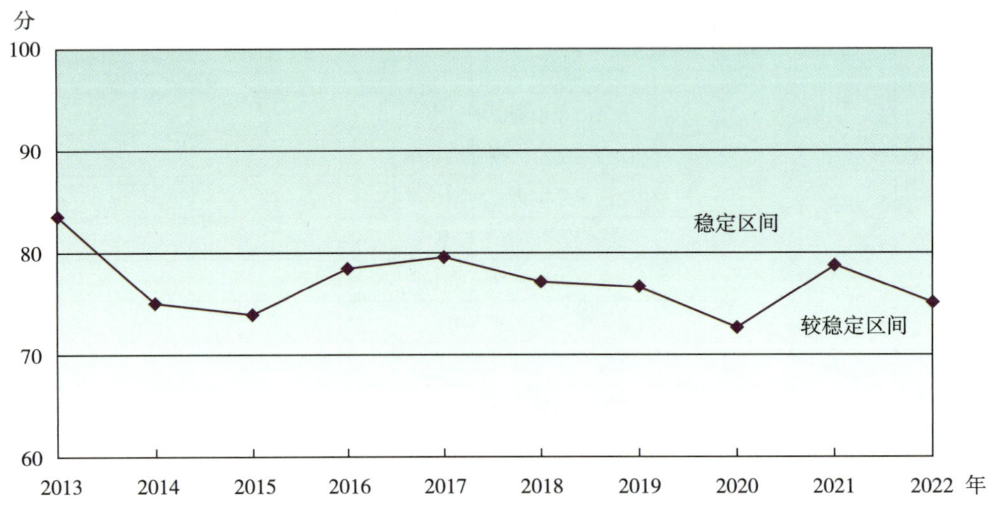

图 17　2013—2022 年东部地区金融稳定综合得分趋势

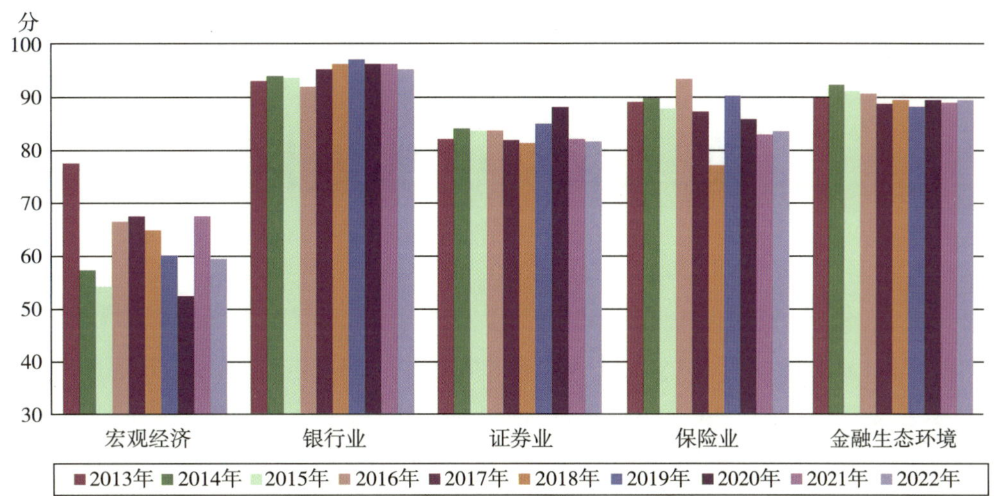

图 18　2013—2022 年东部地区金融稳定状况的比较

第三章　中部地区

2022年，面对复杂的国际环境和艰巨繁重的改革发展稳定任务，中部地区坚持稳字当头、稳中求进发展总基调，区域经济顶住压力稳步发展，产业结构持续调整，银行业资产负债规模与盈利水平稳步上升，资本市场融资能力增强，保险保障功能提升，区域改革化险持续推进，风险总体收敛可控。同时，维护地区金融稳定形势仍面临不少挑战，经济持续恢复基础有待巩固，中小银行健康发展面临一定问题，企业债务、房地产、地方政府债务等重点领域风险值得关注。

一、经济运行企稳回升，持续恢复基础有待加强

2022年，中部地区积极贯彻落实稳住经济“一揽子”政策，经济持续恢复、稳定向好，三次产业高质量协同发展。全年实现地区生产总值26.65万亿元，同比增长3.98%，高于全国增速0.98个百分点；地区生产总值占全国比重为22.15%，较上年上升0.16个百分点。一是产业结构持续调整，第二产业占比有所提高。三次产业结构由2021年的8.63∶41.35∶50.02调整为8.52∶42.28∶49.20，第一、第三产业占比分别下降0.11个、0.82个百分点，第二产业占比提高0.93个百分点；第一、第二产业增加值同比分别增长4.13%、5.49%，分别高于地区生产总值增速0.15个、1.51个百分点，农牧业、工业综合生产能力提高。二是总需求保持增长，进出口贸易总额增长较快。2022年，中部地区全社会固定资产投资（不含农户）23.98万亿元，同比增长8.9%，高于全国平均水平3.8个百分点。社会消费品零售总额10.76万亿元，同比增长1.5%，高于全国平均水平1.7个百分点。进出口贸易总额3.78万亿元，同比增长12.91%，高于全国平均水平5.21个百分点，主要由于出口同比增加较多。三是居民收入稳步增长，物价水平温和上涨。中部地区城镇、农村居民可支配收入同比增速分别在3.7%～6.4%、6.5%～6.8%。能源、食品等关键领域保供稳价成效明显，物价走势基本平稳，各省居民消费价格指数同比增幅区间为1.1%～2.1%。四是工业转型升级成效明显，新动能加速成长。2022年，湖南省高新技术产业增加值同比增长12.7%，传感器、新能源汽车等新产品产量大幅增长。安徽省高技术制造业、装备制造业增加值同比分别增长10.3%、12.8%，对全省规模以上工业增加值增长分别贡献23.2%、69.9%。湖北省动能转换进程加快，高技术制造业增加值同比增长21.7%，新能源汽车、锂电池产量同比分别增长98%、7.7%。

在需求收缩、供给冲击、预期转弱三重压力背景下，叠加新冠肺炎疫情反复冲击影响，中部地区经济恢复基础尚不牢固。一是部分工业企业盈利收窄。2022年，中部地区部分省份工业

品出厂价格指数同比有所下降，少数省份工业品出厂价格指数降幅超过10%。受用工成本居高不下、购进价格涨幅持续高于出厂价格等因素影响，部分省份规模以上工业企业利润同比有所下降。二是对外经济短期承压。2022年，中部地区进口总额1.22万亿元，同比增长3.23%，低于全国平均水平1.07个百分点，少数省份进口额降幅超过20%。各省进口商品主要以机电产品为主，高新技术产品比重总体较低。此外，个别省份外商直接投资出现下滑，如江西省2022年末实际使用外商直接投资金额同比下降5.3%。三是新动能发展不够均衡。个别省份对能源行业依赖程度较高，落后产能亟待淘汰，创新资源缺乏，新动能培育较为滞后。2022年，山西省工业技改投资同比下降1.7%，降幅较上年扩大13个百分点，较全省工业投资增速低13.4个百分点；工业技改投资中设备升级改造投资仅增长0.4%，增速较上年回落22.5个百分点。河南省高技术制造业增加值仅占规模以上工业的12.9%，低于全国平均水平2.6个百分点。

专栏5　能源行业转型风险研究

——以山西省为例

作为煤炭资源富集省份，山西省经济发展高度依赖以煤炭、煤电为主的能源行业，经济发展与低碳转型的矛盾尤为突出，面临较大转型风险。

一、基本情况

山西省煤炭资源储量占全国总量的23%，居全国第1位。依托自身资源禀赋，形成了以煤炭、焦炭、冶金、电力为主的产业结构，四大行业增加值约占全省生产总值的35%，贡献全省工业企业近80%的利润。其中，煤炭工业在整体工业中的地位和影响较大，煤炭产业增加值占全省规模以上工业增加值的一半以上，对全省经济贡献率保持在28%左右。全省一次能源消费中80%来自煤炭，对煤炭的消费和碳排放向电力行业集中，电力用煤占比约40%，碳排放量占比约52%，是煤炭消费占比最高、碳排放最密集的行业。

二、存在问题

（一）能源企业成本上升，经营情况恶化

受热电价格倒挂、长协煤兑现率低等多重因素影响，2021年以来煤电企业亏损较多，煤电企业“三改联动”① 进一步提高了经营成本。据测算，一台火电机组灵活性改造的费用为5000万~6000万元，总体上提前退役与灵活性改造（发电小时数降低50%~60%）将使煤电机组成本提高约40%。

（二）能源企业待搁浅资产②规模较大，风险向金融机构传导

煤炭方面，“十三五”期间，山西省累计化解煤炭过剩产能15685万吨，去产能过程中大量企业债务被搁置，违约风险突出。据调查，全省煤炭行业因产能退出涉及金融债务445.55亿元，受多种现实条件制约难以核销，煤炭企业历史包袱沉重。据测算，未来在2℃

---

① 针对煤电机组进行的三种技术改造，包括节能降碳改造、供热改造和灵活性改造。

② 指由于气候政策、市场监管、技术及市场变化等导致企业生产经营中的基础设施投资无法获得预期经济回报，资产价值过早被减记、贬值或转化为负债。

或1.5℃的升温情景下，山西省22%～38%的煤炭产能将面临搁浅风险，相关企业生产能力下降，偿债能力减弱，风险向金融机构传导，未来10年金融机构因煤炭行业资产搁浅而可能导致1000亿元信贷资产质量下降。煤电方面，山西省煤电机组平均运行年龄在11年左右，其中约80%为运行15年以下机组，资产搁浅风险较大。调查显示，山西省调火电装机中，30万千瓦及以下机组仍为主力发电机组。小机组能耗高、污染重，双碳目标下这些机组存在提前退役搁浅风险。据估算，未来10年山西省银行业可能面临178亿～224亿元火电信贷资产质量下降的风险。

（三）煤炭企业融资受限，债券违约风险上升

山西省煤炭债券发行人数量多，存量债券体量大，煤炭行业债券存续规模占全省债券存续规模近六成，债券市场融资依赖度较高。随着未来减碳力度加大，煤炭行业将面临越来越多来自政策和市场的冲击，煤企直接融资渠道可能受限，存续债券兑付或将出现困难。

三、政策建议

（一）紧抓能源革命发展机遇，加快绿色低碳转型发展

能源企业要全面贯彻国家能源革命战略部署，提前布局绿色低碳转型发展。加快煤炭和煤电、煤电和新能源、煤炭和煤化工、煤炭产业和数字技术、煤炭产业和降碳技术融合发展，逐步提升煤炭先进产能占比、新能源和清洁能源装机占比，尽量降低资产搁浅风险。

（二）增加金融产品及服务供给，助推能源行业平稳转型

金融机构要落实金融支持转型发展政策要求，将项目碳减排效果作为重要标准纳入企业授信评价体系，对符合绿色低碳转型发展的能源企业加大信贷支持力度。推出适应现阶段的转型金融产品，积极支持能源企业设备更新和技术改造。

（三）构建转型风险监测体系，提升转型风险管理能力

相关部门要加强对能源行业气候风险分析研判，完善气候压力测试等风险监测预警手段。建立能源行业企业、金融机构风险监测和预警机制，密切跟踪能源企业资金链异常、经营风险变化等情况，动态监测金融机构能源行业资产风险敞口及碳价波动等场景下对相关资产的减值影响，防范化石能源生产及高碳行业资产搁浅或市场退出的风险。

资料来源：中国人民银行太原中心支行。

二、银行业服务实体经济提质增效，中小银行发展内外挑战并存

2022年，中部地区银行业经营情况总体向好，金融服务实体经济质效不断提升。一是资产负债规模与盈利水平稳步上升。2022年末，中部地区银行业金融机构资产总额53.72万亿元，同比增长10.46%，增速较上年提高1.11个百分点；负债总额51.96万亿元，同比增长11.10%，增速较上年提高2.06个百分点。全年累计实现净利润4190.59亿元，同比增长2.78%。二是居民储蓄意愿较为强烈，中长期贷款占比有所提高。中部地区银行业金融机构各项存款余额41.29万亿元，同比增长12.75%。受国内疫情多点散发导致的居民收入增长放缓、

消费场景受限、生产活动受阻等因素影响，居民储蓄意愿明显上升。安徽省、江西省住户存款同比分别大幅增长20.45%、17.8%，湖北省个人定期存款增量占各项存款全年增量的72.8%。中部地区银行业金融机构各项贷款余额37.07万亿元，同比增长11.16%。其中，中长期贷款余额25.49万亿元，同比增长10.27%，中长期贷款余额占各项贷款比重为68.77%，较上年提高5.01个百分点。三是信贷支持重点领域力度不断加大。2022年末，安徽省普惠小微企业贷款余额9169亿元，同比增长24.5%，高于各项贷款增速9.2个百分点；新发放一般贷款加权平均利率4.67%，同比下降41个基点。河南省普惠小微贷款同比增长14.2%，高于各项贷款增速5.4个百分点；高新技术企业、科技型中小企业、“专精特新”企业贷款同比分别增长14%、16.7%和25.6%，分别高于各项贷款增速5.2个、7.9个和16.8个百分点。山西省银行业2022年支持能源保供企业926户，贷款余额6462亿元；支持产业链核心企业3720家，贷款余额9163亿元。四是不良贷款实现“双降”。2022年末，中部地区银行业金融机构不良贷款余额0.67万亿元，同比下降1.01%；整体不良贷款率1.80%，同比下降0.22个百分点。

中小银行风险仍需重点关注。一是信用风险化解及防控压力依然较大。个别省份不良贷款有所反弹、不良处置进度有所放缓；部分银行机构通过借新还旧、盘活重组等方式处置不良贷款，风险没有得到真正化解，反弹回潮压力较大。二是中小银行净息差有所收窄。在疫情冲击和经济下行背景下，叠加大型银行不断下沉经营重心，部分中小银行在县域市场的优质客户流失严重，一些中小银行净息差明显收窄，如湖北省多数农商行平均净息差较疫情前下降超过300个基点。三是金融科技支撑弱化。大多数农村中小金融机构金融科技力量薄弱，新产品、线上业务较少，数据基础、平台建设及新产品研发能力弱，专业的科技运维和开发人才匮乏。四是部分银行资金业务风险值得关注。2022年末，湖南省法人银行资金业务占总资产比例为39.7%，其中15家银行资金业务规模超信贷规模，在一定程度上存在经营偏离主业的风险。安徽省部分农商行穿透后持有AA+级以下及无评级债券占其投资的全部非金融企业债券比例超过50%。

专栏6　中小银行高质量发展面临的挑战与机遇

——以中部地区农合机构为例

农村合作金融机构（包括农商行、农合行和农信社，以下简称农合机构）是我国数量最多、覆盖最广的金融机构类型。截至2022年末，中部地区共有592家法人农合机构，占全国农合机构数量的26.86%。

一、发展现状

（一）资产负债规模稳步增长，增速高于全国银行业平均水平

截至2022年末，中部地区农合机构总资产和总负债分别为10.07万亿元和9.42万亿元，同比分别增长11.16%和11.69%，增速分别高于全国银行业平均水平0.96个和1.09个百分点，其中总资产规模首次突破10万亿元。

（二）资产质量阶段性好转，盈利能力较快增长

截至2022年末，中部地区农合机构不良贷款率同比下降1.16个百分点，为2019年以

来首次下降，且中部各省均有所下降。全年累计实现净利润424.29亿元，同比增长21%，高于同期全国银行业平均增速。

二、机遇与挑战

（一）内外挑战交织

一是外部冲击增多。从外部环境看，中小银行在与大中型银行的竞争中总体处于劣势，且因体量小而缺乏规模效应，存款综合成本普遍较高，存贷款净息差有所收窄。湖北省农商行平均净息差从疫情前的5%降至2%左右，大多数机构净息差下降超过300个基点。二是传统经营模式面临转型压力。农合机构对公业务以传统信贷为主，零售业务依赖线下营销，多数机构利息和投资收入占比超过98%。但从发展趋势看，科技创新驱动银行经营模式重构，客户获取金融服务方式发生转变，而农合机构系统建设滞后、数据营销闭环未打通、数据基础薄弱导致数据割裂，数字化转型相对滞后。三是信用风险防控压力较大。风险承担方面，农合机构主要分布在经济基础薄弱、优质客户有限的县域，业务面临风险相对较高。中部地区农合机构不良贷款余额占中部银行业不良贷款比重从2019年末的52.31%上升至2022年末的74.22%。四是内部管理和体制机制尚不完善。部分机构“三会一层”未形成有效制衡，公司治理严重缺失；部分机构偏离支农支小定位，贷款垒大户，同业业务和通道业务占比高。现行农信系统管理体制、省联社权责仍待进一步顺畅明晰；部分农合机构由当地政府或国企出资入股，存在资本监管不到位、股东职能未有效行使等问题。

（二）多重机遇叠加

一是体制机制改革步伐加快。部分省份研究制定省联社改革方案，如河南省改革方案已获批，将河南省农信联社改制为河南农商联合银行，自上而下构建“三级法人、两级股权纽带”的管理体制，同步推动市县法人机构改革，理顺股权结构、完善公司治理、推进系统重塑。二是支持政策不断扩围。2022年，人民银行、原银保监会、财政部联合在湖北、河南等省开展中小银行加快处置不良贷款试点，将部分农合机构纳入不良贷款批量转让试点范围。同时，地方政府专项债补充中小银行资本金力度加大，2020—2022年全国增加5500亿元地方政府专项债券，专项用于补充中小银行资本金。三是乡村振兴红利逐步释放。农合机构作为乡村振兴主力银行，在加快推进农业农村现代化、全面推进乡村振兴背景下将迎来广阔市场空间。

三、对策建议

（一）坚持服务“三农”定位，稳妥推进改革

按照市场化、法治化原则，因地制宜、积极稳妥推进省联社与基层（县域法人）行社改革，建立现代金融企业制度。

（二）加快转型步伐，实施差异化发展战略

完善产品服务与业务流程，走差异化发展道路，构建具有比较优势的经营模式。聚焦重点区域和重点业务，优化资产负债结构，提高风险防控能力。加大业务转型力度，发展“三农”中间业务，扩大收入渠道。借助金融科技赋能加速业务转型，探索借助金融科技打造“无接触、零延时、一站式”的智慧化金融服务。

（三）实施分类监管，激发中小银行活力

进一步完善商业银行法规体系，规范中小银行业务经营，促进业务创新。探索实施差异化监管，建立适合中小银行特点，服务“三农”、小微企业等领域的监管标准、监管方式和监管体系。

资料来源：中国人民银行武汉分行、郑州中心支行。

三、多层次资本市场稳步发展，证券公司业绩下滑等风险需关注

2022 年，中部地区证券期货业总体运行稳健，资本市场融资能力增强。一是法人证券机构资产规模稳步增长。截至 2022 年末，中部地区共有法人证券公司 12 家，与上年持平。法人证券公司总资产 8286.4 亿元，同比增长 3.54%；总负债 5801.11 亿元，同比小幅下降 0.53%。二是直接融资功能有效发挥。截至 2022 年末，中部地区共有 661 家上市公司，较上年增加 47 家。全年股票市场累计募集资金 1746.26 亿元，其中首发筹资 642.04 亿元，再融资金额 1104.22 亿元。三是上市公司经营效益有所提升，创新驱动力增强。安徽省 35 家信息技术、高端装备、生物医药等战略性新兴产业上市公司营业收入同比增长 10%。河南省 17 家上市公司营业收入超过百亿元，14 家净利润超过 10 亿元，61 家公司盈利水平高于上年同期；食品和新型材料业等优势产业进一步做强，净利润同比分别增长 22.52%、45.21%。四是私募基金规模有所增长。2022 年末，中部地区在中国证券投资基金业协会登记的私募基金管理人共计 1428 家，同比增长 1.42%；管理私募基金数量 0.51 万只、规模 1.08 万亿元，同比分别增长 15.53% 和 4.95%。五是产品业务不断创新优化。湖北省全年开展生猪、棉花“保险 + 期货”项目 13 个，总保障金额 6.91 亿元，总保费约 3300 万元。安徽省推动中金安徽交控高速公路封闭式基础设施证券投资基金上市交易，发行规模 108.8 亿元。郑州商品交易所采用“业务办法 + 品种细则”的体例结构，新制定 23 件品种期货业务细则，助力期货市场高质量发展。

专栏 7　郑商所优化业务规则体系　助力期货市场高质量发展

业务规则作为期货市场制度体系的基础一环，既是期货交易所自律管理的重要依据，也是组织交易活动、明确市场主体权责关系的具体行为规范。业务规则体系的拓展性、兼容性、内容合理性以及制定过程的公开透明性，对于优化期货市场法治环境至关重要。为满足期货市场高质量发展服务需要，郑州商品交易所（以下简称郑商所）自 2020 年起启动了对业务规则体系的系统性、大规模优化调整工作。新规则体系于 2022 年 8 月 31 日正式公布，自 2022 年 12 月 1 日生效实施。

一、优化业务规则体系的背景

郑商所成立于1990年10月，是国务院批准成立的首家期货市场试点单位，为期货合约集中竞价交易提供场所、设施及相关服务，并对期货市场进行市场一线监管。目前，郑商所共上市23个期货品种和8个期权品种，范围涵盖粮、棉、油、糖、果和能源、化工、纺织、冶金、建材等多个国民经济重要领域。郑商所在成立之初参考境外先进经验，于1993年制定了我国首部期货交易规则，为我国期货市场各项基础性制度的确立作出了积极贡献。但随着期货市场发展，特别是近年来郑商所期货品种数量增加、交割方式不断创新、国际化进程深入推进，原业务规则体系在具体应用中也出现了一些问题和短板。

一是拓展性和兼容性不足。原规则体系板块结构固化，对于新上市品种拟创新设计的交割、风险控制、异常处理等方面制度，难以在原规则体系中找到合适位置进行增设。二是稳定性不足。每当有新品种上市，原规则体系的交割、仓单管理、风险控制等多件业务规则均需修改，影响规则体系的整体稳定性。三是便利性不足。由于原规则体系按业务线条进行逻辑编排，品种特殊性规定与业务一般性规定穿插，影响规则的连贯性，给市场参与者理解和使用带来不便。尤其是随着郑商所国际化、多元化发展，境外关注度和参与度逐步提升，原规则体系与国际通行规则体例不一致、英文规则翻译用语不易于境外参与者理解等问题逐渐凸显。

二、优化业务规则体系采取的措施

为切实解决上述问题，郑商所借鉴境内外期货交易所规则体系安排，结合自身实际，采用“业务办法+品种细则”的框架对原有业务规则体系进行了大幅度改造重塑。一是对《期货交割细则》《标准仓单管理办法》《期货交易细则》《期货交易风险控制管理办法》进行拆分和优化。二是整合业务规则相关内容，形成23件品种细则。三是废止《保税交割实施细则》《夜盘交易细则》，相关内容调整到相应业务办法和品种细则。四是对《期货结算细则》等7件规则和22件期货合约进行表述规范及配套修改。在完善规则体系结构的同时，对规则内容进行衔接调整、抽象概括，对条文表述的规范性、科学性进行完善，确保规则拆分的准确性、完整性和规则层级的适当性。

三、取得的成效

本次规则体系优化实现了以下目标：一是扩展了规则体系的兼容性。打破原体系中固化的章节结构，品种采用的特殊制度安排均可在对应品种细则中进行规定，并根据市场情况灵活调整，规则体系的兼容性和拓展性得到提升。二是提升了规则体系的科学性和稳定性。在后续上市新品种、做精做细已上市品种等工作中，主要通过制定或修改品种细则实现，无须对业务办法进行修改，从而使业务规则的整体稳定性得到提升。三是更方便市场参与者理解使用。本次优化形成了针对具体品种的单行本规则，解决了规则连贯性不足问题，提高了市场参与者尤其是产业客户的使用便利性。四是实现与境外规则的更好融合。本次优化借鉴了主要境外交易所业务规则的编纂方式，更符合境外参与者的使用习惯，也有助于进一步完善英文规则文本，方便境外参与者使用。

郑商所优化业务规则体系发布后，整体运行情况良好，市场普遍反映使用更加便利，规则质量明显提高。2022 年，累计成交量 23.98 亿手，累计成交额 96.85 万亿元，分别占全国市场的 36.2% 和 24.1%，全年成交量排名全球第 8 位；日均持仓量 1139.6 万手，同比增加 21.3%，占全国市场的 35.1%。整体来看，郑商所市场规模、市场结构保持稳中有进的良好态势，持仓规模、法人持仓占比、产业参与度均创新高。

资料来源：中国人民银行郑州中心支行。

中部地区证券期货业部分风险因素仍需关注。一是部分省份法人证券公司业绩大幅下滑。受经纪业务手续费收入、投资业务收入下降等因素影响，中部地区部分法人证券公司业绩大幅下滑，其中江西省、河南省和湖南省法人证券公司全年净利润同比分别下降 67.71%、53.04% 和 23.14%。二是证券公司部分业务风险值得关注。个别资管产品违约时间长，涉及金额较大，风险化解和产品清算难度较大；一些证券公司开展的房地产资产证券化业务对市场风险和融资主体风险分析审慎性不足，到期后未能兑付；一些证券公司开展的股票质押业务对融资人准入资质审核不严，形成大额损失。三是部分上市公司股票质押比例处于高位。截至 2022 年末，中部地区共有 342 家上市公司开展股票质押业务，占上市企业总数的 51.74%；质押股份数量总计 578.58 亿股，占其总股本的 13.29%，高于 A 股平均质押比例 8.07 个百分点。其中，23 家上市公司大股东股票质押比例超过 80%，累计质押总数达 118.15 亿股。若股价大幅下降且股东缺乏追加担保能力，易触发平仓风险。四是私募基金相关风险值得关注。一方面，个别私募基金管理人偏离股权投资基金本源，以权益投资方式投资项目公司，再以特殊分红条款或回购等方式退出，此类交易模式存在风险隐患。另一方面，部分私募基金公司因违反合规要求被监管部门采取行政监管措施，涉及内控制度不完善、登记备案信息不准确、未谨慎勤勉履行管理职责与义务、基金财产被公司关联方占用等多方面问题。

四、保险保障功能持续发挥，行业高质量转型面临较多难点堵点

2022 年，中部地区保险业风险保障功能持续发挥，保险业服务和保障经济民生能力进一步提升。一是资产规模、保费收入平稳增长。2022 年，中部地区保险公司资产总额 24634.49 亿元，同比增长 12.96%。实现保费收入 9339.38 亿元，同比增长 3.38%。其中，人身险业务实现保费收入 6866.54 亿元，同比增长 2.2%；财产险业务实现保费收入 2472.84 亿元，同比增长 6.82%。二是保险业风险保障作用持续强化。全年中部地区保险公司赔付支出 3230.66 亿元，同比增长 1.35%。其中，人身险业务赔付支出 1630.25 亿元，同比增长 4.11%；财产险赔付支出 1600.12 亿元，同比下降 1.32%。三是保险支农工作取得新成效。安徽省加大农业保险发展力度，推动“农业保险 + 一揽子金融产品”开展试点。山西省农业保险支持实体经济力度持续提升，全年提供风险保障累计 1024 亿元，同比增长 8.33%。江西省落地全国首个养殖类“保险 + 期货”县域覆盖项目，保费总规模约 400 亿元，惠及 7436 户建档立卡贫困户。四是保险服务实体经济持续增效扩面。安徽省科技保险保障金额超过 3500 亿元，同比增加近 1.2 倍。山西省保

险业金融机构为1.56万户小微企业提供风险保障15亿元，同比增长45.99%。江西省实现“险资入赣”金额突破400亿元，有效拓宽省内重点企业和重大项目融资渠道。

保险业高质量发展仍面临一些限制因素。一是人身险公司发展转型面临较大压力。2022年，中部地区人身险公司保费收入同比增长2.2%，增速低于全国平均水平4.94个百分点。一方面，人身险产品同质化问题突出，主要集中于年金、重疾、百万医疗等热销产品，各家公司销售方案与目标客户群体较为雷同，竞争激烈，承保利润受到较大影响。另一方面，近年来人身险公司营销员数量下滑明显。安徽省保费收入排名前5位的人身险公司营销员数量合计5.93万人，较上年同期下降23.3%。二是部分中小财产险公司承保业务亏损。车险业务方面，受车均保费大幅下降和赔付率快速上涨影响，同时压降费用成本的手段和能力相对有限，中小财产险公司经营持续承压。非车险业务方面，头部公司在品牌影响、客户忠诚度、服务水平等方面优势明显，中小财产险公司市场拓展能力不足，渠道、品牌等均处于弱势地位。湖北省、安徽省均有财产险公司出现承保业务亏损，江西省财产险公司综合赔付率同比上升。三是保险公司投资收益下降明显。受国内外经济金融环境影响，金融市场出现大幅波动，“优质资产荒”下险企资产配置较为困难，部分法人保险公司投资收益率下滑明显，甚至出现投资亏损。四是规范经营水平仍需提升。一些保险公司存在公司治理不完善、内控制度执行不充分、风险管理不到位等问题，一些保险公司因存在虚构保险中介业务套取费用、未按规定使用经备案的保险费率、编制虚假财务和业务资料、利用自媒体对保险产品进行虚假宣传等违法违规行为被监管部门行政处罚。同时，“代理退保”问题仍旧突出，保险机构代理人诈骗案件明显增多，涉保矛盾纠纷频发，部分保险中介机构职业操守不强，消费者权益保护仍需进一步加强。

专栏8 保险专业代理公司和保险经纪公司运行及存在问题分析

保险业产销分离是大势所趋，近年保险公司为增强核心竞争能力逐渐把经营重心转移到产品精算、投资管理等后端事务，而把产品销售、承保、理赔和售后服务等非核心业务交由保险专业中介机构办理。本专栏结合中部地区保险中介发展现状，重点分析保险专业代理公司和保险经纪公司发展中存在的问题，并提出政策建议。

一、中部地区保险中介发展现状

近年中部地区保险业步入高速发展阶段，2022年实现保费收入9339.38亿元，近十年年均增速达12.22%。截至2022年末，中部地区保险专业中介机构合计325家，主要包括保险专业代理、保险经纪和保险公估三种类型。其中，保险专业代理公司252家，占比77.54%；保险公估公司41家，占比12.62%；保险经纪公司32家，占比9.84%。目前中部地区保险中介市场相对分散，尚未形成明显的头部效应，仍以保险专业代理公司为主，其中保险专业代理公司和保险经纪公司在助推保险业高质量发展的同时，也暴露出诸多问题。

二、现存问题

（一）违规操作顽疾仍然存在

一是保险专业代理公司违规代理现象仍较突出。二是保险公司与保险专业代理公司、保险经纪公司在业务财务等方面不真实、不透明，保险公司利用中介业务和渠道虚增成本、非法套利等问题仍然存在。

（二）机构专业化程度较低

一是保险专业中介市场发展仍较粗放，机构数量多但普遍规模较小，缺乏核心竞争力，整体运营和盈利能力较弱。二是保险专业代理公司依附于保险公司，多充当简单的交易媒介，未发挥专业顾问核心价值，行业话语权不足。

（三）合规内控管理缺失

部分保险专业中介机构公司治理不健全，风控能力较弱，股东或实际控制人利用机构进行违法违规操作时有发生，在“互联网＋”保险时代个别机构易异化为科技公司的引流和套利通道。

（四）从业人员素质偏低

员工队伍服务能力不足，未能有效发挥代理业务和经纪业务的独特优势，仍以产品销售而非用户需求为导向，且部分员工缺乏职业操守，误导销售和泄露客户信息问题突出。

三、多措并举推动行业规范发展

（一）有效管控主体，提高监管科学化水平

持续压实保险中介机构主体责任，探索建立分级分类管控制度，提高准入门槛，清退违规机构，逐步形成透明畅通、进退有序的保险中介市场。推进数字监管建设，逐步健全涵盖全部保险中介业务数据的信息平台，提升智慧监管能力。

（二）加大惩戒力度，推动机构经营合规化

不断健全中介机构风险监管体系，持续完善公司治理、风控合规和盈利能力监测指标体系、罚则体系，压实保险公司对各类中介渠道的管控责任，严厉查处保险公司和中介机构间的违法违规行为，提高违规成本，规范机构合规经营。

（三）加强人员管培，推动从业人员专业化

切实发挥保险中介行业协会自律功能，加大法律法规、职业道德、专业技能等培训力度，逐步提高从业人员整体职业素养。

资料来源：中国人民银行太原中心支行。

五、区域改革化险持续推进，重点领域风险传导仍需防范

2022年，中部地区金融改革持续深化，风险监测预警体系不断完善，金融风险总体收敛态势更加稳固。一是金融改革创新持续深化。安徽省推动合肥市科创金融改革试验区获批落地，积极推广科技贷款风险补偿资金池、“技术流”评价授信模式、“远期共赢”利率机制、“专精特新”中小企业贷款监测利率发布机制等，多维度为科创企业提供金融支持。湖南省深入推进供应链金融领域改革创新，7.9万家链属中小微企业通过供应链金融获得融资，户数同比增长60.6%，累计为近2700家科创企业发放知识价值信用贷款超过70亿元。二是地方法人中小银行

改革化险工作稳妥推进。河南省农村信用社改革方案获批，河南农商联合银行筹建工作有序推进，用于补充农信社资本的专项债券方案获批；中原银行吸收合并洛阳银行、平顶山银行、焦作中旅银行顺利完成，80 亿元补充中原银行资本专项债顺利发行。山西省成立农村信用社稳定发展基金，化解处置重点金融机构风险。三是风险监测预警不断优化，金融生态环境不断改善。江西省推进科技赋能，开发具有大数据特征的金融机构风险监测预警系统，同时依托金融业网络安全态势感知平台建立安全风险和漏洞隐患通报预警机制，加强银行业金融机构关键信息基础设施运行风险监测。湖北省加大金融债权胜诉案件执结力度，依法清收金融债权标的金额 253 亿元；推动政府性融资担保机构依法依规履行代偿义务，维护政银担合作业务良好生态。

中部地区部分重点领域风险值得关注。一是债券违约风险处置进程缓慢。截至 2022 年末，中部地区共有 35 家企业发行的 116 只债券发生违约，违约金额 759.54 亿元。违约企业多面临自身经营困难、资不抵债等问题，风险处置进展缓慢。二是房地产领域脆弱性仍需关注。一方面，房地产供需两端乏力。2022 年，中部地区房地产开发投资 28931 亿元，同比下降 7.2%；商品房销售面积 40750 万平方米，同比下降 21.3%，商品房销售额 28358 亿元，同比下降 25.7%。另一方面，中小房企融资风险可能向金融体系传导。受市场环境和消费者预期仍未完全恢复等因素影响，中小房企经营和现金流状况得到根本改善还需时间，短期内对业务关联银行资产质量可能造成较大影响。三是地方政府债务风险不容忽视。在当前土地出让市场低迷、部分地方财政持续承压背景下，个别财政实力较弱、债务到期压力较大的地区隐性债务化解风险仍需关注。部分省份存量地方政府债务倾向于采取商业银行贷款置换、发行非标债券融资工具等方式偿还，风险化解效果有待提升。个别省份存续公司信用类债券中城投债占比超过 70%，且七成左右城投债将于近三年到期，偿债时间集中，短期偿债压力高企。此外，一些私募基金产品实际开展债权投资，投向多地城投公司。随着产品陆续到期，叠加监管政策收紧，城投平台债务偿还可能面临较大压力。

专栏 9　预售制模式下房地产信贷风险特征及防控

当前，我国商品住宅项目多采用预售制模式，此模式下房地产开发商开发资金依次来源于前融机构[①]、银行开发贷款和购房者。《城市商品房预售管理办法》规定房屋开发进度达到 25% 即可开始预售，而购房者资金大部分来源于银行按揭贷款，因此银行事实上成为了最终的资金提供者。预售制模式下，由于部分房地产企业利用银行信贷资金与预售资金实行高杠杆运作，以及房地产企业收入来源单一且不稳定、行业监管不足等原因，房地产风险易向银行体系交叉传导。

一、预售制模式下房地产信贷的风险特征

（一）预售制度及配套融资体系变相为房地产商提供了加杠杆机会

在房地产开发项目中，开发商利用银行信贷资金与预售资金实行高杠杆运作。自 2015 年以来，湖南省房地产行业杠杆率（开发贷款与项目资本金的比率）快速上升，杠杆率在 3.3 倍及以上（项目资本金占比小于 30%）的项目占比从 2015 年的不到三成快速上升至

① 前融是指房地产开发商在拿到项目土地证前需获得的融资，一般用于支付土地出让金。

2018 年峰值的近五成，此后缓慢下降。在房地产行情较好时，后续项目资金回笼较快，房地产商可实现资金循环，但一旦销售不及预期，资金链断裂风险则较为突出。

（二）房地产企业收入来源单一且不稳定影响其偿债能力

预售开始后的房屋销售收入是开发商唯一的收入来源，销售情况受宏观经济、调控政策、房产品质等多重因素影响具有较大不确定性。特别地，进入开发阶段后开发商并不能因需求端的萎缩而停止投入资金，商品房销售收入可能无法覆盖房地产开发投资的持续投入。2022 年，中部地区商品房销售面积和销售额同比分别下降 21.3% 和 25.7%，远高于同期房地产开发投资的下降幅度（7.2%）。房屋销售不佳时，销售收入的下降和资金的持续投入会导致开发商资金紧张甚至资金链断裂。

（三）行业监管不足加剧银行信贷资金风险积聚

虽然相关部门 2022 年就出台了《关于规范商品房预售资金监管的意见》，但目前各监管要求间仍存在不系统不统一、预售资金监管主体缺位、违规提取预售资金等问题。同时，《城市商品房预售管理办法》规定开发商违规使用预售资金所受罚款不超过 3 万元，违规成本过低而难以产生威慑作用。若预售资金被挪用导致不能按时交房，楼盘业主选择停止偿还按揭贷款，最终风险仍将由银行承担。

二、政策建议

（一）完善房地产新发展模式的顶层设计与制度安排

摒弃高周转、高负债、高杠杆的旧发展模式，强化“房住不炒”，加快建立多主体供给、多渠道保障的住房制度，让住房回归民生定位，形成保障房体系与商品房体系并重、租购并举的新发展模式。

（二）建立与房地产发展新模式相配套的融资体系

在融资体系设计上，应坚持政策性住房金融服务体系与商业性房地产融资服务体系发展并重。在信用创新方面，应坚持激活现有存量与拓宽融资渠道并举，大力发展住房租赁 REITs 和商业地产 REITs，强化资本市场对房地产行业的支持，推动融资渠道多元化，避免信贷风险在银行集聚。

（三）强化预售资金监管

督促银行和开发商严格按照监管要求做好预售资金归集和发放，防止预售资金被挪用。利用好公众监督力量，要求开发商将开发项目的监管账户信息及资金情况适时进行公示。加大对挪用预售资金的房地产企业以及未履行预售资金相关监管要求的金融机构的处罚力度。严防房地产企业高杠杆运作行为，促进其稳健经营。

资料来源：中国人民银行长沙中心支行、合肥中心支行。

六、定量评估

从定量评估结果看，2022 年中部地区金融稳定状况综合得分为 76.9 分，较上年小幅回落

3.3分，比全国平均水平高2.4分，由稳定区间下调至较稳定区间。其中，宏观经济得分高于全国平均水平，金融生态环境得分略低于全国平均水平，银行业、证券业和保险业得分与全国平均水平基本持平（见图19）。

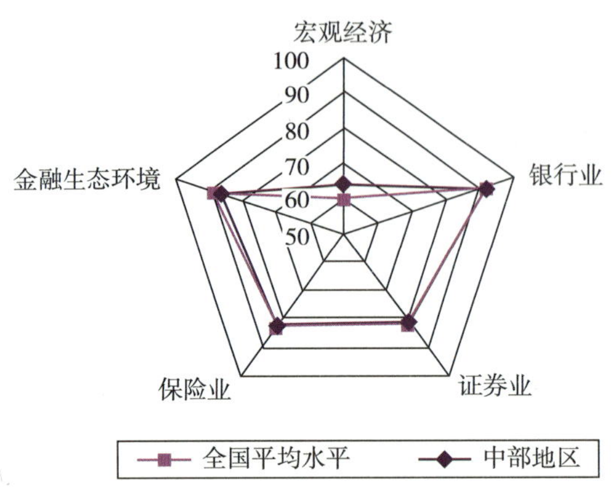

图19　2022年中部地区金融稳定状况和全国平均水平的比较

从具体指标得分变动情况看，中部地区共有6项指标较上年有明显上升，12项指标较上年有所下降，7项指标基本与上年持平。宏观经济方面，除实际利用外资指标得分有所上升外，其他指标均较上年下降或持平，综合导致宏观经济得分较上年下降较为明显。银行业方面，不良贷款率边际下降，流动性指标有所改善，其他指标均较上年基本持平，推动银行业综合得分较上年小幅上升。证券业净资本充足率有所下降，盈利能力和负债率指标基本保持平稳，综合得分与上年持平。保险业保费收入增长率指标有所改善，终止下行态势，但应收保费率和退保率指标有所恶化，导致综合得分较上年出现回落。法治环境调查综合得分和银行服务密度指标持续上升，中部地区金融生态环境得分持续上升（见表6）。

表6　2022年中部地区评价指标及其得分变动情况

指标分类	变动方向	评价指标	得分变动情况		
			上升	稳定	下降
宏观经济	↓	地区生产总值增长率			✓
		第三产业增加值增长率			✓
		全社会固定资产投资增长率			✓
		社会消费品零售总额增长率			✓
		实际利用外资增长率	✓		
		进出口总额增长率			✓
		城镇居民可支配收入增长率			✓
		农村人均纯收入增长率			✓
		居民消费价格指数		✓	
		城镇登记失业率			✓
		典型城市房地产销售价格指数		✓	

续表

指标分类		变动方向	评价指标	得分变动情况		
				上升	稳定	下降
金融机构	银行业	↑	核心资本充足率		✓	
			不良贷款率	✓		
			资产利润率		✓	
			流动比率	✓		
	证券业	→	净资本充足率			✓
			净资本负债率		✓	
			资产利润率		✓	
	保险业	↓	应收保费率			✓
			保费收入增长率	✓		
			寿险公司退保率			✓
金融生态环境		↑	法治环境调查综合得分	✓		
			地方财政收入占 GDP 比重			✓
			银行服务密度	✓		
			征信数据库覆盖率		✓	

注：表中“↑”代表上升，“↓”代表下降，“→”表示稳定。

从历年综合得分变动趋势看，中部地区 2022 年金融稳定状况综合得分小幅回落，下调至较稳定区间（见图 20）。分项来看，宏观经济得分有所下降，银行业得分稳中有升，证券业得分近年来基本保持平稳，保险业得分连续四年出现下降，金融生态环境得分呈逐年上升态势（见图 21）。

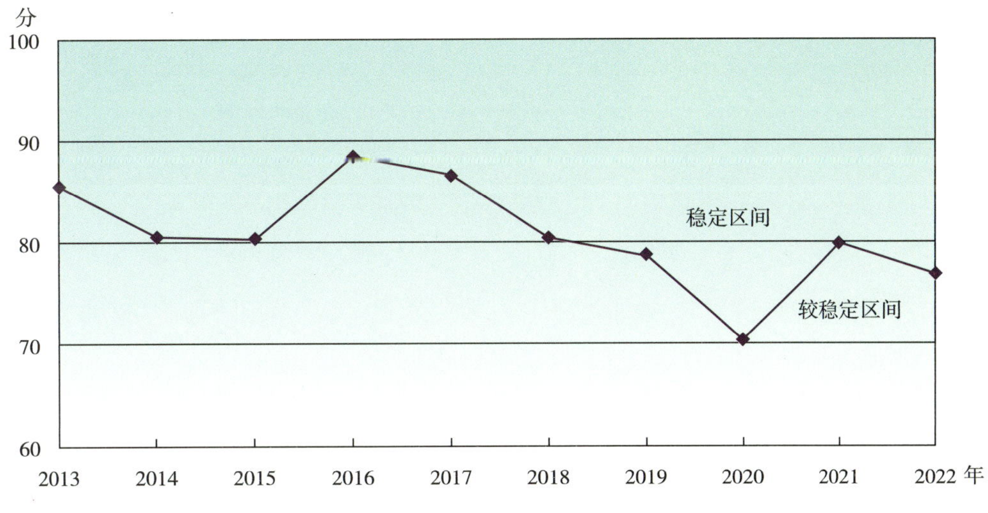

图 20　2013—2022 年中部地区金融稳定综合得分趋势

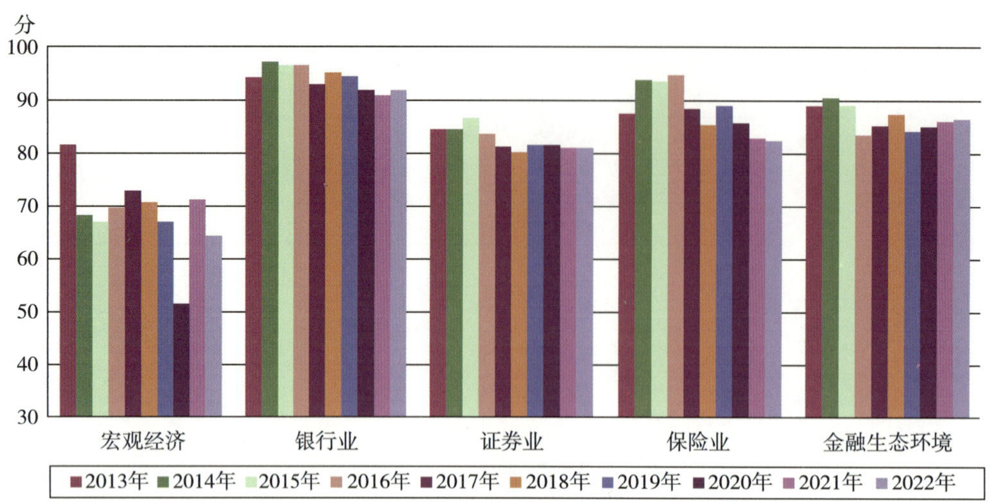

图 21　2013—2022 年中部地区金融稳定状况的比较

第四章　西部地区

2022年，西部地区坚持以习近平新时代中国特色社会主义思想为指导，坚持稳中求进工作总基调，高效统筹疫情防控和经济社会发展。宏观经济发展稳中向好，银行业运行整体稳健，证券业融资渠道进一步多元化，保险业规模稳步扩大，金融风险化解深入推进，金融服务实体经济质效显著提升。但西部地区仍存在经济企稳回升基础尚不牢固、银行盈利水平大幅下降、债券市场兑付压力不容忽视、保险市场发展相对滞后等问题需密切关注。

一、宏观经济延续恢复态势，稳固回升基础仍需加力

2022年，西部地区经济总体稳健，顶住压力稳中向前，实现地区生产总值25.7万亿元，同比增长3.3%，占全国生产总值的21.4%，同比上升0.3个百分点。甘肃、陕西、云南、内蒙古和宁夏经济增速位居西部地区前5名、全国前10名。一是固定资产投资稳步增长。2022年末，西部地区固定资产投资（不含农户）同比增长4.7%，内蒙古、宁夏和甘肃投资增速居西部地区前3位，同比分别增长17.6%、10.2%和10.1%，分别排全国第1、第3和第4位。工业投资、基础设施投资支撑作用明显，云南工业投资增长48.8%，内蒙古、宁夏和新疆基础设施投资同比分别增长35.3%、19.1%和18.6%。二是工业生产发展势头强劲。西部地区规模以上企业增加值同比增长6.9%，高于全国平均水平3.3个百分点，居全国各地区首位，实现利润总额2.2万亿元，同比增长55.6%。青海、云南和贵州高技术制造业投资同比分别增长110.0%、39.4%和20.3%，重庆新能源汽车、宁夏乳制品产量同比分别增长140.0%、29.5%。三是对外贸易保持增长态势。西部地区进出口总额5734.9亿美元，同比增长6.6%。新疆、青海和宁夏增速排名西部地区前3位，同比分别增长50.9%、31.4%和19.7%。内蒙古、甘肃对“一带一路”沿线国家和地区进出口额同比分别增长29.6%、23.8%。宁夏新设外商投资企业22家，实际利用外资同比增长55.0%。四是城乡居民收入稳步增长。西部地区城乡居民可支配收入28868.2元，同比增长5.2%。其中，城镇居民可支配收入42007.5元，同比增长3.7%，农村居民可支配收入16452.3元，同比增长6.5%。西藏、贵州和重庆城乡居民可支配收入同比分别增长6.9%、6.3%和5.5%。

受新冠肺炎疫情反复冲击、经济下行压力加大等不确定因素影响，西部地区经济企稳回升基础尚不牢固，保持经济高质量发展任务艰巨，仍存在一些问题值得关注。一是经济结构倚重倚能特征突出。2022年末，西部地区三次产业结构由上年的11.4:38.6:50.0调整为11.4:39.9:48.7，第二产业增加值比重上升1.3个百分点，青海、新疆和宁夏同比分别上升4.1个、3.7个和3.3

个百分点。特别地，西部地区是我国重要的能源富集地，以煤炭、煤电为代表的能源行业产量大、经济贡献度高，对地区经济发展具有重要支撑作用，但未来推进“双碳”转型将面临多重压力。二是消费复苏面临挑战。疫情对消费市场冲击明显，西部地区社会消费品零售总额同比减少1.0%，低于全国平均水平0.8个百分点，有9个省份呈下降态势，其中青海、西藏和新疆降幅最大，同比分别减少11.2%、10.3%和9.6%，分列全国下降幅度的第1、第2、第4名。三是房地产市场信心恢复缓慢。西部地区房地产投资出现下滑，房地产市场呈现量价齐跌态势，房地产开发投资同比减少17.6%，商品房销售面积和销售额同比分别减少27.7%和30.6%。

专栏10　西部地区煤电价格形成及变动影响分析

目前全国煤炭产能主要集中于晋陕蒙新4个省份，煤炭产量占全国比重超过80%。火力发电仍是当前我国电力供应的主要方式，2022年全国市场交易电价维持高位小幅波动，为西部地区能源结构优化改善和经济增长提供有力支撑。

一、煤炭价格传导与煤电价格形成

火力发电成本中燃料成本占比超过70%，上游煤炭价格决定了煤电企业成本和盈利性。

（一）电煤坑口价格组成及影响因素

坑口价格①主要由坑口成本和坑口利润组成，因原煤品种、开采条件和地方政策不同存在区域间差异。以2022年初鄂尔多斯市4500大卡动力煤坑口价格为例，年初坑口价格为460元/吨，因不同煤厂开采成本差异坑口利润在20%～30%区间，估算坑口成本为322～368元/吨。坑口价格主要影响因素包括各类税费和机械设备采购、维修、折旧费，分别约占坑口成本的20%和40%，人工及管理费约占10%。随着环保以及国家对煤炭资源管控趋严，企业税费负担呈逐年上升趋势，另外长协价规定的坑口价格上限也是影响坑口价格的政策因素。

（二）电煤市场价格组成及影响因素

电煤市场价格主要由坑口价格、装卸费、运费、港杂费组成。以2022年初内蒙古产4500大卡动力煤市场价格为例，年初到港（宁波港）市场价格②为870元/吨，其中运输费约占市场价格的40%，港杂费③约占7%，共计约410元/吨。坑口价格的高低是电煤市场价格波动的主要影响因素。以2021年10月4500大卡电煤为例，坑口价格较年初增长166.2%，而到港后的电煤销售价格较年初增长132.1%。

（三）电煤价格波动的其他影响因素

一是供给需求关系。煤炭行业位于第二产业最上游，与实体经济发展密不可分。

---

① 指煤炭从地下采集到坑道口买卖双方在坑口进行交易的价格，一般不包含煤价外的其他费用（如装车费、代发费、站台费、借户费、能源基金等）。

② 到港价格是指煤炭从生产地运输到目的地港口货场后的价格，不包括后续运输费、装卸费等其他费用。

③ 主要包括仓储、装卸、管理、装船等费用。

2003—2022 年，在供求变动中，煤炭行业经历了持续扩张产能、产能过剩、淘汰落后产能、能源保供 4 个阶段，煤价随之波动震荡。二是政策性限产。2021 年以来，从供给侧改革到“碳达峰”“碳中和”，再到保供稳价，西部地区煤炭行业受政策影响更加明显。2022 年，国家发展和改革委员会对煤炭行业执行了严格的政策管控，煤价波动明显减弱，中长期合同成为煤市稳定器。三是进口煤炭替代效应。中国煤炭对外依存度从 2008 年的 1.44% 持续增长到 2019 年的 7.46%。国内煤炭消费量大于煤炭产量，同时煤炭资源与消费市场逆向分布的国情也决定了仍然需要进口煤炭。四是国际大宗能源价格影响。目前内蒙古煤炭外运主要依靠铁路内燃机车运输，国际油价上涨会导致铁路和公路运费也随之增加，运输成本是煤炭市场价格持续上涨的主要影响因素。

二、煤电价格形成机制及变动影响

（一）电煤采购价格形成

电煤采购价格多以市场价格为主，部分电厂与煤企签订长协合同，长协合同采购量占比一般在 50% 以上，宁夏、青海等部分地区达到 97%，长协价通常比市场价低 10% ~ 20%。2022 年，西部地区发电用煤平均采购价约 850 元/吨。

（二）煤电价格形成及调整

除受电煤采购价格影响外，煤电价格还受煤电市场供需和电价调整政策等因素影响。火电企业发电后通过国家电网进行销售，基准电价主要供给城乡居民用户，上网电价通过场外双边协商或场内集中竞价（含挂牌交易）等市场方式在“基准价 + 上下浮动”范围内形成。2022 年，除城乡居民用电外，全国市场交易电量占全社会用电量比重达 60.8%，均按市场交易电价结算。西部地区煤电行业中，央企国企占比高，同时承担着重要的社会责任，煤电既是电力市场竞争主体，又是计划性保供的电源责任主体，其营收和经济效益易受到非市场化任务影响。此外，电网调峰对电价波动也产生一定影响。主要是火电企业对风能及光伏等可再生能源发电企业的让渡，因可再生能源发电具有不稳定性，为保持电网稳定输送，输送电网需要有 70% ~80% 的火电作为基础电量。当可再生能源企业调高上网电量后，火电企业需调低上网电量，目前内蒙古对深度调峰火电企业实施补偿，火电企业下调发电负荷 40% ~50% 可获得国家 0.4 元/度的补偿。

2022 年全国市场交易电量同比增长 39%，全年西部地区月平均市场交易电价维持在 400 ~ 500 元/兆瓦时，年均燃煤发电基准价约 300 元/兆瓦时，电价高位运行对资源优势明显的西部地区经济发展形成重要支撑。在落实“双碳”目标新要求和积极有效应对国际能源、极端天气负面影响等大背景下，2022 年西部地区化工、有色金属、石油煤炭及其燃料加工等优势产业经济增长明显高于其他行业，同时非化石能源发电投资和装机量同比大幅双增。宏观经济修复将进一步拉动电力消费需求，非化石能源发电装机上网有利于缓解电力供需平衡偏紧，优化能源结构，助力实现产业绿色低碳转型，促进区域经济高质量发展。

资料来源：中国人民银行呼和浩特中心支行。

二、银行业运行整体稳健，机构经营成效明显转弱

2022 年，西部地区银行业运行平稳，风险总体可控，金融服务实体经济提质增效。一是资产负债规模平稳增长。2022 年末，西部地区银行业资产、负债总额分别为 59.5 万亿元、57.3 万亿元，同比分别增长 9.2%、9.5%；各项贷款、存款余额分别为 42.1 万亿元、43.9 万亿元，同比分别增长 10.1%、11.8%，内蒙古、新疆、陕西等 7 个省份各项存款增速均超过全国平均水平。二是重点领域和薄弱环节支持力度不断增强。西部地区银行业不断加大制造业、绿色行业等重点领域和普惠小微、涉农等薄弱环节金融支持力度。贵州制造业中长期贷款同比增长 60.3%，四川、重庆绿色贷款同比分别增长 40.2%、36.0%，云南普惠小微贷款、涉农贷款同比分别增长 26.3% 和 14.0%，贵州普惠小微贷款同比增长 23.5%，支农支小作用进一步增强。三是风险化解处置取得实效。2022 年末，西部地区银行业不良贷款率 1.7%，同比下降 0.2 个百分点，四川、青海、内蒙古等 6 个省份不良贷款余额、不良贷款率实现双降。中小法人银行机构风险处置工作持续推进，内蒙古高风险机构①数量同比减少 9 家，贵州、青海、宁夏高风险银行机构阶段性清零。四是金融改革创新积极推进。重庆获批绿色金融改革创新试验区，成为全国首个全域开展国家级绿色金融改革创新试验区的省级经济体。陕西首个国家级普惠金融改革试验区落地铜川，区域金融发展进入新阶段。广西首创人民币与越南盾银行挂牌汇率“轮值报价、抱团定价”新模式。

专栏 11　贵州省推动实现存量高风险金融机构清零

近年来，在国务院金融委和人民银行总行领导下，在贵州省委、省政府统筹调度下，贵州省按照“稳定大局、统筹协调、分类施策、精准拆弹”总要求，强化金融委办公室地方协调机制（贵州省）和省政府金融工作议事协调机制协作配合，压紧压实金融机构、发起行和管理行、属地政府、监管部门四方责任，形成全省金融风险防控合力，推动全省高风险金融机构数量稳步下降，2022 年第二季度实现存量高风险金融机构清零，风险化解取得实效。

一、坚持高位推动，形成风险化解“一盘棋”

按照金融委决策部署，贵州省成立由省委书记和省长共同担任主任的金融风险化解委员会，将存量高风险金融机构化险作为各项工作的重中之重，以央行金融机构评级为标准制定全省高风险机构风险化解方案，明确时间表、任务书和路线图。建立防控金融风险联席会议制度，分管金融的常务副省长为召集人，人民银行贵阳中心支行主要负责同志为副召集人之一。联席会议按月调度风险化解工作，及时解决化险过程中存在的堵点、难点，压紧压实责任链条，切实增强处置风险的主动性和协同性，督促各方拿出真招实招化解风险。同时，成立高风险金融机构督导小组，前往金融机构所在市州政府和金融机构现场督

① 指央行金融机构评级为 8 – D 级的机构。

导风险化解进展，掌握风险化解“活情况”，做好化险工作问效问责；建立风险定期报告制度，第一时间报告存在问题，督促各项工作落到实处。

二、实行“一行一策”，真金白银化解风险

一是积极探索异地监管协调。针对发起行在异地的村镇银行，积极探索跨省联合早纠，搭建异地监管双向互通合作机制，共同压实省外发起行责任，有效推动风险化解处置进展。二是强化约束形成震慑。属地政府强化规范约束，严肃查处股东违法违规行为，确保后续风险化解工作顺利推进；农合机构管理行省联社、村镇银行发起行强化履职，追责问责高管失责失职行为，及时更换高管人员，提高决策层管理能力。三是真金白银化解风险。按照市场化、法治化原则，由优质银行承接原包商银行发起村镇银行股权，落实发起行职责；压紧压实责任链条，累计组织地方资源超过100亿元化解存量风险；积极申请地方政府专项债券补充中小银行资本，切实提升中小银行风险抵御能力。

三、建立长效机制，巩固风险化解成果

贵州省在全面落实化险措施的同时，积极构建金融风险“防护网”，制定高风险金融机构通报制度，重大风险及时通报所在地党委和政府主要负责同志，印发防范化解重点金融风险系列方案及问责办法，层层压实责任。持续完善风险监测预警机制，不断提升“治未病”能力，推动风险预警与央行评级、压力测试、资产质量评估等有效结合，强化指导支持和风险纠偏，有效压实金融机构主体、农合机构管理行和村镇银行主发起行责任，确保风险化解效果经得起检验，防止简单“数字化险、账面化险”。

辖内高风险金融机构清零工作顺利完成，为贵州省新引入央行再贷款资金超过120亿元，并对申建毕节普惠金融改革试验区、法人金融机构在公开市场发行债券等方面发挥了积极作用。但是，当前国内经济增长企稳向上基础尚需巩固，贵州省风险化解成果还不牢固，贵州省将持续加大对全省法人银行，尤其是刚刚“摘帽”机构的管理和帮扶，提升机构经营管理和风险防控水平。充分发挥地方党政主要领导负责的财政金融风险处置机制统筹协调作用，强化重点领域风险监测力度，提高风险监测的前瞻性和敏感性，牢牢守住不发生区域性系统性金融风险的底线。

资料来源：中国人民银行贵阳中心支行。

受新冠肺炎疫情反复、贷款利率下行等多重因素影响，西部地区银行业部分领域和机构风险防控压力依然明显。一是盈利水平大幅下降。2022年，西部地区银行业账面利润总额3704.0亿元，同比减少13.3%。除宁夏、四川、重庆、甘肃外，其他省份银行业净利润均出现不同程度的下降，两个省份出现亏损。二是信用风险防控形势仍然承压。2022年末，西部地区银行业关注类贷款余额1.4万亿元，同比增长8.4%。同时，受项目停工、房价下行、收入下降等因素综合影响，部分地区房地产领域信用风险有所上升，贵州个人住房贷款不良余额同比增长较快，个人住房贷款质量加速劣变，广西房地产开发不良贷款余额同比增长60.2%。三是中小银行高质量发展任重道远。广西约65%的法人银行资本净额增速低于资产增速，资本补充速度不及业务发展速度，新疆八成以上农合机构成本收入比不符合监管要求，内蒙古近三成村镇银行优质流动性资产充足率不达标。

三、直接融资功能进一步增强，债券违约等重点领域风险仍需重视

2022年，西部地区证券业市场运行总体平稳，上市公司融资能力进一步增强。一是法人证券公司资产负债规模持续扩大。2022年末，西部地区法人证券公司资产总额8500.9亿元，同比增长7.1%；负债总额5591.7亿元，同比增长6.8%。陕西、西藏法人证券资产总额分别为1627.9亿元、1971.6亿元，同比分别增长21.2%、16.0%。二是上市公司融资能力不断提升。西部地区上市公司共计599家，同比增加33家，市值合计11.6万亿元。四川战略性新兴产业融资活跃，新增上市公司15家，其中科技创新企业占比66.7%，行业集中在高精尖技术领域；28家上市公司股权再融资248.0亿元，同比增长102.5%。广西上市公司首发融资和股权再融资同比分别增长89.6%、260.0%。三是融资渠道进一步多元化。西部地区境内债券市场累计融资2.4万亿元，同比增长20.3%。云南通过交易所市场发行公司债券24只，融资233.54亿元，同比增长87.7%。贵州新三板融资规模29.3亿元，是2021年融资金额的97.7倍。陕西股权交易中心挂牌公司1569家，融资76.3亿元，同比增长3.4%。四是证券产品创新力度不断加强。四川发行首单科技创新公司债券，泸州发行首单乡村振兴公司债券，不断提升服务实体经济质效。重庆发行西部首单铁建渝遂高速公募REITs，融资47.9亿元，为基础设施高质量发展提供重要保障。广西制定“保险+期货”项目试点方案，顺利完成多个糖料蔗“保险+期货”县域覆盖项目。

西部地区证券业整体发展基础相对薄弱，债券市场违约风险和上市公司股票质押风险等需持续关注。一是债券市场兑付压力不容忽视。受国内外经济环境影响，企业经营业绩下滑，普遍面临较大偿债压力。2022年，贵州到期、回售公司债兑付比例仅51.8%，在融资环境日趋严峻形势下，若公司债发行人不能足额兑付债券金额，可能会出现债券偿付金额逐渐累积并加大违约信用风险的情况。重庆个别房企偿债压力较大，主要依靠展期缓释风险，未来存在较大不确定性。西藏个别城投企业频繁发债用于“借新还旧”，但自身盈利能力差、偿债能力弱，兑付压力持续加大。二是法人证券公司盈利水平下滑。受国内外经济形势变化和疫情反复等多重因素影响，西部地区法人证券公司经营持续承压。2022年，西部地区法人证券公司营业收入259.4亿元，同比减少19.3%；净利润56.2亿元，同比减少38.2%。内蒙古、贵州法人证券公司营业收入同比分别减少50.1%、58.2%，净利润分别为-9.7亿元、-5.8亿元。三是上市公司股票质押风险和退市风险仍需关注。新疆高质押比例上市公司5家，占全区上市公司数量的8.5%。西藏个别上市公司已多次被实施退市风险警示，经营形势依然严峻。陕西个别上市公司退市风险、流动性风险、违法违规风险及大股东违规占用资金等风险相互交织，潜在脆弱性较高。

专栏12 西部地区区域性股权市场发展现状及建议

西部地区区域性股权市场根据地方经济发展及产业特点，因地制宜为当地中小微企业提供培育、股权登记托管、投融资等资本市场基础服务和综合金融服务，有力地推动了地区中小微企业发展，但也存在挂牌展示企业实力偏弱、市场融资功能发挥不足、股权信息交互机制不健全等问题有待解决。

一、基本情况

西部地区共有11家区域性股权市场，除川藏两省区政府联合共建跨省区区域性股权交易场所外，其他省份均形成了“一省一市场”的区域性股权市场发展格局。截至2022年末，西部地区区域性股权市场共有挂牌展示企业2.88万家，股权登记托管企业1.28万家，股权托管金额9535.94亿元，投资者总数77.14万户，累计实现各类融资2255.69亿元。

二、主要问题

（一）挂牌展示企业整体实力较弱

为吸引中小微企业挂牌展示，一些省份在区域性股权市场成立之初便设定了低门槛甚至是无门槛的挂牌展示企业准入政策，致使场内企业质量良莠不齐，部分企业规模小、抗风险能力差。截至2022年末，西部地区11家区域性股权市场中，有6家市场场内超过30%的挂牌展示企业注册资本金在500万元以下，个别挂牌展示企业注册资本金不到100万元。这些企业多数处于创业或成长早期，缺乏市场竞争力，有的经营不规范不透明，难以吸引投资者。

（二）培育孵化能力有待加强

据不完全统计，截至2022年末，西部地区区域性股权市场累计转沪深交易所上市企业30家、转新三板挂牌企业110家、被上市公司和新三板挂牌公司收购企业11家，分别占全国数量的32.26%、13.08%和15.94%；有7个省份上述三项指标合计家数仅为个位，其中宁夏、云南、青海为零。总体来看，西部地区区域性股权市场挂牌企业上市培育机制尚不完善，同时市场会员多以银行、律所为主，资本市场中介机构参与度不高，不能根据挂牌企业不同发展阶段提供差异化的上市辅导服务，区域性股权市场向更高层次资本市场孵化输送后备企业效能明显不足。

（三）融资功能未得到充分发挥

西部12个省份中，在区域性股权市场进行过融资交易的企业数量不及所有挂牌展示企业总数的10%，超半数省份此比例甚至低至个位数。相较东部、中部省份，西部地区区域性股权市场与金融机构及投资者合作力度仍待加强，可供企业使用的融资产品工具偏少，融资业务较为单一。

（四）政策扶持合力尚未完全形成

国务院办公厅《关于规范发展区域性股权市场的通知》提出“区域性股权市场是地方政府扶持中小微企业政策措施的综合运用平台”，但实践中各地扶持中小微企业政策较分散，区域性股权市场作为政策综合运用平台的功能未完全实现。此外，虽然西部各省份均已出台支持区域性股权市场发展的政策及管理办法，但过半数省份文件制定于2016年至2018年间，且至今一直未予更新，部分规定严重滞后于发展需要。

（五）股权信息交互机制不完善

西部一些省份区域性股权市场股权登记信息对接和数据共享机制建设不完善，股权交易中心挂牌企业信息数据与市场监管部门信息变动不同步，由此可能导致相关市场主体之间获取股权信息不及时、不对称，产生企业股权重复登记、无效登记、虚假登记等问题，存在股权权属纠纷法律风险和经济风险。

三、政策建议

（一）持续提升挂牌展示企业质量

借助国家高质量建设区域性股权市场“专精特新”专板契机，推动本省区域性股权市场与地方发改、工信、金融、科技等部门建立健全优质中小微企业动态管理机制和名单推送共享机制，同时辅以配套惠企政策，引导更多优质中小微企业在区域性股权市场挂牌展示。

（二）提高挂牌企业孵化培育成效

可参考借鉴东部、中部做优做强区域股权市场省市经验，探索建立完善可持续的中小微企业上市孵化培育机制，融合资本市场中介机构力量，帮助有潜力的企业规范治理结构、健全财务制度和信息披露制度，助力企业进入更高层次资本市场。

（三）进一步优化融资服务

立足省情实际，结合场内各层企业特点和需求，联合金融机构设计形成差异化的金融产品体系，同时积极组织开展融资对接活动，为企业提供综合金融服务。地方政府可依托区域性股权市场建设中小微企业融资综合服务平台，促进融资对接。

（四）加强区域性股权市场政策供给

地方政府继续强化区域性股权市场监管和发展的主体责任，根据形势变化及时对区域性股权市场管理制度进行调整，并在加快培育市场企业服务群体、丰富市场综合化金融服务供给、打造各类政策综合运用平台、增强市场服务实体经济能力等方面予以专项政策支持。

（五）完善股权登记对接机制建设

加快建立与本省市场监管部门间的股权登记信息对接和数据共享机制，可由市场监管部门负责企业的初始登记，企业设立后的股权登记托管、变更、质押职能则由区域性股权市场承担。

资料来源：中国人民银行西宁中心支行。

四、保险业发展平稳有序，保险市场发展相对滞后

2022年，西部地区保险业严守风险底线，整体运行平稳。一是保险公司规模稳步扩大。

2022 年末，西部地区保险公司资产总额 2.2 万亿元，同比增长 10.8%。其中，财产险公司、人身险公司资产总额分别为 0.2 万亿元、2.0 万亿元，同比分别增长 1.8%、33.8%。实现原保险保费收入 8626.4 亿元，同比增长 0.2%。其中，财产险保费收入 2746.4 亿元，同比减少 0.5%，人身险保费收入 5880.0 亿元，同比增长 0.6%。二是保险保障力度有所减弱。西部地区保险业全年累计赔付支出 3093.7 亿元，同比减少 1.03%。其中，人身险赔付支出 1417.0 亿元，同比增长 3.7%；财产险赔付支出 1676.7 亿元，同比减少 4.7%。三是保险助力农业高质量发展。西部地区农业险保费收入 382.5 亿元，同比增长 17.5%。贵州政策性农业保险为 827.7 万户次农户及各类农业生产组织提供风险保障 2039.1 亿元，赔付支出 15.4 亿元，同比增长 36.5%。青海农业保险保障金额 620.3 亿元，同比增长 3.7%；赔款支出 9.4 亿元，同比增长 23.3%。四是重点领域险种稳步发展。重庆继续强化普惠医疗保障，定制普惠型商业补充医疗保险“渝快保”已累计赔付超过 55.0 万人次、6.8 亿元。四川在全国范围内率先推出城市定制型新型家庭财产险“蓉家保”，集中投保期共投保 16.9 万户。青海在脱贫地区大力推广“防贫保险”，累计提供风险保障 267.0 亿元，并推动草原碳汇遥感指数保险、商业性马鹿养殖保险、“活体贷”保险落地。

西部地区保险业存在以下问题值得关注。一是保险市场发展相对滞后。2022 年，西部地区保险公司保费收入同比增长 0.2%，低于全国平均水平 4.1 个百分点。其中，财产险业务、人身险业务保费收入增速分别低于全国平均水平 9.2 个和 1.0 个百分点。二是区域保险发展不平衡。2022 年末，西部地区保险深度 3.4%，同比下降 0.2 个百分点。各省份保险业发展差距较为明显，甘肃、宁夏和四川保险深度居西部地区前 3 位，分别为 4.4%、4.3% 和 4.1%，西藏保险深度最低，仅为 1.8%。三是部分法人保险公司偿付能力持续承压。地方中小法人保险公司规模小、起步晚，公司治理不完善，经营发展较为困难，偿付能力不断下降。2020 年至 2022 年，贵州法人保险公司综合偿付能力充足率持续下跌，分别为 181.8%、163.0% 和 124.0%。西藏法人保险公司连续多年亏损，综合偿付能力充足率下降较快，风险综合评级连续四个季度为 C。

五、防范化解金融风险成效明显，个别领域问题需保持关注

2022 年，西部地区有力巩固防范化解重大金融风险攻坚战成果，持续深入推进改革化险工作，不断优化地区金融生态环境，区域金融风险总体收敛可控。一是探索多渠道补充资本路径，提升中小法人银行风险抵御能力。陕西有序推进地方法人银行补充资本，第一批 46 亿元专项债补充资本全部到位。新疆启动农信社“一揽子”改革化险工作，通过 50 亿元地方政府专项债补充部分农合机构资本。二是探索改革化险新路径，科学谋划推动中小法人银行风险处置。陕西推动以吸收合并方式化解某农商行风险，探索通过在省内组建市级农商行的模式化解高风险机构风险。宁夏通过“风险处置 + 同业吸收合并”推动平罗沙湖村镇银行被辖区农商行吸收合并，风险处置取得积极成效。三是存款保险宣传深入实施，着力提升社会公众认知水平。内蒙古组织深入 11207 个行政村和社区开展存款保险宣传活动，宣传覆盖人数超 300 万人。西藏针对性组织存款保险基层宣传工作，覆盖行政村和社区 3614 个，覆盖率 75.9%。宁夏组织开展存款保险现场宣传活动 6000 场次，受众人数超过 500 万人次，实现县级宣传重点地区全覆盖，存款保险

公众认知度达92.6%。四是有效打击非法金融活动。重庆涉赌涉诈“资金链”治理工作取得实效，诈骗资金“清洗”链条被明显压缩，由多达5级转账缩减为1~2级，全市单位涉案账户数持续处于全国低位。贵州压降私募基金风险产品规模99.9%，推动“伪私募”特征机构完成“双注销”7家，取缔违法违规经营地方金融组织55家。广西对150余家违规“征信修复”机构完成注销、变更登记或纳入异常经营名录。

总体来看，西部地区金融风险防范化解稳步推进，风险形势趋于收敛，但受需求收缩、供给冲击、预期转弱三重压力及疫情反复冲击等超预期因素叠加影响，仍有以下问题需要持续关注。一是存量风险处置渠道较为单一。当前西部地区金融机构不良资产处置主要依靠现金清收、抵质押物处置、核销等传统处置模式，通过不良资产证券化、地方资产管理公司收购等现代方式处置的不良资产占比较低。二是信托公司股权转让交易频率较高。近年来，信托公司股权转让呈现逐年增加趋势，小股东逐步退出公司，虽然通常不影响公司正常经营，也有利于长期发展，但股权调整频现不利于提振市场信心，股权过度集中带来的潜在风险等问题仍需持续关注。

专栏13 地方资产管理公司参与风险化解的实践与建议

近年来，受宏观经济下行等多重因素影响，房地产金融风险加速显露，金融机构资产质量劣变压力加大。地方资产管理公司（以下简称地方AMC）深耕本地市场，在化解区域金融风险、整合地方国有资产、改善地方金融生态环境、推动区域经济发展方面发挥了重要作用，但也存在经营难度大、风险处置能力受限等问题。

一、风险化解实践

一是通过收购处置类业务助力金融机构化解存量信用风险。实践中，部分地方AMC联合地市政府和社会投资人，采用反向收购等方式有针对性地收购易变现的债权，提高处置效率和收益率；或者联合地方政府成立专项化解基金，通过市场化收购标的企业不良债权，助力地方化解金融风险。华润渝康资产管理公司（以下简称华润渝康）作为重庆首家地方AMC，自2016年成立以来收购处置各类问题资产超过800亿元，在防范化解区域金融风险方面发挥了专业平台作用。

二是通过收购重组类业务帮助企业纾困重组防范新增风险。实践中，地方AMC通过收购企业到期债权并进行债务重组，缓解企业短期流动性压力，帮助企业改善生产经营，并提升企业价值，从根本上化解风险。近年来，华润渝康累计新增投资98.15亿元，通过债务重组、破产重整等方式帮助33户企业脱困重生，有力支持区域实体经济转型升级。其中，在助力房地产企业纾困方面累计投资50亿元，帮助南恒置业等20个项目积极开展“保交楼”，有效减少了房企风险外溢。

三是通过创新业务推动产业升级打造良好金融生态。实践中，地方AMC通过管理基金批量参与当地不良资产处置与价值提升，与地方政府和社会资本联合发起设立特殊资产基金、债转股专项基金、产业重整基金等帮助危困企业脱困。在“产业+基金”模式下，地方AMC扮演的不仅是资金提供者和基金管理者，而且也是资源整合者，将自身资源优势导入优质产业，助力区域经济发展和风险化解。华润渝康在对北汽银翔的风险处置中，先后筹集逾 12 亿元资金收购了多家金融机构的资产包，推动北汽银翔重整草案顺利通过，企业风险化解取得积极进展。同时，还与合川区政府积极开展政企合作，依托华润集团的产业背景，通过存量带动增量实现产业导入，促进合川天顶工业园实现产业升级。

二、面临困难和制约因素

一是二级市场不活跃，加大经营难度。目前，多数省市二级市场参与者多为小型投资者或个人投资者，有实力的客户较少，社会与民间资本参与程度不高。二级市场不良资产业务投资收益不高，市场交易不活跃，制约了不良资产处置业务发展。同时，部分持有的底层资产价格下降，甚至个别项目出现市场价格与购入价格倒挂，导致地方 AMC 存量不良资产不断积压，收购能力减弱。

二是融资渠道受限，制约风险处置能力。目前，地方 AMC 被认定为非金融机构一般企业，不能通过金融机构同业拆借等低成本融资渠道获取资金，各金融机构对地方 AMC 的融资多为短期资金，且授信条件较高，需要股权质押、第三方资产抵押等增信措施，中长期低成本资金的缺乏制约了地方 AMC 的风险处置能力和未来发展。

三是政策优惠未完全有效覆盖，增加处置成本。目前资产管理公司享有的特殊司法权限仅适用于四大资产管理公司，地方 AMC 多取决于法院及法官的自由裁量权。在税收方面，四大 AMC 及其分支机构在收购、承接、处置不良资产时，可享受诸多税收减免政策，如增值税可以收购原值作为扣减项来测算收益，而地方 AMC 则必须以实际收购成本作为基数，从而造成税基较大、税负较重，进一步增加了处置成本。

三、政策建议

一是加强长效机制探索研究，培育激活不良资产转让市场，指导支持地方 AMC 进一步提升经营能力。

二是优化完善相关制度规定，拓宽地方 AMC 的融资渠道，允许其有条件地获得长期低成本资金以参与地方金融风险化解。

三是给予地方 AMC 在参与地方金融风险化解时适当的税费优惠政策，提高其风险处置能力，在地方金融风险化解中发挥更大作用。

资料来源：中国人民银行重庆营业管理部。

专栏 14　信托公司股权转让情况分析

近年来，受宏观经济下行、疫情反复、资本市场波动等复杂外部环境影响，信托公司转型压力不断加大，经营业绩持续承压，股权转让呈现逐年增加趋势，且转让方多为小股东，受让方多为国资背景。小股东退出通常不影响公司正常经营，但需关注对市场信心的影响及股权过度集中等潜在问题。此外，信托业保障基金（以下简称信保基金）参与信托公司股权重组后如何顺利退出也需密切关注。

一、股权转让特点

（一）股权转让方多为小股东，与信托公司经营业绩不佳等因素有关

2020—2022年，全国68家信托公司中，21家信托公司共发生股权转让（拟转让）交易36笔，其中2020年4笔，2021年7笔，2022年25笔。从交易股权比例看，5%（含）以下股权交易17笔，占比47.22%；5%～50%（含）股权交易15笔，占比41.67%；50%以上股权交易4笔，占比11.11%。信托公司经营业绩明显下滑导致股东投资收益下降，加之在信托公司经营中话语权较弱，一些小股东选择转让信托公司股权，回笼资金聚焦主业。此外，也有个别小股东因不符合监管规定的股东资格条件而被动退出。

（二）股权受让方以国资背景为主，个别转让涉及信托公司风险化解处置

从转让方背景看，民营企业占比最高达46.67%；从受让方背景看，国资企业占比最高达70%。除常规股权转让交易外，个别信托公司风险化解中，信保基金的参与和特定投资者的引入也会导致信托公司原有股权发生变动。例如，信保基金受让中国华融资产管理公司持有的华融信托76.79%的股权及上海国之杰投资发展有限公司持有的安信信托26.60%的股权，上海砥安投资管理有限公司认购安信信托非公开发行股份43.75亿股成为控股股东。

（三）部分股权转让与金融控股公司战略布局相关，有助于推动金融资本集中运营管理

近年来，尤其是《金融控股公司监督管理试行办法》发布后，一些地区和大型企业着力布局金控公司。华润股份有限公司将所持华润深国投信托51%的股份转让给华润金控投资有限公司，云南省财政厅将所持云南国际信托25%的股份无偿划转至云南省国有金融资本控股集团。

二、需要关注的问题

（一）小股东退出通常不影响公司正常经营，但需关注对市场信心的影响

当前信托公司股权变动多为小股东退出，小股东退出只是部分股权的转让，不涉及控制权的转移，股权结构调整对信托公司经营稳定性影响有限。但目前信托业面临较大转型压力，个别信托公司经营业绩持续下滑甚至亏损，信托牌照价值面临重估。若信托公司股权调整频现，可能会使公众对信托业的发展前景产生担忧质疑，不利于提振市场信心。

（二）小股东退出有利于公司长远战略定位，但也存在股权过度集中问题

伴随小股东退出，大股东的股权比例、话语权提高，一方面有助于信托公司提高决策效率，兼顾长短期利益平衡；另一方面也需密切关注股权过度集中可能带来的大股东滥用权力、不当利益输送等潜在问题。

（三）信保基金运用有助于信托业风险化解，但后期如何顺利退出值得关注

信保基金受让个别信托公司股权，对于推进信托公司风险处置、实现转型发展具有重要意义。但这些被救助信托公司股权重组后能否顺利实现业务转型、切实增强盈利能力、有效提升抵御风险能力，直接影响着信保基金资金安全和后期能否顺利退出。

三、政策建议

（一）强化股权监管，严防关联交易风险

加强信托公司股权穿透管理，严格审核股东资质、关联方、股东资金来源以及参股金融机构情况。严厉打击股东违规套取、占用和挪用信托资金进行利益输送，严防大股东操纵和内部人控制。

（二）坚守主业定位，形成差异化竞争能力

信托公司要立足信托本源，发挥信托制度优势，提高专业服务能力，加快信托业务转型。规范开展资产管理信托业务，积极探索资产服务信托和公益/慈善信托业务，切实提升竞争力和社会声誉，在有效防控风险的基础上实现高质量发展。

（三）坚持市场化、法治化处置风险，稳妥运用信保基金

在信托公司风险处置中，要压实相关金融机构和股东主体责任，依法保护投资者合法权益。完善信保基金参与信托公司风险处置流程，切实维护信保基金资金安全。

资料来源：中国人民银行西安分行。

六、定量评估

从定量评估结果看，2022 年西部地区金融稳定状况综合得分为 72.1 分，仍处于较稳定区间，较上年下降 3.0 分，比全国平均水平低 2.3 分。其中，证券业和保险业得分高于全国平均水平，宏观经济和银行业得分低于全国平均水平，金融生态环境得分与全国平均水平相近（见图 22）。

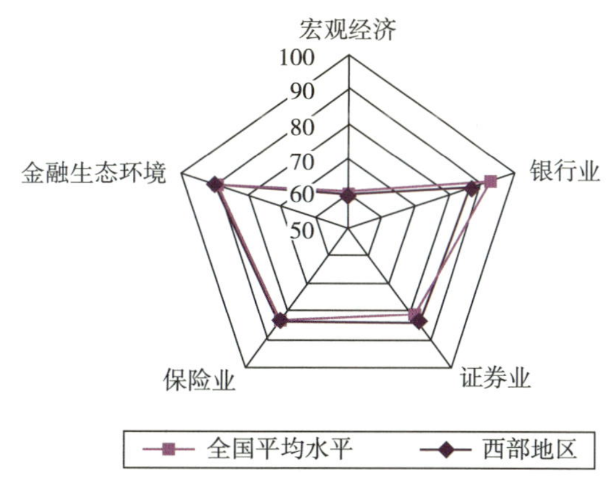

图 22　2022 年西部地区金融稳定状况和全国平均水平的比较

从具体指标得分变动情况看，西部地区共有 9 项指标较上年有所上升，12 项指标较上年有所下降，4 项指标与上年持平。宏观经济方面，实际利用外资增长率和居民消费价格指数指标有所改善，固定资产投资增长率和城镇登记失业率与上年基本持平，其他宏观经济指标均出现不

同程度的下降，综合导致宏观经济得分较上年出现回落。银行业不良贷款率指标较上年略有改善，核心资本充足率和资产利润率指标较上年有所下降，银行业综合得分出现一定程度的下降。证券业盈利能力指标保持稳定，净资本充足率指标有所上升，净资本负债率指标略有下降，综合得分与上年持平。保险公司保费收入增长率和应收保费率指标有所改善，寿险公司退保率指标保持平稳，驱动保险业综合得分止降回升。金融生态环境得分有所上升，除地方财政收入占GDP比重指标出现下降外，其他指标均较上年有所改善（见表7）。

表7　　2022年西部地区评价指标及其得分变动情况

指标分类		变动方向	评价指标	得分变动情况		
				上升	稳定	下降
宏观经济		↓	地区生产总值增长率			✓
			第三产业增加值增长率			✓
			全社会固定资产投资增长率		✓	
			社会消费品零售总额增长率			✓
			实际利用外资增长率	✓		
			进出口总额增长率			✓
			城镇居民可支配收入增长率			✓
			农村人均纯收入增长率			✓
			居民消费价格指数	✓		
			城镇登记失业率		✓	
			典型城市房地产销售价格指数			✓
金融机构	银行业	↓	核心资本充足率			✓
			不良贷款率	✓		
			资产利润率			✓
			流动比率		✓	
	证券业	→	净资本充足率	✓		
			净资本负债率			✓
			资产利润率		✓	
	保险业	↑	应收保费率	✓		
			保费收入增长率	✓		
			寿险公司退保率			✓
金融生态环境		↑	法治环境调查综合得分	✓		
			地方财政收入占GDP比重			✓
			银行服务密度	✓		
			征信数据库覆盖率	✓		

注：表中“↑”代表上升，“↓”代表下降，“→”表示稳定。

从历年综合得分变动趋势看，西部地区2022年金融稳定综合得分出现一定程度的回落，但仍处于较稳定区间（见图23）。分项来看，西部地区保险业和金融生态环境得分均有所上升，证券业得分与上年基本持平，宏观经济和银行业得分有所下降（见图24）。

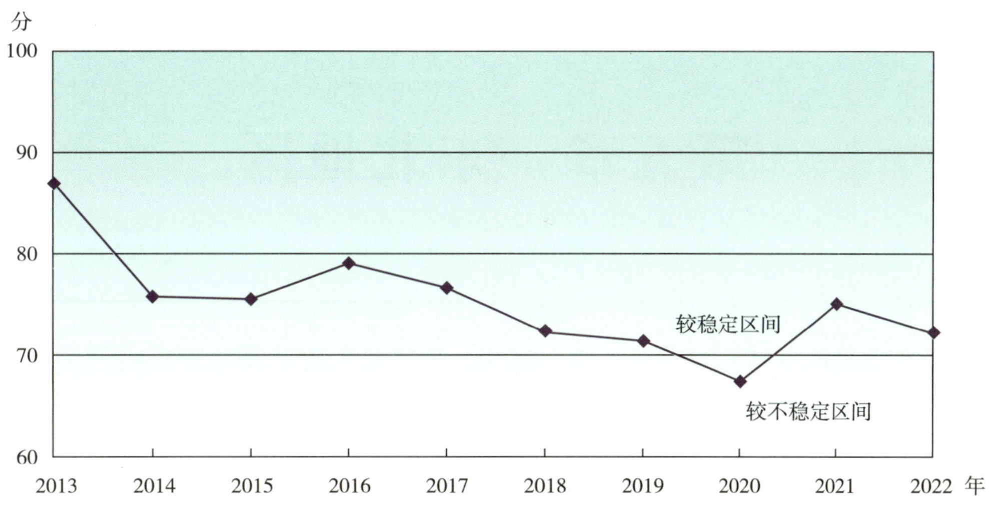

图 23 2013—2022 年西部地区金融稳定综合得分趋势

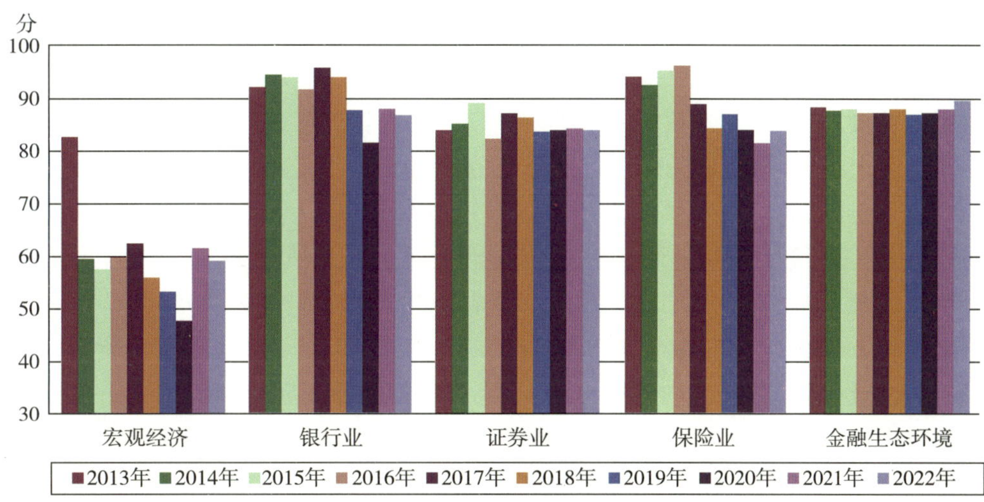

图 24 2013—2022 年西部地区金融稳定状况的比较

第五章　东北地区

2022年，东北地区坚持稳中求进工作总基调，积极稳妥应对新冠肺炎疫情反复造成的不利影响，实现经济企稳回升、稳中向好。金融业对实体经济的支持保障作用不断加强，重大金融风险防范化解取得重要阶段性成果，金融风险总体可控。但经济下行压力加大，金融机构经营质量仍需提升，风险管理有待强化等问题仍需关注。

一、经济运行逐步趋稳，部分领域下行压力仍然较大

2022年，东北地区坚决落实“疫情要防住、经济要稳住、发展要安全”的要求，统筹疫情防控和经济社会发展，稳住经济基本盘。全年东北地区生产总值实现5.79万亿元，同比增长1.33%。其中，辽宁省和黑龙江省地区生产总值分别为2.9万亿元和1.59万亿元，同比分别增长2.1%和2.7%；吉林省年初发生较为严重的新冠肺炎疫情，经济运行在4月探底，之后迅速“止跌、回升”，第三季度实现快速增长，全年实现地区生产总值1.31万亿元，同比下降1.9%，降幅比第一季度大幅收窄。从三次产业看，一是农业生产获得丰收。2022年，东北地区第一产业增加值同比增长2.87%。全年粮食总产量2865.7亿斤，其中，黑龙江省粮食总产量1552.6亿斤，连续13年居全国第1位；吉林省粮食总产量816.2亿斤，居全国第5位；辽宁省粮食总产量496.9亿斤，为该省历史第二高产年。二是工业创新转型步伐加快。虽然在疫情冲击等不利因素影响下东北地区第二产业增加值同比下降1.03%，但一些工业高质量发展的亮点逐步显现。辽宁省聚力打造先进装备制造、石油化工、冶金新材料3个万亿级产业基地，22个重点产业集群建设取得积极成效；化工精细化率达44.1%，冶金新材料营业收入占比提高1.5个百分点；新增制造业单项冠军8家，高端装备制造业营业收入占比提升2个百分点，新能源汽车产量增长39.1%。吉林省加快布局新能源汽车产业，推广红旗新能源汽车2万辆；全力推动石化和新材料产业加快向精细化工和新材料转型，石化行业产值增长17.4%，碳纤维全产业链产值达到67.3亿元。黑龙江省人工智能产业基地启动建设，一批技术引领型企业落地，战略性新兴产业竞争力增强，传统优势产业向中高端迈进。三是服务业平稳运行。2022年，东北地区第三产业增加值同比增长2.39%。其中，吉林省大力推动全域旅游业发展，雪场达75家，较上年新增21家；45个村镇获评“全国乡村旅游重点村镇”，24条线路入选全国乡村旅游精品线路。黑龙江省数字商贸、平台直播、电子商务等新业态快速发展，网络零售额720亿元，同比增长11%；哈尔滨市国家骨干冷链物流基地获批，快递进村基本实现全覆盖。

2022年，在新冠肺炎疫情反复冲击等超预期因素影响下，东北地区经济增速放缓。吉林省、

辽宁省和黑龙江省地区生产总值增长率分别较上年下降8.5个、3.7个和3.4个百分点，经济下行压力仍然较大。一是固定资产投资接续仍显不足。仅辽宁省固定资产投资同比增长3.6%，增速同比提高1个百分点。吉林省固定资产投资同比下降2.4%，增速由正转负，增幅回落13.4个百分点；黑龙江省固定资产投资增速仅为0.6%，增幅回落5.8个百分点。二是房地产市场转冷。东北地区全年房地产投资大幅萎缩，房地产开发投资合计4005.48亿元，同比下降25.52%；商品房销售面积4109.1万平方米，同比下降37.9%；商品房销售额3080.4亿元，同比下降40.9%。三是消费预期偏弱。居民消费意愿较为保守，吉林省、黑龙江省和辽宁省全年社会消费品零售总额同比分别下降9.7%、6.0%和2.6%。四是工业生产恢复仍显缓慢。疫情期间，东北地区工业企业生产和物流中断、产出下降。辽宁省和吉林省规模以上工业增加值由增转降，同比分别下降1.5%和6.4%；黑龙江省规模以上工业增加值仅增加0.8%，增速下降6.5个百分点。

二、银行业积极发挥支持经济作用，信用风险防控压力高企

2022年，东北地区银行业金融机构认真贯彻执行稳健的货币政策，保证金融服务供给，支持实体经济企稳回升。一是银行业资产负债规模稳步增长。截至2022年末，东北地区银行业金融机构资产总额19.19万亿元，同比增长6.43%，其中各项贷款余额合计10.6万亿元，同比增长3.78%。负债总额18.63万亿元，同比增长7%，其中各项存款余额合计14.69万亿元，同比增长9.69%。二是中长期贷款平稳增长。2022年，东北地区银行业金融机构中长期贷款余额合计6.47万亿元，同比增长2.16%。其中，制造业中长期贷款投放力度加大，辽宁省、吉林省、黑龙江省制造业中长期贷款同比分别增长14.5%、53.4%和21.3%，均高于各省同期各项贷款增速。三是持续加大对重点领域和薄弱环节的金融支持力度。辽宁省普惠小微贷款余额3291.79亿元，同比增长14.07%；绿色贷款余额3978.37亿元，同比增长18.6%。吉林省普惠小微贷款余额2358亿元，同比增长15.1%；涉农贷款同比增长9.2%，增速同比提高5个百分点；绿色贷款余额2236.3亿元，同比增长21.0%，增速居东北三省首位。黑龙江省绿色信贷1760.4亿元，同比增长14.9%。四是积极提升企业金融服务覆盖度。辽宁省大力推动“首贷中心”建设，整合信贷、财政、担保等支持政策，扩大融资服务支持范围，加强政策工具对小微、民营及创业就业领域项目的精准支持；吉林省开展“信贷产品进万企”和“百场银企对接”专项行动，重点行业企业建立“白名单”，金融支持实体力度不断提升。

受疫情冲击和经济增长放缓等多重因素影响，东北地区银行业金融机构经营压力仍然较大，需重点关注以下问题。一是信用风险防控形势较为严峻。2022年末，东北地区银行业金融机构不良贷款余额同比增加433.77亿元，不良贷款率同比上升0.25个百分点。同时，关注类贷款、逾期贷款也有较大幅度增长，不良贷款反弹压力较大。二是房地产领域外溢风险不容忽视。2022年，东北地区房地产市场销售状况欠佳，部分高杠杆房地产企业回笼资金不畅，债务风险逐步显现，风险可能向银行体系倒灌。三是盈利情况仍不乐观。受利息收入增长放缓、不良资产拨备计提增加导致经营成本大幅上升等因素影响，东北地区银行业金融机构盈利状况较差。其中，辽宁省银行业金融机构连续两年亏损，2022年累计亏损389.99亿元，但亏损额较上年减

少278.58亿元；黑龙江省、吉林省银行业金融机构全年净利润分别为69.57亿元、68.26亿元，同比分别下降60.89%和34.46%。

专栏15 资管新规全面实施后上市银行理财业务发展情况及建议

2022年，商业银行按照《关于规范金融机构资产管理业务的指导意见》（以下简称资管新规）等要求继续全面推进理财业务转型。本专栏基于A股42家上市银行数据，研究分析资管新规全面实施后上市银行理财业务发展以及资管新规执行情况，并提出相关建议。

一、上市银行理财业务发展概况

（一）业务规模先升后降，市场占比稳步提升

2022年末，上市银行理财存续规模24.25万亿元，较年初下降3.73%。追溯至2021年，上市银行存量理财业务加速整改，2021年末理财规模达25.19万亿元，较2020年末增长13.21%。理财产品规模整体呈现先升后降趋势。从市场份额占比看，上市银行理财产品占比一直在八成以上，2022年末占全市场比例达到88%。

（二）各类型上市银行理财规模差异明显

资管新规全面实施前后，各类型上市银行理财规模差异明显，大型国有银行、股份制银行占有大部分市场份额，产品规模远超地方性上市银行。截至2022年6月末，大型国有银行、股份制银行和地方性银行占上市银行总理财规模比重分别为41%、47%和12%，其中股份制银行市场份额不断提升，逐渐与其他同业机构拉开差距。

（三）理财子公司发展稳健，理财产品承接逐步完成

截至2022年末，上市银行理财子公司共计22家，其中18家理财子公司经营时长均在1年以上。为达到资管新规等要求，2021年起上市银行开始陆续分批将理财产品转至理财子公司，同时理财新产品主要通过理财子公司发行。数据显示，上市银行理财子公司理财产品规模在集团理财业务规模中占比提升迅速，2020年末仅为52%，2021年末提升至86%，2022年末则已达93%。

二、资管新规执行情况

（一）净值化转型推进情况

一是净值型产品占比持续提升。截至2022年末，上市银行净值型理财产品规模12.95万亿元，占其产品总规模的比例为94%，较年初上升4个百分点，净值型产品存续规模及占比达到较高水平。二是净值化转型进展存在差异。各类型上市银行净值化转型进展存在差异，地方性银行最快，2021年末已完成全面净值化，国有银行由于存量理财产品规模较大而整改难度较高，进度不及其他两类同业机构。截至2022年末，大型国有银行、股份制银行、地方性银行净值型产品占比分别为89%、97%和100%。

（二）非标资产压缩情况

资管新规对非标准化债权类资产投资提出了期限匹配、限额管理等规范性要求，根据上市银行非标准化债权类资产持有情况，上市银行及其理财子公司非标准化债权类资产规模及占比整体上呈逐渐下降趋势。

三、政策建议

（一）推动资管业务改革向纵深推进

在过渡期推进理财产品净值化、非标资产压降等方面取得成效的基础上，继续推动资管业务改革向纵深推进，坚持严监管、强监管不动摇。

（二）重点加强理财子公司业务监管

随着上市银行理财业务转型推进，理财子公司份额占比持续提高，已成为理财市场的“主力军”。针对理财子公司组织架构不成熟、业务特征与传统商业银行差异较大等特点，要加强监督指导，督促理财公司及时构建与自身业务规模、特点和风险状况相适应的内控合规、风险管理体系。

（三）进一步规范和加强信息披露

目前上市银行将资产管理业务设立单独业务板块进行信息披露，但披露内容差异化较大，且主要以理念介绍为主。应对信息披露内容进行统一规范，细化强制披露内容，尤其是要增加非标投资等方面的披露要求，增强信息披露的充分性、透明度。

资料来源：中国人民银行沈阳分行。

三、法人银行改革化险稳妥推进，风险防范任务依然艰巨

2022 年，东北地区地方法人银行业金融机构重点机构风险得到有效处置，改革化险取得阶段性进展。辽宁省城商行和农信机构改革化险工作持续推进，重点机构风险得到有效处置。辽宁省政府发行 200 亿元地方政府专项债，为 8 家省内城商行补充资本；创新采取“前期处置 + 破产清算”模式，推动沈阳农商行顺利承接原辽阳农商行、太子河村镇银行；全面启动统一法人省级农商行组建工作，第一批次参与改革的 31 家机构已审议通过相关议案并发布公告；盛京银行与恒大集团实现了股权切割。吉林省强化防范化解重大金融风险相关措施，采取风险警示、早期纠正等方式强化风险防控，坚持“一行一策”制订高风险机构化险方案，开展不良资产清收攻坚战，清收处置不良资产 112. 7 亿元，着力开展第二批地方政府补充中小银行资本专项债券申报工作。黑龙江省法人银行业金融机构着力提升不良抵补能力，通过三轮“百日清收攻坚行动”，法人机构不良资产清收处置成效明显，拨备水平显著提升，年末整体拨备覆盖率 163. 97%，同比提升 27. 73 个百分点；两轮地方政府专项债补充中小银行资本工作加快落地；重点机构风险化解取得积极进展，延寿融兴、巴彦融兴两家村镇银行通过吸收合并化解风险。

东北地区地方法人银行业金融机构在推进改革和防范化解风险方面仍需着力解决以下几个问题。一是个别机构内部管理仍需加强。个别机构在公司治理、合规经营等方面不同程度存在问题，违规发放贷款和职务侵占等行为仍时有发生，金融风险不断积聚。二是地方法人银行业金融机构盈利能力亟待提高。部分地方法人机构不良贷款和不良率较年初“双升”，计提拨备增加显著影响盈利水平。辽宁省法人银行机构亏损面达 84%；吉林省法人机构总体净利润较上年

减少 22.96 亿元，降幅 48.01%；黑龙江省受大幅计提拨备影响，利润由盈转亏，法人机构全年累计亏损 39.65 亿元，净利润同比减少 103.08 亿元。三是个别法人机构流动性始终处于紧平衡状态，受流动性扰动因素及市场融资不确定性增多等影响，叠加个别机构流动性风险管理基础薄弱，一旦出现负面舆情，易引发流动性风险事件。

专栏 16　东北地区积极推动高风险法人银行机构压降工作

近年来，人民银行分支机构积极发挥金融委办公室地方协调机制作用，推动地方政府履行属地风险化解责任，压实金融机构主体责任，加强监管协调。整体来看，央行金融机构评级高风险法人银行机构数量较峰值时明显压降，高风险机构呈现一定的区域集中性，东北地区存量高风险法人银行机构数量相对较多。当前风险化解过程中还面临一些困难和挑战，需要各方采取更加有力措施推动风险化解。

一、内外因素叠加，东北地区高风险机构陷“淤积”僵局

从外部风险成因看，一是近年受经济下行、人口净流出、疫情反复冲击，叠加同业竞争加剧等因素影响，东北三省普遍存在财政收入下降、收支缺口加大、债务率偏高、县域经济发展滞后，以及中小银行市场占有率下降、盈利能力不断下滑、抵御风险能力下降等共性问题。二是经济金融生态环境普遍不理想，存在地方经济风险向金融领域传导倾向，大型出险企业与高风险法人银行机构风险紧密交织。三是部分已出险金融机构的案例反映出，监管部门对银行股东“穿透式”管理、关联交易管理等方面的监管仍不到位，存在监管资源配置不合理、监管科技支持不到位等问题。

从内部风险成因看，一是高风险法人银行机构普遍存在党的建设薄弱、公司治理失效、大股东操纵、内部人控制、违规经营、利益输送等问题。二是个别银行机构风险管控能力弱化、经营管理粗放、风险偏好高。部分主要股东高比例质押，且有强烈高分红预期。经营层为完成营利目标，盲目追求高收益，规避监管要求，将信贷资金投向高风险行业或异地企业。三是部分贷款实质突破集中度管理红线，大额风险暴露过高，风险不断积聚。部分银行机构通过垒大户、同业投资、表外理财、信托通道等方式向大企业超限额提供贷款，此类业务较多劣变成不良资产，风险处置难度较大。

二、多措并举推进风险化解，未来困难与挑战仍存

各方协同配合发力，分类施策统筹推进风险化解。一是人民银行、监管部门积极履行监管职责，推动机构标本兼治化解风险、深化改革、完善治理。二是省政府成立专班推动不良资产清收，发行专项债补充高风险机构资本，提供置换资产推动农信社改革化险，专项借款推动重点机构风险处置。三是机构以现金清收、接收抵债资产、重组、续贷等方式盘活不良资产。

风险化解工作进入深水区，将来仍面临新的困难和挑战。一是前期农信社改革不彻底，属地政府提供大额资产帮助完成不良资产置换，但资产多为土地、林地、草原和水库等，短期内难以变现，非洁净不良资产回表后资产质量将迅速劣变。二是经过多轮政府主推的不良资产清收攻坚行动后，不良资产清收已进入“深水区”，剩下的多是难啃的硬骨头、难接的烫山芋，更多是赢了官司输了钱，存量不良资产压降难。不良资产边清边增，部分机构风险底数不清。三是随着延期还本付息政策到期退出，监管部门要求隐性不良资产加快账面暴露，部分机构账面不良贷款快速增加，拨备明显不足，核心监管指标进一步转差，部分机构评级结果进一步转差，极有可能劣变为高风险机构。四是地方财政增长乏力，真金白银入股高风险机构能力受限。高风险机构多数资不抵债，声誉和舆情风险较大，外部战略投资者引进困难。机构自身经营增长乏力，盈利能力不足，内源性补充能力也较弱。

三、统筹风险处置和改革发展，确保风险处置工作平稳有序

一是地方政府要切实履行好属地风险处置责任，继续组织协调公安、司法、纪检等部门持续开展专项清收，协调推进大集团客户的风险化解，实现清收工作常态化，巩固不良清收处置成效。推动政府统一调配资源，大力推动省联社综合改革，统筹高风险农合机构风险处置。稳妥实施风险处置措施，避免发生处置风险的次生风险。二是推进完善地方法人机构党的治理和公司治理，探索党的领导融入公司治理的具体途径和方式。推动合规文化建设，强化关键岗位人员监督管理。找准定位，回归本源，在发展中化解风险。三是发挥监管合力，摸清风险底数，加强风险约束，落实追责问责，精准有序处置金融风险。

资料来源：中国人民银行哈尔滨中心支行。

四、证券业保持平稳发展，证券公司经营质效亟待提升

2022 年，东北地区证券业整体运行平稳，上市公司数量持续增加，证券市场直接融资作用持续发挥。一是证券交易总额再上新台阶。东北地区证券市场全年交易总额 27.67 万亿元，同比增长 18.6%。二是股票市场融资取得新进展。2022 年末，东北地区上市公司共计 175 家，较上年增加 8 家。其中，辽宁省上市公司股票市场 IPO 筹资 123.24 亿元，再融资 65.02 亿元；吉林省上市公司 IPO 筹资 4.56 亿元，定向增发融资 45.72 亿元，新三板挂牌公司增发融资 0.45 亿元；黑龙江省上市公司 IPO 筹资 25.37 亿元，再融资 12.37 亿元。三是债券市场创新取得新进展。2022 年，东北地区债券市场通过公司债、资产支持证券等工具实现融资 504.95 亿元，其中辽宁省、吉林省和黑龙江省分别实现融资 113.55 亿元、214.8 亿元和 176.6 亿元。黑龙江省债券市场融资同比增长 91.54%，首单绿色债券暨上交所首单绿色碳中和产品融资 39 亿元，两家民营上市公司发行股债结合品种融资 12.5 亿元。

东北地区证券业发展中仍需关注一些问题。一是法人证券期货公司的规模较小，经营质效有待提升。除个别已上市法人证券公司之外，东北地区多数法人证券公司资本实力不强，业务结构单一，经营高度依赖经纪业务，整体风险防控能力较弱。部分法人证券公司股票质押、资产管理、债券自营等业务仍存在较大投资损失。二是上市公司经营压力加大，企业再融资规模明显下降。受国内外经济形势影响，东北地区上市公司经营业绩下滑较为明显，上市公司亏损

面扩大，个别被退市警告的公司经营仍未见起色。部分上市公司债务违约问题处置缓慢，黑龙江省4家债券发行人累计38.24亿元债券违约尚未化解。三是法人证券业金融机构数量减少，经营效益有所下滑。截至2022年末，东北地区共有法人证券业金融机构10家，较上年减少2家①，其中法人证券公司6家，期货公司4家。受资本市场波动影响，证券公司经营业绩出现较大波动。2022年，辽宁省、吉林省和黑龙江省法人证券公司分别实现营业收入8.07亿元、23.05亿元和－3.5亿元，同比分别下降32.75%、43.45%和127.52%。

专栏17　东北地区证券公司股票质押业务发展情况分析

一、业务发展状况

股票质押业务是指上市公司股东以自身持有股权为质押物，出质给银行、信托及证券公司等机构以获得资金的融资方式。2013年《股票质押式回购交易及登记结算业务办法（试行）》发布后，场内质押业务发展迅速，上市公司股权质押融资业务已逐步发展为以证券公司为主、银行和信托为辅的业务结构形态。证券公司作为质押权人开展质押业务可以自有资金出资或是作为中介出资，而使用自有资金出资可以增加利息收入。股票质押业务同时还会带动证券公司股权托管、并购重组等其他业务的发展。

当前，各家证券公司股票质押业务模式差异不大，市场竞争的焦点主要集中在融资利率方面。从全国范围看，资金充裕、实力较强特别是近年进行再融资的证券公司放款利率相对较低，而东北地区法人证券公司近年均未曾进行再融资，资金成本和放款利率双高，在竞争中处于不利地位。2022年，东北地区6家法人证券公司开展股票质押业务规模17亿元，同比大幅下降43.33%。

二、业务主要风险

股票质押业务本质上属于质押贷款业务，作为质押权人的证券公司确保贷款资金安全是其风险控制的核心，并主要关注以下三个方面风险。

（一）信用风险

即融资方违约风险，部分上市公司股东融资人风险偏好较高，倾向高杠杆资本运作或投资，股票质押比例较高。融资人负债率偏高将造成其资金链紧张，在股票价格大幅下跌时或缺乏追加担保能力。若股东未能按约定及时足额补充担保品或赎回，将构成违约。

（二）市场风险

与普通抵质押贷款不同，作为质押标的的上市公司股票价格波动性较强。在股市剧烈波动期间，股票市值变化较快，股票质押业务更容易出现质押股票大幅贬值而快速触及甚至跌破平仓线的情况。若采取强制平仓收回借款可能会导致股价进一步下跌，质押权人即使抛售标的证券，也可能无法全额收回资金而遭受损失。

（三）处置风险

股票质押业务中，质押权人通常会通过融资利率、质押率、平仓线及警戒线的设置来

① 辽宁省有2家法人期货公司迁往省外。

控制信用风险，维护自身利益。若融资人出现违约，质押权人有权对标的证券进行处置。但是在处置过程中，可能会因司法冻结、停牌、股价连续跌停，以及限售期和减持规定限制等原因导致质押权人无法及时强制平仓。

三、政策建议

（一）建立逆周期监管调节机制

加强证券公司股票质押业务的宏观审慎管理，提高在经济下行期间股票质押业务的风险准备要求。

（二）加强风险防控体系建设

督促证券公司按照贷款授信流程完善风险防控体系，有效防范信用风险、市场风险、操作风险等。重点加强出质人资质审查，对风险偏好高、杠杆率高的上市公司股东质押业务要严格审核和把关。

（三）发挥优势提高整体经营质量

股票质押业务对证券公司风控能力、资金成本、业务能力的综合要求较高，证券公司特别是中小证券公司要围绕核心竞争力、特色优势开展质押融资业务，增强外部融资能力，优化业务流程，提升综合服务能力。

资料来源：中国人民银行长春中心支行。

五、农业险快速发展，保险公司风险管理能力有待加强

2022 年，东北地区保险市场业务规模保持增长，保险保障功能有效发挥。一是保险公司资产规模平稳增长。截至 2022 年末，东北地区共有各类保险机构 212 家，与上年持平。其中，财产险公司 94 家（含 6 家法人机构），人身险公司 116 家（含 3 家法人机构），政策性保险公司 1 家，保险资产管理公司 1 家。保险机构资产总额 9600. 6 亿元，同比增长 8. 03%，增速较去年同期下降 0. 59 个百分点。二是保费收入持续增长，增速略有上升。东北地区全年实现保费收入 3061. 6 亿元，同比增长 0. 54%，较上年同期提高 0. 23 个百分点。其中，人身险业务保费收入 2224. 45 亿元，同比下降 2. 03%；财产险业务保费收入 837. 15 亿元，同比增长 8. 10%。因疫情影响市场营销拓展、居民投保能力减弱等多重因素制约，东北地区人身险业务保费收入有所萎缩，吉林省和黑龙江省人身险保费收入规模同比分别下降 5. 02% 和 4. 14%，辽宁省人身险保费收入仅同比增长 1. 15%，增速同比下降 2. 42 个百分点。三是保险赔付支出有所下降。2022 年因疫情多发频发造成社会活动大幅减少，保险事故数量和保险赔款给付支出随之下降。东北地区保险业累计赔款和给付支出 1061. 05 亿元，同比下降 4. 33%，人身险业务赔付支出 540. 77 亿元，同比下降 5. 83%；财产险业务赔款支出 520. 27 亿元，同比下降 2. 73%。四是农业保险作为农业风险分散工具的作用显著增强。东北地区农业保险较快发展，全年农业保险保费收入 167. 15 亿元，同比增长 37. 53%，赔款支出 111. 53 亿元，同比增长 28. 48%。其中，辽宁省、吉林省农业

保险赔款支出同比分别增长71.7%、49.71%。黑龙江省政策性农业保险承保面积达1.60亿亩，承保覆盖率达73%，政策性种植业保险为全省200.56万户农户提供风险保障847.21亿元。

东北地区保险行业稳健发展的同时，还存在以下问题需重点关注。一是中小财产险公司经营面临一定压力，有待加快转型升级。车险综合改革后，中小财产险公司由于缺乏与大公司的竞争优势，利润空间被进一步压缩，经营状况下滑，亟须加快业务结构转型升级，逐步提高非车险业务比重。二是保险销售市场合规管理仍需加强。部分保险代理人在销售中倾向于夸大人身险产品回报而误导或欺骗客户，或给予投保人保险合同约定以外利益，违规行为时有发生。三是非法“代理退保”造成退保纠纷异常增加。因疫情期间收入下降，部分投保人保险需求和续期缴费能力减弱，一些非法“代理退保”组织或个人趁机怂恿投保人通过投诉、举报、缠访缠诉等以求获得超出保险合同约定的退保金，严重扰乱保险市场正常秩序。

专栏18　人身险行业面临的风险与挑战分析

当前我国人身险市场运行平稳，发展趋势向好，行业服务民生保障的水平持续提升，但所面临的风险和挑战仍然较大，亟须加快转型发展。

一、发展概况

自1982年复业后，我国人身险行业经历了近40年的快速发展，2022年实现保费收入达32091亿元，同比增长2.78%。从近年增长势头看，2014—2017年，受益于万能险扩张、保险代理人规模上涨等，人身险保费收入保持了高速增长；2018年保险行业监管环境趋严，人身险保费收入增速短暂下降；2019—2020年受行业转型发展推动，保费收入增速逐步回升；2020年以来，受新冠肺炎疫情冲击保费收入增速趋于平缓。从结构上看，2022年人身险三大业务寿险、健康险和意外险保费收入分别为24519亿元、7073亿元和499亿元，占比分别为76.41%、22.04%和1.56%，同比增速分别为4.02%、0.06%和－14.41%，寿险作为人身险主力产品保持了相对稳定增长。当前，全国人身险市场总体发展趋势向好，但也面临着宏观经济周期转段、技术变革加速与行业发展瓶颈亟待突破等风险挑战，行业发展处于重要战略机遇期。

二、面临的风险与挑战

一是人身险公司数字化转型压力加大。我国“十四五”规划和2035年远景目标纲要明确提出“稳妥发展金融科技，加快金融机构数字化转型”。随着金融科技赋能，互联网保险兴起，传统营销渠道、保险产品销售环节弱化，倒逼保险公司推进科技赋能和数字化转型，主动加快产品服务创新，优化业务流程，不断提升服务质效。

二是代理人队伍质态亟待优化。原银保监会公开数据显示，2022年上半年末，全国保险公司在保险中介监管信息系统执业登记的销售人员为570.7万人，较2021年末的641.9万人减少71.2万人，较2019年末顶峰时期下降逾400万人。如何在代理人数量大幅下滑的情况下提升销售队伍质态、壮大绩优代理人队伍、切实提升代理人专业水平、实现代理人队伍优增优育和高质量发展是人身险公司后续经营中需要持续面对的挑战。

三是监管新规下面临资本补充压力。2022 年《保险公司偿付能力监管规则（Ⅱ）》正式实施，东北地区部分偿付能力较弱的人身险公司在落实新规方面面临的资本补充压力尤为突出，亟须在规则规定的 3 年过渡期内增补资本。

四是退保和损失率风险管控压力较大。随着人身险业务规模不断扩大，退保风险和损失发生率风险逐年累积，人身险公司不同程度面临如何优化产品结构、加强核保核赔及再保险管理、将退保风险和损失发生率风险管控在预期范围内的挑战。

五是资产信用风险和流动性风险承压。2022 年国内外经济金融形势更加错综复杂，人身险公司资产运用面临信用风险考验。一方面，保险资金投资的高等级债券展期频发应予关注。2022 年信用债市场高等级债违约情况已有明显改善，但高等级主体展期频发，首次展期发行人 28 家，涉及展期债券 95 期，展期规模达 843.77 亿元，未来按约偿债能力仍存在一定不确定性。另一方面，部分投保人因资金周转需求可能选择保单质押贷款或退保来缓解现金流压力，人身险公司退保支出将增加，进而面临一定的流动性管理压力。

三、政策建议

当前人身险行业面临的风险和挑战，既有经济金融环境变化冲击、政策调整的影响，也有其自身粗放经营遗留的问题。要实现人身险行业高质量发展，迫切需要改变当前过度依赖代理人扩张的粗放经营模式，加快行业转型升级。

一是深刻认识转型发展的紧迫性和必要性，落实全行业高质量发展工作要求。充分调动各有关方面的主动性和创造性，稳定队伍、提高素质、创新模式，持续推动代理人队伍优化提升。

二是完善公司治理结构，提高偿付能力水平。推动人身险公司建立治理完善的现代企业制度，加强资产负债匹配和资本管理，采取多种方式补充资本，切实改善偿付能力，提高公司治理水平。

三是鼓励创新经营，改善内生发展动力。引导和鼓励人身险公司在产品设计、销售渠道、服务模式等方面进行升级改造和科技赋能，为投保人提供更加便捷、高效、多样化的高质量保险服务，全面满足投保人多方面的保险需求。

资料来源：中国人民银行大连市中心支行。

六、定量评估

从定量评估结果看，2022 年东北地区金融稳定状况综合得分为 67.6 分，较上年下降 6.3 分，比全国平均水平低 6.9 分，由较稳定区间下调至较不稳定区间。其中，各项得分与全国平均水平均存在一定差距（见图 25）。

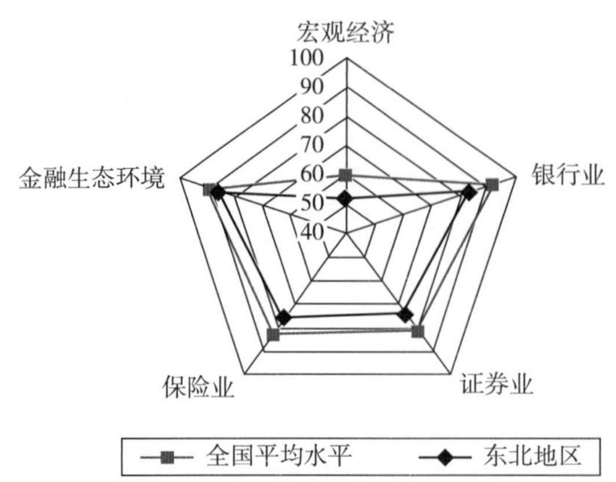

图25　2022年东北地区金融稳定状况和全国平均水平的比较

从具体指标得分变动情况来看，东北地区共有8项指标较上年有所上升，15项指标较上年有所下降，2项指标与上年持平。宏观经济方面，除实际利用外资增长率和居民消费价格指数指标有所上升外，其他指标均较上年下降明显，宏观经济得分较上年出现回落。银行业核心资本充足率、不良贷款率和流动比率指标出现不同程度改善，但盈利能力指标下降较多，驱动综合得分较上年略有下降。证券业净资本充足率和资产利润率指标较上年有所下降，净资本负债率指标有所改善，综合得分较上年未出现明显变化。保险业应收保费率指标与上年基本一致，保费收入增长率和寿险公司退保率指标有所下降，综合导致保险业得分回落。除地方财政收入占GDP比重指标边际下降以外，其他金融生态环境指标均较上年有所上升或持平，综合得分持续上升（见表8）。

表8　2022年东北地区评价指标及其得分变动情况

指标分类	变动方向	评价指标	得分变动情况		
			上升	稳定	下降
宏观经济	↓	地区生产总值增长率			✓
		第三产业增加值增长率			✓
		全社会固定资产投资增长率			✓
		社会消费品零售总额增长率			✓
		实际利用外资增长率	✓		
		进出口总额增长率			✓
		城镇居民可支配收入增长率			✓
		农村人均纯收入增长率			✓
		居民消费价格指数	✓		
		城镇登记失业率			✓
		典型城市房地产销售价格指数			✓

续表

指标分类		变动方向	评价指标	得分变动情况		
				上升	稳定	下降
金融机构	银行业	↓	核心资本充足率	✓		
			不良贷款率	✓		
			资产利润率			✓
			流动比率	✓		
	证券业	→	净资本充足率			✓
			净资本负债率	✓		
			资产利润率			✓
			应收保费率		✓	
	保险业	↓	保费收入增长率			✓
			寿险公司退保率			✓
金融生态环境		↑	法治环境调查综合得分		✓	
			地方财政收入占 GDP 比重			✓
			银行服务密度	✓		
			征信数据库覆盖率	✓		

注：表中“↑”代表上升，“↓”代表下降，“→”表示稳定。

从历年综合得分变动趋势看，东北地区 2022 年金融稳定综合得分有所下降，回落至较不稳定区间（见图 26）。分项来看，宏观经济和银行业得分较上年下降较为明显，证券业得分基本保持平稳、略有下降，保险业得分下降幅度较小，金融生态环境得分逐年上升（见图 27）。

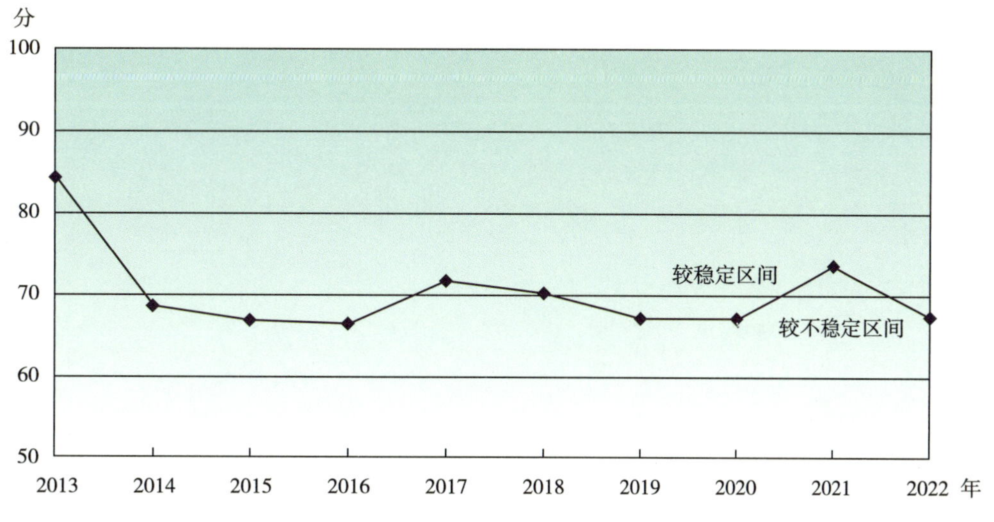

图 26　2013—2022 年东北地区金融稳定综合得分趋势

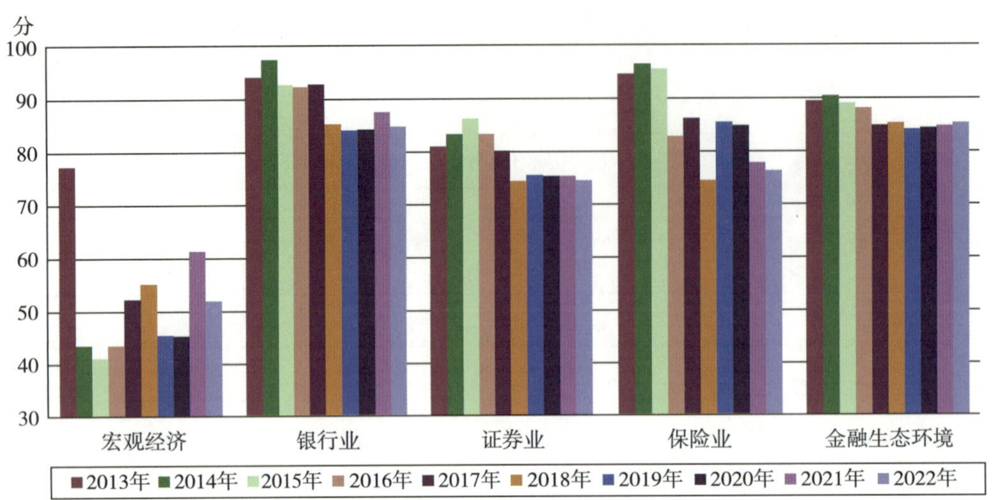

图 27 2013—2022 年东北地区金融稳定状况的比较

第六章　总体评估

一、总体情况

2022 年，各地区高效统筹疫情防控和经济社会发展，经济运行韧性彰显，民生保障持续加强，发展质量稳步提升，经济总量再上新台阶。农业基础地位进一步夯实，工业经济压舱石作用显著，现代服务业快速增长。消费基本稳定，投资平稳增长，进出口增势良好。社会民生持续改善，居民消费价格温和上涨，生产价格涨幅持续回落，就业形势总体稳定，居民收入增长与经济增长基本同步。各地区金融部门加大稳健货币政策实施力度，坚决支持稳住宏观经济大盘，有效防范化解金融风险，为推动经济高质量发展营造了适宜的金融环境。银行业运行总体平稳，资产负债规模稳步扩张，存贷款稳健增长，信贷结构持续优化，贷款加权平均利率再创有统计以来新低，资产质量保持稳定，风险抵补能力进一步增强。证券业不断推动高质量发展，机构整体资本实力稳中有升，IPO 募资额再创历史新高，资本市场改革持续深化，行业服务实体经济和居民财富管理的能力进一步提升。保险业保障功能显著增强，保费收入持续增长，保险资金服务国家战略、支持实体经济发展的作用不断提升，进一步发挥经济“减震器”和社会“稳定器”功能。

2022 年，各地区经济金融运行总体平稳，金融风险防控和化解取得积极成效，但各地区仍存在一些影响经济发展和金融稳定的不利因素。经济发展方面，居民储蓄向消费转化的动能有待观察，民间投资疲软乏力，中小企业生产经营困难仍然较多，地方财政收支平衡压力持续存在，人口结构逐步进入老龄化社会、绿色转型推进等也可能对稳增长带来挑战。金融运行方面，各地区银行业金融机构资产质量持续分化，中小银行盈利水平和资产质量有所下降，信用风险防控压力依然较大；部分证券经营机构面临经营业绩起伏较大、地区间差异显著等问题，部分上市公司质量有待提升，债券违约风险不容忽视，私募基金存量风险化解处置压力不减；保险业发展压力加大，保险公司偿付能力普遍下降，中小财产险公司承保业务连续亏损，人身险公司经营持续承压，销售误导、机构人员管理不到位等问题仍然存在，规范经营水平有待提高。

分地区看，各区域经济发展和金融运行中面临的突出矛盾和薄弱环节有所差异。其中，东部地区宏观经济受新冠肺炎疫情冲击较大，外需转弱压力显现，房地产市场处于调整阶段，民营及中小房企流动性压力较大；部分中小法人银行盈利能力受到冲击，部分领域信用风险暴露加快，理财业务流动性风险管控压力较大；证券业地域间发展不平衡现象显著，证券公司营收大幅下降，私募基金风险防范处置压力较大，上市公司退市数量显著增多；人身险公司经营短期面临困境，财产险行业“马太效应”加剧，保险业市场运行秩序有待进一步规范。中部地区部分工业企业盈利收窄，外贸增长面临压力，个别省份对能源依赖程度较高，新动能发展不够均衡；个别省份信用风险化解及防控压力依然较大，中小银行净息差有所收窄，金融科技支撑弱化，资金业务风险值得关注；部分省份证券公司业绩有所下滑，房地产资产证券化、股票质押融资等业务风险值得关注，部分上市公司股票质押比例居于高位，私募基金相关风险不容忽视；人身险公司发展转型面临较大压力，部分中小财产险公司承保业务亏损、投资收益下降，规范经营水平仍需提升。西部地区经济结构倚重倚能特征突出，消费复苏面临挑战，房地产市场信心恢复缓慢；银行业盈利水平大幅下降，信用风险依然突出，银行业高质量发展有待提升；证券公司经营持续承压，上市公司股票质押风险和退市风险仍需关注，债券市场兑付压力较大；保险市场发展相对滞后，区域间发展不平衡，个别保险公司综合偿付能力下降明显。东北地区经济增速放缓较为明显，固定资产投资接续仍显不足，房地产市场偏冷，消费预期偏弱，工业生产恢复仍显缓慢；信用风险防控形势较为严峻，房地产领域外溢风险需重点关注，银行业金融机构盈利情况仍不乐观；法人证券期货公司规模偏小，经营质效有待提升，上市公司经营压力加大，企业再融资规模明显下降，证券业机构数量减少，经营效益有所下滑；中小财产险公司经营面临一定压力，有待加快转型升级，保险销售市场合规管理仍需加强，非法“代理退保”造成退保纠纷异常增加。

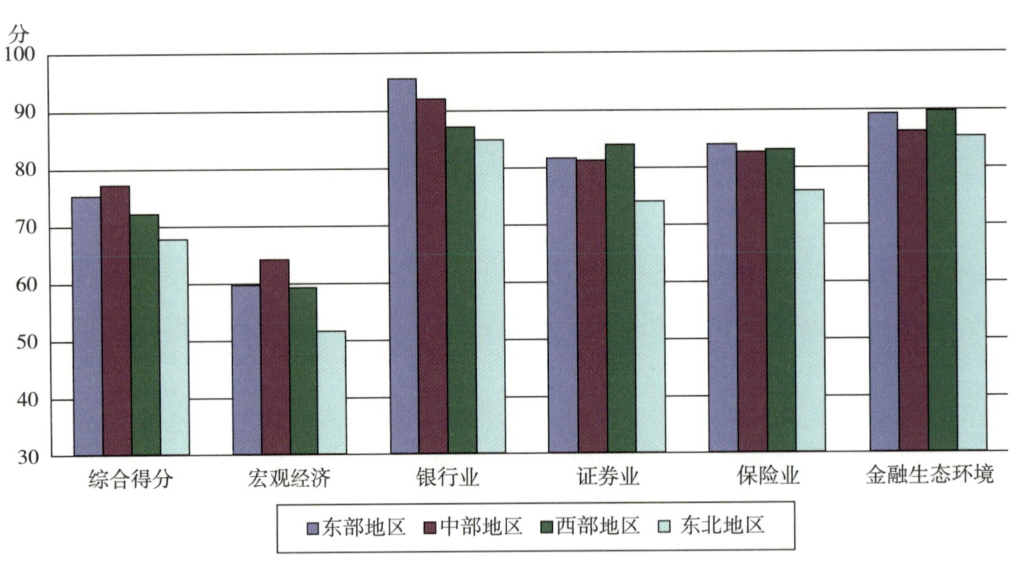

图 28　2022 年全国各地区金融稳定综合得分对比

从定量评估结果看，2022 年区域金融稳定状况综合得分排序结果为：中部地区得分蝉联各地区首位，东部地区列第 2 位，西部和东北地区分列第 3 位和第 4 位。2022 年，我国经济社会发展面临国内外多重不利因素相互交织和叠加影响，风险挑战前所未有，稳增长困难增大，各地区宏观经济得分均出现不同程度的回落，成为综合得分下降的主因。分地区看，各地区宏观经济得分排序与综合得分一致，东部和西部地区得分差距较上年缩小，东北地区得分与其他地区相比仍存在一定差距；各地区银行业得分基本平稳，东部和中部地区银行业得分均超过 90 分，特别是东部地区得分近年均超过 95 分，一直处于非常稳定区间，西部地区得分继续高于东北地区得分；各地区证券业得分与上年相比未发生显著变化，西部地区证券业得分仍列各地区首位，东部和中部地区分列第 2、第 3 位；东部地区保险业得分小幅领先中部和西部地区，东北地区得分相对较低；各地区金融生态环境得分总体逐年持续改善，排名与上年保持一致（见图 28）。

二、维护区域金融稳定需关注的方面

从国际看，地缘政治冲突仍在持续，世界经济增长动能减弱，发达经济体通胀仍处高位，加息进程尚未见顶，国际金融市场震荡加剧，外部环境更趋复杂严峻和不确定。从国内看，疫情演进的扰动影响仍需关注，房地产业转向新发展模式尚需时日，经济恢复的基础尚不牢固，区域性金融风险隐患仍然存在。因此，需要高度关注和重视经济金融运行中存在的问题，坚持底线思维、问题导向，增强忧患意识，把防范化解风险挑战摆在突出位置，进一步夯实经济复苏基础，守住不发生系统性区域性金融风险的底线，确保金融体系长期健康稳健可持续发展。

（一）区域经济运行中值得关注的方面

1. 各地区经济回升向好的基础尚不牢固，消费恢复缓慢，投资意愿不强

2022 年，各地区经济总体延续恢复态势，但恢复的基础尚不牢固，增速回落明显，需求收缩、供给冲击、预期减弱三重压力仍然较大。东部、中部、西部和东北地区生产总值增速较上年分别回落 5. 57 个、4. 74 个、4. 17 个和 4. 74 个百分点，经济恢复不够均衡，受疫情影响严重的东部地区生产总值增速回落幅度明显高于其他地区，东北地区经济增长仍处于全国较低水平。各地区消费受疫情扰动明显，全年社会消费品零售总额同比下降 0. 2%，增速较上年下降 12. 7 个百分点，其中餐饮收入额 4. 39 万亿元，较上年下降 6. 3%。限额以上单位商品零售额中，服装、鞋帽和针纺织品类、家具类、建筑及装潢材料类分别较上年下降 6. 5%、7. 5% 和 6. 2%。固定资产投资（不含农户）增速仅为 5. 1%，仍低于疫情前水平。民间投资增长持续放缓，2022 年民间投资累计同比增速逐月下行，全年回落至 0. 9%，比上年低 6. 1 个百分点，天津、广东、北京等省市民间投资增速为负，同比分别回落 22. 3 个、17. 2 个和 12. 5 个百分点。供应链受阻导致企业生产经营景气度明显下滑，2022 年 12 月中国综合 PMI 产出指数 42. 6%，降至 2020 年 3 月以来的最低值。2022 年第四季度人民银行银行家、企业家问卷调查报告显示，企业家宏观经济热度指数为 23. 5%，较上年同期下降 13. 7 个百分点，66. 0% 的银行家认为当前宏观经济“偏冷”。

2. 政府杠杆率持续上升，地方财政收支矛盾日益突出

2022 年，我国宏观杠杆率[①]共上升 10. 4 个百分点，增至 273. 2%。其中，政府部门杠杆率升至 50. 4%，同比上升 3. 6 个百分点，增幅较上年提高 2. 4 个百分点。中央政府杠杆率升至 21. 4%，同比上升 1. 1 个百分点；地方政府杠杆率升至 29. 0%，同比上升 2. 5 个百分点。2022 年政府债务规模增加 7. 19 万亿元，其中，中央政府债务和地方政府债务分别增加约 2. 60 万亿元

① 数据来源于国家金融与发展实验室发布的《2022 年中国杠杆率报告》。

和4.59万亿元。受经济下行、大规模减税降费退税、土地出让市场下滑的冲击，全年广义财政收入同比下滑6.3%，同时受支出刚性等影响，广义财政支出同比增长3.1%，广义财政支出超收入8.96万亿元，创历史新高，广义政府赤字率为7.4%，高于预算赤字率4.6个百分点。2022年各地区政府部门财政收支缺口扩大，东部、中部、西部和东北地区地方财政收支缺口分别为2.90万亿元、2.89万亿元、4.16万亿元和1.10万亿元，缺口较上年分别扩大20.83%、20.92%、9.19%和15.79%。政府债务负担地区间差距进一步加大，部分省份负债率和债务率相对较高，防范化解地方政府债务风险的紧迫性日益增强。

3. 房地产市场持续疲软，妥善化解房地产金融风险面临挑战

2022年，我国房地产市场持续调整，市场预期较为低迷。全国房地产开发投资较上年下降10.0%，增速同比大幅下降14.4个百分点，商品房销售面积和销售额同比分别下降24.3%和26.7%，增速较上年分别大幅下降26.2个和31.5个百分点。其中，东北地区降幅最大，房地产开发投资、商品房销售面积和销售额增速同比分别下降25.5%、37.9%和40.9%。随着房地产市场持续调整，房地产金融风险日渐暴露。2022年下半年“保交楼”“三支箭”等一系列稳楼市政策陆续出台，但政策效果显现仍需时间，居民贷款购房意愿未明显改善，房地产行业仍处在深度调整期。同时，房企债务压力和风险明显加大，民营房企资金困境尤为突出，政策上融资条件宽松尚未有效传导至房企。在当前房地产销售没有明显回暖、民营房地产企业融资困难、房地产企业面临较大偿债压力的情况下，房地产金融风险仍需高度关注。

4. 外部环境更趋严峻复杂，对国内经济复苏形成冲击

当前，地缘政治局势紧张，供应链和国际贸易受阻，粮食、能源等大宗商品价格大幅波动。俄乌冲突发生后，2022年上半年国际原油、天然气及农产品价格均出现显著上涨，对我国大宗商品价格带来一定输入性压力。2022年，主要发达经济体通货膨胀均明显加剧，美国全年平均消费物价指数增长率约为8.1%，为40年来最高，欧元区全年平均消费物价指数增长率约为8.3%，新兴市场和发展中经济体也普遍出现严重的通胀问题。为抑制高通胀进一步加剧，各国接连出台应对全球通胀的紧缩措施，加快收紧货币政策的外溢效应不容忽视，全球经济增长、金融市场和跨境资本流动面临震荡风险。考虑到中国和美国周期不同步、政策目标和方向不同，中国经济受到的外溢影响更为复杂，经济复苏不稳定性不确定性明显增加。

（二）区域金融业发展中需关注的方面

1. 区域银行业方面

一是各地区银行资产质量持续分化，部分地区不良贷款反弹压力加大。2022年末，东部、西部和东北地区银行业不良贷款余额同比分别增长4.04%、0.47%和9.93%；中部地区同比下降1.01%，不良贷款余额增长率较上年大幅下降10.84个百分点。东部地区4省市不良贷款率同比上升，东北地区不良贷款率较上年上升0.25个百分点。此外，截至2022年末，东部、中部、西部和东北地区关注类贷款余额分别较上年增长5.59%、12.97%、8.43%和0.22%，中部地区关注类贷款比例小幅上升0.04个百分点。东北地区不良贷款仍处高位，信用风险防控压力依然较大。鉴于阶段性特殊信贷政策将于2023年退出及新的金融资产分类办法即将实施，现阶段通过展期、借新还旧、调整计息等方式导致风险暴露不充分的普惠小微、零售业务风险未来

可能批量暴露，部分地区不良贷款反弹压力持续加大。

二是盈利能力受到较大冲击，中小银行可持续发展面临挑战。近年来，银行机构存贷利差空间收窄，特别是大型银行业务下沉、同质化竞争叠加转型发展压力，中小银行利差下降幅度更加明显，可持续经营面临较大挑战。东部地区个别省份村镇银行资本利润率均低于11%的监管要求，有6家资产利润率低于0.6%的监管要求；湖北省多数农商行平均净息差下降超过300个基点；西部地区除宁夏、四川、重庆、甘肃外，其他省区银行业净利润均出现不同程度下降，两个省份出现亏损；东北地区部分省份中小银行金融机构净利润同比大幅下降，个别省份银行业金融机构累计亏损。若盈利能力下降的局面长期不能改变，未来中小法人银行的经营风险可能会进一步加大。

三是理财业务业绩表现分化，流动性风险管控压力加大。随着资管新规过渡期结束，2022年银行理财全面进入净值化、规范化发展时代。在金融市场大幅波动情况下，理财产品面临净值回撤、投资者大量赎回等多重挑战。2022年3月和11月，权益市场波动加剧和债券市场连续下跌引发理财两轮净值“回撤潮”，特别是前期表现较为稳健的中低风险固收类产品也出现较大净值回撤。不少投资者短期大量赎回，个别理财产品甚至触发巨额赎回，在一定程度上加剧了产品流动性管理压力。当前，虽然资管新规过渡期已经结束，但部分投资者对于“打破刚兑”的心理预期尚需时间，在市场波动较大情况下，机构需警惕产品短期遭大量赎回而出现的流动性风险和声誉风险。

2. 区域证券业方面

一是证券公司业绩普遍下滑，部分业务存在潜在风险。受资本市场波动加剧和交易规模下降等因素影响，证券公司业务收入明显下降，经营业绩承压。2022年，全国证券公司业绩普遍下滑，行业全年净利润1423.01亿元，同比下降25.53%，个别省份证券公司业绩下滑明显，下降幅度超过100%。此外，证券公司部分业务仍存在潜在风险，如个别资管产品违约时间长，涉及金额较大，风险化解和产品清算难度较大；个别证券公司对市场风险和融资主体风险分析审慎性不足，导致房地产资产证券化、股票质押等业务形成较大损失。

二是非法证券活动打而不绝，存量风险防范处置压力较大。近年来，监管部门持续清理各类“伪私募”“乱私募”，以及打着私募基金名义从事非法活动的不法机构。然而，部分省份“伪私募”等非法金融乱象仍处高位，存量风险仍具一定规模，严重侵害投资者合法利益，危害资本市场平稳健康发展。一些管理人合规风控意识薄弱，未登记备案的私募基金存量大，游离于监管之外；部分私募机构通过签署回购协议、出具担保函等方式承诺保本保收益，以高息利诱投资者，甚至出现侵占挪用基金财产、非法集资等问题，易引发群体性事件。此外，个别省份新设和迁入私募基金数量迅速增长，一些私募机构“带病”迁入，私募基金注册地和主要经营地分离等问题较为突出。

3. 区域保险业方面

一是保险公司偿付能力普遍下降，中小公司资本补充面临困境。受投资亏损导致净资产下降、“偿二代”二期监管规则变化等因素影响，全国超七成保险公司综合偿付能力充足率较上年末有所下降。截至2022年末，保险公司平均综合偿付能力充足率为196%，同比下降36.1个百分点。部分公司逐季持续下滑，个别公司同比下降超过100个百分点。2022年，多家保险公司通过增资、发债等方式补充资本，提升偿付能力充足率，但受疫情和经济下行影响，中小公司内生性与外源性资本补充渠道仍面临困境和制约因素。不少股东出资能力和意愿下降，加之资本补充债券市场认可度不高，外源性资本补充渠道受阻；当前保险公司经营整体承压，业务规模和盈利能力较低，内生性资本补充能力不足，特别是中小保险公司资本补充压力较大。

二是人身险仍处于深度调整期，部分公司流动性压力较大。当前人身险公司代理人队伍大幅脱落，转型升级面临较大挑战，2022 年人身险公司保费收入增速出现不同程度的下降，个别省份保费增速多年持续下滑。受资本市场波动显著加大、准备金计提增加等因素影响，人身险公司全年净利润同比大幅下降，中小保险公司亏损面扩大。此外，部分人身险公司退保率居高不下，经营净现金流趋紧，流动性风险需重点关注。

三、展望

2022 年是党和国家历史上极为重要的一年。面对复杂严峻的国内外形势和多重超预期因素冲击，各地区在以习近平同志为核心的党中央坚强领导下，高效统筹疫情防控和经济社会发展，区域协调发展呈现新格局、新气象，经济总量再上新台阶，金融体系运行平稳，为实体经济持续高质量发展提供了更加有力的支持。

展望未来，2023 年是全面贯彻落实党的二十大精神的开局之年，是实施“十四五”规划承上启下的关键一年，是为全面建设社会主义现代化国家奠定基础的重要一年。经济恢复基础尚不牢固，外部环境依然严峻复杂，但我国经济韧性强、潜力大、活力足，长期向好的基本面没有变。对此，我们既要正视困难，也要看到优势，继续保持战略定力，以我为主，做好自己的事。下一步，要以习近平新时代中国特色社会主义思想为指导，深入学习贯彻党的二十大和中央经济工作会议精神，按照党中央、国务院的决策部署，坚持稳中求进工作总基调，全面、完整、准确贯彻新发展理念，加快构建区域协调新发展格局，扎实推进中国式现代化。推动金融支持实体经济实现质的有效提升和量的合理增长，持续推进京津冀协同发展、长江经济带发展、长三角一体化发展、粤港澳大湾区建设、横琴粤澳深度合作区、前海深港现代服务业合作区、成渝双城经济圈、黄河流域生态保护和高质量发展等一系列国家区域重大战略，以区域协同发展促进全国统一大市场建设。巩固经济向好势头，推动经济运行持续好转，加强金融法治建设，健全金融风险预防、预警、处置、问责制度体系，密切关注重点领域风险，提高风险识别的前瞻性、及时性和有效性，强化金融稳定保障体系建设，构建防范化解金融风险长效机制，守住不发生系统性区域性金融风险的底线，为全面建设社会主义现代化国家开好局、起好步。

专题一　专项债补充中小银行资本效果、问题及建议

资本是中小银行稳健发展、抵御风险的安全垫。近年来，中小银行信用风险防控压力加大，资本持续承压，资本补充困难成为制约中小银行可持续发展和服务中小微企业的重要因素。2020 年 7 月，国务院常务会议允许发行地方政府专项债合理支持中小银行补充资本金，此举有效拓宽了中小银行资本补充的途径和资金来源。2021—2022 年，财政部先后下发 2100 亿元和 3200 亿元专项债额度，用于支持中小银行补充资本，并以此促改革、换机制。本专题以西部某两省为例，深入分析当前专项债补充中小银行资本的政策实施效果和存在问题，并提出政策建议。

一、基本情况

2021 年，西部两省第一批补充中小银行资本金地方政府专项债券相继发行成功，专项债资金全部采用转股协议存款模式注入近 70 家中小银行机构[①]，支持其补充其他一级资本，增强风险抵御和服务实体经济的能力。两省专项债票面利率分别为 3.1%、3.5%，期限均为 10 年，设置还本付息机制，前 5 ~6 年为还本宽限期，中小银行每半年归还利息，自第 6 年或第 7 年起逐年等额偿还专项债本金。

二、政策实施效果

（一）政策灵活适用，补充资本效率高

一是有力支持尚不具备发债能力的中小银行补充资本。西部某省仅有不到 6% 的中小银行发行过二级资本债、永续债，大多数亟须补充资本的机构尚不具备发债能力。转股协议存款的准入门槛低，不受银行信用资质、是否上市等条件限制，适用范围广。二是补充资本效率高。资金在专项债发行后 1 个月内即划拨存入目标银行并实时补充资本。相比流程复杂的间接入股[②]和发行平均耗时 9 个月左右的可转债，时间明显缩短（见表 1）。

---

① 以下统称目标银行。

② 部分省份通过省级金控集团等国资平台将专项债资金以增资扩股方式注入目标银行。

表1　　专项债补充中小银行资本的转股协议存款与间接入股模式对比

	转股协议存款	间接入股
会计核算	【资金到账时】 借：存放省联社系统内款项/存放中央银行备付金 　贷：单位存款——转股协议存款 【转股时】 借：单位存款——转股协议存款 　贷：实收资本 　　　资本公积	借：存放中央银行备付金 　贷：实收资本 　　　资本公积
资本补充效果	【转股前】补充其他一级资本 【转股后】补充核心一级资本	直接补充核心一级资本
时效性	操作流程简单，资本补充效率高，由市县财政部门与目标银行签订《转股协议存款框架协议》并划拨资金即可	流程复杂，资金运营主体确定、股东资质核准、股权登记等程序烦琐，耗时较长
偿债资金来源	【转股前】目标银行经营收入 【转股后】股利分红、市场化转让股份收入	股利分红、市场化转让股份收入
退出方式	【转股前】按约定偿还存款本金 【转股后】市场化转让股份	市场化转让股份

（二）监管指标明显改善，资本充足和流动性水平提升

专项债资金有效增强了中小银行资本实力。2022年末，两省目标银行一级资本净额较注资前增长149%，一级资本充足率、资本充足率分别上升5.1个和5.74个百分点，其中95%的机构资本充足率有所提升。转股协议存款起存金额大、期限长，有助于目标银行负债稳定。2022年末，两省目标银行核心负债比例较注资前平均上升0.45个百分点。

（三）激发目标银行自救积极性，提升可持续发展能力

专项债资金注入后，目标银行风险自救意识增强，采取多种措施推进改革化险。一是加快不良贷款处置清收，改善资产质量。2022年，两省目标银行不良贷款余额较注资前减少12.36%，92%的机构不良贷款率有所下降。二是紧抓政策契机多渠道补充资本。部分城商行、农信机构通过发行二级资本债、增资扩股等外源性渠道进一步充实资本，提高可持续发展能力。三是统筹推进农信社改革。某省部分地市农信机构合并组建统一法人，运用新募股金溢价化解存量风险。

（四）撬动信贷投放，聚焦主业支持“三农”和中小微企业

据测算①，专项债资金理论上可撬动被注资中小银行约9.5倍的信贷投放。2021年和2022年，两省目标银行各项贷款保持稳健增长，同比分别增长14.34%、13.93%，为缓解区域中小

① 按照10.5%的资本充足率监管标准测算。

微企业融资难、支持稳企业保就业、服务县域经济和乡村振兴等提供了有力支撑。

（五）地方政府有效落实属地责任，加快机构化险进程

专项债资金注入的同时，随着各项风险化解措施逐步落地，各方化险责任进一步压实，部分目标银行风险化解处置加快推进，取得积极进展。省级政府统筹推进中小银行资本补充及风险化解工作，成立不良资产清收处置专班，整合司法、纪检监察等各方力量，组织开展不良资产清收化解攻坚行动，并按照不低于专项债资金 50% 的比例配套筹集资金助力机构化险。2022 年第四季度末，两省六成目标银行的主要监管指标较专项债资金注入前有明显改善。

三、存在问题

（一）资本补充层级较弱，损失吸收能力不强

两省目标银行均通过转股协议存款模式补充其他一级资本，与间接入股、认购可转债模式直接补充核心一级资本相比，转股协议存款的资本补充层级较弱（见图 1）。在未转股情况下无法充实核心一级资本，帮助目标银行抵御风险和吸收损失能力较弱。

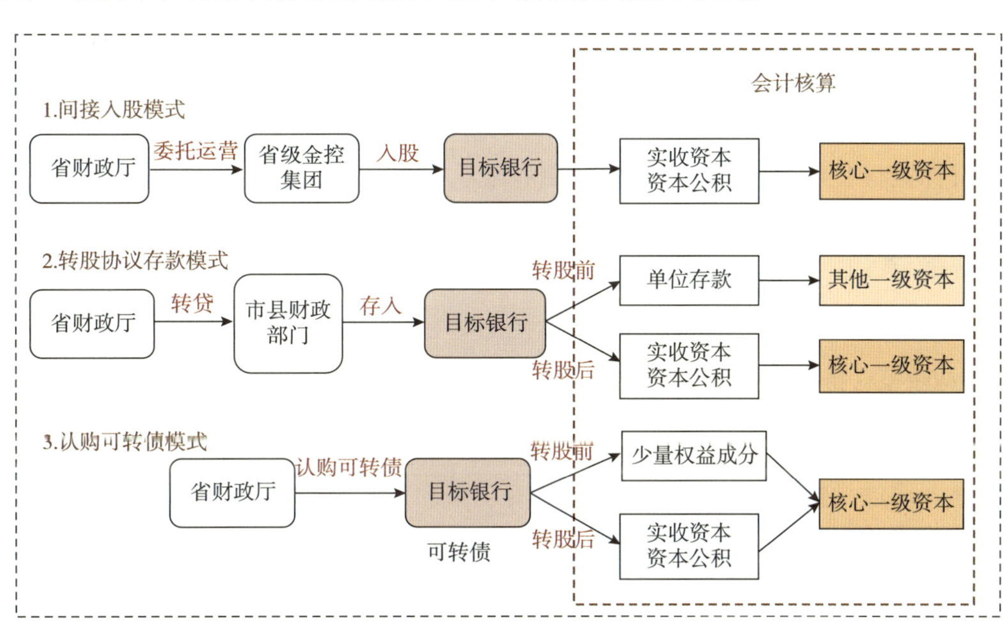

图 1　专项债不同模式补充中小银行资本路径比较

（二）涉及多方利益主体，协议存款转股启动较难

两省首批专项债落地后，陆续有 30 家目标银行触发转股条件，但截至 2022 年末均未启动转股程序。启动协议存款转股除满足核心一级资本充足率下降至阈值[①]外，还需要银行、银行股

① 核心一级资本充足率低于 5. 125%。

东、注资方等达成一致意见，实施难度较大。一是对于风险状况较为突出、短期内经营收益不理想的银行，注资方存在转股后股权退出难等顾虑，转股动力不足。二是两省均将专项债承债主体下放至各市县，专项债纳入市县政府的债务限额管理和全口径预算管理，部分经济基础薄弱、地方政府债务偿付压力较大的地区转股意愿不强。三是部分银行及其股东存在现有法人股东股份被稀释、表决权被削弱、不利于股权稳定以及转股后分红成本较高、财务压力加重的担忧，对专项债转股态度不积极。四是协议存款转股涉及银行机构股权变更，内部需经资产评估、股东大会、董事会等决策程序，外部需获得监管部门审批，流程冗长、操作复杂。

（三）个别目标银行风险治理基础尚不牢固，“造血”能力不足

一是个别市县政府运用土地、房产、国有经营性资产等置换中小银行不良资产，以“时间换空间”方式支持目标银行化险，普遍存在置换资产估值虚高、处置困难和不良非洁净出表等问题，实际风险未真实有效缓释。二是少数机构经营机制尚未根本改善。专项债资金为中小银行及时“补血”，虽然目标银行监管指标整体有所好转，但个别机构深化改革未协同推进，经营机制转换效果未彰显，自身“造血”能力仍然不足，实际上仍处于“亚健康”状态。

（四）注资方无法参与经营管理，在改善治理结构方面发挥作用有限

协议存款转股前，注资方不能作为股东参与目标银行的重大经营管理决策。调查显示，目前两省提供专项债资金支持的市县财政部门主要通过委派观察员列席董事会、要求银行定期报送经营情况等形式，监督目标银行的经营发展，无法以出资人身份直接参与公司治理和经营管理，在改善目标银行公司治理结构上发挥作用有限。

四、政策建议

（一）坚持政策扶持与正向激励相结合

建立资金支持与中小银行改革化险成效挂钩的持续正向激励机制，激发机构和属地政府改革化险积极性。通过设置多个阶段性目标，将专项债资金的使用、还本付息、转股、资金退出与银行改革化险成效、支农支小效果等挂钩，引导中小银行逐步“上台阶”。第一个台阶是银行必须全面摸清风险底数，对风险化解方案和改革计划作出承诺才能获得资金支持；第二个台阶是银行必须全力消化不良资产、多措并举充实资本，主要监管指标保持在合理区间，可给予还本宽限期适当延长、可溢价转股处置不良资产等政策；第三个台阶是银行公司治理不断完善、经营效益持续向好、支农支小效果显著，允许市县政府加强统筹，将专项债资金全部或部分转为长期股权，并适当降低分红比例。

（二）完善专项债补充资本的配套政策

一是尽快出台协议存款转股管理办法等配套制度，明确协议存款转股操作规程，细化转股条件、转股后分红机制，厘清中小银行、财政部门和属地政府权责边界，打通或视情况简化协

议存款转股流程。二是加大财税政策支持力度，可适当减免专项债转股分红部分应纳所得税，降低资本补充的间接成本。三是加强专项债资金市场化退出机制建设。间接入股模式和协议存款转股后，专项债的还本资金均来自银行股权转让收入。建议加强专项债退出路径研究，丰富中小银行股权投资主体，鼓励有实力的国有企业和社会资本参与股权转让，切实增强各方转股动力。四是进一步规范地方政府以国有资产置换目标银行不良资产行为，确保配资化险依法合规，不良资产洁净处置，风险真实化解。

（三）推动中小银行优化公司治理

一是按照实质重于形式原则，由财政部门严格履行国有金融资本出资人职责，有效参与被注资中小银行的决策管理。督促银行加强党的领导，将党建与公司治理有机结合，改进“三会一层”治理结构，推动机构加强董事会建设，做实监事会功能，规范高管层履职，健全权责对等、运转协调、有效制衡的决策执行监督机制，切实防范大股东操纵和内部人控制。二是强化专项债补充中小银行资本的专项监测、监管和审计，制定考核评价体系，督促目标银行严格落实政策要求，发现政策实施过程中存在的问题，并及时精准纠偏。

（四）健全多层次的中小银行资本补充体系

统筹考虑我国中小银行经营现状，进一步健全市场化与政策支持相结合的资本补充体系。一是建立中小银行资本补充增信机制。为中小银行发行优先股、永续债、可转债等资本补充工具提供信用增进或担保措施，增强中小银行资本可获得性。二是增强中小银行资本补充工具的吸引力。一方面，大力拓展中小银行资本补充工具投资主体，鼓励长期资金参股投资银行资本补充工具；另一方面，适度降低持有资本补充工具的资本占用，设置风险缓释期，提高资本补充工具的流动性。三是探索对中小银行实施差异化的资本补充工具发行政策。强化改革化险和服务实体经济成效的考核导向，弱化规模导向，促进发行主体不断扩容。四是对市场化补充资本确有困难的中小银行，继续加大专项债资金支持力度，强化政策托底作用。

资料来源：中国人民银行成都分行、兰州中心支行。

专题二　城投类企业美元债发行特点及风险分析

随着境外融资政策放宽和城投类企业国内融资渠道收窄，近年来城投类企业美元债规模持续增长。即使在美联储货币政策转向、美债利率上行、全球流动性收紧、地缘政治冲突加剧、国际金融市场大幅波动等复杂外部环境下，2022 年全国城投类企业美元债发行规模仍逆势上涨，发行金额创下 2018 年以来新高，境外融资需求仍然旺盛。但随着监管政策逐步收紧和美元强势上涨，城投类企业美元债发行及兑付成本不断增高、偿付压力逐渐增大，同时资产负债期限错配、借新还旧等问题和风险也需引起关注。

一、城投类企业美元债发行监管政策演变

近二十年我国城投类企业发行美元债先后经历了审批制、备案制改革、政策规范三个阶段，随着监管政策不断健全和完善，城投类企业发行美元债行为更加规范，有力地支持了城投类企业融资需求和地方经济发展。

（一）审批制阶段（2015 年以前）

2015 年以前，城投类企业发行美元债的基本监管框架主要依据 2000 年原国家计委、人民银行出台的《关于进一步加强对外发债管理意见的通知》（国办发〔2000〕23 号），规定企业“对外发行债券实行资格审核批准制”“发债资格每两年评审一次”。审批制下能够获批发行美元债的企业仅为少数大型国企或金融机构，城投类企业美元债发行规模较小。据统计，2015 年之前城投类企业美元债发行规模累计仅为 41.3 亿美元。

（二）备案制改革阶段（2015—2017 年）

2015 年 9 月，国家发展和改革委员会印发《关于推进企业发行外债备案登记制管理改革的通知》（发改外资〔2015〕2044 号），取消企业发行外债的额度审批，实行备案登记制度。2017 年 6 月，国家外汇管理局印发《关于进一步推进外汇管理改革完善真实合规性审核的通知》（汇发〔2017〕3 号），解除内保外贷资金约束，允许债务人通过向境内进行放贷、股权投资等方式将内保外贷项下资金直接或间接调回境内使用，放宽美元债资金回流限制，城投类企业美元债迎来快速扩容期。2016 年、2017 年城投类企业美元债发行规模均维持在 100 亿美元以上。

（三）政策规范阶段（2018 年以来）

2018 年 5 月，国家发改委和财政部联合印发《关于完善市场约束机制　严格防范外债风险和地方债务风险的通知》（发改外资〔2018〕706 号），严禁企业以各种名义要求或接受地方政

府及其所属部门为其市场化融资行为提供担保或承担偿债责任。2019 年 6 月，国家发展和改革委员会印发《关于对地方国有企业发行外债申请备案登记有关要求的通知》（发改办外资〔2019〕666 号），收紧城投类企业境外发债条件，要求地方国企发行外债申请备案登记需持续经营不少于 3 年。政策出台后，2020 年城投类企业美元债发行规模较 2019 年大幅下降 40%。

二、城投类企业美元债发行特点

（一）存量城投类企业美元债特点

截至 2022 年末，全国城投类企业美元债规模约 800 亿美元。从地域分布看，浙江、山东是发行最活跃的地区，两个省份存量城投类企业美元债均在 100 亿美元以上，合计金额占全国城投类企业美元债总规模的近 1/3；其次是江苏，存量城投类企业美元债在 85 亿美元以上；四川和广东存量城投类企业美元债均在 60 亿美元以上。从城投企业地区层级分布看，以省和地市级为主，特别是地市级占比超 60%。从企业评级看，以中高评级为主，AAA 级及 AA + 级评级主体美元债存量占比近 90%。从 2022 年到期情况看，后三个季度到期相对集中，第二至第四季度单季到期规模均在 70 亿美元以上，合计到期量占存量比重约 35%。

（二）2022 年以来城投类企业美元债发行新特点

1. 发行规模增势突出，美元债净融资额处于相对高位。2022 年，城投类企业美元债全年发行规模约 350 亿美元，同比增长 33%，净融资额约 100 亿美元，同比增长 12%，发行规模创 2018 年以来新高，其中仅前 4 个月净融资额就已超过 2021 年全年规模。城投类企业美元债发行规模增长明显，主要原因是城投类企业境内发债较为困难，但美元债发行政策并未随着境内城投发债政策同步缩紧，因此企业转而寻求发行美元债作为拓展融资的主要渠道。

2. 区县和中低评级发行主体占比明显上升。通过对 2022 年 1 ~ 4 月公开数据统计分析，城投类企业美元债发行主体中区县占比 46%，创 2017 年以来新高；AA + 级及以下评级主体占比 76%，其中 AA 级及以下评级主体占比 25%，也为 2017 年以来新高；首发主体高度集中于区县平台，占比高达 64%，AA 级及以下评级占比也高达 54%。

三、需要关注的问题和风险

受美联储货币政策、美元走势、中美利差变化等外部因素影响，叠加企业自身经营特点和内在因素，当前城投类企业美元债在发行、偿付等方面均面临一些问题和风险。

（一）偿债资金来源渠道较窄，存在债务违约风险

穿透结果显示，部分城投类企业美元债资金主要用于城市基础设施建设、棚户区改造保障性住房建设和“城中村”改造等项目，这些项目普遍自身“造血”能力较弱。当前，地方公共事业和基础设施建设资金收支不平衡的矛盾依旧突出，随着经济结构调整、地方财政压力增大，

城投类企业获得财政资金支持的力度有限。同时，《关于完善市场约束机制　严格防范外债风险和地方债务风险的通知》明确规定，严禁企业以各种名义要求或接受地方政府及其所属部门为其市场化融资行为提供担保或承担偿债责任。因此，城投类企业美元债实际偿付能力较弱，需防范债务违约风险。

（二）美元持续加息，偿债压力加大

一是利率上升导致发债成本增加。2020 年以来，为应对新冠肺炎疫情冲击，美联储实行了极度宽松的货币政策，联邦基金目标利率降至 0 ~ 0. 25%。但随着美国高通胀问题突出，美联储决定收紧美元流动性，于 2022 年 3 月重启加息周期，美元债市场利率明显抬升，企业发行美元债成本大幅增加。二是汇率波动影响偿债成本。自美联储 2022 年 3 月加息政策以来，美元持续走强。2022 年，人民币对美元汇率中间价累计贬值幅度超过 9%，创下自 2015 年汇改以来人民币中间价的最大贬值幅度，美元债偿付成本大幅增加，特别在集中兑付时期偿债风险随之升高。

（三）资产负债期限错配严重，“借新还旧”模式难以持续

城投类企业主要投向基础设施建设，具有投资金额大、回收期长的特点，而城投类企业美元债期限主要以三年期以下为主，债券期限相对于资产回报周期过短，“短债长用”错配易造成偿付缺口。在稳增长和控制政府债务的背景下，境内融资环境预计仍将维持偏紧，境外融资政策方向尽管目前未变但已显现收紧迹象。此外，国家发展和改革委员会提出了“分类管理”思路，这对中低评级和弱资质城投类企业将带来较大冲击，其再融资能力和空间可能将大幅削弱，城投类企业美元债“借新还旧”模式或将难以持续，应警惕因此而产生的流动性风险。

四、政策建议

（一）建立协同监管框架，促进城投类企业美元债发行规范发展

明确相关部门间的管理边界和责任分工，充分发挥监管合力，加强城投类企业美元债发行的全流程管理。在发行备案环节，各部门需协调配合，对城投类企业盈利能力、经营活动现金流、偿债能力等进行综合评价。在资金使用环节，对城投类企业发债资金进行统一管理，要求企业定期向监管部门报告资金使用情况。在事中事后监管环节，要加强美元债资金实际投向以及跨境资金流动等方面的监测，将存在异常和可疑情况的企业列为重点监测对象，以确保美元债发行行为符合国家政策导向，促进实体经济发展。

（二）探索城投类企业美元债发行业务分类管理，完善风险监测预警制度

不同城投类企业因规模、偿付能力、资金用途等存在较大差异，美元债发行业务的潜在风险也不尽相同。可进一步探索实施发债业务分类管理，识别出风险较高的业务进行重点监管，进而防范违约和跨境资金异常流动风险。具体而言，可先基于发债业务是否有境内企业担保进行分类，再根据偿付能力、发债资金用途等维度进一步细分管理。根据业务风险等级，形成存

在风险、重点关注、一般关注和正常业务四类情况，并分别做好风险识别与预警。

（三）强化城投类企业美元债发行风险管理体系，提升风险应对能力

在加强监管的基础上，也要进一步强化和提高城投类企业发行美元债的风险意识和风险管理能力，明确城投类企业美元债发行的风险应对处置主体责任。要求城投类企业健全美元债压力测试和衍生风险评估机制，及时有效阻断风险的形成与输入。要求城投类企业密切关注政策和市场变化，科学规划美元债发行时间、结构和期限，确保资金来源与资金用途合理匹配。督促指导城投类企业在美元债存续期内，提前做好资金规划，制定风险处置预案，避免发生实质性违约。

资料来源：中国人民银行太原中心支行。

专题三　A 股发行定价的优化研究

随着资本市场注册制改革落地实施，我国新股发行定价与配售制度逐步优化，但部分股票上市后仍出现超预期上涨、大幅破发走势，新股发行定价与市场认可价格之间存在较大差距。借鉴境外发达资本市场的成熟经验，应从完善制度稳定市场预期、优化发行定价机制、完善发行配套制度以及提升承销商执业质量等方面持续推进我国 A 股发行定价市场化改革。

一、我国新股发行市场改革发展历程

近年来，我国新股发行市场改革主要经历核准制主导期、注册制起步期、注册制探索期三个阶段。

核准制主导期（2017 年 1 月至 2019 年 7 月）：IPO 定价受 23 倍市盈率限制，新股上市后基本都会连续涨停，"新股不败" 的神话深入人心。

注册制起步期（2019 年 7 月至 2021 年 9 月）：IPO 定价采用市场化询价定价方式，由投资经验更丰富、风险承受能力更高的询价机构[①]填报拟申购价格，这些报价决定了股票发行的最终价格。但随着询价机构 "抱团压价"，新股发行又呈现 "三低"[②] 现象，影响和制约了企业募投项目的顺利落地和后续发展。

注册制探索期（2021 年 9 月至今）：监管部门出台询价新规，沪深交易所同步修订相应规则，将注册制板块网下发行高价剔除比例从不低于 10% 调整为不超过 3%，简化投行突破 "四值孰低"[③] 发行流程，推动新股估值上移，有效缓解了 "抱团压价" 和发行人募资不足等问题。

二、新股发行定价中存在的问题

（一）询价定价和配售制度仍不完善

我国承销商主要根据询价机构报价确定新股发行价格，市场化博弈不充分难以形成理性报价。一是现行新股配售制度缺乏必要的激励机制。同一类投资者采取同比例配售，单个网下投资者获配股数较少，定价研究动力不足；承销商缺乏自主配售权，不能向愿意长期持有和合理

① 询价机构一般是机构投资者，新股发行制度以机构投资者为主体构建新股询价、定价和配售机制，将估值定价权力交给市场，以提高定价效率和资源配置效率。

② "三低" 发行指上市公司新股发行低发行价、低市盈率和低募集资金。与此对应的是 "三高" 发行，即高发行价、高市盈率和高超募资金。

③ 即剔除最高报价部分后剩余报价的中位数和加权平均数，以及公开募集方式设立的证券投资基金和其他偏股型资产管理产品、全国社会保障基金和基本养老保险基金剩余报价的中位数和加权平均数孰低值。

报价的机构投资者倾斜配售比例。二是现行 1% ~3% 的高价剔除比例缺乏区分度。实际执行中，科创板新股询价均采用 1% 的最低剔除比例，即使超万户询价机构参与报价，也仅剔除约百户最高报价，低于发行价的报价则被全部剔除，由此助长询价机构报高价的“搭便车”心理。三是承销商跟投机制效果不达预期。跟投机制让承销商与公众投资者利益实现了一定程度绑定，政策意图为引导承销商立场趋于中立，但实际效果有限。虽然制度上设定了 2% 、3% 、4% 、5% 的跟投比例，但同时也限定了最高跟投金额，因此实际中跟投比例难超 2% 。另外对已盈利的创业板发行人，并不强制要求承销商跟投。

（二）市场制度设计和机构估值理念尚不成熟

“新股不败”仍是 A 股投资者的主流预期，市场对新股估值长期存在偏高预期。一是目前我国股票市场做市商制度尚处于起步阶段，做空机制缺乏，新股价格易被操控而出现暴涨暴跌，二级市场无法充分发挥价格发现和资源配置的能力，进而难以引导一级市场发行价格趋于理性。二是询价机构很多是同一基金管理公司的关联基金，对同一只新股发行询价存在协商或合谋报价的操作空间，“抱团报价”现象难以从根本上杜绝。三是新股估值定价模型不健全。目前科创板和创业板注册制上市公司均为新兴行业，传统的 PE、PB 估值方法可能不再适用，加上市场上可比的上市公司数量较少，机构投资者新股定价容易出现偏差。部分小规模询价机构不具备充足的投研资源，无法支撑其对各行业新股进行深入研究和合理估值，从而只能选择跟风报高价。四是多数询价机构更注重短期交易收益。由于仅需锁定 10% 的获配股份，询价机构往往习惯于短线操作，交易策略一般是上市即卖出，因此其并不关心新股的合理估值，而是只想申报偏高价格以提高入围概率。据统计，2022 年科创板新股上市首日平均换手率超过 70% ，短期交易行为明显。

（三）部分承销商执业质量不高

承销商的归位尽责是全面推进注册制改革的重要基础，但部分承销商执业质量问题较为突出。一方面，承销商承担双重职责而存在利益冲突。承销商既要维护投资者利益，承担监督发行人信息披露真实性的职责，但同时又受雇于发行人，负责撰写投价报告。这种角色冲突可能会影响承销商独立、客观履行核查把关的执行力，易给予发行人未来业绩相对乐观的预测。另一方面，部分头部券商存在放松承销执业质量问题。注册制下，新股发行业务逐步向头部券商集中，2022 年前 20 大券商承接了超过 80% 的新股上市公司业务。近年来，海通证券、广发证券等个别头部券商多次因新股发行合规问题遭监管点名，公司“带病闯关”等问题依然存在，科创板表现尤为明显，百克生物、之江生物等新股业绩上市即“变脸”。

三、境外发达国家和地区的新股发行经验

（一）承销商在美股发行定价中占据主导地位

一方面，美国证券监管部门没有对承销商的新股分配实施限制，承销商可以根据市场情况

自行决定分配方式和比例，激励投资者广泛搜集信息以测算公司真实估值，从而实现 IPO 合理定价。另一方面，尽管美股市场化的定价给予承销商充分自主权，但承销商定价时却十分谨慎，其既需要平衡公司融资需求与现有股东能接受的稀释比例，还要预测公司融资规模、首发机构投资者购买价以及二级市场首日交易开盘价和收盘价等。新股定价太低会影响公司募资规模，损害公司利益，而定价太高则会影响投资者信心和公司形象，因此承销商在定价前都会充分征求投资者意见、审慎报价，市场博弈充分。

（二）市场交易体系能有效发现新股价值

成熟资本市场以机构投资者为主体，更注重长期持股和价值投资，交易理念成熟，盲目追涨杀跌相对较少。据统计，截至 2021 年底，美国市场机构投资者持股占比为 42.4%，中国香港市场超过 50%，均远高于同期 A 股市场机构投资者占比（不足 25%）。机构投资者善于搜集和分析相关信息，主观上更有能力发现新股的合理价值。此外，发达国家和地区的做市商、做空机制等市场交易体系较为完备，如美国的做市商制度和中国香港的做空机制，不仅为市场提供了充足流动性，而且也有利于市场充分博弈，引导一级市场新股定价以及二级市场交易价格趋于理性稳定。

（三）注重维护投资者权益

成熟资本市场基本都建立了相对完备的证券法律法规体系，加强事中和事后监管，严厉打击违法违规行为。美国的证券执法体系由集体诉讼、刑事诉讼和 SEC 行政执法构成，侧重于打击和惩罚证券发行中的欺诈行为，保护投资者合法权益。新股配售方面，美股和港股都尽可能多地让参与打新的中小投资者能够获得配售机会，更注重交易的公平性。注册制下，各中介机构作为熟知发行人真实情况的独立主体，出于对被执法压力、诉讼风险等因素的考量，会主动发现并阻止发行人的欺诈行为，从而维护投资者利益（见表 1）。

表 1　发达国家和地区新股发行定价体系比较

项目	美国	中国香港	中国 A 股
定价机制	累计投标询价机制①	混合定价机制（累计投标询价与固定价格机制）	混合定价机制（以询价后直接定价与固定价格机制为主）
配售机制	承销商有完全配售权，不存在公开认购	国际配售（面向机构投资者）和香港公开发售（面向大众），承销商有部分配售权	承销商几乎无自主配售权，对同一类投资者采取同比例配售
配售覆盖面	"普惠制 + 认购数量优先原则"，尽可能让参与打新的投资者中签	"人人有份" 原则，以机构投资者为主，但尽量保证普通投资者能够中签	网下机构和专业投资者获配比例较高，网上普通投资者获配比例极低
承销商定价能力	较为成熟	较为成熟	相对不足
发行定价合理的评价标准	市场上主要通过考察股票上市后前 13 天的股价上涨幅度，上涨幅度介于 5% ~20% 视为合理②	暂无	暂无

续表

项目	美国	中国香港	中国 A 股
投资者结构	以机构投资者为主	以机构投资者为主，个人投资者占比约 1/3	个人投资者占绝大多数，机构投资者占比偏低

注：①累计投标询价制度下，承销商先结合公司估值、市场环境等确定初步价格区间，再向潜在机构投资者进行路演推荐，最终通过累计投标询价确定发行价。新股定价经过市场买卖双方充分博弈，承销商拥有自主定价权和配售权。

②当代著名投资家、美国金融学教授阿科波尔（Arkebauer，2002）认为，新股定价比真实市场价值低 15%～30%（折扣率）的水平上，能刺激投资者的投资欲望。

四、政策建议

（一）细化完善制度设计，稳定股票市场预期

一是坚守新股发行定价市场化原则。持续调整监管方式方法，完善相关制度设计，充分发挥市场“看不见的手”自主调控功效。妥善处理好一级发行市场与二级交易市场关系，引导投资者理性投资。二是完善投资者回报制度设计。可以将投资者回报方式、回报途径、投资者利益保护措施、公司高管层问责等制度在新股发行申报中予以明确，强化 IPO 企业制度约束，逐步改变股票市场“融资市”的不佳印象。三是优化投资者结构。推动养老基金、社保基金等长期资金入市并参与战略配售、网下询价。大力发展基金投顾业务，引导中小投资者投资公募基金，改善市场投资者结构和交易容忍度。

（二）优化新股发行定价机制，筑牢注册制改革基础

一是探索建立差额配售机制。在加强新股发行违规行为监管和加大惩戒力度的前提下，给予发行人及主承销商更多自主权，适度允许主承销商自主配售部分新股，探索将配售对象的机构类别、产品属性、持有期限等作为合理参数进行分类配售，向研究实力较强的机构和意愿长期持有的投资者倾斜。同时，研究提高机构配售股份的锁定比例至合理区间，培育投资者长期投资理念，引导其合理审慎报价。二是适当提高高价剔除比例或者改变剔除规则。当前科创板 1% 的实际剔除比例难以产生震慑效应，可以根据每只新股询价参与情况在政策允许范围内灵活调整高价剔除比例；或是调整剔除规则，等比例剔除最高和最低报价，以报价接近最终定价的差距作为入围配售标准，改变机构报高价“搭便车”的惯性。三是探索设立中止发行安排机制。网上缴款认购比例较低，代表网上投资者对新股定价并不认可，可以研究建立网上弃购率触发中止发行机制，网上弃购率超过一定比例则中止该股发行程序，这样既能保护投资者合法利益，又能迫使询价机构和承销商理性定价。

（三）完善新股发行配套制度，持续改善资本市场生态

一是适当提高询价机构要求。部分中小询价机构缺少新股定价的人才储备和估值能力，习惯于简单跟随大机构报价，可适当提高机构投资者参与询价的资金或专业能力门槛。二是强化承销商与公众投资者利益绑定。可提高询价发行承销商的实际跟投比例，并适当延长锁定期，

但要严禁承销商与发行人签署抽屉协议，要求发行人承担跟投股票未来可能出现的亏损，一旦发现则予以重罚。三是优化询价机构评价考核。采取差异化的激励约束措施，将存在串通报价等扰乱定价行为的机构列入限制性“黑名单”，较长时间内限制其参与网下询价；将坚持价值投资、长期投资理念的优质机构列入“白名单”，在配售等方面予以政策倾斜，通过分类评价考核引导机构投资者改变业绩考核短期化倾向，推动其提升综合研判、估值定价等多方面能力。

（四）提升承销商执业质量，夯实中介机构“守门人”职责

一是加快推进投行业务发展模式转型。压实承销商资本市场“守门人”职责，推动承销商持续提升尽职调查、行业研究等专业化能力，逐步培育适应注册制市场环境下的经营理念。二是强化承销商全流程监管。明确承销商保荐承销、财务顾问等投行业务执业规范，完善监管流程、监管标准及问责措施，扩大现场检查和督导范围，对 IPO 项目路演推介、簿记建档等业务环节进行不定期监督检查，引导承销商切实履行职责、提高执业质量。三是加强投价报告质量评估。在向投价报告质量不佳的承销商出具“问询函”的基础上，对于恶意抬高或压低发行价格以及投价报告存在鼓吹、夸大其词的，应采取严厉监管措施。同时，持续完善承销商投价报告跟踪考核机制，在无合理原因情况下若承销商预测业绩与实际相差较大，可考虑公示或处罚报告出具机构及其撰写人。

资料来源：中国人民银行南京分行。

专题四　美国跨境证券监管政策对美国中概股的影响

随着我国对外开放步伐加快，境外上市已成为中资企业筹集外部资金、提升国际影响力的重要方式。美国是除中国香港地区外，中资企业境外上市第一大市场。据万得（Wind）统计，截至2022年末，我国共有819家企业在境外上市，总市值5.2万亿美元，其中在美国上市企业291家，市值9339.9亿美元。本专题在梳理美国跨境证券监管政策的基础上，分析美国证券跨境监管政策对在美中概股的影响，并提出政策建议。

一、美国跨境证券监管合作的主要形式

长期以来，美国通过赋予本国证券法域外适用效力来实现跨境证券交易活动监管，以单边执法机制为主。为应对金融环境形势变化，近年美国逐渐重视跨境证券监管的国际合作和信息沟通，构建了双边监管协作和多边监管协作机制。

单边执法机制主要奉行“行为弃权法”，认为一经从国外买卖美国市场的证券，便推定该交易可能引起美国证券交易委员会（以下简称SEC）的调查诉讼，交易人需接受美国法院或SEC对其的属人管辖权；双边监管协作机制以跨境证券执法、联合出台监管政策和提供技术援助为一体，构建各类跨境证券双边监管合作安排和框架协议，主要形式包括签署谅解备忘录、跨国监管对话交流及技术援助、证券监管及刑事司法信息共享、基于可比性考察的选择性双边互认等；多边监管协作机制主要是指SEC充分利用国际证监会组织（IOSCO）的多边机制开展跨境证券执法，SEC参与并主导制定修订了IOSCO《证券监管目标和原则》《关于咨询、合作与信息交换的多边备忘录》等文件，并以此实现美国证券监管标准的国际化。

二、美国跨境证券监管政策涉及中国的主要内容

（一）强化信息披露

为保护美国投资者利益并增进公众利益，2002年美国《萨班斯—奥克斯利法案》（*Sarbanes-Oxley Act*）要求成立美国公众公司会计监督委员会（PCAOB，隶属于SEC），且规定PCAOB须取得会计师事务所的审计底稿，参与日常现场监管。但由于不同国家法律规定存在冲突，PCAOB无法对部分国家在美国上市公司的审计底稿或会计师事务所进行检查。之后，以瑞幸咖啡财务造假事件为导火索，在美国上市中资企业信息披露问题引起美国各界广泛关注。2020年5月，美国参议院通过《外国公司问责法案》（*Holding Foreign Companies Accountable Act*）。2021年12月，SEC颁布《外国公司问责法案实施细则》，可主要归纳为以下两个方面内容。一是若在美国

上市的外国公司连续三年不能满足 PCAOB 对会计师事务所的检查要求，则该公司证券将禁止在美国进行交易（不仅禁止在美国证券交易所交易，而且禁止通过 SEC 所监管的场外交易等其他方式进行交易）；二是在美上市公司必须披露与政府的关系，证明其经营决策不受政府影响。

中美双方在跨境监管理念和原则上存在明显分歧。首先，美国证券监管机构一直主张开展独立自主的执法活动，并可以检查中国会计师事务所。而我国出于主权安全考虑，主张美国需依赖中国证券监管机构监管执法，或由双方协商共同开展联合检查。其次，双方在审计工作底稿保密性上存在差异。《萨班斯—奥克斯利法案》规定 PCAOB 须取得会计师事务所的审计底稿，但审计工作底稿通常含有非公开的敏感信息，尤其是在美国上市的中国公司多为大型国有企业或互联网公司，其数据不仅与商业机密、经济利益密切相关，甚至还关乎国家安全。因此，双方就是否提供审计工作底稿难以达成一致。据 2020 年 SEC 披露信息所示，在美国未提交审计底稿的外国上市公司中，我国（含港澳台）上市公司占比在 90% 以上。

2022 年 8 月，中美双方经协商签署《中美审计监管合作协议》，双方就共同监管范围内的会计师事务所合作开展日常检查与执法调查作出具体安排，约定了合作目的、范围、形式、信息使用、特定数据保护等事项。一是确立对等原则。协议条款对双方具有同等约束力。二是明确合作范围。包括协助对方开展对相关事务所的检查和调查，其中中方提供协助的范围也涉及部分为中概股提供审计服务且审计底稿存放在内地的香港事务所。三是明确协作方式。双方将提前就检查和调查活动计划进行沟通协调，美方须通过中方监管部门获取审计底稿等文件，并在中方参与和协助下对会计师事务所相关人员开展访谈和问询。

（二）加大 VIE 架构监管力度

VIE 架构（可变利益实体）利用协议控制代替股权控制，规避境内法律法规对特定行业的外资比例限制，成为部分境内初创企业在境外上市融资的重要方式。2021 年 7 月，SEC 发布《与中国近期政策变化有关的投资者保护声明》，要求 VIE 架构中资上市企业需作出额外的信息披露，否则其发行注册文件将无法生效。需额外披露的内容包括：一是在业务描述中，要明确区分壳公司的管理服务与中国运营实体公司的业务；二是中国运营实体公司、壳公司和投资人所面临的中国政策不确定性风险，该风险可能严重影响中国运营实体公司的财务状况和 VIE 协议的法律效力；三是详细的财务信息，包括量化指标，以便投资者理解 VIE 和运作公司的财务关系。2021 年 8 月，SEC 表示已经要求其审案人员“暂缓”审理 VIE 架构的中资企业在美国挂牌申请。

（三）推出 NS－CMIC 清单

2020 年 11 月 12 日，美国时任总统特朗普签发《应对投资“中国军工企业”证券的威胁》的第 13959 号行政命令（EO 13959），禁止美国主体购买或出售国防部公布的中国军工企业公开交易的证券。2021 年 6 月，美国总统拜登签发《应对为中国特定公司提供资金的证券投资所带来的威胁》的第 14032 号行政命令（EO 14032），进一步修订前述第 13959 号行政命令，并在附件中发布“中国军工复合体企业（NS－CMIC）”清单。该清单最初包括 59 家企业，后于 2021 年 12 月 10 日和 16 日分别新增 1 家和 8 家企业（主要为 AI 企业），因此目前已有 3 批次共计 68 家中国实体或其关联单位被列入该清单。第 14032 号行政命令规定，禁止美国主体购买或出售

NS－CMIC 清单中企业公开交易的证券及其衍生品，以及旨在为此类证券提供投资敞口的公开证券，同时要求美国个人及实体自清单推出起 60 天后停止对 NS－CMIC 清单中所列公司进行新投资，限于一年内完成撤资。

三、对美国中概股产生的影响

美国持续强化跨境证券监管，对美国中概股市场产生的不利影响主要体现在以下方面。

（一）在美中概股面临的退市风险加大

一是由于《外国公司问责法案》对外国在美国上市公司提出了更高信息披露要求，目前华能电力、中海油、中石油、中石化等中央企业及其下属企业等国有性质的中概股，出于自身商业因素等综合考虑已宣布从纽约交易所退市。二是受 NS－CMIC 制裁影响，目前 NS－CMIC 清单上的中国实体已全部退出美国股票市场。例如，中国联通、中国移动和中国电信三大运营商因被 SEC 认定为“有军方背景”而宣布从纽约证券交易所退市。

（二）拟赴美上市企业 IPO 难度加大

一是 VIE 架构已被“暂缓”。2000 年新浪创新采用 VIE 架构赴美上市，并被众多中国企业效仿，成为中概股独特的上市方式，截至 2021 年 7 月，在美中概股中 VIE 架构上市公司数量已占中概股总数的 77.2%。目前美国已停止 VIE 架构中资企业在美注册上市，中资企业在美上市步伐明显放缓。从 IPO 数量来看，2021 年 7 月至 2022 年末，仅有 17 家中资企业赴美上市成功，而 2019—2021 年中资企业赴美 IPO 数量平均每年达 36 家。二是信息披露难度加大，《外国公司问责法案》对公司是否受政府控制尚无明确界定，由于目前中美两国在监管上存在分歧，企业信息披露难度势必加大。

（三）跨资本市场传染性风险上升

随着中国金融市场持续推进对外开放，赴中国香港、美国两地双重上市的中概股数量不断增多，中国 A 股、中国香港股市和在美中概股之间价格走势的正相关性明显增强，跨市场传染性风险有所上升。自 2021 年 3 月以来，因美国参议院通过《外国公司问责法案》引发市场担忧，在美中概股价格调整明显，加剧了国内市场波动。2022 年 3 月 11 日，衡量中概股整体表现的纳斯达克中国金龙指数下跌超 10%，恒生科技指数 3 月 14 日创下单日最大跌幅 11.03%，上证指数 3 月 15 日大幅下跌 4.95%；10 月 24 日，A 股三大指数集体重挫逾 2%，北向资金全天净流出约 179 亿元，港股恒生指数跌逾 6%，纳斯达克中国金龙指数收盘跌逾 14%。A 股、港股和在美中概股市场接连大幅下挫体现出明显的连锁共振效应。

四、政策建议

（一）继续加强中美跨境监管沟通与协调

按照“尊重国际惯例，遵守国内法规”原则，充分发挥谈判、磋商、对话以及监管联席会议作用，推动中美跨境审计监管合作。与境外证券监管机构建立备案信息通报机制，加强跨境联合执法合作，加强境外上市监管信息共享，共同为市场提供良好的政策预期和制度环境。

（二）保持企业境外融资渠道畅通

适度放松二次上市、双重上市门槛要求，可以通过私有化退市后再上市、双重上市以及二次上市等路径，确保中概股回归 A 股或港股。拓宽中资企业境外融资渠道，进一步提高新加坡、法兰克福等境外市场融资力度，降低重点行业和企业对美国资本市场的融资依赖度。完善企业境外上市监管制度，对境内企业直接和间接境外上市活动统一实施备案管理，支持企业依法合规赴境外上市。

（三）夯实境外上市企业治理机制

提高企业财务信息质量，强化上市企业审计委员会履职能力。VIE 架构企业应加大信息披露力度，特别是涉及 VIE 架构利润转移及税收安排、协议控制与股权控制区别等方面的重要信息。建立健全保密制度，严格落实企业保密的主体责任，维护国家安全和公共利益。

（四）防范风险跨境传导

进一步完善宏观审慎政策框架，防范因中概股价格大幅波动引发的资本大规模单向跨境流动。夯实以资管机构为代表的机构投资者流动性监管，强化资管机构跨境投资杠杆管理。加强市场沟通与预期引导，健全重大舆情快速响应机制，稳定境内投资者情绪，防范境内外风险共振。

资料来源：中国人民银行青岛市中心支行。

专题五　市场激励型环境规制背景下的转型金融碳减排效应

为厘清环境规制、转型金融与企业碳减排之间的内在联系，研究环境规制背景下转型金融的碳减排效应，本专题以2014年作为碳市场交易政策研究时点，采用双重差分法检验市场激励型环境规制对微观企业碳减排的影响。研究结果显示，鉴于现阶段碳市场总量设置较为宽松，企业缺乏主动减排的动力，配额价格过低甚至助推企业排放冲动，单一的碳排放权交易机制尚未发挥企业碳减排效应。相较于传统绿色金融工具，直接作用于高碳企业环境投资的转型金融能有效提升其减碳技术水平，可以从根源上解决排放问题，对现阶段碳市场建设探索形成有益补充。因此，建议加快推进转型金融发展，创新设立支持高碳行业低碳转型的结构性货币政策工具，同时不断推进全国碳排放交易市场建设，适时引入碳税政策。

一、研究背景

改革开放以来，我国经济保持较长时期中高速增长，但高投入、高消耗、高污染的粗放型经济增长方式带来了严重的环境问题。鉴于环境问题的外部性特征，虽然政府以规制手段内化外部成本的行为在短期内使企业生产性投资被挤占，导致产能、盈利能力下降，但从长期看可以推动企业技术创新，促进生产工艺绿色转型，以先动优势抵销环境规制带来的利润损失，从而形成“波特效应”。作为较低成本实现特定减排目标的市场激励型政策工具，碳排放权交易机制既能将温室气体排控责任压实到企业，促进高耗能企业减排，又能为碳减排提供相应的经济激励机制，降低全社会的减排成本，带动绿色技术创新。截至2022年4月，全球共有71个国家或地区已采纳或计划采纳碳定价机制，其中采纳碳排放权交易机制有34个。中国碳排放权交易试点自2013年11月28日开市，至今已平稳运行近10年，覆盖全国7个省市20多个行业，参与交易企业近3000家，为全国碳市场建设积累了大量经验。然而，受传统绿色金融分类标准影响，金融机构通常不愿为传统高碳行业提供金融服务，高碳企业授信额度被压缩，在有限的资金预算约束下，碳排放权交易机制对高碳企业的减排激励效果可能会受到一定程度的制约。因此，需要一个更具灵活性、针对性、更关注高碳行业的融资需求的金融支持工具，对高碳企业向低碳或零碳转型提供多样化的金融服务，促进资本要素由非可持续的技术领域向可持续发展。

二、研究方法与结果分析

（一）研究模型及方法

本专题以2014年作为碳市场交易政策研究时点，采用双重差分方法构建基准模型，检验市场激励型环境规制对微观企业碳减排的影响，对应的回归方程为：

$$\ln CO_{2it} = \alpha_1 Treat_i + \alpha_2 T_t + \beta_1 Treat_i \times T_t + X_{it} + \mu_i + \varepsilon_{it} \tag{1}$$

其中，$\ln CO_{2it}$ 为因变量，表示对应企业 i 在 t 年的二氧化碳排放量取对数值。$Treat_i$ 为是否纳入碳市场的企业识别变量，是取值为1，否取值为0。T_t 为碳市场政策实施前后的哑变量，政策实施前（2014年之前）取值为0，政策实施后取值为1。碳市场政策净影响 $Treat_i \times T_t$ 是关键解释变量，对应的估计系数 β_1 是试图估计的因果关系。X_{it} 是一组向量，包含了表1的控制变量。μ_i 为个体固定效应，ε_{it} 为随机误差。为尽可能降低行业、地区与年份对企业碳排放的影响，除考虑企业个体固定效应外，还考虑了年份和地区交互项、年份与行业交互项的固定效应。

在模型（1）的基础上，加入转型金融与碳市场政策净影响的乘积交互项，以此检验碳市场政策实施后转型金融对微观企业的碳减排效应，对应的回归方程为：

$$\ln CO_{2it} = \alpha_i Treat_i + \alpha_2 T_t + \alpha_3 TF_i + \beta_1 Treat_i \times T_t + \beta_2 Treat_i \times T_t \times TF_i + X_{it} + \mu i + \varepsilon_{it} \tag{2}$$

其中，$Treat_i \times T_t \times TF_i$ 为关键解释变量，若其对应估计系数 β_2 为负且显著，则表明碳排放交易市场政策实施后，转型金融支持会对企业碳排放产生显著的抑制作用。控制变量 X_{it} 中包含了变量 TF_i，其余与模型（1）一致。

依据生态环境部对八大高碳行业的划分①，选取2000—2019年中国A股市场628家高碳上市企业为研究样本，整理出纳入7个试点碳市场的60家企业作为实验组，其余未纳入试点交易的高碳上市企业作为对照组。各相关变量定义和计算方法如表1所示。

表1　各变量定义与计算方法

变量类型	变量符号	变量名称	计算方法
因变量	$\ln CO_2$	碳排放量	通过各企业的产量或营业收入结合对应行业排放因子测算后取对数
自变量	*T*	时间变量	碳市场试点实施前为0，实施后为1
	Treat	政策变量	企业为碳市场交易试点企业取1，否则取0
	TF	转型金融	企业用于环保、减排、技术转型、设备升级等融资余额/期末总资产
	stloan	短期贷款	企业短期贷款余额/期末总资产
	ltloan	中长期贷款	企业中长期贷款余额/期末总资产
控制变量	*lnsize*	企业规模	企业总资产取对数
	lev	杠杆率	企业资产负债率，即总资产/总负债
	IFO	财务绩效	企业营收增长率，即（当期营收－上期营收）/上期营收
	State	企业性质	企业为国有企业取1，否则取0
	ROA	盈利能力	企业的资产收益率，即当期净利润/期末总资产
	MOB	流动性	企业的现金流比率，即现金流量净额/期末总资产
	Cash	现金水平	企业货币资金/期末总资产
	lnAge	企业年限	企业成立的时间，即对成立年限加1后取对数
	Inv	投资占比	企业固定资产净额/期末总资产

注：数据主要来自国泰安数据库，为避免数据极值对研究结果的影响，对所有连续变量在1%和99%分位处分别做缩尾处理。

① 分别为电力、建材、航空、钢铁、化工、石化、有色和造纸行业。

（二）实证结果及原因分析

基准模型（1）结果表明，$Treat_i \times T_t$ 估计系数在表 2 列（1）至列（4）中都在 10% 的水平上显著（见表 2）。由此可见，单一的碳排放权交易机制并不能有效鼓励参与交易的企业真正减排，甚至还加剧了企业的排放冲动，且这种关系不受控制变量和固定效应选择的影响。从时间轴上看，我国现阶段碳排放权交易机制仍处于试验初级阶段，可对标欧盟 ETS 第一（2005—2007 年仅 5% 通过有偿拍卖）、第二（2008—2012 年 10% 通过有偿拍卖）阶段的试验初期，碳市场的免费配额总量一直较为宽松①，未能体现配额的稀缺性，企业缺乏节能减排的动力。从配额总量设置看，当前中国碳市场总量设置较为宽松，企业不需要通过"配额交易"等二级市场行为来完成履约，因此也无法激励企业积极参与节能减排。

表 2　　碳排放权交易机制对企业碳减排的作用效果

	(1)	(2)	(3)	(4)
Treat	-0.0073 (0.08)	-0.0052 (0.08)	-0.0891 (0.09)	-0.0023 (0.09)
T	-0.1036*** (0.01)	-0.1089*** (0.01)	-0.0921*** (0.01)	-0.0952*** (0.01)
$Treat \times T$	0.0312* (0.02)	0.0304* (0.02)	0.0313* (0.02)	0.0305* (0.02)
企业个体效应	是	是	是	是
控制变量	控制	控制	控制	控制
年份和地区交互项	否	否	是	是
年份与行业交互项	否	是	否	是
R^2	0.9840	0.9844	0.9841	0.9845

注：*、**、*** 分别表示在 10%、5%、1% 的水平上显著，括号内为标准差。

转型金融在碳排放权交易机制下的碳减排效果实证结果表明，列（1）至列（4）的 $Treat_i \times T_t \times TF_i$ 的估计系数均为负数且在 1% 或 5% 的水平上显著为负（见表 3），说明在转型金融的共同作用下有效实现了企业的碳减排②。欧盟 ETS 机制于 2013 年开始采用"基准法有偿分配"，按照同行业中减排效率靠前的排放水平为基准确定免费配额比例，配额成为一种稀缺商品，并倒逼企业通过技术改造升级提升配额比例。从欧盟 ETS 机制的发展历程可以看出，要真正实现企业碳减排，根源在于推动企业技术创新与升级改造。传统高碳行业作为碳减排任务较重、减排潜力较大的领域，在节能减排技术改造、能源使用结构调整等方面的资金需求规模极大。有别于绿色金融重点支持低碳或零碳项目，转型金融更加关注高排放"棕色"行业的融资需求，是绿色金融的延伸与补充。在现阶段碳排放权交易机制中，转型金融通过碳减排直达工具助力企

① 2021 年 3 月生态环境部《碳排放权交易管理暂行条例（草案修改稿）》对碳市场配额分配方法进行了明确，即初期以免费分配为主，根据国家要求适时引入有偿分配，并逐步扩大分配比例。

② 用 2012 年 2 月原银监会发布的《绿色信贷指引》后样本企业获得的中长期贷款、短期贷款数据分别进行了正向与反向论证，稳健检验结果依然成立。

业技术投入，弥补了传统绿色金融政策“惩罚效应”这一缺陷，能够在高碳企业融资环节中发挥激励作用，推动企业先进节能减排技术研发应用，有效降低企业碳排放。

表 3　　转型金融在碳排放权交易机制下的碳减排效果

	(1)	(2)	(3)	(4)
Treat	-0.0175 (0.08)	-0.0156 (0.08)	-0.0141 (0.09)	-0.0115 (0.09)
T	-0.0996*** (0.01)	-0.1044*** (0.01)	-0.0877*** (0.01)	-0.0903*** (0.01)
Treat × *T*	0.0378* (0.02)	0.0367* (0.02)	0.0369* (0.02)	0.0356* (0.02)
Treat × *T* × *TF*	-0.5769*** (0.22)	-0.5536*** (0.22)	-0.5184** (0.20)	-0.4820** (0.20)
TF	-0.2382* (0.13)	-0.3000** (0.12)	-0.2334* (0.13)	-0.2965** (0.12)
企业个体效应	是	是	是	是
控制变量	控制	控制	控制	控制
年份和地区交互项	否	否	是	是
年份与行业交互项	否	是	否	是
R^2	0.9841	0.9844	0.9841	0.9845

注：*、**、*** 分别表示在 10%、5%、1% 的水平上显著，括号内为标准差。

三、政策建议

（一）积极运用结构性货币政策工具，推进绿色低碳转型

为确保“棕色”行业向低碳、零碳排放转型，助力碳达峰碳中和目标任务顺利实现，可在运用碳减排支持工具和煤炭清洁高效利用再贷款的基础上，创新设立支持“棕色”行业低碳转型的结构性货币政策工具，引导和鼓励金融机构加大对“棕色”行业和碳密集行业低碳转型的金融支持，为企业低碳转型提供低成本融资支持。

（二）不断强化部门间协同，加快推动转型金融发展

一是政府部门应提供优惠政策鼓励企业研发低碳技术，强化改造提升传统产业和发展绿色现代产业“一盘棋”，着力保障产业和金融协同发展。二是财政部门应通过贴息、奖补、税收优惠等激励政策，推动高碳行业企业低碳转型。三是监管当局需加强跟踪核查获得转型金融支持的高碳企业，对执行转型计划不彻底、碳减排承诺履行不到位的企业要给予处罚，确保转型金融促减排政策落实到位。四是金融机构要根据高碳企业的实际需求和业务特点，打造“贷款、债券、股权、基金”等多元化转型金融产品，开发精细化、标准化的转型风险管理工具，更好地识别、评估与管理高碳行业的转型风险。

（三）持续完善政策配套保障机制，适时推动碳税和碳排放权交易制度协同应用

一是构建转型金融规范标准。监管当局应从制度层面明确转型金融的业务规范、支持范围、相关主体的权利义务等，可通过制定转型金融支持项目目录，引导和鼓励有条件的地区和金融机构先行先试，待成熟后再进行推广。二是统一规范碳排放统计核算体系。加快建立全国及地方碳排放统计核算制度，完善行业企业碳排放核算机制，明确企业落实碳核算和披露碳信息义务，为金融支持绿色转型提供坚实的数据支撑与基础保障。三是借鉴英国等欧洲国家的碳税测算与计量方法、开征范围等具体做法，加快研究出台我国碳税制度，适时引入碳税政策，将碳税作为碳交易政策的重要补充，在碳市场失灵情况下及时对碳价形成支撑作用，达到以碳税政策划定碳价“底线”的目的。同时，有效引导碳市场覆盖不到的领域开展碳减排，缓解碳价偏低问题。

（四）不断夯实碳市场法律法规及功能建设，稳步推进全国碳市场发展

一是不断夯实全国碳市场的法律法规基础。修订完善碳排放权交易、登记、结算等管理办法，制定出台碳排放核算和报告、核查技术与管理规则等配套管理规章和文件。二是不断强化市场功能建设。逐步扩大全国碳市场行业覆盖范围，逐步纳入水泥、有色、钢铁等高排放行业。逐年收紧配额分配，探索碳排放总量控制，适时引入有偿分配配额。逐步丰富交易主体、交易品种和交易方式，适时引入非履约主体和个人参与碳交易，强化碳金融标准和绩效评估体系建设，有序健康发展碳金融，加强全国碳市场与绿电、用能权交易机制协同，建立完善以全国碳市场为核心的碳定价机制。三是提高碳市场数据质量。高质量的碳排放数据是全国碳市场规范有序运行的前提。夯实数据质量管理的法律法规基础，由相关部门联合开展日常监管，改进监管方式，压实重点排放单位数据管理责任和核查机构数据管理责任，建立完善信息披露和联合惩戒机制，强化对重点排放单位的社会监督。

资料来源：中国人民银行海口中心支行。

中国各地区
金融稳定报告摘要
（2023）

北京市金融稳定报告摘要

2022年，面对风高浪急的外部环境、国内经济发展“三重压力”以及疫情散发频发等超预期因素影响，北京市以习近平新时代中国特色社会主义思想和党的二十大精神为指导，坚决贯彻落实党中央、国务院决策部署，坚持稳中求进工作总基调，高效统筹疫情防控和经济社会发展，全年经济保持恢复态势，发展质量持续提升，金融业整体发展稳健，为稳定经济大盘贡献坚实力量，金融风险防控体系不断健全完善，确保党的二十大前后首都金融环境稳定。银行业资产和存贷款规模平稳增长，不良贷款率持续处于全国较低水平；证券业经营总体稳健，直接融资规模居各辖区首位；保险业保费收入平稳增长，保障规模居全国首位。同时，北京市经济恢复的基础尚不牢固，重点领域关键行业防范化解金融风险不容松懈。

一、经济运行情况

（一）基本情况①

1. 经济总量进一步扩大，发展质量持续提升。2022年，北京市实现地区生产总值41610.9亿元，按不变价格计算，同比增长0.7%。第一、第二、第三产业增加值占比分别为0.27%、15.87%和83.86%。2022年，北京市农林牧渔业总产值同比下降2.0%。规模以上工业增加值同比下降16.7%，剔除新冠疫苗生产因素，同比增长2.5%。在重点行业中，电力、热力生产和供应业增加值同比增长9.8%，计算机、通信和其他电子设备制造业增加值同比增长3.6%，医药制造业增加值同比减少58.3%（剔除新冠疫苗生产因素，同比增长6.4%）。第三产业增加值同比增长3.4%。其中，信息传输、软件和信息技术服务业增加值同比增长9.8%，金融业增加值同比增长6.4%，科学研究和技术服务业增加值同比增长1.8%。

2. 固定资产投资稳步增长，高技术产业投资规模快速扩大。2022年，北京市固定资产投资（不含农户）同比增长3.6%。分产业看，三大产业完成投资增速分别为11.6%、20.5%和1.7%。分行业看，科学研究和技术服务业投资增长60.7%，金融业投资增长41.3%，信息传输、软件和信息技术服务业投资增长36.0%。高技术产业投资保持较快增势，高技术制造业投资增长28.3%，高技术服务业投资增长41.3%。

3. 消费受疫情影响较大，基本生活类、升级类消费保持增长。2022年，北京市市场总消费额同比下降4.9%。从结构看，服务性消费额下降2.9%；实现社会消费品零售总额13794.2亿元，下降

① 本部分数据来源于北京市统计局、北京海关和北京市商务局。

7.2%。社会消费品零售总额中，按消费形态分，商品零售12832.6亿元，下降6.6%；餐饮收入961.6亿元，下降15.2%。按商品类别分，限额以上批发和零售业中，与基本生活消费相关的粮油食品类、饮料类商品零售额分别增长6.0%和2.4%；与升级类消费相关的金银珠宝类、文化办公用品类商品零售额分别增长10.6%和0.6%；汽车类商品零售额下降13.4%，其中新能源汽车增长17.1%。限额以上批发零售业、住宿餐饮业实现网上零售额5485.6亿元，比上年增长0.4%。

4. 外贸增长贡献率居全国首位，利用外资平稳增长。2022年，北京地区（含中央在京单位）进出口总值3.64万亿元，同比增长19.7%，占全国进出口总值的8.7%。其中，进口3.06万亿元，同比增长25.7%；出口5890亿元，同比下降3.8%。北京地区对全国进出口增长贡献率为19.9%，居全国第1位。能源产品拉动北京地区进口增长，机电产品为地区出口"主力"。2022年，北京地区能源产品进口1.65万亿元，同比增长43.5%，占地区进口总值的54.1%。同期，北京地区出口机电产品2711亿元，同比增长0.7%，占地区出口总值的46%。2022年，北京实际利用外资174.1亿美元，同比增长12.7%。

5. 房地产市场运行基本保持平稳。2022年，北京市商品房销售面积1040.0万平方米，同比下降6.1%，其中住宅销售面积741.9万平方米，同比下降15.4%。北京市房地产开发企业到位资金5631.7亿元，同比下降13.7%。其中，定金及预收款2768.7亿元，同比下降11.1%；自筹资金1137.3亿元，同比下降33.7%；国内贷款1045.8亿元，同比增长13.2%。2022年末，新建商品住宅价格指数同比上涨5.8%，二手住宅价格指数同比上涨3.9%。

6. 居民消费价格涨势温和，生产价格同比上涨。2022年，北京市居民消费价格比上年上涨1.8%，其中消费品价格上涨2.8%，服务价格上涨0.7%。分类别看，交通通信类价格上涨5.0%，食品烟酒类价格上涨3.1%，生活用品及服务类价格上涨1.6%，其他用品及服务类价格上涨1.6%，医疗保健类价格上涨0.7%，教育文化娱乐类、居住类、衣着类价格均上涨0.6%。工业生产者出厂价格比上年上涨2.3%，购进价格比上年上涨6.2%。

7. 居民收入稳步增加，就业形势总体稳定。2022年，北京市居民人均可支配收入77415元，比上年增长3.2%，其中，工资性收入增长4.6%，转移净收入增长2.6%，财产净收入下降0.3%，经营净收入下降3.9%。分城乡看，城镇居民人均可支配收入84023元，增长3.1%；农村居民人均可支配收入34754元，增长4.4%。就业保持稳定，2022年北京市城镇调查失业率均值为4.7%，运行在5.0%的年度调控目标内。

（二）需要关注的问题

1. 经济景气水平持续回升，但经济向好趋势转化为全面恢复仍需时间。世界经济低迷、国际环境复杂多变等因素仍导致外需走弱。消费及服务业尚未完全恢复，聚集性、接触性消费恢复到疫情前水平仍需要一个过程。民间投资增速下降，2022年北京地区民间固定资产投资同比下降6.1%，占全社会投资比重近五年来首次低于三成。

2. 经济运行中有效需求不足的矛盾依然突出，中小企业生产经营压力较大。疫情走势以及对经济社会发展的影响仍有不确定性，受新冠肺炎疫情反复、就业压力加大等因素影响，居民收入预期转弱，消费动力有待复苏。在新冠肺炎疫情长期影响下，企业开工和订单需求受到抑制，企业资产负债表受损，投资风险偏好下降，企业家信心指数仍低于疫情前水平。

3. 房地产开发贷款总体平稳，提前还款导致个人住房贷款增速放缓。2022年末，北京地区房地产开发贷款余额同比下降0.6%，全年净减少171.9亿元。个人住房贷款余额同比增长1.6%，增速较上年末下降5.4个百分点；全年净增192亿元，同比减少573.6亿元，主要是受理财产品收益率持续走低等因素影响，居民还款规模为近五年来最高。

二、金融业运行状况

（一）银行业运行状况

1. 基本情况[①]

（1）资产负债规模平稳增长，存贷款主业更加突出。2022年末，北京市银行业金融机构资产总额31.87万亿元，同比增长6.36%；负债总额30.38万亿元，同比增长6.44%。各项存款占负债总额的比重为75.56%，同比上升0.42个百分点；各项贷款占资产总额的比重为40.95%，同比上升0.73个百分点。

（2）贷款规模稳步增长，对重点领域支持力度增强。2022年末，北京市金融机构本外币各项贷款余额9.78万亿元，同比增长9.9%，增速比上年同期上升4.3个百分点，其中人民币贷款余额9.55万亿元，同比增长10.9%。制造业中长期贷款余额同比增长48.5%，比全国平均水平高11.8个百分点；绿色贷款余额同比增长36.4%，增速比上年同期上升5.1个百分点。

（3）存款余额保持增长，存款增速明显加快。2022年末，北京市金融机构本外币各项存款余额21.86万亿元，同比增长9.5%，增速比上年同期上升3.3个百分点。其中，人民币各项存款余额21.24万亿元，同比增长10.6%。住户存款余额同比增长20.6%，新增额是上年的2.3倍；非银行业金融机构存款余额同比增长15.9%，增速比上年同期上升8.1个百分点。

（4）银行业不良贷款上升，不良资产处置增加。2022年末，北京市银行业金融机构不良贷款余额1022.84亿元，同比增长26.97%；不良贷款率较年初上升0.12个百分点，持续处于全国较低水平。全年处置不良资产1220.6亿元，较上年增加724.4亿元。

（5）法人银行资管产品投资规模下降，现金管理类产品整改完成。2022年末，北京辖区法人银行资管产品投资余额3309.74亿元，较年初下降12.82%；法人银行现金管理类产品均已完成整改，余额合计1052.21亿元。

（6）非银行金融机构稳步发展，不良贷款呈现“双升”。2022年末，北京辖内非银行金融机构资产和负债余额分别为5.66万亿元和4.76万亿元，同比分别增长3.55%和3.24%；不良贷款余额同比增长121.66%，不良贷款率较年初上升0.39个百分点。

2. 值得关注的问题

（1）信用风险防控压力持续加大。2022年，北京辖内银行业存量信用风险低位上行，不良贷款余额较年初增加217.26亿元，增量达历史同期次高水平。大型企业集团风险暴露仍为信用风险主要影响因素，部分企业集团新增不良贷款超百亿元。当前经济整体好转尚需时间，企业经营困境短期内难以缓解，信用风险反弹压力不容忽视。

（2）房地产领域风险不容忽视。受隐性债务清理、住房交易量下降、居民提前还贷增多、部分

① 本部分数据来源于人民银行营业管理部、北京银保监局。

出险项目处置尚在推进等因素影响，北京辖内房地产领域信贷增长乏力，资产质量持续承压。截至2022年末，北京辖内房地产不良贷款同比增长9.59%，逾期贷款同比增长30.33%。

（3）金融领域“黑灰产业”需引起关注。银行业频现信用卡反催收、修复征信以及恶意投诉等产业，并附带衍生信息黑产、电信诈骗、网络赌博等违法活动，呈现规模化、专业化、科技化、隐蔽化、涉众化、涉黑化等特点，损害消费者与机构合法权益。

（二）证券业运行状况

1. 基本情况①

（1）证券公司资产规模稳步增长，经营业绩明显下降。2022年末，北京辖区法人证券公司资产总额1.69万亿元，同比增长8.82%；净资产3764.15亿元，同比增长8.4%。2022年累计实现营业收入617.11亿元，同比下降13.6%；净利润227.13亿元，同比减少19.22%。

（2）公募基金公司经营状况良好，私募基金公司家数减少。2022年末，北京辖区基金管理公司资产总额824.65亿元，同比减少3.99%，占全行业23.81%；净利润90.31亿元，同比下降16.3%；管理公募基金产品2388只，管理资产净值5.49万亿元，同比增长1.75%。2022年末，北京地区存续私募基金管理人3970家，同比减少326家，管理资产规模44181.76亿元，同比增长3.71%。

（3）期货公司资产规模增长较快，盈利水平同比下降。2022年末，北京辖区期货公司资产总额1887.94亿元，同比增长15.59%，占全行业11.11%；净资产228.53亿元，同比增长19.21%；全年营业收入50.63亿元，同比减少17.92%；实现净利润15.12亿元，同比下降10.59%。

（4）上市公司数量增加，总市值和融资规模居全国第1位。2022年末，北京地区共有A股上市公司460家，同比增加35家；总市值15.53万亿元，同比减少5.12%，占A股总市值19.66%，排名各辖区第1位。H股上市公司75家，同比增加2家。新三板挂牌公司844家，同比减少54家。全年各类企业利用多层次资本市场实现直接融资9933.35亿元，同比下降22.65%，占全国的14.74%，稳居各辖区首位。2022年，北京辖区风险类上市公司数量下降至28家，净压降20%。

2. 值得关注的问题

（1）上市公司股东及董监高违规减持产生恶劣影响。2022年，北京辖区有16名上市公司股东及董监高因违规减持行为被采取行政监管措施，4名人员被立案调查。由于股东及董监高所持股份数量较大，取得股份成本较低，有的还具有内部信息优势，其减持行为往往会产生更大的市场效应。近年来，频繁减持、“精准”减持、“清仓式”减持等违规减持现象仍时有发生，一些减持个案对市场和社会造成恶劣的负面影响。

（2）“雪球”等创新产品风险需持续关注。以“雪球”为代表的场外金融衍生品结构复杂，存在较大的投资风险，也考验产品运营者的盈利能力和风控能力。截至2022年末，证券公司场外衍生品存续名义本金合计2.09万亿元。其中，场外期权期末存量1.19万亿元，占比为57.1%；收益互换期末存量0.9万亿元，占比为42.9%。证券业机构在增强产品创新能力的同时，应加强投资者适当性管理、完善压力测试等风险控制措施。

（3）警惕境外大宗商品极端行情向境内传染。俄乌冲突爆发不久，伦敦金属交易所（LME）镍期货价格出现极端波动，导致部分参与套期保值的生产企业及交易商面临巨额保证金追缴要求。近

① 本部分数据来源于北京证监局、中国证券投资基金业协会和Wind数据库。

年来，国际资本选择在复杂经济政治背景下操纵大宗市场并波及国内企业的案例时有发生。国内大宗商品企业由于对全球极端行情事件预判不足，未能充分认识金融衍生品风险，而形成的大额损失可能向境内金融市场进一步蔓延。

（三）保险业运行状况

1. 基本情况①

（1）保费收入平稳增长，行业实力稳居前列。2022 年，北京辖区保险业累计实现原保险保费收入 2758.49 亿元，同比增长 9.16%，规模及增速均居全国第 4 位。分公司类型看，财产险公司实现保费收入 543.56 亿元，同比增长 2.59%，其中车险业务保费收入同比增长 1.75%。人身险公司实现保费收入 2214.93 亿元，同比增长 10.91%。其中，寿险业务、健康险业务同比分别增长 15.01%、0.22%，意外险业务同比下降 21.62%。

（2）保障规模居全国首位，有效服务经济社会发展。2022 年，北京辖区保险业累计承担风险保障 2558.31 万亿元，居全国首位，占比为 18.70%。累计赔付支出 776.02 亿元，其中责任险、企业财产险和寿险的赔付支出同比分别增长 26.08%、12.03% 和 7.03%。为人民群众积累寿险和长期健康险准备金 9555.70 亿元，同比增长 16.99%。发展安全生产责任险，累计为约 7.8 万家次企业提供风险保障 8200 亿元。扩大“北京普惠健康保”参保人群至新市民群体，专属养老保险试点投保人数达 5.73 万人次。

（3）业务经营稳健发展，行业改革持续推进。2022 年，北京辖区财产险公司综合费用率 29.27%，同比下降 2.23 个百分点；承保利润率 2.65%，同比上升 1.33 个百分点。人身险公司寿险业务新单期交率达 63.71%，同比上升 1.56 个百分点。车险综合改革成效显现，2022 年末辖内商业三者险平均保额较改革前提高 87.5 万元，综合成本率低于全国平均水平。人身险保障型业务转型明显，2022 年末普通型寿险业务同比增长 24.6%。

2. 值得关注的问题

（1）人身险公司盈利能力大幅下滑。2022 年，人身险业务放缓，承保利润减少，加上资本市场波动，投资收益下行，人身险公司承保端与投资端双双承压。部分中小人身险公司面临的生存形势更为严峻，个别中小人身险公司净资产收益率跌破 -50%，亏损严重。

（2）保险公司资金运用风险加大。经济恢复基础尚不牢固，金融市场震荡加剧，保险资金运用面临的市场风险、信用风险显著上升。2022 年末，个别保险公司的不良资产率超过 10%，个别人身险公司因资金运用损失导致偿付能力不足。

（3）人身险行业面临有组织的佣金套利问题。市场上存在专业套利团队，通过虚假增员、虚假投保等手段套取人身险公司佣金及队伍激励费用，个别套利团队与外部“退保黑产”勾结，诱导投保人全额退保、恶意投诉，严重扰乱市场秩序。

三、地方金融组织运行状况

2022 年，北京市加强小额贷款和融资担保行业风险防控，持续清理整顿地方交易场所违规问题，

① 本部分数据来源于北京银保监局。

有效防范典当行、融资租赁、商业保理和地方资产管理公司行业风险，地方金融组织总体运行平稳。

1. 小额贷款公司业务规模收缩。截至2022年末，北京市小额贷款公司共129家，其中试点通过互联网开展业务的3家。注册资本金合计159.20亿元，同比下降6.46%；总资产166.88亿元，同比下降11.34%；总负债10.63亿元，同比下降29.80%。2022年，全年累计新增贷款投放148.40亿元，贷款余额合计131.34亿元，同比下降9.41%。

2. 融资担保公司经营平稳。截至2022年末，北京市融资担保法人机构共53家，其中17家为政策性融资担保公司。资产总额1281.70亿元，同比下降1.49%；负债总额340.40亿元，同比增长0.95%。在保业务规模6553.49亿元，同比增长8.87%，其中融资担保在保业务规模5983.65亿元，同比增长9.68%。

3. 典当行稳步发展。截至2022年末，北京市典当行法人机构339家，分支机构91家。资产总额135.42亿元，同比增长11.76%；负债总额4.82亿元，同比增长9.79%。典当总额388.12亿元，同比增长3.37%；典当余额99.29亿元，同比增长8.35%；绝当发生额1.50亿元，同比下降43.82%。

4. 融资租赁公司资产规模同比下降。截至2022年末，北京市融资租赁公司共187家，较上年减少9家。总注册资本734.23亿元，实缴资本金661.29亿元。资产总额3484.36亿元，同比下降5.48%，其中融资租赁资产总额2547.70亿元，同比下降5.90%。融资租赁业务期末余额2802.11亿元，同比下降5.0%。

5. 商业保理公司快速发展。截至2022年末，北京市商业保理公司58家，较上年减少2家。注册资本115.28亿元，同比增长25.60%。资产总额526.51亿元，同比增长37.58%；发放保理融资款余额489.16亿元，同比增长29.50%。

6. 地方资产管理公司稳健经营。截至2022年末，北京市地方资产管理公司2家。资产总额54.75亿元，同比增长18.61%；年内实现净利润1.05亿元，同比下降34.38%；存量收购不良资产投资余额31.91亿元，同比增长48.97%。

7. 地方交易场所规范发展。截至2022年末，北京市地方交易场所共有32家，注册资本63.08亿元。资产总额347.18亿元，同比增长26.27%；负债总额253.25亿元，同比增长34.76%。营业收入总额55.95亿元，交易规模10.08万亿元，在资源优化配置、助力实体经济发展等方面发挥了重要作用。

8. 区域性股权市场服务质效提升。北京市有1家区域性股权市场，注册资本4亿元，资产规模4.18亿元，累计服务挂牌展示企业6488家、登记托管企业2374家、双向转板企业306家，会员机构320家，通过市场服务及合作机构服务企业超过2.5万家，累计服务企业超过3.3万家。帮助企业实现各类融资约506.08亿元，其中私募（可转）债融资78.90亿元、股权融资427.18亿元；投资者4.88万户，权益过户累计9091笔、金额941.29亿元。

四、金融基础设施发展情况

1. 冬奥金融服务保障圆满完成。牵头构建高效冬奥金融服务指挥体系，牵头成立北京冬奥支付环境建设运行保障指挥部，创设主办银行“金融店长制”，确保金融服务优质高效，涉奥场景共发生金融交易46.2万笔、1.6亿元，冬奥金融服务实现了“零差错”“零投诉”，提供了安全、快捷、高效的金融服务，为北京冬奥增光添彩。

2. 数字人民币试点稳妥推进。数字人民币北京冬奥精彩亮相，北京全域试点稳妥推进，联合相关单位推动数字人民币金融街示范街区建设，注重发挥首都“样板”作用。打通财政零余额账户到数字人民币钱包业务路径，向“专精特新”企业发放数字人民币政府补贴款，以数字人民币形式发放退役军人补贴。率先在全国将“鼓励使用数字人民币”写入地方性法规《北京市数字经济促进条例》。

3. 征信服务效能持续提升。北京市出台《全面推动北京征信体系高质量发展 促进形成新发展格局行动方案》，着力推动社会信用体系构建。在全国率先提供机动车、船舶、知识产权担保登记信息统一查询服务，提升中小微企业融资便利化水平。“京津冀征信链”在全国率先实现商业化应用，金融机构累计调用719.8万次，助力商业银行向649.34万户小微企业、个人消费者发放贷款近300亿元。

4. 金融科技监管保持领先。推动国家金融科技风险监控中心在京设立，打造国家级专业化金融科技风险防控基础设施。北京金融科技创新监管工具实施工作持续领先全国，目前累计公示26个创新应用，率先完成3个创新应用出箱闭环测评。以“智慧金融”为主题，在北京开展特色应用“沙箱”测试。

5. 跨境贸易投资改革创新政策扩容升级。中关村外债便利化试点范围扩大至北京市高新技术企业和“专精特新”企业，跨国公司本外币一体化资金池试点进一步扩围。首批开展海外人才用汇便利化试点。“银行+外贸综合服务企业”跨境资金结算模式在京落地。汇率风险中性工作落地见效，汇率避险政策体系初步建立。人民币跨境收付金额稳步增长，人民币跨境服务成效显著。

6. 北交所和新三板一体化发展。截至2022年末，北京证券交易所上市公司162家，全年新增83家，总市值2110.29亿元；全国中小企业股份转让系统（新三板）挂牌公司6580家，其中，创新层公司1658家，全年新增挂牌公司270家，同比增长197%。2022年，两市场累计发行融资399.28亿元，同比上升42%；北交所累计服务政府债券发行9502.38亿元。经过多项改革创新，北交所、新三板市场结构功能进一步完备，运行质量显著改善，一体化发展格局稳步推进。

7. 重要登记结算机构平稳运行。2022年，中央国债登记结算公司支持各类债券发行登记25万亿元，办理付息兑付及手续费拨付19万亿元，支持DVP资金结算2593万亿元，登记托管各类金融资产133万亿元（其中债券96万亿元）。中国证券登记结算公司登记存管的交易所证券总市值99.52万亿元、新三板证券总市值1.95万亿元，全年沪深市场证券结算总额2151.11万亿元。

五、政策建议

（一）有效落实各项调控政策，推进区域经济高质量发展

精准有力实施稳健的货币政策，保持对实体经济的信贷支持力度，用好用足结构性货币政策工具，为促进首都经济运行好转和高质量发展营造良好的货币金融环境。聚焦首都经济发展的重点领域和薄弱环节，着力完善金融支持国内需求和供给体系的体制机制。深化京津冀协同发展金融服务，持续加强金融支持扩大内需战略，加大对民营小微企业支持力度，健全科创金融政策和服务体系，积极支持首都绿色低碳转型发展和文旅行业恢复发展。

（二）健全防控金融风险长效机制，持续防范化解金融风险

健全防范化解金融风险长效机制，履行好北京市金融监管协调机制职责，传达落实好国务院金融委决策部署。继续推动做好重点领域风险处置，加强对中小金融机构、金融市场和创新型金融业态的风险监测和评估预警。坚持“房住不炒”定位，稳定房地产信贷投放，提升住房租赁金融服务水平，拓宽房地产市场多元化投融资渠道，有效盘活存量固定资产，推动房地产行业向新发展模式平稳过渡。

（三）持续完善区域金融基础设施，全面提升金融管理和服务效能

继续完善北京地区宏观审慎管理，继续做好辖内金融控股公司申设辅导。加强支付行业治理，善始善终做好平台企业支付业务整改，加大适老化、农村支付环境等薄弱环节的支付服务供给。稳妥有序推进数字人民币试点，建设好北京数字人民币金融街示范街区。助力北交所实现高质量扩容，建设国家级绿色交易所和国家金融科技风险监控中心。持续提升辖内机构征信合规管理水平，完善信用评级管理机制。

（四）深化金融领域改革开放，助力打造高水平对外开放新高地

深化外汇领域改革开放，探索推出符合首都发展需要的外汇创新政策。扩大跨境融资便利化试点和优质企业贸易外汇收支便利化试点的覆盖面，让更多市场主体享受政策红利。精准实施海外人才便利化政策，做好人才用汇服务保障。优化中小微企业汇率避险服务，探索丰富跨境金融服务平台应用场景。稳步提高人民币国际化水平，推动在大宗商品、对外承包工程等重点领域和东盟等重点地区的人民币跨境使用。

中国人民银行营业管理部金融稳定分析小组

组　　长：杨伟中
副 组 长：王　晋
成　　员：周　丹（金融稳定）　余　剑　周　丹（调查统计）　蒋湘伶
　　　　　刘治国　江　山　林晓东

《北京市金融稳定报告（2023）》编写组

总　　纂：王　晋
统　　稿：周　丹　吴德军　肖　炜
执　　笔：张　哲　赵伟欣　张　岩　李　虹
参与写作人员：周　炜　阳　丽　盖　静　胡　月　马　懿　汪　沛

天津市金融稳定报告摘要

2022年，面对复杂严峻的国内外形势和多重超预期因素考验，天津市坚持以习近平新时代中国特色社会主义思想为指导，深入贯彻落实习近平总书记对天津工作“三个着力”重要要求和一系列重要指示批示精神，按照党中央、国务院决策部署，立足新发展阶段，完整准确全面贯彻新发展理念，服务和融入新发展格局，坚持稳中求进工作总基调，高效统筹疫情防控和经济社会发展，全面落实稳经济“一揽子”政策和接续政策措施，全市经济运行保持持续向好态势。金融业紧紧围绕支持天津经济高质量发展，持续深化金融改革创新，全力做好金融支持稳经济大盘工作，严格贯彻落实中央风险防范化解各项要求，金融风险防范化解取得积极成效，全市金融运行总体稳健。同时，受国内外环境复杂性不确定性影响，加上天津经济仍处于向高质量发展转型的关键时期，防范化解金融风险的任务依然较重，对维护金融稳定提出了更高要求。

一、经济运行情况

2022年，天津市地区生产总值16311.34亿元，按不变价格计算，同比增长1.0%。其中，第一产业增加值273.15亿元，增长2.9%；第二产业增加值6038.93亿元，下降0.5%；第三产业增加值9999.26亿元，增长1.7%。

（一）产业结构持续调优

农业生产稳中加快，农林牧渔业总产值增长2.9%，较上年加快0.8个百分点，连续3年提速。主要农作物产量增加，粮食总产量增长2.5%，蔬菜产量增长7.3%。牛、羊出栏量和鸡蛋产量增加，分别增长4.9%、1.1%和7.5%。工业承压前行，规模以上工业增加值下降1.0%。新兴产业活力不断释放，高技术产业（制造业）增加值增长3.2%，锂离子电池和城市轨道车辆产量分别增长15.3%和53.8%。服务业总体平稳，服务业增加值占全市生产总值的比重为61.3%。重点领域发展较快，全年规模以上服务业企业营业收入增长4.4%。其中，租赁和商务服务业营业收入增长22.9%，卫生和社会工作增长15.7%，科学研究和技术服务业增长11.1%。

（二）需求动力有所减弱

受房地产市场下行影响，固定资产投资下降，全年固定资产投资（不含农户）下降9.9%，其中房地产开发投资下降23.2%，下拉全市投资11.0个百分点。分产业看，第一产业投资下降1.1%，第二产业投资增长1.7%，第三产业投资下降13.9%。消费品市场恢复放缓，社会消费品零售总额同比下降5.2%，家具类、金银珠宝类、服装鞋帽针织品类、建筑及装潢材料类等消费场景主要依赖线下的品类降幅较大。消费升级态势延续，智能家用电器和音像器材、新能源汽车、智能手机零售额分别增长170%、100%和46.5%。受国外经济下行导致的需求转弱以及国内疫情散发导致的订单外溢影响，出口累计增速呈逐月下降趋势，全年同比下降1.9%。

（三）新动能引领高质量发展

制造业立市战略深入实施，以智能科技为引领，以生物医药、新能源、新材料为重点，以装备制造、汽车、石油化工、航空航天为支撑的"1+3+4"现代工业产业体系加快构建。产业链攻坚战成效显著，12条重点产业链带动作用持续显现，自主可控的信创产业链初步形成。制造业增加值占全市地区生产总值的比重达到23%，工业战略性新兴产业和高技术制造业增加值年均分别增长4%和6%左右。自主创新能力显著增强，全社会研发投入强度达到3.66%，新一代超算、飞腾CPU、银河麒麟操作系统、天津大学大型地震工程模拟研究设施等"国之重器"加快建设，6家海河实验室投入运行，国家高新技术企业和科技型中小企业均突破10000家。

（四）民众福祉持续增进

民生保障投入持续加大，全年一般公共预算支出七成以上用于民生领域。就业形势基本稳定，居民收入保持增长。全年城镇新增就业36.05万人，就业形势的平稳和兜底保障的有力实施带动居民收入稳定增长，全市居民人均可支配收入48976元，增长3.2%。城乡收入更趋平衡，城镇居民人均可支配收入53003元，增长2.9%，农村居民人均可支配收入29018元，增长3.8%，农村居民人均可支配收入增速快于城镇居民0.9个百分点。居民消费价格温和上涨，全年居民消费价格上涨1.9%，其中粮食价格上涨2.9%，鲜菜价格下降1.2%。空气质量明显改善，空气质量优良天数比率73.2%，较上年上升0.9个百分点，PM2.5平均浓度37微克/立方米，较上年下降5.1%。

二、金融运行情况

2022年，天津市金融机构深入贯彻落实金融宏观调控政策，全力以赴支持经济高质量发展，持续防范化解金融风险，着力提升金融服务实体经济质效。金融业资产总额稳步增长，结构持续调整优化，内控合规管理建设不断加强，抵御外部冲击风险能力明显提高，为稳经济大盘创造了良好的金融环境。银行业资产负债、存贷款规模稳步增长，盈利水平明显回升，不良贷款余额、不良贷款率实现"双降"。证券业有效发挥服务实体经济功能，上市公司数量有所增加。保险公司运行平稳，保费收入保持增长，有效满足社会公众保险需求。金融市场交易活跃，在满足企业融资需求方面继续发挥重要作用。

（一）银行业稳健性增强

1. 资产负债稳步增长。2022年末，全市银行业金融机构资产总额60495.07亿元，同比增长6.30%，增速较上年提高1.34个百分点。其中，各项贷款余额42494.69亿元，同比增长3.51%；负债总额57395.22亿元，同比增长6.11%，增速较上年提高1.41个百分点，其中各项存款余额40488.25亿元，同比增长12.77%。

2. 盈利水平明显回升。2022年，银行业金融机构实现营业收入1223.72亿元，其中，利息净收入1017.73亿元，占全部营业收入的83.17%；实现计提资产减值损失前的利润总额807.50亿元，与上年基本持平。受益于资产质量的整体好转，2022年少计提资产减值损失205.04亿元，扣减所得税后实现净利润396.95亿元，同比增加188.31亿元。

3. 资产质量持续改善。2022年，银行业金融机构综合运用资产转让、以物抵债、贷款核销等多种方式实现不良贷款处置，全年共处置不良贷款878.97亿元。年末，不良贷款余额734.06亿元，比年初减少381.29亿元，不良贷款率1.67%，比年初下降0.95个百分点；关注类贷款余额1307.49亿元，比年初减少49.32亿元，关注贷款率2.98%，比年初下降0.21个百分点。

4. 资本充足水平较好。2022年末，中小法人银行业金融机构加权风险资产余额18779.74亿元，比年初增加575.23亿元；资本净额2921.95亿元，比年初增加47.18亿元；资本充足率15.56%，比年初下降0.23个百分点。其中，核心一级资本净额2506.42亿元，比年初增加84.76亿元；核心一级资本充足率13.35%，比年初上升0.04个百分点。

（二）证券业有效发挥服务实体经济功能

1. 证券机构运行平稳。2022年末，全市共有证券公司1家，与上年持平；证券分公司43家，较上年增加2家；证券营业部145家，较上年增加1家。其中，证券营业部资产总额239.27亿元，同比下降4.02%；净资产12.35亿元，同比下降16.16%。客户交易结算资金余额214.91亿元，同比下降1.63%；指定与托管市值5347.73亿元，同比下降15.88%；资金账户374.68万户，同比下降12.80%。

2. 基金公司管理份额大幅增长。2022年末，全市共有基金管理公司1家，与上年持平。管理基金170只，较上年增加26只；基金份额10808.75亿份，同比增长44.29%；基金净值10949.90亿元，同比下降5.72%。

3. 期货公司稳步发展。2022年末，全市共有期货公司6家，与上年持平；期货分公司8家，较上年增加2家；期货营业部24家，较上年减少3家。其中，期货公司资产合计262.60亿元，同比增长6.91%；净资产总额39.19亿元，同比增长18.72%。全年代理交易额105342.37亿元，同比下降20.55%；代理交易量14985.17万手，同比下降19.41%。

4. 上市公司数量有所增加。2022年末，全市共有上市公司70家，较上年增加7家；拟上市公司30家，较上年增加3家。其中，上市公司总股本950.46亿股，同比增长4.76%；总市值10717.61亿元，同比下降12.74%；流通市值8795.27亿元，同比下降17.32%；流通市值占总市值的比例为82.06%，同比下降4.56个百分点。

（三）保险公司运行平稳

1. 资产规模增速下降。2022年末，全市共有7家法人保险公司，与上年持平；75家省级分公司，较上年增加2家。保险公司在津分支机构资产总额2146.18亿元，同比增长9.90%，增速较上年下降0.89个百分点。其中，财产保险公司资产总额168.77亿元，同比增长4.07%，增速较上年下降10.36个百分点；人寿保险公司资产总额1977.41亿元，同比增长10.43%，增速较上年下降0.05个百分点。

2. 保费收入增长缓慢。2022年，保险公司共实现保费收入704.63亿元，同比增长0.99%，增速较上年下降1.83个百分点。其中，财产险保费收入158.48亿元，同比增长1.76%；人身险保费收入546.15亿元，同比增长0.76%。财产保险公司非车险保费收入占比39.92%，较上年下降3.12个百分点；人寿保险公司普通寿险保费收入占比49.63%，较上年上升5.83个百分点。

3. 盈利水平下降。2022年，财产保险公司营业收入同比下降5.01%，营业支出同比下降1.82%，全年净亏损1.18亿元，同比多亏6.08亿元。人寿保险公司营业收入同比增长3.99%，营业支出同比增长5.10%，2022年净亏损112.73亿元，同比多亏10.88亿元。

4. 法人保险公司资产配置较为稳健。2022年末，法人保险公司保险资金运用余额1571.64亿元，同比增长13.28%，增速较上年下降7.46个百分点。从资金运用结构来看，债券投资和投资型房地产占比较上年分别上升5.22个和2.16个百分点，而银行存款、证券投资基金、未上市公司股权和上市股票投资占比较上年分别下降1.08个、1.77个、0.36个和0.72个百分点。

（四）金融市场在满足企业融资需求方面继续发挥重要作用

1. 货币市场平稳运行。2022年，全市银行间同业拆借市场累计完成信用拆借24326.03亿元，同比增长24.19%；回购交易累计成交348591.61亿元，同比下降9.10%，其中质押式回购345188.96亿元，占全部回购交易的99.02%。市场交易仍以短期为主，隔夜和7天拆借占全部拆借成交金额的85.86%，7天以内的回购产品占全部回购交易额的90.61%。资金集中度有所上升，拆借金额前3位金融机构占全市总量的67.92%，较上年上升3.70个百分点。

2. 银行间债券市场重点领域融资支持不断增强。2022年，全市企业在银行间债券市场发行债券规模3612.64亿元，同比增长10.96%；法人金融机构发行金融债券270亿元。创新产品运用持续拓宽，实现全国首单京津冀科技创新资产支持票据（高成长债）、全国首单“民企支持工具+科创票据”、全国首单知识产权资产支持票据（科创票据）、全国首单“科创票据+保供稳链”资产支持商业票据的成功发行。2022年，银行间债券市场累计为民营小微、绿色发展、乡村振兴、科技创新等重点领域提供融资446.44亿元。现券买卖成交金额61972.26亿元，政策性金融债、国债和同业存单是市场主要交易品种，合计占比84.24%。

3. 票据市场业务规模较快增长。2022年末，全市银行承兑汇票余额3583.75亿元，同比增长16.80%；2022年累计发生额4922.61亿元，同比增长17.29%。贴现及买断式转贴现余额2763.01亿元，同比增长9.89%。再贴现余额114.96亿元，同比增长26.33%。全年累计发生额313.03亿元，同比增长34.20%。

4. 跨境收支规模微降。2022年，全市跨境收支合计1676.0亿美元，同比下降1.6%。其中，跨境收入821.3亿美元，同比下降2.7%；跨境支出854.7亿美元，同比下降0.6%。跨境收支逆差33.3亿美元，较上年扩大107.0%。其中，经常项目逆差81.1亿美元，较上年收窄10.7%；资本和金融项目顺差47.8亿美元，较上年收窄36.1%。

三、经济金融运行中需要关注的方面

2022年，天津市经济“稳”的基础不断夯实、“进”的动能不断积聚、“保”的底线不断巩固，高质量发展迈出坚实步伐。总体来看，全市经济运行回稳向好，实现了质的有效提升和量的合理增长。但受国内外环境复杂性不确定性影响，创新驱动发展的成效还不明显，经济复苏呈现不均衡特征，多重风险挑战依然存在，防范化解金融风险面临的问题仍然较多。

（一）内需收缩与外需收缩相叠加

一方面，国内消费出现新一轮收缩。新冠肺炎疫情期间限制了人们的线下消费场景，餐饮、娱乐、旅游等接触性、聚集性活动均受到冲击。同时，持续3年的疫情对人们的消费能力和消费意愿产生了实质、长期的影响。居民收入信心指数连续12个季度处于收缩区间，天津储户调查显示，选择“更多消费”的人群占比从2021年29.4%下降至2022年21.3%。另一方面，外部需求持续转弱。受俄乌冲突、部分发达经济体收紧货币政策等因素影响，全球经济下行压力不断加大，导致外部需求减弱。全年出口增速持续放缓，新冠肺炎疫情以来出口对经济的强拉动作用逐渐消失。

（二）部分房地产企业风险须关注

受当前市场销售较为低迷、融资环境改善仍在推进、风险事件时有发生等不确定因素影响，全市房地产开发投资力度缩减，销售面积和销售价格下降。2022年累计实现投资2127.94亿元，同比下降23.2%；新建商品住宅销售面积973.77万平方米，同比下降32.2%，二手房累计成交面积1084.8万平方米，同比下降20.2%；12月新建商品住宅销售价格同比下降4.0%，二手住宅销售价格同比下降6.4%。由于部分房地产企业流动性趋紧、项目施工进度不如预期等情况，加上购房者对“认购期房”存在一定顾虑，短期内购房需求难以实现实质性回暖，部分房地产企业偿债压力和流动性紧张问题的根本化解仍需时间。

（三）银行业机构经营压力持续加大

新冠肺炎疫情反复冲击导致供应链受阻、企业经营受创、个人工作和收入受到影响，信用风险压力加大，一些大型企业债务风险加重，加上前期国有企业债务风险尚未完全出清，新老问题交织叠加，金融风险防控形势依然复杂严峻。同时，在新冠肺炎疫情冲击下，各部门经济活动萎缩造成企业信贷需求下降，而让利实体经济、降低企业融资成本导致金融机构净息差逐步回落，两者叠加作用下，金融机构特别是中小金融机构盈利能力持续下降，资本补充压力进一步加大。

（四）证券业机构盈利水平下滑

2022年，受俄乌冲突导致通胀高企、欧美主要经济体提前加息、国内疫情扰动等多重因素影响，我国资本市场波动加剧，市场大幅下行对证券期货业机构传统经纪业务、资产管理业务等经营业绩造成一定负面影响。加上自营投资业务受宏观经济形势影响收益下滑，行业整体盈利水平下降。

（五）财产保险公司转型发展面临挑战

车险综合改革在规范行业运行、推动行业生态重塑和保险公司转型发展方面发挥了重要的作用，但目前部分财产保险公司仍停留在依靠高渠道费用获得业务的阶段，综合费用率偏高。此外，在国家产业政策的支持下，近年来新能源汽车发展迅速，但新能源车险的预期赔付风险远高于传统燃油汽车，新车型和不断迭代的新技术等因素也对新能源车险经营提出了较高的要求，财产保险公司面临着一定的定价风险。

（六）人寿保险公司盈利水平承压

一方面，受疫情影响，居民对未来经济生活不确定性的担忧增大，保险购买意愿和购买力不足，人寿保险公司保费收入增速放缓，保费规模增长乏力。另一方面，2022 年市场利率持续在相对低位区间震荡，优质资产较为稀缺，权益市场大幅波动，实际净投资收益偏低。人寿保险公司资产端收益率降低，而负债端须保证收益，利差损风险和再投资风险加大。

四、维护区域金融稳定的重要举措

（一）全力做好金融支持“稳经济大盘”工作

1. 扎实落实稳住经济“一揽子”政策措施。围绕落实国务院“稳经济 33 条”和 19 项接续政策、人民银行和外汇局出台的“金融23 条”，以及天津市政府出台的“稳经济35 条”和“接续措施26 条”等一系列政策措施，制定天津“金融惠企利民 26 条”，指导金融机构统筹做好金融支持疫情防控和经济社会发展工作。

2. 切实发挥货币政策工具总量和结构双重功能。按照尽最大可能利用货币政策工具、尽最大可能推动信贷投放、尽最大努力稳住经济的思路，顶格设定金融指标的落实目标，最大限度加快推进既定的任务目标落实。充分运用支农支小再贷款、再贴现，认真落实普惠小微贷款支持工具、碳减排支持工具、支持煤炭清洁高效利用专项再贷款、科技创新再贷款、交通物流专项再贷款、设备更新改造专项再贷款政策，着力强化重点领域金融支持力度。

3. 不断提升普惠金融服务水平。深入开展金融服务小微企业“敢贷愿贷能贷会贷”长效机制建设、“金融活水润百业——个体工商户服务月”、普惠小微金融智慧服务提升、首贷客户扩面和信用贷款增量等专项行动。持续做好受困领域贷款延期还本付息工作，进一步发挥“智慧小二”平台作用。2022 年末，全市普惠小微贷款余额 3213. 08 亿元，同比增长 20. 72% 。

（二）扎实推动金融风险防范化解

1. 充分发挥天津协调机制作用。深入分析天津经济金融走势，加强对金融风险的预判研判，持续做好全市各类风险摸排，进一步提升金融风险处置的精准性、有效性。

2. 全力推进高风险金融机构风险处置。研究探索风险化解的可行性路径，稳妥推动高风险机构风险处置，督促各方落实责任，推动高风险机构深化改革与风险化解相结合，严防风险反弹。

3. 维护房地产市场平稳健康发展。用好“保交楼”项目专项借款、“保交楼”贷款支持计划政策资金，推动金融机构积极参与项目建设、提供配套融资，有序化解逾期难交付项目风险，做好“保交楼”金融服务工作。

4. 进一步健全完善金融风险监测预警评估体系。综合运用央行金融机构评级、压力测试、存款保险现场核查、重大事项报告等手段，分级分层开展金融机构风险监测预警，压实金融机构风险防范化解主体责任。

5. 扎实推进重点领域存量风险化解。持续推动国有企业债务风险化解工作，防范国有企业债务风险向区域金融风险外溢。跟进涉海航集团融资法人金融机构处置进展，督促相关金融机构切实加强流动性管理，进一步完善应急处置预案，加大不良资产处置力度，持续强化“7 × 24 小时”舆情风险监测，多维度防范舆情风险。

（三）深入推进金融改革创新发展

1. 持续深化自贸区金融改革创新。积极推进资本项目外汇收入支付便利化、跨境人民币结算便利化政策等举措取得新进展，跨境贸易投融资更加便利高效。积极探索跨境电商收款新模式，指导银行机构搭建“跨境电商综合金融服务平台”，推动全市首家银行与境内支付机构合作开展跨境电商人民币结算项目落地实施。创新推出“白名单”机制和FT账户“期货+现货”“限额+规模”双联动模式，2022年末，FT账户累计收支超6400亿元。支持租赁特色产业先行先试，持续扩大融资租赁收取外币租金、融资租赁公司外债便利化试点等租赁业支持政策红利效应。

2. 不断强化京津冀协同发展金融支持。一方面，运用各项工具，全面助力协同发展。发挥货币政策工具引导撬动作用，运用再贷款再贴现资金支持京冀两地企业近57亿元，实现三地共享政策红利、协同发展；签署利用债券市场助推京津冀发展“七方协议”，辅导企业发债3110.09亿元，成功发行全国首单京津冀科技创新资产支持票据。另一方面，推进征信建设，优化信用环境。借助微信小程序搭建京津一体化征信维权平台，累计受理征信维权申请3798件，处理完毕3544件，99%征信维权事项在10日内得到答复；合力推动“京津冀征信链”建设，指导征信机构与“京津冀征信链”完成对接，合作共享数据信息，扩大上链产品范围，累计实现征信产品调用583.9万笔，向530.5万户市场主体发放贷款251.2亿元。

3. 扎实推动绿色金融创新发展。持续夯实绿色金融“五大支柱”，系统推进绿色金融改革创新。建立绿色金融服务联席会议机制，加强组织推动；牵头研制绿色租赁相关标准，完善绿色金融标准体系；充分发挥碳减排支持工具、绿色金融评价工作的激励作用，强化正向引导；指导部分金融机构开展环境信息披露，推动国内首份金融租赁公司环境信息披露报告出台。2022年末，全市绿色贷款余额4942.03亿元，同比增长22.36%，创2018年有统计以来新高。

4. 积极做好数字人民币试点工作。自天津市成为第三批数字人民币试点城市以来，相关部门及时制定试点工作方案和应用场景实施方案，大力推动应用场景建设，拓展应用场景范围。商圈零售、公共交通、公共缴费、工资发放、智慧医疗、智慧校园等16大类应用场景全部实现落地。

（四）充分发挥金融基础设施建设的保障作用

1. 持续优化支付清算体系。2022年，全市各类支付清算系统共处理人民币业务170.17万亿元，支付清算系统覆盖率达86.24%。全面落实支付服务减费让利政策，政策实施以来累计降费规模5.05亿元，惠及小微企业和个体工商户189.30万户（次）。不断完善农村支付环境，2022年末，全市农村地区接入人民银行支付系统的银行网点总数达645个，实现农村地区银行网点100%全覆盖，2022年新增助农金融服务点387家，同比增长7.80%。深入推进电信网络诈骗和跨境赌博“资金链”治理，津城百姓的安全意识与防范能力持续提升。

2. 统筹推进征信体系建设。继续在全市增设信用报告自助查询网点和机具，2022年末，全市88个网点已布放103台个人信用报告自助查询机，覆盖全市16个区，布放4台企业信用报告自助查询机，累计指导14家商业银行开通网上或手机银行查询服务，提升征信服务可得性和便利性。全力推动地方征信平台建设，以“津心融”为基础设立的地方征信平台汇集了155项、3600万条涉企政务数据，涉及税务、社保、医保、政府采购等17个政府部门，实现了中小微企业非信贷信息归集共享和融资服务，解决了中小微企业融资缺乏抵押担保、信息不可得而导致风险不可控等问题。

3. 进一步完善反洗钱和反恐怖融资体系建设。积极推进执法检查和行政处罚工作，根据金融机构合规情况和风险状况，综合运用监管提示、约见谈话、监管走访等措施实施分类监管。全力做好打击治理洗钱犯罪三年专项行动工作，组织召开“天津市打击治理洗钱犯罪三年专项行动推动会议”，印发《天津市打击治理洗钱违法犯罪三年行动计划工作方案（2022—2024 年）》。指导金融机构妥善处理可疑交易线索，不断提高可疑交易报告质量。推动 26 起洗钱案成功宣判，含全市首例自洗钱案件，洗钱罪案件宣判数量再创新高。

五、评估结论与展望

（一）定量分析

为全面、客观评估天津市经济金融稳定状况，结合经济运行和金融业发展状况，运用区域金融稳定定量评估模型量化分析了区域金融风险程度。基于评价指标的可获得性，模型从宏观经济、银行业、证券业、保险业和金融生态环境 5 个方面选取了 20 个指标进行分析。结果显示，2022 年天津市宏观经济运行得分较上年下降明显，除居民消费价格指数没有明显变化外，地区生产总值增长率、第三产业增加值增长率、全社会固定资产投资增长率、社会消费品零售总额增长率、进出口总额增长率等指标较上年均有所下降；银行业得分较上年显著上升，不良贷款率、资产利润率明显改善；证券业与金融生态环境得分整体较高，保险业得分与上年基本持平（见图 1）。

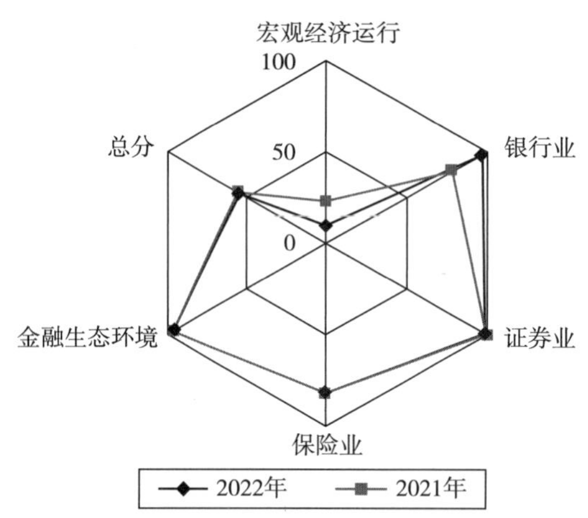

图 1　2021 年和 2022 年天津市金融稳定定量评估情况

（二）总体评估及趋势展望

2022 年是实施“十四五”规划的重要一年，天津市坚决贯彻落实疫情要防住、经济要稳住、发展要安全的重要要求，统筹解决多重矛盾、有效应对多重风险挑战、均衡把握实现多元发展目标，全市经济“稳”的基础不断夯实、“进”的动能不断积聚、“保”的底线不断巩固，高质量发展迈出坚实步伐。金融体系运行总体稳健，金融支持稳经济大盘工作取得积极进展，重点领域金融风险得到有效处置，金融服务经济社会民生水平进一步提升。但当前全市经济恢复的基础尚不牢固，需求收缩、供给冲击、预期转弱“三重压力”仍然较大，经济复苏呈现不均衡特征，部分行业部分领域风险仍较为突出，对防范化解金融风险提出了更高的要求。

2023 年是全面贯彻党的二十大精神的开局之年，是实施“十四五”规划承前启后的关键一年，战略机遇和风险挑战并存，各种超预期因素随时可能发生，天津市发展也面临不确定的、难预料的因素增多等考验。但随着高质量发展的不断推进，促进经济持续回升的积极因素增加，预计全市经济运行将整体好转，金融业保持稳健和适度增长，总体与经济恢复发展态势相匹配。下一步，天津金融业将深入落实稳经济“一揽子”政策和接续措施，继续提升服务实体经济水平，加大金融对扩大消费和有效投资、优化结构的支持，深入推进金融改革，健全金融风险监测预警处置长效机制，加快推进存量金融风险化解，确保全市金融安全稳定大局。

中国人民银行天津分行金融稳定分析小组

组　　长：王晓明
副 组 长：杨红员
成　　员：吴　超　李　鹏　张丽军　柴志新　郭　巍　黄丽珍
程卫红　侯胜洪　王岳东

《天津市金融稳定报告（2023）》编写组

总　　纂：杨红员
统　　稿：吴　超　宁　悦
执　　笔：李晓迟　杨彩丽
参与写作人员：刘　丹　杨　捷　郝慧刚　魏昆利　杨　雪　郝金金
刘　冬　车沛柳　张　翔　张　珺　徐路路　杨作威
于海欢　刘红玉　张　坤　张荣丰　李　康　刘伯酉
魏鹏飞　赵　恒　刘亚楼

河北省金融稳定报告摘要

2022年，河北省坚持以习近平新时代中国特色社会主义思想为指导，深入学习贯彻党的二十大精神和习近平总书记对河北工作重要指示批示精神，全面落实党中央、国务院决策部署，按照“疫情要防住、经济要稳住、发展要安全”要求，高效统筹疫情防控和经济社会发展，经济运行持续恢复、加快回稳，呈现良好势头。银行业存贷款均保持较快增长，资本市场融资水平提升，保险业保障功能持续发挥，金融业对实体经济恢复和发展的支撑力度不断加大。

一、经济金融体系平稳运行

（一）经济转型升级步伐加快

2022年，河北省经济运行稳中向好，地区生产总值42370.4亿元，较上年增长3.8%，高于全国0.8个百分点。其中，第一产业增加值4410.3亿元，增长4.2%；第二产业增加值17050.1亿元，增长4.6%；第三产业增加值20910亿元，增长3.2%。三次产业增加值占地区生产总值比重为10.4:40.2:49.4，第三产业增加值比重超过第二产业9.2个百分点，是河北省经济增长的最大拉动力，全省“三二一”产业格局继续巩固。

工业生产持续恢复，工业行业增长提速扩面。规模以上工业增加值增长5.5%，增速较上年提高0.6个百分点。三大门类生产全面增长，制造业增加值增长4.0%，采矿业增长17.5%，电力、热力、燃气及水的生产和供应业增长7.7%。在40个行业大类中，21个行业生产实现增长，增长面占52.5%。大中小型企业全面增长，增加值分别增长7.5%、8.0%和0.8%。

服务业持续恢复。卫生和社会工作增加值增长11.7%，信息传输、软件和信息技术服务业增长9.3%，公共管理、社会保障和社会组织增长7.8%，教育业增长7.2%，金融业增长6.7%。

固定资产投资保持稳定。全年固定资产投资较上年增长7.9%，增速较上年提高4.9个百分点。消费需求持续释放，社会消费品零售总额实现13720.1亿元，增长1.6%，限额以上单位消费品零售额4319.9亿元，增长5.0%；消费升级类商品增长较快，限额以上单位新能源汽车增长1.2倍，体育娱乐用品类增长28.6%，通讯器材类增长16.6%。对外经贸保持良好势头，全年进出口总值完成5629.0亿元，增长3.9%。贸易方式以一般贸易为主导，一般贸易进出口总值4947.3亿元，增长4.4%，占全部进出口总值的87.9%。居民收入恢复性增长，全年居民人均可支配收入30867元，增长5.1%。其中，城镇居民人均可支配收入41278元，增长3.7%；农村居民人均可支配收入19364元，增长6.5%，增速高于城镇居民2.8个百分点；城乡居民可支配收入比值2.13，较上年缩小0.06，城乡居民收入差距进一步缩小。

（二）银行业支持实体经济能力持续增强

2022 年，河北省银行业运行总体平稳，资产负债规模双超 11 万亿元，继续保持稳定增长。其中，资产总额 11.92 万亿元，负债总额 11.44 万亿元，分别增长 12.20% 和 12.17%，增速分别位居全国第 5 名、第 6 名。本外币存款余额 100279.0 亿元，首次突破 10 万亿元，增长 12.6%，定期存款增量和增速均高于活期存款，存款稳定性增强。本外币贷款余额 76644.7 亿元，增长 12.77%。信贷对实体经济特别是小微、民营企业等薄弱环节支持力度不断加大。2022 年末，小微企业贷款同比增长 22.9%，高于各项贷款增速 10.1 个百分点，连续 6 个月保持在 20% 以上；比年初增加 3381.9 亿元，同比多增 1357.5 亿元。普惠小微贷款[①]增速达 24.0%，2022 年末，余额 7194.9 亿元；民营企业贷款[②]余额 28659.3 亿元，同比增长 11.0%，全年保持平稳增长。重点帮扶县贷款 9371.3 亿元，同比增长 14.0%，比年初增加 1151.1 亿元。

票据市场发展较快。2022 年，全省银行承兑汇票余额 7628.13 亿元，同比增长 23.68%，较全国增速高 13.16 个百分点，贴现业务量显著回升，全省累计办理票据融资额 5820.39 亿元，其中累计办理商承贴现 128.87 亿元，增长 42.43%。2022 年末，非金融企业发行短期融资券余额 232.8 亿元，全国排名第 18 位，全国占比 1.07%。货币市场交易活跃，全年累计发生 7873 笔拆借交易，较上年增加 828 笔；拆借发生额累计 8314.48 亿元，较上年增加 995.74 亿元；从拆借期限看，仍以短期为主，7 天和隔夜拆借分别占总拆借交易量的 47.45% 和 36.04%。

截至 2022 年末，河北省银行业金融机构不良贷款余额 1689.07 亿元，增加 301.99 亿元；不良贷款率 2.20%，上升 0.16 个百分点。银行业法人机构资本充足率 12.29%，较上年小幅下降 0.71 个百分点；各项减值准备合计 1547.9 亿元，较上年增加 119.72 亿元；拨备覆盖率 123.12%，较上年下降 27.02 个百分点。河北省法人银行业机构流动性风险总体可控，流动性比例 90.37%，人民币超额备付金率 3.40%，存贷款比例 70.31%。

（三）多层次资本市场不断完善

2022 年末，河北省共有证券机构 299 家，其中法人证券公司 1 家、证券投资咨询法人机构 1 家、证券分公司 45 家、证券营业部 252 家。证券业稳健运行，全年完成证券交易额 7.74 万亿元，略降 0.78%，市场竞争日益激烈，全省证券机构（不包含法人机构总公司）实现营业收入 24.38 亿元，同比下降 16.73%；实现利润总额 4.01 亿元，较上年下降 43.63%。财达证券是河北省唯一法人证券公司，共有 108 家营业部，截至 2022 年末，各项风险控制指标均符合监管要求。其中，风险覆盖率 356.88%，资本杠杆率 31.17%，流动性覆盖率 682.35%，净稳定资金率 184.42%；全年实现营业收入 15.19 亿元，同比下降 27.15%。

2022 年末，河北省共有期货机构 45 家，其中法人期货公司 1 家、期货分公司 13 家、期货营业部 31 家。期货交易开户数 12.66 万户，较上年增长 82.59%；代理交易额 7739.37 亿元，较上年下降 23.92%。全省期货经营机构（不包含法人机构总公司）共实现净利润 -2383.45 万元，68.18% 的机构出现亏损。恒银期货经纪有限公司是河北省唯一法人期货公司，共有 4 家营业部，截至 2022 年末，各项风险管理指标均符合监管要求。其中，净资本/风险资本总额 2764.81%，净资本/净资产

---

① 普惠小微贷款，包括个体工商户及小微企业主经营性贷款、单户授信小于 1000 万元的小微企业贷款。

② 民营企业贷款，包括集体控股、私人控股、港澳台控股、外商控股企业贷款及个人经营性贷款。

114.51%，动资产/流动负债（均扣除客户权益）339.74%，负债（扣除客户权益）/净资产39.52%。

2022年末，河北省上市公司74家，较上年增加5家，全国排名第16位。新三板挂牌公司174家，较上年减少12家。河北股权交易所挂牌公司886家，较上年减少61家。全省企业通过资本市场实现直接融资723.48亿元，较上年减少118.9亿元。其中，上市公司直接融资337.17亿元，较上年减少50.5亿元；非上市公司债券融资379.31亿元，较上年增加14.2亿元；新三板挂牌公司直接融资2.04亿元，较上年减少0.07亿元；河北股权交易所挂牌企业直接融资4.96亿元，较上年减少49.56亿元。

（四）保险业平稳运行

2022年末，注册地在河北省的法人保险公司共2家（其中中国人民养老保险有限责任公司由银保监会直接监管，以下不含相关数据），省级分公司77家，总数较上年持平。其中，财产保险省级分公司36家，人身保险省级分公司41家；跨京津冀区域经营中心支公司17家，较上年增加1家；省级以下分支机构4977家，营业网点覆盖面较为广泛。燕赵财险公司是河北省唯一一家法人财产险公司，各类分支机构129家，截至2022年末，各项风险管理指标均符合监管要求，综合偿付能力充足率451.5%，核心偿付能力充足率451.5%。

2022年，河北省保险公司总资产5969.73亿元，居全国第8位，增长11.91%，高于全国增速2.8个百分点。全年累计实现保费总收入2042.54亿元，居全国第9位，增长2.41%；累计承担风险保额233.51万亿元，增长12.56%；累计赔付支出658.44亿元，增长3.37%。保险深度4.82%，较上年下降0.14个百分点，高于全国0.94个百分点。保险业务结构持续优化，财产保险业务中，车险业务保费收入占比较上年下降1.80%，但仍占财险保费收入的六成。人身保险业务中，保障型产品保费收入占比达72.87%，同比提升6.26个百分点，分红寿险、万能保险和投资连结保险等投资类保险业务保费收入同比分别下降20.19%、4.28%和1.24%。

（五）社会融资机构金融服务水平不断提升

2022年，河北省社会融资机构在服务实体经济和支持“三农”、小微企业发展上积极提供差异化金融服务，发挥了积极的补充作用。2022年末，河北省小额贷款公司457家，较上年减少28家，连续6年下降；贷款余额216.44亿元，较上年减少21.93亿元。河北省融资性担保法人机构261家，较上年减少25家，全省11个设区市、雄安新区均已出资设立政府性融资担保机构；融资性担保责任余额776.1亿元，较上年增加132.51亿元；担保代偿余额44.65亿元，较上年增加1.41亿元。河北省典当企业332家，较上年减少93家，整体经营状况较好。其中，年内发放当金321.52亿元，较上年增加5.18亿元，增长1.64%；不良贷款余额1.08亿元，较上年减少5.29亿元，下降83.05%；不良贷款率1.62%，较上年下降7.88个百分点。河北省融资租赁机构18家，较上年减少2家，实收资本69.26亿元，资产总额201.06亿元，大部分融资租赁机构开展业务时间较短，尚处于起步阶段。

（六）金融基础设施建设不断增强

社会信用体系建设扎实推进，企业信用分级分类监管、失信惩戒、“征信修复”乱象专项治理“百日行动”有序开展。支付系统运行安全稳定，银行卡助农取款服务点实现全省行政村全覆盖，电子支付工具逐步普及，网上支付、移动支付等非现金支付工具发展迅速。金融科技健康有序发展，首批金融科技创新监管工具在北京、上海等12个地区推广复制。金融业综合统计工作纵深推进，金融基础数据库管理和应用不断加强，金融基础数据、资管产品、货币信贷、地方金融组织统计工作持续推进。金融消费环境持续向好，多部门签署《共同推进金融纠纷多元化解工作备忘录》，扎实做好银行证券保险投诉处理，加强金融消费者教育宣传工作。反洗钱监管效能提升，成立打击治理洗钱违法犯罪三年行动领导小组，完善反洗钱监管协作机制，对27家机构开展反洗钱执法检查，反洗钱监管力度持续加强。货币流通环境不断优化，保持反假货币高压态势，加大拒收现金违法行为整治力度，圆满完成人民银行大额现金试点和数字人民币试点工作。外汇服务环境不断优化，优质企业贸易收支便利化扩面提质增效，加强监管力度，切实防范跨境资金流动风险。

二、维护金融稳定需要关注的问题

（一）经济发展面临多重困境

一是工业发展后劲不足。受原材料价格高企、市场需求不足、新冠肺炎疫情等多种因素影响，工业企业经营成本上升，利润减少，全省规模以上工业企业全年利润总额同比下降45.5%。工业增长点仍集中在传统能源类行业，作为制造业核心的装备制造业低位运行，增加值仅增长0.2%，远低于同期全国5.6%的平均水平。二是投资意愿下降明显，对经济发展支撑不足。民间投资增速持续回落，增速低于固定资产投资增速2个百分点；房地产开发投资较上年下降9.3个百分点。燃气生产和供应业、水利管理业投资分别下降49.8%和40.1%，道路运输业、零售业分别下降19.3%和17.3%。三是消费品市场承压明显。汽车、家电等大宗商品消费增长乏力，汽车类商品消费增速低于全省限额以上单位消费品零售额增速3.4个百分点，家电类商品同比下降4.4%，增速仍处于下降区间。全年四个季度消费者信心指数和满意指数均处于100以下，居民消费信心不足。

（二）银行机构信用风险需密切关注

银行业金融机构不良贷款余额、不良贷款率呈现“双升”态势。年内新增不良贷款中，房地产业、制造业占84.04%。从地区分布看，主要涉及石家庄、沧州、保定地区，其中石家庄占比达到86.06%，新增不良贷款行业和区域分布较为集中。部分大型企业资金链断裂，流动性困难，债务风险可能向金融机构传导。个人金融业务风险暴露加快，不良贷款余额同比增长33.43%。

（三）证券业发展与经济规模不匹配

河北省仅有一家法人证券公司和一家法人期货公司，综合实力较弱，缺乏核心竞争力，在产品设计、业务创新、中介机构服务等方面存在“短板”，对实体经济的支持和服务能力有待提高。上市公司数量仅占全国上市公司的1.46%，与地区生产总值相近的北京市、安徽省等地区差距较大；上市公司结构不合理，近七成公司分布于钢铁、化工、煤炭等传统行业，新能源、科技、生物等高新技术产业上市公司数量较少；部分上市公司发展不规范，个别上市公司经营困难，存在信息披露不实、公司治理不规范、资金占用等问题。2022年，河北省辖区高风险类公司、次高风险类公司占全省上市公司总数的9.46%，存在流动性风险、违法违规风险、大股东高比例股票质押风险以及公司债券违约风险。

（四）保险业转型升级压力依然较大

法人保险公司成立时间短，业务发展慢，2022 年仅实现净利润 732. 70 万元，盈利能力需进一步提升。保险产品和服务同质化问题严重，服务科技创新、小微企业、“三农”等的特色保险产品尚待丰富，责任险、科技保险等险种的体量较小，不能满足人民群众日益多样化的财产保险需求，产品创新能力有待提升。2022 年，全省车险业务占产险公司整体业务的 60. 48%，虽然占比较上年有所降低，但在整体业务中仍占据绝对份额。人身保险业满期给付与退保总量 420. 44 亿元，增速 0. 21%，全省退保率 2. 83%，同比上升 0. 21 个百分点，满期给付和退保风险仍需关注。

（五）部分社会融资机构经营困难

河北省部分社会融资机构业务规模呈萎缩态势，机构和从业人员数量大幅减少，经营活跃度不高，资金杠杆撬动作用未能充分发挥。小额贷款公司从业人员连续 8 年减少，2022 年从业人数仅是 2014 年最高峰时人数的 33. 05%，机构数量自 2016 年持续减少，共减少 24. 83%，贷款规模自 2014 年以来呈萎缩态势。典当机构税后利润 1. 4 亿元，较上年减少 0. 31 亿元，下降 18. 13%。

三、维护金融业健康稳定发展的建议

（一）持续推动经济高质量发展

一是着力扩大内需，释放消费与投资的活力潜力，发挥内需强拉动作用。积极扩大有效投资，强化要素保障，扎实推进重点项目建设，以高质量项目支撑高质量发展。加快恢复和扩大消费，优化消费供给结构，巩固提升传统消费，加快养老、家政服务等产业发展，培育新型消费，鼓励定制、绿色、体验消费，进一步释放和挖掘消费潜力。二是优化产业结构，加快构建现代化产业体系，抓好产业转型升级试验区建设，深化钢铁、装备制造等产业高端化、智能化、绿色化转型，推动战略性新兴产业和县域特色产业集群发展。加强对行业核心企业、龙头企业的精准服务，发挥核心产业链带动作用，引领产业链深度融合和高端跃升，深化与配套服务企业协同发展，促进先进制造业和现代服务业融合发展。三是大力培育经济发展新动能，实施创新驱动发展战略，加强京津冀协同创新共同体建设，鼓励科研机构和企业建立技术联盟，靶向攻坚关键技术，使产业发展有强大的科技支撑。加快建设现代化经济体系，发挥好头部企业引领示范作用，推动产业链再造和价值链提升，加快传统产业数字化、智能化、绿色化改造，培育新增长点。

（二）不断提升金融支持实体经济质效

发挥好结构性货币政策工具作用，强化银企对接，督促金融机构继续落实好贷款阶段性延期还本付息政策，确保惠企纾困政策平稳衔接。引导金融机构持续加大对“三农”重点领域和薄弱环节的信贷支持，推动脱贫人口小额信贷实现“应贷尽贷”。加大重点领域金融服务支持力度，积极对接国家重大战略，加大对京津冀协同发展、雄安新区建设、“一带一路”等领域信贷投放力度。扎实推进绿色金融发展，引领金融资源向低碳、环保、节能、降耗领域倾斜，精准支持市场主体的资金需求。建立健全多层次资本市场，推动证券业高质量发展，提高证券经营机构创新发展能力，进一步拓展融资渠道，引导上市公司提升规范运作水平、有序化解经营风险，不断做优做强。充分发挥保险保障功能，优化保险资金配置，鼓励保险资金加大对先进制造业、战略新兴业等产业的支持力度，在风险保障、融资增信和保险投资等方面发挥更大作用。发挥好社会融资机构提供差异化融资服务的补充作用。

（三）不断增强金融风险防控能力

一是加强防控金融风险机制建设，充分发挥金融委办公室地方协调机制作用，加强信息共享和政策协同，压实各方责任，形成风险防范化解合力，提高金融风险防范的针对性，牢牢守住不发生系统性风险底线。二是强化风险监测评估预警，前移风险关口，施行清单式管理，密切关注重点金融机构经营状况和风险情况，做好地方政府债务、房地产企业等重点领域风险研判，做到风险早识别、早预警、早发现。三是稳妥处置中小银行风险，坚持市场化、法治化原则，多渠道补充资本金，提升自身风险抵御能力，在改革化险中推动金融机构高质量发展，支持法人机构做大做强。有序压降不良贷款，妥善化解信用风险，严防流动性风险。四是完善应急预案体系，注重与相关职能部门、金融机构预案之间的衔接，适时开展应急演练，及时有效应对处置各类风险事件，坚决维护金融安全和社会稳定。

（四）持续优化金融生态环境

加快完善金融基础设施体系，深化金融改革开放，为河北省金融业高质量发展提供支撑。加强信用信息平台建设，完善守信联合激励和失信联合惩戒机制，大力开展诚信教育，在全社会共同营造良好信用环境。持续优化司法环境，推广金融法庭模式，提高金融案件司法审结率，降低诉讼成本，严厉打击逃废银行债务行为，加大追赃挽损力度。切实保护金融消费者合法权益，建立健全金融纠纷多元化解机制，提高金融消费者投诉处理质量和效率。严厉打击各类金融违法犯罪，对非法集资等各类非法金融活动保持高压态势。加强金融知识普及宣传和舆论引导，提升公众金融素养，树立正确投资理念，提高风险防范意识。

中国人民银行石家庄中心支行金融稳定分析小组

组　　长：贺同宝
副 组 长：李双锁
成　　员：温振华　张国坤　翟　丽　闫新广　张军辉　张彦坤
高新立　刘雁国　郑向阳　李日升　穆建敏　王　健
闫胜国

《河北省金融稳定报告（2023）》编写组

总　　纂：闫新广
审　　核：杨辉平　李　鹏
统　　稿：王聿孜　陈小我
执　　笔：陈小我　靳凤菊　刘冰欣　黄　倩　刘石涵　张佳婧
李颖超　游江天

山西省金融稳定报告摘要

2022年，面对复杂严峻的形势和多重超预期因素的冲击，在山西省委、省政府的坚强领导下，全省上下认真贯彻落实党中央、国务院大政方针，全方位推动高质量发展，有效实施稳经济“一揽子”政策措施，全省经济总体延续了稳定恢复的良好态势，经济总量再上新台阶。2022年，山西省金融业总体运行平稳，银行业服务实体经济力度不断加大，资本市场保持健康稳定的发展态势，保险业风险保障水平明显提升。但经济恢复面临挑战，部分领域金融风险仍较突出，防范化解任务依然艰巨。

一、区域经济运行

（一）经济稳中向好

1. 经济总量再创新高，产业结构合理。2022年，山西省GDP实现25642.59亿元，继2021年迈上“两万亿”新台阶后，首次突破2.5万亿元，按不变价格计算，同比增长4.4%，较全国高1.4个百分点。分产业看，第一产业增加值1340.40亿元，同比增长5.1%；第二产业增加值13840.85亿元，同比增长6.2%；第三产业增加值10461.34亿元，同比增长2.7%。从产业增加值占GDP比重看，第一产业为5.2%，第二产业为54%，第三产业为40.8%。

2. 新兴产业发展壮大，能源保供扎实推进。2022年，山西省规模以上工业增加值同比增长8.0%，快于全国（3.6%）4.4个百分点。工业战略性新兴产业增加值同比增长15.5%，其中，新能源汽车增长62.2%，节能环保产业增长36.4%，汽车制造业增长32.3%，食品工业增长12.9%，均明显快于全省规模以上工业增速。全年全省规模以上原煤产量130714.6万吨，增长8.7%；非常规天然气产量113.3亿立方米，增长20.2%；发电量4153.3亿千瓦时，增长7.5%，其中外送电量1463.7亿千瓦时，增长18.5%。全省煤、电、气产量均创历史新高。

3. 三大需求保持恢复，发展韧性持续显现。一是高技术制造业投资引领增长。2022年，山西省固定资产投资同比增长5.9%，快于全国（5.1%）0.8个百分点。分行业看，制造业投资增长6.8%，其中，高技术制造业投资增长45.7%，装备制造业投资增长20.7%，增速均快于全省投资。二是网上零售快速增长。全年全省社会消费品零售总额7562.7亿元，同比减少2.4%，其中网上零售额847.4亿元，增长15.2%。三是进出口降幅稳步收窄。2022年，全省进出口总额1845.6亿元，同比下降16.7%，降幅较前三季度收窄1.3个百分点。其中，出口1211.4亿元，下降10.3%；进口634.2亿元，下降26.6%。

4. 财政收入创历史新高，重点领域保障有力。2022年，山西省一般公共预算收入完成3453.9亿元，首次突破3000亿元，同比增长21.8%；一般公共预算支出5872.7亿元，同比增长16.3%，重点领域方面，社会保障和就业支出增长 11. 36%，教育支出增长 8. 04%，卫生健康支出增长 19. 92%。

5. 就业形势总体稳定，城乡居民收入稳步增长。2022 年，山西省城镇新增就业 46. 3 万人，完成全年目标的 102. 8%；全省农村劳动力转移就业 48. 6 万人，完成全年目标的 147. 1%。城镇居民人均可支配收入 39532 元，同比增长 5. 6%，快于全国（3. 9%）1. 7 个百分点；农村居民人均可支配收入 16323 元，同比增长 6. 6%，快于全国（6. 3%）0. 3 个百分点。

6. 居民消费价格温和上涨，工业生产者价格涨幅收窄。2022 年，居民消费价格累计上涨 2. 1%，涨幅较上年扩大 1. 1 个百分点，其中食品和交通通信价格同比分别上涨 3. 7% 和 4. 6%，涨幅较大。工业生产者出厂价格上涨 11. 4%，涨幅较上年收窄 18. 8 个百分点。其中，煤炭、焦炭价格分别上涨 22. 1%、15. 0%，涨幅较上年收窄 32. 2 个和 37. 7 个百分点，冶金价格下降 9. 0%。

（二）经济运行中需要关注的问题

1. 需求端恢复面临挑战。在消费方面，2022 年全省社会消费品零售总额同比下降 2. 4%。从预期情况看，2022 年第四季度城镇储户问卷调查报告显示，倾向于“更多消费”的居民仅占 22. 8%，较 2021 年末低 1. 9 个百分点，居民消费意愿走弱。在投资方面，制造业投资需求预期走弱，2022 年第四季度工业企业景气调查显示，山西省企业固定资产投资指数为 46. 9%，为 2020 年第三季度以来的最低点。房地产企业投资意愿不足，全省房地产开发投资同比下降 9. 3%，是 2018 年以来降幅最大的一年。在出口方面，2022 年，受全球经济衰退风险加剧、国外生产恢复对山西省出口形成替代效应等不利因素的影响下，全省出口同比下降 10. 3%。国际货币基金组织（IMF）最新报告显示，2023 年全球增长率预计为 2. 9%，较 2022 年下降 0. 5 个百分点。受全球经济放缓影响，我国外需预计将持续回落，山西省出口也将继续面临较大下行压力。

2. 房地产市场持续下行。一是房地产供需两端乏力。从供应端看，2022 年全省房地产开发投资下降 9. 3%，房屋竣工面积下降 19. 4%。从需求端看，全省商品房销售面积同比下降 29. 6%，商品房销售额同比下降 30. 2%。国家统计局 70 个大中城市商品住宅销售价格变动情况显示，2022 年 12 月太原市新建商品住宅销售价格同比下降 4. 6%。二是房地产企业信心低迷。全年全省新增房地产开发项目、计划总投资同比分别下降 35. 9% 和 15. 5%，全省土地购置面积同比下降 27. 9%，待开发土地面积增长 7. 8%，全省民营房地产开发企业投资同比下降 12. 2%。三是企业到位资金紧张。全年全省房地产开发企业到位资金下降 20. 2%，是近 25 年来首次呈下降趋势。

3. 资金外流压力大。受西方主要发达经济体加息政策影响，人民币汇率持续承压，叠加国内经济增速放缓，资金外流压力较大。从山西省情况看，2022 年，全省投资收益项下资金净流出 11. 6 亿美元，为 2010 年以来最大规模的资金净流出。其中，外商投资企业利润汇出 10. 8 亿美元，同比增长 160%，需持续关注外商投资企业利润汇出情况。

二、金融业运行

（一）银行业

1. 银行业运行和发展情况

（1）资产负债规模稳步增长。截至 2022 年末，山西省银行业资产总额 65814. 98 亿元，负债总额63543.19亿元，同比分别增长12.45%、12.77%。分机构类型看，政策性银行、国有银行、股份制银行、城市商业银行、农村中小金融机构资产规模分别占总资产的8.45%、41.48%、12.45%、9.99%和24.63%，各类型机构占比变化不大。

（2）存贷款总量稳步增加。截至2022年末，山西省银行业本外币各项贷款余额37712.85亿元，同比增长10.07%，增速同比下降1.49个百分点。各项存款余额52246.23亿元，同比增长14.77%，增速同比上升4.54个百分点。

（3）资产业务分布合理。截至2022年末，山西省银行业信贷资产规模37712.85亿元，投资规模7211.01亿元，同业资产余额2433.37亿元，分别占资产总额的57.30%、10.96%和3.70%。其中投资规模增速较快，较年初增长26.01%。

（4）利率市场化改革成效明显。地方法人金融机构通过运用再贷款等货币政策工具推动贷款利率下行，2022年1—12月企业贷款加权平均利率4.53%，同比下降0.39个百分点，普惠小微贷款加权平均利率5.93%，同比下降0.51个百分点，处于近5年最低水平。

（5）信贷支持实体经济力度持续增大。2022年，山西省银行业支持能源保供企业926户，贷款余额6462亿元；支持产业链核心企业3720家，贷款余额9163亿元；制造业贷款余额3793亿元，同比增长18.32%；办理延期还本1160亿元，减费让利37.7亿元；普惠型小微企业贷款增速高于各项贷款增速18.65个百分点，户数增加6.1万户。

（6）改革化险稳步推进。山西农村信用社改革化险方案获批，成立山西省农村信用社稳定发展基金，化解处置重点金融机构风险，全省银行业金融机构处置不良贷款416亿元，改革化险工作取得积极成效。

2. 需要关注的问题

（1）部分领域贷款质量较差。截至2022年末，全省银行业不良资产率1.49%、不良贷款率1.58%，同比分别下降0.32个和0.31个百分点，持续低位运行。但法人机构不良贷款率高于全省银行业1.56个百分点，其中，农合机构和村镇银行平均不良贷款较高，部分农合机构不良贷款余额较年初反弹，隐性风险未完全显性化，部分村镇银行不良贷款率超过5%。房地产业、租赁和商务服务业等部分行业和领域的信用风险明显加大，个人不良贷款较年初增加，其中个人住房按揭不良贷款增加较多。

（2）贷款集中在煤炭煤电行业和省属国有企业。全省超70%的贷款集中于国有企业，其中超30%是煤炭企业贷款，全省国家级专精特新“小巨人”企业和科技型中小企业贷款占全省各项贷款的比重不足1%，民营经济贷款占各项贷款的比重为23.1%，与民营经济增加值占地区生产总值的比重不相匹配。

（3）非银机构风险不容忽视。非银机构存在信用风险较大、同业融资难、股权结构不合理、传统通道和融资类业务需持续清理等问题。

（4）法人机构声誉风险及涉稳隐患需密切关注。违规发放贷款、银行理财业务、商品房预售资金监管账户类举报投诉较为突出。个别机构信用评级下滑、指标劣变、未落实消费投诉处理等负面舆情多发，声誉风险需持续关注。部分机构因不良贷款率高、经营亏损、股权流拍、行政处罚等事项多次引发负面网络舆情。

（二）证券业

1. 证券业运行和发展情况

（1）上市公司平稳发展。截至2022年末，山西省共有A股上市公司40家，较2021年减少1

家，数量在全国排第22位，包括主板34家、创业板4家、北交所2家；新三板挂牌公司83家，全年新增6家，数量在全国排第18位。辖区上市公司总股本944.75亿股，同比下降1.55%；流通股本899.83亿股，同比下降1.00%；总市值（含限售）9240.58亿元，同比下降9.91%；流通市值8944.56亿元，同比下降9.31%；总市值在全国排第18位，比2021年上升3位。2022年，23家上市公司披露2021年度现金分红预案，累计实施分红256.60亿元。

（2）证券经营机构利润显著提升。截至2022年末，全省共有2家法人证券公司、45家证券公司分公司和176家证券营业部，较2021年减少1家分公司、2家营业部。全省证券投资者开户数594.67万户，同比增长2.54%；证券交易额8.57万亿元，同比下降3.85%。2家法人证券公司资产总额778.27亿元，累计证券交易额3.18万亿元，累计实现营业收入25.03亿元，累计实现净利润5.97亿元，同比分别增长2.95%、3.14%、4.20%和428.02%。2家证券公司净资本风险覆盖率、资本杠杆率、流动性覆盖率、净稳定资金率均高于100%、8%、100%和100%的监管标准。

（3）期货经营机构业务规模及盈利下降。截至2022年末，全省共有2家法人期货公司、9家期货公司分公司和24家期货营业部，较2021年减少1家法人期货公司。全省期货投资者开户数14.46万户，同比增长4.53%，期货市场累计成交2.70万亿元，同比下降18.88%。2家法人期货公司资产总额29.66亿元，累计代理期货交易量0.39亿手，累计代理期货交易额2.44万亿元，累计实现营业收入3.62亿元，累计实现净利润0.17亿元，同比分别下降3.21%、36.04%、36.66%、62.04%和66.71%。2家期货公司净资本与风险资本准备总额的比例、净资本与净资产的比例、流动资产与流动负债的比例分别不低于100%、20%和100%的监管标准，负债与净资产的比例不高于150%。

（4）公募基金规模大幅增长，私募基金规模小幅回落。公募基金方面，截至2022年末，全省仅有山西证券1家具有公开募集证券投资基金管理业务资格，共管理16只公募基金，较2021年增加6只，存续规模176.47亿元，同比增长98.97%。在私募基金方面，截至2022年末，全省在中国证券投资基金业协会登记的私募基金管理人60家，较2021年净减少7家，其中私募股权、创业投资基金管理人50家，私募证券投资基金管理人10家。登记的私募基金管理人正在运作的基金有175只，较2021年增加22只，涉及投资者755人，基金净值1435.72亿元，同比下降0.56%。

（5）资本市场直接融资规模下降。2022年，山西省实现资本市场直接融资799.48亿元，同比下降62.26%，主要原因是2021年通过私募股权基金形式设立了城商行改革化险基金，导致2021年直接融资规模大幅增加，若剔除这一因素，则2022年全省直接融资同比下降19.46%。其中，IPO融资1.5亿元，上市公司增发融资11.78亿元，公司债券融资651.79亿元，资产支持证券（ABS）融资21.63亿元，证券公司柜台市场融资89.36亿元，私募股权、创投基金融资20.7亿元，新三板挂牌公司定向增发融资2.13亿元，区域性股权市场融资0.59亿元。

（6）重点领域风险化解成效明显。一是稳妥处置和化解退市风险。2022年7月4日，当代东方从深交所顺利摘牌；9月30日，跨境通公司股票被撤销风险警示。二是股票质押风险化解成效初显。股票质押比例超过80%的公司由最高时的10家下降到4家。三是积极防范化解企业债务违约风险。2022年，82只公司债、4只ABS均按时完成兑付，连续24个月保持“零违约”。四是持续推进私募资管产品风险出清。截至2022年末，标类资管业务风险已全部化解完毕，非标类资管业务风险化解率达99%。

2. 需要关注的问题

（1）上市公司发展差距大。一是上市公司数量少、实力弱。全省上市公司数量仅占全国上市公司总数的0.79%，市值仅占上市公司总市值的1.17%。80%以上属于煤焦冶电行业，新兴行业企业仅8家，全省优质企业较少，企业实力较弱。二是拟上市资源不足。2022年拟上市企业仅有18家，其中13家公司尚处于辅导期。三是新三板挂牌公司数量有待增加。全省挂牌公司数量占全国挂牌公司的1.26%，挂牌数量排在全国第18位。四是利用注册制改革机遇实现资本市场扩容方面步伐较慢。全省北交所上市公司数量较少，科创板开市及创业板试点注册制后，目前还没有在科创板和创业板成功上市的企业。

（2）资本市场直接融资结构不平衡。一是债券融资占比较高。2022年，公司债券和资产支持证券融资规模673.42亿元，同比增长60.03%，占山西省资本市场直接融资规模的84.23%。二是股权融资发展不足。2022年，上市公司股权融资13.28亿元，同比下降86.82%，仅占全省资本市场直接融资规模的1.66%。三是部分直接融资渠道融资规模出现显著下降。证券公司柜台市场融资规模、新三板定向增发融资规模分别较2021年下降49.05%、25.00%。

（3）证券期货市场交易水平下降。2022年，山西省证券市场交易额8.57万亿元，同比下降3.85%，增速低于全国增速（5.41%）9.26个百分点；期货市场累计成交额2.70万亿元，同比下降18.88%，降幅比全国（-7.96%）多10.92个百分点。

（4）重点领域存量风险延续。一是16家上市公司存在大股东股票质押情况，其中，4家公司第一大股东及其一致行动人股票质押比例超过80%，股票高比例质押可能引发强制平仓、控制权转移、壳资源流失等风险。二是2家上市公司业绩亏损，对其持续经营能力造成潜在风险，且其股票交易均被实行风险警示，面临退市风险。

（三）保险业

1. 保险业运行和发展情况

（1）保费收入处于较低增长状态。2022年，山西省保险业资产总额2989.39亿元，同比增长10.26%。实现原保险保费收入1012.93亿元，同比增长1.55%，增速低于上年同期（7.34%）5.79个百分点、低于全国平均（4.58%）3.03个百分点，保费规模在全国排第16位。分险种看，财产险公司保费收入292.99亿元，同比增加9.16%；人身险公司保费收入719.94亿元，同比减少1.26%。

（2）业务结构持续优化。2022年，从财产险公司看，非车险业务保费收入占比39.64%，同比上升2.23个百分点。从人身险公司看，分红险、万能险和投连险保费收入占比30.87%，同比下降3.81个百分点，产品结构进一步优化，逐步回归保障性业务。

（3）赔付支出同比下降。2022年，山西省保险业赔款和给付支出329.07亿元，同比减少2.35%，低于上年同期（8.8%）11.15个百分点，低于全国平均（-0.79%）1.56个百分点。其中，财产险赔款支出142.44亿元，同比减少5.58%，主要原因是受2022年新冠肺炎疫情影响，车辆出行减少，车险出险和赔付下降；同时，疫情影响部分就医需求延后，人身险赔款支出略增，同比增长0.27%。

（4）风险保障扩面提质。山西省保险业全年累计提供风险保障77万亿元，同比增长10.25%，快于保费收入增速8.7个百分点。农险支持力度持续提升，提供风险保障1024亿元，同比增长8.33%；小微企业支持力度持续加大，共为1.56万家小微企业提供风险保障15亿元，同比增长45.99%。大病保险参保人数2509.58万人，提供风险保障约10万亿元，累计赔付14亿元，赔付57.79万人次。

2. 需要关注的问题

（1）法人保险公司实力较弱。山西省唯一一家法人保险公司中煤保险注册资本金 12.2 亿元，在全国财产险公司中排名较为靠后，在市场化竞争中处于劣势地位，不能满足多数大型商业风险项目的 20 亿元以上资本金投标资格。2022 年实现净利润 3196.44 万元，但投资亏损较多，主要是受资本市场持续大幅震荡影响，投资收益波动较大。

（2）人身险公司退保率上升。2022 年，山西省人身险公司退保金额 125.07 亿元，同比增长 36.01%；退保率 3.09%，同比上升 0.55 个百分点。退保会对人身险公司现金流带来一定压力，影响其流动性，也会引起客户满意度下降或引发声誉风险，不利于保险公司稳健发展。

（3）保险市场秩序不规范。山西银保监局行政处罚公开信息显示，部分保险公司存在因管理不善导致许可证遗失、伪造经营保险业务许可证、虚列宣传费、虚构保险中介业务套取费用、未按规定使用经备案的保险费率、编造虚假的财务和业务资料、跨省经营保险业务、给予投保人和被保险人保险合同约定以外的其他利益、利用自媒体对保险产品进行虚假宣传、欺骗投保人和被保险人、侵占保险费等违法违规行为。

（4）保险中介问题须关注。保险中介市场结构不够合理，机构"多散乱"问题需持续整治。目前，山西省保险专业中介机构只有 3 家全国性法人机构，保险代理机构业务模式相对单一，保险经纪、公估机构服务专业性方面也需改进，发展质量有待提升。

三、地方金融监管领域

地方金融组织平稳运行。截至 2022 年末，全省共有小额贷款公司 292 家，实收资本 201.42 亿元，营业收入 13.91 亿元，净利润 0.47 亿元，贷款余额 167.73 亿元，主要服务对象为小微企业、农民及城镇低收入群体。融资性担保公司 52 家，实收资本 216.77 亿元，营业收入 13.14 亿元，净利润 2.37 亿元，融资担保金额 576.97 亿元，放大倍数为 2.19 倍，当年代偿总额 19.22 亿元。典当行 255 家，实收资本 35.65 亿元，典当总额 48.96 亿元，典当余额 19.93 亿元，逾期当金余额 3.46 亿元，绝当金额 0.14 亿元。融资租赁公司 1 家，为大同云冈融资租赁有限公司，实收资本 1.7 亿元，总资产 2.92 亿元，其中租赁资产 0.26 亿元，对外融资余额 1.2 亿元。无省内设立的商业保理公司。地方资产管理公司 2 家，分别为华融晋商和晋阳资产管理公司，注册资本 61.3 亿元，新增收购不良资产投资额 2.69 亿元，存量不良资产投资余额 77.03 亿元，营业收入 13.10 亿元，净利润 1.78 亿元。区域股权市场 1 家，为山西股权交易中心，年末挂牌公司 1170 家，展示企业 2317 家，股份（股权）托管公司 1642 家，开立账户的投资者 3137 户。2022 年，帮助企业实现股权质押融资 9.53 亿元，完成 38 家晋兴板企业的股票定向发行备案工作，其中 32 家企业已完成发行。

非法金融活动得到有效遏制。一是扎实开展防范和处置非法集资工作。新发案件大幅下降。2022 年，全省新发案件和集资参与人数分别较 2021 年减少 44 件、5270 人。有效处置存量案件。截至 2022 年末，全省 2021 年底前立案的非法集资存量案件结案率 82.6%，同比提高 14.84 个百分点。二是扎实开展养老领域非法集资专项整治。积极整治各类市场主体，督促完成问题整改，有效推进行政处置，挽回群众损失 5.1 亿元。三是扎实开展"伪金交所"专项整治。对现有交易场所、重点关注企业以及可能从事为非标债务融资提供服务的机构进行现场检查，引导 2 家"伪金交所"机构变更名称和经营范围，稳妥压降存量业务风险。

地方金融监管领域的发展也面临一些问题和困难。如小额贷款公司产品服务同质化严重，管理方式粗放，经营状况不佳；典当行业务开展不规范；融资租赁业务未能有效发挥支持实体经济作用；地方资产管理公司收购不良资产功能作用发挥不充分、内部管理不规范。此外，区域性股权市场仍需不断优化中小微企业信用融资和普惠金融服务，非法集资涉稳风险需要持续关注，地方金融监管领域的监管制度建设仍需加快推进。

四、金融基础设施

（一）金融法治环境及消费权益保护工作持续深化

金融发展的司法环境进一步改善。2022 年，全省各级人民法院依法审结非法经营、虚假出资、串通投标等扰乱市场秩序犯罪案件 841 件，审结知识产权案件 9619 件，审结企业重整、破产案件 1406 件。建立地方金融风险防控平台，推送风险预警提示 7603 次；审结集资诈骗、非法吸收公众存款等涉众经济犯罪案件 1513 件。

查处辖内金融违法行为力度进一步加大。2022 年，山西省人民银行系统持续加大对严重金融违法行为的打击力度，全年全省共实施行政处罚 41 件，处罚金额共计 1071. 76 万元，有效维护了辖区金融秩序，确保了辖区金融市场稳健运行。

投诉处理体系保持高效运行。2022 年，“12363” 金融消费权益保护咨询投诉电话共接收金融消费者投诉 1538 件，同比增长 77. 19%，解答咨询 26972 件，同比增长 139. 6%，服务满意度 98. 06%，对缓和金融消费矛盾、润滑金融消费关系起到了一定的作用。

持续深化金融纠纷多元化解机制建设。试点设立山西省金融纠纷人民调解委员会驻点调解工作室，推进纠纷调解工作关口前移，积极在债务催收等金融纠纷频发领域探索调解关口前移。2022 年，山西省各级调解组织共受理金融纠纷调解申请 3478 件，同比增长 306. 78%；调解成功 3050 件，同比增长 1226. 09%；完成司法确认 904 件，同比增长 2343. 20%。

（二）支付结算体系平稳高效运行

支付结算业务系统平稳运行。2022 年，山西省共有 84 家银行网点加入现代化支付系统，84 家银行网点加入人民币银行结算账户管理系统。大额支付系统发起业务 708. 61 万笔，金额 41. 63 万亿元；小额支付系统发起业务 9687. 71 万笔，金额 2. 95 万亿元；网上支付跨行清算系统发起业务 4020. 68 万笔，金额 1. 27 万亿元。

非现金支付业务稳步发展。截至 2022 年末，山西省各发卡机构累计发卡 20682. 90 万张，银行卡交易 612018. 57 万笔，金额 160601. 69 亿元。政府电子消费券项目累计核销 12. 10 亿元，直接撬动消费 175. 11 亿元。全省银行和支付机构降费让利 32289. 16 万元，惠及小微企业和个体工商户 116 万户。

助推脱贫攻坚成效显著。截至 2022 年末，全省共建设农村“金融综合服务站”32165 个，实现了有条件的行政村全覆盖；全省所有县域全部建成 1 ~ 2 个与扶贫、特色产业结合的特色示范服务站，其中 58 个贫困县共建成与扶贫产业深度结合的特色服务站 1743 个。

人民币银行结算账户管理进一步规范。2022 年，全省共办理单位人民币结算账户开立 291093

户、撤销125327户、变更115930户，受理并上报总行联网核查社会公众投诉697笔。全面推行简易开户服务，切实解决小微企业、流动就业群体“开户难”问题。截至2022年末，全省开立小微企业简易账户1009户。

支付结算监管持续发力。2022年，累计倒查涉案账户12341户，累计排查一人多户、长期不动户2741.28万户，涉及个人1844.35万人，累计管控降级、撤销2351万户。

（三）征信管理和服务水平稳步提升

地方征信平台建设稳步推进。推动省级地方征信平台——“信通三晋”与35个部门和单位实现对接并进行数据归集共享。截至2022年末，“信通三晋”地方征信平台已归集共享各类涉企信用信息1.16亿条。

服务小微企业融资取得实效。截至2022年末，省级地方征信平台累计促成3336户企业获得融资948.45亿元；动产和权利担保统一登记系统累计办理山西辖内各项登记8.9万笔、查询29.6万笔；中征应收账款融资服务平台达成企业融资交易3793笔、3226.5亿元；推动8家核心企业与中征平台完成系统对接，实现线上供应链融资9567万元。

农村信用体系建设持续推进。在全省组织开展“数通三信”助力乡村振兴“2+N”试验区建设，探索依托“乡村资产数字化服务平台”、引入市场化征信机构“百行征信”等方式推进农户信用信息共享。大力推进“信用户、信用村、信用乡（镇）”评定，截至2022年末，全省累计评定信用村10311个，建立农户信用档案313万户，为74万户信用户发放贷款789亿元。

征信权益保障水平有效提升。持续做好受疫情影响特定人群征信权益保障工作，惠及个人17851人、企业7195家。集中开展“征信修复”乱象专项治理“百日行动”，严肃查处冒用征信名义实施欺诈、虚假宣传行为，规范征信市场秩序，有效保障群众征信权益。

（四）反洗钱工作全面推进

制度建设深入推进。修订印发《山西省反洗钱工作联席会议制度》，制定《山西省人民银行反洗钱监管走访实施办法》，提升工作规范化水平。研究制定《关于加强全省村镇银行与主发起行反洗钱监管统筹的指导意见》，推动对村镇银行与主发起行监管措施有机贯通。研究制定《山西省打击治理洗钱违法犯罪三年行动计划（2022—2024年）实施方案》，建立山西省打击治理洗钱违法犯罪工作组织架构及运行机制。

监督检查持续加强。2022年，全省共对22家银行机构开展执法检查，年度处罚总额472.76万元，其中机构408.81万元，个人63.95万元。统筹全省做好法人机构洗钱风险评估工作，全年共对16家法人机构开展风险评估。

洗钱犯罪打击力度持续加大。协助省纪委监委、省国家安全厅、公安机关等部门开展协查工作。针对犯罪团伙通过手机话费、加油费充值方式进行资金过渡、规避反洗钱资金监测的风险事件，印发《金融风险提示》。

（五）现金管理和反假货币工作持续加强

现金收支运行总体平稳。2022年，山西省金融机构现金收入13645.28亿元，支出13953.76亿元，现金净支出308.48亿元。继续加大原封新券投放力度和残损币回收力度，全省流通中人民币各券别平均整洁度达到88.89%，同比提高3.49个百分点。

持续开展整治拒收现金工作。对2起拒收现金违法行为作出行政处罚。组织1100余家银行网点接入山西省人民币零钞预约服务兑换平台，全年累计受理小面额人民币兑换2.71万余笔、金额2262万余元。

反假货币工作持续加强。联合省公安厅开展山西省打击整治假币违法犯罪专项行动，联合省政法委印发《山西省县、乡、村三级反假货币工作机制建设方案》，压实各级主体责任，加大反假货币工作力度向农村地区延伸；组织全省人民银行系统和银行业金融机构开展进企业、进社区、进农村、进校园、进网络“五进”宣传活动，有效提高公众防范假币的意识和能力。全年累计收缴假人民币370.12万元，同比下降31.82%。

五、政策建议

（一）贯彻新发展理念，全方位推动高质量发展

一是加快推进转型发展。推进数字基础设施建设，促进数字经济与实体经济深度融合，加快数字经济发展步伐；深入推进能源革命，加快能源绿色低碳转型发展。二是加快消费和服务业复苏。引导消费预期，改善消费条件，创新消费场景，开拓消费新增长点，增强消费对经济发展的基础性作用；分类推进现代服务业加快发展，促进文旅康养产业恢复生机活力，努力推动消费和服务业走出低谷、健康发展。三是加快构建高标准市场体系。完善产权保护、市场准入、公平竞争、社会信用等市场经济基础制度，充分发挥市场在资源配置中的决定性作用。四是持续深化改革开放。深化国资国企改革，加快清理非优势业务和低效、无效资产，推动国有资本逐步从缺乏竞争优势的一般市场竞争性领域有序退出；持续优化营商环境，促进民营经济发展壮大；扩大进出口规模，壮大外贸市场主体，加快发展跨境电商等新业态，主动融入京津冀协同发展，加大与长三角、粤港澳大湾区等地区交流合作，提升开放型经济水平。

（二）深化金融领域改革创新，加大金融支持实体经济力度

一是积极扩大有效投资。围绕同步推进“两个转型”、太忻一体化经济区建设、黄河流域生态保护和高质量发展等重大战略，积极谋划推进一批重大项目，建立健全重大项目协调机制，用足用好各项财政金融政策，调动民间投资积极性，加快项目建设和达产达效。二是补足金融发展“短板”。积极发展证券、基金、期货等非银金融机构，加快补齐风投创投“短板”，培育壮大合格机构投资者，大力推进企业上市“倍增”计划。健全现代金融企业制度，规范投资决策，加强内控管理。引导金融机构加大对小微企业、科技创新、绿色发展等领域支持力度。三是积极发挥货币政策引导作用。督促指导金融机构落实好各项结构性货币政策和金融支持稳企业保就业政策，发挥LPR的指导性作用，督促金融机构优化内部转移定价，为企业提供低成本信贷资金支持。

（三）完善金融风险监测评估机制，有效防范化解金融风险

一是加强系统思维。宏观经济基本面是金融稳定的决定性因素，要加强经济调节，探索利用财政收支、国资运营、减税退税、项目投资等方式，在跨周期、逆周期、长周期调节上拿出更多管用

招数。二是强化底线意识。继续做好“保交楼”、保民生、保稳定各项工作，有效防范化解房地产企业风险。着力防范化解政府债务风险，坚决遏制增量、化解存量，不断增强财政可持续发展能力。深入推进农信社改革化险，推动新机构顺利挂牌。强化高风险金融机构风险处置，坚决守住不发生系统性区域性金融风险底线。三是完善穿透式监管体系。统筹监管资源，强化政策协同和工作联动，形成监管合力；建立健全金融风险监测预警框架，探索量化跟踪金融体系风险情况，加强中小法人银行、地方政府债务、房地产市场等重点领域风险监测。

（四）不断推进金融基础设施建设，持续优化金融生态环境

强化金融法治建设，加大金融法治宣传力度和金融违法行为查处力度，持续深化金融消费者权益保护工作；强化现代化支付结算体系建设，深化支付结算监管，持续优化支付服务环境；加强征信系统建设，规范征信市场秩序，进一步发挥征信系统支持实体经济发展作用；强化反洗钱制度建设，加大洗钱犯罪打击治理力度，加快推动反洗钱监管向风险为本转型；强化人民币现金服务工作，提升反假币违法犯罪打击力度，优化货币流通环境；强化地方金融组织法律法规建设，提高规范化经营水平和服务实体经济能力，继续开展非法金融活动专项整治，不断优化金融生态环境。

中国人民银行太原中心支行金融稳定分析小组

组　　长：高　波

副 组 长：邢　毅

成　　员：范广明　耿　忠　任桂花　李　清　张英萍　许　静　张育春　褚　文　牛志刚　王　东　张晓红　王瑞林　丁云杰

《山西省金融稳定报告（2023）》指导小组

张永胜　段学东　鲁家焱

《山西省金融稳定报告（2023）》编写组

总　　纂：高　波　邢　毅

统　　稿：耿　忠　张利军

执　　笔：杨琳蕊　王　彤　杨　明

参与写作人员：胡彦芳　茹玉欣　常丽婧　李　绚　高雅丽　李莉琼　温　璐　余海霞　马刘霞　李艺东　戚元臻　刘　芬　武智峰　高文雪　贺　俊　郝亚琪　王焕青　梁婕妤　王一婷　史宇斌　李　帅　王丽娜　呼燕珠　刘雪梅　李石玉

内蒙古自治区金融稳定报告摘要

2022年，内蒙古自治区坚持以习近平新时代中国特色社会主义思想为指导，认真贯彻落实党中央、国务院决策部署，统筹疫情防控和经济社会发展，统筹发展和安全，加快构建新发展格局，着力推动高质量发展，发展质量稳步提升，改革开放蹄疾步稳，就业物价总体平稳，经济社会大局保持稳定。全区金融业总体运行平稳，金融体系不断健全，金融服务能力进一步提升。但企业间接融资占比高，有效信贷需求不足，行业风险向金融体系传导压力不容忽视，农信系统管理体制机制有待进一步顺畅，村镇银行风险集中趋势更加显现。

一、宏观经济运行情况

（一）经济运行总体稳定，新动能加速释放

初步核算，全年地区生产总值完成23158.7亿元，按可比价格计算，比上年增长4.2%。其中，第一产业增加值2653.7亿元，增长4.3%；第二产业增加值11241.8亿元，增长6.5%；第三产业增加值9263.1亿元，增长2.2%。三次产业比例为11.5∶48.5∶40。新动能加速释放，在全区规模以上工业中，战略性新兴产业增加值比上年增长19.9%，高技术制造业增长33.6%，装备制造业增长43.3%。绿色低碳转型加快推进，全年规模以上工业综合能源消费量比上年下降2.8%，其中七大高耗能行业综合能源消费量下降3.4%。

（二）工业生产稳中提质，企业效益稳步回升

2022年，全区规模以上工业增加值增长8.1%。分经济类型看，国有控股企业增加值增长8.1%，股份制企业增长8.4%，外商及港澳台商投资企业增长3.9%。分门类看，采矿业增长6.8%，制造业增长10.9%，电力、热力、燃气及水生产和供应业增长5.5%。2022年，全区工业经济效益水平回升明显，全年规模以上工业企业实现营业收入28158.2亿元，比上年增长15.2%；实现利润4060亿元，增长18.3%；营业收入利润率14.4%，同比上升0.4个百分点。规模以上工业企业产品销售率98.6%，同比下降1.3个百分点。

（三）固定资产投资较快增长，房地产开发投资下降

2022年，全区全社会固定资产投资比上年增长9.5%，其中固定资产投资（不含农户）增长17.6%。在固定资产投资（不含农户）中，第一产业投资增长13.6%，第二产业投资增长44.8%，第三产业投资下降4.3%。基础设施投资比上年增长35.3%，高于全部投资增速17.7个百分点。按

项目隶属关系分，地方项目投资增长10.2%，中央项目投资增长5.9%。分区域看，东部地区投资增长0.4%，中部地区投资增长18.9%，西部地区投资增长8.6%。全年房地产开发投资978.3亿元，比上年下降20.7%；商品房销售面积1380.5万平方米，下降25.7%；商品房销售额868亿元，下降28.5%。

（四）城乡居民收入差距进一步缩小，财政收支实现超预期增长

2022年，全区全体居民人均可支配收入35921元，比上年增长5.3%。按常住地分，城镇常住居民人均可支配收入46295元，增长4.3%。农村牧区常住居民人均可支配收入19641元，比上年增长7.1%，连续5年快于城镇居民收入增速。全区居民人均生活消费支出22298元，比上年下降1.6%。按常住地分，城镇常住居民人均生活消费支出26667元，下降1.9%；农村牧区常住居民人均生活消费支出15444元，下降1.6%。财政收支实现超预期增长，全年一般公共预算收入2824.4亿元，比上年增长20.2%。其中，税收收入2134.4亿元，增长27.7%，占一般公共预算收入的比重达75.6%。一般公共预算支出5885.1亿元，比上年增长12.3%。

二、金融业发展情况

（一）银行业

2022年末，全区共有银行业金融机构199家，其中，全国性银行分支机构20家；地方法人银行业金融机构179家，2022年有2家农村信用社改制为农村商业银行。辖内银行业金融机构组织体系不断健全，金融服务能力进一步提升。

1. 资产负债规模稳步增长，各类机构增速有所分化。2022年末，全区银行业金融机构资产总额41086.87亿元，同比增长12.04%，增速同比上升4.62个百分点；负债总额39912.35亿元，同比增长13.09%，增速同比上升5.72个百分点。其中，地方法人银行业金融机构资产总额14199.11亿元，同比增长10.14%；负债总额13144.99亿元，同比增长12.17%。从机构类型看，财务公司、大型商业银行、消费金融公司、农村合作金融机构、股份制商业银行和城市商业银行资产负债规模均增长较快，政策性银行、村镇银行增速较为缓慢，甚至出现负增长。

2. 各项存款实现较快增长，住户存款持续增长。2022年末，全区本外币存款余额32419.52亿元，同比增长17.27%。其中，人民币存款余额32313.63亿元，同比增长17.36%，居全国第25位，增速同比上升7.07个百分点，高于全国平均水平6.06个百分点，全年新增4779.6亿元，同比多增2215.55亿元，增量创近年新高。分部门看，住户存款持续增长，住户人民币存款余额20195.28亿元，同比增长17.79%，增速同比上升5.75个百分点，全年住户存款新增3049.93亿元，同比多增1207.47亿元；非金融企业人民币存款余额6753.91亿元，同比增长17.71%，增速同比上升4.97个百分点，全年新增1017.19亿元，同比多增368.57亿元。

3. 各项贷款实现同比多增，重点领域和薄弱环节贷款持续增加。2022年末，全区银行业金融机构本外币各项贷款余额26958.57亿元，同比增长7.76%。其中，人民币贷款余额26918.95亿元，同比增长7.83%，居全国第24位，增速同比上升0.45个百分点。分部门看，住户人民币贷款余额8344.66亿元，同比增长6.79%，增速同比回落4.74个百分点，全年新增530.69亿元，同比少增

277.95亿元，主要原因是个人住房贷款增长乏力。企（事）业单位人民币贷款余额18572.04亿元，同比增长8.29%，增速同比上升2.71个百分点，全年新增1421.9亿元，同比多增515.47亿元。分领域看，信贷支持重点突出，绿色贷款、涉农贷款和制造业中长期贷款同比分别增加802.76亿元、754.4亿元和311.43亿元。

（二）证券业

2022年末，全区共有法人证券公司2家，证券分支机构117家，其中，证券分公司21家，证券营业部96家。全区无期货法人机构，设有期货分支机构11家，其中，分公司1家，期货营业部10家。区内已登记的私募基金管理人51家，年内减少4家，其中，私募股权、创业投资基金管理人46家，私募证券投资基金管理人5家。全区共有境内上市公司26家（年内退市4家，上市1家），其中，主板22家，创业板3家，北交所1家。资本市场投资者回报率稳步提升，19家上市公司向投资者进行现金分红158.97亿元，同比增加29.73%。

1. 法人券商资产和负债均有所下降，证券期货投资者数量小幅增加。2022年，全区两家法人证券公司资产总额403.78亿元，负债286.75亿元，同比分别下降7.78%、7.21%；净资产117.03亿元，同比下降8.58%；营业收入15.27亿元，同比下降50.08%；净利润-9.67亿元，同比下降229.81%。全区开立证券资金账户的投资者274.51万户，同比增长0.26%；客户资产合计2875.14亿元，同比增长18.31%；期货投资者开户数1.44万户，同比增长4.35%。

2. 上市公司整体结构优化，煤炭板块公司业绩良好。2022年，资本市场优胜劣汰功能逐步加强，退市新规效果集中显现，全区共有4家公司完成退市，占全市场退市总量的10%，其中，平庄能源主动退市，西水股份、明天科技、天首发展强制退市，上市公司整体结构进一步优化。从目前披露的2022年第三季度报告看，全区有24家上市公司当期净利润为正值。受煤炭市场持续回暖影响，煤炭类上市公司如伊泰、鄂尔多斯、电投能源、内蒙古华电等公司业绩表现良好。

3. 私募基金服务实体经济作用逐步显现，为“三农”发展提供有力支持。截至2022年末，全区备案私募基金共158只，同比增加9.72%，管理基金规模合计344.66亿元；私募基金累计投资本金403.79亿元，在投本金359.52亿元，在投项目207个。监管部门、交易所、地方政府、期货保险公司合力推动区内优势产业马铃薯、葵花籽等期货品种挂牌上市，并加大县域覆盖、分散试点和农产品推广。

（三）保险业

2022年末，全区共有保险公司省级分公司44家，其中，财产险分公司25家，人身险分公司19家；保险分支机构共计2743家，保险从业人员共计14.44万人。全区保险业务保持稳健发展态势，风险保障能力进一步强化，保障和服务经济社会发展能力继续提升。

1. 资产总额和保费收入均实现增长。截至2022年末，全区保险公司资产总额2104.14亿元，同比增长10.12%。累计实现原保费收入667.02亿元，同比增长3.32%，增速同比上升1.07个百分点，全国排名第26位。其中，人身险公司实现原保险保费收入444亿元，同比增长0.87%；财产险公司实现原保险保费收入223.02亿元，同比增长8.59%。

2. 保障型产品占比高。一是人身险保障性产品居市场主流，2022年辖内普通型寿险、健康险、意外险等保障功能较强的产品保费收入分别占人身险原保费收入的68.51%、28.96%和3.21%。二是车险保费收入增长率较年初放缓，占全部财产险保费收入的46.68%，连续两年低于50%，财产险领域“一险独大”局面持续改善。三是财产险中农险保费维持高速增长，保障覆盖面持续扩大。2022年，全区农险保费收入67.48亿元，同比增长25.22%，规模居全国第5位，提供风险保障金额5171.41亿元。

3. 风险保障功能不断强化。2022年，财产险累计为各行业提供风险保障65.82万亿元。一是支持创新产业发展。继续落地实施首（台）套、新材料保险保费补贴工作，全年共有33个项目获得自治区财政保费补贴，为装备制造等企业提供32亿元保险保障，同比提升78%。二是支持生态环境修复及特色产业发展。持续扩大森林和草原碳汇保险试点范围，全年全区林业碳汇价值保险为1.58万亩林木提供610万元风险保障，草原碳汇保险为21万亩草原提供438万元风险保障。奶业保险为超过339万头奶用牲畜、奶制品提供风险保障526亿元，承保数量和风险保障金额同比分别扩大30.21%、87.07%。三是支持“两新一重”建设。2022年，全区保险业为自治区交通及水利等重大工程建设项目提供保险保障1051亿元，赔款支出3973万元。全区保险机构参与16个百万以上级设施建设项目，提供风险保障1201.39亿元。四是支持对外开放和口岸经济建设。持续扩大中小微外贸企业承保覆盖面，助力提升“一带一路”沿线国家风险保障能力。2022年，出口信用保险提供风险保障21.73亿美元，同比增长20.69%，承保外经贸企业891家，支持保单融资金额1.57亿美元。

4. 民生保障质效显著提升。一是普惠型医疗保险业务落地。2022年为190万名群众提供超6万亿元保险保障，累计赔付880.23万元。二是个人养老金制度有效实施。2022年，全区人身保险机构销售个人养老金产品145个，实现保费收入116.85万元。三是专属商业养老保险试点业务扩大。全区人身险机构累计实现专属商业养老保险保费收入1829.34万元，承保2409个。四是商业养老产品供给更加丰富。全区保险机构养老年金保险保费收入2.84亿元，承保1.79万个。养老保险保障产业链拓展延伸，全区保险机构对接养老社区商业保险产品434个，保费收入8221万元。

三、金融稳定状况评估

（一）银行业

2022年，全区银行业金融机构加大不良资产清收处置力度，特别是中小银行积极开展不良资产转让工作，年末银行业资产质量大幅改善，各项监管指标明显提升，高风险机构数量显著减少。但受经济下行压力以及风险积累的历史包袱影响，仍有若干风险点不容忽视。

1. 资产质量明显提升，但信用风险仍处高位。截至2022年末，全区银行业金融机构不良贷款余额548.38亿元，同比减少209.39亿元，下降27.63%；不良贷款率2.02%，同比下降1个百分点，降至近10年最低水平。其中，全国性银行不良贷款余额同比减少50.61亿元，下降15.4%，不良贷款率同比下降0.38个百分点；地方法人机构不良贷款余额同比减少158.78亿元，下降36.99%，不良贷款率同比下降2.5个百分点。尽管2022年全区不良贷款余额大幅下降，但不良贷款率仍高于全国平均水平0.39个百分点，在全国排名仍较为靠前。

2. 不良资产批量转让使监管指标改善，但化险效果有待验证。2022年，全区共有43家中小银行开展资产批量转让业务，合计转让资产账面金额943.61亿元。资产转让后，全区银行业不良贷款大幅下降，主要监管指标明显改善。但多数中小银行不良资产批量转让通过“结构化转让+反委托”

方式开展，且多采用分期方式支付，因此银行未收到或只收到部分首付价款，剩余价款则计入“其他应收款”科目核算，转让的真实性、合规性以及化险效果有待进一步观察。

3. 高风险机构数量创历史新低，但仍面临较大压降压力。2022 年第四季度央行金融机构评级结果显示，全区高风险机构数量同比减少 9 家，较历史峰值减少 38 家，达到央行评级工作开展以来的最低值。但目前辖内的高风险机构数量仍较多，且部分机构自央行评级工作开展以来一直被评为高风险，风险积累程度深、化解难度大，这些机构大多存在公司治理不完善、内部控制不健全、盈利能力不足等问题，机构自身“造血”功能低下，引入外部战略投资者困难大，下一步将面临较大的压降难度。

4. 法人机构流动性整体平稳，个别机构存在流动性风险隐患。截至 2022 年末，全区地方法人机构流动性比例 64.39%，同比上升 3.5 个百分点，保持在较高水平。但部分机构资产负债结构不合理，合格优质流动性资产不足，存在流动性风险隐患，其中村镇银行尤为突出。据统计，近三成村镇银行优质流动性资产充足率不达标。2022 年上半年受域外村镇银行风险事件影响，部分机构存款出现流失，存款增速明显放缓；个别机构经营管理不稳健，资金成本高企，在加强定价约束、利率回归正常的监管要求下，中小机构存款加速流失，到期兑付压力增大。

5. 地方法人机构利润降幅明显，持续健康发展面临诸多挑战。2022 年，受区内新冠肺炎疫情反复以及个别机构账务调整影响，全区地方法人机构累计亏损 73.76 亿元，同比多亏 105.3 亿元。一方面，地方法人机构不具备定价优势，在贷款利率不断降低的情况下，净息差明显收窄；另一方面，大型商业银行经营和服务的重心不断下沉，对地方法人机构产生“挤出效应”。在定价能力不强、单户信贷额度受限、产品和服务质效单一等因素影响下，地方法人机构的优质客户被大型商业银行“掐尖”，可持续经营能力不足。

6. 改革化险初见成效，但改革之路依然任重道远。自改革化险工作启动至今，辖内中小机构风险化解取得一定成效。一方面，辖内城商行风险状况均有不同程度的好转，央行评级等级提升、不良资产大幅减少、历史遗留问题得以解决。另一方面，农合机构不良贷款和抵债资产两个历史包袱得到一定程度的化解。2022 年，全区农合机构累计清收处置不良贷款 344.36 亿元，累计处置抵债资产 186 亿元。但化险举措的关键环节仍存在阻滞，城商行问题资产清理已到达“瓶颈期”，农信社现有改革思路中的资金需求与有限的地方财力形成矛盾，村镇银行改革重组仍停留在对股东依法吸损、新老股权对价等问题的讨论阶段。

7. 负面舆情或影响中小银行日常经营，需加强管控。自 2022 年以来，区内中小银行发生负面舆情十数起，涉及银行及高管被处罚、股东套取资金、业务合规性、金融服务等诸多方面，这些负面舆情对辖内个别中小银行日常经营产生较大影响，如不能妥善管控，可能会进一步加剧其声誉风险或引发显性风险事件。

（二）证券业

1. 法人证券公司内部治理水平有待提升，上市公司股票质押风险有效缓解。2022 年，区内 2 家法人证券公司经营平稳，个别存在董事会未按期召开、股权结构不合规的问题，内部治理水平仍需进一步提升。全区 4 家上市公司完成退市，退市进程总体顺畅，投资者行为较为理性，未发生群访闹访、重大突发事件等情况。风险类公司从 2022 年初的 6 家压降至 2 家，风险公司占比降至 8%，低于全市场平均水平，“明天系”公司风险基本出清。截至 2022 年末，全区有 3 家上市公司大股东高比例质押上市公司股票，较年初减少2家，化解率40%。

2. 资本市场融资规模明显下降，支持经济社会发展作用有限。2022年，全区境内上市公司股权融资50.9亿元，同比下降77.2%。其中，1家上市公司A股市场首发融资5.38亿元，同比下降81.77%；1家上市公司增发融资20.22亿元，同比下降84.77%。2022年，全区公司债融资20.2亿元，同比下降67.52%；全区资产支持证券融资50亿元，同比增长233.33%。

（三）保险业

1. 赔付支出小幅增长，退保风险总体可控。2022年，全区保险公司累计赔付总支出240.05亿元，同比增加3.86%，增速同比下降11.29个百分点。其中，人身险赔款和给付支出100.36亿元，同比增长3.23%；财产险赔款支出139.69亿元，同比上升4.32%。全区人身险公司退保率2.42%，同比上升0.18个百分点，低于全国平均水平0.54个百分点。年内未发生群访群诉和非正常集中退保事件，风险总体可控。

2. 财产险市场规范机制尚不完善，制约服务效果。一是乱象治理工作仍需巩固，车险市场仍以高费用投放为主要竞争手段，虚列费用等问题时有发生。全区车险业务管理费用较高，位居全国前列。二是农险的差异化建设仍待加强。内蒙古东中西部农业生产自然条件差异大，全区费率统一化导致不同风险区保费充足度错配、农户和地方政府保费负担不公，制约惠农政策效果。三是其他险种运行机制存在短板。如首台（套）保险费率未体现出风险与费率的匹配性，易滋生财政套补等风险，区域性巨灾保险未取得实质性进展，责任险发展缓慢且普遍处于亏损状态等。

3. 保险机构经营管理能力不足，人身险业务低增长态势短期内难以改变。2022年，受外部超预期因素和经济下行压力影响，全区人身险业务增长乏力，保费收入增速落后于全国平均水平2.19个百分点。保险公司均不同程度存在销售渠道单一、寿险退保率上升、营销员队伍持续脱落、举报投诉增长迅速等问题。

四、金融改革及基础设施建设

（一）存款保险制度运行顺畅

一是有序开展存款保险保费管理工作。2022年，全区投保机构累计缴纳存款保险保费5.34亿元。二是积极发挥存款保险风险差别费率的校正作用。全年对辖内投保机构存在的数据严重失实、重大风险状况、早期纠正效果不佳等情况进行了47项适用费率调整。三是履行存款保险风险警示职能。全年全区累计下发早期纠正通知书7份、存款保险风险警示函2份，督促投保机构审慎经营。截至2022年末，全区处于存续早纠期间的投保机构共计6家。四是加大存款保险宣传力度。组织各机构5727个营业网点开展宣传，深入11207个行政村和社区开展存款保险宣传活动，开展多种形式的线下宣传活动超过1.4万场，宣传覆盖人数超过300万人。

（二）运用结构性货币政策工具成效显著

2022年落实两次全面降准政策，全区金融机构增加可用资金149亿元，对农业银行县级“三农”金融事业部执行差别化存款准备金率政策释放“三农三牧”资金32亿元，有效增强金融机构服务实体经济资金实力。提高再贷款、再贴现的覆盖面和使用率，全区累计投放再贷款、再贴现资金580.7亿元。符合条件的金融机构通过普惠小微贷款支持工具获得激励资金9032.6万元。落实普惠小微贷款阶段性减息政策，全区法人银行共为普惠小微企业减息约1.9亿元。2022年，全区商业银行发放的636.5亿元贷款获得碳减排支持工具和支持煤炭清洁高效利用、科技创新、交通物流、设备更新改造等专项再贷款支持。运用政策性开发性金融工具为全区17个重点领域新型基础设施项目补充资本金44.6亿元。

（三）重点领域和薄弱环节得到精准支持

2022年，在全区范围内开展“一方案、三行动、一活动”工作，即内蒙古自治区重点产业链“1+N”金融服务工作、金融支持稳增长和稳企纾困专项行动、金融服务乡村振兴“一县一业、一村一品”专项行动、金融“贷”动绿色发展专项行动和“金融活水润百业”个体工商户金融服务月活动，通过完善政策协调机制、鼓励金融机构优化产品服务、召开多次银企对接会、定期推送企业融资需求“白名单”、多渠道宣介惠企政策产品，引导金融资源向小微企业、乡村振兴、科技创新、绿色发展、制造业、基础设施建设等重点领域和薄弱环节倾斜，持续优化信贷结构。在各项工作推动下，全年全区涉农贷款新增754.4亿元，普惠小微贷款新增191亿元，基础设施建设中长期贷款新增646.8亿元，绿色贷款、制造业中长期贷款、科学研究和技术服务业中长期贷款余额同比增速均超过30%。

（四）支付服务能力和水平稳步提升

一是支付系统高效稳定运转。2022年呼和浩特市大小额支付系统共处理业务1.42亿笔，金额56.88万亿元，同比分别增长24.30%和16.44%，未发生支付清算业务连续性风险事件。二是银行账户服务持续优化，深入推进政银合作。全区102家银行入驻“一网通办”平台，对公网点覆盖率超七成。推广异地网点代理见证模式，扩大电子营业执照开户环节应用，畅通复核及异议申诉渠道。三是涉赌涉诈“资金链”治理取得实效。通过印发共性问题清单、强化重点机构督导、采取监督检查措施、推动存量风险排查等一系列措施，2022年新增涉案账户数同比下降13.01%，户均涉案金额同比下降近一半。四是支付降费成果有效巩固。建立“常态化核查+重点服务督导”管理机制，持续巩固支付降费成果。截至2022年底，辖区支付服务主体累计向企业让利1.83亿元，惠及市场主体104.72万户。

（五）反洗钱工作机制进一步健全

一是牵头做好打击治理洗钱违法犯罪工作，积极推动洗钱罪立案审判取得新成效。牵头自治区反洗钱工作协调领导小组各成员单位，充分发挥资金监测优势，集中开展放贷领域专项整治、反恐怖融资、反逃税、打击地下钱庄等系列专项行动。协助破获重大非法传销集资案1起，挽损资金人民币1.23亿元。推进“洗钱罪”案件11起，立案侦查1起，已审结3起，在诉7起，在诉案件中有5起涉及“自洗钱”违法犯罪行为，洗钱案件调查工作取得新突破。二是加快推进反洗钱监管工作转型，切实提升监管工作有效性。2022年开展监管评估181家，全面覆盖法人金融机构洗钱风险评估，为下一步完善对法人金融机构洗钱风险状况的持续动态评价体系以及实施分类监管提供坚实可靠依据。实施差异化监管措施，全年开展监管走访185家，约见谈话41家，监管提示15家，新开业机构审核 19 家，充分提升反洗钱监管有效性。

（六）跨境人民币业务持续推进

一是持续推进跨境人民币结算。2022 年，跨境人民币收付合计 1293.3 亿元，同比增长 32.5%，年度结算量首次突破千亿元。全区与“一带一路”沿线国家和地区跨境人民币收付 312.9 亿元，同比增长 53.2%。煤炭、原油等大宗商品跨境人民币结算额约 177 亿元，同比增长超 1 倍。二是扎实推进更高水平贸易投资便利化试点。鼓励银行优化企业认定标准，简化业务流程，有效降低企业办理业务的时间和人力成本。全年共确定 232 家人民币跨境结算优质企业，较上年新增 155 家，全区各结算银行按照便利化方案办理跨境人民币业务 139.9 亿元。四是深化与毗邻国家双边货币金融合作。2022 年 9 月与蒙古国央行以远程视频方式召开金融合作会议，围绕蒙古国商业银行参与蒙古图格里克区域交易、完善信息互换机制等议题进行沟通交流，并就部分具体合作事项达成初步共识，双方金融合作进一步深化。

（七）绿色产业金融支持进一步加强

一是持续强化绿色金融政策指导，不断完善绿色金融制度。2022 年，持续引导金融机构跟进企业融资需求和绿色低碳发展要求，加大对风电光伏等可再生能源和煤炭清洁高效利用重点领域的信贷支持，为“双碳”目标如期实现贡献金融力量。二是绿色贷款余额增长稳中有升。截至 2022 年末，全区绿色贷款余额 3507.36 亿元，比年初增加 802.76 亿元，同比多增 312.52 亿元，同比增长 30.55%，高于各项贷款余额增速 22.79 个百分点。信贷投向主要集中在清洁能源产业、基础设施绿色升级产业，合计占全区绿色信贷比例为 77.73%。三是绿色金融产品不断创新。兴业银行包头分行为内蒙古包瀜环保新材料有限公司投放首笔项目“前期贷 + 首笔绿色中长期制造业贷款 7000 万元”，用于全球首套固废和二氧化碳示范产业化项目。绿色保险方面，太保产险创新绿色金融产品，为包头市达茂旗的农牧民提供草原碳汇绿色生态风险保障。

五、影响金融稳定的因素分析

（一）地方化险资源不足和风险处置制度依据不完善，化险进程缓慢

一是地方财力有限，各级政府拿出“真金白银”的资源不足。目前，内蒙古经济正处于结构转型阵痛阶段，加上部分地区债务率高企，政府财力十分有限，是典型的经济困难与金融风险交织地区，部分地方政府拿出“真金白银”用于化解金融风险显得力不从心。二是风险处置相关法律法规尚不完善。目前高风险机构损失分担机制、市场退出机制的法律法规尚不健全。实际工作中，股权清理、损失分担等均缺乏制度依据，在推进高风险机构合并重组和出售转让过程中面临较大阻力，相关工作进展缓慢。

（二）企业间接融资占比高，有效信贷需求不足

一是企业过度依赖间接融资，风险向银行业传导可能性加大。全区多数中小企业因资质不足无法通过股票或者债券市场筹集资金，企业过度依赖间接融资，融资成本较高，易增加企业经营风险

并可能向银行业传导，进而演化为金融风险。二是多重因素导致企业信贷需求转弱，一定程度上制约企业发展“回暖”。近年来，全区能源行业回暖，煤炭、化工等企业效益提升，自有资金充足，提前还款意愿强烈；而部分中小企业受新冠肺炎疫情冲击，生产经营、扩产投资受阻，对贷款需求转弱；融资平台公司存量债务化解困难，无力持续融资。长期以来，在产业结构较为单一和抗风险能力较低的情况下，上述因素导致企业有效信贷需求不足，银行发放贷款困难，而市场缺乏活力、经济增长缺乏动力则会进一步制约企业发展。

（三）农商行改制不转制仍存在，农合机构管理体制机制有待进一步顺畅

一是改制不转制、粗放式发展等问题仍未完全改变。部分农信社改制为农商行后，虽然调整和优化了产权结构，也建立了法人治理结构，但其运行机理并未得到根本性转变，特别是风险控制和抵御能力未明显提升。目前，内蒙古辖内改制的36家农商行中已有个别机构的央行评级等级出现下降，是典型的风险回潮现象。二是自治区联社与基层农信机构间存在股权倒置、行政化管理过多等问题。作为农信机构的上级单位，自治区联社对基层农信机构人事、财务、经营等各方面进行管理，这种由下至上的股权关系与由上至下的行政管理在法律上存在一定错位。

（四）房地产贷款增长乏力，行业风险向金融体系传导压力不容忽视

2022年，国内部分头部房地产企业资金链断裂问题在内蒙古引发逾期交房案例，全区房地产行业不良贷款集中度和不良贷款率呈上升趋势。房地产不良贷款集中于个人住房贷款和房产开发贷款，其中个人住房不良贷款增速较快，占比已超过全区房地产不良贷款的50%。个别金融机构房地产不良率和逾期额占比还在持续攀升中，贷款质量恶化推升全区金融风险。同时，房地产贷款增速较上年同期下降明显，增长乏力。房地产行业链条长、涉及面广，须关注其对居民生活和财产、宏观经济循环和产业链稳定的相关影响。

（五）村镇银行风险集中趋势更加显现，中小银行“灰犀牛”特征明显

自2022年以来，全区风险总体有序缓释，但村镇银行化险进程仍然较为滞后，流动性风险值得关注。受河南村镇银行事件影响，辖内中小银行特别是村镇银行存款稳定性降低，稳存款压力上升。个别中小银行前期通过高息揽储、资金掮客等手段快速扩张资产负债规模，但随着市场利率下行和存款陆续到期，出现资金缺口的可能性仍然存在，流动性风险可能逐渐显性化。除机构类型集中外，高风险机构在中西部地区的集中趋势也较为明显，全区超过七成的高风险机构集中在中西部5个盟市，需着力防范区域风险集聚问题。

中国人民银行呼和浩特中心支行金融稳定分析小组

组　　长：闫先东

副 组 长：韩向国

成　　员：办公室　法律事务处　货币信贷管理处　金融稳定处
调查统计处　支付结算处　反洗钱处　货币金银处
国库处　金融研究处　征信管理处　外汇综合处

《内蒙古自治区金融稳定报告（2023）》编写组

总　　　纂：韩向国
统　　　稿：王　璐　郭　研
执　　　笔：岳昕巍　陈　琛　李梦瑶　苏　雅　高　鸿　葛腾腾
　　　　　　庞　富　李牧臻　马卓群
参与写作人员：乌　兰　张　丽　郭　晨　陈　璐

辽宁省金融稳定报告摘要

2022年，辽宁省经济运行企稳回升、稳中向好。全省金融业运行总体平稳，金融支持实体经济能力不断增强。辽宁金融改革化险持续深入推进，城商行改革、农信机构整体改革、重点机构及企业风险处置均取得重要阶段性成果。银行业资产负债规模小幅增长，存贷款利率稳中有降，持续推动区域经济增长。首发上市公司数量显著增加，资本市场服务实体经济的能力逐步提升。保险业规模持续增长，保险保障功能进一步发展完善。地方“7+4”类机构平稳运行，风险总体可控。金融基础设施不断完善，金融服务实体经济水平持续提升。

一、区域经济运行与金融稳定

（一）经济运行状况

1. 经济回稳向上，总体延续恢复态势。2022年，辽宁省实现地区生产总值28975.1亿元，同比增长2.1%，较上年下降3.7个百分点，低于全国增速0.9个百分点，全国排名第17位。其中，第一产业同比增长2.8%，第二产业同比下降0.1%，第三产业同比增长3.4%。三大产业占生产总值比重为9:40.6:50.4。农业保持增长，全省粮食产量2484.5万吨，为历史第二高产年；畜牧业生产稳定，猪肉产量同比增长1.6%，牛肉产量增长2.7%，禽肉产量增长4.2%。

2. 固定资产投资稳中向好，三大产业投资保持增长。2022年，辽宁省固定资产投资同比增长3.6%。从产业结构看，三大产业投资均保持增长。第一产业固定资产投资同比增长1.4%，增速由负转正，较上年上升7.0个百分点；第二产业同比增长6.1%，较上年上升1.0个百分点；第三产业同比增长2.4%，较上年上升0.7个百分点。

3. 市场消费有所下降，居民收入稳定增长。2022年，全省社会消费品零售总额9526.2亿元，同比下降2.6%，较上年下降11.8个百分点，降幅比全国高2.4个百分点。其中，城镇零售额下降2.8%，乡村零售额增长1.8%。生活类商品零售额保持增长，能效等级为1级和2级的商品零售额增长70.2%，智能家用电器和音像器材零售额增长22.7%。城镇居民人均可支配收入44003元，同比增长2.2%；农村居民人均可支配收入19908元，同比增长3.6%。

4. 消费价格基本稳定，工业生产者价格涨幅回落。2022年，辽宁省居民消费价格指数（CPI）同比上涨2.0%，增速较上年上升0.9个百分点，与全国平均水平持平。工业生产者出厂价格指数（PPI）同比上涨7.9%，较上年下降5.7个百分点。工业生产者购进价格（IPI）上涨10.1%，较上年下降4.9个百分点。两个指数涨幅较上年同期相比均有一定幅度下降。

5. 外贸进出口保持增长，跨境人民币结算规模大幅增长。2022年，辽宁省进出口总额7907.3

亿元，同比增长2.4%，较上年下降23.6个百分点，增幅较全国低5.3个百分点，其中出口增长8.2%，进口下降2.0%。涉外收支总量1605.6亿美元，同比增长14.9%。跨境人民币收付金额合计3348亿元，同比增长104.4%。结算量排名全国第10位，人民币保持为辽宁跨境收支第二大结算货币、资本项下第一大结算货币。

6. 财政收入下降，民生保障支出持续增加。2022年，全省落实大规模退税减税降费政策，一般公共预算收入2524.3亿元，同比下降8.7%，较上年下降3.7个百分点。预算支出6253.0亿元，同比增长6.4%，高于上年同期0.4个百分点。

7. 房地产开发投资和销售双降，价格持续回落。2022年，辽宁省房地产开发投资2362亿元，同比下降18.6%，降幅较上年扩大16个百分点。房地产施工面积22973.6万平方米，同比下降9.6%。商品房销售面积2185.5万平方米，同比下降36.4%，商品房销售额1814.7亿元，同比下降40.8%，降幅较上年扩大31.9个百分点。2022年，大连全年各月均处于连续环比下降状态，沈阳除6月环比略有上涨外，其他各月均环比下降。

（二）需要关注的问题

1. 区域经济恢复较缓，与区域金融风险深度交织

在需求收缩、供给冲击、预期转弱压力较大的背景下，叠加疫情反复冲击，主要经济指标未能达到预期，经济发展回稳向好的基础尚不稳固，改革化险与追赃挽损步伐加快，金融机构经营活动与信贷增长相应出现一定收缩，对货币政策的传导落实和金融服务的充分发挥带来了一定程度的冲击。实体经济下行与金融风险暴露相互叠加影响，二者之间的负向反馈亟须打破。

2. 银行业信用风险形势复杂严峻，法人机构经营压力较大

法人机构改革持续推进并取得了阶段成果，但客观上加速了资产质量暴露进程，城商行、农合机构和村镇银行等法人机构不良贷款率较2022年初全线上升。辽宁省不良贷款主要集中在批发零售业、制造业和农林牧渔业。部分机构信贷投放能力弱化，法人机构经营压力加大，除农信社贷款增速止负转正外，城商行、农商行、村镇银行贷款增速仍呈下降态势，中小法人银行金融功能修复尚需时日。受总行授信政策限制、优质项目稀缺、同业竞争加剧等因素影响，股份制银行在辽信贷投放力度减弱，2022年初以来，股份制银行贷款余额逐月递减，且降幅持续扩大。随着辖内法人机构改革逐步推进和金融反腐力度不断加大，城商行、农合机构高管和从业人员涉嫌违法发放贷款和职务侵占的案件加速暴露，辖内案件防控形势不容乐观。

3. 上市公司经营业绩不佳，法人证券经营机构规模较小，服务实体经济能力偏弱

受国内外严峻经济形势以及疫情等因素影响，辽宁省上市公司经营风险较往年增大，经营效益下滑较多，全省有24家上市公司出现不同程度的经营亏损。除大通证券外，辽宁省内其他两家法人证券公司资产规模都比较小，与头部证券机构实力差距较大，无法有效开展高端及创新业务。省内私募基金管理机构的整体风控合规水平偏低，私募基金风险易引发群体事件，尤其是有部分“伪私募”混杂其中，损害行业社会声誉，同时也给监管和行业自律带来较大挑战，风险形势不容乐观。

4. 机构转型面临压力，“销售误导”“代理退保”等现象有待关注

车险综合改革之后，进一步压缩了车险业务本身的承保利润率，中小财险公司在品牌知名度等方面与大公司的竞争没有突出优势，无法有效分散经营风险。部分代理人为了弥补展业成本有误导欺骗客户的倾向，也存在将自身业务挂在其他代理人名下的情况，为代理人套利留有空间。而非法

“代理退保”存在失去保险保障权益、泄露个人家庭隐私、危害客户财产安全以及涉嫌违法犯罪等诸多风险，成为新的不稳定因素，严重损害消费者合法权益，扰乱金融市场正常秩序。

二、金融业与金融稳定

（一）银行业

1. 运行状况

资产负债规模增速趋缓，盈利能力依旧不足。截至 2022 年末，辽宁省银行业金融机构资产总额 98690. 81 亿元，同比增长 3. 98%；负债总额 96257. 34 亿元，同比增长 4. 74%。资产负债增速比上年同期分别下降 0. 21 个和 0. 41 个百分点。受辖内个别高风险机构处置以及拨备计提增加等因素影响，辽宁省银行业金融机构的盈利能力依旧不足。2022 年，辽宁省银行业金融机构累计亏损 389. 99 亿元，经营业绩比上年同期减亏 278. 58 亿元。大型商业银行利润大幅增加，盈利 194. 72 亿元；股份制银行亏损 64. 01 亿元，比上年同期多亏 30. 57 亿元。

贷款平稳增长，存款增速进一步加快。截至 2022 年末，辽宁省银行业金融机构各项贷款余额 54321. 01 亿元，同比增长 2. 33%。中长期贷款稳步增长，期限结构持续优化。2022 年末，辽宁省银行业金融机构中长期贷款余额 33612. 26 亿元，比上年同期增加 428. 3 亿元，占比为 63. 26%。各项存款余额 75375. 67 亿元，同比增长 7. 69%，增速比上年同期上升 4. 74 个百分点。分部门看，非金融企业存款余额 11754 亿元，同比下降 4. 65%，降幅较上年收窄 3. 56 个百分点。住户存款余额 52195. 5 亿元，同比增长 11. 8%，增速较上年高 3. 21 个百分点。

存贷款利率总体呈现下降趋势，地方法人存款定价逐渐回归正常区间。2022 年末，辽宁省一般贷款加权平均利率同比下降 105 个基点，企业贷款加权平均利率同比下降 93 个基点，普惠口径小微企业贷款加权平均利率同比下降 45 个基点，均创 2015 年统计以来历史同期新低。2022 年第四季度，辽宁省法人机构各项存款付息率（年化）同比下降 17 个基点。其中，城商行同比下降 18 个基点，农商行同比下降 21 个基点，农信社同比下降 47 个基点，村镇银行同比下降 26 个基点。

充分发挥货币信贷政策效能，支持实体经济高质量发展。2022 年，全国性银行充分发挥稳盘压舱作用，全年新增贷款 1987. 4 亿元，同比多增 426. 7 亿元，贷款增速达到 6. 51%，为近 5 年来最高。加大传统再贷款、再贴现等政策工具的投放力度，全年累计为全省实体经济提供再贷款、再贴现资金 605. 12 亿元，支持各类市场主体超 4 万户。持续优化信贷结构，对国民经济重点领域和薄弱环节的支持力度不断增强。2022 年，全省普惠小微贷款余额 3291. 79 亿元，同比增长 14. 07%；制造业中长期贷款余额 3959. 8 亿元，同比增长 14. 5%；绿色贷款余额 3978. 37 亿元，同比增长 18. 6%。

辽宁省金融改革化险稳妥推进，重点机构风险得到有效处置。2022 年，辽宁省持续推进城商行和农信机构改革化险工作，创新采取“前期处置 + 破产清算”模式，推动沈阳农商行顺利承接辽阳农商行、太子河村镇银行，两行完成破产清算。全面启动全国首个统一法人的省级农商行组建工作，第一批次参与改革的 31 家机构已审议通过相关议案并发布公告。盛京银行与恒大集团实现了股权全部切割。

2. 需要关注的问题

不良贷款继续加速暴露，信用风险形势依然严峻。截至 2022 年末，辽宁省银行业不良贷款余额

3401.8亿元，同比增长11.5%，不良贷款率6.28%，比年初上升0.54个百分点，高于全国4.65个百分点。从行业分布来看，辽宁省不良贷款主要集中在批发零售业、制造业和农林牧渔业，以上三类行业不良贷款余额合计占比72.6%。2022年，新冠肺炎疫情对辽宁省小微企业的冲击依旧较大，小微企业不良贷款同比增长17.24%。法人机构改革步伐不断加快，客观上加速了资产质量暴露进程，城商行、农信社、农商行和村镇银行等法人机构不良率较年初全线上升。

部分机构信贷投放能力弱化，法人机构经营压力加大。2022年末，辖内法人银行贷款余额较年初下降5.9%，除农信社贷款增速止负转正外，城商行、农商行、村镇银行贷款增速仍呈下降态势，中小法人银行金融功能修复尚需时日。此外，法人银行存贷比持续下降，农信社、村镇银行存贷比不及50%，大量资金被闲置空耗。受总行授信政策限制、优质项目稀缺、同业竞争加剧等因素影响，股份制银行在辽信贷投放力度减弱，2022年初以来，股份制银行贷款余额逐月递减，且降幅持续扩大。2022年末，辖内法人银行亏损面高达84%。

部分机构流动性隐患犹存，案件防控形势不容忽视。2022年末，辖内法人机构整体流动性比例75.8%，比年初上升2.5个百分点，流动性整体充裕。但辖内法人机构流动性风险管理基础薄弱，随着辖内法人机构改革逐步推进以及金融反腐力度不断加大，城商行、农合机构高管和从业人员涉嫌违法发放贷款和职务侵占的案件加速暴露，辖内案件防控形势不容乐观。

房地产贷款呈负增长态势，客户提前还款风险需重点关注。2022年，全省商品房销售面积及销售额同比大幅下滑，所有地市城市的商品房销售面积和销售额均同比下降。受市场波动影响，2022年辖内房地产贷款呈现近年来较为罕见的负增长态势。2022年末，辖内房地产贷款余额9030亿元，比年初减少51亿元，同比下降0.6%，占各项贷款比重由2021年的25%下降至24.4%。此外，受贷款利率下行等因素影响，大量客户申请提前偿还按揭贷款，排队还款势头仍在持续。

（二）证券业

1. 运行状况

境内上市公司数量稳步增加，股票融资规模较快增长。截至2022年末，辽宁省共有境内上市公司86家，其中，主板市场60家，科创板市场8家，创业板市场15家，北交所3家。上市公司总股本1318.74亿元，总市值8922.77亿元。上市公司融资渠道逐步多元化，当年新增首发上市公司5家，其中，主板1家，科创板2家，创业板1家，北交所1家。2022年末，辽宁省新三板挂牌企业136家，同比减少12家。2022年，全省上市公司股票融资额实现快速增长，共实现股票融资额190.05亿元，同比增长24.85%，其中，首发融资123.24亿元，同比增长89.3%。

法人证券期货经营机构数量减少，经营业绩波动较大。2022年，辽宁省证券期货经营机构数量略有减少，原有的2家期货法人公司迁往省外。截至2022年末，辽宁省共有法人证券公司3家，证券分公司65家，与上年持平；证券营业部309家，较上年减少6家，已连续5年下降；期货分支机构107家，较上年减少1家，其中分公司55家，营业部52家。私募基金管理公司数量持续下降，2022年末，辽宁省备案登记私募基金管理人136家，比上年减少11家，管理的523个基金产品规模合计224.51亿元，同比下降5.5%。受国内资本市场波动影响，法人证券公司经营业绩出现较大波动，经纪业务收入显著下降。2022年，法人证券公司共实现营业收入8.07亿元，同比下降32.75%，其中经纪业务收入和利息收入同比分别下降31%和13.73%。

证券交易规模略有下降，区域股权交易市场建设稳步推进。受国内外经济金融形势、资本市场波动幅度较大及期货公司迁出等因素影响，省内证券期货交易量较往年有所下降。2022 年，辽宁省证券交易额 10.19 亿元，同比下降 5.97%；期货开户数和累计代理交易额同比分别下降 5.65% 和 80%。2022 年 8 月，北交所辽宁服务基地落户辽宁股权交易中心，该交易中心开设“专精特新”专板，进一步提升交易中心综合服务能力。截至 2022 年末，辽宁股权交易中心挂牌及展示企业 2431 家，其中，标准板 185 家，成长板 1066 家，展示板 1180 家。挂牌展示企业中，高新技术和“专精特新”等企业 907 家，占全部企业的 37%。

2. 需要关注的问题

上市公司经营业绩不佳，企业债券融资规模明显下降。2022 年，受国内外严峻经济形势以及新冠肺炎疫情等因素影响，辽宁省上市公司经营风险较往年增大，经营效益下滑较多，全省有 24 家上市公司出现不同程度的经营亏损。由于 2022 年资本市场波动较大，导致省内企业在资本市场的再融资和债券融资规模都大幅下降。2022 年，辽宁省企业债券融资 113.55 亿元，同比下降 38.68%，股票再融资 65.02 亿元，同比下降 23.85%。从上市公司情况来看，目前省内企业流动性承压较大，全省共有 44 家上市公司速动比率低于 1 且流动比率低于 2。

法人证券经营机构规模较小，服务实体经济能力偏弱。目前，除大通证券外，辽宁省内其他两家法人证券公司资产规模都比较小，与头部证券机构实力差距较大，无法有效开展高端及创新业务。目前，省内法人证券公司都存在业务结构单一、经营高度依赖经纪业务等问题，在资本市场剧烈波动时经营业绩起伏较大，机构整体风险防控能力较弱。2022 年，辽宁省内法人证券公司实现净利润 30.15 亿元，扣除网信证券破产重整收益 29 亿元后，净利润比上年同期下降近一半。

另外，省内私募基金管理机构的整体风控合规水平偏低，私募基金风险易引发群体事件，尤其是有部分“伪私募”混杂其中，损害行业社会声誉的同时，也给监管和行业自律带来较大挑战，风险形势不容乐观。

（三）保险业

1. 运行状况

市场总体平稳运行，行业规模持续增长。截至 2022 年末，辽宁省共有省级以上保险公司 123 家，其中，省级财产险公司 52 家，省级人身险公司 64 家，省级政策性保险公司 1 家，财产险法人公司 2 家，人身险法人公司 3 家，保险资产管理公司 1 家。保险从业人员 20.09 万人。2022 年，共实现原保费收入 1401.46 亿元，同比增长 3.18%。其中，财产险公司实现原保费收入 445.42 亿元，同比增长 7.93%；人身险公司实现原保费收入 956.04 亿元，同比增长 1.11%。全省保险业总资产 4521.09 亿元，同比增长 7.29%。其中，人身险公司资产总额 4199.8 亿元，同比增长 7.20%；财产险公司资产总额 321.2 亿元，同比增长 8.39%。

发挥经济补偿功能作用，有力支持小微企业发展。一是发挥经济补偿功能作用。辖内保险业共发生赔付支出 510.92 亿元，其中，财产险业务共发生赔付支出 260.04 亿元，人身险业务共发生赔付支出 250.89 亿元。农业险作为农业风险分散工具发挥作用不断增强，实现赔款支出 43.20 亿元，同比增长 71.70%。责任保险继续发挥在社会管理中的重要作用，实现赔付支出 12.24 亿元。二是多措并举，有力支持和促进小微企业发展。针对小微企业经营特点以及风险管理需求，创新推出符合小微企业需求的保险产品和服务，部分保险机构打造小微企业专属投保系统，制定差异化的承保政策。保险功能作用进一步发挥，成为保障民生的有力支撑，为保障地方经济运行的安全和社会大局的稳定发挥了重要作用。

人身险业务期限结构持续调整，寿险业务保单数大幅增长。在规范中短存续期产品的监管政策引导下，人身险业务期限结构持续调整，2022 年新单期交业务指标与上年相比有所下降。全省人身险公司寿险业务新增保单件数 6.3 亿件，同比增长 79.24%。实现新单保费收入 273.00 亿元，其中，新单期交保费 258.19 亿元，期趸比例从上年的 1∶0.86 下降到 1∶0.82。

2. 需要关注的问题

中小财险公司面临一定压力，有待加快转型升级。车险综合改革之后，进一步压缩了车险业务本身的承保利润率，中小财险公司在品牌知名度、销售推广力度、理赔服务等方面与大公司的竞争没有明显优势，无法有效分散经营风险，且营业车辆等部分车型长期处于经营亏损状态，如不加快业务结构转型升级，过度依赖车险业务势必影响公司的盈利前景和持续经营能力。

人身险市场存在“销售误导”，影响行业高质量发展。根据举报事项及举报调查情况，代理人渠道的销售误导问题是人身险市场违规的“重灾区”。部分代理人为了弥补展业成本、通过公司考核，更容易侧重于眼前利益而误导欺骗客户。此外，一些代理人将自身业务挂在其他代理人名下，为代理人套利留有空间，销售误导问题仍是制约行业实现高质量发展的“顽疾”。

警惕非法“代理退保”，保险经营存在新风险。近年来，一些个人或社会团体以牟利为目的，通过网贷平台、短信等方式发布“可办理全额退保”信息，以怂恿、诱导等手段让消费者委托其代理“全额退保”事宜，并以此收取消费者高额手续费。非法“代理退保”存在失去保险保障权益、泄露个人家庭隐私、危害客户财产安全以及涉嫌违法犯罪等诸多风险，成为新的不稳定因素，严重损害消费者合法权益，扰乱金融市场正常秩序。

三、地方“7+4”类金融与金融稳定

（一）融资性担保公司

1. 基本情况。截至 2022 年末，全省共有融资担保机构 154 家，其中政策性融资担保机构 25 家，与上年持平；注册资本 344.8 亿元，同比下降 32.8%。全省融资担保机构资产总额 441.7 亿元，同比下降 16.8%；在保责任余额 731.7 亿元，同比下降 31.8%；本年净利润 -6.7 亿元，纳税 3.4 亿元。当前，辽宁省融资担保主要面向中小微企业和“三农”等领域提供业务服务。

2. 风险状况分析。一是银担合作不充分，部分银行机构对融资担保公司的授信不足，分险、免存保证金等合作政策落实不到位，民营担保公司难以获取银行授信。二是受当前经济下行趋势影响，小微企业盈利能力持续下降，融资担保公司代偿率增加，在法院依法追偿过程中面临诉讼难、执行难等问题。三是辽宁省融资担保公司存在规模小、数量多、法人治理结构不完善、业务累积风险压力大、资金流动性不足、代偿资产居高不下等问题。

（二）小额贷款公司

1. 基本情况。截至 2022 年末，全省小贷公司营业家数 341 家（外资入股的公司 4 家），同比下降 9.1%；平均注册资本 0.78 亿元，同比上升 4.0%；贷款余额 253.8 亿元，同比下降 4.9%；本年净利润 1.2 亿元，同比下降 29.6%。当前，辽宁省小贷公司主要针对小微企业和“三农”等领域提

供小额贷款。

2. 风险状况分析。一是行业景气度不高，社会资本投资小贷公司的意愿不强；二是资金流动性下降，贷款回收困难，不良资产难以清收，资金周转缓慢；三是金融机构属性始终得不到确认，致使小贷公司在发放小微企业和“三农”贷款时，不能享受国家给予金融机构的各项优惠政策。

（三）典当行

1. 基本情况。截至2022年末，全省（不含大连）共有典当行及分支机构311家；机构实收资本35.85亿元；发放当金累计总额52.9亿元，同比下降31.7%；典当余额22.6亿元，同比下降9.6%。

2. 风险状况分析。全省典当企业主要利用自有资金开展经营活动，行业经营性风险总体可控。

（四）金融权益类交易场所

截至2022年末，辽宁省共有3家金融权益类交易场所：辽宁股权交易中心、辽宁金融资产交易中心和大连股权交易中心。辽宁股权交易中心注册资本1亿元，累计挂牌企业2431家，累计实现各类融资760.8亿元，其中股权融资92.8亿元，股权质押融资659.4亿元，其他融资8.6亿元。辽宁金融资产交易中心注册资本1000万元，挂牌金融资产1227.9亿元，累计成交额168.3亿元。大连股权交易中心注册资本5000万元，挂牌企业659家。

（五）地方资产管理公司

1. 基本情况。截至2022年末，辽宁省（不含大连）共有地方资产管理公司2家，分别为辽宁资产管理有限公司和辽宁富安金融资产管理有限公司。其中，辽宁资产管理有限公司成立于2021年6月，注册资本10亿元，存量不良资产账面值2060.1亿元；辽宁富安金融资产管理有限公司成立于2017年5月，注册资本10亿元，存量不良资产账面值118亿元。

2. 风险状况分析。两家地方资产管理公司坚守主业经营，业务管理较为规范，公司治理比较完善。

（六）融资租赁公司和商业保理公司

1. 基本情况。截至2022年末，辽宁省共有融资租赁公司300家，融资租赁资产总额18.53亿元。注册商业保理法人公司205家，2022年末累计发放保理融资款本金总额1.75亿元。

2. 风险状况分析。辽宁省融资租赁行业和商业保理行业整体发展处于起步阶段，行业监管秩序初步建立，还需要进一步支持发展。

（七）非法集资

1. 基本情况。2022年，辽宁省非法集资案件全年新发案件110起，涉案金额7.79亿元，参与人数1.52万人，对比2021年各项数据均有所下降。整体体现了“打早打小”成果，涉案金额均在亿元以下。

2. 风险状况分析。总体处于可控状态。一是陈案批量化解，有效遏制了风险积聚。二是案件集资金额均为亿元以下，极大地减轻了信访维稳工作压力。

四、金融基础设施与金融稳定

2022 年，辽宁金融基础设施不断完善，支付系统运行平稳，法律环境持续优化，反洗钱监管效率不断提升，社会信用体系建设协调推进。

（一）支付体系

2022 年，辽宁省支付系统运行平稳，支付服务工作不断完善，风险防控工作持续深入。

1. 支付工作状况

支付系统平稳运行。2022 年，全省共处理大额支付系统业务 2187.45 万笔，金额 110.9 万亿元，同比分别减少 10.7% 和 2.24%；小额支付系统共处理业务 13677.2 万笔，金额 6.2 万亿元，同比分别减少 1.8% 和增长 0.9%；网上支付跨行清算系统共处理业务 10169.5 万笔，金额 2.4 万亿元，同比分别减少 1.7% 和增长 9.1%。

支付服务工作不断完善。一是继续提升农村助农取款服务点功能。截至 2022 年末，建成服务点 20351 个，覆盖全部行政村，累计办理各项业务 988.1 万笔，金额 41.8 亿元。二是落实落细支付手续费降费政策。截至 2022 年末，辽宁省各支付服务主体按要求降费项目累计 3.6 亿元，惠及小微企业和个体工商户 119 万户，有效支持市场主体纾困发展，促进消费提质扩容。三是扎实推进支付服务适老化工作，采用“网点柜台 + 上门服务 + 社区公园”模式，为各类群体尤其是行动不便的老年客户群体打造贴心服务。截至 2022 年末，辖区 88.22% 的银行网点开设了老年人支付服务“绿色通道”和“爱心窗口”，为老年人提供远程视频服务 3773 人次、提供上门服务 5.02 万人次。

风险防控工作持续深入。2022 年，省内银行机构对涉诈、涉赌等行为持续开展风险防控，配合有关部门有力打击违法犯罪行为。截至 2022 年末，省内银行机构协助公安机关破获涉诈案件 914 起，协助抓获涉诈犯罪嫌疑人 780 名；配合省公安厅共侦办跨境赌博案件 876 起，打掉团伙窝点 3214 个；协助外省抓获跨境赌博犯罪嫌疑人 237 人。

2. 需要关注的问题

为进一步遏制电信网络诈骗犯罪活动，机构在账户风险监测、管控措施实施方面还需要不断优化。

（二）法律环境

2022 年，辽宁省坚持法治引领，金融秩序持续改善，金融消费权益保护机制不断健全，金融消费者教育长效机制持续巩固。

1. 法律工作状况

金融法治环境进一步优化。2022 年，辽宁省制定修改省本级地方性法规规章 7 件，修改废止政府规章 20 件，清理省政府文件 3669 件，保留并公开 473 件。全省法院共受理各类案件 573.26 万件，审结 560.23 万件，同比分别上升 60.26% 和 64.84%，审结金融证券犯罪案件 7501 件、金融纠纷 74.85 万件。全省检察机关协同维护金融秩序，依法惩治内幕交易、泄露内幕信息等证券期货犯罪，起诉 63 人，起诉洗钱犯罪 156 人。

投诉管理工作持续推进。2022 年，辽宁省 12363 呼叫中心运行平稳，全省共受理投诉咨询 30187 件，办结率 99%，涉及支付结算、征信、人民币类等，金融消费者保护理念不断深入，服务水平和运行效率有效提升，金融消费者满意度保持较高水平。

金融消费者教育成效显著。2022 年金融知识普及活动期间，省内各金融机构、支付机构累计开展线上、线下金融宣传教育系列活动合计 1.65 万余次，线下发放宣传资料 95.51 万余份，线上推送宣传资料 6.61 万余次、推送点击量 318.72 万余次。宣传活动覆盖消费者 1970 余万人次，媒体报道 463 次。

2. 需要关注的问题

部分衍生品等金融产品及服务较为专业，交易结构复杂，金融消费者在维权过程中举证能力不足，知识水平和自我保护能力待提升，矛盾纠纷化解途径待拓宽。

（三）反洗钱

2022 年，辽宁省洗钱风险防控能力持续增强，风险评估体系不断完善，打击洗钱违法犯罪力度持续提升，反洗钱宣传工作有力推进。

1. 反洗钱工作情况

洗钱风险评估体系不断完善。创新开展互联网金融业务洗钱风险专项评估，指导银行机构提高防范互联网金融业务洗钱风险能力。2022 年，督导 142 家法人机构完成自评估工作，对 55 家法人机构开展监管评估工作，评估数量同比增长 112%。

打击洗钱违法犯罪力度持续提升。成立辽宁省打击治理洗钱违法犯罪领导小组，建立辽宁省反洗钱调查分析室和辽宁省反洗钱监测分析室。2022 年，以洗钱罪立案案件 111 起，起诉案件 82 起，宣判案件 36 起，其中“自洗钱”案件 14 起，在全省 14 个地市中，12 个地市已推动洗钱罪案件成功宣判，7 个地市实现“零突破”。

反洗钱宣传工作有力推进。组织反洗钱网络培训，增强社会公众对洗钱犯罪活动的认识。截至 2022 年末，全省参与宣传活动 10 万人，宣传受众人数 1285 万人；发放宣传资料 139 万份，通过电视、网络、微信等媒体宣传 2.9 万次，走访校园、社区、商铺等 2.6 万个，张贴海报、条幅、电子屏等 11.4 万张（块）。

2. 需要关注的问题

义务机构间存在信息系统独立、数据相互割裂的情况，客户、交易、业务信息碎片化严重，不利于对可疑交易资金的监测分析，部分义务机构对金融创新产品的洗钱风险认识不足，可疑交易线索的监测与识别能力还有待提高。

（四）征信体系

2022 年，辽宁征信体系运行平稳，征信平台建设持续推进，地方征信机构稳健良性发展，征信服务有效供给显著提升。

1. 征信工作状况

金融信用信息基础数据库稳定运行。截至 2022 年末，金融信用信息基础数据库收录辽宁省 187.4 万户企业和其他组织的信贷信息，收录超过 4000 万自然人信息。全省共有个人信用报告自助查询设备 304 台、人工查询窗口 58 个，累计提供个人征信查询服务 175.3 万笔、企业征信查询服务

3.2 万笔。

征信平台建设持续推进。辽宁省地方征信平台互联互通工程（以下简称辽信通）全面启动。截至2022年末，辽信通已归集195万户企业的17亿条信用信息，累计成功撮合银企融资对接5万笔，金额659亿元，发放信用贷款123亿元，首次贷款33亿元。

地方征信机构稳健良性发展。2022年，辽宁省首家省级征信机构辽宁金科征信有限公司顺利完成企业征信机构备案工作，市级征信机构沈阳盛京征信有限公司企业征信机构备案申请正式受理。2022年，省内5家备案企业征信机构共提供征信产品与服务223万次，助力2万户中小微企业获得融资授信约160亿元。

征信服务有效供给显著提升。深入践行“征信为民”理念，推广信用报告“云查询”，合理布设自助查询机，全年共提供已故人员查询364笔，为不能完全辨认自己行为能力的成年人提供查询45笔。

2. 需要关注的问题

目前有关政府部门、公共事业单位、行业监管机构、征信机构等建设的各类信息融资服务平台种类繁多、数据较为分散，尚未形成有效信息归集共享和利益分配机制，“信息孤岛”现象依然存在，信息作为重要生产要素的价值与作用未得到充分体现和有效发挥。

中国人民银行沈阳分行金融稳定分析小组

组　　长：付喜国

副 组 长：王靖夫

成　　员：丁德圣　马　力　王冬梅　王　刚　刘　芳　张冰莹
李维康　柳鸿生　秦卫东　高东峰　姚　勇

《辽宁省金融稳定报告（2023）》编写组

总　　纂：秦卫东　许　胜　高　霞　韩　睿

统　　稿：刘晓东　丁祎宁　刘雨晴

执　　笔：纪　晗　张新宜　田睿璇　由　华　刘　闯　丁思宁
张　帆　孟　楠　孙楚涵

参与写作人员：王一川　朱　乐　孙树强　乔　璐　李丽丽　宋杭倩
张益纲　罗　霄　侯一明　郑维臣　徐　川　曹诗语

吉林省金融稳定报告摘要

2022年是吉林省经济社会发展史上极为重要、极为特殊的一年。面对新冠肺炎疫情跌宕起伏和经济下行压力持续加大等多重压力挑战，吉林省深入贯彻落实党中央关于“疫情要防住、经济要稳住、发展要安全”的要求，确定“止跌、回升、增长”目标，出台一系列政策举措，推动经济运行在上半年实现“止跌、回升”，全年经济走势呈逐步回稳、持续恢复的好势头，稳住了经济社会发展基本盘。经济高质量发展初显成效，新动能加快培育，内生动力不断增强，吉林振兴发展取得新的重要进展。面对经济下行的不利局面，吉林省金融业对经济的支撑保障不断加强，处置化解风险力度进一步加大，保持了平稳运行的良好态势。

一、区域经济运行与金融稳定

（一）经济稳定恢复增长

2022年，面对疫情反复冲击等超预期因素的影响，吉林省坚决落实党中央稳经济“一揽子”政策和接续政策，采取超常规力度，及时出台稳定全省经济增长举措。经济运行在4月探底后迅速回升反弹，上半年提前实现“止跌、回升”，第三季度实现快速增长。2022年，全省实现地区生产总值13070.24亿元，按不变价格计算，同比下降1.9%，降幅比第一季度收窄6.0个百分点。从三次产业看，第一产业、第二产业、第三产业增加值分别为1689.1亿元、4628.30亿元和6752.84亿元，同比分别增长4%、下降5.1%和1.2%。2022年，地方级财政收入851亿元，同比下降25.6%；财政支出4044.01亿元，同比增长9.4%，其中社会保障和就业支出增长14.4%，卫生健康支出增长36.4%，卫生健康和社会保障投入力度加大。

1. 全力扩投资。2022年，吉林省受到新冠肺炎疫情反复冲击，在大面积停工停产等多重不利因素影响下，固定资产投资（不含农户）同比下降2.4%。面对复杂严峻局面，吉林省积极应对，实施5000万元以上项目2899个，同比增加387个，省政府直接推动36个重点项目。发行地方政府专项债券698亿元，支持679个重大项目建设。发行政策性开发性金融工具资金66亿元。全省项目投资（不含房地产）增长16.4%，其中5000万元及以上项目投资增长19.1%。

2. 全力促消费。2022年，吉林省消费品零售总额实现3807.72亿元，受新冠肺炎疫情影响，同比下降9.7%。积极落实房地产调控“一城一策”、车购税减免、家电下乡等政策，狠抓汽车、家电等大宗消费，发放消费券7.2亿元，拉动销售额133.7亿元。落实农民进城购房补贴等政策，拉动商品房销售1.9万套、158万平方米。推动全域旅游发展，全省雪场达到75家；45个村镇获评“全国乡村旅游重点村镇”，24条线路入选全国乡村旅游精品线路。

3. 全力稳外资稳外贸。2022 年，吉林省全年实现出口总值 502.26 亿元，同比增长 42.1%。全省外贸进出口增长 3.6%，其中出口增长 42.1%，高出全国 31.6 个百分点，增速居全国第 5 位。成立跨境电商服务专班，全年跨境电商进出口规模同比增长 68.1%。

（二）推动高质量发展转型取得新成效

1. 现代农业建设成效显著。粮食生产再获大丰收，增产 8.32 亿斤，总产量达到 816.16 亿斤，稳居全国第 5 位，净调出量稳居全国第 2 位。深入实施“黑土粮仓”科技会战，保护性耕作面积达到 3283 万亩，新建高标准农田 550 万亩。“秸秆变肉”暨千万头肉牛建设工程实施产业化项目 209 个，完成投资 141.89 亿元。

2. 产业转型升级步伐加快。支持一汽创新发展，全省汽车产业完成产值 5256 亿元，占工业总产值的 41.1%。石化和新材料产业加快向精细化工和新材料转型，石化行业实现产值 1435.5 亿元，增长 17.4%。

3. 创新型省份建设取得成效。科技成果转化“双千工程”推动 1205 项成果本地转化。新认定科技型中小企业 1804 户，全省高新技术企业达到 3112 户。新认定国家级专精特新“小巨人”企业 25 家、省级“专精特新”中小企业 409 家。

（三）物价水平和生产成本小幅上升

2022 年，吉林省居民消费价格指数累计上涨 2.1%，较上年同期提高 1.5 个百分点。分类别看，构成 CPI 的八大类商品和服务项目价格“七升一降”，除衣着类价格下降外，其余七类价格均上涨。生产方面，全年工业生产者出厂价格同比上涨 1.9%，工业生产者购进价格同比上涨 4.6%。

（四）房地产市场活跃度下降

2022 年，吉林省房地产市场面临下行压力，房地产投资萎缩，房屋新开工面积大幅减少，市场交易活跃度下降。吉林省积极用好房地产调控政策工具，发挥房地产金融政策支持作用，加强预期引导，逐步缓解房地产市场运行压力。2022 年，全年房地产开发投资完成 1014.8 亿元，同比下降 34.1%，降幅较上半年收窄 5.4 个百分点；商品房销售面积 1001.1 万平方米，同比下降 45.5%，降幅较上半年收窄 6.8 个百分点。省内金融机构认真贯彻落实房地产金融政策，为推动全省房地产市场稳定运行提供了有力的金融支持。2022 年末，吉林省房地产贷款余额 5971.1 亿元，同比增长 1.3%。其中，房地产开发贷款余额 1573 亿元，同比增长 7.6%，高于全国平均水平 3.9 个百分点；个人住房贷款余额 4265.8 亿元，同比下降 0.04%。

（五）需要关注的问题

虽然吉林省经济已经呈现企稳回升的趋势，但也需要看到，目前吉林省经济恢复增长的基础尚不牢固，产业链供应链还有堵点卡点，新动能接续不够；大量中小微企业和个体工商户生产经营困难较大；消费和服务业潜力亟须充分释放。此外，房地产市场仍存在观望情绪，市场交易回暖仍需时间，房地产市场分化更为明显，个别小型房地产开发企业受销售状况欠佳、资金回笼不畅等因素影响面临资金紧张问题，受自身资质较弱等因素影响融资面临一定困难。

二、金融业与金融稳定

（一）银行业情况

1. 有力支持经济企稳回升。2022 年，人民银行长春中心支行联合有关部门开展“信贷产品进万企”专项行动，组织银行机构针对十大重点领域和薄弱群体分别编制信贷产品手册，推送至相关市场主体，提升金融服务知晓度和覆盖面。人民银行各分支机构开展“百场银企对接”专项行动，年内累计开展政银企对接活动 243 场，对接企业 7688 户；对重点行业企业建立“白名单”，全省银行机构累计对重点行业名单企业发放贷款 626 亿元。2022 年末，吉林省银行业金融机构资产总额、负债总额、本外币各项贷款余额、存款余额分别为 41785. 47 亿元、40360. 22 亿元、26335. 42 亿元和 32733. 15 亿元，同比分别增长 8. 76%、8. 95%、7% 和 10. 6%。加大制造业贷款尤其是制造业中长期贷款投放力度，全省制造业中长期贷款同比增长 53. 4%。特别是全省省级以上“专精特新”中小企业贷款余额 151. 8 亿元，较年初增长 117%。

2. 不断提升小微企业、乡村振兴金融服务质效。人民银行长春中心支行会同有关部门积极引导和督促银行机构提升小微企业金融服务能力，推动建立和完善敢贷愿贷能贷会贷工作机制，充分运用“吉企银通”小微企业金融服务平台线上精准对接小微企业融资需求。2022 年末，吉林省普惠小微贷款余额 2358 亿元，同比增长 15. 1%，高于各项贷款增速 8. 1 个百分点；“吉企银通”平台累计帮助小微企业对接获贷 661 亿元。降低小微企业融资成本，全省小微企业贷款加权平均利率较上年下降 39 个基点；加大纾困支持力度，积极落实普惠小微企业贷款阶段性减息和小微企业延期还本付息政策，全年累计为 2. 8 万户小微企业的 1303 亿元贷款办理延期还本付息。出台《关于吉林省金融支持巩固拓展脱贫攻坚成果全面推进乡村振兴的实施意见》，制定金融支持肉牛产业 10 条措施，开展信贷支持重点帮扶县专项行动，引导金融机构加大涉农贷款投放力度。全省涉农贷款同比增长 9. 2%，增速同比提高 5 个百分点，增速达近 5 年最高水平；省级乡村振兴重点帮扶县各项贷款增速 13. 1%，高于全省各项贷款增速 6. 1 个百分点。

3. 积极推进风险处置化解。2022 年，吉林省面对复杂的国内外经济形势，积极应对疫情冲击由实体经济向金融机构传导的风险，强化防范化解重大金融风险的措施。不断加强金融风险监测，对风险“早发现，早预警”，采取风险警示、早期纠正等方式强化风险预防。坚持“一行一策”制订高风险机构化险方案，开展不良资产清收攻坚战，清收处置不良资产 112. 7 亿元，着力开展第二批地方政府补充中小银行资本专项债券申报工作。积极化解政府债务风险，发行地方政府再融资债券额度 602 亿元。扎实推进“保交楼”、稳民生工作，防止出现大量烂尾楼，完成 2 万套交付任务。

4. 地方法人银行机构经营平稳但压力增大。2022 年，吉林省 119 家地方法人银行业金融机构①各项贷款、存款余额分别为 9611. 19 亿元和 12829. 11 亿元，同比分别增长 9. 48% 和 12. 87%。在流动性方面，地方法人银行机构流动性整体较为充裕，年末平均流动性比例 74. 46%。在盈利方面，虽然城市商业银行和民营银行净利润实现了增长，但是其他类型的法人机构大多利润缩水，全部法人机构总体净利润较上年减少 33. 89 亿元。在资产质量方面，地方法人银行服务的客户主要是中小微

① 包括城市商业银行、农村商业银行、村镇银行、民营银行和农村信用社。

企业、居民个人和“三农”群体，生产经营受疫情冲击影响较大，贷款逾期数量增多。

5. 银行业需要注意的问题：一是信用风险防范压力较大。受新冠肺炎疫情冲击和经济下行影响，企业和居民等借款人收入下降，债务偿还能力减弱，对中小银行资产质量形成冲击。2022 年，吉林省银行业金融机构不良贷款余额增加 81.95 亿元，不良贷款率上升 0.11 个百分点。同时，关注类贷款、逾期贷款也快速增长，不良贷款清收处置困难，不良贷款反弹压力较大。二是房地产领域风险仍需高度重视。房地产市场面临下行压力，销售状况欠佳，部分房地产企业回笼资金不畅，房地产企业债务风险显现，已抵押房屋估值降低，银行机构面临的信用风险、声誉风险、操作风险和信访维稳风险隐患增加。三是中小银行内部治理存在“短板”。个别地方法人银行机构在党建、公司治理、合规经营等方面不同程度存在问题，“三会一层”运行不规范、内控制度不完善、违规行为时有发生，风险防控任务艰巨。

（二）证券业情况

1. 证券机构运行平稳。吉林省共有法人证券公司 2 家，分别为东北证券和恒泰长财证券公司；其他证券分支机构 150 家，其中，证券公司分公司 24 家，证券营业部 126 家；法人期货公司 2 家，期货分支机构 10 家。

2. 证券市场交易活跃。2022 年，吉林省证券投资交易呈现快速增长的势头，全年证券交易额 123903.48 亿元，同比增长 62.96%，增速全国排名第 1 位。在证券交易中，股票交易额 22095.27 亿元，债券交易额 100461.46 亿元，基金交易额 1321.83 亿元。2022 年，吉林省期货机构代理期货交易额 21029.72 亿元，同比下降 19.46%。

3. 上市公司数量有所增加。2022 年，吉林省有 1 家公司首发上市，年末 A 股上市公司 49 家，其中主板挂牌公司 38 家，创业板 7 家，科创板 2 家，北交所 2 家。受 A 股市场走势较弱影响，年末全省上市公司总市值 4067.79 亿元，同比下降 24.67%。新三板挂牌公司数量减少但市场活跃度提高，全省在新三板挂牌公司 49 家，同比减少 5 家，交易量 1.35 亿元，同比增长 96.11%。

4. 直接融资总量下降。2022 年，吉林省市场主体通过资本市场实现直接融资 265.52 亿元，比上年减少 131.92 亿元。其中，1 家上市公司首发融资 4.56 亿元，8 家上市公司定向增发融资 45.72 亿元；3 家新三板挂牌公司增发融资 0.45 亿元；发行 21 只公司债券融资 214.8 亿元。

5. 证券业需要关注的问题：一是拟退市上市公司经营困难，个别上市公司经营亏损，强制退市风险较大。二是吉林省法人证券期货公司资本实力不强，利润水平有所下滑，创新发展能力仍有待提升，业务合规管理仍需加强。

（三）保险业情况

1. 保险保障功能逐步加强。目前，吉林省法人保险公司 3 家，分别为安华农业保险公司、都邦财产保险公司、鑫安汽车保险公司。省级保险分公司 38 家，按业务性质划分，财产险公司 18 家，人身险公司 20 家。2022 年，吉林省保险公司全行业分公司以上资产总额 2121.89 亿元，同比增长 8.26%，较年初增加 161.87 亿元。保险业承担风险总额 66.02 万亿元，同比增长 19.13%，其中农业保险提供保险保障 1640.3 亿元，同比增长 52.34%。

2. 保费收入规模有所下降。2022 年，吉林省保险业实现原保险保费收入 677.7 亿元，同比下降 1.97%。其中，财产险公司原保险保费收入 214.2 亿元，同比增长 5.35%；人身险公司原保险保费收入463.5亿元，同比下降5.02%。

3. 财产险各项业务平稳增长。2022年，吉林省机动车辆保险保费收入106.53亿元，同比增长5.5%；非车险业务保费收入107.66亿元，同比增长5.21%。在非车险业务中，农业保险保费收入同比增长27.86%，拉动作用明显；工程保险、保证保险、货运险保费收入同比下降。

4. 人身险公司业务有所萎缩。2022年，受新冠肺炎疫情反复和经济下行影响，居民消费意愿和消费能力下降，人身险产品受影响较大，部分保险产品需求下降，人身险公司业务增长压力较大，全年人身险保费收入同比下降。分险种来看，人寿保险保费收入329.67亿元，同比下降5.59%；健康险保费收入127.05亿元，同比下降3.04%。

5. 保险偿付支出减少。2022年，吉林省保险业赔付支出225.62亿元，同比下降7.08%。其中，人身险公司赔付支出99.33亿元，同比下降10.15%；财产险公司赔款支出126.29亿元，同比下降4.52%。财产险赔款支出中，受疫情期间社会活动减少的影响，机动车辆保险赔款支出60.75亿元，同比下降11.38%。非车险业务中，农业保险、保证保险、工程保险、信用保险、意外伤害险赔款支出均保持较快增长，发挥了保险经济补偿的功能作用。

6. 保险业需要关注的问题：一是受经济下行影响，居民收入减少，购买力下降，部分保险产品需求减少。人身险业务受影响较为明显，分红险业务规模持续收缩，普通寿险业务规模增速有限，人身险新单保费收入大幅下滑，对未来预期产生不利影响。二是对保险销售人员的合规管理仍需加强，以销售误导、给予投保人保险合同约定以外利益等为主要形式的违规问题仍然存在。三是退保纠纷呈上升趋势。受收入下降影响，部分投保人保险需求和续期缴费能力减弱，通过投诉、举报、缠访缠诉以求获得超出保险合同约定的退保金。

三、金融市场与金融稳定

（一）区域社会融资总量变化情况

2022年，吉林省社会融资规模累计增量2537.3亿元，同比少增501.14亿元。表内融资新增1735.97亿元，同比少增102.19亿元，其中人民币贷款新增1730.8亿元，外币贷款新增5.17亿元。表外融资减少297.17亿元，同比多减194.94亿元，其中未贴现银行承兑汇票、委托贷款和信托贷款分别减少279.46亿元、0.14亿元和17.57亿元。直接融资减少41.82亿元，同比多减113.65亿元，其中企业债券融资减少92.11亿元，股票融资增加50.29亿元。政府债券新增906.77亿元，同比少增32.57亿元。

（二）绿色金融创新发展情况

2022年，吉林省绿色金融业务迅猛发展。绿色金融业务总量增势显著，年末全省绿色贷款余额2236.3亿元，同比增长21.0%，增速居东北三省首位，高于同期贷款总额增速14个百分点，绿色信贷增量占各项贷款增量的比例达到22.5%。绿色金融组织制度建设进一步完善，吉林省金融学会绿色金融专业委员会成立，全省金融机构已成立绿色专营机构25家，累计创新推出具有区域性特色的绿色金融产品36项。绿色金融服务取得显著成效，建立吸引社会资本投入生态环保领域的市场化投融资机制，围绕绿色环保主题开展多场银企对接会，共达成融资意向近200亿元；加强市场主体绿色债券发行辅导，全年企业发行绿色债券45.4亿元，是上年的3倍。2022年，长春市申建绿色金融改革创新试验区取得重要进展，被列入新一轮绿色金融改革创新试验区申建辅导序列。

（三）同业市场交易情况

目前，吉林省拥有全国银行间同业拆借市场会员机构53家，场外融资电子备案系统备案的会员机构78家，参与全国银行间债券市场87家。整体来看，吉林省同业市场全年运行平稳、交易活跃。

拆借业务交易活跃。2022年，吉林省银行间同业拆借市场会员机构同业拆借业务全年累计成交8106.74亿元，同比增加36.46%。资金价格稳中有降，场内市场同业拆入加权利率1.78%，同比下降0.54个百分点；同业拆出加权利率2.35%，同比下降0.16个百分点。

现券市场业务增幅明显。2022年，现券市场交易大幅增长，累计成交119206笔，交易金额4.42万亿元，同比增长56.18%。现券买入加权收益率3.27%，卖出加权收益率3.26%。银行间回购市场累计成交金额16.25万亿元，同比增长34.96%。市场利率水平下行，质押式正、逆回购加权利率分别为1.52%和1.62%，同比分别下降0.52个和0.48个百分点；买断式正、逆回购加权利率分别为1.24%和2.05%，同比分别下降0.71个和0.54个百分点。

商业票据融资总量保持平稳。2022年末，吉林省商业汇票承兑、贴现、转贴现、再贴现余额分别为1162.41亿元、897.8亿元、592.39亿元和21.09亿元，同比分别减少24.37亿元、增加216.4亿元、增加111.96亿元和减少64.29亿元。

（四）结售汇业务情况

2022年，吉林省涉外经济活动受疫情冲击影响，银行结售汇金额和逆差分别为171.4亿美元和58.6亿美元，同比分别下降13.7%和42.7%。全年银行代客涉外收付款总额252.6亿美元，同比下降10.1%，降幅较上半年收窄9.2个百分点；收支逆差98.8亿美元，同比收窄32.2%。其中，汽车、医药行业带动货物贸易项下涉外收入规模较快增长，全省货物贸易项下涉外收入同比增长31.6%。为提升结售汇服务质效，吉林省加快推进优质企业贸易外汇收支便利化试点落地；成立跨境结算服务专班，督导银行为143家重点企业做好复工复产的跨境结算服务保障；加强企业汇率风险管理靶向宣传和分类指导，在“吉企银通”小微企业融资平台上线外汇衍生品提供汇率避险服务，2022年全省外汇套保比例20.33%，同比提高10个百分点。

四、金融基础设施与金融稳定

（一）征信体系

2022年，吉林省征信监管力度不断增强，信用体系建设工作持续深入，信息不对称问题得到进一步缓解，为区域金融市场稳定运行提供良好信用环境。

金融信用信息基础数据库平稳运行。2022年末，吉林省已有131家各类机构接入金融信用信息基础数据库，共收录吉林省2087.02万名自然人、96.73万户企业和其他组织的信用信息，征信系统覆盖范围持续扩展。全省共设立人民银行征信查询网点48个、金融机构代理查询网点121个，布放自助查询设备243台。全年各类市场主体查询个人信用报告1258.06万次、企业信用报告49.51万次，其中通过自助查询设备查询个人信用报告 124.61 万次、企业信用报告 5.13 万次。

征信市场合规有序发展。全年对省内 12 家金融信用信息基础数据库接入机构、1 家企业征信机构开展现场检查，并依托吉林省征信查询非现场监管系统监测了 86 家分支机构的 6.34 万条异常数据，进一步规范接入机构征信业务。持续推进征信市场乱象整治工作，共指导 212 家名称或经营范围中带有“征信”字样的企业完成整改。

社会信用环境持续向好。鼓励金融机构积极参与农村信用体系建设工作，累计为 347.8 万户农户建立信用档案，共评定信用乡（镇）144 个、信用村 7260 个、信用农户 158.8 万余户，农村地区守信氛围日益浓厚。持续推进地方征信平台建设，省、市地方征信平台累计采集 2.22 亿条企业信用信息，全年共向金融机构提供查询服务 2.07 万次，信息不对称带来的“融资难”得到进一步缓解，全年地方征信平台共助力企业获得融资 6263 笔，融资总额 405.5 亿元。

稳步推进动产和权利担保统一登记工作。引导各类市场经济主体在动产融资统一登记公示系统对抵质押业务进行担保登记公示，全年动产融资统一登记公示系统新增注册吉林省常用户 250 户，提供查询服务 4.6 万次，各类市场经济主体进行担保登记 9.89 万笔。

（二）支付结算体系

2022 年，吉林省支付结算系统业务平稳运行，支付服务和能力水平稳步提升。加强电信网络诈骗和跨境赌博资金链源头治理，构建警银反诈共治防线。围绕银行卡助农取款服务，推动涉农支付普惠发展，支持地方性银行加大农村地区支付服务资源投入。全年全省各支付系统共处理支付业务 3.64 亿笔、金额 51.35 万亿元，笔数同比下降 12.59%，金额同比上升 8.14%。非现金支付业务小幅下降，全年共发生非现金支付业务 46.76 亿笔、金额 30.18 万亿元，同比分别下降 3.54% 和 1.02%。农村支付服务供给和环境不断改善，全省已建立助农取款服务点 1.4 万个，基本实现支付服务村级全覆盖，农村地区开设银行网点 2572 个，大小额支付系统网点覆盖率 99%，累计发放银行卡 6259 万张。银行卡受理环境持续优化，银行卡跨行清算系统联网商户达到 49.63 万户，同比增长 19.8%；联网 POS 机 64.9 万台，同比增长 18.25%。银行卡信贷规模稳步增长，年末信用卡授信总额 2984.9 亿元，同比增长 5.27%；应偿信贷余额 1263.19 亿元，同比增长 2.66%。授信使用率达 42.32%，较上年降低 1 个百分点。逾期半年透支余额 14.43 亿元，同比下降 0.07%，占应偿信贷余额 1.14%。

（三）反洗钱体系

2022 年，吉林省创新反洗钱监管方式，采取差异化监管，积极开展打击治理洗钱违法犯罪专项行动，加大反洗钱知识普及力度，以新发展理念推动吉林省反洗钱工作高质量发展。2022 年，全省完成现场检查 12 家、风险评估 11 家、监管走访 141 家、约见谈话 46 家、监管提示 28 家。建立《吉林省证券期货业反洗钱和反恐怖融资监管合作机制》，对东北证券开展联合执法检查。统筹指导全省 134 家法人机构完成新指标的首次自评估工作，汇总形成全省法人机构自评估分析报告。完成对辖内 612 家义务机构反洗钱内控制度专项评估。增强打击治理洗钱违法犯罪工作合力。人民银行长春中心支行会同吉林省公安厅等十部门制发《吉林省打击治理洗钱违法犯罪三年专项行动（2022—2024 年）实施方案》，共同构筑吉林省打击治理洗钱违法犯罪工作新格局，全年推动洗钱罪立案宣判 20 起。

（四）金融消费者权益保护

2022 年，吉林省金融消费者权益保护工作机制建设不断推进。全年解答消费者咨询投诉 20000

余件，受理处置消费者投诉1000余件，规定时限内投诉办结率100%。用好“总对总”在线诉调对接机制，充分运用“中国金融消费纠纷调解网”“人民法院在线调解平台”等在线网络调解平台，开展线上调解，全年累计完成调解41件。有关部门共同评选吉林省“优秀金融消保案例”“最美金融消保人”，表彰先进，树立典型。作为试点之一参与老年人金融素养跟踪调查研究项目，为全国老年人金融素养跟踪调查工作提供数据参考。

（五）打击非法金融活动

2022年，吉林省防范打击非法集资、反假币等打击非法金融活动工作机制持续完善。各相关部门坚持“防处结合、以防为主”的工作思路，从严、从实、从细压实各级工作责任，不断健全省地联动、部门协同、全面防范的工作格局，推动非法集资案件相关指标连续3年保持下降趋势。陈案处置化解依法依规、稳妥开展，派出督导组深入实地推动案件处置攻坚，协调推动相关部门加快重点案件司法审理进度，最大限度保护人民群众利益。6月，在全省组织开展“守住钱袋子、守护幸福家”的主题宣传活动，其间组织开展短视频大赛和知识答题等活动；7月，以“天上不会掉馅饼，参与集资有陷阱”为主题开展新一轮宣传教育专项活动，通过主流媒体、平面媒体、新媒体、手机短信和反诈防非公益晚会等形式在全省范围持续开展防非宣传。

反假货币工作持续推进。建立假币危害重点整治长效机制，设立假币重点整治县（市），综合采取约谈、提示以及召开推进会议等多项整治措施，进一步巩固打击整治假币犯罪工作成果，假币犯罪活动得到控制。农村地区反假货币工作持续推进，880个反假货币服务站得到完善，145个反假货币示范村有序运转，农村地区防范假币宣传实现常态化。加大假币监测分析，关注特定冠字号码假币收缴变化趋势及非法流通区域，建立长效预警与风险防范机制。继续加大反假货币宣传力度，反假货币宣传月发放宣传资料220.4万份，网络宣传推送量78.1万次、点击量103.2万次，媒体报道93次，走进2319个社区商超，950个乡镇村屯，举办活动5063场，宣传受众人数达295.6万人。2022年，全省银行业金融机构完成反假货币培训人数1.9万人次，筑牢银行业金融机构假币堵截防线。

（六）需要关注的问题

吉林省金融基础设施建设过程中，仍存在一些薄弱环节和有待提高的方面：在全省社会信用体系建设中，政务数据、公共事业缴费等公共信用信息的共享程度仍不能完全满足金融业务多元化的需求；部分金融机构对支付清算系统业务连续性管理的重视程度不足，支付清算系统业务连续性风险自查管理有待提高；部分反洗钱义务机构未建立有效的洗钱风险识别、分析和管理机制，在履行反洗钱义务方面有待加强；金融消费者知识和素养仍需提升；外地输入型非法集资防控难度大，非法集资案件善后处理难；偏远地区农村反假货币宣传效果有待进一步加强。

五、评估和政策建议

（一）总体评估

2022年，在新冠肺炎疫情冲击超预期的情况下，吉林省金融业保持了稳定向好的发展态势，对实体经济逐步回归正轨、经济结构向高质量发展转型提供了有力的金融支持。银行业机构资产负债规模稳步增长，贷款增速多月“领跑”东北地区，重点领域信贷支持不断加强。证券市场交易活跃，证券机构经营平稳，上市公司数量持续增加。保险业保障和服务功能进一步发挥，农业保险发展速度较快。金融市场有效发挥资源配置功能，各市场交易量活跃。金融基础设施建设持续完善，监管工作力度不断加强，市场秩序得到有效维护。

在当前世界地缘政治冲突加剧、美联储持续快速加息导致外部环境日趋复杂的背景下，还应关注到，吉林省经济恢复的基础尚不稳固，投资和消费的规模有待进一步提升，基层财政收支平衡压力较大，企业和居民的债务偿付能力较疫情前仍有差距。部分地方中小法人金融机构仍然不同程度存在公司治理不完善、内控机制不健全、不良贷款比例较高、资本和拨备水平不足、盈利能力较弱等问题，一些主要指标与监管要求差距依然较大。吉林省防控金融业不良资产反弹，推进金融风险处置化解的任务依然艰巨。

（二）政策建议

1. 持续提高金融服务水平，提升支持实体经济质效。坚持稳中求进工作总基调，贯彻新发展理念，守正创新，结合吉林省实际情况，不断完善金融产品和金融服务，有力支持经济恢复和扩大消费、重点基础设施和符合国家发展规划的项目建设。进一步深化金融供给侧结构性改革，大力发展普惠金融、科技金融、数字金融、绿色金融，加大对小微企业、乡村振兴、民生等薄弱环节的金融资源投入，支持科技创新，积极推动绿色金融改革创新试验区在吉林省落地。

2. 深入推进区域金融改革，有效促进风险化解。加强和完善党对金融业的领导，提高金融机构合规意识，进一步健全金融机构公司治理机制建设，严格规范股东行为，强化风险防控管理，牢固树立金融要回归本源、服务实体经济的理念。深入推进农村信用社改革工作，将多渠道补充资本、省级联社改革、化解风险一体推进。推动多层次资本市场建设，提高直接融资比例。督促保险机构加强管理，优化业务结构，提升偿付和保障能力。

3. 全面加强风险监测处置，建立防控长效机制。健全金融风险监测评估框架，加强监管信息共享，重点关注重大国际风险事件向国内传染、房地产贷款、地方政府债务、企业债券违约等领域的风险，做好风险“化存量”和“控增量”。坚持底线思维，增强系统观念和全局意识，标本兼治、远近结合，高度警惕各类风险的关联性、传染性，增强风险处置的精准性、有效性，以“时时放心不下”的责任感和“与风险赛跑”的紧迫感，牢牢守住不发生区域性系统性金融风险底线。

4. 不断完善金融基础设施，建设营造良好发展环境。持续强化金融法治建设，推进信用信息基础设施建设，优化支付结算服务环境，加强洗钱风险监管合作机制，增进金融消费者合法权益保护。加强各类金融知识普及宣传教育和舆论引导，坚决打击非法集资、制贩假币等非法金融活动，提高社会公众的金融素养，为金融发展营造良好的生态环境。

中国人民银行长春中心支行金融稳定协调机制工作小组

组　　长：朱兆文

副 组 长：王景富

成　　员：金融稳定处　办公室　法律事务处　货币信贷管理处　调查统计处
支付结算处　科技处　货币金银处　国库处　金融研究处
征信管理处　国际收支处　反洗钱处

《吉林省金融稳定报告（2023）》编写组

总　　　纂：梁　伟
统　　　稿：白云峰
执　　　笔：刘　健
参与写作人员：赵雨丝　商逸琪　周飞虎　景祥云　曹君怡　孙庆嘉
叶骏骅　王宇洋　金　珊　栾保峰

黑龙江省金融稳定报告摘要

2022年，面对复杂严峻的发展环境和新冠肺炎疫情反复的不利影响，黑龙江省坚持以习近平新时代中国特色社会主义思想为指导，深入贯彻落实党中央、国务院的各项决策部署，沉着应对风险挑战，坚持稳中求进工作总基调，完整、准确、全面贯彻新发展理念，积极融入新发展格局，稳住经济发展基本盘，经济延续稳中加固的态势，主要经济指标运行在合理区间。金融运行平稳有序，金融风险总体可控。

一、区域经济运行与金融稳定

（一）经济运行情况

2022年，黑龙江省实现地区生产总值（GDP）15901.0亿元，按不变价格计算，同比增长2.7%，低于全国0.3个百分点，居全国第20位，比上年前进9位（见图1）。从三次产业看，第一产业增加值3609.9亿元，增长2.4%，低于全国1.7个百分点；第二产业增加值4648.9亿元，增长0.9%，低于全国2.9个百分点；第三产业增加值7642.2亿元，增长3.8%，高于全国1.5个百分点。三次产业增加值占GDP的比重分别为22.7%、29.2%和48.1%。

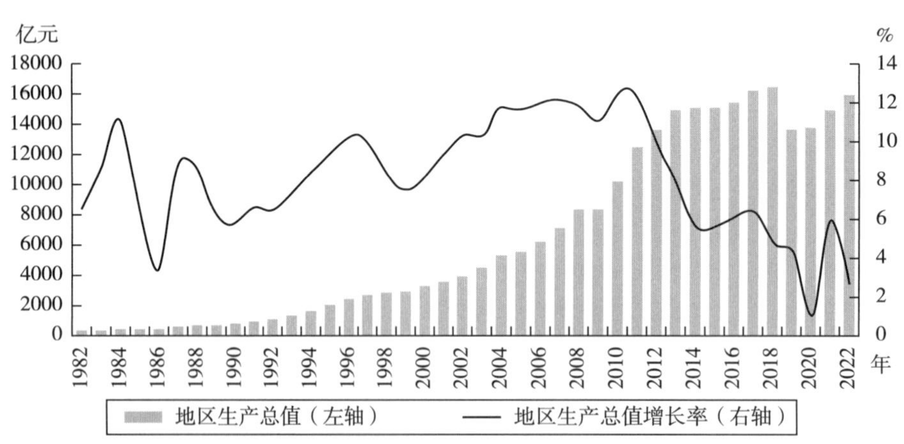

图1 1982—2022年黑龙江省地区生产总值及其增长率

1. 供给有效支撑

粮食生产实现“十九连丰”，畜牧业生产稳定发展。2022年，黑龙江省实现农林牧渔业总产值6718.2亿元，按可比价计算，同比增长2.5%。其中，农业产值4320.5亿元、牧业产值1842.8亿元，分别增长1.7%、3.9%，合计拉动农林牧渔业总产值增速2.2个百分点。全年黑龙江省粮食总产量1552.6亿斤，占全国的11.3%，连续13年居全国第1位。粮食播种面积22024.8万亩，占全国的12.4%。生猪产能持续扩大，生猪出栏2317.3万头，同比增长4.0%；牛羊禽生产稳中向好，猪牛羊禽肉类产量311.5万吨，增长4.1%。全省水产品产量同比增长2.3%。

工业生产小幅增长，四大支柱产业"三升一降"。2022年，黑龙江省规模以上工业增加值同比增长0.8%，低于全国2.8个百分点，增速居全国第24位。全省40个行业大类中，化学纤维制造业等9个行业增加值增速高于全国行业平均水平10个百分点以上。四大支柱产业"三升一降"，装备工业增加值增长5.5%，其中通用制造业、汽车制造业分别增长10.5%、2.2%；能源工业增加值增长2.2%，其中煤炭开采和洗选业、石油和天然气开采业分别增长6.5%、0.8%；食品工业增加值增长2.9%，其中酒饮料和精制茶制造业、农副食品加工业分别增长18.3%、2.1%；石化工业增加值下降7.3%。

补贴政策发挥效应，服务业拉动作用明显。2022年，黑龙江省服务业（第三产业）增加值同比增长3.8%，高于全国1.5个百分点，增速居全国第4位，拉动全省经济增长1.9个百分点，对经济增长贡献率达到68.6%。受黑龙江省落实规范机关、事业单位津贴补贴政策正向拉动，全年非营利性服务业工资总额增速比上年有较大提高，非营利性服务业增加值增长7.9%，拉动服务业（第三产业）增加值增速2.8个百分点，对稳定服务业增长起到重要支撑作用。信息传输、软件和信息技术服务业，租赁和商务服务业增加值分别增长10.8%和6.4%，分别高于全国1.7个和3.0个百分点，合计拉动服务业增加值增速0.66个百分点。

2. 需求较为稳定

固定资产投资持续增长，重大项目加速落地。2022年，黑龙江省固定资产投资同比增长0.6%，低于全国4.5个百分点，居全国第22位。从三次产业看，第一、第二产业投资分别增长13.1%和10.6%，第三产业投资下降6.3%。分领域看，基础设施投资同比增长7.1%，制造业投资增长10.2%，房地产开发投资下降32.8%。全省高技术产业投资下降2.1%，其中高技术制造业投资增长0.6%，高技术服务业投资下降4.1%。民间投资下降9.8%。重大项目加速落地，全省计划总投资亿元及以上项目（不含房地产开发）1906个，比上年增加296个，完成投资增速高于全部投资6.9个百分点。

消费市场规模相对稳定，线上消费保持增长。2022年，黑龙江省社会消费品零售总额5210.0亿元，同比下降6.0%，增速低于全国5.8个百分点，居全国第24位。限额以上单位中西药品、蔬菜等基本生活类商品零售额同比分别增长6.3%和15.5%，限额以上单位煤炭及制品类零售额增长15.4%，限额以上单位文化办公用品类、家具类、电子出版物及音像制品类、新能源汽车等消费升级类商品零售额分别增长10.8%、17.2%、38.3%和110%。线上消费保持增长，全省网上零售额同比增长4.5%，其中实物商品网上零售额增长4.9%。

进出口规模创历史新高，利用外资有所下降。2022年，黑龙江省实现进出口总额2651.5亿元，创历史新高，同比增长33%，占全国份额0.6%，居全国第21位。其中，出口545.6亿元，增长22%；进口2105.9亿元，增长36.2%（见图2）。对"一带一路"沿线国家和RCEP贸易伙伴进出口总额分别为2087.4亿元和240.3亿元，同比分别增长39%和32.3%。使用外资新设立企业143家，同比增长14.4%；合同外资金额12.9亿美元，同比下降23.2%；全年全省实际利用外资2.3亿美元，较上年同期下降40.8%。

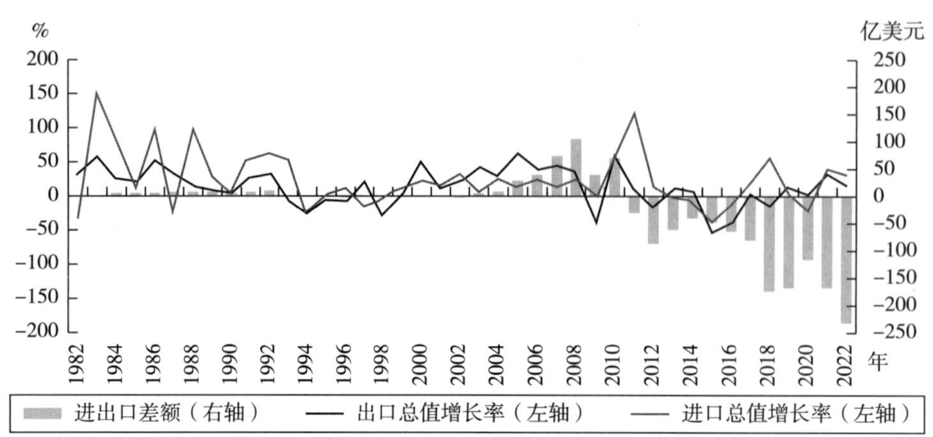

图 2　1982—2022 年黑龙江省外贸进出口变动情况

3. 民生保障有力

财政收支缺口有所扩大，民生领域支出占比不减。2022 年，黑龙江省一般公共预算收入 1290.6 亿元，同比下降 0.8%，剔除组合式税费支持政策因素后增长 9.3%；一般公共预算支出 5452.0 亿元，同比增长 6.8%。地方财政收支赤字 4161.4 亿元，同比扩大 357.4 亿元（见图 3）。在财政收支持续承压的情况下，民生领域支出占比不减，占一般公共预算支出的比重保持在 86% 以上，其中教育支出同比增长 4.1%，社会保障和就业支出增长 7.2%，卫生健康支出增长 11.2%。

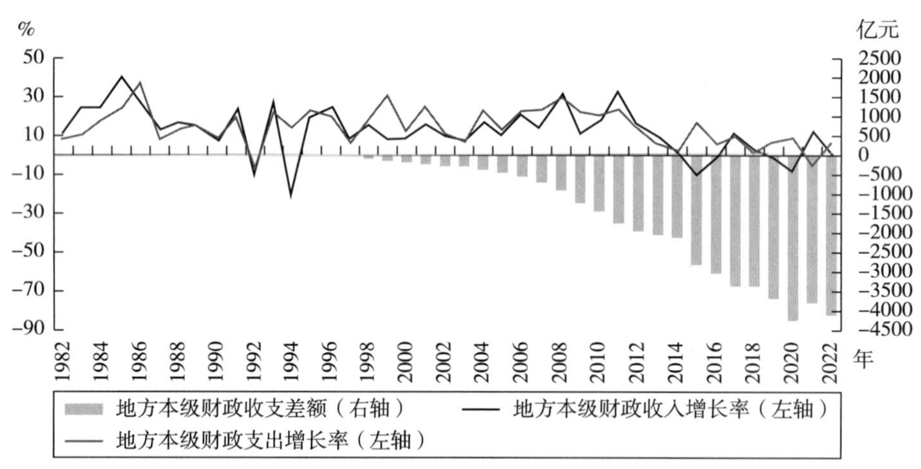

图 3　1982—2022 年黑龙江省财政收支状况

消费价格同步上涨，居民收入稳步提高。2022 年，黑龙江省居民消费价格同比上涨 1.9%，低于全国 0.1 个百分点。分类别看，八大类商品及服务价格均上涨。全省城镇居民人均可支配收入 35042 元，同比增长 4.1%；农村居民人均可支配收入 18577 元，同比增长 3.8%，与经济增长基本同步。

（二）经济运行中需要关注的问题

2022 年，受新冠肺炎疫情反复和经济发展面临需求收缩、供给冲击、预期转弱“三重压力”影响，黑龙江省经济呈“高开低走”的态势，保持经济持续健康发展的压力加大。

经济增长因素不可持续，与全国相比存在差距。2022 年，除第一季度外，其余三个季度累计 GDP 增速均低于全国。经济增长贡献主要来自服务业（第三产业），且增长受政策影响较大，具有不可持续性。第一产业增加值增速低于全国 1.7 个百分点。第二产业增加值增速低于全国 2.9 个百分点，对经济增长的贡献率仅为 8.5%，贡献率低于全国 39.2 个百分点。另外，房地产业、住宿和餐饮业增加值增幅同比分别回落 3.7 个和 1.1 个百分点，合计负向拉动 GDP 增速 0.2 个百分点。

农业长足发展支撑不够，工业生产承受冲击。2022 年，黑龙江省粮食产能虽稳产在 1500 亿斤以上，但也较难进一步提升。加上目前黑龙江省农产品精深加工能力相对较弱，对种植业和畜牧业产业发展带动性不强，农业扩张性发展空间相对不足。在产业结构偏重、原材料价格上涨、新冠肺炎疫情反复等问题的冲击下，全省规模以上工业增加值增速比上年回落 6.5 个百分点，与全国平均水平的差距与上年相比扩大 0.5 个百分点。

固定资产投资接续不足，消费恢复动力不强。2022 年，黑龙江省固定资产投资增速整体呈现“前高后低”的态势，由 1—2 月增长 19.7% 曲折回落至全年的 0.6%，回落幅度大于全国 12 个百分点。受房地产投资持续低迷等因素影响，全年民间投资同比下降 9.8%，负向拉动全省投资 4.1 个百分点。受疫情影响，全省社会消费品零售总额呈现回落态势，与全国平均水平的差距逐步扩大到 5.8 个百分点。消费品市场运行支撑点仍然比较单一，对汽车类和石油及制品类商品的依赖性较高。2022 年，这两类商品零售额占全部限额以上零售额的 48.6%，同比分别下降 7.6% 和 4.6%，合计负向拉动全省限额以上零售额增速 3.7 个百分点。

二、金融业与金融稳定

（一）银行业

1. 银行业运行情况

资产结构持续调整，贷款增速有所放缓。截至 2022 年末，黑龙江省辖内银行业金融机构资产总额 5.14 万亿元，同比增长 9.3%，增速较上年同期上升 1.1 个百分点。从资产结构看，贷款规模保持平稳增长，但增速有所放缓，各项贷款余额 2.54 万亿元，同比增长 3.89%，同比少增 4.18 个百分点；同业业务向流动性管理本源回归，同业资产占资产总额比重压降至 3.7% 的较低水平，低于全国 2.8 个百分点，金融资产脱实向虚的势头得到有效遏制；新增债券投资 939.4 亿元，同比增长 36.3%，高于全国 20.7 个百分点。

负债结构不断优化，存款保持较快增长。截至 2022 年末，黑龙江省辖内银行业金融机构负债总额 4.97 万亿元，同比增长 9.83%，增速较上年同期上升 1.7 个百分点。从负债结构看，各项存款占总负债比重处于高位，由年初的 75.8% 上升至 78%，各项存款余额 3.88 万亿元，同比增长 13.0%，高于贷款增速；系统内部资金回流，系统内存放款项和同业负债合计占比由年初的 20.8% 下降至 18.5%，银行业稳健经营基础不断夯实。在各项存款中，住户存款余额 2.8 万亿元，同比增长 16.9%，是存款上升的主要拉动力量；居民定期存款占比持续保持在 70% 左右，明显高于往年，存款来源稳定性增强。

资产损失计提显著增加，利润水平同比减少。2022 年，黑龙江省辖内银行业金融机构扣除资产减值损失后实现利润总额99.39亿元，同比减少111.08亿元，下降52.78%。其中，营业收入同比增长0.09%，营业支出同比增长0.62%，营业收支变化对利润水平影响不大。累计实现净利润69.57亿元，同比下降60.89%。全年计提资产减值损失220.18亿元，同比增加62.09亿元，增长39.27%，资产损失计提显著增加是净利润减少的主要原因。

法人机构规模持续扩大，拨备水平显著提升。截至2022年末，黑龙江省辖内法人银行业机构资产总额1.76万亿元，同比增长6.56%，其中各项贷款余额0.75万亿元，同比增长0.09%。负债总额1.61万亿元，同比增长7.73%，其中各项存款余额1.34万亿元，同比增长11.11%。整体拨备覆盖率163.97%，较上年提升27.73个百分点，其中城商行、农商行、农信社、村镇银行拨备覆盖率分别为170.74%、154.36%、193.42%和92.75%，村镇银行拨备水平有待提高。受大幅计提拨备影响，法人机构全年累计亏损39.65亿元，较上年同期多亏103.08亿元，由盈利转为亏损状态。整体流动性比例96.98%，流动性较为充足。

2. 银行业需要关注的问题

信用风险化解压力不减。截至2022年末，黑龙江省银行业账面不良贷款余额较年初增加0.6亿元；不良贷款率2.4%，高于全国0.7个百分点。全年逾期贷款余额增速超过20%，关注类贷款占比10.3%，高于全国7.6个百分点，此部分贷款下迁风险较大，需严防资产质量进一步劣变。

法人机构风险仍然突出。法人机构不良呈“双升”态势，截至2022年末，黑龙江省法人银行业金融机构账面不良贷款余额较上年同期增长9.85%，不良贷款率3.54%，较上年同期上升0.31个百分点，主要地方法人银行机构不良资产“边清边增”势头没有得到根本遏制。与此同时，黑龙江省高风险机构数量压降较慢，公司治理薄弱、风险管控弱化、风险抵补不足、风险暴露不充分等问题尚未根本化解。

房地产领域外溢风险依然严峻。随着房企融资“三支箭”政策逐步落实，房企资金来源改善，但市场尚未企稳，房地产信用风险仍处于持续暴露中，高杠杆房企现金流压力依然很大。截至2022年末，全省房地产不良贷款余额同比增长45%，不良率较上年同期上升0.4个百分点。房地产领域关注类贷款较年初增加1倍，存量信贷质量不佳，下迁压力明显。

企业集团与政府债务风险化解难度依然较大。省内个别重点企业流动性不足，持续盈利能力不强，无法覆盖当期财务成本支出，严重依赖银行增信维持经营。受多重因素影响，省内部分地市财政资金紧张，随着置换贷款展期重组增多，到期偿债压力进一步加大。

（二）证券期货业

1. 证券期货业运行情况

市场体系保持稳定。截至2022年末，黑龙江省共有法人证券公司1家，证券投资咨询公司1家，证券分支机构182家，比上年同期减少1家；法人期货公司2家，期货分支机构15家。已登记的私募基金管理人51家，备案基金97只，实缴资金规模119亿元，较上年减少7.6亿元。投资者股票账户数853万户，较上年同期增加50万户；证券市场交易额50843.51亿元，较上年减少14.21亿元。

证券期货经营业绩明显下滑。2022年，法人证券公司资产、负债总额分别为272.66亿元和184.38亿元，同比分别下降8.94%和7.90%；营业收入-3.5亿元，同比减少127.52%，其中，自营业务收入-7.12亿元，同比减少228.29%，是营业收入为负的主要原因；净亏损7.98亿元，同比亏损6.71亿元。证券分支机构营业收入合计13.77亿元，同比下降18.86%；分支机构净利润合计2

亿元，同比减少44.60%。2022年，2家法人期货公司营业收入787.6万元，同比减少58.91%；净亏损483.48亿元，同比增长173.09%。

上市公司培育工作稳步推进。截至2022年末，黑龙江省共有境内上市公司40家，其中沪市公司27家（主板25家、科创板2家），深市公司13家（主板9家、创业板4家）。上市公司总市值3213.97亿元，同比下降11.7%。全年新增2家企业上市，1家企业获交易所审核通过待注册；在审企业4家、在辅导企业9家，数量创多年来历史新高。新三板挂牌公司58家，与上年持平。

资本市场筹资能力实现突破。2022年，黑龙江省企业实现直接融资215.02亿元，较上年增长62.93%。其中，上市公司股票市场累计募集资金37.74亿元，同比上升16.45%，包括首发筹资25.37亿元，同比上升853.76%，再筹资12.37亿元，同比下降58.42%；债券市场累计筹资176.6亿元，同比上升91.54%，其中1家央企发行辖区首单绿色债暨上交所首单绿色碳中和产品融资39亿元，2家民营上市公司发行股债结合品种融资12.5亿元。

2. 证券期货业需要关注的问题

公司退市与债券违约风险交织。上市公司家数增长较慢，存在退市风险的公司占比较高，个别上市公司存在财务指标不达标、涉嫌信息披露违法违规等问题，被交易所出具退市风险警示。40家上市公司中有4家存在退市风险。尚有4家发行人累计38.24亿元债券违约尚未化解，占全国违约比重0.49%，对地方信用环境影响尚未消除。

证券期货自有资金损失及资管逾期风险。辖内证券机构股票质押、资产管理、债券自营等业务自有资金投资损失潜在风险金额有所压降，但仍然存在一定规模。个别机构资管子公司发行的部分资管计划无法按期兑付本息，涉及产品违约规模大，投资者人数多，处置化解难度大、过程长，风险特征已从群体上访风险、聚众表达意见风险转为群体诉讼风险，目前资产管理业务已暂停。

私募基金风险。个别私募基金管理人存在不能持续符合私募管理人登记条件、备少募多、自融等情况，须关注相关风险。

（三）保险业

1. 保险业运行情况

保险市场运行平稳。截至2022年末，黑龙江省保险市场主体51家，其中财产险公司22家（含1家法人机构），人身险公司29家。保险公司总资产2957.6亿元，同比增长9.0%，增速较上年同期下降0.9个百分点。其中财产险公司资产总额198.1亿元，人身险公司资产总额2759.6亿元。

保险业务增速整体趋缓。在疫情影响市场营销拓展、居民消费意愿减弱等因素共同影响下，保险业发展承压，保费增速一度放缓。2022年，黑龙江省保险业实现原保险保费收入982.4亿元，规模居全国第18位，同比下降1.3%，增速低于全国平均水平5.9个百分点。累计赔款与给付支出324.5亿元，同比下降4.4%，降幅超过全国平均水平3.6个百分点。其中，财产险公司赔付支出134.0亿元，同比下降2.3%；人身险公司赔付支出190.6亿元，同比下降5.8%。

保险保障作用持续增强。财产险进一步发挥实体经济稳定器作用。2022年，黑龙江省财产险实现原保险保费收入218.4亿元，同比增长9.7%，高于全国1个百分点。非车险持续挖掘增长动能，增速、占比分别提升至16.2%、52.2%，高于全国3.5个、7.4个百分点。其中，农险保费同比增长19.4%，责任险保费增速38.7%，安全生产责任险签单数量实现翻番。各保险机构加大金融供给，发挥“金融助振兴”重要桥梁作用，向省内百大项目提供保险保障金额735.0亿元。人身险进一步回归保障本源。2022 年，全省人身险赔款和给付支出 190.6 亿元，其中，人身险赔款支出 179.7 亿元，日均赔付近 5000 万元，死伤医疗给付增长 1.5%，养老年金保险积累 87.1 亿元责任准备金。大病保险覆盖人口 1389.3 万人，累计赔付支出 8.4 亿元。政府引导、支持商业保险公司研发推广与基本医疗保险、大病保险紧密衔接的“龙江惠民保”，惠及 513.3 万人。

2. 保险业需要关注的问题

人身险改革转型尚未取得根本性突破。人身险行业“负面清单”持续扩增，护理险、医疗险等产品保障责任低于保费、偏离保险保障属性问题依然存在，部分产品脱离保险本源，供需错配可能将消费者挡在门外。

财险转型经营压力未减。自 2022 年以来，车险综改影响持续减弱，车险恢复增长，但非理性竞争加剧、赔付率上升、利润下滑趋势尚未迎来拐点，2022 年全省车险承保利润同比下降 15.2%，利润总额不到 2020 年的八成。中小公司因品质管控能力欠缺，固定成本难以摊薄，车险综合赔付率与费用率均高于大公司。若不能很好控制风险，随着新一轮自主定价系数浮动范围的扩大，利润增长将更加艰难。

三、地方金融组织与金融稳定

（一）小额贷款公司

1. 基本情况。截至 2022 年末，黑龙江省共有小额贷款公司 240 家，均为法人机构，较上年同期减少 24 家（退出 25 家，新设 1 家）。共有从业人员 1035 人，比年初减少 395 人。资产总额 199.4 亿元，同比下降 10.18%；负债总额 42 亿元，同比下降 21.35%。共融入资金 4.3 亿元，其中，股东借款 2.9 亿元，银行融资 0.7 亿元，同业拆借 0.2 亿元，其他 0.5 亿元。2022 年末，小额贷款业务余额 167.1 亿元，同比下降 3.63%。不良贷款余额较年初增加 58.9 亿元，不良贷款率同比上升 38.14 个百分点。全年总营业收入 1.5 亿元，较上年下降 21.05%；净亏损 0.6 亿元。

2. 存在问题。一是行业整体盈利能力有提升空间，小额贷款业务余额持续降低，不良贷款清收处置难度较大；二是《地方金融监督管理条例》尚未出台，黑龙江监管部门已因缺少上位法依据而取消小额贷款公司相关行政许可。

（二）融资担保公司

1. 基本情况。截至 2022 年末，黑龙江省共有法人融资担保机构 122 家，分支机构 80 家，法人机构数量较上年减少 3 家。融资担保注册资本 425.7 亿元，同比增长 7.3%。融资担保机构担保金额 1133.4 亿元，同比增长 18.5%，其中直接融资担保金额 1095.8 亿元，同比增长 14.6%；融资再担保金额 37.7 亿元。从代偿情况看，累计代偿额为 95 亿元，其中本年新增 30 亿元，代偿率 3.12%。融资担保在保余额放大倍数为 2.38 倍，较上年同期下降 0.05 倍。直接融资担保年化综合费率为 0.78%，较年初下降 0.02 个百分点。

2. 存在问题。融资担保机构治理体系不够完善。目前，黑龙江省融资担保机构注册资本、担保规模差异较大，部分县域融资担保机构注册资本低，业务流程不规范，风险防控能力弱，决策机制不健全，公司治理未能有效发挥作用。

（三）典当行

1. 基本情况。截至2022年末，黑龙江省共有典当企业270家，较上年增加10家。全行业从业人员432人，注册资本36.09亿元。全年实现典当业务笔数3799笔，典当总额6.55亿元，典当余额7.44亿元，主营业务收入3061万元，净利润-713万元。2022年，全省典当行业发展形势平稳，受新冠肺炎疫情反复和各方面因素影响，全行业经营能力不强，处于亏损状态。部分企业为规避风险，谨慎开展典当业务，行业经营风险整体处于较低水平。

2. 存在问题。一是资金尚未充分使用。全行业闲置资金比重较高，行业的业务量、资金利用率还有进一步提升空间。业务结构保持稳定，房地产典当仍为主要业务，多数典当行经营模式比较老套，创新推动行业转型发展能力不强。二是从业人员专业能力不强。典当行从业人员逐年减少，一定程度上限制了行业的发展。行业缺乏合格的管理人员和专业技术人员，部分典当行财务人员身兼数职、流动性大，对行业相关政策规定和财务知识掌握不够，信息报送质量不高，识别和防范风险的能力亟待提升。

（四）融资租赁公司

1. 基本情况。截至2022年末，黑龙江省共有融资租赁法人机构7家，其中外商投资融资租赁企业6家，内资融资租赁试点企业1家。7家企业均为非上市公司、非厂商系，注册资本均在1.7亿元以上。从资本构成看，国有控股2家，民营控股5家。

2. 存在问题。融资租赁行业在疫情起伏不定、总体经济增长放缓的背景下，正在经历发展“瓶颈期”。一是融资租赁公司存量业务较少，部分公司没有存量业务且无新增业务。二是存在逾期项目较多、起诉案件执行周期长等问题。三是对未来发展缺少规划，信心不足。四是行业人才匮乏，不能满足融资租赁行业长远发展要求。

（五）地方资产管理公司

1. 基本情况。截至2022年末，黑龙江省有地方资产管理有限公司2家，注册资本20亿元，从业人员55人。资产总额31亿元，负债总额7.4亿元。本年度新增收购不良资产账面值（含本金、利息）10.5亿元，新增收购不良资产投资额1.6亿元，处置不良资产账面值（含本金、利息）38.9亿元，处置不良资产收回资金3.6亿元。营业收入2.4亿元，其中不良资产经营与处置收入1.9亿元，净利润8154万元。

2. 存在问题。一是不良资产量少质低。省内不良资产市场供给较少，资产包内资产质量较低、流动性较差。二是融资渠道受限。地方资产管理公司只能以普通企业贷款方式进行融资，与金融资产管理公司可以依托同业业务等多种方式融资相比，存在融资渠道窄、成本高、审批速度慢等问题，极大地限制了地方资产管理公司不良资产业务的有效开展。

（六）商业保理公司

1. 基本情况。截至2022年末，黑龙江省共有商业保理法人机构2家，从业人员4人，注册资本金11000万元，实缴资本金1000万元。无营业收入，无净利润，无保理业务余额，无融资余额，无不良保理资产。

2. 存在问题。一是注册资本未全额实缴。两家商业保理法人机构注册资本未全额实缴。二是未取得业务许可资质。目前，两家商业保理法人机构均未取得开展商业保理业务的许可，也未接入相关数据报送系统。三是处于非正常经营状态。两家机构均属于非正常经营类企业。

（七）区域性股权市场

1. 基本情况。截至2022年末，黑龙江省有1家区域股权市场运营机构，为哈尔滨股权交易中心有限责任公司（以下简称哈股交）。2022年，哈股交完成展示企业60户，完成全年计划的100%；受理挂牌企业31户，完成全年计划的103.33%，较上年增长19.23%；股权质押融资86.59亿元，完成全年计划的577.26%，较上年增长497%；股权直接融资0.97亿元，完成全年计划的97%，较上年增长262.16%。

2. 存在问题。黑龙江省中小微企业普遍存在经营管理较为落后、缺乏高素质管理人才、财务制度不健全等问题，部分小微企业经营困难，缺乏直接融资意愿，影响了哈股交业务的开展。

（八）地方各类交易场所

1. 基本情况。截至2022年末，黑龙江省有地方各类交易场所17家，较上年同期减少9家。从类别看，权益类8家，商品类9家。实缴注册资本合计7.76亿元，全年累计交易额755.55亿元。

2. 存在问题。目前，黑龙江省地方各类交易场所仍存在合规经营模式不足、服务实体经济能力不强等问题，未形成稳定持续的盈利能力，存在成为“僵尸”类机构的风险，需进一步整合优势资源，继续压降交易场所数量，避免市场无序竞争。

四、金融市场与金融稳定

（一）金融市场运行情况

社会融资规模增量保持平稳。2022年，黑龙江省社会融资规模增加1569.4亿元，同比少增11.1亿元。从结构看，银行表内信贷增加960.7亿元，占全省社会融资规模的61.2%，同比少增812.8亿元；直接融资增加103.4亿元，同比多增263.5亿元，其中，企业债券融资增加64.8亿元，同比多增240.3亿元，股票融资增加38.6亿元，同比多增23.2亿元；政府债券净融资增加760.7元，占全省社会融资规模的48.5%，同比少增6.7亿元，其中，地方政府专项债增加422.0亿元，同比多增74.0亿元；银行表外融资减少490.7亿元，同比少减699.7亿元，其中，信托贷款减少89.2亿元，同比少减826.8亿元，未贴现的银行承兑汇票减少361.5亿元，同比多减54.5亿元，委托贷款减少40.1亿元，同比多减72.7亿元。

同业拆借市场成交量明显增加。2022年，黑龙江省累计进行信用拆借交易893笔，较上年同期增加179笔，同比增长25.07%；同业拆借市场累计成交金额1471.38亿元，较上年同期增加439.74亿元，同比增长42.63%。其中，拆入金额627.69亿元，同比增长21.22%；拆出金额843.69亿元，同比增长64.19%。拆借利率3.53%，同比下降0.3%。按交易品种看，拆借交易主要集中在短期品种，IBO007、IBO3M两个品种成交金额占比合计达77.68%。

债券票据市场成交量有所回升。2022年，黑龙江省银行间债券市场累计成交10.89万笔，同比增长26.68%；成交金额18.01万亿元，同比增长0.40%。其中，融入资金5.73万亿元，同比下降4.94%；融出资金12.28万亿元，同比增长3.10%。银行承兑汇票承兑业务累计发生额1278.08亿元，同比增长19.44%。票据贴现业务累计发生额1054.01亿元，同比增长14.43%。

（二）需要关注的问题

社会融资新增规模相对较低，结构需进一步优化。2022年，黑龙江省社会融资规模增量占全国社融新增总量的0.49%，排名第26位；同比少增11.1亿元，低于全国各省社融增量平均水平226.87亿元，呈“低基数+低增速”双低态势。其中，银行表内信贷增量占比61.2%，较上年降低51.0个百分点，表内信贷同比收缩；表外融资压降同比少减699.7亿元，表外非标压降放缓；政府债券净融资增量占比48.5%，与上年持平，对政府债券依赖度依然较高。

五、金融基础设施与金融稳定

（一）征信体系

1. 征信体系建设及运行情况。截至2022年末，二代征信系统共收录黑龙江省3171.5万名自然人信息，同比增长6.34%，收录116.7万户企业信息，同比增长6.97%。2022年，全省征信窗口和自助查询服务网点共计为个人和企业信息主体、国家机关提供查询服务102.89万次，累计向7352人提供征信业务咨询服务。全省共妥善处理并解决征信异议945件，办理征信投诉45件。

社会信用体系建设取得积极进展。大力推进“信用户”“信用村”“信用乡（镇）”的评定与创建。截至2022年末，全省已为38492户新型农业经营主体建立信用档案，评定信用农户444.9万户、信用村109个、信用乡878个。持续推动农业大数据在金融领域的应用，全省已有10家商业银行与省农业大数据中心建立合作关系，对13个地市、118个县区的农户和新型农业经营主体开展贷款授信。累计新增投放贷款44.83亿元，新增服务农业经营主体4015户。积极推动地方征信平台建设。推动建立黑龙江省信用信息共享应用促进中小微企业融资工作机制，省金控集团正积极筹建征信公司，省级地方征信平台建设初具雏形。

各类信用平台作用进一步发挥。中小微企业应收账款融资规模持续扩大，截至2022年末，黑龙江省在应收账款融资服务平台注册企业1595家，资金提供方1045家，累计促成融资交易1506笔，融资金额930.55亿元。其中，中小微企业注册1308家，成交1320笔，融资金额707.13亿元，占比为75.99%。全力推广动产和权利担保统一登记业务，全年共完成各类动产和权利担保登记55894笔，同比增长88.85%，完成各类动产和权利担保查询57490笔，同比增长5.43%。

2. 需要关注的问题。目前，社会信用体系建设存在大数据共享基础薄弱、政务大数据获取困难等问题，相关部门信息保护使信息之间不公开、不透明、不互通，大量有价值的信用信息资源被闲置，“信息孤岛”现象仍然存在。

（二）支付体系

1. 支付体系运行情况。支付清算系统安全稳定运行。2022年，黑龙江省支付系统共处理业务2.1亿笔，为近三年来新高，同比增长22.0%，业务金额53.1万亿元，同比下降4.0%。其中，大额支付系统累计处理业务1740.2万笔，同比增长72.6%，金额48.5万亿元，同比下降4.4%；小额支付系统累计处理业务1.3亿笔、金额3.7万亿元，同比分别增长32.6%、6.8%；网上支付跨行清算系统省内3家系统直接参与者累计处理业务5518.5万笔、金额9291.9亿元，同比分别下降5.1%、15.4%。三大系统运行率均达到100%，全面保障全省各项汇划资金及时到账，为全省提供了优质、畅通、高效的资金清算服务。就大额支付系统来看，全年资金净流入2696.8亿元，省内资金流动更加活跃。省内资金流动量20.2万亿元，同比增长18.8%，占资金流动总量的41.6%。跨省资金流动量28.3万亿元，净流入资金2696.8亿元，在全国列第7位。

2. 需要关注的问题。个别金融机构存在支付清算系统业务连续性风险管理重视程度不够、对支付清算系统软硬件运行维护不到位等问题。

（三）反洗钱体系

1. 反洗钱工作开展情况。2022年，黑龙江省高质量推进反洗钱监管、调查协查、洗钱罪定罪、监测分析、宣传培训等工作，反洗钱工作取得明显进展。全省各级人民银行综合运用多种监管措施，对34家义务机构执法检查、111家风险评估、131家监管走访、19家约见谈话、8家发出监管提示函，多措并举指导法人义务机构有效开展自评估，探索对辖内8家重点法人机构开展非现场监管预评估，督促辖内义务机构积极、高效履行反洗钱义务。全年开展案件调查协查16件，下发反洗钱调查通知书327份，查询相关主体275个，涉及金融账户2000余个。以多种方式深入分析排查涉嫌洗钱线索，有效处理举报线索1起；指导义务机构有效防范异常开户2860次，堵截电信诈骗、网络赌博等118件，协助公安部门破获各类违法犯罪案件159件。指导义务机构创作反洗钱情景剧、动漫、沙画、快板等宣传作品600余个，开展反洗钱线上知识问答集中宣传活动，参与人数207.4万人，答题716.7万次，全面增强和扩大反洗钱工作影响力和辐射面。

2. 需要关注的问题。当前全省刑事司法部门反洗钱意识有待进一步提升，打击洗钱违法犯罪力度有待进一步加强，行政执法与刑事司法衔接还不够紧密，尚未形成部门间信息共享、联合会商等有效的协作机制，打击洗钱违法犯罪合力有待进一步提升。

（四）金融法治环境

1. 金融法治工作开展情况。2022年，黑龙江省深入学习贯彻习近平法治思想，坚持依法治省、依法执政、依法行政共同推进，深化“放管服”改革，持续优化营商环境，推进重点领域、新兴领域立法提质增效，深入推进行政决策科学化、民主化、法治化，持续强化严格规范公正文明执法，全面深化行政复议体制改革，法治环境进一步优化。黑龙江省金融司法协同中心运行良好，清收贷款3346亿元。人民银行系统对21家金融机构开展执法检查，依法依规实施处罚并及时完整公开处罚信息，罚款总金额782.65万元，规范了金融市场主体行为。“基层央行法律服务站”实现黑龙江省各市（地）全覆盖。建成市县两级金融纠纷调解组织15个、普惠金融服务站12个。

2. 需要关注的问题。一是对制定上级行文件的“地方版”情况防范难度较大，规范性文件制发的公开性和透明度还有待进一步提高，意见反馈采纳机制还需继续健全。二是对投诉、举报、信访等案件的分类还需更加精准，法律风险防控能力有待进一步提升。三是执法人员数量不足，执法手段较为单一，执法效率有待提高。

（五）绿色金融

1. 绿色金融工作开展情况。2022 年，黑龙江省绿色金融工作取得积极进展，绿色金融市场体系加快构建，绿色融资规模快速增长，绿色金融服务实体经济的可得性和满足度有所提升。金融机构绿色经营体系日趋完善。省内 35 家金融机构均将绿色发展理念纳入发展战略规划；18 家全国性金融机构实现了绿色金融管理部门全覆盖；74 家地方法人金融机构设立绿色贷款专门管理岗位、94 家建立绿色金融台账、91 家设置绿色金融通道，覆盖率较上年同期分别提高 20.0 个、11.7 个和 10.4 个百分点。绿色信贷快速增长。截至 2022 年末，全省银行业金融机构本外币绿色贷款余额 1434.6 亿元，同比增速 20.0%，高于各项贷款增速 16.1 个百分点；绿色贷款占各项贷款比重 5.7%，较上年同期高出 0.8 个百分点。绿色金融服务能力显著增强。截至 2022 年末，全省开展绿色金融业务的法人银行业金融机构较上年同期增加 13 家，金融机构绿色金融服务面积达 60%。全省累计推出 6 大类 47 项绿色金融贷款产品创新和服务模式创新，累计发放贷款 50.14 亿元，惠及企业 126 家，有效满足市场主体的绿色融资需求。部分金融机构积极参与碳市场交易，率先实现“零碳”运营。

2. 需要关注的问题。一是绿色发展理念仍需继续深化。社会主体绿色经营理念不强，如企业和个人绿色生产、绿色消费的意愿还不够强烈。绿色金融发展目标与金融机构考核指标间存在错配，金融机构的内在动能还没有真正调动。二是金融机构绿色金融组织体系不健全。目前，部分金融机构仍未设立独立的绿色金融发展事业部；绿色金融发展主要以完成指标为主，缺少发展的长期规划。三是绿色金融增长仍需提速。与全国绿色信贷增速相比，黑龙江省绿色金融增速相对较慢。

六、2023 年展望

2023 年，黑龙江省坚持以习近平新时代中国特色社会主义思想为指导，全面落实党的二十大和中央经济工作会议战略部署，坚持党的全面领导，坚持稳中求进工作总基调，完整、准确、全面贯彻新发展理念，着力推动高质量发展，更好统筹疫情防控和经济社会发展，更好统筹发展和安全，更好统筹扩大内需和深化供给侧结构性改革，全面深化改革开放，大力提振市场信心，加快建设现代化产业体系，着力提升粮食综合产能，加快建设农业强省，积极推进招商引资和项目建设，大力发展民营经济，突出做好稳增长、稳就业、稳物价工作，有效防范化解重大风险，推动经济运行整体好转，保持社会大局稳定，深化全面从严治党，加快建设“六个龙江”、推进“八个振兴”，扎实推进中国式现代化龙江实践，为全面建设社会主义现代化强省开好局、起好步。

黑龙江省经济社会发展主要预期目标是：地区生产总值增长 6% 左右，粮食产量保持在 1500 亿斤以上，规模以上工业增加值增长 7% 左右，固定资产投资增长 8% 以上，城镇调查失业率控制在 6% 以下，一般公共预算收入增长 9% 左右，城乡居民收入增长与经济增长基本同步。

中国人民银行哈尔滨中心支行金融稳定分析小组

组　　长：张文武

副 组 长：张　星

成　　员：董建华　刘树宪　李大中　毛晓杰　丁　勇　王　舵

王玉凯　刘　畅　付剑玫　付文杰

《黑龙江省金融稳定报告（2023）》编写组

总　　　纂：董建华

统　　　稿：程少杰　亢　玉

执　　　笔：董　磊　谢　镭

参与写作人员：刘　爽　刘禹婷　纵德州　那　颂　张睿庭　孙珏琦

许　鑫　李婷婷　苏彩玲　杨　捷　张宇峰　钟羽珊

徐　扬　鲁　荣　窦凌蛟

上海市金融稳定报告摘要

2022年，面对国内外复杂严峻的经济环境，上海深入学习贯彻党的二十大精神，全面落实党中央、国务院决策部署，高效统筹疫情防控和经济社会发展，加大落实稳经济各项政策力度，经济逐步回稳向好。金融改革开放创新取得新突破，上海国际金融中心能级提升，金融风险防控体系不断完善，金融服务管理水平持续提升，营商环境不断优化。但实体经济有效信贷需求不足，外需回落对出口影响较大，房地产领域信用风险仍处高位，相关风险仍需密切关注。

一、经济与金融环境

（一）上海经济金融持续稳定恢复

2022年，上海生产需求回稳向好，经济新动能持续发力，消费逐渐回暖，战略性新兴产业保持增长。全市实现地区生产总值4.47万亿元，同比下降0.2%，降幅比上半年大幅收窄5.5个百分点。第三产业增加值占全市生产总值的比重达到74.12%，比上年同期高0.82个百分点，高于全国21.34个百分点。

1. 固定资产投资加快恢复。2022年，上海全社会固定资产投资总额同比下降1.0%，降幅比上半年大幅收窄18.6个百分点。其中，工业投资同比增长0.6%，增幅比上半年提高21.7个百分点；房地产开发投资同比下降1.1%，降幅比上半年收窄16个百分点；基础设施投资同比下降7.9%，降幅比上半年收窄30.2个百分点。

2. 消费有所回暖。2022年，上海社会消费品零售总额1.64万亿元，同比下降9.1%，降幅比上半年收窄7个百分点。网上消费占比提高，全年网上商店零售额3461.4亿元，占社会消费品零售总额的比重为21.1%，比上年提高2.5个百分点。

3. 外贸下行压力显现。2022年，上海实现进出口总额4.19万亿元，同比增长3.2%。其中，出口总额1.71万亿元，同比增长9.0%；进口总额2.48万亿元，同比下降0.5%。从月度增速看，下半年开始货物进出口增速逐步放缓，11月转负，12月下降6.8%，下行压力有所显现。全年涉外收支总额35065.1亿美元，同比增长5.7%，涉外经济保持韧性。

4. 财政收入有所好转。2022年，上海一般公共预算收入7608.2亿元，同比下降2.1%，降幅比上半年收窄7.7个百分点。一般公共预算支出9393.2亿元，同比增长11.4%，卫生健康、节能环保、交通运输等重点支出获优先保障。

5. 工业生产稳步恢复。2022年，上海规模以上工业企业分别实现总产值和利润总额40473.68亿元和2788.19亿元，同比分别下降1.1%和11.7%。

6. 居民收入保持增长。2022 年，全市居民人均可支配收入 79610 元，同比增长 2.0%。新增就业岗位 56.35 万个。截至 2022 年末，全市城镇登记失业人数 14.56 万人，12 月城镇调查失业率为 4.3%。

7. 房地产开发投资降幅收窄。2022 年，全市完成房地产开发投资 4979.5 亿元，同比下降 1.1%，同比降幅连续 7 个月收窄。全市市场化新建商品住房成交面积 1013 万平方米，同比上升 1.1%；二手存量住房成交面积 1273 万平方米，同比下降 44.4%。

8. 金融市场交易规模持续扩大。2022 年，在沪金融市场交易总额达 2932.98 万亿元，比上年增长 16.8%。其中，上海证券交易所、上海期货交易所、中国金融期货交易所、银行间货币市场、票据市场总成交金额分别为 496.09 万亿元、181.30 万亿元、133.04 万亿元、1527.0 万亿元和 195.17 万亿元，同比分别增长 7.6%、-15.5%、12.6%、31.2% 和 16.65%。上海黄金交易所总成交金额 8.52 万亿元，同比下降 17.0%。

（二）开放发展与风险防控重要举措

1. 国际金融中心能级提升，金融市场体系持续完善。进一步扩大金融业高水平开放，深入推进上海国际再保险中心建设，扩大金融机构集聚优势，加快全球资管中心建设，持续推动金融产品和服务创新，加大科技创新金融支持力度，加快推动绿色金融改革创新。

2. 浦东现代化建设引领，立法产品服务持续创新。《上海市浦东新区绿色金融发展若干规定》正式颁布施行，气候投融资试点落地实施，跨国公司本外币一体化资金池业务试点有序开展，非金融企业外债便利化试点稳步推进。

3. 长三角一体化持续推进，区域金融合作取得新成效。2022 年，沪苏浙皖人民银行继续深入贯彻落实长三角一体化重大战略，努力克服疫情困难，加大协调合作力度，在科创金融、绿色金融、金融数字化等重要领域，推动金融服务一体化取得新成效、新进展。金融支持科技创新力度不断加大，长三角绿色金融协同发展积极推进，长三角征信链平台影响力进一步扩大，一体化示范区跨区域数字人民币应用场景持续拓展。

4. 金融支持上海经济恢复重振，打好金融支持稳企纾困“组合拳”。深入贯彻落实党中央、国务院关于统筹推进疫情防控和经济社会发展的重大决策部署，全力落实好国务院稳经济“一揽子”政策及接续政策，打好金融支持稳企纾困“组合拳”，加大对困难行业和中小微企业信贷支持力度，加大基础设施和重大项目建设金融支持。

5. 完善风险化解处置协调机制，持续推进重点领域风险防范。合力化解处置企业债务违约风险，不断完善债券市场风险动态监测和沟通交流机制。持续监测防范化解房地产市场风险，切实维护房地产市场健康平稳运行。夯实防控处置非法集资工作基础，防范处置虚拟货币交易炒作风险。完善私募基金央地协作和市区联动防控机制，持续推进重点机构风险处置。加大网贷平台存量业务清退力度，督促平台严格落实已制订的清退计划和时间表。密切跟踪研判股票质押风险，加强信息共享和监管协作。

（三）经济金融运行中需要关注的方面

1. 关注实体经济有效信贷需求不足。一是企业融资意愿偏低。受新冠肺炎疫情影响，企业对市场期望较为悲观，对通过信贷来扩张投资显得更加谨慎，短时间内信贷需求有限。2022 年第四季度，大型集团成员提前还款情况普遍。二是受新冠肺炎疫情影响较大，行业信贷需求收缩显著。教育类、平台经济、房地产类以及批发零售行业客户受疫情影响较大，对未来预期不稳，新增授信需求呈现萎缩。三是个人信贷需求整体遇冷。受疫情反复、居民收入下降、市场预期不稳等因素影响，消费信心尚未完全修复，个人按揭贷款申请数量有所放缓，存量客户提前还款意愿高于过往同期。

2. 关注外需回落对上海产业经济的影响。自 2022 年下半年以来，上海出口增速逐月放缓，出口额美元值同比增速从 7 月的 26.7% 回落至 12 月的 -15%，外需转弱迹象已经显现。同时，海外供给能力稳步修复，产能替代效应逐步显现。上海作为外向型依赖度较高的城市，规模以上工业出口交货值占工业总产值的比重超 20%，外需萎缩和产能替代预计会对制造业形成较大影响。

3. 关注房地产领域信用风险。受头部房地产企业违约事件等因素影响，行业整体融资信用受损，融资规模下滑，房地产企业违约风险进一步上升。不少民营企业及中小型房地产企业存量债务难以盘活，出现较大流动性危机。受经济下行、疫情反复等因素叠加影响，相关租售需求锐减，商业租售压力不断加大，写字楼市场承压严重，商业地产领域风险值得关注。

二、银行业

（一）上海银行业运行情况

1. 资产负债稳步增长。2022 年末，上海辖内银行业资产总额 23.39 万亿元，比年初增加 2.08 万亿元，同比增长 9.74%。负债总额 22.38 万亿元，比年初增加 2.01 万亿元，同比增长 9.85%。

2. 信贷支持不断加强。2022 年末，辖内各项贷款余额 10.34 万亿元，较年初增加 0.81 万亿元，同比增长 8.54%。受新冠肺炎疫情反复等短期因素影响，市场需求变化有所波动，整体来看，贷款投放稳中有进、结构优化，中长期、制造业、民生基建等重点领域信贷支持力度持续加强。

3. 存款增长较快。2022 年末，辖内各项存款余额 15.67 万亿元，较年初增加 1.68 万亿元，同比增长 11.98%。单位存款年末增长发力，个人定期存款持续增长。受股市表现不佳、债市大幅回调等因素影响，2022 年末，理财产品净值出现下滑，许多投资者选择赎回理财产品转而投向存款，各项存款大幅增长。

4. 支持实体经济恢复发展。落实稳定经济大盘工作要求，引导行业全面推广无缝续贷“十百千亿”工程。普惠型小微企业贷款“增量扩面、提质降本”，2022 年末余额 9153.5 亿元，同比增长 26%。出台十五条惠民保企举措、“纾困融资”工作机制，全年累计投放纾困融资金额 4678.7 亿元。

5. 加大风险化解处置力度。一是妥善应对疫情下不良资产反弹，稳妥处置存量大额授信风险。2022 年末，上海银行业不良率较上年同期下降 0.02 个百分点。二是促进房地产市场平稳健康发展，稳妥做好“保交楼”工作，督导机构落实“保交楼”专项贷款政策。三是重点金融机构风险化解处置取得阶段性成果。成功清退高风险机构不法股东，开创“监纪法”三方联动先例。四是规范整治市场乱象，率先开展金融中介治理专项行动，大力整治信用卡领域的集中投诉举报。

6. 改革创新持续深入。统筹推进长三角金融服务一体化，促进信贷资源在长三角跨区域畅通流动。深入推进临港新片区金融改革开放，建立“银行业保险业科技金融创新试验基地”，助力高新技术企业发展。强化重点领域支持，促进资金流入绿色经济、低碳经济、循环经济等领域。

（二）上海银行业机构稳健性评估

1. 风险抵御能力保持稳定。2022 年末，在沪法人银行业机构拨备覆盖率 342. 58%，比年初降低 21. 63 个百分点。各项资产减值损失准备 1951. 90 亿元，比年初增加 8. 82%。贷款拨备率 3. 60%，比年初上升 0. 04 个百分点。各项拨备指标远高于监管要求，继续保持较强风险抵御能力。

2. 不良指标总体稳定。2022 年，辖内银行业机构不良贷款余额、不良贷款率在第二季度末触顶，分别达到 871. 70 亿元和 0. 87%，在第三季度双双回落，第四季度又有所回升。截至 2022 年末，辖内银行业机构不良贷款余额 819. 64 亿元，比年初增加 47. 37 亿元，不良贷款率 0. 79%，比年初降低 0. 02 个百分点。信托公司不良贷款余额、不良贷款率连续多年高企，2022 年有较大规模增长，第三季度末触顶分别达 40. 02 亿元和 39. 55%。2022 年末，辖内信托公司不良贷款余额 36. 76 亿元，同比上升 35. 20%，不良贷款率 36. 69%，比年初上升 11. 37 个百分点。

3. 净利润小幅增长。2022 年，辖内银行业机构累计实现净利润 1624. 94 亿元，同比增长 0. 92%，增速较上年同期下降 11. 44 个百分点。受 LPR 多次下调、新增存贷款利率持续下行等因素影响，净息差、净利差进一步收敛，2022 年末分别为 1. 41% 和 1. 37%，同比分别下降 0. 10 个和 0. 17 个百分点。

（三）上海银行业发展中需要关注的方面

1. 资产质量存在下迁压力。2022 年末，上海辖内商业银行不良贷款余额 592. 74 亿元，较年初增长 4. 45%，增幅较上年同期增加 0. 32 个百分点，不良贷款率 0. 70%，较年初下降 0. 03 个百分点。自 2022 年以来，新形成不良贷款金额同比大幅增加，贷款质量总体向下迁徙率有所上升。一是部分困难行业、企业的信用风险呈上升趋势，需要关注后续资产质量劣变风险。二是隐性不良资产风险需保持高度警惕。一系列解危纾困政策影响下，大量业务通过调整还款计划、延期还本付息等方式延缓了不良暴露时间，但实质风险仍在不断累积。

2. 银行理财潜在风险暴露。2022 年第四季度，受资金利率快速上行、疫情防控政策优化、房地产企业融资限制放松等多种因素影响，债券价格短期内持续、快速下跌，银行理财产品净值剧烈波动，收益率大幅回撤，并在 11 月和 12 月出现两轮较大规模的赎回潮，机构流动性压力明显加大。赎回潮还暴露出理财产品设计和投资策略同质化现象严重、理财子公司风险意识与应急管理存在欠缺、投资者对理财产品净值化接受程度不足、市值法为主导的估值方法加剧负反馈效应以及金融市场深度不足等诸多问题。

3. 房地产领域风险持续高发。近年来，受头部房地产企业违约事件等因素影响，房地产业整体融资信用受损，境外债等传统涉房融资渠道收紧，行业融资规模持续下滑，房地产企业偿债压力不断加大，违约风险进一步上升。自 2022 年以来，虽然有关部门陆续出台多项针对房地产企业纾困和“保交楼”的支持措施，一定程度上从供给端稳定了房地产行业融资渠道，但在当前房地产市场预期不明、需求转弱的情况下，房地产领域信用风险仍未筑底出清。

4. 互联网存款业务逐步萎缩。2021 年互联网存款新规发布后，辖内城商行和民营银行全面停办异地互联网存款业务，停止与非自营网络平台合作，存量产品进入自然清退状态。在政策落实过程中，辖内某银行存款流失较多，非自营平台存款在政策发布后的两年间出现大幅下跌，存款业务稳定性压力较大，且大量自 2019 年开始吸收的互联网存款将在未来两年集中到期，短期内负债形势严峻。

5. 中小银行存在风险隐患。一是村镇银行股东情况复杂。部分股东存在出现经营困难甚至破产清算、违规超限出质股权、自然人股东身陷民间借贷纠纷、关联股东超比例持股等问题。二是大客户风险集中。个别机构贷款业务客户集中度过高，辖内某村镇银行前三大对公贷款余额占比高达 34.17%，并且 90% 的对公贷款集中于建材批发领域等少数贸易类公司。三是盈利能力普遍较弱。2022 年，辖内 14 家村镇银行共实现净利润 1.78 亿元。目前，普惠业务市场竞争日益激烈，村镇银行面临营收增长乏力和成本刚性递增的双重压力。四是流动性风险应急处置存在欠缺。应急预案和演练以大额取款事件发生后与发起行之间的紧急划款转账为重点，未涵盖营业场所可能出现储户集中取款风险的应急处置。

三、证券期货业

（一）上海证券期货业运行情况

1. 机构种类多样齐全，总体规模稳中略升。截至 2022 年末，上海共有证券公司 31 家（包括 11 家证券公司下属的资产管理公司），总资产 2.37 万亿元、净资产 6453.83 亿元、净资本 4726.75 亿元，同比分别增长 3.63%、6.29% 和 2.51%。基金管理公司 64 家，管理总资产规模（含公募基金、专户、年金、社保、养老金）11.8 万亿元。私募基金管理人管理私募基金 4.15 万只，管理资产规模 5.05 万亿元，均位居全国首位。期货公司 36 家，总资产（含客户权益）6001.92 亿元、净资产 498.43 亿元、净资本 360.08 亿元，同比分别增长 25.18%、13.29% 和 15.46%。

2. 持续完善公司治理，不断提升风险抵御能力。上海证券公司持续提升公司治理水平，落实证监会《健全证券期货基金经营机构治理的工作方案》，强化公司股权管理，推动党建与公司治理有机融合。基金公司稳妥有序做好个人养老金投资等新业务合规应对和抗疫应急处置。期货公司认真落实合规风控规范要求，完善公司治理，强化对资产管理、风险管理等创新业务的风险监测，整体合规与风险管理水平保持稳健。

3. 主动对接国家战略，支持实体经济发展。上海证券公司主动对接科技创新、绿色低碳等国家战略，为实体企业提供高效的金融服务。基金公司主动响应国家战略，支持实体经济高质量发展，服务第三支柱养老金体系建设。期货公司持续完善“保险 + 期货”业务模式，助力服务“三农”国家战略。

4. 积极融入国际市场，有序推进对外开放。继贝莱德基金后，路博迈基金和富达基金先后于 2022 年获准开业，目前获批新设的外资独资基金公司均落户上海。截至 2022 年末，上海共有 5 家证券公司、10 家基金公司和 5 家期货公司在香港、2 家基金公司在美国、1 家基金公司和 2 家期货公司在新加坡获批筹建或设立子公司。

（二）上海企业证券市场融资情况

1. 上市公司融资规模降幅较大。截至 2022 年末，上海共有上市公司 422 家，占全国 8.30%，全年境内股票市场直接融资（含发行股份购买资产）1379.21 亿元。其中，IPO 融资 521.99 亿元，同比下降 24.31%；股票再融资（含发行股份购买资产）857.22 亿元，同比增长 8.64%。

2. 公司债券和新三板融资规模均大幅下滑。2022 年，上海 98 家企业共计发行公司债券 232 只，发行金额合计 3455.57 亿元，同比减少 31.91%。其中，面向合格投资者公开发行 2987.67 亿元，占比为 86.46%；非公开发行 467.9 亿元，占比为 13.54%。38 家（39 家次）新三板企业实施定向增发，共计募集资金 11.4 亿元，同比下降 17.09%。

（三）上海证券机构稳健性评估

1. 总资产、净资产和净资本保持相对平稳。截至 2022 年末，上海证券公司总资产、总负债、净资产和净资本分别为 2.37 万亿元、1.72 万亿元、6453.83 亿元和 4726.75 亿元，同比分别增长 3.63%、2.67%、6.29% 和 2.51%。

2. 风险管理水平保持稳健。2022 年，上海证券公司坚守风险底线，核心风控指标和流动性监管指标均符合监管标准。截至 2022 年末，上海证券公司杠杆率为 3.16 倍，财务结构继续保持稳健。

3. 盈利水平普遍下滑。2022 年，上海证券公司实现营业收入和净利润分别为 865.19 亿元和 328.26 亿元，同比分别减少 22.16% 和 28.90%。自营业务收入大幅下降，同比减少 61.64%，资管、融资类、经纪等业务收入也同比分别下降 26.05%、17.01% 和 16.52%。

4. 收入结构基本保持稳定。2022 年，证券行业整体盈利水平下降，除自营业务收入占比下降明显外，其他业务收入占比较为稳定。

（四）上海证券期货业发展中需要关注的方面

1. 债券违约风险防控压力仍然较大。目前，国内经济需求收缩、供给冲击、预期转弱“三重压力”持续显现，重点领域存量风险可能进一步水落石出。房地产市场尚未走出低谷，民营企业地产债尾部风险尚未完全出清，债券违约风险、交叉传染风险需密切关注。

2. 私募基金涉众涉稳风险需持续关注。2022 年，上海地区私募基金风险整体呈收敛态势，但个别管理人合规风控意识薄弱，“伪私募”“乱私募”等非法金融乱象仍时有发生。同时，私募基金投资者风险意识不足，易发生群体性事件，涉稳风险需高度重视。

四、保险业

（一）上海保险业运行情况

1. 保险机构类型丰富，数量总体稳定。截至 2022 年末，上海辖内共有法人保险机构 59 家，其中保险集团 2 家、财产险公司 20 家（自保公司 1 家）、人身险公司 22 家、再保险公司 5 家、资产管理公司 10 家；共有 108 家省级保险分支机构，其中财产险分公司 53 家、人身险分公司 52 家、再保险分公司 3 家；共有 225 家保险专业中介法人机构，其中保险代理机构 104 家、保险经纪机构 83 家、保险公估机构 38 家；共有 278 家保险专业中介分支机构。

2. 保费收入[①]平稳增长，资产规模略有增加。2022 年，上海辖内保险公司（不含法人）累计实

① 指原保险保费收入，下同。

现保费收入2095.01亿元，同比增长6.30%。2022年末，辖内保险省级分公司总资产8748.91亿元，同比增长5.06%。

3. 财产险业务温和增长，人身险业务稳步发展。2022年辖内财产险业务保费收入同比增长5.85%。受新冠肺炎疫情影响，财产险第一大险种车险保费收入同比下降1.35%。责任险保费收入125.14亿元，同比增长12.74%。企财险保费收入49.35亿元，同比增长12.05%。农险业务在2022年继续高速发展，保费收入达13.17亿元，同比增长22.52%。人身险业务保费收入1540.43亿元，同比增长6.46%，较全国平均水平高3.4个百分点。

4. 赔偿支出同比下降，意外险赔付下降明显。2022年辖内原保险赔付支出654.55亿元，同比下降11.30%。其中，财产险赔款支出274.82亿元，同比下降4.10%；寿险业务给付194.64亿元，同比下降19.05%；健康险赔付165.90亿元，同比下降9.44%；意外险赔款支出19.18亿元，同比下降30.86%。

5. 深化重点领域改革创新，服务保障民生成效显著。2022年，上海保险业积极落实国家各项决策部署，深化重点领域改革创新，服务保障民生取得新成效。一是持续深化车险综合改革，维护车险市场秩序稳定。二是推动数字化转型上线“保险码”平台，提升保险产品服务的数字化和便民化水平。三是挖掘创新潜力扩大民生保障覆盖面，指导行业持续优化城市定制商业补充医疗保险。

（二）上海保险公司法人稳健性评估

1. 保险业务发展稳健，盈利能力显著下滑。2022年末，上海保险公司法人资产总额47240.24亿元，同比增长11.33%，其中财产险和人身险公司资产总额同比分别增长8.78%和11.61%。保费收入和赔付支出分别为9367.27亿元和2866.52亿元，同比分别增长6.74%和0.18%。全年实现净利润165.89亿元，同比下降15.02%。其中，财产险和人身险公司分别为88.81亿元和77.07亿元，同比分别下降9.89%和20.25%，主要是投资收益同比大幅下降、国债收益率曲线下降导致准备金计提增加、个别公司计提较大减值准备等因素导致。全年保险金额2804.66万亿元，同比增长24.69%。

2. 财产险公司车险收入小幅增长，家庭财产险增速较快。2022年，财产险公司实现保费收入2726.73亿元，同比增长10.32%。其中，非车险业务保费收入1397.57亿元，同比增长14.28%；车险业务保费收入1329.16亿元，同比增长6.45%。从增速看，家庭财产保险、农业保险和责任保险保费收入分别增长109.72%、31.61%和31.25%，是增长较快的三个险种。

3. 人身险公司保费收入增势平稳，意外伤害险业务有所下降。2022年，人身险公司实现保费收入6678.13亿元，同比增长5.93%。其中，寿险、健康险业务保费收入分别为4638.53亿元和1904.22亿元，同比分别增长8.43%和2.13%；意外伤害险保费收入132.46亿元，同比下降16.85%。

（三）上海保险业发展中需要关注的方面

1. 保险业务发展增长动力不足，保费收入增速预计放缓。一方面，我国目前仍处于疫情后的恢复阶段，消费水平尚未完全恢复，消费者保险购买力出现下降。另一方面，上海市场目前仍处于提质增效的转型阶段，一些以银邮渠道为主渠道的公司主动降低银保渠道结构，但个人代理渠道尚未培育成熟，传统人身险营销员增员和组织模式受到较大挑战，保费收入增长明显放缓。

2. 平均综合偿付能力充足率下降明显，个别公司偿付能力风险较大。2022 年末，上海保险公司法人平均综合偿付充足率为 200.55%，较上年同期下降 24.1 个百分点，其中财产险和人身险公司平均综合偿付能力充足率分别为 236.50% 和 195.65%，同比分别下降 84.52 个和 19.22 个百分点。偿付能力下降原因主要包括：一是保险公司投资亏损和准备金计提导致净资产下降；二是“偿二代”二期规则实施后，统计口径变化导致最低资本要求大幅增加。

3. 部分财产险公司综合成本率居高不下，业务拓展成本高企。2022 年，上海辖内 6 家财产险公司法人综合成本率高于 100%，承保利润有待改善。例如，某保险公司综合成本率为 209.24%，2021 年同期为 82.67%，其中综合费用率高达 172.81%，大幅上升 118.45 个百分点。主要原因是该公司自 2021 年 3 月启动业务合并计划至今，公司已赚保费的释放已接近尾声，但公司维持基本运营的固定费用仍然存在而导致综合费用率偏高。

4. 融资性保证保险业务存在风险，发展需审慎推进。当前经济下行、失业率承压的环境下，大多数借款人的还款能力和意愿存在下降趋势，信贷违约风险持续上升。相关融资性保证保险业务经营机构应高度重视融资性业务经营风险，适当控制发展规模，审慎合理确定业务发展速度，杜绝盲目追求放款量和保费收入而过于放宽信贷审核标准，不断强化合规管理理念，严控增量业务风险。

五、地方金融组织

截至 2022 年末，上海共有小额贷款公司 115 家，持有效许可证的融资担保公司 30 家，区域性股权市场 1 家，典当公司 231 家，融资租赁公司 1448 家，商业保理公司 369 家，地方资产管理公司 2 家，合计 2196 家，较 2021 年末减少 210 家。

（一）上海地方金融组织运行情况

1. 行业发展基本稳定。2022 年末，上海七类地方金融组织资产总额 20194.22 亿元，从业人员总计 27368 人。其中，小额贷款公司注册资本 199.37 亿元，资产总额 229.33 亿元；融资担保公司注册资本 201.35 亿元，资产总额 254.15 亿元；区域性股权市场注册资本 2.68 亿元，资产总额 5.01 亿元，挂牌企业 809 家，挂牌企业融资额 248.20 亿元；典当行注册资本 63.39 亿元，资产总额 61.81 亿元，典当余额 58.98 亿元；融资租赁公司注册资本 6898.74 亿元，资产总额 17549.80 亿元；商业保理公司注册资本 686.80 亿元，资产总额 1236.32 亿元；地方资产管理公司注册资本 75 亿元，资产总额 857.78 亿元。

2. 市场环境持续净化。2022 年，上海共有 1 家融资担保公司被收回许可证，3 家小额贷款公司退出试点；转隶以来，吊销注销、转型退出及迁出的融资租赁公司和商业保理公司分别为 549 家和 192 家。截至 2022 年末，上海地方金融组织资产总额与 2021 年末基本持平，注册资本实缴到位率 52.89%，较 2021 年末提高 2.87 个百分点。

3. 积极应对疫情挑战。受疫情和经济下行影响，上海地方金融组织日常经营和业务发展在 2022 年上半年受到较大影响，但全年总体表现尚且平稳。全年实现净利润总额 265.03 亿元，其中净利润贡献度排名前 3 的行业分别为融资租赁、地方资管和商业保理。2021 年净利润贡献度靠前的融资担保行业在 2022 年度利润下降明显，同比下降约 68.25%，主要原因是政策性融资担保机构在疫情期间积极落实相关减费让利政策，对防疫重点企业和受疫情影响较大的中小微企业进行了较大幅度的利益让渡。

4. 助企纾困共渡难关。新冠肺炎疫情期间，上海市出台《关于上海地方金融组织进一步支持新冠肺炎疫情防控和经济社会发展的若干意见》，引导小额贷款、融资担保、典当行三类机构采取减费、展期、不盲目绝当等措施缓解企业资金压力。2022 年 3—12 月，上海小额贷款公司、融资担保公司、典当行对受疫情影响客户减息降费 17829 笔 8414 万元，延长还款期限 4095 笔合计本金 99 亿元，实施征信保护、协助征信修复 672 家，助力中小微企业渡过难关。

5. 普惠金融保障民生。截至 2022 年末，上海小额贷款公司贷款余额 177. 97 亿元，其中“三农”贷款余额 6. 20 亿元、小微企业贷款余额 108. 13 亿元，两者合计占全部贷款余额的 64. 24%。融资租赁行业投向中小微企业融资租赁资产余额 4580. 16 亿元，商业保理行业投向中小微企业的应收保理融资款本金余额 454. 08 亿元，同比分别增加 29. 19% 和微降 2. 87%。

（二）上海地方金融组织发展中需要关注的方面

1. 地方资产管理公司不良资产批量收购处置业务量占比不高。不良资产批量收购处置业务是经银保监会许可方可开展的牌照业务，也是地方资产管理公司与一般资产管理公司的重要区别。由于地方资产管理公司仅参与本省（自治区、直辖市）范围内金融机构不良资产的批量收购处置业务，上海金融机构运作相对更加注重合规、风险意识较强，金融机构不良资产批量包供给偏少，加上金融资产管理公司参与竞争，导致上海地方资产管理公司批量收购处置业务占比不高。

2. 小额贷款行业监管要求有待明确。近年来，小额贷款公司涉及利率和催收的投诉举报数量不断增多。一方面，小额贷款公司的放贷利率不受民间借贷最高利率限制，国家层面尚未出台有关利率限额的监管规定。另一方面，相关法律规定对暴力催收缺乏统一评判标准，债务人通过投诉暴力催收以期减免债务的现象时有发生。

3. 典当行业融资渠道有待畅通。《典当管理办法》规定，典当行不得从商业银行以外的单位和个人借款，不得与其他典当行拆借或变相拆借资金。2013 年原银监会《关于防范外部风险传染的通知》中将典当行列为需重点关注的五种外部风险来源之一，商业银行贷款渠道几乎完全中断，典当企业的社会信誉和良性发展受到较大影响。

4. 商业保理行业发展环境有待改善。目前，商业保理行业发展中所涉及的税制、外管、工商、司法、权属登记等各方面都存在制度空白。尤其是营改增后商业保理行业的税收抵扣链条一直未完善，商业保理公司支付的融资利息无法进行进项税额抵扣，也无法在应税销售额认定中进行调整，商业保理公司客户支付的保理额度使用费与手续费也被税务部门认定为融资利息，无法进行差额纳税。保理企业及其客户税额抵扣存在劣势，不利于保理企业与融资租赁等业态开展竞争，对行业发展形成制约。

六、金融基础设施建设

（一）强化支付体系建设，提升支付结算便利度

推进上海市支付系统、中央银行会计核算数据集中系统（ACS）和同城票据交换等业务连续性管理工作落实到位，保障中央银行会计核算业务疫情期间不间断。支付清算系统接入机构不断拓展，

支付清算系统覆盖面逐步扩大。加强非银行支付机构和平台企业支付业务监管，引导聚焦实体经济和民生需求。持续建设移动支付便民工程，在城市交通、医疗等领域应用不断拓展。

（二）从严惩治金融违法行为，积极构筑研究合力

2022 年，人民银行上海总部作出 28 个行政处罚决定，累计处罚 5117.9 万元，同比增长 44%。年度行政处罚情况向全市金融系统发文通报，进行监管警示，并通过微信公众号等渠道进行宣传。充分发挥科研院校和金融机构研究优势，打造以上海总部法律部门为主体，以金融法治研究院和金融法治运行监测点为两翼的研究机制。建设“央行法律服务站”，深入开展金融法治宣传活动。

（三）推动地方征信平台建设，改善涉农小微融资环境

指导地方征信平台扩大数据采集范围，加快推进“中小微企业数据库”“新型农业经营主体数据库”建设。扎实推进农村信用体系建设，开展信用户、信用村评定，实现信用村在上海全部 9 个涉农区全面落地。指导金融机构依托应收账款融资服务平台助力中小微企业发展，推进核心企业与平台对接，缓解中小微企业融资难问题。

（四）加强风险为本反洗钱监管，加大洗钱犯罪打击力度

2022 年对 3 个行业开展 6 项执法检查，共对 5 家机构、10 名直接责任人分别处以 2108 万元、48.4 万元罚款，处罚的惩戒性和威慑性不断增强。打击洗钱犯罪工作成效显著，全年按照《刑法》第一百九十一条洗钱罪共生效判决 32 件，其中自洗钱罪案件生效判决 6 件，较同期上升 5 倍；按《刑法》第三百一十二条、第三百四十九条共生效判决 946 件。

（五）扎实开展金融知识普及活动，持续提升金融消费者权益保护质效

组织辖内相关金融机构开展“金融消费者权益日”“普及金融知识　守住‘钱袋子’”活动，有序推进金融教育示范基地建设。持续畅通金融消费者投诉咨询渠道，保障疫情期间“12363”暖心热线“不断档”、服务“不停歇”。加强上海地区金融消费权益保护监管联动，强化监督检查，持续规范金融营销宣传行为。

七、总体评估与展望

2022 年，面对国内外复杂严峻经济环境和疫情冲击等超预期因素的多重挑战，上海深入学习贯彻党的二十大精神和习近平总书记考察上海重要讲话精神，高效统筹疫情防控和经济社会发展，经济新动能持续发力，创新驱动深入推进，城市核心功能稳定运行。金融业面对严峻复杂的发展环境，统筹推进疫情防控、实体经济发展和风险防控，整体保持稳健发展。金融基础设施强化疫情期间服务保障，金融服务和管理水平不断提升。金融风险防范工作稳步推进，金融风险整体收敛可控。

2023 年，我国经济将全面恢复常态化运行，经济运行复苏向好因素不断积累，但国际环境依然复杂严峻，国内需求仍显不足，经济回升内生动力还不稳定。上海将持续关注经济金融形势变化，密切关注实体经济有效信贷需求不足、外需萎缩和产能替代、房地产等领域风险，坚持稳字当头、

稳中求进，聚焦稳定经济大盘、有效防控金融风险和加强监管协调，推动上海国际金融中心建设和浦东新区高水平改革开放再上新台阶，长三角一体化区域金融合作取得新成效。

中国人民银行上海总部金融稳定分析小组

组　　长：孙　辉
副 组 长：饶庆文
成　　员：马绍刚　吕进中　朱　沛　陈　勇　余路琳　荣艺华
姜　威　殷健敏　葛　庆

《上海市金融稳定报告（2023）》编写组

总　　纂：饶庆文
统　　稿：张国文　周正清
执　　笔：周正清　谭紫蝶　雷　蕾　郑振东
参与写作人员：万阿俊　王红燕　王　晴　文　哲　田　青　田　彤
李东辉　李　枢　李冀申　吴　超　何毛毛　沈文倩
张光源　陈安宇　郑如斯　赵　昂　赵　莹　秦艺城
钱　俊　殷楚楚　郭纪生　陶佳敏

江苏省金融稳定报告摘要

2022年，江苏经济运行呈现持续恢复、回稳向好态势，经济总量再上新台阶。全省金融机构经营稳健性不断提升，金融基础设施持续完善，金融服务实体经济的效率稳步提高，整个金融体系呈稳健运行态势。

一、江苏经济

（一）基本情况

2022年，江苏经济运行回稳向好。① 一是经济总量再上新台阶，初步核算，全年实现地区生产总值122875.6亿元，比上年增长2.8%。先进制造业较快增长，规模以上高技术制造业、装备制造业产值比上年分别增长10.8%、8.5%。二是固定资产投资平稳增长，重点领域投资明显加快。2022年，全省固定资产投资比上年增长3.8%，其中电气机械、电子、汽车等重点领域投资分别增长25.4%、12%和10.6%。三是市场销售规模稳定，网络零售持续快增。2022年，全省社会消费品零售总额42752.1亿元，比上年增长0.1%，其中全省限额以上企业通过公共网络实现商品零售额3338.9亿元，比上年增长19.1%。四是居民收入平稳增长。2022年，全省居民人均可支配收入49862元，较上年增长5.0%。按常住地分，城镇居民人均可支配收入60178元，增长4.2%；农村居民人均可支配收入28486元，增长16.3%。五是居民消费价格温和上涨，工业品价格涨幅回落。全省居民消费价格同比上涨2.2%，其中城市上涨2.1%，农村上涨2.3%。全年工业生产者出厂价格比上年上涨3.2%，购进价格上涨5.8%。

（二）经济运行情况

1. 工业生产总体实现较快恢复，服务业有所复苏。2022年，全省规模以上工业增加值同比增长5.1%，增速较全国高1.5个百分点。第一季度至第四季度，全省规模以上工业增加值分别增长6.4%、-1.6%、8.9%和6.5%。自6月以来，规模以上工业累计增速总体呈逐月加快态势，当月增速均保持6%以上的较快增长，但12月受疫情短期集中暴发影响，当月仅增长3.2%，比11月回落3.5个百分点。从三大门类看，2022年采矿业、制造业增加值同比分别增长3.8%、5.5%，电力、热力、燃气以及水生产和供应业增加值同比下降1.3%。2022年，全省第三产业增加值比上年增长1.9%。其中，金融业增长7.2%，信息传输、软件和信息技术服务业增长9.6%，科学研究和技术服

① 数据来源于江苏省统计局。

务业增长7.6%。2022年1—11月，全省规模以上服务业营业收入同比增长7.9%，比1—10月加快0.8个百分点，连续5个月增速回升，其中生产性服务业快速增长。2022年1—11月，生产性服务业营业收入同比增长8.8%，高出规模以上服务业0.9个百分点。

2. 基建投资增速不断加快，制造业投资总体较快增长。2022年，全省固定资产投资增长3.8%，增速比前三季度、上半年分别加快0.3个和0.5个百分点，较第一季度下降3.5个百分点，全年增速呈现“前高中低后升”态势。下半年自8月起累计增速连续5个月呈现回升态势。全省基础设施投资增速自上半年由负转正后连续6个月增速上行，下半年基础设施投资同比增长15.2%，全年实现同比增长8.2%，增速高于全部投资4.4个百分点，拉动全部投资增长1.1个百分点。全省制造业投资增长8.8%，高于全部投资增速5个百分点，对投资增长贡献率达94.6%，增速较上半年、前三季度分别慢2.6个、2.4个百分点，总体保持较好韧性。

3. 外贸进出口保持一定韧性，但下行压力不容忽视。2022年，在不利的内外部环境下，全省外贸运行体现出一定韧性，进出口、出口、进口规模继续保持全国第2位。其中，进出口总额8177.5亿美元，同比增长1.7%；出口5225.9亿美元，同比增长4.3%，进口2951.6亿美元，同比下降2.5%。但进出口、出口、进口增速较上半年分别回落9.2个、9个和9.6个百分点，从横向看，进出口、出口和进口增速分别低于全国2.7个、2.7个和3.6个百分点；从纵向看，进出口增速逐季放缓，第一季度至第四季度，出口增速分别为17.4%、9.4%、8.7%和-15.1%，进口增速分别为14.5%、0.2%、-2.9%和-19.3%。

（三）经济运行中存在的风险

1. 疫情的“疤痕效应”或将长期影响居民消费行为。受新冠肺炎疫情影响，大部分居民的风险容忍和承受能力均较疫情前出现一定程度的下降，对未来收入增长预期更加趋于保守。这种“疤痕效应”将影响住户的消费行为：一是疫情导致消费者信心大幅下滑，消费倾向下降。国家统计局数据显示，自2022年第二季度以来，我国消费者信心指数持续低位运行，从年初的120以上降至月均80多，降至历史新低。人民银行南京分行2022年第四季度城镇储户问卷调查显示，居民当前消费情绪指数为61.6%，低于近5年均值3.52个百分点；未来消费信心指数为54.45%，为开展该项调查以来的最低水平。二是未来就业、收入的不确定性导致预防性储蓄倾向上升。问卷调查显示，倾向“更多消费”的居民占比同比下降1.9个百分点，而倾向“更多储蓄”的居民占比同比大幅增加10个百分点。三是疫情防控制约接触性、聚集性消费，并可能导致部分消费永久性缺失。疫情防控改变了人们的工作和生活方式，如疫情以来线上会议大量普及，会场布置、酒店住宿等相关行业明显受挫。防控政策优化放开后，线下消费的场景限制完全解除，但部分消费存在永久性缺失，如线上办公的推行、线上购物习惯的培养或导致主要城市传统繁华商业区、写字楼中心人流及消费永久性的降低。

2. 多重因素导致居民购房意愿和信心低迷。自2022年以来，为促进房地产市场平稳健康发展，从中央到地方出台多项支持政策以提振市场，但目前来看政策效果并不明显，房地产销售及价格持续低位运行，可能产生风险外溢，并从财政收入、投资和消费等多方面制约经济运行整体好转。调查结果显示，多重顾虑导致居民购房意愿和信心降至低点：一是居民就业、收入预期不稳。疫情反复冲击下，经济下行压力加大，居民就业、收入预期持续走低，资产负债表恶化，加杠杆的意愿和能力受到明显抑制，购房意愿和信心不足。针对江苏省内2450户城镇居民的问卷调查显示，

51.47%的居民认为“疫情反复冲击下居民就业、收入预期不稳”是影响购房意愿及商品房销售的主要因素。二是房价下跌预期增强。居民购房通常有“买涨不买跌”的特点，房价下跌预期的强化无疑会加重居民观望情绪。居民问卷调查显示，43.67%的居民认为“担心房地产市场继续调整，房价下跌”是影响购房意愿及商品房销售的主要因素。三是潜在购房者“不敢买”。居民问卷调查显示，30.53%的居民认为“部分开发商楼盘烂尾背景下，潜在购房者担心不能顺利完工交付”是影响购房意愿及商品房销售的主要因素。

二、金融业

（一）银行业

1. 基本情况

2022年江苏省银行业经营总体稳健。一是资产负债规模不断扩大。截至2022年末[①]，全省银行业金融机构资产总额27.48万亿元，同比增长13.48%，负债总额26.36万亿元，同比增长13.52%。二是存贷款余额保持平稳增长。截至2022年末，全省银行业金融机构本外币各项存款余额20.64万亿元，比年初增加2.2万亿元；各项贷款余额20.69万亿元，比年初增加2.6万亿元。三是盈利水平有所上升。2022年，全省银行业金融机构共实现净利润2988.15亿元，同比增长16.06%。

2. 银行业存在的风险

（1）大中型企业信贷风险。一是房地产业仍处调整期，建筑业风险持续暴露。自2022年以来，国家出台了一系列促进房地产市场平稳健康发展的政策措施，但市场预期尚未企稳，民营房地产企业风险加速暴露，同时房地产企业资金链风险不断向其上下游行业扩散。二是疫情冲击尚待消化，民营企业面临严峻的经营环境。虽然已经全面解封，但持续3年的新冠肺炎疫情对各类型企业产需、用工、物流等方面形成的冲击仍未消化。三是企业盲目扩张和过度投资导致资金链断裂。部分企业在生产经营中追求大而全，盲目跨界做大规模埋下隐患。大多数企业对新领域并不熟悉，极易出现部分并购项目盈利未达预期的现象，最终导致现金回流不畅。四是部分企业涉及担保圈，担保负担较重引发风险传染。省内个别地区民营企业间大多存在不同程度的互保联保，2017年以来当地经济增速放缓，担保圈内企业抗风险能力有所减弱。经营和盈利一般的企业常常最先出险，圈内代偿行为常有发生，导致个别原本经营正常的企业也被拖累。

（2）地方政府融资平台融资难度加大。江苏地方政府融资平台数量多、债务规模大。长期以来，地方政府融资平台承担了大量公益性项目建设和运维任务，项目收益率较低，甚至很多项目基本没有收益，无法覆盖项目投资建设成本，自身“造血”能力严重不足，导致融资平台债务规模越来越大、资产负债率也越来越高，主要依赖借新还旧及地方政府少量的财政补贴维持正常运转。2022年，地方政府土地出让收入大幅减少，加上减税降费、疫情防控支出增加，地方政府财政收支压力较大，对融资平台的资金支持更趋紧张。此外，近年来地方政府融资平台融资监管环境总体趋紧，平台融资渠道也有所收窄。目前，银行机构对涉及隐性债务平台贷款较为谨慎，基本暂停了融资平台公司的流动资金贷款。债券市场融资环境也有所收紧，市场资金对城投债认购积极性明显下降。加上非

① 数据来源于江苏银保监局。

标融资业务基本停滞，融资平台融资难度和资金压力加大，债务风险值得关注。

（二）证券期货业

1. 基本情况

2022 年，江苏证券期货业保持平稳健康发展，积极把握住了发展机遇。一是融资金额和企业上市数量仍居全国前列。[①] 全年全省融资总额 1978.08 亿元，列全国第 3 位，新增首发上市公司 70 家，列全国第 2 位，首发融资 795.52 亿元，剔除央企后列全国第 2 位。二是法人机构资本实力不断提高，抗风险能力进一步增强。全省共有法人证券公司 6 家，法人期货公司 9 家。截至 2022 年末，辖内法人证券公司和期货公司净资本总额分别达 1575.33 亿元和 45.94 亿元，营业收入分别达 312.81 亿元和 14.24 亿元。

2. 证券期货业存在的风险

（1）少数上市公司退市风险较大。2022 年末，全省 642 家上市公司中有 4 家公司被实施退市风险警示、10 家公司被实施其他风险警示。*ST 科林、*ST 海伦、*ST 光一分别因 2018 年、2021 年和 2021 年年度报告被出具无法表示意见的审计报告，被实施退市风险预警；*ST 新海 2014—2019 年年度报告及 2019 年半年度报告存在虚假记载，2019 年扣除非经常性损益后的归母净利润为负值，2019 年年报被出具保留意见的审计报告，被实施退市风险预警。

（2）债券违约风险不容忽视。截至 2022 年末，全省公司债券发行人 538 家，债券 2164 只，债券余额 1.35 万亿元，偿付压力较大。一是信用债券集中到期。Wind 数据显示，2023—2025 年江苏省分别有 1.64 万亿元、0.97 万亿元和 1.08 万亿元信用债券到期，占存量债券的比例分别达到 34.89%、20.59% 和 22.90%。二是中低评级信用债券占比较高。2023 年内到期的 2453 只、1.64 万亿元信用债券中，AA 级以下等中低评级（含 AA 级和无评级）债券只数和金额占比分别高达 34.86%、18.76%，分别高于全国水平 8.29 个和 7.70 个百分点。

（三）保险业

1. 基本情况

2022 年，江苏省保险业整体经营较为稳健。全省共有保险主体 114 家，其中，财产险公司 46 家，人身险公司 68 家；按资本属性划分，中资 77 家，外资 37 家。全年全省保险业实现保费收入 4317.72 亿元，同比增长 6.58%，其中，财产险保费收入 1124.44 亿元，同比增长 12.20%，人身险保费收入 3193.28 亿元，同比增长 4.73%；财产险公司综合赔付率 68.28%，同比下降 0.59 个百分点；人身险公司退保率 3.18%，同比上升 1.59 个百分点，满期给付 230.25 亿元，同比下降 17.61%。

2. 保险业存在的风险

（1）“偿二代”二期工程给法人保险公司带来新的挑战。“偿二代”监管规则历时 4 年全面修订升级，二期工程于 2021 年末落地，2022 年第一季度起执行。新规优化资本计量标准、细化风险管理要求、完善信息披露，对保险业产生巨大影响。新规下省内法人保险公司整体偿付能力充足率有所下降，保险公司表示虽距离监管标准仍有一定差距，但在同业交易、团体险业务招投标等领域所产

---

① 数据来源于 Wind 数据库。

生的市场化影响值得关注。考虑到各档监管红线与业务准入挂钩，若延续固有经营思路继续粗放经营，将不可避免地陷入业务收缩的负向循环。为适应新规要求，保险公司在业务结构、内部管理、科技赋能等方面均面临较大的转型压力，顺应监管导向的全面转型迫在眉睫。

（2）保险公司支持建设科创金融改革试验区面临困难。2022 年 11 月，人民银行等八部门印发《上海市、南京市、杭州市、合肥市、嘉兴市建设科创金融改革试验区总体方案》，明确提出保险公司要设立科技保险专营机构，提升保险中介在科技保险领域的服务能力、要有效发挥保险公司的风险分担和增信作用、要研发推出符合科创企业需求的保险产品等。方案落实主要存在以下难点：一是科创保险产品发展不均衡。目前，科技企业投保的险种主要集中于企业财产类保险、出口信用保险以及人身意外类保险等主要由传统保险产品转变而来的险种。研发责任保险、环境污染责任险、营业中断保险等险种鲜有企业问津，原因在于部分企业缺乏风险管理意识，企业管理人员在经营过程中抱有侥幸心理、缺乏战略思维。二是保险支持科创覆盖面不广。从数量上看，国内科技保险大多都是针对科技企业特定风险的一般化保险产品，专门针对科技风险的特殊险种较少。从质量上看，国内保险公司经验不足，尚不能研发行业解决方案、定制“一揽子”组合式保险、为单一险种不能覆盖的风险提供保障，而市场上科技企业类型多、规模不一、需求不同，中小型企业很难在市场上找到适合的产品。

三、金融基础设施

（一）支付体系

一是深化农村支付环境建设。在三年规划框架下，联合省内七部门制定 2022 年普惠金融服务点提质增效工作要点，明确各部门职责，量化指标，序时推进。发布建设单位接入普惠金融服务平台标准化流程指南，严把服务点准入关，强化动态调整机制，优化以智能点、综合点、支付点为主的多层次服务点布局。开展服务点星级评定和五星级服务点展播，指导辖内建设单位积极拓宽合作渠道，推进站点建设与党建政务、金融服务、民生服务融合发展，引导国债下乡、信贷业务下沉、社保医保驻村等，坚持“一县一策、一行一品”，打造“小苏大爱”“沛泽驿站”等一批特色服务品牌。截至 2022 年末，全省共建设普惠金融服务点 14881 个，实现参照国家金标委技术标准建设的服务点全覆盖，累计发生支付业务 5728.78 万笔、金额 385.62 亿元。

二是推进移动支付服务提档升级。制定《江苏省移动支付便民服务工作要点》，深化场景建设，积极探索移动支付在公共出行、医疗健康等领域的应用。截至 2022 年末，全省已完成 13 个地市公交、南京等五城地铁移动支付全覆盖，拓展商圈 2066 个、医院 3999 家、校企园区 2207 个。聚焦百货、超市、餐饮等日常消费场景，指导江苏银联开展政府消费券项目以及各类联合营销活动，激发市场消费活力，全年累计带动交易金额超 36.23 亿元。持续扩大“引领县”建设范围，推动移动支付服务向县域农村地区下沉。此外，“云闪付” App 上线 22 家银行“一键查卡”功能，社会公众可在“云闪付” App 中查询本人名下银行卡。

三是全面提升支付适老服务水平。研究制定落实落细支付服务适老化工作的指导意见，建设形成“一个指引、五项任务”的支付适老化推进体系。指导辖内支付服务主体以指导意见为抓手，制定支付适老化实施细则，统筹推进完善服务专项机制、建设特色示范网点、优化“线下 + 线上”支付服务、弥合支付鸿沟、加强适老宣传五项重点工作任务。截至2022年末，全辖1.2万余个银行网点完成适老化改造，1.4万余个农村普惠金融服务点提供适老化服务，96.43%的银行建立了老年人投诉机制，提供上门服务6.8万次，开展适老服务宣传2.6万余次，老年人支付结算服务的获得感和满意度显著提升。

（二）信用环境

一是深耕农村信用体系建设，助力乡村振兴战略。加强部门合作，在省级层面健全完善协作机制，初步拟订全省农村信用体系建设工作方案和任务目标。推动省内人民银行结合当地实际，主动对接发展和改革委员会、农业农村局等相关政府部门，联合制订工作方案，细化目标任务，合力推动农村信用体系工作。引导涉农金融机构利用系统数据开展整村授信、主动授信，开发纯线上信贷产品，推出特色支农产品，进一步发挥征信助农惠农的作用。常态化推进“三信”评定与信用县创建工作。截至2022年末，全省累计采集2077万农户信用信息1.6亿条，19万户新型农业经营主体信用信息217万条，基本实现两类主体建档全覆盖，系统查询实现农业银行、邮储银行、农商行等主要涉农金融机构全接入。

二是保障长三角征信链平稳运行，促进征信一体化发展。做好征信链升级优化和运维工作，实现征信链平台在江苏省内查询全覆盖。稳步实现固定格式报告、标准数据接口和自定义模块等多元上链模式，开发金融机构接口模式查询，有效打通数据上链和查询的快速通道。目前，江苏省联合征信、杭州征信、安徽征信等10家机构已实现实时接口方式上链，苏州征信、常州征信实现与本地征信平台的实时联通。优化升级平台增值服务功能，为链上机构提供个性化产品服务渠道，进一步提升征信链平台的服务效能。截至2022年末，长三角征信链平台为711家金融机构开通查询用户8584个，上链企业2288万家，查询信用报告195万份。

三是全面推动“征信修复”乱象治理百日行动，净化征信市场环境。积极争取网信办、发展和改革委员会、公安、市场监管、地方金融监管等部门的支持，联合印发《江苏省“征信修复”乱象专项治理工作方案》，明确职责分工，构建全省统一的“监测、引导、执法、查处”全流程治理及常态化监测工作机制。省内分支机构根据总分行部署，联合相关职能部门对全辖名称或经营范围含“征信”的机构采取电话询问、上门调查、约谈公司负责人等形式进行全面摸底排查，联合网信办、市场监管等部门对网站平台、账号以及相关机构广告、宣传行为进行监测，及时识别涉及“征信修复”行为线索，在调查实际经营状况、真实经营业务的基础上，结合相关职能部门的专业意见进行分类施策，实现“征信修复”相关违规经营行为以及虚假宣传广告的动态清零，含“征信”字样却并不从事相关业务的机构“消存量、遏增量”成果稳居全国前列。

（三）反洗钱

一是创新方式提升非现场监管质效。完善非法人义务机构监管工作机制，充分运用总行开发的监管交互平台和南京分行自主开发的反洗钱风险管理平台，实现非法人机构监管的线上化、数字化和动态化。通过对机构日常上报工作信息的梳理分析，及时发现和揭示非法人义务机构履职中存在的风险隐患，适时向机构通报履职突出和共性问题，明确工作重点。积极探索对辖内25家银行业机构的平行审查，通过“五步评价”法，精准定位被审查机构存在的问题和经验做法，作为现场检查工具之外的有效补充，传导监管关切，推动监管效能持续提升。

二是持续完善执法检查和监管评估双支柱监管框架。以风险评估为前置风险识别工具，通过现场和非现场监管相结合方式，识别、评估机构洗钱固有风险和控制措施有效性，分行业、分区域实现法人义务机构洗钱风险状况指标化、类别化和可视化。强化执法检查风险导向，重点结合风险评估结果，聚焦被查机构高风险产品、渠道和客户情况及履职薄弱环节，有针对性地制定检查方案和明确检查重点，实现监管评估和执法检查双向促进，进一步提升双支柱监管框架的有效性。

三是积极探索数字人民币反洗钱监管。对数字人民币业务进行专题研究，了解数字人民币业务面临的洗钱威胁和履职缺失，并就完善制度保障、优化顶层设计、强化监管指导提出政策建议。在平衡保障用户隐私、信息安全与履行反洗钱义务的基础上，研究数字人民币风险监测和预警标准60余条。发布数字人民币洗钱风险提示，组织试点银行机构开展数字人民币异常交易排查，发现可疑案例80余份，针对发现的风险情况及时采取有效的管控措施。启动多方安全计算和机器学习的反洗钱项目方案设计和研究工作，通过共享模型思路的方式，提升试点银行机构数字人民币可疑交易监测质量。

（四）存款保险

一是做深做细存款保险宣传工作。坚持问题导向，聚焦重点领域和薄弱环节，深入乡村、社区等基层单位，组织开展“护航新征程　存保伴您行”系列活动，积极开展5月、9月“存款保险宣传月”集中宣传，组织全省投保机构做好统一存款保险宣传素材推广工作。督导辖内投保机构以“存款保险保障功能”为主题开展内部培训，在全省范围推广“存款保险知识大闯关”线上答题模式，成为投保机构存款保险内部培训的有效工具。制定《江苏辖区投保机构存款保险宣传督导评价指标体系》，组织人民银行分支机构对全省投保机构存款保险宣传工作成效开展督导评价，压实投保机构宣传主体责任。

二是审慎核定投保机构风险差别费率。发挥差别费率的正向激励作用，组织分行营管部、江苏省各市中心支行审慎完成江苏辖区143家地方法人投保机构2021年下半年、2022年上半年费率管理与保费征收工作，结合日常风险监测情况提出多次费率调整建议，确保费率结果反映机构真实风险水平。“一对一”地向辖内投保机构稳妥传达部署阶段性提高存款保险费率的工作要求，确保平稳有序。

四、总体评估与政策建议

（一）总体评估

2022年，江苏经济在经历第一季度平稳开局、4月深度下跌、5月以来主要指标持续改善后，下半年以来回升动能逐步增强，运行态势总体回稳向上，但12月受新冠肺炎疫情短期集中暴发影响有所波动。全省工业生产较快恢复，服务业有所复苏，外贸进出口保持一定韧性，基建投资增速不断加快，制造业投资总体较快增长。

与此同时，江苏经济金融也面临挑战。国内外宏观环境复杂严峻，内外需求相对疲弱，经济平稳运行面临的不确定因素仍然较多，实现经济率先整体好转仍面临较多挑战。在全球经济衰退风险上升、主要经济体政策收缩持续以及国内需求修复仍存在较大压力的背景下，全省涉外经济运行和跨境资金流动短期下行趋势仍可能延续。

（二）政策建议

1. 精准有力实施稳健的货币政策，助力江苏经济整体好转。一是保持融资总量平稳增长。综合运用多种货币政策工具，保持社会融资规模增速和信贷增速同名义经济增速基本匹配。支持引导金融机构按照市场化、法治化原则满足实体经济有效融资需求，推动加快已授信贷款的放款进度，协调解决银行项目储备落地难点。二是“精准滴灌”重点领域和薄弱环节，不断提高信贷资金配置效率。充分发挥结构性工具的功能和作用，做到“重点突出、投向精准”，持续发力助企纾困，大力支持科技创新和绿色发展，全力支持普惠小微和乡村振兴。

2. 多层次加大消费恢复支持力度，深度释放内需潜力。一是开发、优化消费金融产品服务，为消费恢复提供全方位支持。鼓励新能源汽车、绿色家电等大宗商品消费，促进居住消费提升，为新型消费和服务消费提供信贷支持和保险保障。进一步挖掘金融科技潜能，创新消费场景，改善金融服务。二是多渠道增加居民安全稳定的财产性收入，修复居民家庭资产负债表，增强消费能力。进一步丰富金融产品供给，稳定金融市场，提高居民投资收益。盘活土地要素，多渠道增加农村居民财产性收入，缩小城乡差距，激发农村消费潜力。

3. 着力稳定市场信心和居民预期，促进房地产市场平稳健康发展。切实抓好已出台的促进房地产市场平稳健康发展各项政策措施的落地实施工作，并针对具体操作中的问题及时进行调整完善，支持、挖掘居民刚性及改善性住房需求，提振居民预期和信心，推动房地产销售企稳回升。根据住房需求的趋势性变化，及时调整供给节奏和数量，优化资源配置，提升住房供需结构适配度。

4. 有效防范缓解重大经济金融风险隐患，兼顾稳增长和防风险平衡。自新冠肺炎疫情以来，经济下行压力明显较大，经济金融领域风险隐患水落石出。对此，必须保持高度警惕，有效兼顾稳增长和防风险平衡。要推动融资平台加快市场化转型，制订切实可行的风险化解方案，妥善处置地方政府存量隐性债务。要多渠道加大对房地产企业的流动性支持，继续积极救助“烂尾”楼盘“保交楼”，防范房地产风险大规模外溢传染。要加强对地方中小法人金融机构的风险监测评估，做到风险早识别、早预警、早发现、早处置，前瞻性做好风险防控。

中国人民银行南京分行金融稳定分析小组

组　　长：郭新明

副 组 长：郭大勇

成　　员：陈　锋　周　源　吉祖来　唐　清　宋卫琳　范海鸿

《江苏省金融稳定报告（2023）》编写组

总　　纂：陈　锋

统　　稿：缪仕国

执　　笔：赵诗雨　马军伟　郝雨时

参与写作人员：徐　虹　刘　源　倪海鹭　李　诚　贾昌峰

浙江省金融稳定报告摘要

2022年，面对需求收缩、供给冲击、预期转弱“三重压力”，浙江省金融系统持续贯彻落实新发展理念，紧紧围绕服务实体经济、防控金融风险、深化金融改革等重要任务，为浙江奋力打造“重要窗口”、争创社会主义现代化先行省、高质量发展建设共同富裕示范区提供强有力的金融服务保障。2022年，全省银行业运行总体平稳，各项贷款、存款稳步增长，不良贷款持续“双降”，有力地支持了实体经济发展。证券业业务规模有所放缓，证券业机构各项指标均处于安全边际，资本市场支持实体经济功能进一步发挥。保险业业务规模显著回暖，服务领域持续拓宽，现代保险经济补偿和风险保障功能有效发挥。共同富裕示范区建设扎实开局，绿色金融改革创新试验区和自由贸易区纵深发展，区域金融改革工作不断深化，金融基础设施持续完善。总体来看，2022年浙江省金融稳定状况良好，但对部分潜在风险点仍需保持关注。

一、经济运行情况

（一）经济运行概况

1. 宏观经济总体回稳，增速好于全国。2022年，浙江省实现地区生产总值77715亿元，同比增长3.1%，高于全国0.1个百分点。分产业看，第一、第二、第三产业增加值分别为2325亿元、33205亿元和42185亿元，同比分别增长3.2%、3.4%和2.8%；三次产业增加值占生产总值比重分别为3.0%、42.7%和54.3%。

2. 投资较快增长，消费稳中向好，出口规模持续扩大。2022年，全省固定资产投资同比增长9.1%，高于全国4.0个百分点，其中制造业投资、基础设施投资和房地产开发投资同比分别增长17.0%、7.6%和4.4%。社会消费品零售总额30467亿元，同比增长4.3%，高于全国4.5个百分点；实物商品网上零售额17307亿元，同比增长9.8%。出口34325亿元，同比增长14.0%，高于全国3.5个百分点，出口规模居全国第3位。

3. CPI温和上行，PPI涨幅回落。2022年，全省居民消费价格（CPI）同比上涨2.2%，涨幅较上年扩大0.7个百分点；八大类消费品及服务价格均同比上涨，交通通信、教育文化娱乐、食品烟酒、其他用品及服务、生活用品及服务、居住、衣着、医疗保健同比分别上涨5.1%、3.1%、2.6%、1.8%、1.8%、0.7%、0.4%和0.3%。全省工业生产者出厂价格（PPI）和购进价格同比分别上涨4.0%和6.1%，涨幅较上年分别回落2.3个和8.4个百分点。

4. 新产品产值率持续提升，新兴产业引领增长。2022年，规模以上工业新产品产值同比增长12.3%，对工业总产值增长的贡献率为67.9%；新产品产值率为42.2%，比上年提升1.9个百分点。

高技术、数字经济、战略性新兴、装备和高新兴等产业制造业增加值同比分别增长 11.5%、10.7%、10.0%、6.2%和 5.9%，增速均高于全部规模以上企业（4.2%），分别拉动规模以上工业增加值增长 1.9 个、1.7 个、3.1 个、2.8 个和 3.9 个百分点。

5. 房地产市场指标企稳。一是房地产投资保持平稳增长。2022 年，全省房地产开发投资额同比增长 4.4%，高于全国 14.4 个百分点。二是房屋竣工面积降幅逐步收窄。2022 年，全省房屋施工面积分别同比下降 4%，降幅比上半年收窄 17.3 个百分点。三是商品房销售降幅逐步收窄。2022 年，全省商品房销售面积 6815 万平方米，同比下降 31.8%，降幅比上半年收窄 13.5 个百分点。四是房地产贷款增幅总体平稳。截至 2022 年末，全省房地产开发贷款余额同比增长 5.8%，增幅高于全国 0.2 个百分点。

（二）需要关注的问题

1. 经济恢复的基础尚不牢靠，需求收缩、供给冲击、预期转弱“三重压力”持续演化。一是内需不足，外需回落。一方面，民间投资增速较慢。2022 年，全省民间投资同比增长 4.7%，低于面上投资增速 4.4 个百分点；另一方面，第四季度以来，对外贸易需求明显收缩。2022 年 10 月，全省出口总额增速由正转负（-1.5%），11 月同比增长 2.1%，12 月同比再度下跌 5.5%，单月跌幅创 2020 年 3 月以来新高。二是工业企业增收不增利。2022 年，全省规模以上工业企业营业收入同比增长 7.4%，但由于原材料、防疫、用能等成本高位徘徊，企业盈利空间缩减，利润总额同比下降 14.9%。

2. 房地产业相关风险仍需重点关注。一是房地产领域稳投资压力加大。受疫情反复、房地产企业债务风险暴露、市场价格回落等多重因素影响，市场信心和预期尚未得到有效恢复，土地成交量、房屋新开工面积等市场先行指标均有所回落。二是潜在购房者观望情绪较浓。宏观经济不确定性加大下，居民对收入不稳定预期增强，加之房价出现回调，潜在购房者入市更加谨慎。三是头部房地产企业风险可能向相关领域传导。部分头部风险房地产企业经营情况恶化，导致房地产行业整体信用收缩，中小房企、房地产开发上下游产业经营风险有所增加。

（三）经济形势展望

展望 2023 年，外部环境依然复杂严峻，世界经济陷入滞胀的风险上升，贸易摩擦、地缘冲突仍将持续，全球贸易形势不容乐观。但我国经济韧性强、潜力大、活力足、长期向好的基本面没有改变，国内经济将实现整体好转。预计在精准高效实施“8+4”经济政策体系推动下，浙江省投资将持续发力，消费稳步复苏，出口对经济贡献度有所下降，全年 GDP 增长 5% 以上，继续保持高质量发展态势。

二、银行业运行情况

2022 年，浙江省银行业运行继续呈现总量有力、结构优化、利率下降、风险收敛的良好态势，但在“三重压力”叠加俄乌冲突、疫情多发散发、豫皖村镇银行风险事件等因素影响下，金融平稳运行仍然面临挑战和不确定性，需进一步夯实金融风险低位运行的基础。

（一）银行业稳健性评估

1. 存贷款规模稳步增长。截至 2022 年末，浙江省本外币贷款余额 19 万亿元，同比增长 14.5%，贷款增量居全国前列，达 2.4 万亿元，同比多增 1909 亿元，其中，地方法人金融机构贷款新增 10363

亿元，同比多增941亿元；全省本外币存款余额19.6万亿元，同比增长14.9%，同比多增6941亿元。

2. 信贷结构持续优化。2022年，全省民营经济、普惠小微、制造业、涉农贷款领域贷款增速分别达16.7%、25.9%、16.1%和19.6%，均高于各项贷款增速。基础设施业贷款支持有力，新增4431亿元，同比多增1561亿元；房地产贷款增速高于全国水平。

3. 贷款利率处于历史最低水平。企业综合融资成本稳中有降，2022年12月，全省企业贷款利率4.11%，同比下降0.61个百分点；小微企业贷款利率4.45%，同比下降0.55个百分点，均为有统计以来最低水平。

4. 信贷质量保持最优序列。截至2022年末，全省不良贷款率0.63%，为全国最低水平，较年初下降0.11个百分点，降至2008年以来最低值。全省关注类贷款比例0.83%，较年初下降0.21个百分点；不良贷款率、关注类贷款比例合计1.45%，较年初下降0.33个百分点。

5. 保持零高风险法人金融机构。2022年全省法人银行经营效益稳步提升，净利润增长15.25%；资产负债规模持续增长，分别为16.81%、17.34%；不良贷款率0.86%，保持低位运行；流动性水平合理充裕，平均流动性比例65.03%，同比上升2.74个百分点；央行评级分布均在安全边界内，保持零高风险机构。

（二）银行业运行中需要关注的问题

1. 阶段性特殊信贷政策到期退出，风险批量暴露可能性增加。随着延期还本付息等疫情期间特殊政策到期退出，前期通过展期、借新还旧、调整计息等方式被掩盖的部分小微主体风险可能会陆续暴露。

2. 企业风险形势不容乐观，出险企业数量连续三年增长。2022年，全省出险企业呈“量增额降”态势，涉贷金额同比下降40.42%，但监测到的新增出险企业数较2021年、2019年分别增长24.75%、40.03%。主要原因：一是未完全摆脱疫情拖累，二是出险小微化趋势延续，三是房地产行情波及上下游行业。

3. 金融风险跨区域、跨行业特征更为明显。一是省外风险向省内倒灌。如豫皖村镇银行事件持续影响浙江省，负面效应易向省内其他正常经营的银行机构传染。二是金融体系外风险向体系内传播。如P2P网贷、第三方理财、私募基金等维权涉访风险，银行机构存在因业务合作被转嫁风险、转移矛盾的压力。

（三）银行业发展展望

展望2023年，浙江省银行业将继续保持平稳运行，考虑经济稳定恢复基础尚不稳固，叠加政策调整、地缘冲突、全球潜在经济增速下降等因素，预计实体经济压力仍会向金融系统传导，信用风险或将继续暴露。为此，要继续坚持底线思维，提前做好应对准备。

三、证券业运行情况

2022年，市场波动下浙江省证券、期货机构营收有所放缓，各项风险指标总体仍保持平稳。同时，随着注册制等改革工作不断深入，资本市场支持实体经济力度稳步加大。但债券违约风险、上市公司经营风险有所抬头，潜在问题仍需关注。

（一）证券业稳健性评估

截至2022年末，浙江省共有法人证券公司4家，证券资产管理公司2家，公募基金管理公司3家；证券公司分公司143家，证券营业部1030家，证券投资咨询机构4家。期货公司12家，期货公司分公司70家，期货营业部200家。

1. 证券经营机构盈利水平下降。2022年，浙江省资本市场交易量以及活跃度边际下滑，证券经营机构业务规模小幅下降。累计代理交易额71.68万亿元，同比下降4.66%；实现手续费收入124.19亿元，同比下降1.3%；利润总额32.69亿元，同比下降36.56%。

2. 期货经营机构业务总量、利润规模“一升一降”。2022年，期货新品种和期权上市步伐加快，浙江省期货经营机构业务总量、收入规模回升，累计代理交易额90.57万亿元，同比增长21.09%；手续费收入26.41亿元，同比增长20.15%。但竞争加剧导致盈利空间收窄，实现利润总额13.86亿元，同比下降36.54%。

3. 资本市场有力支持实体经济。一是上市公司总数全国领先。截至2022年末，全省全年新增IPO境内上市公司55家，境内上市公司总数657家，居全国第2位。二是企业上市融资与并购稳步推进。2022年，全省新增资本市场融资额5501.41亿元，其中，境内上市公司股权融资1241.17亿元，新三板挂牌企业融资22.37亿元，交易所债券融资4223.83亿元，全省公募REITs募集资金14.04亿元。三是债券市场平稳运行。2022年，浙江省230家企业发行公司债券414只，发行规模3313.99亿元。

（二）需要关注的问题

1. 债券潜在违约风险抬升，偿付压力突出。一是个别行业违约风险或将暴露。受困于行业不振、销售低迷以及前期高杠杆展业等影响，省内部分房地产企业发生债券逾期欠息，展期后经营状况未实质好转。二是个别企业偿债能力明显下滑。2022年，浙江省有11家发债企业评级下调、展望负面，或被列入评级观察。

2. 上市公司经营风险抬升，退市节奏加快。一是盈利空间有所收窄。“三重压力”叠加疫情冲击制约部分上市公司业务扩张，收入不增反降。自2022年以来，浙江省*ST艾格、*ST中新、*ST圣莱被摘牌终止上市，另有*ST天马等10家上市公司被实施风险警示。二是股权质押比例居高。截至2022年末，浙江省35家上市公司股价达到控股股东质押预警线，28家达平仓线。

（三）证券业发展展望

2023年，浙江资本市场改革将坚持稳字当头、稳中求进，以全面推进注册制改革为契机，推动上市公司质量和资本市场服务实体经济质效进一步提升。在“稳定大局、统筹协调、分类施策、精准拆弹”基本方针指导下，重点领域风险化解工作继续稳步有序推进。

四、保险业运行情况

2022年，浙江省保险业机构积极开拓市场，服务领域进一步拓宽，但当前人身险行业仍处于深度调整期，同时部分保险公司在公司治理和内部控制方面尚需进一步改进，且在盈利端承压较大。

（一）保险业稳健性评估

截至2022年末，全省共有保险公司总公司5家，省级分公司140家（财产险公司68家，人身险公司72家）。保险公司资产合计8330.99亿元，同比增长14.01%。

1. 财产险业保费收入与盈利能力改善明显。2022年，全省财产险公司实现保费收入1150.93亿元，同比上升10.17%，其中车险业务和非车险业务实现保费收入分别同比增长8.87%和12.18%。从承保利润上看，2022年全省财险公司实现承保利润37.61亿元，同比增长10.80%，增速提高36.85个百分点。其中，车险业务承保利润29.45亿元，同比增长18.11%，增速提高19.05个百分点；非车险业务承保利润8.16亿元，同比下降9.45%，降幅收窄47.08个百分点。

2. 人身险业务收入稳步增长，赔付有所下降。2022年全省人身险公司实现保费收入1978.18亿元，同比增长8.98%，其中寿险业务保费收入同比增长9.64%，健康险业务保费收入同比增长8.41%，意外险业务保费收入同比减少12.82%。赔付支出方面，受前期销售的储蓄型保险业务在上年集中到期的基数效应影响，2022年全省人身险公司累计赔付支出361.81亿元，同比增长2.55%，增速下降22.01个百分点。

3. 法人保险公司收入放缓，风险总体可控。2022年，全省5家法人保险公司共实现原保费收入533.01亿元，同比下降0.38%；净利润-2.08亿元，2021年为-3.38亿元。从综合偿付能力充足率看，法人保险公司均符合监管要求。

（二）需要关注的问题

1. 人身险行业仍处于深度调整期。人身险业负债端景气度在短期内较难回暖，疫情对产品需求产生压制，代理人队伍转型升级持续进行，总体来看，调整态势未改。2022年，全省人身险业保费收入增速虽显著高于全国平均水平，但从投资及利润端看，受行业系统性影响仍较大，省内法人人身险公司投资收益率同比均下滑显著，承保利润也未有改善。

2. 公司治理及合规等问题仍存。一是高管变动较多。2022年，省内5家法人保险公司的董事长或总经理均发生调整，且部分保险公司主要高管仍空缺。二是部分保险公司仍存在“重业务、轻合规”倾向。对合规内控制度执行不到位，发生给予投保人保险合同以外的利益等合规事件并受监管处罚，对声誉造成负面影响。

（三）保险业发展展望

展望2023年，财产险方面，新能源汽车消费政策将有助于托底新车销量增长，存量车保障需求刚性固定，车险业务预计继续平稳运营；随着财险公司绿色经济风险管理服务持续推进，农业保险、大病保险等政府扶持类业务大力发展，以及融资类信保业务风险基本出清，非车险业务收入贡献比例有望持续增大。人身险方面，从短期来看，储蓄类保险产品需求持续回暖，保障类保险产品需求缓慢复苏；从长期来看，健康养老业务将为人身险行业带来新的增长动能。

五、金融改革与创新

（一）金融支持共同富裕示范区建设

一是构建金融政策支持体系。出台《关于金融支持浙江高质量发展建设共同富裕示范区的意见》，为金融支持共同富裕提供了顶层设计和制度框架。二是聚焦经济高质量发展。开展科创金融服务提升专项行动，推广"浙科贷""人才贷"等科技创新专属金融产品，落实落细科技创新再贷款政策。2022 年，全省科技服务业贷款余额同比增长 25.4%。三是助力缩小收入差距。推动金融机构建立金融服务小微企业长效机制，开展小微企业和个体工商户信用融资破难、"首贷户拓展行动"等活动。2022 年全省新增小微企业"首贷户"11.9 万户，17.3 万户市场主体通过"贷款码"获得融资 4554 亿元。四是助力城乡区域协调发展。建立金融赋能山区 26 县跨越式高质量发展行内工作领导小组，组织山区 26 县出台金融支持"一县一方案"。2022 年，全省涉农贷款余额同比增长 19.6%，高于全部贷款增速。

（二）湖州、衢州绿色金融改革

一是探索绿色金融与转型金融有序衔接。出台全国首个《构建低碳转型金融体系的实施意见》，相关经验做法写入 G20 可持续金融工作组成果报告。二是推动金融机构环境信息披露和绿色信贷业绩评价工作，创建碳核算中心、区域性融资主体 ESG 评价系统、金融机构环境信息披露系统，全面提升绿色金融的数字化程度。三是探索开展金融支持生物多样性保护。推动湖州市出台《金融支持生物多样性保护的实施意见》，推动衢州开化县编制《生物多样性保护与可持续利用试验区建设方案》等指导文件。

（三）杭州、嘉兴科创金融改革

一是完善科创金融配套激励机制。推动制订深化科创金融改革相关意见，通过财政奖补、风险补偿、保费补贴等方式强化科创金融激励机制。二是精准支持科创企业信贷融资。建立科技企业名录库，引导金融机构加大入库企业金融支持。2022 年末，杭州市、嘉兴市科技企业贷款余额同比分别增长 19.58%、15.71%。三是强化融资对接平台科创金融特色功能。通过在金融综合服务平台上创新开设"知识产权""供应链""专精特新"特色融资专区等方式，为科创企业提供全生命周期动态培育管理服务。

（四）中国（浙江）自贸区建设

一是推动跨境人民币提质扩面。2022 年，全省跨境人民币结算量超过 1.4 万亿元，同比增长 22%，创历史新高，其中自贸区跨境人民币结算量占全省跨境人民币结算量的 87%。二是提升对外贸易投资便利化水平。2022 年新增外汇收支试点企业 842 家，累计为 1425 家试点企业办理便利化业务 1213 亿美元。推动舟山等地实现 QFLP 项下资金流入 9840 万美元，对外投资 8229 万美元。三是推进数字人民币试点。在杭州片区传化物流、宁波片区保税区直销中心、金义片区义乌国际商贸城等特色自贸场景实现应用。

（五）宁波、丽水普惠金融改革

一是加速科技赋能金融支持。建设宁波普惠金融信用信息服务平台，形成融资对接、信息查询、精准获客、风险防控全链条融资服务体系。截至 2022 年末，平台已采集入库信息超 20 亿条，累计查询量 657 万次，普惠群体通过平台成功线上授信 291.4 亿元。二是推进金融支持生态产品价值实现机制创新。推动丽水市试点，发挥金融对生态项目融资支持。截至 2022 年末，丽水市"生态抵质押贷”余额261.39亿元、“生态信用贷”余额29.26亿元。三是推进数字普惠金融创新。运用区块链技术建成全国首创，服务于丽水市域外小超市、小宾馆的“两小”创业通平台，提供收单结算、融资对接等数字普惠金融服务。自平台2022年4月正式上线至12月末，注册域外“两小”商户17494户，授信金额37.51亿元。

六、金融基础设施

（一）支付体系稳健性评估

一是支付清算系统安全稳定运行。2022年，浙江省支付清算系统处理业务共计22.25亿笔，金额749.04万亿元，同比分别增长3.91%和12.9%，业务总体规模居全国第2位。二是涉诈“资金链”治理持续深化。全年清理风险账户2700万户，堵截异常开户35万次；实施潜在受害人账户保护性止付，为群众止损36亿元；加大倒查问责和执法检查力度，压紧压实主体责任。2022年，全省电信网络诈骗刑事案件数量、案损金额同比分别下降38.6%和37.9%。三是“移动支付之省”建设成效显著。全省移动支付普及率达95%，银行业移动支付市场份额提高至23%，被评为数字经济创新发展十大标志性成果。四是支付机构风险整治扎实推进。组织开展支付机构风险整治行动，查处4家支付机构，推动2家预付卡机构退出市场，支付机构风险事件频发态势得到遏制。

（二）征信体系稳健性评估

一是征信系统高效平稳运行。截至2022年末，共收录全省超4600万自然人和490万户企业以及其他经济组织的信用信息，全省共有182家村镇银行、小额贷款公司、担保公司等小微机构接入系统，系统覆盖范围不断扩大。二是征信市场稳步发展。积极培育市场化企业征信机构，指导信用评级机构探索小微评级使用方付费模式，助力提升小微企业金融服务质效。截至2022年末，全省共有备案企业征信机构8家，全年累计对外提供服务21.44亿次；共有备案信用评级机构9家，2022年完成信用评级业务4385笔。三是地方信用体系建设深入推进。推进中小微企业和农村信用体系建设，促进普惠金融，优化信用环境。完善省级地方征信平台建设，截至2022年末，省、市地方征信平台累计归集333万余户企业信息，提供查询服务近3200万次，通过银企对接为35.4万户企业撮合融资超过1.9万亿元；累计为1233.2万户农户、11.9万户新型农业经营主体建立信用档案，评定信用户1003.02万户，创建信用村9789个、信用乡545个。

（三）反洗钱体系稳健性评估

一是监管治理效能持续提升。建立反洗钱非现场监管评价体系，全面压实义务机构主体责任，开展联合贷款客户实名制源头攻坚，探索实践反洗钱执法检查同案同查同罚，全年对22家机构及72名责任人处罚款4761万元。二是洗钱犯罪打击治理深入推进。开展打击治理洗钱违法犯罪三年行动，促进洗钱罪宣判数量和质量双提升，共判决洗钱罪71起，判处个人92名，同比分别增长129%和156%，推动部分地市实现县域洗钱罪宣判全覆盖。三是可疑交易情报价值不断提高。全省共接收义务机构重点可疑交易报告1732份，向公安机关移送线索1135份，移送线索立案181件，破案112件。

七、金融稳定总体评估

2022年，浙江省金融业总量合理增长，金融改革与创新持续深化，金融结构相对合理，金融基础设施不断完善。人民银行杭州中心支行运用区域金融稳定定量评估模型对全省2022年区域金融稳定状况进行定量评估，结果显示，总分比2021年降低11分。从分项指标看，受疫情反复、外部局势等因素影响，宏观经济得分较2021年明显降低，主要是第三产业增加值增长率、全社会固定资产投资增长率、社会消费品零售总额增长率得分减少；金融机构中银行业、证券业、保险业指标仍表现良好，得分继续保持满分，金融总体运行质量和效益保持平稳；金融生态环境得分与2021年持平，区域金融稳定状况总体较好。展望2023年，随着经济逐步走出疫情影响，“一揽子”支持政策全面落实，浙江省经济指标有望加速恢复，区域金融状况进一步趋于稳定。

中国人民银行杭州中心支行金融稳定分析小组

组　　长：张　奎

副 组 长：杨　民

成　　员：闫真宇　陈东海　贺　聪　郭　铭　徐　宏　龚奇志　潘晓斌

《浙江省金融稳定报告（2023）》编写组

总　　纂：潘晓斌

统　　稿：邵荣平　曹　越

执　　笔：巴洪涛　王建斌　王哲中　王瑶瑶　孙润波　陈　帅　沈颜奕　曹　越

安徽省金融稳定报告摘要

2022年，面对内外多重压力和艰巨繁难的改革发展稳定任务，在党中央、国务院的坚强领导下，安徽省坚持以习近平新时代中国特色社会主义思想为指导，加快打造具有重要影响力的“三地一区”，服务构建新发展格局成效显著。经济稳定向好，产业结构持续调整，银行业资产负债规模及盈利保持增长，区域多层次资本市场梯队式发展，保险保障功能持续提升，金融市场稳健发展，金融改革创新取得突破，金融服务纵深推进，金融基础设施高效平稳运行。同时，区域发展不平衡，发展能级不高，消费市场稳定恢复面临多重制约因素，企业“两金”占比较高，经营效益有待恢复，房地产、地方政府债务等实体经济领域风险存在向金融体系传导可能，防范化解金融风险仍面临困难和挑战。

一、区域经济运行与金融稳定

2022年，安徽省经济持续恢复、稳定向好，三次产业高质量协同发展。全年实现地区生产总值（GDP）45045亿元，居全国第10位，按不变价格计算，同比增长3.5%，比全国高0.5个百分点，居全国第13位。其中，第一产业增加值3513.7亿元，同比增长4.0%；第二产业增加值18588.0亿元，同比增长5.1%；第三产业增加值22943.3亿元，同比增长2.2%。按常住人口计算，全年全省人均生产总值7.37万元，比2021年增加0.34万元。

（一）区域经济运行情况

1. 产业结构持续调整，重点区域保持增长优势。2022年，全省地区生产总值中第一、第二、第三次产业比例由上年的7.8∶41.0∶51.2调整为7.8∶41.3∶50.9，其中规模以上工业增加值增长6.1%，高于全国增速2.5个百分点，居全国第12位、长三角第1位。皖江城市带承接产业转移示范区生产总值30376.5亿元，同比增长5.2%；合肥都市圈生产总值28657.4亿元，同比增长4.9%。

2. 三大需求保持增长，投资增势强劲。一是消费规模保持增长。2022年，全省社会消费品零售总额21518.4亿元，同比增长0.2%，比全国高0.4个百分点，其中新能源汽车零售总额增长2.8倍，智能家用电器和音像器材增长2.4倍。二是投资稳中有升。2022年，全省固定资产投资增长9.0%，比全国高3.9个百分点。其中，基础设施投资增长19.6%，制造业投资增长21.5%；高技术产业投资增长37.6%。三是对外贸易较快增长。2022年，全省货物进出口总额7530.6亿元，同比增长8.9%，比全国高1.2个百分点。其中，出口4763.7亿元，同比增长16.4%；进口2766.9亿元，同比下降1.9%。

3. 消费价格温和上涨，工业生产者价格涨幅持续回落。2022年，全省居民消费价格比上年上涨

2.0%，与全国持平。食品烟酒价格上涨2.7%，比全国低0.1个百分点，其中粮食价格上涨2.0%。工业生产者出厂价格比上年上涨3.2%，比全国低0.9个百分点，涨幅比第一季度、上半年、前三季度分别回落4.9个、3.7个、1.8个百分点；工业生产者购进价格上涨4.0%，比第一季度、上半年、前三季度分别回落6.1个、4.8个、2.3个百分点。

4. 财政收支较快增长，地方债发行量价双降。一是财政收支较快增长。2022年，全省一般公共预算收入3589.1亿元，扣除留抵退税因素后增长9.9%，比全国高0.8个百分点。一般公共预算支出8378.9亿元，同比增长10.4%，比全国高4.3个百分点，其中科学技术、交通运输、社会保障和就业、卫生健康等领域支出分别增长22.2%、18.7%、16.0%和10.3%。二是地方债发行规模、利率双降。2022年，全省地方政府债券发行入库2694.45亿元，同比下降4.3%，平均利率3.05%，较上年降低32个基点。其中，一般债券567.39亿元，同比下降22.3%；专项债券2127.07亿元，同比增长2%。

5. 非金融企业部门产值保持较快增长，企业亏损面收窄。一是工业生产较快增长，高技术、装备制造业支撑强劲。2022年，全省规模以上工业增加值增长6.1%，比全国高2.5个百分点，居长三角第1位。高技术制造业、装备制造业增加值分别增长10.3%、12.8%，分别高于全省规模以上工业增加值4.2个、6.7个百分点，比全国平均增速分别高2.9个、7.2个百分点，对全省规模以上工业增加值增长分别贡献23.2%、69.9%。二是工业企业亏损面收窄。截至2022年末，全省规模以上企业亏损面由年初26.3%缩小至17.9%，亏损企业亏损额增幅由年初46.2%降至30.5%。装备制造业实现利润同比增长4.8%，比上年高5.4个百分点；利润占全部工业比重为34.2%，较年初上升9.0个百分点。

6. 住户部门收入稳步增长，城乡居民人均收入比缩小。2022年，全省城乡居民人均可支配收入32745元，同比增长6.0%，比全国高1.0个百分点，扣除价格因素，实际增长3.9%。其中，城镇居民人均可支配收入45133元，同比增长4.9%，比全国高1.0个百分点；农村居民人均可支配收入19575元，同比增长6.5%，比全国高0.2个百分点。城乡居民人均可支配收入比2.31，比上年缩小0.03。

（二）需要关注的问题

1. 区域发展不平衡，发展能级不高。一是区域发展差距逐步扩大。2022年，全省经济增速居长三角第1位。10个城市地区生产总值超2000亿元，8个城市经济增速高于3.5%，但有6个城市经济增速低于全国平均水平。二是区域发展能级不高。2022年，长三角41个城市中，地区生产总值超6000亿元的有17个城市，安徽仅合肥1个城市；生产总值低于3000亿元的有15个城市，安徽有12个城市。三是头部企业数量偏少。截至2022年末，全省A股上市企业161家，占长三角上市企业数量（1871家）的比重是8.6%，当年新增上市企业14家，占长三角当年上市企业（175家）的比重是8.0%，分别低于地区生产总值占比（15.5%）6.9个、7.5个百分点。

2. 消费市场稳定恢复面临制约因素。一是传统汽车、住房等大宗消费品市场尚待恢复。2022年，全省入库车辆购置税收入和商品房销售额同比降幅超30%。二是居民倾向增加储蓄，边际消费倾向下降。问卷调查[①]显示，分别有58%、20.8%的居民倾向于将闲置资金用于“储蓄”和“投资

---

① 数据来源于人民银行合肥中支2022年12月下旬对省内7个城市问卷调查结果，有效问卷3126份。

理财”，仅有15.1%的居民更倾向“增加消费”。同时，分别有25%、36.4%的居民表示，2023年社会生活恢复常态，“仍不会恢复至疫情前消费水平”和“延续当前消费习惯”。

3. 财政收支平衡压力加大。一是地方公共预算收入增长低于预期，但各领域支出增长刚性增强，财政收支或将维持紧平衡状态。二是房地产市场下行，对地方财力支撑减弱。2022年，全省房地产销售面积7471.3万平方米，同比下降21.4%；国有土地使用权出让收入降幅超10%。三是待偿债务本息规模较大，偿债压力有所上升。

4. 企业“两金”占比提高，经营效益有待改善。一是规模以上工业企业“两金”占比提高。截至2022年末，全省规模以上工业企业应收账款9055.4亿元，同比增长8.5%；产成品存货2153.9亿元，同比增长10.3%。应收账款平均回收期62.9天，比上年增加1.9天；产成品存货周转天数17.2天，比上年增加0.7天。二是非金融企业生产经营成本有所上升。2022年，全省规模以上工业企业每百元营业收入中的成本为86.69元，比上年增加1.37元。三是规模以上工业企业经营效益有待改善。2022年，全省规模以上工业企业利润同比下降8.5%，营业收入利润率5.0%，同比下降0.9个百分点。

5. 住户债务水平继续攀升。住户贷款和债务负担增加，截至2022年末，全省住户贷款余额同比增长8.76%，高于全省常住居民人均可支配收入增速2.76个百分点。

二、金融业与金融稳定

（一）银行业

1. 银行业发展基本情况

（1）资产负债规模及盈利保持较快增长。截至2022年末，全省银行业资产总额94890.35亿元，同比增长11.96%；负债总额91130.27亿元，同比增长12.11%。全年银行业累计实现利润总额915.23亿元，同比增长12.08%，其中银行业法人金融机构实现净利润275.16亿元，同比增长11.32%。

（2）各项存款量速齐增，住户存款增长较快。截至2022年末，全省银行业各项存款余额74492.67亿元，同比增长12.40%，增速较上年同期上升1.76个百分点。分部门看，境内住户存款41350.55亿元，同比增长20.45%；非金融企业存款17896.67亿元，同比增长3.37%；机关团体存款10031.37亿元，同比增长4.09%；财政性存款1301.62亿元，同比下降3.37%；非银行业金融机构存款3885.93亿元，同比增长7.35%。

（3）各项贷款快速增长，利率下降。截至2022年末，全省银行业各项贷款余额67048.39亿元，同比增长15.30%，较上年同期提升2.43个百分点。其中普惠小微企业贷款余额9169亿元，同比增长24.5%，高于各项贷款增速9.2个百分点。新发放一般贷款加权平均利率为4.67%，同比下降41个基点。

2. 需要关注的问题

（1）中小银行脆弱性问题仍值得关注。一是部分经济落后地区经济金融风险交织。二是资本补充能力较弱。随着同业竞争压力增大，存贷款利差持续收窄，农村金融机构利润下降，内源资本补充压力较大。三是舆情风险管控压力较大。中小银行高管人员违纪违法案件较多，舆情风险防范压力较大。

（2）房地产、地方政府债务等领域存在风险向金融体系传导的可能。一是中小房地产企业融资风险仍未完全出清。受市场环境和消费者预期仍未完全恢复等因素影响，中小房地产企业经营和现金流状况得到根本改善还需一段时间，短期内可能对中小银行资产质量造成一定影响。二是地方政府债务自主偿债能力较弱。目前存量债务倾向于采取商业银行贷款置换、发行非标债券融资工具等方式偿还，风险化解效果有待提升。

（3）部分机构中低评级债券投资占比偏高，资管项目个案处置仍有待推进。一是部分机构中低评级债券投资占比偏高。部分农商行穿透后持有 AA + 级以下以及无评级债券占其投资的全部非金融企业债券比例超 50%。二是法人信托公司资管项目个案处置仍有待推进。整改困难原因主要在于项目建设尚未进入收益期，若要求企业提前还款，可能给企业现金流带来压力，甚至导致项目烂尾。三是受信用债市场低迷影响，部分理财产品净值下跌。

（二）证券业

1. 证券业发展基本情况

（1）证券期货业交投较为活跃。截至 2022 年末，安徽省共有 2 家法人证券公司、346 家证券营业部，3 家法人期货公司、42 家期货公司营业部。全年全省证券交易额 13.92 万亿元，同比增长 3.88%；期货代理交易额 30.56 万亿元，同比增长 29.71%。

（2）证券期货法人机构资产规模较快增长。截至 2022 年末，全省法人证券和期货机构总资产分别为 1752.45 亿元和 214.17 亿元，同比分别增长 23.13% 和 19.67%。法人证券机构全年累计实现净利润 23.26 亿元，同比降低 2.02%；法人期货机构实现净利润 3.68 亿元，同比增长 11.52%。

（3）区域多层次资本市场梯队式发展，各板块建设持续推进。截至 2022 年末，全省共有上市公司 161 家（主板 102 家、科创板 19 家、创业板 33 家、北交所 7 家），同比增加 12 家。全省新三板挂牌公司 236 家，居全国第 8 位、中部第 2 位。此外，区域性股权市场快速发展，安徽省股权托管交易中心共有挂牌企业 9402 家，较上年增加 1051 家，融资总额达 1011.02 亿元。

（4）信用债发行规模保持增长。截至 2022 年末，安徽省内非金融企业总计发行 377 只信用债，较上年增加 11 只；发行规模 2783.82 亿元，同比增长 5.55%。分债券类型看，中期票据存量余额最多，达 2050.48 亿元，占比 24.17%；其次为企业债，存量余额合计 1589.32 亿元，占比 18.73%。

（5）私募基金市场快速发展。截至 2022 年末，安徽省共有私募基金管理人 235 家，管理私募基金产品规模 3077 亿元，居全国第 10 位。私募基金参与投资初创型科技企业项目增长迅猛，投向计算机、半导体行业项目数量两年间增幅分别达 3 倍和 6 倍，上市企业中 90% 有私募基金参与支持，有力支持了省内十大新兴产业，推动实体—产业—基金有效循环。

2. 需要关注的问题

（1）法人证券公司部分业务仍存在潜在风险。一是部分资管产品违约后续清算难度大。个别资管产品违约时间长，涉及金额较大，风险化解和产品清算难度较大。二是业务开展审慎性不足。个别证券公司开展的房地产资产证券化业务，到期后未能兑付，对市场风险和融资主体风险分析不足，相关业务开展审慎性有待加强。三是股票质押业务融入方准入和持续管理不到位。个别证券公司对此类业务的尽职调查报告主要依赖于委托人，未对客户准入资质及融入方的生产经营、财务、纳税、信用等情况进行审核评估，也未关注资金用途以及投资方向。

（2）私募基金公司和地方金交所风险值得关注。一是部分私募基金公司“明股实债”风险值得关注。部分私募基金管理人通过相关基金产品实际开展债权投资，投向多地城投公司。部分基金产品陆续到期，叠加城投平台监管政策收紧，部分地区债务偿还压力较大。二是各类交易场所违规业务存量风险有待化解。近年一些“伪私募”“伪金交所”快速发展，涉非涉众风险值得关注。

（3）部分上市公司股票质押比例处于高位。截至2022年末，安徽省共有75家上市公司开展股权质押业务，占上市企业总数的46.58%；质押股份数量总计80.78亿股，占其总股本的11.31%，高于A股平均质押比例6.09个百分点。其中44家上市公司的大股东股票处于质押存续期内，累计质押数量49.14亿股，占全部质押股份数的60.83%。

（三）保险业

1. 保险业发展基本情况

截至2022年末，安徽省共有保险业法人机构2家、省级保险机构74家。其中，财产险公司分支机构31家，人身险公司分支机构43家。全省保险业资产总额3536.41亿元，同比增长10.41%。全省保险深度3.15%，保险密度2320.04元/人，公众保险意识有所提高。

（1）行业发展总体平稳，原保险保费收入增速下降。2022年，全省实现原保险保费收入1418.24亿元，同比增长2.80%，增速较上年同期下降3.29个百分点。其中，财产险业务实现保费收入486.96亿元，同比增长11.48%；人身险业务实现保费收入931.29亿元，同比减少1.23%。

（2）保险保障功能持续提升。一是给付支出保持增长。2022年，全省原保险赔付支出562.55亿元，同比增长8.33%。分险种看，财产险赔付支出293.57亿元，同比增长8.70%；人身险业务赔付支出225.70亿元，同比增长7.86%。二是保险保障功能有效发挥。2022年，安徽省保险业累计为全社会提供风险保障达到194.4万亿元，同比增长33.9%；科技保险保障金额超过3500亿元，同比增长近1.2倍；加大农业保险发展力度，推动“农业保险+‘一揽子’金融产品”开展试点。

（3）财产险业务结构持续优化，人身险业务结构趋于稳定。一是车险占比趋稳，农业险、责任险与家财险保费收入增长较快。2022年车险保费收入占财产险公司保费收入的53.45%，较上年同期下降1.66个百分点。农业保险、责任保险和家庭财产保险分别实现保费收入61.38亿元、37.15亿元和6.09亿元，同比分别增长40.97%、19.61%和177.48%。二是人身险业务结构趋于稳定。分险种看，2022年全省寿险、健康险、意外险业务分别实现原保费收入646.06亿元、250.48亿元、34.74亿元，占人身险业务比重分别为69.37%、26.90%、3.73%，其中，寿险、意外险占比较上年同期分别降低0.29个、0.24个百分点；健康险占比较上年同期提高0.53个百分点。

2. 需要关注的问题

（1）人身险公司发展面临较大压力，产品同质化问题突出，代理人营销模式有待优化。一是保费收入呈下降态势。2022年，安徽省人身保险公司实现保费收入813.40亿元，同比减少2.18%，增幅低于全国平均水平4.96个百分点。二是人身险产品同质化问题突出。人身险产品主要集中在年金、重疾、百万医疗几项主流产品，各家公司销售方案与目标客户群体较为雷同，多采取提升产品客户利益方式吸引客群，增加手续费率方式维系渠道，承保利润受到较大影响。三是营销员数量大幅下滑。近年来，寿险代理人渠道处于转型窗口期，截至2022年末，原保险保费收入排名前5位的人身险公司安徽分公司营销员数量合计5.93万人，较上年同期下降23.30%。

（2）中小财产险公司承保业务亏损，资本市场波动影响法人财险公司投资收益。一是中小财险公司承保业务表现不佳。车险综合改革实施以来，多数中小公司对车险的品质管控能力欠缺，固定成本难以摊薄，综合赔付率、综合费用率都明显高于大型公司。在非车险业务方面，中小财险公司发展战略定力不足，渠道、品牌均处于弱势地位。二是资本市场波动导致部分法人险企投资收益率急剧下跌。受国内外经济金融环境影响，投资市场出现波动，“优质资产荒”下险企资产配置困难，投资收益不容乐观。

（3）保险市场集中度较高，区域间发展分化。一是头部险企竞争力持续增强，中小财险公司面临较大竞争压力。2022年，安徽省保费收入排名前5位的财产险、人身险公司合计保费收入分别占财产险市场、人身险市场的84.96%、54.56%。二是区域发展不平衡现象仍较突出。全省保费收入排名前5位的地区保费收入合计占全省比重达56.44%，排名后5位的地区保费收入合计占全省比重仅为13.45%。

（4）“代理退保”等黑色产业链对行业发展造成不利影响。一是“代理退保”问题突出，对保险公司经营秩序和经济效益造成较大负面影响。二是部分不法机构通过非法渠道获取保险公司客户信息进行不良营销，对公司声誉产生较大不利影响。

三、金融市场与金融稳定

（一）货币市场短期头寸调节作用增强

1. 同业拆借市场成交额有所上升，参与拆借交易的机构数量持续增多。2022年，安徽省法人金融机构在银行间市场累计进行信用拆借交易2857笔，成交金额9915.9亿元，同比增长7.16%。其中，拆入8153.89亿元，拆出1762.01亿元，累计净融入资金6391.88亿元。全省共有72家机构参与同业拆借交易，较上年增加1家。

2. 债券回购交易参与度增加，质押式回购仍是回购市场主体。2022年，安徽省共有89家金融机构参与债券回购市场，累计成交33.21万亿元，同比增长18.85%。其中，质押式回购累计成交33.08万亿元，同比增长18.62%，占债券回购市场交易总量的99.61%；买断式回购累计成交1280.94亿元，同比增长141.56%。

（二）统筹债券管理，促进金融市场稳健发展

1. 完善监测和信息披露机制，防范债券违约风险。一是建立债务融资工具重大风险事项报告制度，压实主承销商责任。定期开展风险摸排，督促金融机构至少提前3个月摸底债务融资工具偿付资金落实情况。二是扎实开展商票信息披露工作，引导票据市场规范发展。组织全省325家企业率先完成商票信息披露工作，完成率100%；监测掌握辖内金融机构票据业务运行情况，做好票据市场规范治理和风险防控。

2. 债券市场保持稳健，品种创新程度不断提升。2022年，全省共发行人民银行管理债券5006亿元，其中债务融资工具1676亿元，有力支持实体经济发展。全国首批用途类科创票据、首单科创

资产支持票据、首单“碳资产”债券、首单农垦类企业革命老区以及专项乡村振兴债券成功落地。徽商银行成功发行长三角地区首单线上簿记小微企业专项金融债，奇瑞徽银汽车金融公司成功发行全国第二单货运物流主题金融债。

（三）外汇市场业务总体稳健发展

1. 跨境资金净流入增势强劲，银行结售汇延续顺差格局。2022 年，全省银行代客涉外收支总额1795.74 亿美元，同比增长 22.8%，其中收入 994.77 亿美元，同比增长 23.7%；支出 800.97 亿美元，同比增长 21.6%。跨境收支净流入 193.8 亿美元，同比增长 33.3%。跨境资金净流入主要得益于外贸增长强劲，2022 年全省货物贸易收支顺差 207.5 亿美元，同比增长 105.4%。全省银行结售汇总额 740.7 亿美元，同比下降 5.2%，其中结汇额 399 亿美元，同比下降 3.8%；售汇额 341.7 亿美元，同比下降 6.7%。银行代客结售汇顺差 57.3 亿美元，同比增长 18.1%，延续 2021 年以来的顺差格局。

2. 便利化措施水平持续提升，贸易新业态外汇管理措施稳步推进。2022 年辖内银行办理资本项目收入支付便利化业务 4157 笔、金额 19.12 亿美元，办理笔数和金额占全部资本项目收入支付比例均提升超 20 个百分点；优质企业贸易便利化政策实现全省覆盖，适用便利化政策的优质企业 171 家，全年共办理便利化业务 2 万笔、金额 35 亿美元；高新技术和“专精特新”企业跨境融资便利化试点成功落地，全省已有 9 家中小高新技术和“专精特新”企业办理跨境融资逾 1.9 亿元人民币。支持跨境电商企业将境外仓储、物流、税收等费用与出口货款轧差结算，推动 7 家银行与市场采购贸易平台对接，实现企业线上自动收结汇。2022 年，全省跨境电商企业涉外收支、市场采购贸易收汇同比分别增加 1.9 倍、2.1 倍。

3. 大力推进安徽自贸试验区建设。制定金融支持安徽省自贸区建设工作要点，六项外汇管理改革试点政策全部落地。建立以自贸试验区“白名单”企业为核心的银行展业自律公约，适用更便利的经常项目单证审核措施，推进跨境金融服务平台资本项目收入支付便利化场景优先在自贸试验区内运用，支持合肥、芜湖自贸片区开展新型易货贸易首单试点。2022 年，银行为区内企业办理优化经常项目单证审核业务 1.4 万笔、金额 68 亿美元。

（四）利率市场化改革深入推进

1. 发挥存款利率市场化调整机制作用，推动金融机构负债成本稳中有降。引导主要法人机构率先下调二年期以上定期存款和大额存单利率上限，营造良好的市场竞争环境。截至 2022 年末，全省 158 家法人银行业存款类金融机构全部完成自律倡议目标，新发生定期存款和大额存单加权平均利率分别为 2.55%、2.70%，分别较第一季度下降 21 个基点和 36 个基点。

2. 持续加强存款管理，发挥行业自律约束作用。加强存款利率监测，规范存款利率定价行为，强化自律管理，持续开展金融机构定价行为“六星”评价等激励约束工作。2022 年，全省共有 95 家法人银行通过合格审慎评估成为全国自律机制基础成员，较上年增加 19 家。截至 2022 年末，全省法人金融机构大额存单余额 1626.76 亿元，同业存单余额 1903.03 亿元。

3. 维护良好贷款市场竞争秩序，进一步推动贷款利率下降。截至 2022 年末，全省新发放一般贷款加权平均利率为 4.67%，同比下降 41 个基点，其中新发放企业贷款加权平均利率 3.96%，同比下降 55 个基点。

四、地方金融改革与金融稳定

（一）金融改革创新持续深化，为现代化建设提供有力支持

一是组织实施安徽金融改革 2.0 工程。推广碳中和挂钩贷款、共同富裕贷、知识产权评价增信融资等，提升金融服务科技创新、绿色发展和乡村振兴等重点领域能力和水平。二是推动合肥市科创金融改革试验区获批落地。推广科技贷款风险补偿资金池、“技术流”评价授信模式、“远期共赢”利率机制、“专精特新”中小企业贷款监测利率发布机制等，引导银行等金融机构由传统“看资金”转向“看技术”，多维度为科创企业提供金融支持。三是大力发展绿色金融。从绿色金融基础设施、项目库、产品创新、激励约束等角度推进绿色金融改革创新，推出工业碳账户、碳中和挂钩贷款、碳减排“双挂钩”贷款、碳排放权质押贷款、可持续发展挂钩债券等创新产品。

（二）深化合作，积极参与金融服务长三角一体化发展

一是积极参与金融服务长三角高质量一体化发展合作机制。加强与沪苏浙人民银行沟通配合，牵头开展金融支持沪苏浙城市结对合作帮扶皖北城市专题工作。将再贴现支持的企业范围延伸至长三角地区，2022 年累计办理长三角票据再贴现业务 441 笔、金额 17.83 亿元。二是加强长三角区域金融基础设施共建共享融合发展。积极推动长三角公共服务领域移动支付、合规清算机构开户验证、票据市场等多个领域互联互通，推进电子健康卡、数字政务、商业承兑汇票的一体化线上处理。三是推进长三角区域资本市场一体化进程。积极参与银行间债券市场长三角合作创新，推动 G60 科创走廊相关机构在银行间债券市场发行双创金融债券。四是协同构建长三角金融监管与风险防范联动机制。在房地产风险、反洗钱、外汇管理、消费者权益保护等多方面着力，加强长三角区域金融信息共享，共防区域风险。

五、金融服务与金融稳定

（一）反假货币工作有序推进

一是深化联席会议机制，银警联动打击假币犯罪。二是广泛开展反假货币宣传活动。组织开展进农村、进学校、进工地、进养老机构等宣传活动。反假货币宣传月期间，全省累计开展宣传活动 7964 次，制作、发放宣传资料 200 余万份，宣传受众 600 余万人次。三是加强农村地区反假货币工作。印发《关于进一步加强安徽省农村地区反假货币工作的专项方案》，常态化开展农村地区反假货币宣传，并将该项工作落实情况纳入对地方政府平安中国建设专项考评。

（二）反洗钱工作高质量稳步发展

一是强化反洗钱工作机制建设，推动涉嫌洗钱犯罪案件侦办。二是探索源头治理，纵深推进有风险梯度的监管。构建“风险通报—监管跟进—整改落实”的风险信息循环传导处置程序。在总结分析辖内法人机构首轮自评估结果的基础上，持续改进和完善风险自评估工作成效，进一步提高反

洗钱资源的使用效率，确保洗钱风险自评估工作效果。

六、金融基础设施与金融稳定

（一）支付系统运行安全稳健

1. 支付基础设施保持高效平稳运行。截至2022年末，安徽省大、小额支付系统直接参与者3家，间接参与者6527家，全省各银行网点的系统覆盖率达99.5%。全年支付系统交易总金额是同期全省GDP的22.17倍。指导金融机构在线办理会计核算业务，全力保障疫情防控期间再贷款、再贴现平稳发放，指导金融机构开辟资金汇划“绿色通道”，做好业务线上引流，有力助推全省社会经济发展。

2. 支付服务环境不断优化。一是深入推进跨境赌博和电信网络诈骗“资金链”治理，有效保护人民群众财产安全。组织开展“减存量、控风险”专项行动；开发账户风险监测工具，做强科技防范反制手段；建立网格化银警协作机制，有效遏制违法犯罪势头。二是持续提升服务水平，优化支付环境。制定出台并推广《银行账户开户服务事项公示指引》，持续推进支付减费让利，丰富支付适老化内涵、消弭支付“数字鸿沟”、巩固优化银行卡助农取款服务等，进一步优化支付生态。

（二）征信系统服务应用水平不断提高

1. 农村信用体系和地方征信平台建设有序推进。有力开展党建引领信用村建设工作，截至2022年末，全省已完成504.56万户（个）农村主体信息建档，累计授信71.81万户（个）、授信金额合计627.45亿元，累计贷款23.62万户（个）、贷款金额269.53亿元。建成“1+16”模式的全省统一的“征信+互联网+融资对接+政策对接”省综合金融服务平台，实现省市平台互联互通。截至2022年末，省综合金融服务平台已入驻金融机构、类金融机构185家，私募股权基金129只，发布金融产品2324项，注册用户119.13万户，解决融资需求42.26万笔、金额23079.64亿元。

2. 持续加强“长三角征信链”在安徽地区的应用推广。支持引导安徽省征信公司深化“长三角征信链”建设，上线新版企业信用报告，实现省级地方征信平台上链，进一步促进跨区域数据互联互通。截至2022年末，安徽地区已开通138家商业银行机构账号，3911个征信链用户账号，上链企业信用报告479万户，信用报告累计查询量31.63万笔，依托征信链平台累计放贷户数5.09万户、金额4723亿元，2022年放贷3.57万户、金额3399亿元。

七、总体评估与政策建议

（一）总体评估

2022年，安徽省积极应对超预期因素冲击，实现了经济稳定向好和社会大局稳定；金融体系稳健运行，推进地方金融风险处置攻坚，妥善处置单体机构突发风险。银行业机构资产负债规模持续增长，存贷款快速增长；证券期货交投保持活跃，利用多层次资本市场融资向好发展；保险业总体发展平稳，保险结构进一步优化，保险保障功能持续发挥。同时，在需求收缩、供给冲击、预期转弱“三重压力”背景下，区域经济运行中存在的周期性、结构性矛盾仍较突出，金融领域一些潜在风险值得关注。

1. 宏观经济。区域发展不平衡，发展能级不高；消费市场稳定增长面临较多制约因素；财政收支平衡压力加大；企业“两金”占比提高，经营效益有待改善；住户部门债务水平继续攀升。

2. 金融业。在银行业方面，房地产、地方政府债务等领域存在风险向金融机构传导的可能，个别机构中低评级债券投资占比偏高，资管项目个案处置仍有待推进。在证券业方面，证券公司资管、房地产证券化等部分业务潜在风险，私募基金公司和地方金交所风险值得关注，上市公司股权质押比例处于高位。在保险业方面，人身险公司发展面临较大压力，资本市场波动影响财险公司投资收益，机构间、区域间发展不均衡问题依然存在，“代理退保”黑产影响行业发展。

（二）相关政策建议

2023 年，坚持以习近平新时代中国特色社会主义思想为指导，认真贯彻落实党的二十大和二十届一中、二中全会精神，坚持深化改革开放，落实“五位一体”总体布局和“四个全面”战略布局，立足新发展阶段，贯彻新发展理念，服务和融入新发展格局，推动辖区金融体系改革发展，厚植高质量发展动能。筑牢金融风险“防火墙”，扎实做好金融风险防范化解工作，牢牢守住不发生重大金融风险的底线。

1. 加快实体经济高质量发展，激发各类市场主体活力。一是加大重要领域改革力度。纵深推进“放管服”改革，持续激发市场主体活力。二是推进科技体制机制创新。推动创新资源向企业集聚，加快科技成果转化应用体系建设；推动合肥科创金融改革试验区建设，打造科技创新策源地与新兴产业集聚地融合发展的生态系统。三是着力扩大内需，进一步强化有效投资关键支撑作用。扩大消费品供给，支持企业开拓消费市场，创新培育消费新增长点。四是深入推进三次产业高质量协同发展。加快建设现代化产业体系，推动传统制造业技改升级和产业转换发展动能相结合。推动战略性新兴产业集群发展资源聚合，发展现代服务业，提高产业链供应链稳定性和竞争力。

2. 深化国资国企、财税金融领域改革，加大重点企业和领域金融支持力度。一是深化国资国企、财政、金融等重点领域改革。实施深化国资国企专项改革行动，持续推进从管企业向管资本转变，推进国有资产资本证券化。二是促进民营经济发展壮大。引导金融机构加大对实体经济尤其是对民营企业和小微企业支持力度，着力缓解资本、流动性和利率等方面约束。三是多元化拓展重点领域直接融资。支持、吸引、推动优质社会资本、民间资本，通过私募基金、公募 REITs 等直接融资方式共同参与，为实体经济提供资金；支持引导房地产等行业公司、债券发行人融资重组，支持房地产市场平稳有序发展。

3. 引导金融机构合规稳健经营，增强风险防控能力。一是稳妥推动金融风险化解处置，切实防范风险淤积蔓延。持续做好早期纠正硬约束、央行评级提升工程等相关工作，推动中小法人金融机构改革化险，完善公司治理和内部控制，加大处置不良贷款、补充资本力度，进一步增强抵御风险和服务实体经济能力。二是加强证券期货行业全方位监管，引导资本市场更好服务实体经济。坚持数量与质量并重，提升合规风控管理质量；完善配套政策，多元化拓展融资渠道，服务好实体经济运行。三是引导保险公司回归保障本源，促进财险公司发展转型。进一步提高农业险、家财险、责任险等险种的保障水平与服务能力。推进商业养老保险改革发展和健康保险稳步成长，推动人身险机构在“大健康”“大养老”“大医疗”等不同领域提高专业化水平。

4. 完善金融基础设施，优化金融生态环境。大力开展金融知识宣传教育，加强对偏远地区和弱势群体的宣传力度，提升广大群众的金融知识水平，引导树立正确的金融投资理念，促进提高风险防范意识。保持打击假币、洗钱、非法集资等金融违法犯罪活动的高压态势，强化行动质效，不断优化金融生态环境。加快完善支付结算、征信体系等重要金融基础设施建设，为安徽省金融业高质量发展提供支持。

中国人民银行合肥中心支行金融稳定分析小组

组　　长：马　骏

副 组 长：戴　俊

成　　员：潘力工　戚　军　孟凡征　王　沛　金安立　姜世群　湛　恒　季　军　孔令中　梁　斌　荣　刚　王　萍

《安徽省金融稳定报告（2023）》编写组

总　　纂：戴　俊

统　　稿：潘力工　鲁玉祥

执　　笔：居　姗　齐　鸣　王树琴　慈庆琪　郝绪跃

参与写作人员：孙　韦　石少功　王　亮　许平洋　祝　军　苏　群　徐　惬　沈　凌　孔燕燕　丁成林　贺　静　张　瑜　蓝　兰　程　璞　孙　彤

福建省金融稳定报告摘要

2022年，面对严峻复杂的国内外经济形势和疫情冲击，福建省贯彻落实党的二十大精神，坚定高质量发展的决心和信心，以“稳定大局、统筹协调、分类施策、精准拆弹”为基本方针，强化协同配合，全面准确分析研判宏观经济金融形势，全面落实落细稳经济、稳金融各项政策措施，强化金融稳定保障体系，力促金融风险整体收敛。全省金融运行稳中有升，实体经济提质增效，金融风险总体可控。但经济基础尚不牢靠，产业、财政、金融之间风险的关联性日益突出，金融风险防控仍面临压力。

一、区域经济运行与金融稳定

（一）区域经济运行总体情况

2022 年，福建省地区生产总值突破 5 万亿元大关，达 53109.85 亿元，增长 4.7%，高于全国 1.7 个百分点，增速居全国第 1 位；人均地区生产总值 126829 元，增长 4.3%，高于全国 1.3 个百分点。

1. 三大产业增长有力，第二产业支撑作用增强。三大产业增加值分别为 3076.20 亿元、25078.20 亿元和 24955.45 亿元，增长 3.7%、5.4%和 4.0%，分别占比 5.8%、47.2%和 47.0%，其中第二产业占比提高 0.37 个百分点。第二产业增加值对地区生产总值增长的贡献度为 53.9%，较上年提高 9.8 个百分点，其中工业增加值 19628.83 亿元，跃升至全国第 6 位。全年规模以上工业增加值增长 5.7%，其中规模以上高技术产业、装备制造业分别增长 17.1%、13.7%。服务业继续保持增长，信息传输、软件和信息技术服务业，批发和零售业，金融业增加值增长较快，分别增长 8.0%、7.4%和 6.7%。

2. 固定资产投资总量跃上新台阶，工业投资力度持续加大。2022 年固定资产投资总量突破 20000 亿元，达 20513.89 亿元，增长 7.5%，增速比上年提高 1.5 个百分点，高于全国 2.4 个百分点。工业改造升级力度加大，全年投资额 7231.01 亿元，增长 16.9%。其中制造业投资 6372.30 亿元，增长 19.7%，增速提高 5.8 个百分点。基础设施投资步伐加快，增长 15.0%，政策性开发性金融工具支持重大项目建设成效突出，全省落实基础设施投资基金项目 105 个，总投资 3113 亿元。

3. 线上消费占比提高，城乡收入差距收窄。受疫情影响，“宅经济”快速发展，线上消费增长较快。2022 年度社会消费品零售总额达 21050.12 亿元，增长 3.3%，高于全国 3.5 个百分点。其中限额以上网络零售额增长 21.0%，占限额以上社会消费品零售总额的 25.3%，比上年提高 4.4 个百分点。居民人均可支配收入实际增长 4.1%，与 GDP 增速基本同步。城乡居民人均可支配收入比值进一步缩小，区域发展协调性进一步提升。

4. 进出口保持稳定增长，贸易顺差进一步扩大。海关货物进出口总额 19828.55 亿元，增长 7.6%。其中，出口总额 12140.53 亿元，增长 12.3%；进口总额 7688.02 亿元，增长 0.9%。贸易顺差 4452.51 亿元，比上年扩大 1269.11 亿元。东盟、美国、欧盟为前三大贸易伙伴，对其进出口额分别达 4226.6 亿元、2631.3 亿元、2466.1 亿元，分别增长 12.6%、15.0%、19.4%。对“一带一路”沿线国家进出口额达 7337.3 亿元，增长 13.8%。

5. 居民就业保持相对稳定，消费价格指数温和上涨。城镇新增就业 51.97 万人，城镇失业人员再就业 13.19 万人，高校毕业生毕业去向落实率超过 90%。居民消费价格上涨 1.9%，涨幅低于全国 0.1 个百分点。工业生产者出厂价格上涨 2.9%，涨幅比上年回落 2.0 个百分点，低于全国 1.2 个百分点。

6. 公共预算收入稳步增长，债务风险总体可控。全省一般公共预算总收入 5382.30 亿元，增长 1.9%；一般公共预算支出 5702.93 亿元，增长 9.6%，增速提高 9.8 个百分点。全省政府债务余额 11901.72 亿元，控制在中央核定的限额内，债务风险总体可控。

7. 推进跨境人民币业务发展，促进闽台交流合作。全省跨境人民币结算金额 8853.5 亿元，创历史新高，同比增长 96.1%。其中，经常项下跨境人民币收付金额 3035 亿元，增长 68.9%；资本项下跨境人民币收付金额 5818.1 亿元，增长 114%。推动“台商台胞金融信用证书”增量拓面，本年度累计为 373 位台胞、232 家台企颁发金融信用证书，授信 130 亿元。全年闽台跨境人民币业务 301.8 亿元，增长 11.3%。

（二）区域经济运行中值得关注的方面

1. 消费增长明显疲软。全年住户存款增加 5112.24 亿元，同比增加 2923.34 亿元，其中定期及其他存款增加 3773.56 亿元，为上年的 2.1 倍。居民投资以及日常消费倾向明显降低，个人住房贷款自 2022 年 7 月起连续 6 个月减少；随着市场上各种投资收益下降、存量住房贷款的相对利率提高，居民提前还贷行为明显增加，全年个人住房贷款提前还款规模 1485.49 亿元，比上年增加 392.23 亿元。

2. 房地产市场持续低位运行。全省房地产开发投资 5515.45 亿元，同比下降 11.0%；商品房销售面积和销售额同比分别下降 13.2% 和 20.9%，个人住房贷款余额增长 0.7%，增幅比上年末下降 11.7 个百分点。尽管房地产需求端政策不断优化，但多地疫情反复，“烂尾”“断供”事件频出等超预期因素导致房地产市场修复不及预期。

3. 基层财政可持续性减弱。受国库库存余额快速下降影响，基层财政保运转压力上升至 2020 年以来最高位，2022 年 11 月末，福建省国库库存余额 1185.27 亿元，同比下降 26.1%、环比下降 19.4%，其中区县级国库库存余额环比下降 34.2%，降幅较省、市级分别高 33 个、2.3 个百分点。基层财政保运转压力增大，尤其是非自有财力占比偏高①的区县，高负债将对其财政可持续性造成较大冲击。

4. 基建投资政策存在堵点。项目储备跟不上政策节奏，符合政策支持条件的项目较少。专项债资金作为项目资本金比例较低，杠杆撬动作用有限。2022 年发行的新增专项债券中，用于项目资本

① 债务率偏高以及对上级财政转移支付依赖度较高。

金额度占比仅为3.9%，对投资整体的带动作用有限。

二、金融业与金融稳定

2022年，福建省金融业实现增加值3865.82亿元，增长6.7%，增速高于全国1.1个百分点；占GDP的7.3%，比上年下降0.1个百分点。

（一）银行业稳定评估

1. 银行业运行情况

（1）存贷款余额稳步增长，制造业信贷规模扩张。银行业金融机构资产总额134166.12亿元，增长8.79%。存贷款余额双双突破7万亿元，其中各项存款余额72927.90亿元，增长17.45%；各项贷款余额75373.62亿元，增长11.02%。全省制造业贷款增长16.38%，增速比上年提高4.59个百分点；制造业中长期贷款增长39.30%，高于全省中长期贷款平均增速18.66个百分点。中小微型企业贷款余额26158.56亿元，增长16.01%。

（2）净利润同比快速增长，拨备水平明显下滑。全年全省银行业金融机构累计实现净利润1337.47亿元，比上年增加471.64亿元，增长54.47%。税后资本利润率9.11%，比年初上升0.28个百分点。全省银行业金融机构拨备覆盖率286.44%，同比下降61.40个百分点。

（3）地方法人银行运行稳健，风险总体可控。125家地方法人银行业务发展平稳，存款、贷款余额分别为1.18万亿元和0.83万亿元，同比分别增长13.72%和14.19%。资本充足率均高于监测预警值，账面平均资本充足率16.44%；拨备覆盖率均高于120%，平均拨备覆盖率371.68%，同比上升8.59个百分点；信贷风险总体可控，平均账面不良贷款率1.28%，同比下降0.03个百分点。

（4）资管业务有序转型。个案整改有序推进，产品规模与资产规模较2021年末分别减少58.64%和52.72%。现金管理类产品整改如期完成。净值化水平进一步提升，净值化产品占比93.88%，较上年末提高8.42个百分点；理财产品期限结构不断改善，长期限产品①占比48.37%，较上年末提高1.22个百分点。

2. 银行业运行中需要关注的问题

（1）信贷风险防控压力不减。2022年，全省账面不良贷款和不良贷款率均较年初“双升”。不良贷款余额837.88亿元，较年初增加134.09亿元，增长19.05%；不良贷款率1.11%，较年初上升0.07个百分点。文化、体育和娱乐业，住宿和餐饮业，交通运输、仓储和邮政业，批发和零售业信贷风险加快暴露，不良贷款同比分别增长371.20%、186.14%、31.63%和31.20%。

（2）地方法人银行运行稳定性不足。全年地方法人银行贷款同比增长14.06%，较上年放缓3.84个百分点，放缓幅度显著高于全省同业。息差收窄、大行下沉等因素进一步暴露竞争“短板”，贷款投放难、新增授信转化难更加突出，普遍面临资产收益率下降与负债成本上升的情况，发展面临更大压力。

（3）房地产金融风险显著暴露。2022年末全省房地产业②不良贷款余额116.76亿元，比年初增加62.21亿元，同比增长114.04%；房地产业不良贷款率3.52%，比年初上升1.92个百分点。房地

① 长期限指90天以上（含封闭及定开）。

② 不含住房按揭贷款。

产业关注类贷款 176. 87 亿元，比年初增加 63. 69 亿元，同比增长 56. 27%；房地产业关注类贷款率 5. 34%，比年初上升 2. 01 个百分点。主要闽系房地产企业在省内主要银行业金融机构贷款余额 582. 17 亿元，其中已形成不良贷款 219. 41 亿元。

（二）证券业稳定评估

1. 证券业运行情况

（1）证券期货行业运行平稳。2022 年末共有证券期货机构 749 家，其中法人证券期货公司 13 家（证券公司 4 家、期货公司 5 家、基金管理公司 4 家）、证券子公司 5 家、证券分公司 103 家、期货分公司 35 家、基金管理分公司 6 家、投资咨询公司 3 家、期货交割仓库 26 家、区域性股权交易场所 2 家，证券营业部 468 家、期货营业部 88 家。4 家法人证券公司资产总额 2614. 51 亿元、净资产 622. 98 亿元、净资本 442. 49 亿元、净利润 25. 14 亿元，同比分别增长 9. 9%、20. 2%、5. 8% 和 -36. 9%。5 家法人期货公司资产总额 646. 43 亿元、净资产 65. 33 亿元、净资本 38. 27 亿元，同比分别增长 20. 5%、14. 2% 和 14. 3%。证券营业部实现证券交易额 27. 0 万亿元，同比下降 11. 2%；期货营业部实现期货交易额 17. 57 万亿元，同比下降 12. 8%。已登记备案私募基金管理人 584 家，较上年同期减少 21 家；管理基金 4040 只，同比增长 27. 65%；管理规模 3250 亿元，增长 6. 35%。

（2）优质企业加快上市融资。2022 年末全省共有境内外上市公司 270 家。其中，境内上市公司 170 家，新增 8 家，总市值 3. 17 万亿元，同比下降 18. 51%，境内上市公司家数和市值均居全国第 7 位。在全国中小企业股份转让系统（新三板）挂牌公司共 220 家，其中创新层 55 家、基础层 165 家，23 家次基础层挂牌企业通过定向增发实现股权融资 7. 87 亿元。19 家企业已通过证监会 IPO 审核或正在审核中（含北交所）。

（3）直接融资规模不断扩大。全省境内债券融资[①] 5845. 71 亿元，同比增长 37. 46%，其中银行间市场发债融资 4223. 88 亿元，交易场所融资 1621. 83 亿元。全省上市公司直接融资 2697. 27 亿元，同比增长 25. 28%，其中 9 家次公司首发融资 119. 79 亿元，16 家次上市公司股权再融资 731. 93 亿元，其他发行公司债、短期融资券、中期票据、证监会主管 ABS 等债券累计融资 1845. 55 亿元。2 家区域性股权市场运营机构挂牌展示企业 13767 家，托管企业 1202 家，全年累计为企业融资 225. 1 亿元。

（4）资本市场生态持续优化。上市公司风险加快出清，4 家上市公司化解退市、资金占用等风险，4 家上市公司化解股票质押风险。债券违约风险得到缓释，5 家房地产发行人 13 只 148. 43 亿元债券达成展期。私募风险规模大幅压降，150 家私募风险机构通过吊销、注销、变更名称、经营范围等方式完成风险化解。行政处罚 7 起案件，“零容忍”打击财务舞弊、内幕交易、信息披露违法违规等。

2. 证券业运行中需要关注的问题

（1）证券行业经营机构整体实力有待进一步增强。证券经营机构普遍盈利状况不佳，财务指标明显下滑，机构整体实力、服务实体经济能力还需进一步提升。个别私募基金机构风险尚未完全化解，增量风险防控还需加强，非法证券期货活动仍时有发生。

（2）部分上市公司风险化解难度较大。上市公司风险呈现民营风险公司多、风险情况复杂、化

① 不含同业存单。

解难度高等特点，部分上市公司存在资金占用、违规担保、高比例质押、巨额债务逾期、被立案稽查等风险交织叠加情况。

（3）部分公司债券发行人违约风险较大。部分房地产类公司债券发行人出现销售端无法回笼资金、融资端规模收缩、资产端变现能力差等问题，流动性风险加大，个别发行人出现实质性违约或存在较大违约风险。部分城投类债券发行人存在过度举债、风险底数不清等问题。

（4）新三板挂牌公司存在经营风险。新三板挂牌公司规范基础相对薄弱，违规占用担保、关联交易不规范、信息披露违规等问题时有发生；整体体量较小，抗风险能力弱，存在一定的经营风险。

（三）保险业稳定评估

1. 保险业运行情况

（1）保险业规模平稳扩张。全省保险业总资产4389.68亿元，同比增长11.52%，连续5年保持两位数增速。实现保费收入1374.67亿元，同比增长6.19%，比全国高1.61个百分点。各项赔付支出446.89亿元，同比增长3.98%，比全国高4.77个百分点。保险深度2.59%，同比略有下滑。保险密度为3282.4元/人，同比增加171.39元/人。

（2）险种结构持续优化。财产险保费收入358.8亿元，同比增长9.37%，结束近两年的负增长，实现强势反弹。车险同比增长6.36%，非车险业务占比31.73%，同比上升1.93个百分点。人身险保费收入1015.87亿元，首次突破千亿元大关，同比增长5.11%。寿险业务占比七成以上，健康险保费收入连续3年同比增速高于全国平均水平。

（3）保险保障功能显著增强。全省保险业累计提供风险保障163.53万亿元，同比增长39.01%，为保费收入增速的6.3倍。福建省保险业①积极参与第三支柱养老保险体系建设，为520.3万人次提供商业养老保险保障约1.4万亿元；为486万60周岁以上老年人提供意外、健康保险保障4.8万亿元；为客户管理养老保障资金规模约20.7亿元；落地个人专属商业养老保险试点和个人养老金试点，前者实现保费收入7670万元，后者共开立账户67.17万个，缴费4323.35万元。健全多层次医疗保障体系，各设区市职工补充医疗保险与城乡居民大病保险覆盖3365.8万人，赔付金额23.8亿元；推出全省统一定制型保险“惠闽保”，首期承保近250万人，规模超其他定制型保险历年规模总和。

（4）服务实体经济质效不断提升。信用保证保险业务企稳回升，累计实现原保费收入31.32亿元，同比增长11.62%。赔付支出20.22亿元，同比增长20.43%。福建信保发挥政策性金融职能，累计实现保费收入4.77亿元，保险金额256.4亿美元，同比分别增长6.67%和5.67%。其中，短期出口信用保险业务（含特险）实现保险金额237.78亿美元，同比增长3.55%，承保覆盖面进一步扩大；海外投资险实现保险金额15.9亿美元，同比增长38.89%，支持福耀玻璃、福建百宏、紫金矿业等企业的海外投资项目。积极服务“三农”事业发展，农业保险实现保费收入9.9亿元，同比增长15.25%；赔付支出7.65亿元，同比增长17.51%。

2. 保险业运行中需要关注的问题

（1）保险业发展相对缓慢。2022年福建省保费收入居全国第13位，明显低于福建GDP在全国的排名。保险业长期发展不充分，相关产业领域保险渗透率低。保险深度近年来有所下降，从2016

① 本段相关数据不含厦门。

年3.22%降至2022年2.59%，在全国排名比较靠后。

（2）法人保险公司经营管理存在压力。省内三家法人保险公司规模较小，市场竞争力不强，业务拓展能力相对较弱。个别公司偿付能力充足率指标下滑较为明显，资本补充难度加大。受资本市场波动影响，部分公司投资收益下滑，资金运用风险有所增加。

（3）人身险行业高质量发展面临内外部挑战。一方面，人身险公司代理人数量大幅萎缩，个人代理渠道保费增速为-0.45%，全省人身险保费增速连续3年下滑，"跑马圈地"扩张抢占市场的粗放式发展模式已不可持续。另一方面，老龄化现象的凸显对人身险行业提出更高要求。目前，居民商业养老保险的配置比例和额度都较低，产品形式相对单一，具有长期规划属性的产品不多，难以满足多样化的需求。此外，个人养老金优惠激励作用有限、试点政策兼容性不足，制约商业养老保险发展。

（4）保险市场运行秩序有待进一步规范。一是新能源车保险市场尚处于起步阶段，存在部分未办理营业证却实际从事营运的新能源车投保难、事故发生后保险损失责任认定难、定损标准和配件价格争议多等问题，市场主体经营行为与行业标准有待规范。二是随着疫情管控政策调整，新冠肺炎相关保险产品赔付压力加大，投诉纠纷有所增加，各家险企在同质化竞争下存在急于求成、未充分评估风险可保性等缺陷。三是保险公司在业务运营中仍存在销售误导、机构人员管理不到位等问题，虚列中介业务、虚列费用等方式套取现金的现象仍有发生。

三、金融市场运行与金融稳定

（一）金融市场运行状况

1. 货币市场交易平稳。全年全省同业拆借、债券回购和现券交易成交总额106.35万亿元，增长26.51%，其中拆借市场净流入资金1.23万亿元，债券市场净流入资金9.95万亿元。90家企业发行债务融资金额2806.15亿元，增长1.67%。票据融资总量1.68万亿元，增长46.85%。

2. 国际收支运行平稳有序。全年跨境收支和结售汇规模均创历史新高，但差额呈现一顺一逆。全省跨境收支顺差405亿美元，增长80.4%；结售汇逆差15.1亿美元，为近7年来首次逆差，主要由于货物贸易顺差收窄。

3. 黄金市场交易有升有降。全省银行业金融机构（不含兴业银行）代理上海黄金交易所黄金交易66.1亿元，同比减少78.6%；其他黄金交易品种合计交易626.4亿元，同比下降39.32%。上海黄金交易所的主要9家会员单位[①]在上海黄金交易所成交额（不含个人业务）9679.73亿元，同比上升35.45%。

4. 跨境人民币业务创历史新高。全省跨境人民币收付金额8853.5亿元，增长96.1%。经常项下人民币收付金额3035亿元，增长68.9%。其中，货物贸易收付金额2640.5亿元，增长78.7%；服务贸易及其他经常项目收付金额117.3亿元，增长40.2%。全省资本项下跨境人民币收付金额5818.1亿元，同比增长114%。

① 兴业银行、紫金矿业集团、福州福辉珠宝、厦门银行、厦门国际银行、海峡金服、兴业信托、珠光宝气、福建金德尚。

（二）金融市场运行中应关注的问题

1. 房地产领域风险仍需关注。目前全省房地产市场投资投机需求离场，需求规模显著收缩，商品房销售大幅下降，主要民营房地产企业营收低于预期，流动性高度紧张。房地产不良贷款快速增长，资产质量加速劣变。部分房地产企业理财平台爆雷，受损人员多次上访引发涉稳风险。房地产风险处置还存在推进较缓慢、信息不对称、金融债权可能悬空等问题。

2. 部分市场领域风险需持续关注。部分城投债存在风险隐患，福建省城投企业未来 3 年处于还款高峰期，仍需关注部分城投企业信用评级较低、区县级城投企业财政保障能力可持续性存在风险等问题；受 3 月股债两市齐跌、11 月债市震荡等影响，银行理财发生两轮净值回撤潮，部分理财产品出现集中赎回，投资者对净值型产品接受度仍有待提高。

3. 非法金融活动整治难度和维稳压力仍然较大。全年非法集资累计新发案件数和涉及人数均有所下降，同比分别下降 7.58%、66.91%，但部分非法集资案件判决后，因受害人损失难以挽回，仍存在涉访风险；河南村镇银行事件对福建外溢影响尚未消除；私募风险尚未完全化解，个别私募机构存在高管失联、产品无法兑付、涉嫌非法集资等风险。

四、金融基础设施与金融稳定

（一）支付体系

支付体系高质量发展，支付服务助力乡村振兴。一是移动支付扎实推进。福建省云闪付用户数突破 2060 万，用户渗透率达 56.62%，连续 5 年居全国第 1 位。二是深入挖掘支付服务普惠潜力。全国云闪付首个溯源平台——福鼎白茶溯源系统的移动支付产供销场景交易达 2.6 亿元。三是支付清算系统安全高效运行。清算系统可用率达 100%，全省银行机构通过支付清算系统共处理业务 11.77 亿笔，同比下降 2.40%，累计金额 385.93 万亿元，同比增长 11.63%。四是本外币合一银行账户体系试点扩点增面。全省试点范围由“一地三行”扩大至“五地五行”共 123 个银行网点，累计开立本外币合一银行账户 21983 户，收付人民币资金 1.67 万亿元、外币资金 54.58 亿美元。

（二）信用环境

社会信用体系建设有序发展，企业信用生态持续改善。一是促进金融生态环境优化。联合省发展和改革委员会、省农业农村厅、省金融监管局、省高院、福建银保监局，统一全省标准，共同开展金融信用村、乡镇、县评选工作，共评出 1884 个金融信用村、39 个金融信用乡镇，累计为 722 万户农户建立信用档案，其中 398 万户获得贷款 16988.36 亿元。二是支持小微企业发展。联合省发展和改革委员会、省金融监管局、福建银保监局印发《福建省加强信用信息共享应用促进中小微企业融资工作方案》，截至 2022 年末，金服云平台解决融资需求 6.13 万笔、金额超 2100 亿元，普惠小微贷款占比超 95%。全省市场主体累计登记担保业务 38.3 万笔，促进市场主体累计融资 3263 亿元，核心企业与中征平台系统对接累计数居全国前列。

（三）反洗钱

增强反洗钱工作质量，防范化解金融风险。一是综合运用监管手段。全年共组织全省各级人民银行对1481家义务机构开展年度分类评级，依法开展监管走访201次、约见谈话73次，发出监管意见书50份、监管提示函8份、典型履职问题通报13份。依法对12家机构实施反洗钱行政处罚905.1万元。二是辖内法人洗钱风险自评估全覆盖。推动全省165家法人机构全面完成第一轮洗钱风险自评估工作，完成率达100%。三是深入开展打击洗钱犯罪及扫黑除恶等各项专项行动。推动洗钱罪判决83起，判例数为上年的2.5倍，其中涉黑洗钱罪判决3起，洗钱罪判决实现地市全覆盖、县均1起以上目标。

（四）司法环境

进一步完善金融司法环境，健全工作机制。一是持续优化法治化营商环境。省高院制定服务创新型民营企业发展24条措施。运用全国首创的“执破直通”机制，审结强制清算与破产案件6202件，“实达集团”重整案件创全国审理时间最短、执行效率最高的上市公司破产重整纪录。二是深化金融司法与金融监管协同合作。全省已建立金融纠纷调解组织57家，全年完成调解案件14554件。厦门金融司法协同中心是全国首个全过程的“一站式”金融纠纷化解平台，全年共受理案件20056件，受理标的192.71亿元，结案率达96.31%，审判执行时间持续缩短2/3，执行到位率提升2.96倍。三是深入开展金融法治宣传教育。印发《中国人民银行福州中心支行法治宣传教育第八个五年规划》，在福州中心支行官方微信公众号发布10余篇普法推文，通过网络平台举办2022年福建省防范非法集资宣传月集中宣传视频活动，超310万人次观看。

（五）金融宣传

提升公众防范意识，营造良好的舆论环境。一是积极创新存保宣传。推动投保机构将宣传纳入其内部绩效考评，依托省政府新闻发布会宣导政策提升公众信任度，联合省金融监管局开展涉老宣教品牌，积极开展主题宣传，组织制作快闪手势舞歌曲、芗剧、莆仙戏、故事短片等宣传视频增强宣传效果。二是有效开展防风险提示宣传。创新“快递+”宣传方式，将印制有“反诈”标语的快递贴粘贴在快递上，实现反诈知识“快递到家”。聚焦重点区域重点人群开展现场反赌反诈宣传160余次。在10个大流量公交站投放反假币知识宣传。开展守住“钱袋子”宣传活动6000余次，覆盖人数1717万余人次。三是积极开展金融知识宣传。指导金融机构利用微信视频号，邀请福建省电视台资深主播与金融机构业务骨干开讲征信小课堂，点赞次数5.7万次、评论数近4千次。

五、政策建议

（一）精准有力实施稳健货币政策，服务经济高质量发展超越

加大对需求和供给体系的支持力度，保持总量平稳适度增长、流动性合理充裕，综合运用各类政策工具，持续优化政策效果。推进货币政策与财政、产业、科技、社会四类政策统筹兼顾、综合平衡，推动经济回暖、稳定发展、预期回升。进一步发挥货币政策工具总量和结构双重功能，引导地方法人银行加大信贷投放，把握投放节奏。坚持“投向要准”，重点支持“三农”、民营小微、“专精特新”、普惠绿色等重点领域和薄弱环节。支持福建实施“新时代民营经济强省”战略，优化金融政策环境，加强信贷保障服务。持续推进“一县一品”，引导各类资源服务县域发展，全面支持

乡村振兴。

（二）健全金融法治，加强和完善金融监管

弘扬社会主义法治精神，强化法治思维，加快金融法治体制建设。坚持依法行政，加大执法力度，规范监管行为。促进金融监管理念转变，加强功能监管和综合监管，对同质同类金融产品，实行统一公平的监管规则，依法将各类金融活动全部纳入监管。加快金融监管数字化智能化转型，优化监管技术、方法和流程，建立精准识别、快速响应的风险监测预警系统。加强金融监管协调配合，充分发挥央地金融监管协调机制作用，统筹监管和处置资源，深化监管信息共享，增强监管合力。

（三）强化创新驱动，深化区域金融改革和开放

深化区域金融改革试点，做好国家级普惠金融改革试验区总结评估与经验推广。继续推动省级绿色金融改革试验区建设，支持厦门申创国家级绿色金融改革创新试验区，持续推进碳交易市场建设，推动全省各地完善绿色金融标准体系。加快金融科技数字化转型，推进数字人民币试点提质增效。推进高水平金融对外开放，继续支持福建融入 RCEP 等国家战略。深化跨境金融服务平台试点，促进贸易投资外汇收支便利化试点提质增效。发挥对台政策优势，支持闽台产业合作，推进闽台优势产业链供应链价值链融合。继续推进对台征信合作，拓展台企资本项目便利化试点成效。

（四）完善金融基础设施建设，优化金融生态环境

持续提升支付清算现代化水平，深耕支付助力乡村振兴行动。优化地方征信平台建设，健全中小微企业征信服务长效机制。加大金融违法违规行为整治力度，贯彻《反电信网络诈骗法》，深化反诈打赌“资金链”治理；大力打击恶意逃废债、失信造假等行为，进一步健全失信联合惩戒机制；深入开展打击洗钱犯罪三年专项行动，严厉打击地下钱庄、涉税涉赌等非法跨境金融活动，常态化开展扫黑除恶斗争。大力推进金融消费者教育和金融知识普及，切实贯彻金融消费者权益保护为民理念，推进金融纠纷多元化调解机制建设。

（五）加强风险防控，守住不发生区域性系统性金融风险的底线

加强区域宏观研判和风险监测预警，密切关注第三方财富、加密资产、互联网金融等新型非信贷类金融风险、金融科技创新风险变化，推进房地产金融、“影子银行”、地方融资平台、私募基金等重点领域风险防范化解。引导地方法人金融机构完善治理架构，强化风险预警和早期纠正，健全跨部门联防联控联处机制。评估并完善金融突发事件应急处置体系，做好应急演练。发挥福建省金融风险化解委员会等作用，压实各方责任，完善以金融机构“自救”为主的市场化、法治化金融风险处置方式，探索推进设立区域金融稳定保障基金，完善风险处置长效机制。

中国人民银行福州中心支行金融稳定分析小组

组　　长：张庆昉

副 组 长：于松柏

成　　员：杨　敏　游廉明　阮玉盼　沈理明　李春玉　林　青
叶谢康　何锦玲　高宇辉　林　捷　李　芳

《福建省金融稳定报告（2023）》编写组

总　　纂：张庆昉

统　　稿：于松柏

执　　笔：杨　敏　江　宇　朱　敢　林　晖　郑　平　林路曦

黄　静　江　颖　林睿智　陈　浩　赵　晨　邢锦涛

江西省金融稳定报告摘要

2022年，江西省坚持以习近平新时代中国特色社会主义思想为指导，以迎接党的二十大、学习宣传贯彻党的二十大精神为主线，坚持稳中求进工作总基调，坚决落实中央“疫情要防住、经济要稳住、发展要安全”的重要要求，统筹推进疫情防控、促发展和防风险各项工作，全省经济金融运行平稳向好，金融服务实体经济作用有效发挥，金融风险总体收敛可控，但相关金融风险隐患仍需密切关注。

经济运行企稳向好，主要指标增速居全国前列。出台降本增效、纾困解难、稳经济等一系列措施，稳定全省宏观经济大盘，经济快速恢复增长。全年地区生产总值（GDP）突破3万亿元关口，全国排名由第18位前移至第15位，GDP增速居全国第1位。三大需求协同发力，固定资产投资增速居全国第7位，社会消费品零售总额增速居全国第1位，进出口总额增速居全国第4位、中部第1位。工业生产稳中提质，规模以上工业增加值增速居全国第7位。新兴产业加速发展，新动能加快释放。财政收入较快增长，全省财政一般公共预算收入增幅居全国第5位。民生保障基础进一步夯实，城镇新增就业完成年计划的113.0%。物价水平相对平稳，居民人均可支配收入增速高于全国平均水平0.9个百分点。

金融业稳健运行，服务经济发展作用有效发挥。银行业资产负债规模保持较快增长，本外币存贷款规模双双突破5万亿元关口，贷款增速居全国第8位。信贷结构持续优化，金融投放向经济发展重点领域以及“三农”、小微企业等薄弱环节倾斜，创业担保贷款累计发放金额居全国第1位。利率市场化改革效能充分释放，融资成本稳中有降。普惠金融和绿色金融改革稳步推进，改革成果不断显现。法人银行经营平稳，风险总体收敛。证券机构主体进一步扩容，A股上市公司新增14家。“险资入赣”再创新高，保险保障功能有效发挥。

融资性准金融机构监管强化，行业风险有所缓释。小额贷款公司实施分类监管评级。融资担保功能不断深化，风险分担体系更加完善。其他地方金融机构有序发展。融资租赁资产总额实现增长；商业保理公司增加11家，规模进一步扩大。“伪金交所”整治力度加大，交易场所风险持续收敛。

金融市场运行平稳，市场利率总体下行。全省债务融资工具保持“零违约”的良好态势，发行金额居全国第13位。货币市场有序发展，市场利率小幅下降。票据市场业务较快增长，利率水平大幅下行。黄金价格总体上涨，市场交易量同比下降。跨境收支连续六年保持增长走势，跨境人民币收支规模迈上1000亿元新台阶。

金融基础设施不断完善，金融稳定基础更加夯实。全省金融消费权益保护行业自律机制以及省级金融纠纷人民调解委员会先后设立，金融消费权益保护环境持续向好。移动支付便民服务和银行账户服务不断优化，持续打击电信网络新型违法犯罪和治理跨境赌博资金链取得成效。洗钱判决总数连续6年居全国首位，两个判决案例分别入选当年最高人民法院判决十大毒品（涉毒）犯罪典型案例和最高人民检察院惩治洗钱犯罪五大典型案例。建立金融业网络安全风险和漏洞隐患通报预警机制，持续推进大数据平台建设。人民币反假深入推进，假币收缴量和面额下降。实行全流程电子退税，打通线上退税网路。推动企业收支流水大数据征信平台扩大应用，征信服务效能持续提升。推动全省金融稳定长效机制建设，金融稳定保障更加有力。

综合来看，2022 年，江西省金融稳定运行基础进一步夯实巩固，但也存在有效需求增长面临压力、法人银行资产质量承压等问题或隐患，给全省区域金融稳定带来一定负面影响，需要密切关注。

一、区域经济运行与金融稳定

（一）区域经济运行情况

经济运行总体平稳，产业结构不断优化。全年 GDP 32074.7 亿元，同比增长 4.7%，高于全国平均水平 1.7 个百分点，增速居全国第 1 位。分产业看，三次产业增加值依次分别为 2451.5 亿元、14359.6 亿元和 15263.7 亿元，同比分别增长 3.9%、5.4%和 4.2%，产业结构由上年同期的 7.8:44.4:47.8 调整为 7.6:44.8:47.6。其中制造业占比继续提升，增加值占 GDP 比重 34.0%，同比提高 0.5 个百分点。

三大需求平稳增长，增速指标位居前列。2022 年，全省固定资产投资同比增长 8.6%，增速高于全国平均水平 3.5 个百分点，居全国第 7 位、中部第 3 位。消费市场不断恢复，全省实现社会消费品零售总额 12853.5 亿元，同比增长 5.3%，增速高于全国平均水平 5.5 个百分点，居全国第 1 位。其中，线上消费较为活跃，全省网上零售额 2598.5 亿元，同比增长 18.1%。物价水平相对平稳，居民消费价格同比上涨 2.0%，涨幅与全国持平。货物进出口增势良好，全年进出口总值 6713.0 亿元，同比增长 34.9%，高于全国平均水平 27.2 个百分点，居全国第 4 位、中部第 1 位。

工业生产稳中提质，新兴产业加速发展。2022 年，全省规模以上工业增加值 12746.29 亿元，同比增长 7.1%，高于全国平均水平 3.5 个百分点，居全国第 7 位、中部第 3 位。分行业看，38 个大类行业中有 18 个行业增加值实现增长，增长面为 47.4%。新动能加快释放，战略性新兴产业、高新技术产业、装备制造业增加值同比分别增长 20.6%、16.9%和 17.3%，占规模以上工业增加值比重分别为 27.1%、40.5%和 30.9%，同比分别提高 3.9 个、2.0 个和 2.9 个百分点。

财政收支较快增长，民生保障有力有效。2022 年，全省财政一般公共预算收入 2948.3 亿元，同比增长 4.8%，高于全国平均水平 6.9 个百分点，居全国第 5 位、中部第 2 位；一般公共预算支出 7288.3 亿元，同比增长 7.5%，高于全国平均水平 1.1 个百分点，其中民生方面支出 5754.4 亿元，占一般公共预算支出比重 79.0%。就业形势总体稳定，城镇新增就业 45.2 万人，完成年计划的 113.0%。居民收入稳步增加，居民人均可支配收入 32419 元，同比增长 5.9%，高于全国平均水平 0.9 个百分点。

（二）需要关注的问题

有效需求增长面临一定压力。全省房地产市场相对低迷，全年房地产累计投资同比下降 12.6%。消费复苏基础尚不牢固，居民增收预期不稳，消费信心减弱。外贸进出口增速有所趋缓，持续保持高增长压力较大。

传统行业发展趋缓。除锂电、光伏、新能源汽车、电子信息、电工电器等少数产业外，多数原材料、消费品产业需求相对低迷，制约工业产能发挥。

二、金融业发展与金融稳定

（一）银行业

1. 总体运行情况

存款规模有力增长，住户存款增速较快。2022 年末，全省金融机构本外币各项存款余额 5. 3 万亿元，首次突破 5 万亿元关口；同比增长 11. 3%，增速较上年上升 2. 6 个百分点；较年初增加 5406. 4 亿元，同比多增 1563. 3 亿元。受国内疫情多点散发导致的居民收入增长放缓、消费场景受限、生产性活动受阻等因素影响，居民储蓄意愿持续增长，住户存款增速较快，同比增长 17. 8%，增速较上年上升 5. 9 个百分点，较年初新增 4544. 4 亿元，同比多增 1833. 5 亿元。

贷款增量同比多增，信贷结构持续优化。2022 年末，全省金融机构本外币各项贷款余额 5. 3 万亿元，首次突破 5 万亿元关口，同比增长 11. 9%，增速居全国第 8 位，较年初增加 5602. 2 亿元，同比多增 96. 4 亿元。重点领域信贷支持持续加大。全年金融机构聚焦“2 + 6 + N”重点产业、14 条重点产业链和 13 个产业规划，建立主导产业产融合作重点企业“白名单”3307 户加大融资支持。全省制造业贷款余额 4074 亿元，较年初增加 789 亿元，同比多增 339 亿元。聚焦数字经济“一号工程”，通过“科贷通”支持 2883 户科技型中小企业获得融资 75 亿元。金融支持惠企纾困成效明显。全省普惠小微贷款余额 7086 亿元，同比增长 20. 6%，连续 19 个月保持在 20% 以上；企业贷款户数 128 万户，较年初新增 8 万户。涉农贷款余额 17728 亿元，较年初增加 2186 亿元，同比增长 13. 7%，较上年同期提高 3. 2 个百分点。全省 39% 的新增贷款投入涉农领域，占比同比提高 8. 9 个百分点。累计发放创业担保贷款达 1825 亿元，居全国第 1 位，其中 2022 年新发放创业担保贷款 245. 21 亿元，发放量创历史新高。

融资成本稳中有降，减费让利成效明显。金融机构对重点领域和薄弱环节实行内部资金转移定价优惠，充分释放利率市场化改革效能。2022 年，全省人民币一般贷款利率 5. 2%，同比下降 41 个基点，其中企业贷款加权平均利率 4. 6%，为全省有统计以来的最低水平，同比下降 34 个基点。

社会融资规模小幅上升，表外业务持续收缩。2022 年，全省社会融资规模增量 8624 亿元，占全国比重 2. 7%，同比上升 0. 05 个百分点。随着理财、信托等业务发展逐渐规范，表外信用持续收缩，金融市场风险有效缓释。全省表外融资业务减少 204 亿元，同比少减 1003 亿元。其中，委托贷款增加 79 亿元，同比多增 107 亿元；信托贷款增加 17 亿元，同比多增 1203 亿元；未贴现的银行承兑汇票减少 301 亿元，同比少增 308 亿元。

改革创新稳步推进，改革成果不断显现。民生银行宜春分行开业，进一步壮大全省银行服务体系。省联社改革稳妥推进。农村承包土地经营权抵押贷款业务和农房抵押贷款业务加快发展，2022 年末全省农村承包土地经营权抵押贷款余额 7. 73 亿元，农房抵押贷款余额 3. 4 亿元。绿色金融改革创新有序深化。全省碳减排支持工具支持发放碳减排贷款 133 亿元，带动碳减排量约 307. 8 万吨。全年新增认证绿色项目 763 个，总投资金额 3572. 94 亿元。2022 年末绿色贷款余额 5432. 77 亿元，同比增长 39. 52%。普惠金融改革加快推进。“赣金普惠”平台 3. 0 版正式上线，目前入驻金融机构 291 家，接入企业 233. 54 万户，累计发放贷款 4090. 48 亿元。赣州、吉安普惠金融改革试验区建设扎实推进，试验区中期评估顺利完成。

2. 需要关注的问题

信用风险反弹压力有所增大。经济下行压力逐步映射到金融领域，银行不良贷款反弹压力加大，特别是体量小、抗风险能力弱的法人银行，风险防控持续承压。

重点领域风险隐患较多，部分风险向银行体系“倒灌”。2022 年末，全省房地产贷款余额 14089.77 亿元，占各项贷款余额比重 26.77%，部分房企流动性承压，涉险楼盘客户“强制断供”舆情发酵，房地产领域涉稳风险防范化解压力增大。全省宏观杠杆率 231.8%，较上年上升 8.0 个百分点，其中政府部门杠杆率 33.8%，较上年上升 3.6 个百分点，政府债务风险隐患需要关注。

（二）证券期货业

1. 总体运行情况

市场运行整体平稳，经营效益有所下滑。2022 年末，全省证券投资者资金账户 992.7 万户，同比增长 8.9%。托管客户资产总额 7353.5 亿元，同比增长 6.7%。全年累计证券交易 86568.4 亿元，同比下降 0.7%。期货投资者账户 6.8 万户，同比增长 5.6%。累计代理交易额 39083.44 亿元，同比下降 15.1%。全省证券期货机构整体经营效益呈现下滑态势。辖内证券机构实现营业收入和净利润分别为 25.28 亿元和 5.43 亿元，同比分别下降 15.3% 和 37.98%。2 家法人证券公司实现营业收入和净利润分别为 26.43 亿元和 3.47 亿元，同比分别下降 30.0% 和 67.8%。辖内期货机构实现营业收入和净利润同比分别下降 32.9% 和 19.2%。法人期货公司实现营业收入同比下降 37.5%，净利润同比增长 20.25%。

机构主体不断扩容，资管产品整改有序推进。粤开证券、财通证券在辖内设立分支机构，瑞京证券筹建工作进入实质性推进阶段，进一步扩大资本市场主体规模。国盛资管和中航证券均已完成存量资管业务整改，国盛弘远历史遗留待整改资管产品已申报个案处理，正加快推进处置工作。

资本市场融资功能有效发挥，私募基金规模下降。纵深推进企业上市“映山红行动”取得成效，全年新增 A 股上市公司 14 家，A 股上市公司数量达 77 家，全年 IPO 过会企业居全国第 12 位。上市公司在资本市场股权融资 270.8 亿元，其中首发融资 208.5 亿元、再融资 62.3 亿元。晶科能源首发融资 100 亿元，创全省 IPO 募集金额新纪录。公司债发行 113 只，融资 939.7 亿元；存量公司债券 340 只，余额 2854.7 亿元；资产支持证券 128 只，余额 686.3 亿元。全省 270 家私募基金管理人在中国证券投资基金业协会备案，较年初减少 3 家；备案基金产品 1105 只，较年初增加 244 只；管理基金规模 1563.6 亿元，较年初减少 47.9 亿元。

2. 需要关注的问题

资本市场发展仍然滞后。虽然市场高速扩容，但发展不平衡、不充分问题仍较为突出。2 家法人证券公司综合实力总体较弱，创新和盈利能力不足。

上市公司整体质量有待提升。少数上市公司经营出险，影响全省上市公司整体运行。

私募基金风险仍需关注。部分私募基金产品兑付出现逾期，可能影响投资者的预期与情绪，存在引发群访的隐患。

（三）保险业

1. 总体运行情况

保险业总体稳健运行，退保率保持下降。2022 年末，全省保险公司资产总额 2166.0 亿元，同比增长13.0%。保费收入972.5亿元，同比增长6.9%。其中，财产险公司保费收入365.8亿元，同比增长11.9%；人身险公司保费收入606.6亿元，同比增长4.1%。法人保险公司恒邦保险资产总额43.5亿元，同比增长9.7%；保费收入16.5亿元，同比增长22.5%。退保金73.8亿元，同比增长4.0%；退保率2.5%，同比下降0.3个百分点。

“险资入赣”推进有力，服务保障功能有效发挥。“险资入赣”项目对接不断强化，入赣资金保持较快增长，保险业积极服务实体经济作用不断显现。全年“险资入赣”金额451.2亿元，同比增长10.2%，有效拓宽省内重点企业和重大项目融资渠道。全省出口信保覆盖面持续扩大，柑橘等地方特色险种纳入省级农业保险保费补贴目录，全国首个养殖类“保险+期货”县域覆盖项目落地于都县。全年累计赔付支出354.8亿元，同比增长6.2%。其中，财产险赔付支出192.5亿元，同比增长8.6%；人身险赔付支出162.1亿元，同比增长3.3%。

2. 需要关注的问题

保险业高质量发展需持续推进。全省保费收入规模仍然偏小、保险保障水平仍然偏低，保险深度、保险密度低于全国平均水平。在财产险方面，虽然非车险业务发展速度快，但产品结构同质化问题突出，导致竞争不断加剧，非车非农领域增收不增利现象较为普遍。在人身险方面，专属商业养老保险、长期护理保险等规模较小，养老保险第三支柱建设有待持续推进。

三、融资性准金融机构发展与金融稳定

（一）总体运行情况

小额贷款公司监管强化，支农支小功能继续发挥。2022年，全省小额贷款公司实施分类监管评级，加大停、歇业小额贷款公司清理，监管不断强化。年末全省小额贷款公司共计123家，全年新设小额贷款公司6家。其中，网络小额贷款公司16家，传统小额贷款公司107家；总注册资本172.89亿元，行业从业人员1079人。全年累计发放贷款751.99亿元，贷款余额163.46亿元，其中纯农贷款和单户100万元以下贷款余额占比75.78%。当年加权平均贷款利率12.96%，同比下降0.94个百分点。

融资担保机构功能不断深化，风险分担体系更加完善。2022年末，全省融资担保机构145家，注册资本金362.08亿元，在保余额2863.55亿元，其中融资担保在保余额2478.04亿元。融资性直保平均综合费率0.7%，同比下降0.12个百分点。国有融资担保机构（含再担保）129家，注册资本344.35亿元，分别占全省总额的88.97%和95.1%，其中政府性融资担保机构54家，注册资本金187.57亿元，11个设区市及赣江新区、81个县（市、区）和7个国家级经开区（高新区）已出资组建国有融资担保机构。江西省“国家—省—市—县（区）”四级担保机构和银行机构共同参与“五级”风险分担体系不断完善，体系内成员达95家。

其他地方金融机构有序发展，交易场所风险持续收敛。2022年末，江西联合股权交易中心挂牌企业220家，托管企业股本856.2亿股，累计为企业融资924.8亿元。典当行140家，同比增加3家，实收资本总额20.9亿元，典当总额30.1亿元。融资租赁公司39家，资产总额378.7亿元，其中，融资租赁资产总额315.9亿元，同比增长25.5%；注册资本144.7亿元，同比增长10.0%。商业保理公司30家，同比增加11家；注册资本31.5亿元，同比增长61.5%。发放保理融资本金54.8

亿元，同比增长 51.8%。地方交易场所 10 家，同比减少 1 家；资产总额 12.1 亿元，同比增长 7.2%。12 家“伪金交所”整治力度加大，清退存量业务 20 亿元，注销 3 家，变更名称和经营范围 2 家。2 家地方资产管理公司总资产 200.14 亿元，净资产 61.57 亿元，处置不良资产 99.48 亿元。农民专业合作社 3 家，资产总额 0.81 亿元。

（二）需要关注的问题

部分机构经营风险需要关注。全省小额贷款公司不良贷款率 18.99%，同比上升 4.67 个百分点。部分小额贷款公司因经营管理不善难以为继，全年注销和退出 28 家。典当行逾期当金金额 1.70 亿元，绝当金额 0.39 亿元，同比分别增长 20.57% 和 2.63%。农民专业合作社同比减少 7 家。

部分地方准金融机构风险化解工作仍需加快。全省网贷机构存量风险敞口尚未全部出清，网贷机构（不含立案类）待偿余额 1.34 亿元，涉及未兑付出借人数 919 人。部分第三方财富公司违法违规经营扰乱市场，需进一步强化风险治理。

四、金融市场与金融稳定

债务融资工具“零违约”，服务实体经济功能有效发挥。2022 年，全省非金融企业发行 186 只债务融资工具，发行金额 1738.3 亿元，全国排名第 13 位；债务融资工具发行加权平均利率 2.93%，同比下降 66 个基点。2022 年末，江西省债务融资工具余额 3355.5 亿元，同比增长 7.1%。全省债务融资工具均如期兑付。

货币市场有序发展，市场利率小幅下降。2022 年，全省同业拆借市场总成交额 1.22 万亿元，同比增长 20.27%；全年加权平均拆借利率 1.76%，同比略升 0.01 个百分点。全省债券成交额 40.33 万亿元，同比增长 2.9%，其中质押式回购成交额 34.43 万亿元，同比增长 7.3%；加权平均利率 1.91%，同比下降 0.09 个百分点。买断式回购成交量 0.08 万亿元，同比下降 22.4%；加权平均利率 1.49%，同比下降 0.47 个百分点。

票据市场业务较快增长，利率水平大幅下行。2022 年，全省票据市场业务总量[①] 19554 亿元，同比增长 18%，其中票据承兑、贴现、转贴现发生额分别为 5157 亿元、5004.4 亿元和 9393 亿元，同比分别增长 21.6%、38.9% 和 11%。2022 年末全省金融机构办理票据直贴现余额 1364.03 亿元，同比增长 38.9%。市场利率呈下降态势，全年全省票据贴现、转贴现利率连续四个季度环比下降，其中第四季度分别为 1.58%、1.60%，同比分别下降 73 个、58 个基点。

黄金价格总体上涨，市场交易量同比下降。受疫情及黄金产量下降等因素影响，黄金价格出现攀升，2022 年各类黄金业务交易平均价格 388.3 元/克，同比上涨 0.8%。全年黄金交易量有所下降。2022 年末全省辖内金融机构各类黄金业务交易量累计成交 159.9 吨，同比下降 2.8%；各类黄金交易累计成交金额 621 亿元，同比下降 2%，其中黄金租赁和黄金远期为主要业务品种，成交额市场占比分别为 57.2% 和 33.6%。

跨境收支快速增长，跨境人民币收支规模迈上新台阶。2022 年，江西省跨境收支规模 745.6 亿美元，同比增长 14.9%，连续 6 年保持增长走势。全省结售汇总额和顺差同比分别增长 14.2% 和

① 包括承兑、贴现和转贴现。

15.8%。其中，人民币跨境收支规模迈上1000亿元新台阶，收付金额达1129.4亿元，占同期本外币跨境收支总额的22.5%，高于上年同期5.39个百分点。辖内9家企业境外成功发债，募集资金15.4亿美元，同比增长3%。

五、金融基础设施与金融稳定

金融消费权益保护工作水平不断提升。2022年，辖区金融消保协作机制全面深化，江西省金融消费权益保护行业自律机制和江西省金融纠纷人民调解委员会先后成立。全省人民银行指导下的金融纠纷调解完成1664件；“12363”电话接听来电20275个，接收投诉2239件，办结率达97.10%。全年建设命名11家市级金融教育示范基地。深入推进农村普惠金融服务站建设，2022年末全省建成站点5183个。

支付系统安全稳定运行。2022年，全省支付系统共处理业务6.98亿笔；累计处理交易金额150.27万亿元，同比增长8.47%。全省支付清算网络覆盖面扩大，4家村镇银行加入网上支付跨行清算系统，173家法人金融机构通过ACS办理央行会计核算业务。法人银行政策工具DVP结算效果显著，累计发放836笔，合计金额617.79亿元。反诈拒赌宣传走深走实，全省电信网络新型诈骗违法犯罪和跨境赌博“资金链”治理取得较好成效，涉案银行卡线索数同比下降39.3%。

反洗钱监管有效性不断加强。全年实现辖内法人机构风险评估全覆盖；对19家义务机构开展执法检查，对14家机构、42名个人实施行政处罚。接收可疑交易报告193份，向司法机关移送线索174条。依法配合开展反洗钱行政调查19起，发出调查通知书252份，查实涉案主体210个，查获银行账户3351个，涉案金额超7亿元。推动以“洗钱罪”成功判决案件128起，判决总数连续6年居全国首位。

金融信息科技安全进一步强化。持续提升金融城域网安全防护，常态化开展银行业网络安全等级保护。依托金融业网络安全态势感知平台，建立安全风险和漏洞隐患通报预警机制，加强银行业金融机构关键信息基础设施运行风险监测。推进大数据平台建设，建立金融联盟链，强化数据共享安全性。

人民币反假体系不断完善。全省假币收缴数量、面额实现“双降”。深化警银协作，共享假币收缴信息和冠字号码数据，推进重点地区假币整治。全省建设反假货币服务站3801个、假币鉴别自助服务点2537个。加大整治拒收现金工作，处罚4起拒收现金行为。强化网格化现金服务管理，在全省城镇地区建立3190个金融服务网格，初步建立现金服务网格的行政村13076个。

国库业务系统安全运行。2022年全省各级国库完成各级公共预算收入入库4787.02亿元。财税库银横向联网系统对账清算效率提升，预算资金可实现当日入库。实施全流程电子退税，线上退税网路打通，确保助企纾困政策红利直达快享。全省办理退税业务280.6万笔，金额合计944.5亿元。

征信服务效能持续提升。推进中小微企业融资征信赋能，升级打造省级地方征信平台——赣金普惠平台3.0版，推动企业收支流水大数据征信平台扩大应用。创新园区信用建设试点和应收账款池质押融资模式，促成39万户市场主体融资4619亿元。开展“征信修复”乱象专项治理“百日行动”，为40074户信息主体、1867家企业调整还款安排或征信记录，妥善办理征信投诉、异议、信访等970笔。

区域金融稳定长效机制建设继续推进。依托央地协调机制平台，增强央地协调合作，促进金融风险信息共享和防范措施协同。着力推进金融风险治理，依托央行评级、压力测试和主监测人制度等机制加强法人银行、房地产、融资平台等领域风险监测预警。推进科技赋能，开发具有大数据特征的金融机构风险监测预警系统，加强对金融风险前瞻性分析研判。压实有关各方风险处置责任，推动法人银行风险总体收敛。深化金融改革和金融管理服务，加强存款保险宣传，充分发挥存款保险制度在稳定公众信心、防范和化解金融风险中的作用。持续推进金融风险应急管理和风险处置，妥善应对各类突发风险，切实维护全省金融稳定。

六、评估结论与政策建议

（一）评估结论

根据《江西省金融稳定状况评价办法》，运用综合评价模型进行定量评估分析，2022 年全省金融稳定综合评价得分为 81.1 分，与上述金融稳定状况的定性分析结论基本吻合，总体处于稳定的安全区域。

（二）政策建议

有效贯彻新发展理念，深入推进经济高质量发展。紧扣稳住经济大盘的政策主线，坚持稳中求进总基调，坚定不移贯彻新发展理念，大力推进创新型省份建设，加快航空、电子信息、装备制造、中医药和生物医药、新能源、新材料等重点产业项目建设。深入实施产业链链长制升级版，加快形成万亿级、五千亿级、千亿级“产业矩阵”。实施先进制造业集群提能升级、制造业基础再造、绿色制造提升、服务型制造优化升级等专项工程，提升产业基础化和产业链现代化水平。有力支持恢复和扩大消费。深入实施区域协调发展战略、乡村振兴战略、新型城镇化战略，提高全省发展整体性、协调性。

加大信贷服务经济发展支持，拓展金融改革创新成效。落实稳健货币政策，强化逆周期和跨周期调节，保持流动性合理充裕。强化重点领域信贷支持，做好重大工程项目建设金融服务。加大货币政策工具运用，持续加强对制造业、科技创新等重点领域金融支持，引导加大对小微企业、个体工商户的信贷资金投入，支持恢复和扩大消费。稳步推进省联社改革和中小法人银行改革转型，着力推进绿色金融、普惠金融改革，加快金融科技创新。推进“赣金普惠”平台数据共享和推广应用，持续打造普惠金融“江西样本”。

坚持质量优先，加快推进资本和保险市场发展。深入推进企业上市“映山红行动”升级工程，推动优质企业多渠道上市。支持地方法人证券期货机构通过增资扩股等方式做优做强，服务本土发展。抓住政策窗口期，推动保险市场健康发展，进一步优化保险业务结构，丰富保险产品类型。强化对非法代理退保、销售误导等市场乱象行为整治，及时发布风险提示。加强“险资入赣”项目对接力度，充分发挥保险资金服务实体经济重要作用。

完善监测预警机制，推动织密金融风险监测网。依托压力测试、主监测人制度等机制，继续加强法人银行、房地产、政府融资平台以及大型企业等重点领域风险边际变化监测，提高风险识别预警有效性和准确度。坚持“治已病”和“治未病”相结合，加强金融机构扩张性风险、同业业务风险、信用风险、流动性风险等风险预警和防范处置。推进风险监测预警科技赋能，完善金融风险监测预警系统建设，加强全省主要金融风险评估预警，推动风险早识别、早预警和早处置。

强化金融风险应急处置，有效维护区域金融稳定。推动金融机构完善公司治理，从源头防范化解金融风险。针对存在风险隐患的机构，探索建立健全硬约束的早期纠正机制，鼓励多渠道补充中小银行资本，不断提升抗风险能力。增进央地协调合作，强化相关风险应急处置，持续开展互联网金融风险整治、扫黑除恶以及打击电信网络诈骗、跨境赌博和地下钱庄等非法金融活动工作，持续做好各类交易场所、股权众筹领域风险专项整治。严格落实重大事项报告，及时识别发现各类重点金融风险和相关苗头隐患，坚持市场化、法治化原则，稳妥处置各类风险隐患，防止事态扩散蔓延，切实维护区域金融稳定。

中国人民银行南昌中心支行金融稳定分析小组

组　　　长：陈建新

副　组　长：杜正琦

成　　　员：刘居照　袁新如　张婷婷　曹景华　叶莉萍　于海滨
花象清　吕　钢　李　翔　樊　勇　曾省晖　郭　斐
尹晓民

《江西省金融稳定报告（2023）》编写组

总　　　纂：杜正琦

统　　　稿：曹景华　乐林平

执　　　笔：江洪俊　张巍伟　黄声扬　万浩天　魏斯怡　彭鸿健

参与写作人员：彭　炜　叶少波　彭振江　王　欣　吴　俊　肖　忠
胡　颖　黎　坚　万文彦　吴远航　陈　源　杨晶晶
郭　丽　刘梦佳　侯　佳　欧阳坚　冷　平　彭安妮
钟　点　吴　隽　李海平　钟　丽　常然君　余晓华

山东省金融稳定报告摘要

2022年，山东金融业全面贯彻落实党中央国务院和省委省政府各项决策部署，坚持稳中求进工作总基调，区域金融运行总体平稳，金融风险整体收敛。全省社会融资规模等主要金融指标增速持续高于全国平均水平，金融机构组织体系更加健全，支持实体经济高质量发展取得实效。但全省经济社会发展仍面临不少矛盾和问题，高质量发展基础还不牢固，部分领域风险隐患不容忽视，实体领域风险继续向金融行业传导，金融风险防控压力依然较大。

一、宏观经济与金融稳定

（一）经济运行基本情况

1. 经济运行稳中有进，稳经济大盘有力有效。2022年，全省实现地区生产总值87435.1亿元，比上年增长3.9%。三次产业结构由上年的7.3∶39.9∶52.8调整为7.2∶40.0∶52.8。创新落实国家稳经济“一揽子”政策及接续政策，动态推出四批政策清单、284项措施，确保经济运行在合理区间。

2. 消费市场有所放缓，线上消费增势良好。2022年，全省社会消费品零售总额33236.2亿元，比上年下降1.4%。实现网上零售额6698.7亿元，比上年增长7.5%。其中，实物商品网上零售额5957.1亿元，增长9.6%；占社会消费品零售总额的比重为17.9%，比上年提高3.8个百分点。

3. 新旧动能转换强力突破，重点领域改革步伐加快。2022年，山东省传统产业持续优化，推动实施投资500万元以上工业技改项目1.3万个。新兴动能增势强劲，“四新”经济增加值占比为32.9%，比上年提高1.2个百分点。国有企业改革三年行动圆满收官，省级层面106项改革任务、16市涉及的1062项改革任务全部完成。

4. 工业经济运行平稳，服务业支撑有力。2022年，全省全部工业增加值28739.0亿元，比上年增长4.4%，规模以上工业增加值增长5.1%。服务业实现增加值46122.3亿元，比上年增长3.6%；占生产总值的比重为52.8%，对经济增长的贡献率为50.6%。

5. 财政运行保障有力，就业形势保持稳定。2022年，全省一般公共预算收入7104.0亿元，比上年增长5.3%；一般公共预算支出12131.5亿元，比上年增长3.6%。全省城镇新增就业120.2万人，失业人员实现再就业53.9万人，就业困难人员实现就业10.3万人，分别完成全年目标的161.0%、158.7%。

6. 居民生活水平稳步提高，物价水平温和上涨。2022年，全省居民人均可支配收入37560元，比上年增长5.2%；居民人均消费支出22640元，比上年下降0.8%。居民消费价格比上年上涨1.7%，工业生产者购进价格上涨5.8%。

7. 区域经济协调发展，“一带一路”融合并进。2022 年，省会、胶东、鲁南三大经济圈实现地区生产总值比上年分别增长 3.8%、3.9% 和 4.3%，对全省经济增长的贡献率分别为 36.6%、42.0% 和 21.4%。对“一带一路”沿线国家和地区进出口总值 12941.9 亿元，比上年增长 38.0%。

（二）经济运行中存在的突出问题

2022 年第四季度新冠肺炎疫情大面积暴发，工业经营受到抑制，工业生产边际回落，月度增速持续放缓。居民收入下滑、预期偏弱，房地产投资增长的内生基础不稳，全省房地产开发投资逐月下滑，房地产开发投资持续萎缩，下滑态势短期难以扭转。由于疫情大面积反弹，消费增长回升乏力，年内经历二次探底。企业经营压力加大，企业用工规模和工资水平“双降”，就业市场面临一定压力。疫情对出口造成较大冲击，外需下降导致出口企业订单减少，对外贸易高位回落趋势显现。

（三）经济运行对金融稳定的影响

企业经营压力导致金融机构信用风险承压，大企业风险依然较高，部分已出险企业处置进展迟缓，且与中小金融机构风险关联交织；房地产行业风险有所上升，房地产不良贷款呈现“双升”局面；部分地方政府融资平台和地方国有企业面临融资困难；地缘冲突、能源危机以及高通胀等因素导致商品海外需求疲软，出口企业订单减少，经营压力加大。多因素叠加，经济运行压力持续向金融领域传递，影响区域金融稳定。

二、金融业与金融稳定

（一）银行业

1. 总体运行状况

（1）资产负债规模平稳增长。截至 2022 年末，全省银行业各级金融机构数量 15658 家，其中法人机构 282 家，银行业从业人员 24.82 万人。全省银行业机构资产总额 18.38 万亿元，负债总额 17.71 万亿元，分别较年初增长 10.62% 和 10.75%。本外币存款余额 14.6 万亿元，较年初增长 12%，同比多增 3461.2 亿元；本外币贷款余额 12.4 万亿元，较年初增长 11.7%，同比少增 195.4 亿元。全省社会融资规模余额 19.3 万亿元，同比增长 11.8%。社会融资、存款和贷款增速分别比全国快 2.2 个、1.2 个和 1.3 个百分点，分别连续 47 个月、8 个月和 29 个月快于全国平均水平。

（2）重点领域信贷支持力度持续加大。2022 年末，全省固定资产贷款余额同比增长 14.8%，比全部贷款增速高 3.1 个百分点；基建贷款余额同比增长 16.6%，比全部贷款增速高 4.9 个百分点；制造业、装备制造业、高技术制造业中长期贷款余额同比分别增长 32.1%、55.0%、76.2%，均保持较快增长态势；普惠贷款和涉农贷款余额分别为 1.4 万亿元、3.66 万亿元，同比分别增长 26.4%、13.2%，涉农贷款增量创历史同期新高；绿色贷款余额 1.2 万亿元，同比增长 49.4%；科创企业贷款余额同比增长 14.3%，比全部贷款增速高 2.6 个百分点。

（3）表外业务平稳增长。2022 年末，全省银行业机构表外业务（含金融衍生品）余额 9.98 万亿元，较年初增加 8210.64 亿元，增长 8.96%。其中，承兑汇票余额 1.51 万亿元，较年初增长 12.59%；跟单信用证余额 3227.62 亿元，较年初增长 5.96%；保函余额 2831.37 亿元，较年初增长

15.72%；委托贷款和委托投资贷款余额合计9530.94亿元，较年初增长15.54%。

（4）资管业务进入新发展阶段。2022年末，全省银行业机构存续资管产品3614只，同比增长3.17%；募集资金余额7302.8亿元，同比下降2.04%，其中净值型资管产品3038只，募集资金余额5767.59亿元，同比分别增长85.59%、56.06%。全省仅2家信托公司存续非净值型产品，共计576只，募集资金余额1535.21亿元。

（5）盈利能力稳步提升。2022年，全省银行业机构利润总额2582.31亿元，同比增长6.32%；新提取贷款损失准备1257.01亿元，同比增长20.45%；拨备后利润1078.34亿元，同比增长6.02%。

2. 需要关注的问题

（1）潜在信用风险较高。截至2022年末，全省不良贷款余额1581.21亿元，较年初增加91.46亿元；不良贷款率1.27%，较年初下降0.07个百分点。关注类贷款余额4887.33亿元，较年初减少19.38亿元，占比为3.78%。逾期贷款余额2242.50亿元，较年初增加304.40亿元，占比为1.74%，其中逾期90天以上贷款余额1364.30亿元，较年初增加123.79亿元。

（2）不良贷款处置力度减弱。2022年，全省银行业机构共处置不良贷款1633.03亿元，同比减少30.15%，其中核销及现金清收金额分别为982.87亿元和382.48亿元，合计占清收处置总额的83.61%。

（3）法人银行公司治理效能有待提升。从排查情况看，部分法人银行机构存在股权管理不规范、公司治理组织架构不健全、“三会一层”履职不到位、关联方授信集中度超标等问题。

（4）部分中小法人银行风险仍需关注。2022年末，全省中小法人银行机构不良贷款余额722.48亿元，较年初增加45.61亿元；不良贷款率1.94%，高于全省不良贷款率平均水平0.67个百分点。统算拨备覆盖率163.95%，较年初下降8.71个百分点；统算资本充足率13.05%，较年初下降0.68个百分点。央行金融机构评级结果显示，全省中小法人银行中有超一成机构评级徘徊在安全边界，后续如经营指标没有明显向好，易劣变为高风险机构。

（5）高度关注碳转型中的金融风险。随着“双碳”目标的推进，高碳排放行业企业将受到转型政策、技术进步、能源替代、碳市场、融资政策、市场偏好等因素影响，转型风险显著增大，并通过直接和间接路径向金融体系传导。

（二）证券期货业

1. 总体发展状况

（1）企业上市数量保持较高水平。截至2022年末，全省共有A股上市公司289家，较同期增加20家，其中主板195家、创业板59家、科创板21家、北交所14家。北交所上市数量居全国第4位。全省A股上市公司总股本2836.64亿股，同比增长4.12%。在全国市场IPO数量整体下行的背景下，山东省企业上市过会数量保持较高水平。2022年山东省共25家企业过会，首发上市21家，其中主板5家、创业板5家、科创板4家、北交所7家。在上市辅导企业124家，过会及在审企业55家，数量均为历史最高。

（2）直接融资作用明显。全年股权融资634.92亿元，并购重组交易金额793.17亿元。168家企业发行公司债券（含资产支持证券）募集资金2836亿元，平均利率4.41%，年末公司债券存量规模9400亿元。科技创新债、低碳转型债、碳中和绿色债券融资超百亿元，首单租赁住房类REITs产品成功发行。

（3）法人证券公司经营能力相对弱化。2022 年，省内 3 家法人证券公司累计实现营业收入 85.99 亿元，同比下降 29.9%。分业务类型看，经纪业务手续费净收入 56.98 亿元，同比下降 17.45%；净利息收入 25.89 亿元，同比下降 14.12%；投资收益 15.02 亿元，同比下降 42.20%；公允价值变动收益 -13.83 亿元，同比下降 454.87%。累计实现净利润 12.19 亿元，同比下降 68.24%。

（4）权益类交易市场不断发展。截至 2022 年末，全省共 12 家权益类交易市场，其中区域性股权市场 2 家，分别为齐鲁股权交易中心和青岛蓝海股权交易中心。2022 年，2 家区域性股权市场新增挂牌企业 621 家，为企业融资 275.87 亿元。截至 2022 年末，2 家市场挂牌企业累计达 8037 家，为企业融资 1291.65 亿元。同时，2 家市场均获得国家区块链创新应用试点建设任务，并通过阶段性评估。2 家市场企业挂牌家数、区块链创新应用试点在全国 35 家区域性股权市场中位居前列。

（5）资本市场风险持续收敛。压降风险上市公司 5 家，实现“僵尸企业”平稳退市。妥善化解多家公司债券风险，全年无新增公司债券违约。全年资本市场风险总体平稳，“守住不发生区域性风险的底线”。

2. 需要关注的问题

（1）城投债到期及回售压力大，评级相对较低的区县级城投公司债务到期规模较大，部分企业还款能力面临较大考验。

（2）部分存量风险化解难度大。受公司治理和生产经营等多方面因素影响，省内仍有风险类上市公司，其中 5 家被实施退市风险警示。部分公司违规风险、经营风险交织，化解难度大。部分私募机构违法违规问题复杂，风险出清进展慢。

（三）保险业

1. 总体发展状况

（1）总资产和保费收入稳步增长。2022 年末，全省共有 5 家法人保险公司①，其中财产险公司 3 家，寿险公司 2 家；省级分公司以上保险主体 147 家，保险公司分支机构 7435 家。全省保险业总资产 9656.72 亿元，较年初增长 11.7%。保费增速有所放缓，全省保险业实现保费收入 3410.3 亿元，同比增长 4.03%，增速较上年上升 0.47 个百分点，低于全国保险行业增速 0.55 个百分点。全年提供风险保障 414.8 万亿元，赔付支出 1168 亿元，同比分别增加 74.3 万亿元、27.83 亿元。

（2）人身险行业仍处于转型推进期。2022 年，全省人身险实现保费收入 2535.35 亿元，同比增长 2.81%，增速与全国人身险行业基本持平。产品结构不断优化，逐步回归保障本源，分红寿险、万能寿险等投资型险种同比分别下降 15.13%、2.56%。保费稳增长承压，辖区人身险新单保费自年初以来持续负增长，同时代理人流失问题仍在持续，进一步增大保费收入稳定增长的难度。

（3）财产险行业保费实现较快增长。2022 年，全省财险行业实现保费收入 874.96 亿元，同比增长 7.73%，呈现较强复苏态势。在财险业务结构中，车险、健康险、农业保险和责任保险依次居于保费规模的前 4 位，其他险种的保费规模较小，其中车险扭转负增长局面，同比增长 5.96%（上年同期增速为 -2.87%），车险综合改革目标基本达成。

① 泰山财产保险、中路财产保险、华海财产保险、和泰人寿保险和德华安顾人寿保险。

（4）法人保险公司总体运行稳健。2022 年末，省内 5 家法人保险公司总资产 285.9 亿元，较年初增长 14.14。保费收入增速较快，实现原保费收入 97.3 亿元，同比增长 18.2%。偿付能力充足整体充足。但作为中小保险公司，科技、人才实力、营销渠道均不及大型险企，成本压力大，5 家保险公司中 3 家亏损、2 家微盈，整体盈利能力较弱。

2. 需要关注的问题

（1）法人保险公司投资配置面临挑战。受利率下行、股债市场低迷、地缘政治冲突、新冠肺炎疫情反复等因素影响，法人保险公司投资业务承压。2022 年，5 家法人保险公司投资收益率大幅下滑，财险公司降幅尤为显著，泰山财险年化综合投资收益率仅为 0.15%，中路财险、华海财险投资亏损。

（2）保证保险赔付支出大幅增长。2022 年，山东省财产险公司保证保险赔付支出 39.6 亿元，同比增长 53.05%。保证险相关的信访举报抬升，易使相关机构的合规短板、声誉损害过度放大。

（3）部分中小保险公司车险转型困难。部分中小保险公司忽视自主渠道搭建，长期依靠投放车船税奖补资金来收揽业务，难以适应当前严监管的市场环境，后续或将面临车险经营困局。

（4）短期健康险赔付风险需关注。近年来惠民保产品热销，虽然目前业务运行总体平稳，但参保率仍然偏低，部分地市参保率仅为 6%，叠加产品设计中逆向选择风险较大，未来赔付压力应予关注。

三、金融市场与金融稳定

（一）货币市场与债券市场运行平稳

2022 年，全省共有 477 家市场成员和非法人投资主体参与货币市场和债券市场交易，比上年同期增加 36 家。市场总成交量小幅回升，资金净融入大幅增加。2022 年，全省市场参与主体总成交量 87.55 万亿元，同比增加 10.55 万亿元，增幅 13.7%。全年净融入资金 12.63 万亿元，同比增加 6.77 万亿元，增幅达 115.5%。

（二）票据市场运行平稳，全年票据贴现利率在合理区间波动

2022 年，山东省票据贴现发生额 16239.39 亿元，同比增加 3794.68 亿元，其中银票发生额 15120.67 亿元，商票发生额 1118.72 亿元。上半年，票据平均贴现利率呈波动下降趋势，商票平均贴现利率降至 2.5% 附近，银票平均贴现利率降至 1.5% 附近。下半年，银票平均贴现利率维持在 1.5% 附近波动，商票平均贴现利率出现回升，并在 4.0% 附近波动。

（三）债务融资工具发行规模总体平稳，国有企业占据市场主导地位

债券发行成本显著下降，债务融资工具发行规模同比小幅下降。2022 年，全省非金融企业共发行信用债 852 单、金额 6964.6 亿元，其中，债务融资工具 520 单，金额 4367.1 亿元，同比减少 24 单、550.9 亿元；企业创新发行科创票据、碳中和、乡村振兴、革命老区、科创、转型债券、民企发债支持工具等创新型债务融资工具 211 亿元。截至 2022 年末，全省存续期内非金融企业信用债券 2098 单，余额 17779.8 亿元，同比增加 1590.1 亿元。从发行主体所有制结构看，国有企业仍占据市

场主导地位。2022年，全省国有企业发债6782亿元，占比为97.4%。

（四）黄金市场宽幅震荡，价格总体呈现冲高回落走势

2022年，受地缘政治、通货膨胀、经济衰退、美联储货币政策调整等因素影响，黄金价格整体呈先扬后抑走势。金价在年初不断上涨，最高涨至2070美元/盎司，未突破2020年创下的历史高点。自3月起，价格开始回落，最低跌至1614美元/盎司，年末收于1823.58美元/盎司，涨幅1.25%，波动幅度为25.34%，与往年相比波幅较大。

四、金融服务与金融稳定

2022年，人民银行济南分行不断完善山东省金融基础设施，提升金融服务水平，推动金融生态环境持续优化，为金融业稳定健康运行奠定良好的基础。

（一）金融法治环境不断改善

开展2022年规范性文件评估清理和合法性审核专项监督，不断提升依法行政水平。认真开展政务服务“好差评”工作，扎实推进“放管服”改革。全面深化辖区法治央行建设，率先向社会公开法治央行建设情况报告，接受社会监督。组织落实2022年度全省执法检查工作计划，依法依规开展执法检查，不断提升执法效能。创新开展公职律师跨层级跨地域调配使用试点，有效盘活现有公职律师资源。依托微信服务站，聚焦“八五普法”重点内容，加大实施力度，持续擦亮央行法律服务站普法品牌。

（二）支付体系建设持续深入

作为全国12个试点省（市）之一，成功开展本外币合一银行账户体系试点，指导银行统筹提升账户管理和服务水平，持续优化小微企业账户服务，落实账户分类分级管理要求，做到账户“应开尽开”、风险可控，2022年，通过简易服务累计为全省4677家小微企业开立银行账户。建立涉案账户“快查快处”机制，强化存量账户风险排查和循环监测，精准打击治理电信网络诈骗与跨境赌博“资金链”，不断提升账户风险防控精准化水平，全年全省涉案账户数量同比下降25.4%。从严从细规范支付市场秩序，对27家银行、支付机构开展执法检查或调查，实施行政处罚17次。提升重点领域支付服务水平，扎实推进支付降费，确保降费政策“应降尽降”，政策实施以来已为612.0万家市场主体减免支付服务手续费11.4亿元。开展“云闪付”惠民促销费活动，拉动直接消费超300亿元。按季组织全省266家支付清算系统法人参与者开展“地毯式”风险排查，制定针对新冠肺炎疫情等情景专项应急预案，保障党的二十大等重要时期支付清算系统实现安全平稳运行。持续深化中央银行会计核算质量提升工程，组织全省营业网点及时准确办理会计核算业务8.5万笔，业务成功率高达99.99%，始终居全国前列。

（三）征信体系建设不断深化

金融信用信息基础数据库收录全省自然人7000余万人，企业和其他组织432万户，二代数据采集整体切换率超九成，村镇银行全量接入。全省配备个人自助查询设备652台，企业自助查询地市层面全覆盖，全年分别提供个人和企业查询服务 472.7 万次和 16.4 万次；“齐鲁征信通”微信小程序上线，实现征信查询服务网点一键导航和线上查询渠道一键指引，服务质效进一步提升。征信市场多元化发展，省内 6 家备案机构提供各类征信服务 1561.45 万次，跨境征信服务走在全国前列。农村信用体系建设助力乡村振兴，“整村授信”工作覆盖率达 96.21%，四地市试点新型农业经营主体信用评价。动产和权利担保统一登记范围持续扩大，2022 年全省登记各类担保权利 21.09 万笔，同比增长 30.6%。切实加强征信权益保护，累计有 44 家破产重整企业重建信用记录，助力 3 家重获授信，1 家重获投资；为涉及疫情“四类群体”调整还款记录 3191 笔、还款安排 18.5 万笔、金额 1117.6 亿元。“征信修复”乱象治理“百日行动”成果丰硕，建立五部门监管合作机制，遏增量、去存量、清乱象同步发力，清理企业名称和经营范围含“征信”字样机构 2398 家，非法“征信修复”机构清理率达 100%。

（四）反洗钱工作持续加强

完善反洗钱联席会议制度，持续深化联席会议机制、打防合作机制、监管合作机制等工作落实。围绕推动洗钱入罪工作持续发力，全年共宣判洗钱罪 108 例，是 2021 年的 2.6 倍，超过山东有洗钱罪判例以来 13 年间判例总量（74 例），连续 4 年创历史新高，再次实现飞跃式增长。案件结构和质量进一步提升，推动省内一起惩治洗钱犯罪典型案例得到央视“焦点访谈”报道。选定部分商业银行为试点单位，进一步加强养老诈骗、非法集资、新型传销、网络赌博等涉众型犯罪领域的可疑资金监测力度，提升义务机构对违法犯罪资金的识别抓取能力，助力大案要案侦办。人民银行济南分行、省公安厅等 12 家单位印发《山东省打击治理洗钱违法犯罪三年行动方案（2022—2024 年）》，建成全国首个具有集成作战功能的山东省反洗钱研判中心。建立“回头看”监管走访机制，巩固反洗钱“检查—整改—督导—验收”的反洗钱监管闭环，全省法人机构圆满完成首轮自评估工作。在泰安、威海等地建立反洗钱宣传教育基地，11 月举办山东省第二届反洗钱知识网络竞赛暨集中宣传活动。

（五）现金流通管理不断深入

2022 年末，山东省银行业金融机构库存现金余额总计 362.0 亿元，同比增加 43.10 亿元，同比增幅 14%。2022 年金融机构和企事业单位监测点调查数据显示，社会对人民币整洁度的认可度一直保持较高水平，辖内流通人民币整洁度状况良好，各券别整洁度达到 83.72%。2022 年，执行辖外调拨命令 67 个，人民币产品入库 41 次，共计调入发行基金 1533.55 亿元、16.38 万箱、102 个车皮。2022 年山东省发行基金累计投放量稳步下降、累计回笼量下降显著，净投回大幅上升。各市、县（区）反假办定期召开反假货币联席会议或联络员会议，持续深化协调高效的警银协作机制，加强信息沟通交流，加大假币违法犯罪打击力度。积极推进货币真伪鉴定体系建设，制定《山东省货币真伪鉴定体系建设规划》。2022 年，全辖共有 174 家商业银行货币真伪鉴定机构正式挂牌运行，覆盖全省 16 地市，充分满足社会公众日益多样化的货币鉴定业务需求，有效地提升了货币真伪鉴定工作的服务效率和便利性。认真组织开展反假货币宣传，借力微信、微博和移动客户端等新媒体渠道，统筹运用线上、线下宣传手段，组织开展了多形式、“接地气”的人民币知识和防伪反假知识宣传活动。

（六）金融消费者（投资者）合法权益保护持续推进

金融宣教协同机制进一步完善，人民银行济南分行、省银保监局、省证监局、省委网信办、省地方金融监管局等联合开展“3·15”、“6月‘钱袋子’”、9月普及月集中宣传活动，全年累计开展活动7.3万余次。依托“一行两局一厅”协同机制，联合推进金融知识纳入中小学国民教育体系，覆盖全省16地市、1438所学校、6570个班级。2022年山东省“好网民·在山东”评选中，金融系统有3名金融讲师、5个金融讲师团队荣获榜样人物（榜样社团）称号。高标准打造“12363”暖心热线“齐鲁样板”，2022年累计接听来电6万余个，办结率100%。建立人民银行与法院诉调对接机制，省、市、县三级调解组织和调解员全面入驻人民法院调解平台，2022年累计开展纠纷调解7075件，是上年同期的4.05倍。指导山东省金融消费权益保护协会编制发布《金融纠纷调解工作规范》团体标准，进一步提升全省调解工作规范化水平，为全国纠纷调解领域首创。完善全省普惠金融发展监测评估体系，组织开展山东省居民金融健康的影响因素研究，持续推进普惠金融示范区建设，新泰市成功入选中央财政支持普惠金融发展示范区，加大临沂市国家级普惠金融服务乡村振兴改革试验区建设推进力度，打造普惠金融支持乡村振兴齐鲁样板的“沂蒙高地”。

五、政策建议

2022年，全省金融系统紧紧围绕服务实体经济、防范化解金融风险、深化金融改革等重点工作，认真贯彻稳健的货币政策，落实金融管理服务各项要求，为全省经济社会发展营造了良好的金融环境。当前，全国经济金融形势复杂多变，外部环境动荡不安，国内经济恢复基础尚不牢固，防范金融风险还须解决许多重大问题。2023年，要继续以习近平新时代中国特色社会主义思想为指导，全面贯彻落实党的二十大、中央经济工作会议精神和党中央、国务院的各项部署，坚持稳中求进工作总基调，精准有力实施稳健货币政策，有效防范化解重大金融风险，持续深化金融改革创新，助力经济高质量发展。

一是认真贯彻稳健的货币政策，支持经济高质量发展。贯彻“精准有力”调控要求，保持贷款平稳增长。强化重点领域金融支持，加大普惠小微、科技创新、绿色发展、基建项目等领域金融支持力度。用好各类结构性货币政策工具，加大监督管理力度，确保资金管理规范，精准支持实体经济。

二是坚持“房子是用来住的”，维护房地产市场平稳健康发展。因城施策实施好差别化住房信贷政策，指导金融机构保持房地产融资平稳有序，满足行业合理融资需求。加强金融产品和服务模式创新，推动房地产业向新发展模式平稳过渡。

三是坚持标本兼治，持续推动金融风险防控体制机制建设。建立健全“治已病”和“治未病”相结合的风险监测、监管和处置框架。强化风险监测预警，在继续坚持金融风险监测全覆盖基础上，提升监测预警的针对性、有效性。贯彻分类分段监管理念，提升央行评级结果运用，发挥存款保险差别费率风险约束作用，强化金融监督管理。依法合规压实各方金融风险处置责任，促进金融风险持续收敛，坚决防止形成区域性、系统性金融风险。

四是深入推进金融改革创新，增强金融发展活力。深化金融改革试验区建设，配合地方政府稳妥推进地方法人银行改革工作。加快发展绿色金融，促进绿色金融产品和服务创新。完善科创融资服务体系，支持科技创新金融服务管理机制创新，扩大对科技型企业、“专精特新”企业支持力度。扎实开展数字人民币试点工作，提高数字人民币使用渗透度。

中国人民银行济南分行金融稳定分析小组

组　　长：肖龙沧
副 组 长：王会奇
成　　员：刘洪来　孙　丹　苑治亭　霍成义　邵　宇　彭江波
杜树星　杨化军　肖承发　于正红　郑录军　刘云昭
吕　峰　赵其伟　谢　伟　刘大勇　向　珂　毕德富

《山东省金融稳定报告（2023）》编写组

总　　纂：王会奇
统　　稿：刘洪来　于明星
执　　笔：张　宁　秦海涛　凌　云　王立章　齐玉录　李丹丹
王亚楠

河南省金融稳定报告摘要

2022年，河南省统筹推进疫情防控和经济社会发展，经受住了复杂多变的外部环境和疫情多点散发带来的多重考验，经济运行总体延续恢复向好的发展态势，主要指标高于全国平均水平，创新驱动持续向好，协调发展不断增强。金融业总体运行平稳，金融服务实体经济成效明显，防范化解金融风险取得积极进展，全省金融风险状况总体可控。

一、区域经济运行与金融稳定

（一）经济运行基本情况

1. 经济运行总体平稳，继续保持恢复态势。2022年，河南省稳经济“一揽子”政策和接续措施持续发力见效，经济运行总体保持恢复发展态势，全年地区生产总值（GDP）达6.13万亿元，增速3.1%，高于全国0.1个百分点，扭转了自2020年以来连续两年低于全国的局面，居全国第15位和六个经济大省第2位，充分发挥了稳经济大盘的支撑作用。

2. 消费、投资增长快于全国，进出口总值创新高。疫情对需求端造成较大冲击，部分月份投资项目受阻，社会消费品零售总额出现负增长，随着各项政策落实落细，总需求已现回暖态势，全年固定资产投资、社会消费品零售总额分别增长6.7%、0.1%，分别高于全国1.6个、0.3个百分点，分别居全国第13位、第12位，在经济大省中分别居第2位、第3位。全年进出口总值达到8524.1亿元，再创历史新高。

3. 生产稳步恢复，创新驱动与结构转型加快向好。工农业生产形势平稳，全年全省粮食总产量1357.87亿斤，增长3.7%，连续6年超1300亿斤；工业增加值增长4.2%，高于全国0.8个百分点，居全国第16位，在经济大省中居第1位。产业结构加快优化，三次产业结构为9.5∶41.5∶49.0，第二产业占比连续两年上升。创新驱动持续向好，战略性新兴产业、高技术制造业增加值比重分别为25.9%、12.9%，同比分别提高1.9个、0.9个百分点。绿色低碳转型加快推进，全年全省规模以上节能环保产业增加值增长9.4%。

4. 财政支出增幅高于收入，“紧平衡”特征明显。受新冠肺炎疫情冲击、房地产市场低迷等因素影响，全年全省一般公共预算收入4261.6亿元，同比下降2.1%，其中交通运输仓储和邮政业、房地产业、建筑业税收出现下降。全年全省一般公共预算支出10644.6亿元，同比增长8.8%，重点支出保障较好，科技、交通运输、灾害防治及应急管理支出增速均在20%以上，收支平衡压力进一步增加。

5. 居民收入稳定增长，新增就业人数下降。全年居民人均可支配收入28222元，同比增长5.3%，高于全国0.3个百分点，城乡居民收入倍差由2012年的2.49缩小至2022年的2.06。全省各项就业指标完成年度目标任务，但均呈下降态势，全省城镇新增就业、城镇失业人员再就业、新增返乡入乡创业人数同比分别下降6.5%、9.6%和7.5%。

6. 居民消费价格温和上涨，工业生产者价格涨幅回落。能源、食品等关键领域保供稳价成效明显，物价走势基本平稳。全省全年居民消费价格同比上涨1.5%，涨幅低于全国0.5个百分点；其中食品烟酒上涨2.1%，衣着、居住、医疗保健涨幅在1%以内。随着全球大宗商品价格下降，工业生产者价格涨幅也明显回落。全省全年工业生产者出厂、购进价格同比分别上涨5%、5.7%，涨幅连续7个月、10个月回落。

（二）经济运行中需要关注的问题

1. 经济恢复基础尚不牢固。一是部分企业经营较为困难。2022年人民银行郑州中心支行第四季度企业问卷调查显示，企业经营状况指数环比下降7.6个百分点，其中认为经营状况“较差”的占比环比上升8.9个百分点。受用工成本居高不下、购进价格涨幅持续高于出厂价格等因素影响，2022年全省规模以上工业企业利润总额同比下降4.2%，民营、小微、个体工商户等市场主体经营困难，增产不增收、增收不增利矛盾突出。二是产业链外迁可能性增加。当前河南省在劳动力、制造能力等方面仍具一定优势，但随着全球经济活动恢复，以及印度、越南等新兴市场发展，跨国企业多元化布局加快，未来产业链外迁可能性增加。三是传统动能拉动下降，新动能引领不足。2022年全省房地产业、住宿和餐饮业、批发和零售业增加值同比分别下降2.5%、2.7%和6%，传统行业拉动GDP增长动能有所下降。同时，新经济培育与经济强省还存在较大差距，高技术制造业增加值仅占规模以上工业的12.9%，远低于广东等经济强省。

2. 房地产开发投资增速持续回落，商品房去库存化周期拉长。2022年，全省房地产开发投资6793.36亿元，比上年下降13.7%；新开工面积8948.68万平方米，比上年下降34.5%。2022年下半年以来，受新冠肺炎疫情冲击、政策调控以及问题楼盘等影响，房地产市场观望情绪增强，全省商品房销售面积增速由正转负，商品房可售库存增加、去化周期拉长。全年全省商品房销售面积11141.00万平方米，同比下降16.1%；截至2022年末，全省商品房去化周期19个月，同比拉长2个月，房地产市场预期和信心有待进一步提振和恢复。

二、银行业与金融稳定

（一）银行业运行情况

1. 资产负债规模稳步增长。截至2022年末，河南省银行业金融机构资产总额11.6万亿元，同比增长10.63%；负债总额11.18万亿元，同比增长11.13%，其中稳信贷政策持续发力，贷款增长趋稳向好，各项贷款余额7.61万亿元，同比增长7.8%，增速不断回升；疫情背景下居民储蓄意愿强烈，各项存款加快增长，余额达到9.3万亿元，同比增长11.6%，增速创69个月以来新高。

2. 信贷资产质量进一步改善。随着农信机构不良贷款集中清收行动的持续推进，全省银行业金融机构不良贷款实现“双降”，不良贷款余额同比减少9.04%；不良贷款率同比下降0.72个百分点，其中政策性开发性银行、大型国有银行、股份制银行平均不良贷款率1.58%。

3. 信贷结构加快优化。一是国民经济重点领域贷款增加较多。全年全省基础设施中长期贷款增加1499.9亿元、制造业中长期贷款增加406.5亿元，合计占单位中长期贷款增量的四成以上。二是普惠、科创、绿色贷款增势较好。普惠小微贷款同比增长14.2%，高于各项贷款增速5.4个百分点；高新技术企业、科技型中小企业、“专精特新”企业贷款同比分别增长14%、16.7%和25.6%，分别高于各项贷款增速5.2个、7.9个和16.8个百分点；绿色贷款同比增长28.2%，高于各项贷款增速19.4个百分点。三是金融支持“保交楼”成效显著。200亿元“保交楼”专项借款全部投放到位，金融机构投放配套融资96.5亿元，带动房地产开发贷款全年增加100.1亿元，同比多增25.3亿元。

4. 地方法人中小银行改革化险工作稳妥推进。中原银行吸收合并洛阳银行、平顶山银行、焦作中旅银行顺利完成，80亿元补充中原银行资本专项债发行。河南省农村信用社改革方案获批，河南农商联合银行筹建工作有序推进，用于补充农信社资本的专项债券方案获批。禹州新民生等4家村镇银行风险事件处置取得阶段性进展。

（二）需要关注的主要问题

1. 部分中小银行信用风险水平较高。2022年，全省法人银行不良贷款规模同比下降18%，但农信机构和村镇银行信用风险仍处于高位。其中，农信机构不良贷款规模在全省银行业不良贷款中占比超过50%，不良贷款率高出全省银行业平均水平；村镇银行不良贷款新增较多，同比增速高于其他类型银行机构。

2. 中小银行资本补充渠道较窄。近年受经济下行和新冠肺炎疫情等因素影响，全省法人中小银行风险资产快速增加，资本被不断消耗，资本充足率有所下降。中小银行规模普遍较小，盈利能力和资质较弱，依靠利润留存、增资扩股等内源性资本补充有限，而优先股、永续债等外源性资本补充工具发行要求过高，虽然部分中小银行获得地方政府专项债支持，但仍难以解决资本不足问题，抗风险能力较为薄弱。

3. 实体经济风险向银行体系传导压力大。一是房地产领域信贷资产质量承压。受新冠肺炎疫情反复、问题楼盘等因素影响，全省房地产市场回暖较慢，房地产领域不良贷款有所增加。2022年末，房地产不良贷款余额较年初增加73.66亿元，不良贷款率同比上升0.28个百分点，其中个人住房逾期贷款规模同比增加较多，逾期率同比上升0.55个百分点。二是债券违约风险需重点关注。2022年末，全省非金融企业存续信用债券937笔、余额6586亿元，存续规模较大。其中，2023年到期债券259笔、1763亿元，部分债券发行人财务状况较差，流动性紧张，存在一定兑付压力，对银行债券资产质量产生一定影响。

三、证券业与金融稳定

（一）证券业运行情况

1. 证券期货业整体发展稳健。一是证券期货业机构数量总体保持稳定。截至2022年末，河南省共有证券法人机构1家，证券公司分支机构404家，全年新设4家，注销6家；期货法人机构2家，期货分支机构103家，全年新设4家。二是证券期货交易量略有下降。截至2022年末，河南省共有股票投资者1112万户，较年初减少81万户；客户托管资产总额9587.63亿元，较年初增长1.96%；代理买卖证券总额11.25万亿元，同比下降8.31%。共有期货投资者26.56万户，较年初增加1.48万户；代理成交量6.58亿手，同比下降22.15%。

2. 上市公司发展增量提质。截至2022年末，全省共有A股上市公司107家，居全国第12位、中部六省第4位，新增A股上市公司11家，5家公司待发行。前三季度，全省上市公司实现营业收入7025.11亿元，同比增长11.27%，高于全国9.87%的平均水平；实现净利润492.13亿元，同比下降5.30%。总体来看，全省上市公司呈现稳健发展势头，业绩稳步复苏，创新驱动日益增强。其中，17家公司营业收入超百亿元，14家净利润超10亿元，61家公司盈利水平高于上年同期，食品和新型材料业等优势产业进一步做强，净利润同比分别增长22.52%、45.21%。

3. 私募基金发展势头向好。全省私募基金管理人数量不断增加，管理规模持续增长。全省共有私募基金管理人169家，同比增加11家；管理基金规模908.19亿元，同比增加55.9亿元。部分私募基金"明股实债"、产品逾期等风险化解取得实质进展，部分高风险私募机构存量风险实现清零。

（二）需要关注的主要问题

1. 个别证券期货分支机构内控合规机制不健全。在前后台岗位隔离、居间人管理、绩效考核机制等方面需改进提升，内控合规机制有待进一步健全。

2. 个别上市公司风险化解难度依然较大。2022年，全省上市公司风险逐步缓释，总体保持稳定，但仍有个别公司存在资金占用、违规担保、流动性紧张、生产经营困难等风险问题，仍需进一步加大风险化解力度。

四、保险业与金融稳定

（一）保险业运行情况

1. 保险市场发展稳中有进。2022年，全省保险业资产持续增长，同比增速长期保持在9%左右，年末资产总额达0.63万亿元。累计实现原保险保费收入2369.53亿元，居全国第6位、中部六省第1位，同比增长0.40%，高于上年同期0.06个百分点。其中，财产险、寿险业务保费收入同比分别增长5.37%、1.13%；健康险、意外险业务保费收入同比分别减少5.73%、11.62%。保险业赔付支出801.53亿元，同比减少10.04%，受2021年汛情赔付支出大幅增长影响，2022年8月以来，全省赔付支出同比增速呈下降态势。

2. 保险业风险保障作用持续强化。全省保险业风险保障水平不断提高，保险"社会稳定器"功能进一步凸显。2022年末，全省保险业有效保险金额突破250万亿元，达到251.83万亿元，同比增长43%，其中财险业累计提供风险保障100.51万亿元，同比增长88.18%。

3. 保险公司运行整体平稳。一是财产险经营指标总体向好。2022年，全省财险公司综合成本率同比下降29.18个百分点，承保利润率同比上升29.18个百分点。受新冠肺炎疫情影响，部分地区车辆停驶，出险概率降低，车险综合赔付率、综合成本率同比分别下降30.88个、31.13个百分点，推动全行业综合成本率显著下降。二是人身险满期给付和退保风险整体可控。全年全省退保金同比增速低于全国平均水平26.51个百分点，退保率与全国平均水平基本持平，低于预警边界。满期给付增速逐步收窄，保险公司平稳度过满期给付高峰，未发生满期给付和集中退保风险事件。

（二）需要关注的主要问题

1. 转型发展形势较为严峻。在财产险方面，头部公司市场集中度仍然较高，中小公司转型发展动力不强、能力不足，以非理性费用争抢市场的现象仍然突出。在人身险方面，“高价值率重疾险 + 代理人急速扩张”所带动的高增长红利已逐步消退，产品创新进入“瓶颈”，同质化竞争较为严重，粗放式发展模式仍未从根本上发生改变。

2. 信保业务风险有抬头趋势。在经济运行面临超预期变化和疫情反复等情况下，小微企业主、个体工商户等群体收入降低，还款能力及还款意愿下降，信用较差借款人恶意逃废债务可能性增大，银行、消费金融公司的经营风险可能交叉蔓延至保险公司，易造成融资性信保业务风险反弹。

3. 声誉风险有所上升。近年来，全省保险领域违法举报、司法案件和群访群诉数量呈上升态势，一旦发生声誉风险事件，不仅对保险公司正常经营造成负面影响，而且还可能影响行业形象和市场稳定。

五、金融市场运行与金融稳定

（一）金融市场运行情况

1. 货币市场成交量同比下降。2022 年，全省货币市场成交量 35.8 万亿元，同比下降 18.5%。交易类型主要为质押式回购，全年质押式回购累计交易金额 26.8 万亿元，占全部成交量的 74.9%，同比提高 8.6%。从资金流向来看，全省全年资金净融入 3.8 万亿元，各交易类型多数呈现资金净流入态势。其中，质押式回购净流入最多，为 3.4 万亿元；仅有现券交易呈现资金净流出。

2. 银行间债券市场发行规模企稳回升。2022 年，全省累计发行银行间债券市场非金融企业债务融资工具 1574.9 亿元，同比增长 330.3 亿元，发行量逐步回暖；累计发行金融债和资产支持证券 125.5 亿元，同比下降 64.6 亿元。截至 2022 年末，全省银行间债券市场债券存续余额 3894 亿元，同比增加 632.8 亿元。

3. 票据市场承兑贴现业务分化。2022 年，全省银行承兑汇票累计发生额 8787.8 亿元，同比下降 279.1 亿元；贴现累计发生额 24104.6 亿元，同比增长 6613.6 亿元。截至 2022 年末，银行承兑汇票余额 6765.7 亿元，同比下降 35.5 亿元；贴现余额 4269 亿元，同比增长 1573 亿元。全年票据贴现量增长显著快于承兑量。

4. 期货市场交易规模有所回落。2022 年，郑州商品交易所累计成交量 22.4 亿手，成交金额 96.8 万亿元，同比分别下降 10.5%、10.4%。从成交量看，PTATA、甲醇 MA、纯碱 SA 是最主要的交易品种，成交量占比分别为 23.9%、17.7%、14.8%。从成交金额看，强麦 WH、花生 PK、纯碱 SA、普麦 PM 成交金额增幅较大，分别为 335.8%、101.1%、75%、41.7%；煤 ZC、红枣 CJ、棉纱 CY 的成交量和成交金额大幅下降。

5. 黄金市场交易规模同比下降。2022 年，河南省金融机构黄金交易总量 86591.8 千克，成交金额 309.5 亿元，同比分别下降 21.5%、26.3%，账户金业务、黄金租赁业务和黄金远期业务均呈现较大幅度下降。截至 2022 年末，全省共有 52 家金融机构开展黄金市场业务，全国性金融机构业务种类较丰富，地方法人机构业务种类少、规模小。

6. 涉外经济表现强韧，收支、结售汇双顺差。2022 年，在国内疫情反复以及国际高通胀压力背景下，河南省涉外经济表现出较强韧性，收支总规模 2144.1 亿美元，同比增长 11.9%，增速较上年略有下滑。结售汇总额 575.1 亿美元，同比增长 8.2%。涉外收支以及结售汇继续保持双顺差。其中，收支顺差 116.3 亿美元，同比增长 27.9%；结售汇顺差 122 亿美元，同比下降 12.1%。

（二）需要关注的主要问题

1. 外需回落导致企业出口难。在俄乌冲突、欧美国家加息以及发达经济体高通胀因素叠加影响下，河南省批发制品行业、批发零售业近四成企业反映，外需回落导致客户购买力下降，出口订单降幅超 10%，且近半企业订单以 3 个月内的短单为主。

2. 欧美发达经济体加息周期影响企业跨境融资。自 2022 年以来，随着欧美等发达经济体超预期加息，企业跨境融资成本抬高。2023 年，河南省企业境外发债意愿仍然较强，未来企业跨境融资偿本付息压力依然较大，需高度关注。

六、金融基础设施与金融稳定

（一）推进支付严监管常态化，支付服务实体经济能力持续提升

探索建立支付清算系统制度、日常监管、应急管理“三位一体”的业务连续性保障机制，全省支付清算系统全年安全稳定运行。持续推进涉诈涉赌“资金链”治理，组织银行和支付机构开展账户排查，加强警银联防联控，全省涉案账户数量明显下降。持续完善支付机构监管工作机制，辖区法人支付机构客户备付金保持安全、规范，支付机构分公司业务合规性有效提升。指导督促银行机构以小微企业、流动就业群体等为重点，不断优化账户服务，全年全省支付服务主体降费总规模达 5.74 亿元，惠及市场主体 286.88 万户。开展农村支付服务点集中清理规范，支付点整体服务质效明显增强。移动支付便民利民作用更加明显，全省“云闪付” App 累计绑卡用户数居全国第 2 位。持续推进支付服务适老化，地方性法人银行全部完成 App 适老化改造，银行网点支付适老化“绿色通道”设置率达 100%，老年人支付服务便利度明显提升。

（二）高质量推进征信体系建设，进一步优化征信服务供给

金融信用信息基础数据库覆盖面和服务质效不断提升，截至 2022 年末，征信系统共接入河南省 143 家机构，其中金融机构 69 家、非金融机构 74 家，共收录河南省个人信用信息 4882.51 万人、企业信用信息 235.06 万户。规范备案企业征信机构健康发展，全省共有 3 家备案企业征信机构，合计收录企业信息 9.37 万户，提供各类征信服务 6.62 万次。全省已建成 1 家省级地方征信平台、7 家市级地方征信平台，合计归集企业信用信息 135.61 万户，助力中小微企业融资。完善涉农信用信息采集、评价以及应用机制，共归集农户信息 1852.34 万户、新型农业经营主体信息 5.06 万户，其中建档立卡贫困户信息实现全覆盖，为乡村振兴、普惠金融发展提供基础支撑。宣传推广动产融资统一登记公示系统、中征应收账款融资服务平台，促进全省动产融资扩面增量，有效拓展中小微企业融资渠道。截至 2022 年末，全省动产和权利担保登记 6.25 万笔，提供登记查询 31.35 万次；全省应收账款融资 1876 笔、683.08 亿元。组织开展河南省“征信修复”乱象专项治理“百日行动”，建立协同监管工作机制，实现多部门协同打击治理，有效净化征信市场环境。

（三）综合施策开展反洗钱监管，预防打击洗钱犯罪实现新突破

持续加强反洗钱监管工作，全年共对 565 家机构开展监管走访，其中，对非银行支付机构实现全覆盖走访监管，对141家机构约见谈话，对232家法人机构开展风险评估，指导全部法人机构完成新制度下的第一次洗钱和恐怖融资风险自评估，对32家机构开展执法检查，处罚金额共计1212.35万元。人民银行郑州中心支行牵头联合省级公检法等11部门印发《河南省打击治理洗钱违法犯罪三年行动计划（2022—2024年）》，形成省市县三级多部门长效合作机制，大力推动洗钱罪立案、起诉和审判。全年依法开展反洗钱调查和案件协查12次，发出反洗钱调查通知书278份，推动洗钱案件审理82起，以狭义“洗钱罪”宣判31起（自洗钱15起）、公诉22起、立案29起，同比分别增长55%、69%和32%，洗钱案件审理数量和洗钱罪宣判创新高，自洗钱宣判实现零突破并快速增长。

（四）全力保障现金充足供应，多措并举推进反假货币工作开展

根据疫情形势积极采取多项措施，统筹组织安排发行基金调拨，不断优化券别结构，有力保障全省现金供应不断档，有效满足各银行业金融机构取现需求。2022年，河南省人民银行发行基金投放量较上年增长7.33%。组织开展重点地区以及农村地区假币整治，督促落实整治工作措施。加强警银信息共享与会商研判，助力公安机关精准打击假币犯罪活动，捣毁一批制贩假币网络。依托现金服务网格化机制以及反假货币服务站点抓好常态化反假知识宣传，营造群防群治良好氛围。

（五）践行金融为民理念，金融消费权益保护工作质效全面提升

持续打造“12363”暖心热线，2022年河南省人民银行系统共受理咨询49372起、投诉9743起。强化消费者权益保护监管力度，全年共对辖内33家银行业金融机构开展消保领域执法检查，对18家被检查机构进行处罚。全面推进河南省金融纠纷多元化解机制建设，实现地市级金融纠纷调解组织全覆盖，全年全省共调解金融纠纷3459起，调解成功2260起。强化与其他金融监管部门间的沟通联动，深入开展金融知识集中宣传教育活动，持续构建常态化、制度化的宣传教育机制，扎实推进金融知识纳入国民教育体系。

七、总体评估与政策建议

（一）总体评估

从区域金融稳定定量评估模型评估结果看，2022年河南省金融稳定综合评价分值对应评估表中所属类别为“B类地区较好”，较上年分值略有下降。总体来看，2022年，全省统筹疫情防控和经济社会发展，稳中求进、难中求成，经济发展稳定向好、稳中提质，为金融稳定健康发展提供了必要环境。在有关各方的共同努力下，全省金融风险化解处置取得积极进展，金融系统整体运行稳定。但受经济发展阶段转换、经济增速下行、疫情冲击等多重因素影响，实体经济风险不断向金融体系传导，中小金融机构信用风险防控压力加大，全省金融平稳运行面临的困难和挑战增加。当前，外部环境不确定、难预料因素增多，全省经济恢复的基础尚不牢固，各类金融风险仍易发多发，维护金融稳定压力依然较大。

（二）政策建议

继续坚持以习近平新时代中国特色社会主义思想为指导，全面贯彻党的二十大和中央经济工作

会议精神，深入落实习近平总书记对河南工作和金融工作重要讲话指示批示精神，坚持稳中求进工作总基调，全面贯彻新发展理念，着力推动高质量发展，统筹经济发展和区域金融深化改革，不断提升金融服务实体经济能力，推动经济运行整体好转，有效防范化解重大金融风险，牢牢守住不发生区域性系统性金融风险的底线。

1. 抓住关键环节，增强金融服务实体经济能力。全面推进重大项目建设，坚持“项目为王”，加大对河南省“十大战略”实施中投资规模大、带动作用强的重大项目的政策和融资支持力度。全面激发市场主体活力，进一步完善财税、产业、金融监管等配套政策措施，加大对小微企业、科技创新、绿色发展、乡村振兴等领域金融支持力度。加快提振市场信心，围绕“稳地价、稳房价、稳预期”目标，激活房地产市场，促进房地产融资平稳有序，满足刚性和改善性需求，推动租购并举格局加快形成。

2. 加强统筹协调，全力防范化解经济金融风险。坚持底线思维，推动地方党委政府、金融监管部门、金融机构及其股东、行业管理部门等有关各方切实落实自身风险化解处置责任，加强信息共享和资源协调，凝聚合力，有效推动金融风险稳妥有序化解和处置。以河南省农村信用社改革方案获批和河南农商联合银行筹建为契机，“一揽子”推进全省农信机构改革化险。研究推进村镇银行改革重组，逐步实现减量提质。用好专项债资金加快补充中小银行资本，提升抗风险能力。加强金融风险监测预警，统筹推进房地产、大型企业、债券市场、地方政府债务等重点领域风险防控，防止风险交叉传染。

3. 打击非法金融活动，营造良好地方金融生态。严格规范市场主体行为，维护市场规则和秩序，配合有关部门严厉打击治理各种金融违法违规行为和市场乱象，加大对制贩假币、非法集资、“逃废债”等行为的惩治力度。深入推进社会信用体系建设，完善守信联合激励和失信联合惩戒机制，加大违约失信成本，进一步遏制失信不良行为，为地方经济发展营造良好的金融生态环境。

中国人民银行郑州中心支行金融稳定分析小组

组　　长：王均坦
副 组 长：刘　明
成　　员：王　红　帅　洪　李天忠　任远星　王树生　张　戈
　　　　　徐庆志　秦向辉　徐　诚　路　漫

《河南省金融稳定报告（2023）》编写组

总　　纂：刘　明
统　　稿：李天忠　武松会
执　　笔：罗晓蕾　朱宜丹　陈奕丞
参与写作人员：李　琨　王佳欣　李玉欣　银小柯　袁彦娟　李芳菲
　　　　　王　静　刘桂舟　李冠君　张振轩　姚元园　苗晓艳
　　　　　赵泽宇　苟世森　岳　岩　彭　宇　张乃嘉　琚亚利
　　　　　陈晓燕　牛真真　孟　园　杨路遥

湖北省金融稳定报告摘要

2022年以来，面对需求收缩、供给冲击、预期转弱“三重压力”和新冠肺炎疫情持续反复等超预期因素，湖北省坚持以习近平新时代中国特色社会主义思想为指导，坚定贯彻落实党中央“疫情要防住、经济要稳住、发展要安全”的总体工作要求，坚持稳字当头、稳中求进。高效统筹疫情防控和经济社会发展，统筹发展和安全，经济运行稳中向好、进中提质，保持全国靠前的良好态势，实现了多重目标的动态平衡，疫情防控有力有效，民生底线兜牢兜实，社会大局保持稳定。

一、区域经济运行与金融稳定

（一）经济运行总体情况

2022年，湖北省地区生产总值53734.92亿元，居全国第7位，按不变价格计算，同比增长4.3%。分产业来看，第一产业增加值4986.72亿元，同比增长3.8%，占地区生产总值的比重为9.28%；第二产业增加值21240.61亿元，同比增长6.6%，占地区生产总值的比重为39.53%；第三产业增加值27507.59亿元，同比增长2.7%，占地区生产总值的比重为51.19%。在三大产业中，第二产业增加值增速高于全国增速2.8个百分点，增速较为亮眼，第一、第三产业增加值增速与全国平均水平总体保持一致。农业增加值较快增长，粮食产量保持稳定。全年全省农林牧渔业增加值5321.87亿元，同比增长4.3%。农业生产克服历史同期降水最少、高温持续时间最长、受旱范围最广影响，大旱之年粮食产量548亿斤，增产2.6亿斤，连续10年稳定在500亿斤以上。工业发展稳中有进，高技术制造业引领增长。全年全省规模以上工业增加值比上年增长7.0%，高于全国3.4个百分点。从三大门类看，采矿业增加值增长15.4%，制造业增长6.6%，电力、热力、燃气及水生产和供应业增长5.5%。高技术制造业增加值增长21.7%，高于全国14.3个百分点，动能转换进程加快，能源汽车、锂电池和太阳能电池产量分别增长98.0%、7.7%和533%。全年规模以上工业企业实现营业收入53789.9亿元，同比增长8.4%，总量居全国第8位，较2021年前进1位。

固定资产投资快速增长，基础设施和制造业领域发展势头良好。全年全省固定资产投资（不含农户）同比增长15.0%，高于全国9.9个百分点，居全国第2位。全年实施亿元以上项目11377个，其中百亿元以上项目135个，为历年最多。分领域看，基础设施投资增长15.9%，制造业投资增长23.2%，房地产开发投资增长0.8%。分产业看，第一产业投资增长15.5%，第二产业投资增长24.3%，第三产业投资增长9.8%。民间投资增长13.2%，占全部投资的比重为61.1%。分行业看，建筑业同比增长88.5%，增速最快，卫生和社会工作同比下降12.6%，降幅最大。消费市场逐步回暖，基本生活类和出行类商品销售增长较快。全年全省社会消费品零售总额22164.80亿元，增长

2.8%，增速高于全国3.0个百分点。从行业看，批发业、零售业、住宿业、餐饮业全口径销售额（营业额）分别增长10.4%、4.0%、5.3%、4.8%。基本生活类商品销售实现较快增长，限额以上单位粮油食品类、饮料类商品零售额分别增长17.7%、22.0%。出行类商品销售稳定增长，限额以上汽车类、石油及制品类零售额分别增长8.3%、16.4%。网上零售额达3744.2亿元，增长7.2%。

进出口快速增长，贸易结构继续优化。2022年全省进出口总额6170.8亿元，同比增长14.9%，高于全国7.2个百分点，近三年每年跨越一个千亿台阶。其中，出口4209.3亿元，增长20%；进口1961.5亿元，增长5.4%。一般贸易进出口额4687.4亿元，增长20.7%，占全省进出口总额的76%，比上年提升3.7个百分点。民营企业进出口额3909.4亿元，增长20.1%，占全省进出口总额的63.4%，较上年提高2.7个百分点，民营企业逐渐成为外贸主力军。

财政收支保持增长。全年全省完成地方一般公共预算收入3280.73亿元，剔除增值税留抵退税因素，可比增长8.5%；其中税收收入2411.25亿元，可比增长5.4%。地方一般公共预算支出8626.03亿元，增长8.7%。居民消费价格温和上涨，工业生产者价格涨幅回落。全年全省居民消费价格（CPI）同比上涨2.1%，工业生产者出厂价格（PPI）上涨3.4%，工业生产者购进价格（IPI）上涨7.8%。就业形势总体稳定，居民收入稳步增长。全省城镇新增就业91.65万人，完成全年预期目标的130.9%。2022年12月，全省城镇调查失业率为5.5%，较11月下降0.1个百分点。全年居民人均可支配收入32914元，比上年增长6.8%，扣除价格因素，实际增长4.6%，与全省经济增长基本同步。

市场活力有效激发，创新主体加速成长。湖北省开展“解难题、稳增长、促发展”企业帮扶活动，坚持以控制成本为核心优化营商环境，全年新登记市场主体142万户、再创历史新高，新增规模以上工业企业2368家、近5年最多，入围中国民营企业500强19家、历年最多，新增上市企业20家、圆满完成年初既定目标。国有企业改革由物理整合向化学反应转变，联投、交投进入中国企业500强。实施创新型中小企业培育工程，全省高新技术企业达到2万家、两年翻番，国家科技型中小企业增长70%、达到24005家，全省经济高质量发展特征更加明显。

（二）经济运行中值得关注的问题

制造业全而不优，产业结构仍待优化。虽然湖北省制造业门类齐全，但发展不平衡不充分的矛盾依然突出，如汽车和化工制造业相比其他产业规模较大，化工、钢铁等传统制造业转型升级缓慢、增长乏力。2022年全省铁路、船舶、航空航天和其他运输设备制造业增加值占规模以上工业比重仅为0.6%，增加值增速为-6.9%。与先进省份相比，湖北省制造业产业层次和集中度不够高，总体仍处于产业链价值链中低端环节。先进制造业势强力弱，缺乏有市场竞争力、行业影响力的龙头企业，且龙头企业带头示范作用发挥不够；“独角兽”“专精特新”等企业数量较少。生产性服务业发展相对滞后，与先进制造业发展融合程度不高。

城乡、区域和城镇发展不平衡。2022年，湖北省居民人均可支配收入32914元，仅为全国平均水平的89.24%。城镇和农村居民收入较全国平均水平分别低6657元和424元，城乡居民收入比为2.16。全省常住人口城镇化率为64.67%，低于全国水平0.55个百分点，新型城镇化水平有待进一步提高。县域经济不强是湖北省经济高质量发展的突出“短板”。相较而言，沿海发达地区县（市）转型发展走在全国前列，中部其他省份经济强县强势崛起，县域间竞争日益激烈，且人口外流加剧全省县域人力资源困局，阻碍县域经济发展。

二、银行业与金融稳定

（一）运行情况

主要规模指标稳步增长但部分指标增速有所放缓。截至2022年末，全省银行业资产总额10.3万亿元，较年初增加8213.7亿元；同比增长8.7%，增速较上年回落0.2个百分点，低于全国1.5个百分点。负债总额接近10万亿元，较年初增加8088.3亿元；同比增长8.8%，增速较上年提高0.3个百分点，低于全国1.7个百分点。贷款增速不及上年但与经济增速总体保持匹配。截至2022年末，全省银行业各项贷款余额7.4万亿元，较年初增加6918.7亿元，同比少增620.6亿元；余额同比增长10.3%，较上年回落2.3个百分点，低于全国0.3个百分点，全省金融机构贷款增速高于名义GDP增速。存款增长快于上年。2022年末，全省银行业各项存款余额7.6万亿元，同比多增1879.5亿元，增速10.6%，较上年提高2.0个百分点。从存款结构看，居民储蓄意愿高涨，个人储蓄存款尤其是个人定期存款成为增长支柱。个人定期存款3.0万亿元，较年初增加5343.8亿元，占各项存款本年增量的72.8%。

金融支持实体经济发展质效提升。一是信贷投放面扩价降。2022年湖北省新增市场主体贷款户数32.7万户，新增普惠小微贷款户数32.3万户，均为上年同期的2倍。12月全省新发放企业贷款加权平均利率为3.76%，较上年同期下降75个基点。二是大力支持制造业发展。截至2022年末，全省银行机构制造业贷款余额7409.9亿元，较年初增加1417.4亿元，居各行业首位；制造业贷款余额增速23.7%，高于全国2.9个百分点，其中制造业中长期贷款3910.8亿元，占比52.8%。三是大力支持科技创新行业。高技术产业（3503.2亿元）、数字经济核心产业（2261.1亿元）、知识产权密集型产业（3560.2亿元）贷款较年初分别增加1035.4亿元、480.3亿元和946.2亿元，同比分别增长42.0%、27.0%和36.2%，分别高于各项贷款增速31.7个、16.7个和25.9个百分点。四是大力支持民营企业及小微企业。民营企业和小微企业贷款余额分别为1.6万亿元和2.1万亿元，同比分别增长18.7%和20.8%，较上年同期分别上升7.1个和3.1个百分点，其中普惠小微企业贷款余额7313.6亿元，同比增长27.1%，较上年同期上升0.7个百分点。

（二）银行业风险分析

贷款后继增长乏力。从贷款总量来看，截至2022年末，湖北省银行业各项贷款余额7.4万亿元，较年初增加6918.7亿元，同比少增620.6亿元；余额同比增长10.3%，较上年回落2.3个百分点，低于全国0.3个百分点。从贷款结构来看，全省中长期贷款增势疲软尤为突出，2022年末中长期贷款余额5.4万亿元，较年初增加4519.8亿元，同比少增947.5亿元；余额同比增长9.2%，增速较上年回落3.3个百分点，低于各项贷款增速1.1个百分点。

信用风险持续承压。一是不良资产处置进展缓慢。2022年末，全省银行业不良贷款余额970.1亿元，较年初增加59.0亿元；不良贷款率1.31%，同比下降0.05个百分点，低于全国0.41个百分点，其中全省中小法人银行不良贷款率为2.37%，同比下降0.16个百分点，全省银行业金融机构信用风险总体可控。但囿于不良资产处置渠道有所收窄，2022年全省不良资产处置进展放缓，全年不良资产处置额同比减少196.1亿元。二是房地产领域风险向银行体系蔓延侵蚀银行信贷资产质量。

自2022年以来，全省房地产“保交楼”工作虽取得一定进展，但房地产市场预期不稳，居民债务负担较高，购房需求仍持续走弱。全年全省个人住房贷款余额较年初减少447亿元，同比多降1711亿元。同时，商品房销售不畅，资金回笼速度减慢，导致房企债务风险持续攀升，全省银行业房地产开发贷款逾期率随之提高。在当前银行体系房地产贷款余额占比较高的背景下，需持续关注房地产领域风险累积并向银行体系蔓延对银行信贷资产质量的侵蚀。

法人银行资本实力有所下滑。截至2022年末，全省法人银行资本充足率、一级资本充足率、核心一级资本充足率分别为11.81%、9.97%和9.45%，同比分别下降0.64个、0.58个和0.44个百分点。受经济下行和新冠肺炎疫情影响，法人银行资产质量下降，计提资产减值增加；法人银行部分业务萎缩，相应收入来源被阻断；落实减费让利政策，通过采取延期还本付息、免收罚息、下调利率、减免费用等一系列措施直接让利于实体，导致盈利空间压缩，盈利能力的下降必将伴随内源性资本补充能力的进一步减弱。

三、证券业与金融稳定

（一）运行情况

截至2022年末，湖北省共有证券经营机构448家。其中，证券法人公司2家，证券营业部368家，证券分公司65家；证券投资咨询公司1家、分公司6家；证券投资基金分公司4家；独立基金销售机构2家。登记备案的私募基金管理人411家，共计管理基金1195只，管理基金规模2318.57亿元。期货机构72家，其中期货公司2家，期货营业部42家，期货分公司28家。总体上看，全省证券期货行业不断发展壮大，机构经营保持稳健态势。

法人机构发展总体平稳，主要经营指标有所下滑。截至2022年末，长江证券总资产1489.02亿元，同比下降1.04%；净资产288.91亿元，同比下降1.15%。天风证券总资产881.39亿元，同比下降3.80%；净资产227.02亿元，同比下降7.76%。2022年，全省两家法人证券公司累计实现证券交易总额15.71万亿元，同比下降16.68%。证券分支机构累计证券交易总额16.32万亿元，同比上升0.53%。证券分支机构本年累计实现营业收入40.78亿元，同比下降15.51%；净利润5.88亿元，同比下降48.37%。2022年末，长江期货公司和美尔雅期货公司净资产分别为93174.78万元和54696.52万元，净资本分别为73460.19万元和34628.35万元。2022年，两家期货公司累计代理交易量11604.99万手，同比下降28.22%；累计代理交易额82539.14亿元，同比下降28.10%；累计实现手续费收入39597.08万元，同比下降15.54%。

上市工作创新成绩，直接融资有新成效。2022年，湖北省新增上市公司和过会企业数量再创新高，达到21家，其中境内上市和过会18家，境外上市和通过聆讯3家，超额完成年度目标任务。新增境内上市公司全部为科创板、创业板或北交所公司。全年实现境内IPO融资185.86亿元，仅9月单月就超过历史上任一年度全年IPO融资金额。2022年末，全省共有境内上市公司138家，排名全国第10位；共有新三板挂牌企业241家，排名全国第7位，年末在辅导企业51家。2022年，全省资本市场实现直接融资1967.46亿元，同比上升4.55%，其中股权（含交易所、新三板、区域性股权市场）融资总额250.27亿元，债券融资总额1717.19亿元，有力为企业输送了金融“活水”。

新产品新业务快速发展，服务地方战略有新作为。2022年湖北省出台生猪“保险+期货”优惠政策，推动生猪“保险 + 期货”快速发展。成功推出内地宜棉地区第一个由财政全额支持的棉花“保险 + 期货”项目。全年全省开展生猪、棉花“保险 + 期货”项目13个，总保障金额6.91亿元，总保费约3300万元，有力促进辖区生猪产业稳定产能、棉花种植面积逐步恢复，积极保障农户收益。2022年，资本市场支持全省企业发行乡村振兴专项公司债券15亿元、科技创新公司债券100亿元、绿色公司债券137亿元。支持符合条件的优质资产开展基础设施REITs试点，新增发行1只REITs产品，募集资金93.99亿元。

（二）证券业风险分析

上市公司存量风险依然较大。2022年，全省加大上市公司风险化解力度，压实上市公司主体责任，多方寻求外部合力，推动5家公司化解存量风险、1家平稳退市、5家完成或实施破产重整。推进“清欠解保”真整改，资金占用仅剩4家，占用金额年内压降93.15%，违规担保仅剩2家，上市公司风险得到一定程度的化解，但后续风险处置工作依然面临较大压力。从总量上看，截至2022年末，全省境内上市公司中风险公司为18家，占全省138家境内上市公司数量的13%，风险公司数量占比超全国平均水平。从结构上看，个别出险企业集团风险牵涉资本市场主体多，风险在上市公司、证券公司、私募基金多个领域交织，矛盾多、头绪杂，风险处置过程中还需把握好工作的方法和节奏。

证券业相关风险识别、监测和处置手段有待优化。一是非法证券期货活动更为隐蔽，风险识别难度增加。不法分子通过非法渠道、大数据模型等方式获取投资者信息后进行宣传、引流，吸引作案对象。将经营展业据点设在境外，在境外租赁服务器架设平台，以境内投资者为目标开展非法活动，行为更加隐蔽，查处难度加大。二是证券行业风险监测的科技能力不足。目前，全省证券行业科技监管水平还亟待提高，对于资本市场相关风险监测分析还主要依赖于人工作业，通过Wind数据库、天眼查等互联网平台以专人盯防的方式开展，信息来源的载体有限，信息监测的及时性、全面性还存在“短板”。三是债务违约风险处置取得进展但偿付压力依然较大。2022年全省完成83只回售或到期公司债券的风险排查和兑付跟踪、200只公司债券的利息兑付跟踪，全年未发生突发违约事件，5家已违约债券发行人的风险处置取得阶段性进展。与此同时，2023年到期需兑付的债券规模依然处于高位（1102.5亿元），城投债违约风险不断加大。

四、保险业与金融稳定

（一）运行情况

保险业发展总体平稳有序，赔付支出和退保支出有所增长。2022年，全省保险业累计实现保费收入1952.47亿元，同比增长3.96%，保费规模排名全国第10位、中部第2位，均与上年持平，其中财产险累计实现保费收入423.15亿元，同比增长11.43%。人身险累计实现保费收入1529.31亿元，保费收入同比增长2.07%。全省保险公司全年各项赔款及给付601.92亿元，同比增长4.26%，其中，财产险公司赔款支出261.23亿元，同比增长5.61%，人身险公司赔付支出340.69亿元，同比增长3.24%。全省人身险公司退保金支出253.81亿元，同比上升29.11%，增长较为显著，退保率3.62%，较上年同期上升0.42个百分点。

法人保险机构总体经营稳定，但机构盈利表现整体欠佳。截至2022年末，湖北省共有4家注册法人保险机构，其中财产险公司2家（长江财险和泰康在线），人身险公司2家（合众人寿和国华人寿）。其中，合众人寿全年累计实现保险业务收入189.04亿元，净资产20.72亿元，核心偿付能力充足率79.63%，综合偿付能力充足率159.26%，全年净利润累计亏损20.20亿元，同比增亏12.63亿元。国华人寿全年累计实现保险业务收入378.20亿元，净资产256.41亿元，核心偿付能力充足率102.61%，综合偿付能力充足率154.27%，全年净利润累计6.60亿元，同比减少6.47%。长江财险全年累计实现保险业务收入8.18亿元，净资产7.38亿元，综合和核心偿付能力充足率均为251.83%，净利润累计亏损1.82亿元，主要来自承保业务亏损。泰康在线全年净利润累计1.87亿元，综合和核心偿付能力充足率均为317.96%。

（二）保险业风险分析

保险资金运用潜在风险不容忽视。保险资金运用收益是保险公司经营利润的重要来源。受国内外宏观经济政策调整和市场环境变化影响，债券投资预期收益率下行，部分保险公司将较高比例资金配置于股权和不动产投资，行业集中度和交易对手集中度偏高，潜在风险较大；且部分资产已出现违约，对保险公司净利润和偿付能力充足率带来不利影响。保险公司应加强资金运用管理水平，根据负债特点和金融市场状况确定资产配置策略，切实防范资金运用风险。

保险业市场乱象有待进一步治理。部分保险机构存在底线意识不足、内控机制缺失、人员管理薄弱、公司治理乏力、业务条线混乱等问题，导致机构经营不畅、理赔不规范等问题频发。加之“代理退保”等“黑产”乱象，扰乱了保险市场正常秩序。保险公司要坚守合法合规与不出风险两条底线。一方面，要坚持严格遵守法律法规开展业务，定期如实向监管部门报送相关信息；另一方面，要持续提升内控管理水平，建立健全内部控制机制，提升风险防范能力。

保险机构服务能力有待提升。随着车险综合改革逐步深入，其险种结构也日益优化。但非车险业务险种多、涉及领域广，行业中相关人才较为匮乏，准确把握非车险业务风险难度有所加大。同时，保险产品同质化趋势依然严重，保险公司在产品供给端发力仍有不足，对市场需求的洞察力有待提高，应进一步加强相关人才储备，优化企业自身素质，持续提升保险服务的质量与水平。

五、金融基础设施与金融稳定

2022年，湖北省金融基础设施建设持续推进，支付体系建设全力支持全省经济社会高质量发展，征信系统服务水平大力提升，反洗钱监管有效性控制体系进一步构建，反假币工作成效显著，金融生态环境支持改善，营商环境持续优化。

（一）支付体系建设全力支持高质量发展

持续推进电信网络诈骗和跨境赌博“资金链”治理工作，全力维护支付安全。围绕提升支付服务水平、维护支付安全、保障资金高效运转三个重点方面，采取一系列惠企利民举措，支持经济社会高质量发展。2022年，全省大额支付系统、小额支付系统以及网上支付跨行清算系统累计共处理支付业务金额135.68万亿元，同比增长7.02%，处理金额达同期全省地区生产总值的25.27倍。进一步规范小微企业简易开户流程，健全账户分级分类管理机制，实现省内提供简易开户服务的银行机构网点覆盖面达到100%。聚焦重点企业、重点行业和重点地区试点开展跨行代发工资业务，全年为2.9万家企业办理跨行工资代发业务1061万笔，涉及金额513亿元。全面落实减费让利政策，确保政策红利直达实体。自政策实施以来，全省各支付服务市场主体累计减免手续费超8亿元，惠及小微企业、个体工商户超350万户。

（二）征信系统服务水平大力提升

大力提升征信系统服务水平，深化地方征信平台应用，推动动产担保服务体系建设，加强征信市场监管，为全省金融稳健运行、有效支持经济发展提供了坚实保障。2022年，全省个人和企业共完成自主征信查询服务413.6万笔，其中个人自助查询占比超过97%，企业自助查询占比超过50%。全省九成地方法人金融机构完成二代征信系统数据采集、切换工作，99.5%的征信账户数据实现二代格式报送，征信系统数据采集广度与深度进一步提升。全年各市场主体通过系统实施动产和权利担保统一登记16.13万笔，同比增长53.6%。推进省政府采购系统与平台、金融机构三方联通，加快全省“1+N”政采贷平台建设，支持政府采购中标企业线上融资。全年依托中征平台实现应收账款融资7413笔、金额3349.01亿元，同比分别增长18.06%、6.91%。持续推进以“鄂融通”为核心、17个市州子平台为补充的全省地方征信平台服务体系建设。截至2022年末，全省中小企业融资信用平台累计归集700多万户市场主体信息，入驻机构2515家，发布金融产品1959项，累计支持企业融资19.6万笔，融资金额4719亿元。大力开展“征信修复”等乱象治理，全面清理、分类处置全省涉征信类违法违规机构，其中，累计注销机构142家，变更经营范围637家，纳入经营异常名录207家，全年处理带“征信”字样违规经营机构近千家，实现14个市州带“征信”字样违规经营机构动态清零。

（三）反洗钱监管有效性控制体系进一步探索构建

全省洗钱风险防范能力进一步提升，全年开展反洗钱执法检查项目16个，对23家义务机构实施行政处罚，处罚总额727.49万元，并开展“地毯式”整改，推进全省100多家法人金融机构完成首轮自评估工作。对反洗钱工作评价排名靠后的机构发送监管提示，集中约谈五个行业21家非法人机构，监管走访3家法人机构和18家省级非法人机构，现场辅导2家法人机构。持续关注采取监管措施的义务机构后续整改情况，督促义务机构有效解决问题。治理洗钱违法犯罪成果进一步巩固，截至2022年末，全省洗钱案件在侦26起、在诉23起，审结40起；积极配合有关单位开展案件协查34起，立项反洗钱调查7起，协破案件77起。印发湖北省金融放贷领域整治方案，深入开展为期一年（2022年9月至2023年8月）的金融放贷领域整治工作；进一步强化对特定类型可疑交易监测分析，深度挖掘犯罪分子资金链条，加强对线索的分析研判和质量评价，提升可疑交易线索的情报价值，进一步健全金融机构的洗钱风险防控体系。

（四）反假币工作成效显著

巩固深化湖北省反假币工作联席会议机制，2022年首次召开由省市两级共同参与的反假货币工作联络员会议，将反假货币工作纳入省市县三级政府平安建设考核体系，推动反假货币工作进一步做深做细。制定《湖北省银行业金融机构现金服务网格化管理实施细则》，形成以街道、乡镇为主体的一级网格责任区1200多个，以社区、行政村为主体的二级网格责任区27000多个，实现城乡现金服务网格化管理全覆盖。完善银警联动协作机制，建立常态化沟通协调机制，协助公安机关及时摸排潜在犯罪线索，先后协助破获4起假币大案。建立假币犯罪举报奖励制度，夯实反假货币群防群治工作基础。开展反假货币“2+2”线上线下融合宣传，线上开展优秀视频展播评比以及人民币知识竞答，累计参与量超48万人次；线下以银行营业网点为依托，依靠全省1108个反假货币乡村工作站，实现反假币知识宣讲乡镇全覆盖，进一步提高公众反假货币防范意识，提升反假货币技能水平。

（五）金融生态环境持续改善

充分发挥湖北省金融信用市州县创建工作的示范引领作用，着力营造稳增长适宜生态环境。省政府印发《2022年湖北省金融信用市州县创建实施方案》，创设稳企纾困贴息基金，加强涉企信息共享应用，完善农村产权融资配套等，切实优化企业融资环境。启动金融稳保“早春行”暨助力制造业高质量发展系列融资对接活动，全年共3.64万家企业通过对接获得5960亿元融资支持，其中制造业企业获得融资2047亿元。畅通银担合作机制，将中小微企业应收账款纳入反担保标的范畴，将政府性融资担保机构依法依规履行代偿义务纳入地方政府金融信用市州县创建前置条件。2022年末，全省融资担保行业在保余额2279亿元，同比增长14.2%。加强金融司法协调联动，全年湖北省执结金融债权案件标的253亿元，依法维护金融司法债权。

（六）营商环境持续优化

持续出台制度和政策，强化金融支持疫情防控工作与实体经济发展。印发《湖北省优化金融营商环境十项重要“微改”工作方案》，在省级层面合力推进“全面推广‘301’模式和‘楚天贷款码’”等十项“微改”任务，引导全省金融业切实提升金融供给质量，提高金融服务水平。2022年，全省金融机构积极运用“301”线上快贷模式，全年共发放贷款378.3万笔，金额3049.6亿元；借助“楚天贷款码”为18.28万户市场主体发放贷款2105亿元。依托信用培植工程服务平台帮助1933家融资困难较大的中小微企业获得融资179亿元。全面推行小微企业简易开户，减免手续费近8亿元，惠及市场主体超300万户；为6.27万户纳税人办理留抵退税862亿元；贸易外汇收支便利化试点业务规模同比增长15倍。

六、相关政策建议

（一）精准落实稳健货币政策，有力支持实体经济

一是继续引导地方法人金融机构加大对实体经济的融资支持力度，把握好信贷调控节奏和力度，保持信贷规模合理均衡增长。二是引导大银行服务重心下沉，推动中小银行聚焦主责主业，支持银行补充资本，共同维护金融市场稳定发展。三是加强金融机构流动性管理。持续监测辖内中小金融机构资产负债和流动性状况，加强存款准备金日常管理，指导金融机构用好降准资金更好支持实体经济。四是引导金融机构把握市场化利率形成和传导机制着力点。强化存款利率自律管理，发挥贷款市场报价利率改革效能，推动企业综合融资成本稳中有降，引导金融系统继续让利实体经济。

（二）加大重点领域金融支持力度，优化金融资源配置

一是持续贯彻落实金融助企纾困和跨境贸易投资便利化政策。加强政策解读和业务指导，引导金融机构充分挖掘信贷增长潜力。二是强化对重点领域、薄弱环节和受疫情影响行业的支持。支持金融机构发放制造业等重点领域设备更新改造贷款；落实好支持煤炭清洁高效利用、科技创新、普惠养老、交通物流专项再贷款和普惠小微贷款支持工具、碳减排支持工具；引导金融机构增加制造业中长期贷款，着力稳定产业链供应链，完善绿色金融体系。三是加强金融与产业融合。稳住外贸产业链供应链，保障产业链核心企业以及上下游供应链企业的涉外金融服务需求，推动湖北自贸区、综保区、高新区一体化建设，指导外贸新业态企业用好用足外汇便利化政策，扩充供应链新渠道。

（三）防范化解金融风险，确保辖区金融稳定安全

一是持续强化风险监测预警。着力防控信用风险，有效应对信用风险集中反弹，大力推动不良贷款化解处置；充分用好债委会工作机制，稳妥处置大型企业债务风险；加强债券违约风险监测预警，持续做好债券市场风险防范处置。二是持续重点关注房地产企业债务风险。继续配合做好“保交楼、稳民生”工作，重点抓好专项借款和并购贷款投放，对出险房企和项目坚持市场化原则，“一企一策、一楼一策”制订落实金融支持方案。三是完善风险动态监测机制。差异化地支持上市公司存量风险化解，摸清本地企业风险底数，重点监测高风险企业。

（四）推动证券保险业提质增效，夯实金融稳健发展基础

一是进一步做好企业上市服务工作。完善市场化激励约束机制，提高对不同所有制类型、不同规模企业的服务能力，做好企业上市服务工作，提升企业规范经营质量。二是稳步提高直接融资比重。聚焦支持科技创新，引导企业利用资本市场各类融资工具，提高全省直接融资比重；鼓励企业在资本市场开展债权融资，支持发行交易所公司债券和资产证券化产品；发挥区域性股权市场在普惠金融和县域金融发展中的促进作用。三是进一步健全资本市场风险防控长效机制。高度关注各类金融风险的关联性、系统性，强化跨市场跨行业跨境风险防范化解，完善资本市场风险预防预警处置问责制度体系。四是更好地保护中小投资者合法权益。加强行政执法、民事赔偿、刑事追责的机制衔接，畅通投资者维权救济渠道。五是统筹推进保险机构聚焦主业。引导保险公司回归保险本源，始终以服务人民群众和经济社会为出发点和落脚点，坚持对民生保障、实体经济提供服务与支持。

（五）加强金融基础设施建设，不断优化区域金融环境

一是提升支付服务实体经济质效，深入推进简易开户服务、跨行代发工资、账户预约“一网通办”等工作，落实支付手续费减费让利政策；健全支付机构监管长效机制，做好平台企业支付业务整改，加大无证经营支付业务整治力度；深入推进涉诈涉赌“资金链”治理，开展常态化安防监督，联合省公安厅创建湖北省金融反电诈教育示范点；夯实支付清算基础设施建设，开展支付清算系统应急演练和安全管理评估。二是持续优化反洗钱联席会议机制，推动金融放贷领域整治工作落实落地，完善打击治理洗钱违法犯罪协作机制，优化线索移交和转办流程。三是进一步优化征信服务管理，妥善解决征信异议以及相关投诉，切实维护人民群众征信权益；持续完善“1+17”全省地方征信平台体系，实现对企业、新型农业经营主体信息的全覆盖，优化信用信息服务，促进小微企业融资；进一步加强中征平台推广应用，实现应收账款批量在线确权，引导银行机构依托平台开展供应链金融服务创新。四是优化涉外营商环境，维护良好外汇市场秩序。落实外商投资法和外资企业国民待遇，鼓励市场主体在法规允许、风险可控的情况下大胆开展业务创新，严厉打击地下钱庄、跨境赌博、网络炒汇等外汇领域违法违规行为。五是强化重大事项报告制度，完善应急管理体系，提高防范、化解、处置风险能力。持续规范金融机构经营行为，着力提升金融服务质效，切实保护金融消费者权益，维护金融稳定，构建和谐有序的金融环境。

中国人民银行武汉分行金融稳定分析小组

组　　　长：林建华
副　组　长：张鉴君
成　　　员：王以成　王邦武　朱　华　向秋芳　李　征　李翠娥
肖向宏　吴剑峰　翟才毕

《湖北省金融稳定报告（2023）》编写组

总　　　纂：翟才毕
统　　　稿：熊川伟　周永胜
执　　　笔：刘鸿伟　程俊义　徐　融　杨力菲　彭　慧　陈　娟
李　钰　韩亚杰　王世瞩　王超群　邓洪平
参与写作人员：王晓羽　方爱国　刘雅琨　杨钰玢　张之光　陈　阳
陈　楠　邰金怡　贺　杰　聂文斌　徐梦洁　董彦鸿
曾　蕾

湖南省金融稳定报告摘要

2022年，湖南省坚持以习近平新时代中国特色社会主义思想为指导，全面贯彻落实党的二十大和中央经济工作会议精神，坚持稳字当头、稳中求进工作总基调，按照“疫情要防住、经济要稳住、发展要安全”的总要求，科学统筹疫情防控和经济社会发展，认真落实“三高四新”战略定位和使命任务，“三个高地”建设汇聚新动能，区域协调发展迈出新步伐，全省经济持续恢复、稳中向好、稳中提质。全省金融系统不断加大对实体经济支持力度，金融总量稳步增长，融资成本稳步下降，信贷风险整体可控，证券融资功能有效发挥，保险保障能力持续提升，金融基础设施不断健全，为全省经济高质量发展提供了有力支撑。

一、区域经济运行与金融稳定

（一）区域经济运行状况

经济运行难中有进，稳中向好。2022年，湖南省实现地区生产总值（GDP）48670.37亿元，同比增长4.5%，高于全国平均水平1.5个百分点。其中，第一产业增加值4602.73亿元，增长3.6%；第二产业增加值19182.58亿元，增长6.1%；第三产业增加值24885.06亿元，增长3.5%（见图1）。

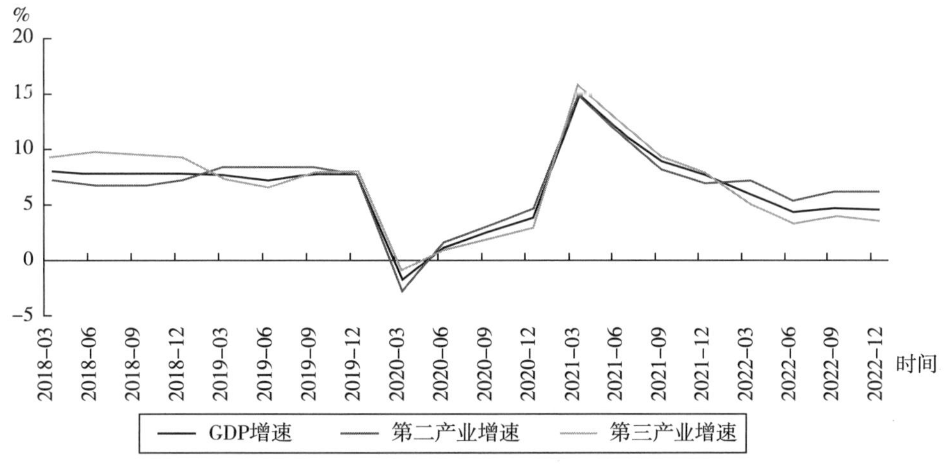

图1　湖南省GDP增速走势

（数据来源：湖南省统计局）

投资增速总体平稳，产业投资支撑有力。2022 年，湖南省固定资产投资同比增长 6.6%，高于全国平均水平 1.5 个百分点，其中 5000 万元及以上重大项目完成投资增长 14.7%，比全部建设项目投资高 5.6 个百分点；产业投资增长 11.3%，其中工业、高技术产业投资分别增长 14.5%、22.4%，高于全部投资增速 7.9 个、15.8 个百分点。

消费市场持续恢复，升级类消费增长较快。2022 年，湖南省社会消费品零售总额同比增长 2.4%，高于全国平均水平 2.6 个百分点。限额以上单位基本生活类商品零售额增长 8.9%；汽车、石油以及制品类商品零售额分别增长 5.9% 和 15.7%，其中新能源汽车零售额增长 134.1%；体育娱乐用品、通讯器材类商品零售额分别增长 7.9% 和 15.8%；网上零售额增长 11.3%。

外向型经济发展态势良好，外商直接投资增长较快。2022 年，湖南省进出口总额 7058.2 亿元，突破 7000 亿元关口，同比增长 20.2%，高于全国平均水平 12.5 个百分点。其中，出口总额 5154.5 亿元，增长 25.3%，占进出口总额的 73.0%，同比提高 2.7 个百分点；进口总额 1903.6 亿元，增长 8.3%（见图 2）。实际使用外商直接投资 35.3 亿美元，同比增长 46.1%。

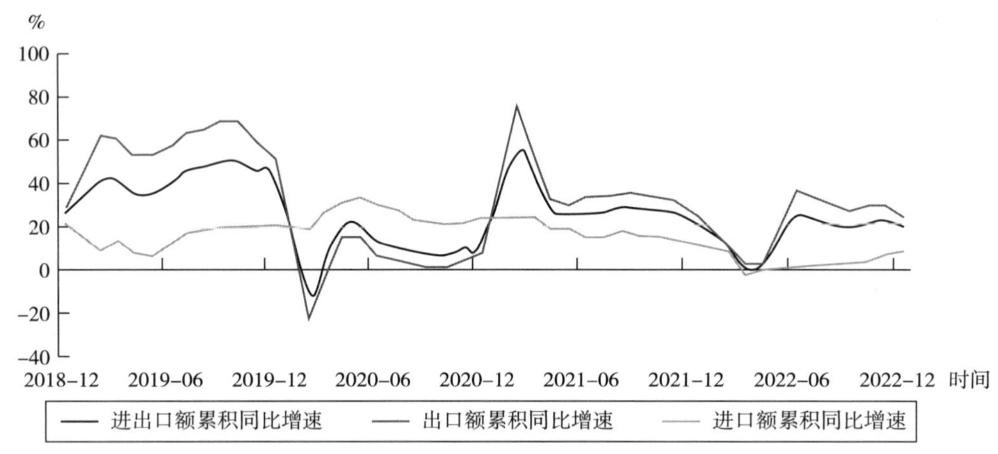

图 2 湖南省进出口增速

（数据来源：长沙海关）

财政收入小幅下降，居民收入稳步增长。2022 年，湖南省地方一般公共预算收入 3101.8 亿元，同比下降 4.6%。民生支出占一般公共预算支出的 70% 以上，其中卫生和社会工作领域支出增长 28.4%。全省居民人均可支配收入名义增长 6.4%，扣除价格因素实际增长 4.6%，与经济增长基本同步，高于全国平均水平 1.7 个百分点。

物价水平保持总体稳定。2022 年，湖南省工业生产者出厂价格同比上涨 2.0%，全年呈前高后低态势；工业生产者购进价格同比上涨 4.8%，高于出厂价格 2.8 个百分点，涨幅差持续缩窄。湖南省居民消费价格指数同比上涨 1.8%，低于全国平均水平 0.2 个百分点（见图 3）。

（二）需要关注的问题

企业生产困难较多。全省产业整体处于新旧交替的关键阶段，传统优势产业面临市场"天花板"和转型升级压力，生产订单减少，企业投资信心不强，工程机械等支撑性行业还处于周期性底部，部分企业短期内仍难以走出存货积压、成本高企、利润微薄甚至亏损的困境。

投资增长面临多因素制约。目前，投资增长仍受地方财政资金压力、项目收益不足、企业中长期投资意愿不足、投资信心不强等因素制约，投资进度偏慢，形成的投资实物量偏少。2022 年，湖南省全年固定资产投资增速较年内高点（1—9 月）回落 1. 4 个百分点，投资持续增长后劲不强。

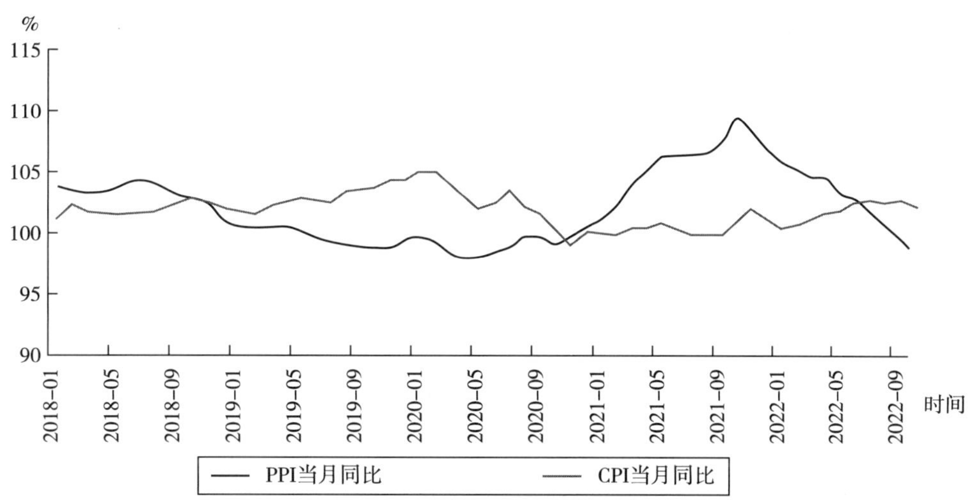

图 3　湖南省 CPI 及 PPI 当月同比变动

（数据来源：国家统计局湖南调查总队）

消费恢复基础尚不稳固。虽然消费已初见恢复，但恢复程度与后续疫情发展、居民收入等有关。2022 年，全省居民收入实际增速为4. 6%，同比回落8. 4 个百分点，居民收入增加放缓，消费倾向下降，消费增长受到影响。

房地产市场形势依然复杂严峻。2022 年，湖南省房地产深度调整，开发投资、销售面积、销售额同比分别下降4. 6%、26. 1%和28. 6%，房地产市场预期尚不稳定。受房地产市场低迷、集体停贷事件等影响，房地产行业不良贷款余额同比增长较多。

二、银行业与金融稳定

（一）银行业运行状况

存款增速创近年新高，住户存款主导作用明显。2022 年末，湖南省金融机构本外币存款余额70141. 9 亿元，同比增长 11. 5%，增速同比提高 2. 9 个百分点，五年来首次实现两位数增长。全年新增存款 7250. 8 亿元，同比多增 2271. 8 亿元。其中，住户存款主导作用明显，余额占比 58. 9%，新增额占比 79. 7%，同比多增额占比 93. 3%。

贷款增速持续高于全国，信贷结构持续优化。2022 年末，湖南省金融机构本外币贷款余额62351. 5 亿元，同比增长 11. 7%，高于全国平均水平 1. 3 个百分点，增速在全国排第 10 位，同比上升 1 位。全年新增贷款 6506. 5 亿元，同比多增 64. 3 亿元。其中，涉农、普惠小微、制造业、绿色等重点支持领域贷款分别新增 2391. 4 亿元、1144. 9 亿元、727. 1 亿元和 1949. 2 亿元，同比多增 308. 0 亿元、211. 0 亿元、286. 8 亿元和 1334. 4 亿元。

贷款利率稳中有降，银行盈利持续增长。2022 年，全省新发放人民币一般贷款加权平均利率同比下降 67 个基点，其中全省新发放人民币企业贷款平均利率同比下降 45 个基点。全年全省银行业金融机构实现盈利 857.4 亿元，同比增长 5.1%，增速同比提高 1.6 个百分点。

信用风险整体可控，风险抵补能力持续增强。2022 年末，全省银行业机构不良贷款余额同比增长 6.7%，不良贷款率同比下降 0.05 个百分点。从风险抵补能力来看，全省银行业机构各项资产减值损失准备同比增长 12.16%，贷款减值准备余额同比增长 13.85%，拨备覆盖率同比上升 14.34 个百分点。

（二）需要关注的问题

有效信贷需求不足，贷款短期化、票据化特征明显。一方面，经济恢复基础尚不牢固，总需求不足影响有效信贷需求。监测显示，2022 年末，全省银行贷款总需求指数 69.42%，同比下降 7.05 个百分点；消费贷款需求低迷，政策支持的重点领域贷款后劲不足。另一方面，贷款短期化、票据化特征明显。全省短期贷款、票据融资合计新增 2361.4 亿元，同比多增 856.1 亿元；同比增速分别提高 1.5 个和 21.6 个百分点，均高于全国平均水平。

法人银行机构资产质量承压，部分行业信用风险防控压力加大。分机构来看，2022 年末，全省法人银行机构不良贷款余额同比增长 10.39%，占全省不良贷款总额的 46.04%；不良贷款率同比持平，但关注类贷款余额同比增长 17.28%，关注类贷款占比同比增长 0.1 个百分点。分行业来看，全省银行业批发零售业不良较多，不良贷款余额占全省银行业不良贷款的 25.89%；房地产业风险有所上升，不良贷款余额同比增长较多。

法人银行资金业务风险需持续关注。2022 年末，全省法人银行资金业务余额占总资产的 39.7%，相当于信贷规模的 74.1%，其中 15 家机构资金业务规模超信贷规模，经营发展一定程度偏离主业；部分法人机构资金业务违约风险较高，减值损失准备计提不足，对资本充足率造成一定冲击。

村镇银行资产负债存在期限错配。因网点较少、品牌认可程度不高等原因，村镇银行存在存款稳定性较差、中长期贷款占比偏高等问题，一定程度上影响其长期稳健经营。如 2022 年末，全省村镇银行 3 年（含）以上定期存款占比不足 10%，而 3 年（含）以上中长期贷款占比近 30%。

三、证券业与金融稳定

（一）证券业运行状况

法人证券公司盈利减少，证券交易量有所下降。2022 年末，全省辖内共有法人证券公司 3 家，与上年持平；证券分支机构 434 家（含分公司），较上年减少 5 家。省内 3 家法人证券公司资产总额 2351.79 亿元，同比减少 0.73%；管理客户总资产 10254.46 亿元，同比增长 2.57%；全年累计实现净利润 26.48 亿元，同比减少 23.13%；全年累计证券交易量 170146.48 亿元，同比减少 5.53%。

法人期货公司规模增长较快，净利润以及交易量同比明显下降。2022 年末，全省法人期货公司 2 家，期货分支机构 52 家。2 家法人期货公司总资产 91.85 亿元，同比增长 24.42%；客户权益总额 72.65 亿元，同比增长 27.11%；全年累计实现净利润 3310.98 万元，同比减少 23.28%；累计成交 55746.47 亿元，同比减少 21.91%。

上市公司数量稳步上升，募集资金额下降较快。2022 年末，全省上市公司 138 家，较上年增加 7

家；截至2022年第三季度末，上市公司资产合计24192.95亿元，同比增长11.49%；实现净利润444.46亿元，同比减少15.63%；全年累计募集资金309.22亿元，同比减少55.66%。

（二）需要关注的问题

法人证券机构发展实力有待增强。部分法人证券公司规模偏小，业务结构单一；产品研发能力和销售能力有待加强，财富管理能力偏弱；投行业务与头部券商存在较大差距，市场竞争力较弱，在湖南落地项目较少，服务本土经济发展能力有待进一步加强。

私募基金公司合规经营水平有待提升。2022年末，湖南省私募基金公司283家，管理基金1160只、1365亿元。2022年，辖内13家私募基金公司被湖南证监局采取行政监管措施，主要涉及内控制度不完善、登记备案信息不准确、未谨慎勤勉履行管理职责与义务、占用关联公司基金财产等问题，合规经营水平有待提升。

四、保险业与金融稳定

（一）保险业运行状况

服务保障能力持续加强。2022年末，全省共有法人保险公司1家，省级保险分公司59家，与上年持平。省级保险分公司中，财产险公司24家，人身险公司35家。保险专业中介法人机构34家，与上年持平。2022年末，全省保险业总资产4234.41亿元，同比增长11.68%。全年实现原保费收入1613.74亿元，同比增长6.96%；赔付支出580.76亿元，同比增长9.81%。保险密度2436.94元/人①，同比增长6.96%；保险深度3.32%，同比上升0.04个百分点。

人身险公司经营水平有所提高。2022年，全省人身险公司资产总额3880.85亿元，同比增长12.5%；原保费收入1051.76亿元，同比增长6.17%，其中寿险原保费收入817.77亿元，同比增长9.25%，占比77.75%；健康险原保费收入218.35亿元，同比减少2.41%，占比20.76%；意外伤害险原保费收入15.64亿元，同比减少14.97%，占比1.49%。手续费及佣金支出99.03亿元，同比减少6.05%；业务及管理费54.21亿元，同比减少3.39%。

财产险公司车险业务有所恢复。2022年，全省财产险公司资产总额353.56亿元，同比增长3.48%；原保费收入561.98亿元，同比增长8.48%。财产险原保费收入430.1亿元，同比增长9.93%，占比76.53%。其中，车险原保费收入290.62亿元，同比增长10.03%，占比51.73%，保费增速较上年提高16.82个百分点。

（二）需要关注的问题

保险业区域间发展不均衡。从规模来看，2022年长沙市原保费收入最高，占全省原保费收入的35.83%；排名后5位的市州原保费收入合计占比仅17.07%。从增速来看，原保费收入增速最快的为长沙市，达10.6%；5个市州原保费收入增速低于5%，其中2个市州原保费收入为负增长。

退保风险需密切关注。2022年末，湖南省人身险行业退保率较上年提高0.67个百分点。退保率

---

① 保险密度计算使用的人口数据为湖南省统计局发布的2021年湖南省常住人口数6622万人。

上升较快，且非正常退保、代理退保增长迅速，需密切关注。

五、金融市场与金融稳定

（一）金融市场运行情况

2022 年，全省同业拆借交易规模同比增长 5%，同业拆借平均利率同比下降 35 个基点；全省债券市场交易规模同比增长 11.5%，其中质押式回购交易额同比增长 4.2%，占债券市场交易规模的 77.9%，质押式回购交易加权平均利率同比下降 46 个基点；全省非金融企业债务融资工具新发规模超 2000 亿元，发行利率同比下降 40 个基点；全省跨境收支总额 798.2 亿美元，同比增长 7.3%，增速较上半年回升 3.5 个百分点；全省跨境人民币收支总额 180.4 亿美元，同比增长 34.8%，占全省跨境收支总额的 22.6%，同比提高 4.6 个百分点。

（二）需要关注的问题

城投债占比较高，偿债时间较为集中。监测及调研反映，2022 年末，湖南省城投债存续余额占公司信用类债券余额的 70% 以上。七成左右的城投债将于近三年到期，偿债时间较为集中，需密切关注城投企业债务履约能力。

六、金融改革与金融稳定

（一）长株潭金融改革稳步推进

按照《关于深化长株潭金融改革的实施方案》要求，积极推进长株潭地区绿色金融、供应链金融、科创金融、普惠金融等发展。截至 2022 年末，长株潭地区绿色贷款占全省绿色贷款余额的 58.85%，余额同比增长 44.62%；7.9 万家链属中小微企业通过供应链金融获得融资，户数同比增长 60.6%；累计为近 2700 家科创企业发放知识价值信用贷款超过 70 亿元；普惠金融相关贷款余额 3942.3 亿元，较上年末增长 18.8%。

（二）湖南自贸区金融改革积极推进

在全国首提“区内保税货物转卖外汇收支结算便利”和“完善跨境电商收付汇制度”两项创新，全国率先提出的改革创新举措已全部落地见效；指导辖内银行机构在自贸区设立全国首个中非跨境人民币中心，完成全国首笔挂牌非洲小币种跨境收款及结汇业务；拓宽全国外汇系统首个备案新媒体“外汇政策直通车”小程序应用；建立贸易投资人民币结算便利化试点“白名单”，对名单内的自贸区优质外贸企业提供更高水平便利化措施。

（三）贸易外汇收支和外债便利化试点有序开展

开展经常项下优质企业贸易外汇收支便利化政策试点，12 家企业参与全国改革试点，办理便利化业务 4513 笔，金额 6 亿美元；14 家企业参与资本项下高新技术和“专精特新”中小企业外债便利化额度试点，跨境融资规模合计 1055 万美元，平均年利率仅 3. 23% 。

（四）供应链金融创新持续推进

依托湖南省政府新调整的 22 条产业链群，累计发布 110 家次主办行和 745 家核心企业，引导金融机构持续完善“一链一行”“一链一策”供应链金融服务模式。2022 年末，全省产业链供应链融资总量 7144. 9 亿元，同比增长 19. 7% 。

（五）大力推进绿色金融发展

全面推进金融机构环境信息披露工作，指导全省 190 家金融机构发布环境披露信息报告，率先实现银证保三类机构全覆盖；选取省内大型国有商业银行和城市商业银行创新开展绿色银行试评级；结合湖南省特色产业，探索开展绿色供应链金融服务标准建设；积极推动邮储银行等金融机构开展企业和个人碳账户建设；印发《关于做好全省绿色低碳转型金融支持工作的通知》，支持企业绿色低碳转型。2022 年末，全省绿色贷款余额 6759. 1 亿元，同比增长 56. 3% ，高于各项贷款增速 44. 6 个百分点；全省绿色债券余额 230. 8 亿元，同比增长 20. 3% ，其中绿色金融债余额 50 亿元。

（六）进一步深化长沙数字人民币试点

截至 2022 年末，长沙市数字人民币商户落地超 30 万家，累计交易 5325 余万笔，交易金额达 83 亿元，同比分别增长 88% 、270% 、64% ，数字人民币试点场景更加丰富，试点应用不断创新。

七、金融基础设施与金融稳定

（一）金融基础设施发展

1. 持续优化金融消费权益保护环境

金融消费者权益保护成效明显。畅通湖南省 12363 咨询投诉电话线上受理渠道，全年累计受理投诉 2096 个，解答咨询 28406 个；推进金融知识教育，在全省评定 8 家省级金融教育示范基地，建成农村金融教育基地 5787 个，建成示范村 695 个；优化金融消保环境，组织对全省 16 家金融机构开展金融消保执法检查，对 45 家金融机构 2021 年度金融消保工作情况开展评估；积极推动金融广告治理。

普惠金融工作深入推进。组织评选 100 家 2022—2023 年度金融消费权益保护标准化网点，持续提升普惠金融服务主体服务质量；继续做好湖南省金融机构普惠金融发展主要指标季度通报制度，推动普惠金融发展。2022 年末，全省普惠金融领域相关贷款余额 9789. 5 亿元，同比增长 17. 7% ，较各项贷款平均增速高 6. 0 个百分点，其中普惠小微企业贷款余额 6325. 7 亿元，同比增长 22. 0% ，较各项贷款平均增速高 10. 3 个百分点。

2. 支付服务环境建设持续推进

支付服务社会民生力度进一步加大。深入推进移动支付便民工程，在全省打造 86 个公交移动支付全覆盖示范县、100 家夜间消费移动支付示范区；持续改善农村支付服务环境，已建成 6. 63 万个助农取款服务点，实现行政村全覆盖，实现社保、医疗、水电气、话费等便民缴费“一站式”办理；

推进湖南省移动支付“双百工程”创建，全省打造29个移动支付特色乡镇、53个农村移动支付示范点；优化支付适老化服务，将适老设施、老年人绿色通道纳入银行网点服务标准化管理。

支付助力经济社会发展成效进一步提升。全面落实支付手续费减费让利政策，推动全省204家银行机构和37家支付机构实现支付手续费降费让利7.03亿元；引导21家银行机构与市场监督管理部门实现企业基本信息和风险信息数据共享，18家银行接入湖南省企业开办“一网通办”服务平台，年内51862户企业通过平台预约开户；出台《关于规范“一网通办”平台银行预约开户事项办结工作的通知》，提高企业开户效率，助力营商环境改善。

3. 社会信用体系进一步完善

征信服务质效不断提升。截至2022年末，金融信用信息基础数据库共收录全省120.4万户企业以及其他组织信息，接入放贷机构162家，其中中小机构占比77%；全省430台个人自助查询机和22台企业自助查询机分别为公众提供信用报告查询290.1万份和3.4万份；积极引导放贷机构与动产融资统一登记公示系统进行对接，实现线上全自动登记，2022年全省累计完成动产和权利担保统一登记27.7万笔，提供查询38万次。

积极推进省级征信平台建设。推动由财信金控集团牵头控股，联合长沙、株洲和湘潭三市政府所属国企，在原华芯征信的基础上组建湖南省征信公司；联合省发展和改革委员会建设湖南省企业融资信用服务平台（征信平台），平台以省信用信息基础数据库涵盖的全省企业6.7亿条数据、华芯征信平台涵盖的株洲44.9万市场主体3.7亿条数据、长沙金融专题库涵盖的长沙65万市场主体5.3亿条数据为基础，已上线85款融资产品，全年助力3.3万户企业获得融资，总融资额285.8亿元。

4. 反洗钱工作有效性持续增强

反洗钱监管持续强化。建立分行业洗钱风险自评估指标体系，指导法人机构完成基于新制度的首次洗钱风险自评估；坚持风险为本和问题导向，对全省20家金融机构开展反洗钱执法检查；优化监管评价机制，着重评价高管履职、内部审计（检查）、可疑交易报告成效等内容；积极构建监管走访、约见谈话、风险监测、风险评估“四位一体”日常监管体系。

打击洗钱犯罪力度不断加大。扎实推进打击治理洗钱违法犯罪三年行动，深化与反洗钱工作厅际联席会议成员单位沟通协作，全省以洗钱罪起诉案件62起，新增宣判案件29起，是上年的3.6倍，其中“自洗钱”判例10起；牵头开展金融放贷行业领域专项整治，常态化开展反洗钱“利剑”行动，向侦查机关移送或通报可疑线索507份，其中已立案123份，较上年增长46%。

5. 反假货币工作有效性进一步提升

打击协作机制进一步完善。人民银行长沙中心支行联合多部门出台《湖南省假币违法犯罪举报奖励办法》，调动公众举报假币犯罪积极性；建立湘粤桂和省内反假货币协作机制，形成跨区域打击假币犯罪工作机制；联合多部门签署合作备忘录，加强对假币制造、售卖和使用各环节监管；联合省公安厅下发假币危害重点地区整治通知，开展假币危害综合整治工作。2022年，全省立假币违法犯罪案件53起，破获31起，抓捕相关犯罪嫌疑人59人，捣毁制造假币窝点7个，缴获假币近655万元，群众受假币危害程度为21张/万人，同比下降31%。

现金流通环境持续净化。持续改善重点行业和农村地区现金服务，全省流通中人民币总体整洁度达到84.26%；广泛开展反假货币宣传月活动，全省金融机构交存现金假币浓度保持下降态势，完残综合夹杂率同比下降均超50%；推动全省建成36个货币真伪鉴定工作室，2022年开展货币鉴定业务1100余笔。

6. 金融生态建设稳步推进

持续开展金融生态评估。对县域金融生态环境开展评估，积极协调省地方金融监管局将金融生态评估结果纳入地方政府真抓实干激励考核，进一步提高地方政府对金融生态环境建设的重视。生态评估结果逐步成为评价湖南省县域营商环境优劣的重要参考指标，对金融机构配置信贷资源的引导作用日益增强。

金融生态环境进一步优化。金融运行总量稳中有增，结构稳中有优，成本稳中有降；司法保护效能不断提升，全省金融案件执结率、金融案件标的额兑现率同比分别上升 0.92 个和 22.92 个百分点，非法集资发案数增长率同比下降 51.57 个百分点；多种形式的金融知识宣传不断增加，居民金融意识不断增强。

（二）需要关注的问题

非法集资活动风险仍需警惕。一是养老领域非法集资风险时有发生，引发集资群体聚集维权，影响社会稳定；二是一些不法分子借助互联网等现代信息技术，以区块链、虚拟货币、元宇宙等“新业态”为噱头，线上线下层层嵌套，犯罪手段隐蔽性和欺骗性增强，风险处置难度更大；三是地方金融资产交易所、第三方财富管理公司、私募基金等大量经营主体游离于监管之外，成为非法金融活动、新型金融诈骗的高发地，涉众风险隐患大。

八、总体评估

2022 年，湖南省经济金融难中求成、稳中有进，取得了来之不易的成绩。全省认真贯彻落实党中央、国务院稳经济大盘“一揽子”政策，聚焦聚力“三高四新”战略定位和使命任务，加大服务实体经济力度，稳经济大盘重点领域得到有力金融支持，全省金融总量稳步增长，信贷结构不断优化，融资成本稳步下降，金融市场有序运转，证券行业融资功能有效发挥，保险服务保障能力持续加强，金融改革不断深化，金融基础设施不断完善，全省金融运行总体平稳，牢牢守住了不发生系统性金融风险的底线，实现了以金融稳助力经济稳。与此同时，企业生产困难较多，投资增长面临多因素制约，房地产市场形势依然复杂严峻；金融运行方面，存在有效信贷需求不足、银行机构资产质量承压、法人证券机构发展实力有待增强、保险业区域间发展不均衡、非法集资事件时有发生等问题，需要高度关注。

2023 年，湖南省经济稳中向好、长期向好的基本面不会改变，但当前经济金融形势依然复杂严峻，经济恢复的基础尚不牢固，需求收缩、供给冲击、预期转弱“三重压力”仍然较大，银行信用风险上升，大型企业债务风险、政府性债务风险以及房地产等领域风险可能向金融机构和金融市场传递，新型非法金融活动有所抬头，这些问题需高度重视、稳妥应对。2023 年，湖南省将继续以习近平新时代中国特色社会主义思想为指导，全面贯彻党的二十大和中央经济工作会议精神，深入落实习近平总书记对湖南重要讲话重要指示批示精神，坚持稳中求进工作总基调，完整、准确、全面贯彻新发展理念，服务和融入新发展格局，着力推动高质量发展，继续全面落实“三高四新”战略定位和使命任务，把实施扩大内需战略同深化供给侧结构性改革有机结合起来，打好“发展六仗”，即经济增长主动仗、科技创新攻坚战、优化发展环境持久仗、防范化解风险阻击仗、安全生产翻身仗、重点民生保障仗，推动经济金融运行稳中提质，为全面建设社会主义现代化新湖南开好局、起好步。

中国人民银行长沙中心支行金融稳定分析小组

组　　　长：张瑞怀
副　组　长：廖鹤琳
成　　　员：罗雪飞　覃兆勇　罗世乐　魏祖元　欧阳文辉　周　进
　　　　　　易叔贤　欧家波　李　明　许均平　马业进　彭　洪
　　　　　　侯　崴

《湖南省金融稳定报告（2023）》编写组

总　　　纂：廖鹤琳
统　　　稿：罗雪飞　邓　婷
执　　　笔：禤沛生　李奕君
参与写作人员：龙　玲　余　峥　徐　芳　王子流　刘　云　冷佳璇
　　　　　　杨　娟　陈文科　赵　晶　王　达　鲁梦翔

广东省金融稳定报告摘要

2022 年，面对复杂严峻的环境，广东经济在波动中有所恢复，金融稳定工作机制持续健全，金融改革发展不断推进。与此同时，广东经济金融运行还面临不少困难和挑战，经济发展不确定不稳定因素较多，部分高风险重点领域风险防控、高风险机构处置等问题需重点关注。

一、金融业发展环境

2022 年，广东经济在波动中有所恢复，供给端基本平稳，需求端总体转弱，物价总体稳定，房地产市场持续回调。

（一）经济在波动中有所恢复

2022 年，广东实现地区生产总值 129118.6 亿元，较上年增长 1.9%，增幅较上年减少 6.1 个百分点。从年度增速来看，受疫情等因素影响，广东经济增速下滑明显。从 2022 年各季度情况看，经济增速有小幅度的上下波动，年初经济平稳开局，后受疫情叠加俄乌冲突带来的冲击，增速有所回落，并在第四季度达到最低，四个季度累计增速分别为 3.3%、2%、2.3% 和 1.9%（见图 1）。

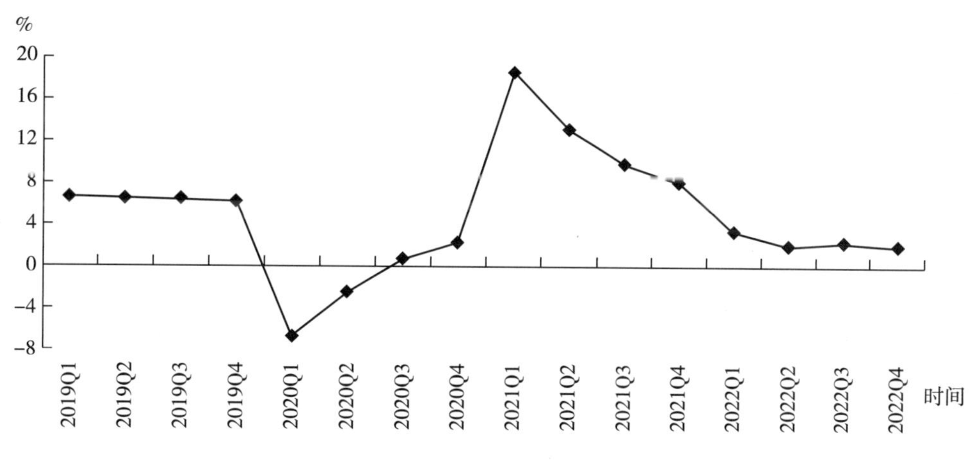

图 1　2019—2022 年各季度广东生产总值累计增速

（数据来源：广东省统计局）

（二）供给端基本平稳

2022 年，广东第一、第二和第三产业增加值分别为 5340.4 亿元、52843.5 亿元和 70934.7 亿元，分别比上年增长5.2%、2.5%和1.2%。三大产业增加值比例为4.1:40.9:55（见图2）。从主要行业来看，全省规模以上工业增加值39533.5亿元，同比增长1.6%。其中，先进制造业增长2.5%，占规模以上工业增加值比重为55.1%；高技术制造业增长3.2%，占规模以上工业增加值比重为29.9%。在四大支柱产业中，新能源汽车产销两旺，汽车制造业增长20.8%；传统家电消费需求放缓，电气机械和器材制造业增长2.8%；计算机、通信和其他电子设备制造业增长1.1%；电力、热力生产和供应业增长5.4%。2022年，全省服务业增加值同比增长1.2%，占地区生产总值比重同比回落0.5个百分点。其中，金融业增加值同比增长7.8%，拉动全省经济增长0.7个百分点；其他服务业增加值增长3%，拉动地区生产总值增长0.7个百分点。

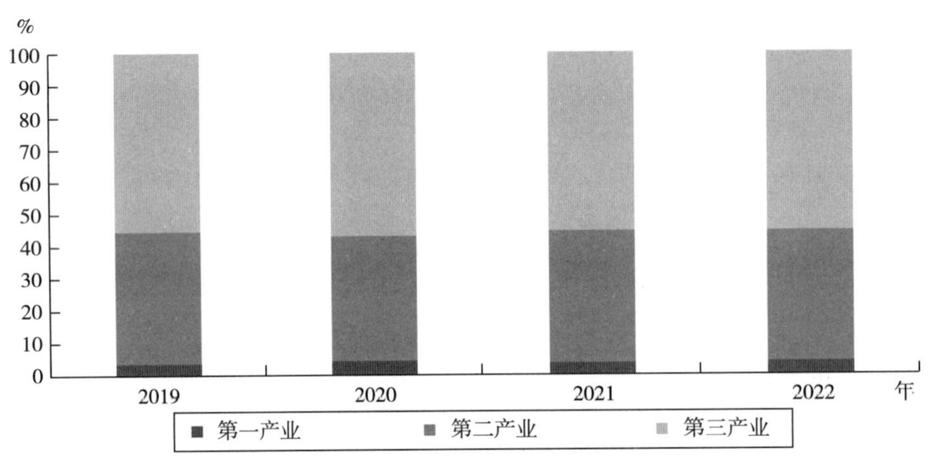

图2 2019—2022年广东三大产业增加值比重

（数据来源：广东省统计局）

（三）需求端总体转弱

2022年，广东实现社会消费品零售总额44882.9亿元，比上年增长1.6%，增幅比上年减少8.3个百分点。完成固定资产投资43453.2亿元，比上年减少2.6%，其中工业投资增长10.3%，先进制造业投资增长17.8%，高技术制造业投资增长25.5%。广东货物进出口规模稳居全国第1位，并持续稳步增长。货物进出口总额83102.9亿元，比上年增长0.5%，连续2年站稳8万亿元台阶。其中，出口53323.4亿元，比上年增长5.5%；进口29779.5亿元，比上年下降7.4%（见图3）。

（四）物价总体稳定

2022年，广东居民消费价格指数（CPI）全年累计上涨2.2%，在2021年较低物价水平的基础上涨幅提升1.4个百分点。工业生产者出厂价格指数（PPI）比上年增长3%，涨幅比上年收窄0.4个百分点；购进价格指数（IPI）比上年增长4.1%，涨幅比上年收窄3.9个百分点（见图4）。

（五）房地产市场持续回调

2022年，广东房地产开发投资1.5万亿元，同比下降14.3%，增幅比上年回落15.2个百分点，其中商品住宅投资下降14%。分区域看，珠三角核心区开发投资下降9.9%，沿海经济带下降29.9%，北部生态发展区下降39.6%。2022年，广东省商品房和商品住宅销售面积均创下2015年以来同期最低水平。全年商品房销售面积 1.1 亿平方米，销售金额 1.6 万亿元，同比分别下降 24.4%和 28.9%，降幅比年初分别收窄 3.5 个和 8 个百分点。其中，商品住宅销售面积 8568.7 万平方米，销售金额 1.3 万亿元，同比分别下降 27.5%和 31%，降幅比年初分别收窄 3.5 个和 9.2 个百分点。

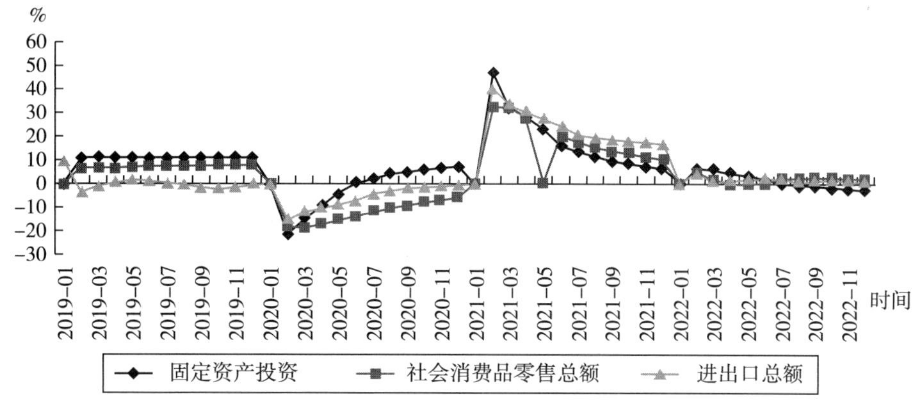

图 3　2019—2022 年广东投资、消费和进出口同比增速

（数据来源：广东省统计局）

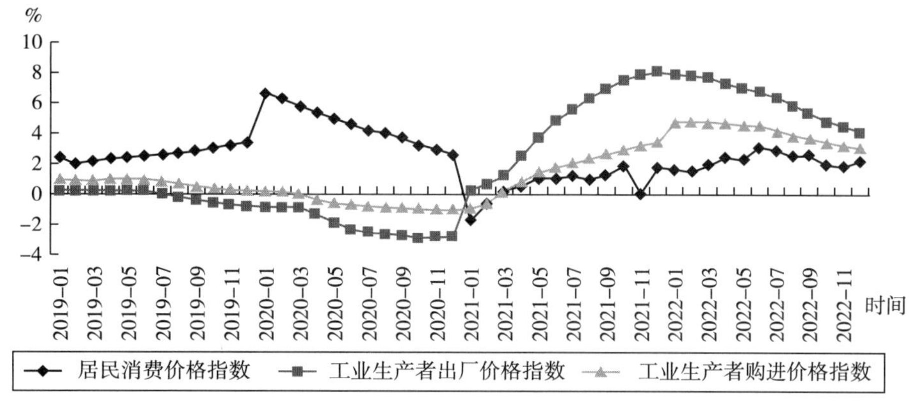

图 4　2019—2022 年广东各类价格指数同比增速

（数据来源：广东省统计局）

二、银行业

2022 年，广东银行业机构认真贯彻执行稳健货币政策、金融支持疫情防控与复工复产政策以及其他各项金融宏观调控措施，不断加强对实体经济和薄弱环节的金融支持力度，扎实推进机制体制改革，努力提高经营管理水平，着力提升金融服务能力。总体来看，广东银行业机构各项业务继续保持稳健发展的良好态势，持续推动实体经济融资成本下降，有力地支持了地方经济社会的高质量发展。

（一）改革发展情况

银行业资产和存贷款规模稳步增长。2022 年末，全省银行业机构资产总额 35.1 万亿元，比年初增长 9. 6%，增速较上年上升 1. 3 个百分点；本外币各项存款余额 32. 2 万亿元，比年初增长 10. 6%，增速较上年上升 1. 1 个百分点；本外币各项贷款余额 24. 5 万亿元，比年初增长 10%，增速较上年下降 3. 6 个百分点（见图 5）。

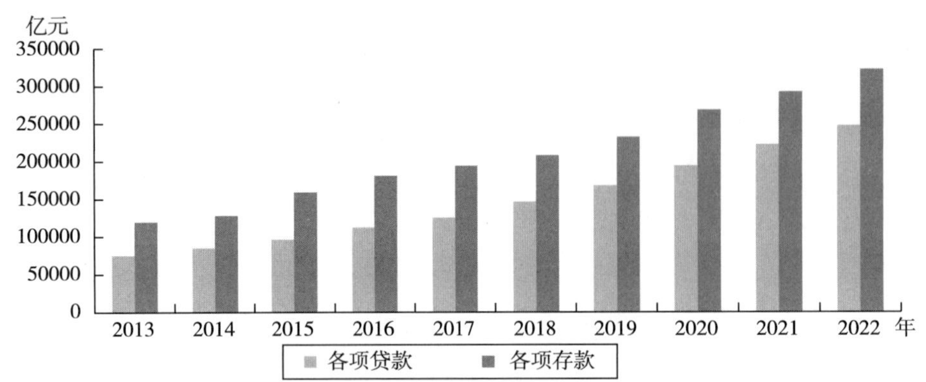

图 5　2013—2022 年广东银行业机构存、贷款情况

（数据来源：中国人民银行广州分行）

不良贷款率有所上升。受经济下行及疫情因素影响，广东银行业机构的不良贷款余额有所增加，不良贷款率有所上升。按五级分类口径，2022 年末广东银行业机构不良贷款余额 3070. 4 亿元，比年初增加 547. 7 亿元，增幅 21. 7%；不良贷款率 1. 3%，比年初上升 0. 1 个百分点（见图 6）。

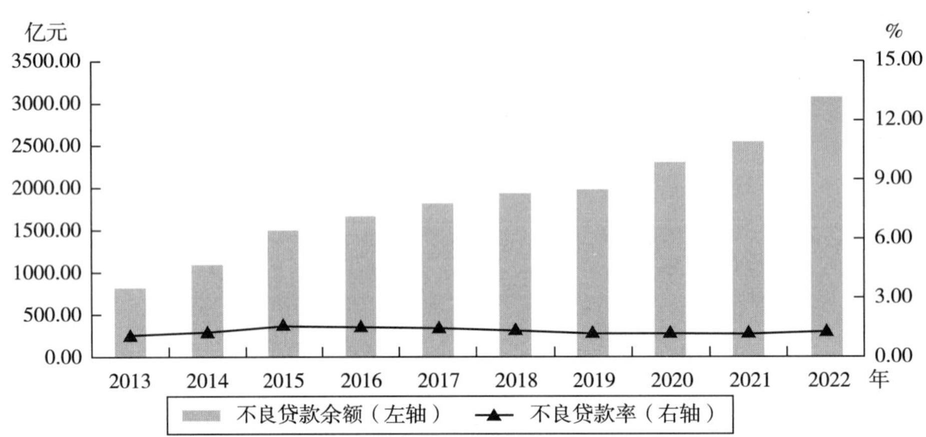

图 6　2013—2022 年广东银行业机构资产质量情况

（数据来源：中国人民银行广州分行）

贷款减值损失准备余额有所上升，拨备覆盖率有所下降。2022 年末，广东银行业机构贷款减值损失准备余额 5544. 7 亿元，较年初增长 8. 9%，但由于增速不及不良贷款增速，整体拨备覆盖率 180. 6%，同比下降 21. 2 个百分点；拨备贷款比 2. 3%，与上年同期保持一致（见图 7）。

银行业盈利能力下降。受疫情等因素影响，广东银行业机构盈利能力已连续 3 年下降。2022 年，广东银行业机构共实现税前利润 3590. 2 亿元，比上年减少 219. 3 亿元，降幅 5. 8%；资产利润率 0. 9%，较上年同期下降 0. 2 个百分点（见图 8）。

存贷比有所上升。2022 年末，广东银行业机构存贷比 76. 2%，比上年增加 0. 4 个百分点。新增贷款与新增存款之比 80. 5%，比上年减少 23. 5 个百分点，贷款投放速度明显减弱（见图 9）。

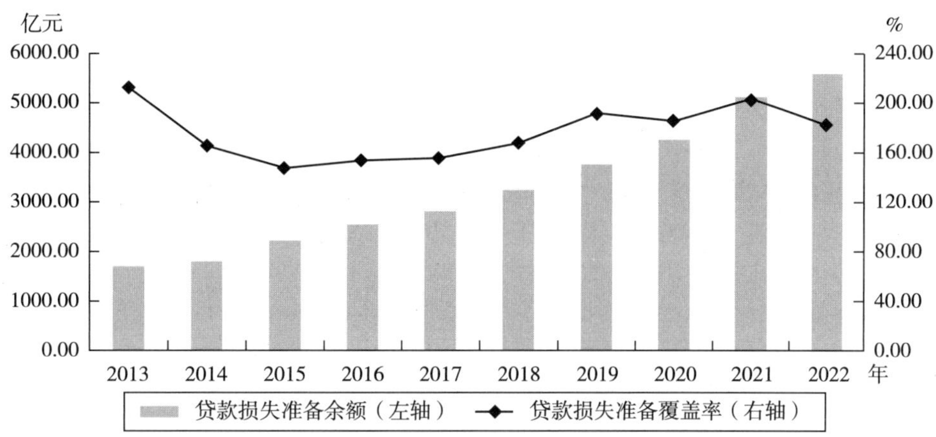

图 7　2013—2022 年广东银行业机构贷款损失准备情况

（数据来源：中国人民银行广州分行）

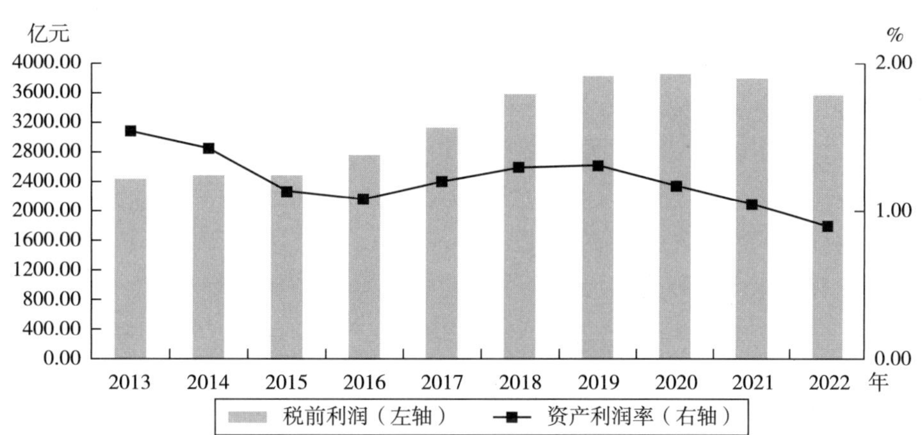

图 8　2013—2022 年广东银行业机构盈利情况

（数据来源：中国人民银行广州分行）

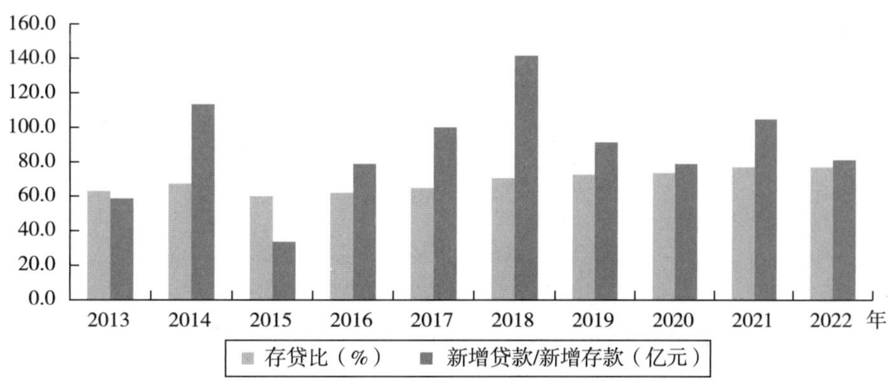

图 9　2013—2022 年广东银行业机构存贷比情况

（数据来源：中国人民银行广州分行）

（二）主要风险

城商行资本充足率压力较大。广东辖内5家城商行均暂未上市，资本补充主要依赖利润留存以及发行二级资本债，资本充足率压力较大，其中部分城商行核心一级资本充足率低于8.6%，仅高于监管标准1个百分点左右。部分农商行不良资产处置进度较慢，整体真实不良率偏高。村镇银行抗风险能力总体偏弱。广东辖区共有村镇银行51家，占全省地方法人银行机构总数的1/3，普遍存在规模偏小、盈利能力不足等问题，加之2022年河南村镇银行风险外溢，导致村镇银行整体经营能力进一步下滑，抗风险能力下降。

三、证券业

（一）改革发展情况

2022年，受新冠肺炎疫情等多重因素影响，我国证券市场呈震荡趋势，年末上证指数收于3089点，较上年末下跌551点，跌幅为15.1%。广东证券期货业部分经营指标有所下降，但证券期货业机构综合实力和持续发展能力仍维持在稳健水平，抗风险能力未受明显影响。

证券行业盈利水平有所回落。截至2022年末，广东28家证券公司总资产3.36万亿元，同比增长3.4%；净资产7671.8亿元，比上年末增长10.8%。2022年，广东证券公司共实现营业收入1204.5亿元，比上年减少20.7%；实现净利润481.7亿元，同比下降21.5%。总体来看，证券公司资产规模稳步增长，行业收入和利润出现一定程度的下滑（见图10、图11）。

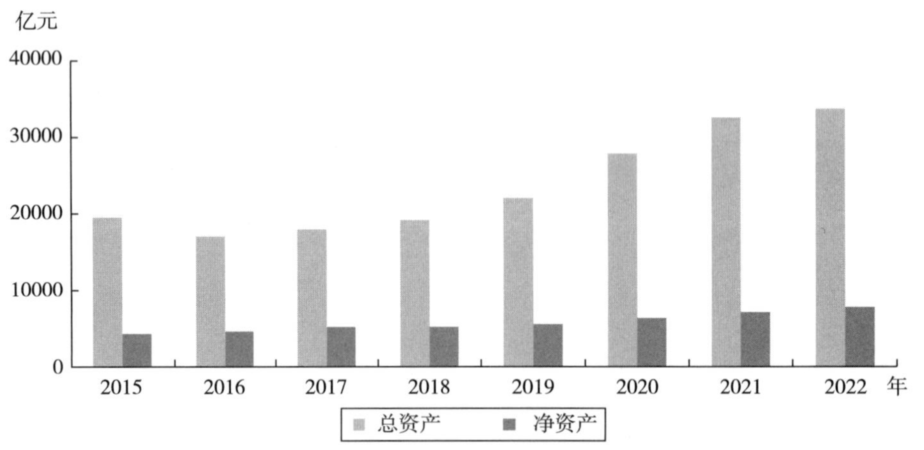

图10　广东法人证券公司资产规模

（数据来源：广东证监局、深圳证监局）

基金公司管理的基金规模逐年稳步增长。截至2022年末，广东共有基金管理公司37家，与上年持平；所管理的公募基金数量3642只，同比增长12%；公募基金规模8.90万亿份，同比增长9.7%；基金净值9.73万亿元，同比增长1%。基金行业总体实力稳步增长，抗风险能力持续增强（见图12）。

期货公司资产规模稳步增长，行业经营较为稳健。截至2022年末，广东共有期货公司22家，与上年持平；总资产 4166.7 亿元，比上年末增长 31.2%；净资产 413.2 亿元，比上年末增长 17%；全年实现营业收入 82.4 亿元，比上年增长 1%；实现净利润 24.1 亿元，比上年下降 3.6%；全年期货代理交易额 230.7 万亿元，比上年增长 1.2%。总体来看，期货公司的资产实力持续增强，整体抗风险能力进一步提升（见图 13）。

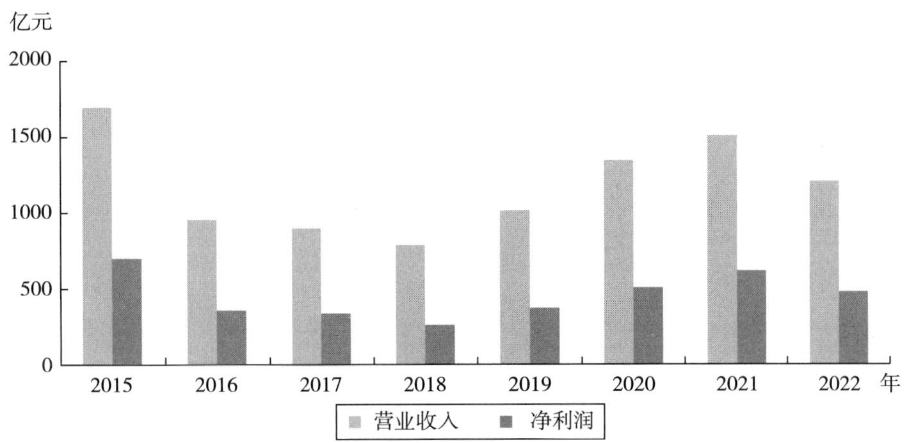

图 11　广东法人证券公司收入及利润

（数据来源：广东证监局、深圳证监局）

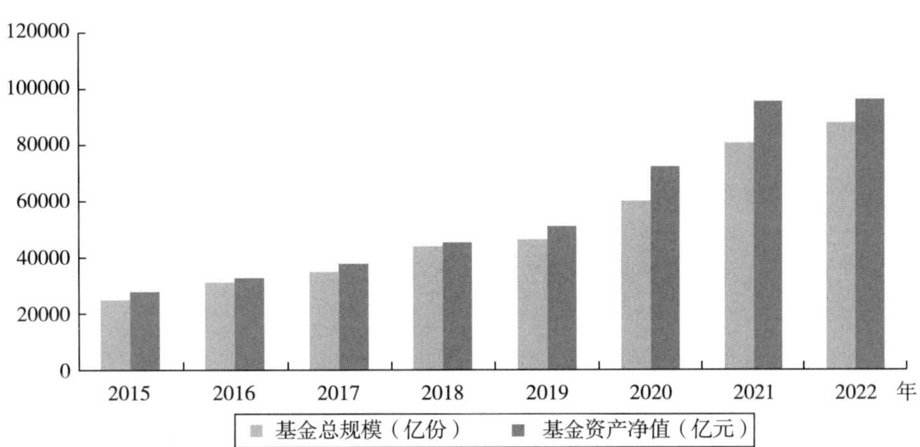

图 12　广东法人基金公司经营情况

（数据来源：广东证监局、深圳证监局）

（二）主要风险

广东上市公司违规风险较为突出。据 Wind 数据，截至 2022 年末，广东辖区 432 家上市公司中，主板上市公司 246 家，创业板上市公司 135 家，科创板上市公司 37 家，北交所上市公司 14 家。14 家已属于风险企业，其中主板 10 家、创业板 3 家、科创板 1 家。这 14 家企业绝大多数存在财务造假、信息披露违规等违法违规情形，对投资者、资本市场秩序和地区金融稳定带来一定的负面影响。

企业信用债到期规模大，部分企业存在较大偿债压力。据 Wind 数据，2022 年第四季度广东地区信用债到期金额共计 1970.1 亿元，环比增长 16%，其中到期金额在 20 亿元以上的有 23 家企业（占企业总数的22%），累计到期金额1565.7亿元，占到期总额的79.5%。从债券发行人企业性质来看，第四季度国有企业到期债券到期金额最高，民营企业和其他企业到期债务上升相对较快。国有企业1708亿元，占比为86.7%；民营企业87.4亿元，占比为4.4%；外资、中外合资等其他企业174.7亿元，占比8.9%，三类企业到期量同比分别上升10.6%、75.2%和68.7%。

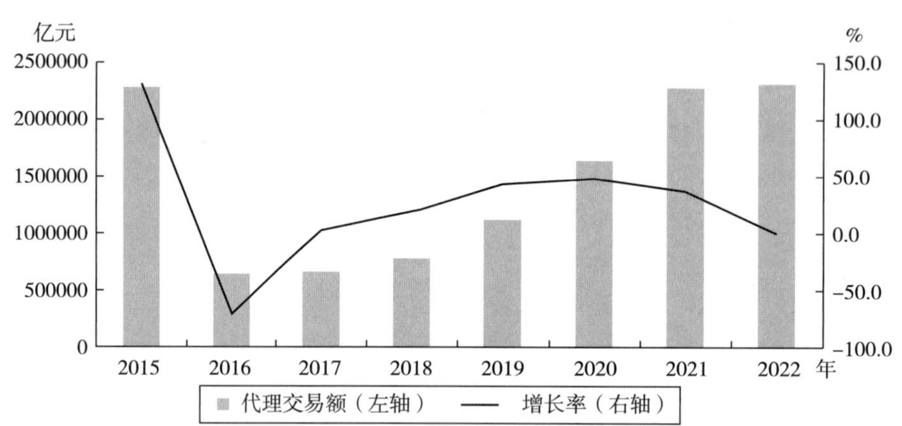

图13　广东法人期货公司代理交易额和增长率

（数据来源：广东证监局、深圳证监局）

四、保险业

（一）改革发展情况

2022年，广东保险业整体稳步发展，保险产品结构不断优化，保险业继续回归保障本源，业务经营管理迈向数字化，风险抵御能力持续增强，服务实体经济质效显著提升，保险市场运行总体平稳有序。

辖内保费与资产规模稳步增长。2022年，广东实现原保险保费收入5894.2亿元，同比增长5.7%。其中，人寿保险、健康险和意外伤害险保费收入分别为3022.7亿元、1145.9亿元和160.1亿元，人寿保险、健康险收入同比分别增长3.5%、6.2%，意外伤害险保费收入同比下降12.7%；财产险保费收入1565.4亿元，同比增长12.2%（见图14）。保险业总资产20662.1亿元，同比增长10.9%。保费、资产规模均居全国首位。

赔付支出同比减少，健康险赔付明显下降。2022年，广东保险业赔付支出1745.1亿元，同比下降7.2%。其中，人寿险和意外伤害险的赔付支出分别为409.4亿元和46.5亿元，同比分别增长1.2%和13.6%；健康险赔付支出405.9亿元，同比大幅下降35.1%；财产险赔付支出883.2亿元，同比增长9%。整体赔付支出下降主要因健康险赔付金额大幅减少（见图15）。

寿险退保金总额增加，满期给付总额大幅减少。2022年，寿险公司退保金总额604.6亿元，同比增长55.8%。其中，寿险退保金575.1亿元，同比增长59.7%；一年期以上健康险退保金29.5亿元，同比增长5%。寿险公司满期给付286亿元，同比减少46.9%。

承保利润略有增长。2022年，广东保险机构实现承保利润141.8亿元，同比增长0.6%，市场运行稳健有序。

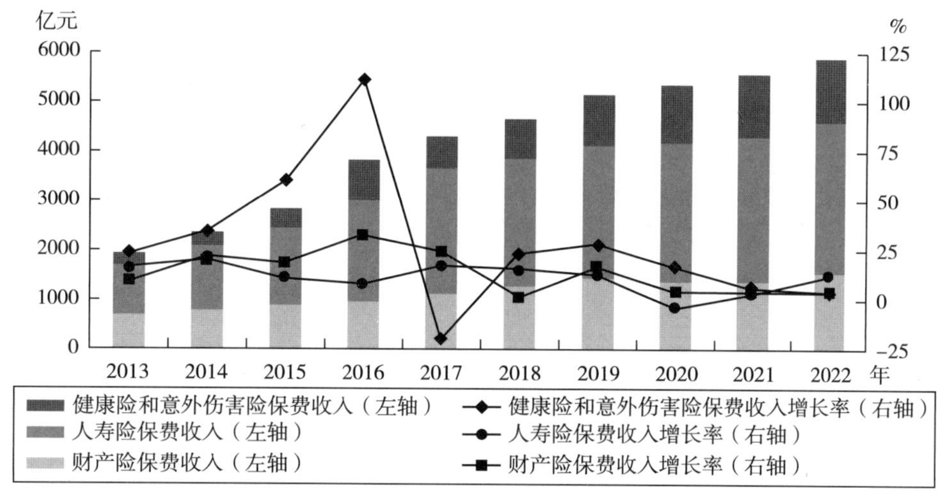

图 14　2013—2022 年广东保险业保费收入情况

（数据来源：广东银保监局）

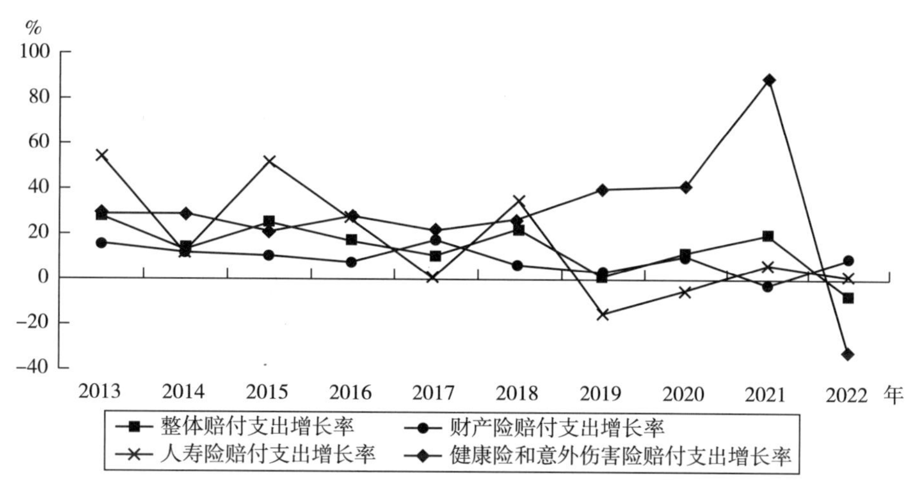

图 15　2013—2022 年广东保险业赔付支出增长情况

（数据来源：广东银保监局）

各项准备金保持充足。2022 年末，广东财产险公司各项准备金保持充足，未到期责任准备金余额与财产险保费收入、财产险赔款支出之比分别为 63. 3% 和 112. 2%，同比分别减少 2 个和 0. 3 个百分点；未决赔款准备金与财产险保费收入之比为 60. 1%，同比减少 0. 9 个百分点；未决赔款准备金与财产险赔款支出之比为 106. 5%，同比增长 1. 3 个百分点（见图 16）。人身险公司的责任准备金余额呈逐年上涨趋势，其中，寿险责任准备金余额 17833. 4 亿元，同比增长 14. 3%；长期健康险责任准备金余额 2119. 8 亿元，同比增长 21. 1%（见图 17）。

（二）主要风险

总体来看，2022 年广东保险市场平稳发展，未发生系统性、区域性风险和群体性事件，但仍存在薄弱环节。

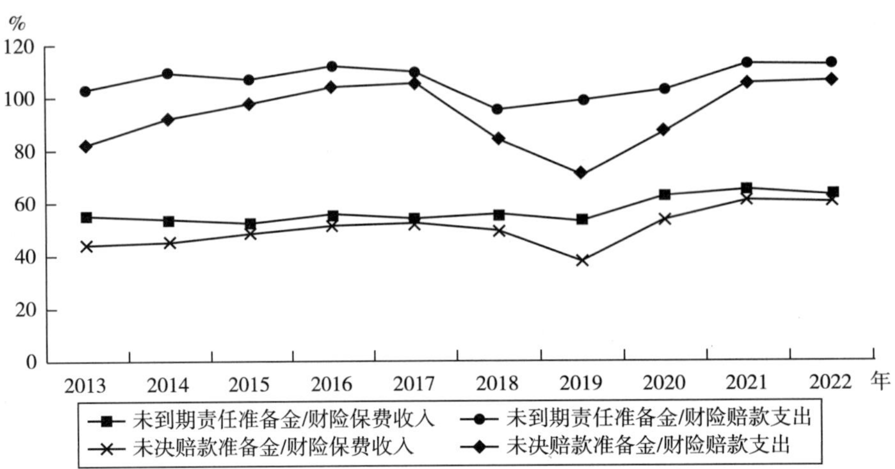

图 16　2013—2022 年广东财产险公司各项准备金情况

（数据来源：广东银保监局）

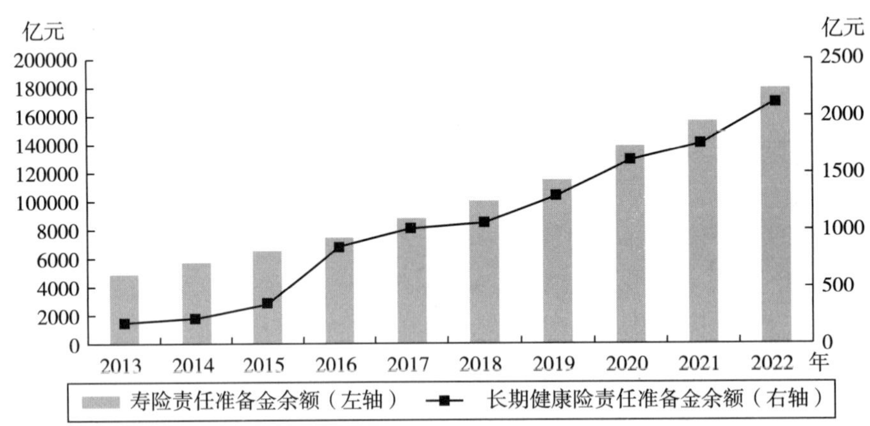

图 17　2013—2022 年广东人身险公司各项准备金情况

（数据来源：广东银保监局）

利率下行背景下资产负债期限错配导致再投资风险加大。2020—2022 年，受新冠肺炎疫情和市场利率下行影响，部分险企投资收益压力加大，少数中小险企投资收益率与负债成本严重倒挂，资产久期小于负债久期，规模调整后的修正久期缺口拉大，利差呈连年下降趋势，再投资风险持续增加。

部分保险公司偿付能力充足率下降。为防范资本无序扩张，2022 年第一季度“偿二代”二期工程正式实施，对保险公司的最大影响为资本限额，出现最低资本增长快于实际资本增长等情况，导致偿付能力充足率下降，个别指标甚至大幅下降、未达监管标准，倒逼保险公司专注主业，回归保障本源。

五、具有融资功能的非金融机构

2022 年，广东辖内七类具有融资功能的非金融机构业务发展总体平稳，经营较为规范，其中广东股权交易中心主要业务指标各项业务持续走在全国前列。

（一）小额贷款公司

截至2022年末，广东省已开业小贷公司491家，注册资本1251.5亿元，其中网络小贷公司56家，注册资本362.4亿元。全年新批设传统小贷公司7家、注销19家；净新增注册资本110.5亿元。2022年，广东省小贷公司累计投放贷款4360.1亿元，年末贷款余额1258.3亿元。

（二）融资担保公司

截至2022年末，广东省融资性担保法人机构202家，其中国有控股机构数量58家；注册资本799亿元，融资担保在保余额2568亿元。

（三）典当公司

截至2022年末，广东省共有588家典当法人机构和71家典当分支机构，注册资本128.6亿元。全年典当总额281.5亿元，实现典当总收入7.3亿元，期末典当余额80.9亿元。

（四）商业保理公司

截至2022年末，广东省共有经注册登记商业保理公司3383家，注册资本618亿元，资产总额2047亿元，发放保理融资款本金余额5776亿元，受让应收账款余额7039亿元。

（五）融资租赁公司

截至2022年末，广东省共注册登记融资租赁公司3303家，注册资本1054亿元，资产总额4289亿元，其中直接融资租赁资产总额1095亿元，售后回租资产总额2224亿元。

（六）地方资产管理公司

截至2022年末，广东省共有地方资产管理公司3家，注册资本165亿元，总资产903亿元，总负债665亿元，存量不良资产账面值3444亿元，存量不良资产投资余额525亿元。2022年累计处置不良资产账面值407亿元，处置不良资产回收资金135亿元，实现营业收入33亿元。

（七）区域性股权市场

广东现有广东股权交易中心1家区域性股权市场运营机构。截至2022年末，广东股权交易中心共有挂牌展示企业19689家、托管企业3491家，实现各类融资累计1729.3亿元，累计辅导20家企业实现IPO，145家企业登陆“新三板”。

六、金融生态状况

2022年，广东进一步完善辖区金融监管协调，优化金融业发展政策环境，加强金融法治和金融业信用体系建设，稳健运行支付体系，深入推进反洗钱工作，有力地促进了广东金融生态环境改善。

（一）金融监管“央地协同”合力进一步提升

金融委办公室地方协调机制（广东省）（以下简称广东协调机制）充分发挥“传达人、协调人、监督人”作用，推动广东省建立党政主要领导负责的省金融风险化解委员会，制定落实高风险地方金融机构通报制度实施细则，进一步加强金融风险通报预警和信息共享，推动地方政府落实风险处置的属地责任，强化央地金融监管协调。人民银行广州分行联合广东银保监局、广东省地方金融监管局建立覆盖辖内所有中小银行的流动性风险应急处置协调机制，协同防范中小银行流动性风险，提升工作合力。

（二）区域政策环境继续优化

2022 年，广东落实好各项金融支持政策，支持疫情防控和经济社会发展。落实好降准政策，增强金融机构的资金供给能力，2022 年，为广东辖内法人金融机构释放资金 363 亿元。进一步发挥再贷款、再贴现引导作用，累计向金融机构发放支农支小再贷款、再贴现 2016 亿元。运用普惠小微贷款支持工具为辖内地方法人金融机构提供激励资金 10.9 亿元，撬动普惠小微贷款增加 640.5 亿元。大力推动新设立的专项再贷款政策落地见效，切实发挥好“精准滴灌”引导作用。截至 2022 年末，运用各项专项再贷款政策累计发放优惠贷款 2057.5 亿元。

（三）金融法治状况不断改善

2022 年，广东金融法治水平进一步提升。金融法治建设方面，人民银行广州分行加强规范性文件管理，组织开展规范性文件清理工作，进一步完善了广东金融法制体系。在金融普法方面，落实“谁执法，谁普法”责任制，开展“金融消费权益保护、反假币、反洗钱、防范非法集资、征信”等宣传活动。参与广东省国家机关“谁执法，谁普法”创新创先项目评选，辖内分支机构两个项目获评优秀普法项目。2022 年，广东辖区累计受理投诉 15053 件，同比增长 80.3%，办结 14557 件，结案率 96.7%；解答消费者咨询 58074 件。

（四）信用体系建设日益完善

2022 年，广东不断深化社会信用体系建设，全力推动改善金融生态环境取得积极成效。一是高质量搭建“珠三角征信链”。将区块链技术应用于征信领域，上链广西、福建等备案市场化企业征信机构，推动实现涉企信用信息跨区域的互联互通。截至 2022 年末，“珠三角征信链”共上链征信机构、数据源单位、监管部门等节点共 14 个，上链企业 419 万家，上链信用信息 8695.7 万条。二是高标准搭建地方征信平台。按照“数据挖掘信用，信用赋能金融，金融普惠大众”的核心思路建设“粤信融”征信平台，推动非信贷替代数据归集共享，信用信息覆盖范围进一步扩大，创造性地改善企业征信服务。截至 2022 年末，“粤信融”已采集全省 1554.6 多万家市场主体信用信息。三是深入推进中小微企业和农村信用体系建设，促进中小微企业和农户融资。截至 2022 年末，累计为 158.2 万家中小企业建立信用档案，评定信用农户 488 万户。四是充分发挥地方社会信用体系建设牵头作用，积极推进信用记录应用，持续扩大征信系统信息采集面，着力提升征信系统应用服务效能，与政府部门之间建立信用信息交换共享机制，推动守信激励和失信惩戒的落实与应用。五是积极培育信用服务市场，积极引导新型征信业态有序发展，繁荣征信市场。截至 2022 年末，人民银行广州分行备案企业征信机构4家、信用评级机构4家。

（五）支付体系稳健运行

2022年，广东支付体系运行稳健。一是中央银行会计核算数据集中系统（ACS）综合前置及信息管理子系统顺利推广上线，共完成1家法人金融机构ACS综合前置子系统推广上线工作，积极推广6家法人机构开通ACS综合前置子系统自助转账功能。二是各支付清算系统安全平稳运行。2022年，广东辖内各支付清算系统共处理业务30.4亿笔，金额614.9万亿元。其中，大额支付系统共处理业务4484.2万笔，金额548.4万亿元，笔数同比减少18.3%，金额同比增长2.7%，笔数、金额分别占支付清算系统业务的1.5%和89.2%，笔数、金额排名均位居全国第5位；小额支付系统共处理业务6.4亿笔，金额28.2万亿元，笔数、金额同比分别增长13.2%和0.3%，笔数、金额分别占支付清算系统业务的21.1%和4.6%，笔数、金额排名分别居全国第2位、第3位。

（六）反洗钱工作实效性进一步增强

一是深入开展风险领域反洗钱现场检查。2022年，广东辖区累计对21家银行、证券、支付等机构进行反洗钱执法检查，依法对违法情节严重的15家机构和26名相关责任人作出行政处罚，金额合计1374.7万元，有效发挥检查处罚的劝诫性作用。二是反洗钱案件调查工作的有效性进一步凸显。2022年，广东辖区共接收重点可疑交易报告2189份，协助有权部门调查案件679起，经甄别分析向有权部门移送线索390条，成功破获各类型案件199起，共推动洗钱罪案件判决118起，同比增长131%，取得显著成效。三是反洗钱宣传取得良好成效。2022年，广东利用报纸、杂志、电视、网络、LED电子屏等载体，共开展线上线下各类反洗钱宣传4.5万余次，有效扩大了反洗钱宣传的覆盖面和影响力。

七、金融稳定工作实践与探索

2022年，人民银行广州分行坚持稳中求进工作总基调，以“稳定大局、统筹协调、分类施策、精准拆弹”为基本方针，着力提升金融风险防控的前瞻性、全局性和主动性，统筹金融发展与金融安全，牢牢守住不发生系统性金融风险的底线。

（一）建立健全区域金融风险防控工作机制

一是完善法人银行差异化管理制度，印发《广东辖区地方法人银行管理细则》。二是完善金融机构评级流程。修订完善《中国人民银行广州分行央行金融机构评级实施细则》，印发《广东辖区央行金融机构评级交叉评级实施细则》，制定并执行辖区央行评级资产质量红线调整标准。三是完善金融风险应急预案。修订并印发《广州分行金融稳定应急预案》等6个应急预案。

（二）进一步强化区域金融监管协调

一是进一步发挥金融委办公室广东协调机制作用。组织召开两次例会，及时传达学习习近平总书记关于金融工作的重要论述和金融委会议精神，分析研判和协同化解重点领域和重点机构金融风险，共同推动金融支持广东经济高质量发展。二是强化辖区金融风险信息共享与研判。建立信息常态化共享机制，健全广东金融业重大事项、突发事件的及时沟通交流机制，及时排查并提示金融风险。

（三）加强金融风险监测与预警

一是密切关注重点领域和重点机构的金融风险。分析研判房地产、大型企业、财富管理公司领域风险，加强对辖内高风险金融机构、城商行、上市公司和大额融资企业的风险监测分析与评估。二是做好金融机构评级评估工作。开展银行业压力测试，高效优质完成央行金融机构评级评估，加强高风险机构风险提示和风险早期纠正工作；开展资产质量真实性现场核查，并结合核查结果对城商行风险进行提示；对辖内证券、保险公司开展稳健性评估，深入了解辖内证券、保险法人机构稳健性状况，促进业务规范经营和可持续发展。三是探索建立有辖区特色的风险预警研判工作机制。结合广东辖区经济特点及机构业务特征，建立辖区银行业机构风险预警体系。

（四）有效化解重点领域和重点机构风险

一是推动高风险机构风险处置。推动省政府专题研究相关银行机构的风险处置方案。二是防范化解村镇银行风险。会同广东银保监局部署开展村镇银行流动性防范化解工作。三是推动辖内包商银行风险处置工作收尾，相关村镇银行股权转让工作圆满完成。四是配合化解房地产行业风险。协调做好金融支持房地产企业工作，积极配合地方政府化解恒大集团风险。五是配合处置个别大型企业风险和涉众金融风险隐患。发挥人民银行、地方金融监管部门双牵头优势，持续推动第三方财富管理公司清理整顿取得积极进展。

（五）扎实推进存款保险有关工作

一是加强挤兑风险防控。组织召开存款保险宣传以及挤兑风险防控工作推进会，制定挤兑风险舆情监测管理实施细则。二是积极开展存款保险宣传，充分发挥存款保险制度稳定存款人信心作用。分别结合《存款保险条例》颁布7周年以及“金融知识普及月”开展集中宣传，累计覆盖群众7700万余人次，引导公众全面、客观认识存款保险。

（六）推进区域金融改革发展

一是推动大型银行体制改革。定期监测辖内政策性银行、大型商业银行改革进展以及农业银行“三农金融事业部”改革进展，引导推动金融机构转变发展方式和运营模式。二是有序推进做好辖内存量资管业务整改监测工作。对辖内法人金融机构资管业务建立常态化监测制度，研究制定资管业务监测模板，建立资管业务监测台账，加强辖内法人金融机构资管业务整改监测。

八、总体评估和趋势展望

2022年，面对延宕反复的疫情形势和复杂严峻的国际国内环境，广东坚持稳中求进工作总基调，高效统筹疫情防控和经济社会发展，持续推进稳经济“一揽子”政策和接续措施迅速落地见效，全年经济在波动中有所恢复，经济总量逼近13万亿元关口，主要宏观指标运行在合理区间，银行业各项业务继续保持良好发展态势，证券业综合实力总体稳健，保险市场整体稳步发展，非金融机构业务发展平稳，金融风险总体可控，但仍需重点关注存在的风险问题，包括高风险重点领域风险防控、高风险机构处置等。

展望2023年，外部环境依然复杂严峻和不确定，国内经济复苏的基础尚不牢固，但我国长期向好的基本面没有改变。广东处于内外循环交汇点，经济韧性强，金融环境底气和潜力兼具，有望保持稳定恢复、稳中向好态势，消费需求逐渐恢复，实体经济内生投资动能持续修复，支撑固定资产投资增长，但同时需注意稳外贸面临较大压力、消费尚未完全恢复等问题。

中国人民银行广州分行金融稳定分析小组

组　　长：白鹤祥

副 组 长：彭化非

成　　员：成丽莉　李　波　周红梅　张　皓　汪义荣　万剑韬
陈卫东　古炜旋　陈洁波　李建民　姜小南　何　勇
张志东　陈莉虹　徐宏练　冼宇航　缪铁文　林伟斌
李　涛

《广东省金融稳定报告（2023）》编写组

总　　纂：白鹤祥

统　　稿：彭化非　成丽莉　陈一非　张立军

执　　笔：庄礼焕　陈育穗　高思劼　苏宏召　吴　进　郑　勇
徐上标　牛润盛　覃麒桦　潘婧媛　沈凌镁　游　萌
杨庆虹　曾嘉彦　叶雨东　钟钊咏　王笑雪　周俊江
曾绍刚

广西壮族自治区金融稳定报告摘要

2022年，广西以党的十九届历次全会和党的二十大精神为指引，坚决贯彻落实党中央“疫情要防住、经济要稳住、发展要安全”的重要要求，经济克难前行，恢复态势总体稳定。金融业高效落实改革发展稳定各项任务，积极维护金融市场平稳健康发展，防范化解风险取得新的突出成效。但面对疫情反复等超预期冲击，经济金融形势复杂多变，广西金融业发展存在较多不确定因素，服务实体经济能力面临诸多挑战。

一、区域经济运行与金融稳定

（一）经济恢复态势总体稳定

2022年广西生产总值26300.87亿元，同比增长2.9%（见图1）。三次产业增加值占GDP比重分别为16.2:34.0:49.8，与2021年相比，第二产业和第三产业占比分别提高0.9个和下降0.9个百分点。居民收入增长放缓，消费支出下降。全年居民人均可支配收入27981元，实际同比增长2.7%，与经济增长基本同步，但比上年下降5.1个百分点；居民人均消费支出18343元，实际同比下降0.5%，全年社会消费品零售总额8538.9亿元，与上年持平。CPI温和上涨，PPI涨幅回落。受食品烟酒类以及交通通信类价格上涨影响，2022年广西CPI同比增长1.9%，较2021年高1个百分点；2022年9月以来广西PPI当月同比持续负增长，全年PPI同比增长2.5%，较2021年低6.4个百分点。就业形势总体平稳。全年新增就业人数38.42万人，城镇调查失业率5.6%左右。

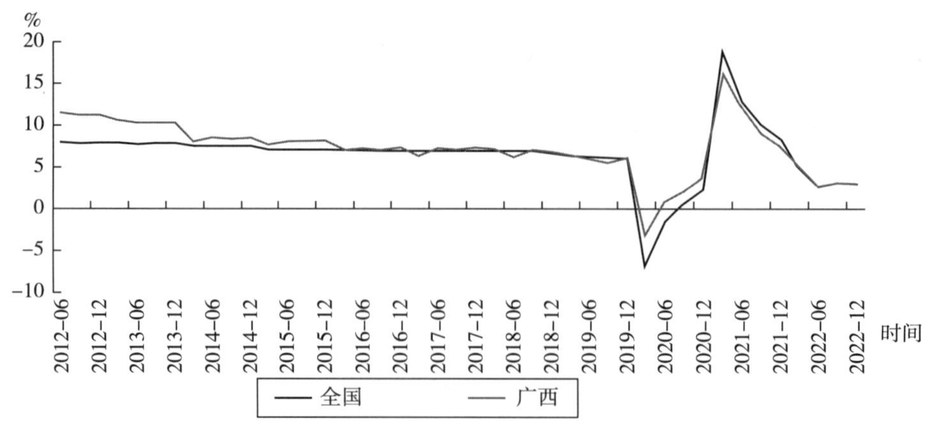

图1 全国和广西季度生产总值增速

（数据来源：国家统计局）

（二）宏观经济运行中影响金融稳定的风险因素

1. 疫情冲击“疤痕效应”明显。2022年，受新冠肺炎疫情等超预期因素影响，企业和居民对经济、收入、消费等状况预期下降。一方面，企业库存高企、盈利能力下降，部分企业保守经营，扩大生产投资意愿不足。在投资收益率下降的情况下，降低利率无法有效刺激企业投资扩产需求，反映企业自主投资需求的民间投资连续10个月负增长。同时，全年固定资产投资同比仅增0.1%，部分项目信贷资金尚未使用，影响信贷投放节奏。在广西贷款增速长期大幅高于GDP增速的背景下，工业贷款新增量的80%以上是中长期贷款，金融投入向经济增长的转化仍需时间。另一方面，2022年广西社会消费品零售总额与2021年持平，增速比前三季度下降1个百分点，信贷消费需求萎缩，消费贷款仅同比增长0.59%。居民可支配收入增速趋缓，还款能力下降，消费金融领域不良率提高，2022年末信用卡不良率2.61%，比年初提高0.34个百分点，互联网联合消费贷款不良率6.92%，比年初提高3个百分点。

2. 房地产业下行负面溢出效应大。一方面，房地产市场仍在磨底阶段，贷款增长乏力，提前还款意愿浓厚。2022年末，广西房地产贷款1.18万亿元，同比增长0.17%，增速较上年同期低6.11个百分点。房地产市场预期持续走弱，供需两端未见根本好转，房地产开发投资、商品房销售面积、商品房销售额同比分别下降38.2%、29.3%和34.9%。同时，因新发放贷款利率和存量贷款利差扩大，居民提前还款意愿较强，2022年广西个人住房贷款提前还款494.8亿元，同比多还126.6亿元。另一方面，房地产信贷资产质量承压。2022年末，广西房地产业贷款、个人住房按揭贷款不良率同比分别提高1.23个和0.3个百分点。

3. 地方政府融资平台偿债压力加大。地方政府融资平台仍以公益性或准公益性项目的融资、投资、建设和运营为主，多数无固定现金流，仍依赖财政拨款，在地方财政收入下降时，地方政府融资平台偿债能力大幅下降。一方面，受房地产市场下行影响，广西土地交易量价双降，以土地整理为主营业务的地方政府融资平台回款延迟，盈利能力偏弱，难以通过自身经营收益偿还到期债务。另一方面，随着监管趋严、融资政策收紧，涉及隐性债务的地方政府融资平台融资环境严峻，加之受部分地市负面事件影响，投资者认可度下降，地方政府融资平台“借新还旧”滚续难度进一步加大。

二、金融业与金融稳定

（一）银行业

1. 银行业总体情况及其特点

（1）组织机构体系不断完善，法人银行加快网点铺设。2022年末，广西共有银行业金融机构167家，同比持平；银行业法人金融机构141家，其中，城市商业银行3家，农村商业银行55家，农村合作银行10家，农村信用社26家，村镇银行42家，农村资金互助社3家，财务公司1家，金融租赁公司1家。广西银行业金融机构网点数量6973个，同比增加228个，其中银行业法人金融机构网点数增加256个，新增占比达到112.28%。

（2）资产负债稳步增长，经营效益下滑明显。2022年末，广西银行业金融机构资产、负债总额分别为5.62万亿元和5.41万亿元，同比分别增长9.63%和9.81%；本年累计利润399.93亿元，同比下降16.35%，为近5年首次利润增速转负。一方面，LPR持续下行，引导金融机构减费让利支持实体经济发展，净息差有所收窄；另一方面，受疫情冲击实体经济盈利状况下降，部分金融机构计提资产减值损失增多，也对利润形成冲减。

（3）存贷款余额双双突破4万亿元，信贷对实体经济支持稳固。2022年末，广西本外币存款、贷款余额分别达到4.02万亿元和4.47万亿元，同比分别增长9.04%和12.14%，其中贷款增速高于全国1.77个百分点，排全国第7位、西部第2位。2022年，各项存款、贷款分别增加3332.95亿元和4838.66亿元，增量双创历史新高（见图2和图3）。信贷投放结构持续优化，精准支持重点领域和薄弱环节，服务实体经济效率显著提升。2022年末，广西基建行业贷款同比增长17.46%，快于各项贷款增速和基建投资增速5个百分点以上；制造业中长期贷款增速高达59.61%，同比大幅提升14.63个百分点；涉农贷款增速15.02%，同比提高5.33个百分点，增量创历史新高；小微企业贷款增量首次突破2000亿元，民营企业贷款增量为2021年的1.72倍。

亿元
%
1200
900
600
300
0
-300
-600
12
10
8
6
4
2
0
1 2 3 4 5 6 7 8 9 10 11 12 月
2020年增量（左轴）
2021年增量（左轴）
2022年增量（左轴）
2020年增速（右轴）
2021年增速（右轴）
2022年增速（右轴）

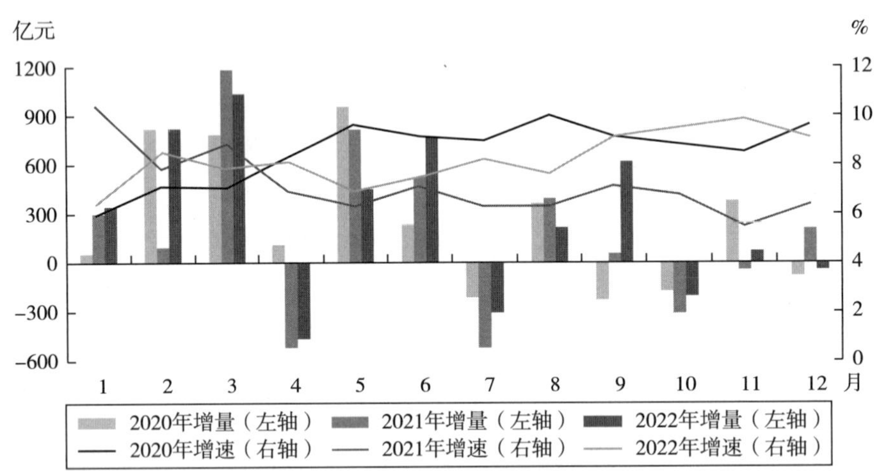

图2　广西各月存款增量及同比增速

（数据来源：中国人民银行南宁中心支行）

亿元
%
1000
800
600
400
200
0
17
16
15
14
13
12
11
10
1 2 3 4 5 6 7 8 9 10 11 12 月
2020年增量（左轴）
2021年增量（左轴）
2022年增量（左轴）
2020年增速（右轴）
2021年增速（右轴）
2022年增速（右轴）

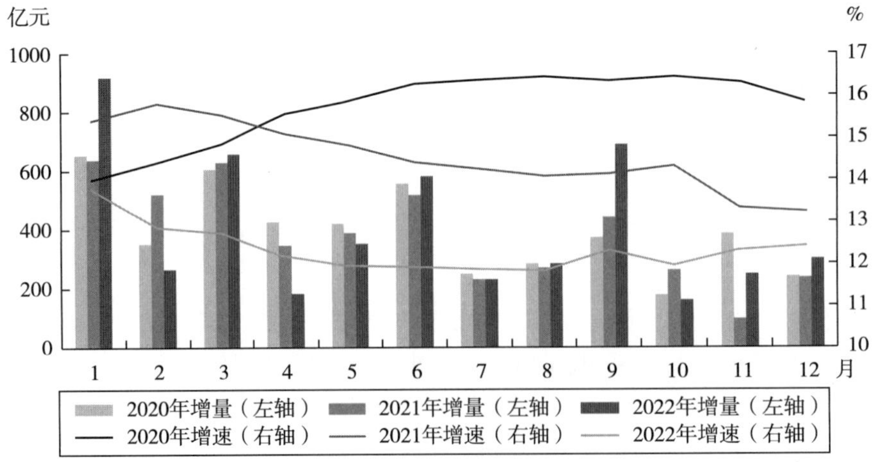

图3　广西各月贷款增量及同比增速

（数据来源：中国人民银行南宁中心支行）

2. 银行业需要关注的问题

（1）不良贷款同比“双升”，部分领域违约风险值得关注。2022 年末，广西银行业金融机构不良贷款余额 668. 36 亿元，同比增长 29. 09%；不良贷款率 1. 50%，同比提高 0. 20 个百分点，低于全国水平 0. 21 个百分点（见图 4）。从境外贷款看，主权类贷款项目违约导致广西不良贷款大幅上升。从境内贷款看，新增不良贷款主要集中于房地产业，房地产开发贷款、个人住房按揭贷款不良余额同比分别增长 60. 24% 和 49. 18%，高于全区不良贷款增速 31. 15 个和 20. 09 个百分点。

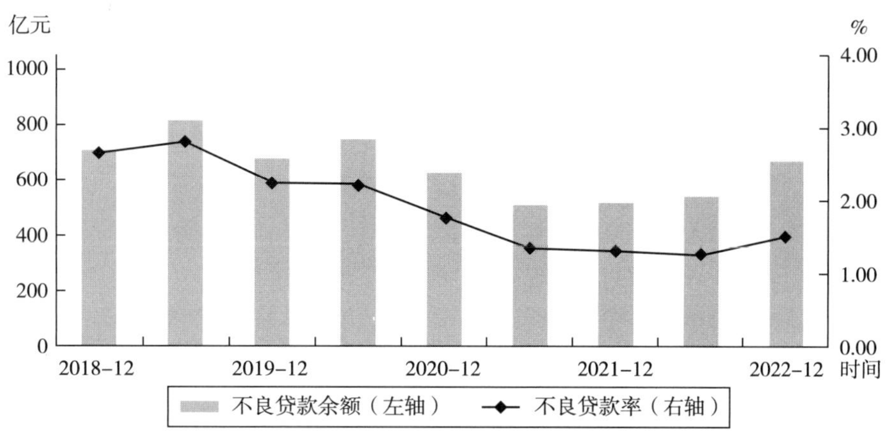

图 4 广西贷款质量变化趋势

（数据来源：广西银保监局）

（2）银行业法人金融机构流动性水平整体良好，个别机构流动性承压。2022 年末，广西银行业法人金融机构流动性比例 60. 30%，流动性水平已连续 2 年保持在 60% 以上，其中城市商业银行、农村合作金融机构、村镇银行流动性比例分别为 74. 41%、50. 94% 和 84. 61%。但仍有个别农村合作金融机构流动性比例仅略高于 25% 的监管标准，少数村镇银行流动性依靠主发起行资金维持，流动性风险隐患依然较大。

（3）资本充足率连续两年增长，资本补充差异化明显。2022 年末，广西银行业法人金融机构资本充足率 13. 32%，较 2018 年提高 2. 96 个百分点，总体呈现逐年稳步提升，但分机构看，资本补充差异化明显。从资本补充效果看，多数机构资本补充速度未能匹配发展速度，2022 年末约 65% 的法人银行资本净额增速低于资产增速；从资本补充渠道看，农村合作金融机构和村镇银行外源性资本补充渠道有限，主要依赖内源性资本补充，2022 年农村合作金融机构、村镇银行内源性资本补充额约是外源性资本补充额的 32 倍、8 倍，仅 9 家机构通过外源性方式补充资本。

（4）银行业法人金融机构整体央行金融机构评级结果稳中向好，高质量发展制约因素较多。根据 2022 年第三季度央行金融机构评级结果，1 ~5 级“绿区”机构较年初增加 2 家，6 ~7 级“黄区”机构较年初增减少 1 家，8 ~9 级“红区”机构较年初减少 1 家；1 ~7 级机构资产占比近 93%，资产牢牢掌握在健康机构手中。但法人银行高质量发展仍受较多因素制约，从内部看，党的领导弱化、偏离发展定位、内控机制薄弱导致风险聚集；从外部看，经济恢复基础尚不牢固、房地产市场下行等因素对法人银行造成冲击。

（二）证券业

1. 证券业总体情况及特点

（1）IPO 在审、辅导备案企业持续增长，新三板挂牌公司数量进一步下降。2022 年末，广西有法人证券公司 1 家，法人基金公司 1 家，法人基金销售机构 1 家，已登记备案私募基金管理机构 88 家，证券分公司 35 家，证券营业部 151 家，期货分公司 8 家，期货营业部 27 家。A 股上市公司 40 家，比 2021 年增加 1 家；辅导备案企业数量 10 家，IPO 在审企业 5 家，比 2021 年增加 1 家，其中主板 4 家，北交所 1 家，田野股份已取得证监会同意其首次公开发行股票注册的批复。新三板挂牌公司 47 家，同比减少 7 家，连续 5 年下降。区域性股权市场挂牌企业 205 家，同比增加 2 家，展示企业 2341 家，纯托管企业 338 家。

（2）上市公司融资能力有所回升。2022 年，上市公司 IPO 融资 7.98 亿元，同比增长 89.55%；上市公司股权再融资 88.75 亿元，同比增长 2.61 倍；新三板公司增发融资 0.16 亿元，同比下降 98.16%；沪深证券交易所债券市场融资（含公司债、可转债、ABS）443.72 亿元，同比下降 35.62%；区域性股权市场可转债融资 1.04 亿元，同比下降 40.57%。

（3）上市公司质量持续提升。2022 年，广西 2 家上市公司顺利“摘星脱帽”，风险警示类公司数量较上年末减半，公司违规担保、占用余额较年初分别减少 1.37 亿元、740 万元，股票质押高风险公司“零新增”。

（4）期货市场服务地方高质量发展。2022 年，广西出台《2022 年广西“保险 + 期货”项目试点方案》，3 个生猪“保险 + 期货”项目落地南宁市、玉林市、防城港市，3 个糖料蔗“保险 + 期货”项目落地河池罗城县、百色田东县、来宾象州县。百色市右江区、南宁上林县开展的 2021 年糖料蔗“保险 + 期货”县域覆盖项目顺利完成并取得积极成效。钦州市成为首批被纳入交割区域的锰硅产区，期货交易所在广西增设 3 家豆油、豆粕指定交割厂库以及 1 家白糖交割库。

2. 证券业需要关注的问题

（1）直接融资占比低。广西企业资质总体偏弱，2022 年通过多层次资本市场融资 541.65 亿元，同比下降 25.64%，连续两年下降，其中满足发债和上市融资条件的企业偏少，全年 IPO 募资额不足 10 亿元。广西企业债券、股票融资合计仅占社会融资增量的 2.88%，低于全国 7.2 个百分点。

（2）证券交易量有所下降。2022 年广西证券交易额 7.73 万亿元，同比下降 1.79%，交易额占全国 0.57%（见图 5）。期货成交量 3698.72 万手，同比下降 10.4%，成交金额 24621.08 亿元，同比下降 11.84%。备案私募基金 336 只，比上年增加 68 只，管理基金规模 1058.7 亿元，同比增长 28.04%。

（3）证券、期货机构收入下降。2022 年，广西证券分支机构实现营业收入合计 15.38 亿元，同比下降 20.8%，实现净利润 4.33 亿元，同比下降 36.42%；期货经营机构实现营业收入 0.46 亿元，同比下降 24.87%，实现净利润 -2287.5 万元，亏损幅度较上年同期扩大约 1.7 倍。

（4）上市公司盈利能力有所下降。2022 年前三季度，广西 39 家上市公司总资产 5700.27 亿元，同比增长 8.19%，其中 29 家公司盈利，同比减少 4 家，10 家亏损，同比增加 5 家；实现营业收入 2892.9 亿元，同比增长 9.07%，实现净利润 57.88 亿元，同比下降 61.46%。

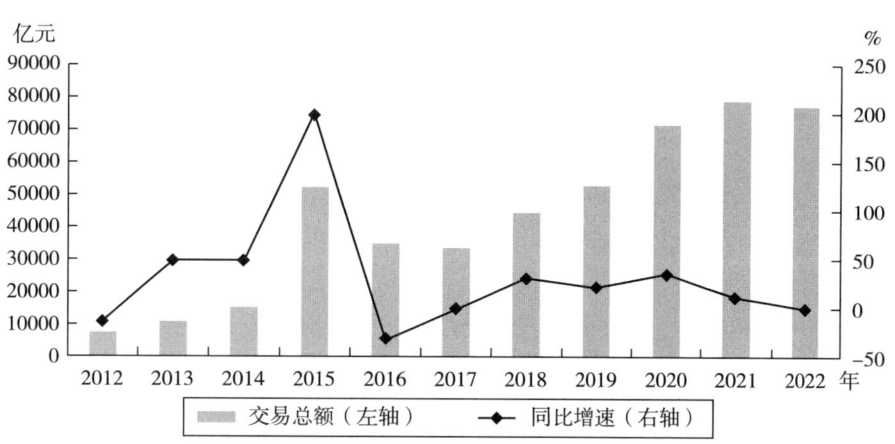

图 5　广西证券经营机构代理证券交易总额和增速

（数据来源：广西证监局）

（三）保险业

1. 保险业总体情况及特点

（1）保险市场体系进一步完善。2022 年末，广西共有保险总分支机构 2304 家，比 2021 年增加 15 家，其中法人保险公司 2 家；省级分公司 46 家，同比持平；地市级分公司 349 家，同比增加 14 家；支公司及营业部 1016 家，同比增加 78 家；营销服务部 891 家，同比减少 76 家；产险公司 1253 家，同比增加 12 家；寿险公司 1051 家，同比增加 6 家。专业保险中介机构 339 家，同比减少 8 家，其中保险代理公司 258 家，同比减少 10 家；保险经纪公司 66 家，同比增加 2 家；保险公估公司 15 家，同比持平。

（2）保费收入持续增长。2022 年，广西保险业累计实现原保险保费收入 812. 02 亿元，同比增长 3. 67%，保费增速排全国第 13 位、西部第 3 位（见图 6）。其中，财产险业务实现原保险保费收入 263. 58 亿元，同比增长 8. 19%，增速排全国第 15 位、西部第 3 位；人身险业务实现原保险保费收入 548. 44 亿元，同比增长 1. 62%，增速排全国第 12 位、西部第 3 位。

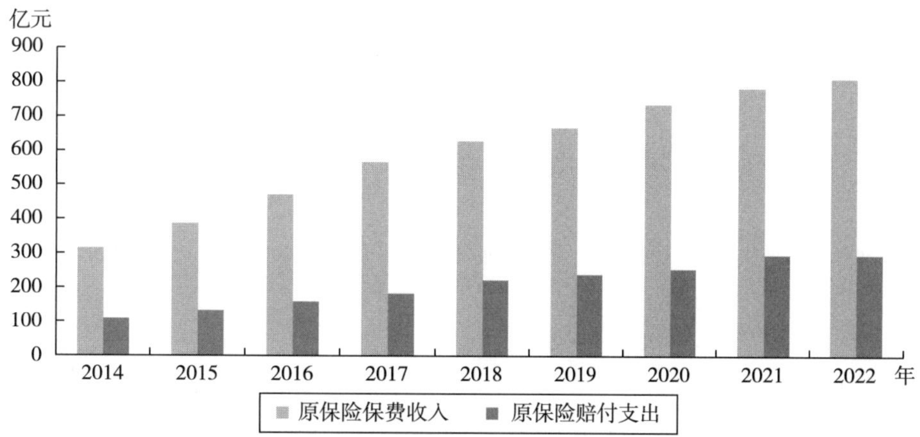

图 6　2014—2022 年广西保费收入和赔付支出

（数据来源：广西银保监局）

（3）风险保障能力稳步提升。2022 年，广西保险业累计为全社会提供各类财产和人身风险保障 118.55 万亿元，同比增长 37.99%，服务经济社会能力持续提升。累计支付各类赔款和给付 295.84 亿元，同比增长 0.37%。

2. 保险业需要关注的问题

（1）车险保费收入增长乏力。受新车销售市场低迷影响，2022 年广西实现车险保费收入 167.94 亿元，同比增长 1.82%，低于保险业保费收入增速 1.85 个百分点，为近 3 年同期最低水平。

（2）农业保险应收保费清收承压。2022 年，广西农业保险应收保费 41.17 亿元，同比增长 60.29%，占全年农业保险保费收入的 86.85%，占比较上年同期提高 14.26 个百分点。在农业保险保费快速增长但地方财政“吃紧”的情况下，应收保费规模可能进一步扩大，不利于农业保险持续健康稳定发展。

（3）健康险和意外险持续负增长。2022 年，健康险业务保费收入 158.84 亿元，占人身险业务的 28.96%，同比下降 3.85%，连续 7 个月负增长，持续拖累人身险增长。受疫情防控带来的出行减少影响，意外险保费收入 26.45 亿元，同比下降 7.82%，为历史同期最低水平。

（4）代理人持续脱落，渠道占比有所下滑。在短期内，代理人数量大幅缩减的趋势难以扭转，对人身险业务增长造成掣肘。2022 年人身险保险公司个人代理渠道保费收入 254.96 亿元，同比下降 5.81%，占比为 50.77%，较上年同期下降 3.86 个百分点。代理人持续脱落对人身险公司发展动能持续产生负面影响。

（四）地方金融组织

1. 地方金融组织总体情况及其特点

（1）小额贷款公司业务规模持续收缩，行业盈利能力整体改善。2022 年末，广西共有小额贷款公司 309 家，同比减少 65 家；注册资本 272.64 亿元，同比下降 11.04%；贷款余额 235.12 亿元，同比下降 40.07%。全年累计发放贷款 103.79 亿元，同比下降 17.22%；实现总收入 33.14 亿元，同比增长 24.67%，其中贷款利息收入 31.97 亿元，同比增长 34.62%；利润总额 16.07 亿元，同比增长 82.55%；缴税总额 2.63 亿元，同比增长 86.28%。

（2）融资性担保支持经济发展作用提升。2022 年末，广西共有融资担保机构 70 家，同比减少 2 家；注册资本 274.90 亿元。担保业务规模快速增长。直保业务在保余额 1028.80 亿元，同比增长 16.69%；在保户数 28.06 万户，同比增长 81.27%；直保业务全年累计撬动担保贷款 835.84 亿元（含分支机构）；小微企业直保在保余额 812.98 亿元，同比增长 23.18%，在保户数 13.28 万户，同比增长 52.47%；“三农”直保在保余额 185.55 亿元，同比增长 75.05%，在保户数 3.61 万户，同比增长 51.05%。

（3）典当行业稳步发展。2022 年末，广西典当企业为 143 家（含 3 家分支机构），同比增加 5 家；注册资本 21.54 亿元，同比增长 21.16%。典当总额 39.46 亿元，同比增长 35.97%；典当余额 13.35 亿元，占典当总额的 33.84%；全年实现营业收入 9087.64 万元，同比增长 1.29%；利润 1438.90 万元，同比下降 32.18%。

（4）融资租赁行业快速发展。2022 年末，广西共有融资租赁公司法人机构 8 家，与上年持平；注册资本 34.16 亿元。全年累计投放 159.83 亿元，同比增长 89.93%；全区融资租赁行业存量融资租赁资产 119.21 亿元；实现总收入 10.76 亿元，同比增长 29.06%。

（5）保理行业快速发展。2022 年末，广西共有商业保理公司 7 家，同比增加 1 家；注册资本 12 亿元，同比增长 140%；总资产 17.37 亿元，同比增长 160.81%。全年发放保理融资额本金 8.75 亿元，同比增加 111.87%；实现净利润 2303.9 万元，同比增长 3.95 倍。

（6）地方资产管理公司稳步发展。2022 年末，广西共有地方资产管理公司 2 家，与上年持平；资产总额 182.78 亿元，同比下降 3.1%。全年收购不良资产账面值 117.45 亿元，同比增长 44.99%；处置不良资产账面值 91.51 亿元，同比增长 35.17%。

（7）整合转型后的地方交易场所支持多层资产交易能力增强。2022 年末，广西共有地方交易场所 15 家，同比增加 1 家；资产总额 33.30 亿元，同比增长 61.10%。2022 年，交易规模 802.69 亿元，同比增加 28.41%，其中权益类交易规模达 526.77 亿元，占比 65.63%，同比增长 4.24%；商品类交易规模达 275.92 亿元，占比 34.37%，同比增长 130.43%。

2. 地方金融组织需要关注的问题

（1）融资担保代偿率高。2022 年，广西共有 38 家融资担保机构发生代偿，占机构总数的 55.88%，直保业务代偿金额 36.65 亿元，同比增长 23.73%，受实体经济下行影响的隐性风险逐步显现。

（2）逾期贷款严重影响小额贷款公司展业能力。2022 年，小额贷款公司逾期贷款余额 106.04 亿元，逾期贷款率 45.10%，相当比例的小额贷款公司因逾期贷款过多导致流动性枯竭，已失去发放新贷款能力，仅能开展不良贷款清收工作。

（3）典当资金周转率偏低。2022 年，典当企业典当余额 13.35 亿元，占资产总额的 62.52%，典当资金周转率 193.72%，典当资金周转率严重偏低，存在当金回笼不畅、续当比例过高、续当期过长和绝当风险过高等问题。全区超三成的典当企业处于无业务或亏损状态，行业经营困难局面仍未扭转。

三、金融市场与金融稳定

（一）货币市场交易活跃度抬升，市场流动性保持平稳

2022 年，广西银行间市场流动性保持平稳，货币市场交易总量增幅明显，资金价格稳中有降。分市场看，同业拆借市场成交显著提升，全年累计成交 8284 亿元，同比增长 13.48%，利率水平同比下降，加权平均利率为 1.98%，同比下降 23 个基点；债券回购市场成交保持正增长，全年累计成交 15.68 万亿元，同比增长 3.02%，回购资金净融入 4.27 万亿元，同比多增 2800 亿元，债券回购利率走势回落，其中正回购、逆回购加权平均利率分别为 1.56%、1.66%，同比分别下降 47 个和 40 个基点。

（二）债券市场发行规模小幅下滑，城投企业债券融资明显缩减

2022 年，广西债券市场全年募集资金 5387.89 亿元，同比微降 0.81%。其中，地方政府债券发行显著提升，全年累计发行 1963.44 亿元，同比增长 21.02%；同业存单发行基本持平，全年累计发行 1968.20 亿元，同比增长 0.26%；法人银行金融债券发行首次下滑，全年累计发行 146 亿元，同比减少 20.22%；非银行法人金融机构债券发行大幅提升，全年累计发行 50.5 亿元，同比多增 41.7

亿元；非金融企业债券发行降幅明显扩大，全年累计发行1263.32亿元，同比下降24.06%，其中非金融企业债务融资工具发行831.90亿元，占比较上年提升11个百分点。部分城投企业出现非标产品违约、商业汇票逾期而引发负面舆情的情况，城投债券违约风险有所上升。

（三）跨境收支及结售汇再创新高，结售汇逆差持续扩大

2022年，广西跨境资金流动和结售汇总规模分别达661.94亿美元和360.64亿美元，均创历史新高。但在内部疫情冲击、经济下行以及外部货币政策转向、通胀高企、俄乌冲突等多重因素叠加影响下，广西资金外流压力依然较大，全年跨境资金净流出129.03亿美元，同比增长30.27%。全年美元指数走高，人民币汇率贬值，辖内金融机构和企业偿付外债加快，带动广西结售汇呈现逆差147.82亿美元，同比增长35.96%。未来需要关注美联储政策转向、俄乌局势变化以及外部需求走弱等对广西外贸进出口、跨境投融资的影响。

四、金融基础设施建设与金融改革创新

（一）支付体系持续优化，涉赌涉诈资金链治理成效明显

2022年，广西移动支付便民工程全面深化，“云闪付”用户规模及渗透率分居全国第10位和第8位，农村支付服务保持行政村全覆盖。简易开户政策惠及企业3.46万家，本外币合一银行结算账户体系试点落地实施。支付手续费降费政策累计为109.81万家市场主体减负3.07亿元。45家支付机构平稳发展，业务总量同比增长28.04%。支付市场供给侧结构性改革取得重大突破，支付机构1家平稳退出、1家依法优化重组。市场合规情况整体较好，举报量同比下降40%。涉赌涉诈资金链治理成效明显，月新增涉案账户数较年初下降80%，全国排名从第2位降至第21位。

（二）征信服务覆盖面不断扩大，“征信修复”乱象得到大力整治

2022年，“桂信融”广西征信融资服务平台促进金融、政务、商业信用信息融合应用，累计提供信息支持超83万次，服务融资超8000亿元，惠及78万户市场主体。金融信用信息基础数据库运行平稳，收录广西自然人3278万个、企业和其他组织126万户，接入信贷机构增至139家，辖区备案企业征信机构归集涉企供应链及政务数据超过10亿条，全年提供征信服务超过1229万次，有力支持信贷业务发展。农村信用体系建设持续推进，以信促融助推乡村振兴。征信市场环境持续优化，“征信修复”乱象得到大力整治，全年共清查相关违法广告11起，超过150家违规机构完成注销、变更登记或纳入异常经营名录，征信投诉案件同比下降37%。

（三）反洗钱职能不断强化，风险防线全面筑牢

2022年，广西完成37家法人金融机构监管评估，推动144家法人金融机构完成首轮风险自评估、11家特定非金融机构实现数据报送“零”突破，数据报送总量居全国第2位，风险为本监管基础进一步夯实。组织召开广西反洗钱工作联席会议，联合广西银保监局召开广西银行、保险业反洗钱形势通报会共同部署反洗钱工作，监管合力显著增强。联合自治区公安厅等10个部门印发《广西打击治理洗钱违法犯罪三年行动方案（2022—2024年）》，与公检法等部门召开座谈会、案情会商会

371次，推动洗钱罪案件宣判53起，是2021年的2.94倍，切实维护人民群众利益。

（四）金融纠纷多元化解机制实现全覆盖，金融宣传教育长效机制进一步巩固

2022年，广西人民银行系统共接收金融消费者有效投诉4534件、咨询16075件，投诉办结率为95.8%。全力推进金融纠纷多元化解提速增效，各地人民银行积极与当地法院、银保监局等部门沟通协调，广西地市金融纠纷多元化解机制覆盖率已达100%。会同广西银保监局、证监局、地方金融监管局成立广西金融知识宣传联合工作小组，联合印发相关宣传方案、要点，"一盘棋"高效部署辖区分支机构、金融机构、相关行业协会组织、金融教育示范基地等单位扎实推进2022年金融知识宣传教育活动。

（五）反假货币工作协调机制逐步完善，数字人民币相关工作持续推进

广西人民银行系统充分发挥牵头作用，协调各成员单位完善反假货币综合治理考评工作，建立群防群治假币防范体系，持续推进假币犯罪举报奖励制度。加强与公安机关协调配合，不断丰富研判、侦破、打击手段，形成假币信息定期分析分享机制，推动假币信息共享、监测打击制度化。积极推动广西南宁市、防城港市获批数字人民币试点，搭建工作协调机制，制定落地实施方案，压实试点工作责任，稳妥有序推进试点实施，力争打造面向东盟的"点面结合、自由贸易和边境贸易联动"的数字人民币应用先行示范区，探索可复制可推广的数字人民币跨境支付服务和监管经验。

（六）全力推进面向东盟金融开放门户建设，稳步加强绿色金融改革创新发展

首创人民币与越南盾银行挂牌汇率"轮值报价、抱团定价"新模式，被复制推广到多个省区。获批开展中马钦州产业园区金融创新试点，截至2022年末，试点地区共有14家银行的48家分支机构备案成为试点银行，金额累计213.09亿元。积极推动跨境人民币业务发展，截至2022年末，广西跨境人民币结算量2211.65亿元，首次突破2000亿元大关，连续两年创历史新高。以绿色金融"五大支柱"为着力点，创建自治区级绿色金融改革示范区，强化财政金融联动，实现绿色融资规模、绿色金融产品服务、绿色金融地方标准体系、环境信息披露"四大突破"，全力服务广西绿色低碳发展。

五、总体评估与政策建议

（一）广西金融稳定状况总体评估

2022年，广西经济主要指标保持增长，统筹疫情防控和经济发展取得成效。广西金融运行保持安全稳定，金融业支持经济稳定增长成效显著，精准支持实体经济关键领域和薄弱环节，上市公司质量提升，法人保险公司转型发展不断推进；防范化解重点金融风险扎实有力，金融"保交楼"政策有效落地，高风险机构持续压降；金融改革开放不断深化，人民币在广西本外币跨境收付保持第一货币地位，广西农信社改革方案获批，多项金融创新试点加快推进。

2023年，国内需求收缩、供给冲击、预期转弱"三重压力"仍然较大，广西经济持续复苏，但企稳向好基础尚不牢固。因此，广西金融发展仍存在诸多不确定因素，保持快速发展仍有难度，金

融投入向经济增长的转化需要加强，防控金融风险反弹仍有压力，个别领域信用风险集聚，需持续关注风险演进形势。

（二）化解金融风险、增强金融业稳健性的政策建议

1. 持续深化重点领域金融风险防范化解。防范地方中小银行风险反弹回潮。坚持“治已病”与“防未病”相结合，用好监测、预警、评级等手段，分类施策、分段管理。稳步推进房地产行业平稳恢复。做好区域房地产市场运行监测，落实好差别化住房信贷政策，积极探索服务保障性住房和长租房市场的新产品，推动房地产业向新发展模式过渡。积极支持地方政府融资平台资产负债表修复，优化债务期限结构，降低有息负债利率，缓释偿债压力。

2. 持续加强广西金融生态治理。强化金融市场、互联网金融、新兴金融业务等领域的风险研判预警，加强支付、征信、反洗钱、上市公司、消费者保护和投资者保护等领域的监督管理。持续打击涉众非法金融活动，压降涉赌涉诈账户数量，推动洗钱罪判决与上游犯罪洗钱风险匹配，更有效地维护金融运行安全。

3. 持续推动广西金融改革发展。聚焦金融服务实体经济，强化金融支持广西平陆运河建设等重点工作，创新推进绿色、普惠、科技、数字、跨境“五个金融”加快发展，强化金融助力服务广西巩固经济恢复态势。聚焦深化区域金融改革，深入推进中马钦州产业园区金融创新试点，支持贸易新产业、新业态、新模式规范创新发展，进一步加强绿色金融改革创新，加快金融开放门户、西部陆海新通道和广西自贸区改革步伐，不断推动广西金融高质量发展。

中国人民银行南宁中心支行金融稳定分析小组

组　　长：陈晋祥
副 组 长：郭　勇
成　　员：金融稳定处　　法律事务处（金融消费权益保护处）
　　　　　货币信贷管理处　调查统计处　支付结算处　货币金银处
　　　　　国库处　　金融研究处　征信管理处　国际收支处
　　　　　反洗钱处

《广西壮族自治区金融稳定报告（2023）》编写组

总　　纂：郭　勇
统　　稿：陈兵兵　刘婵婵
执　　笔：农　婧　罗婕妤　邹　雪　钟　媛
参与写作人员：黎学良　谢佰亮　农　宇　梁　严　雷　海　唐明知
　　　　　苏　姗　李瑶瑶　喻慧敏

海南省金融稳定报告摘要

2022年，面对复杂严峻的外部环境和本土多轮疫情等超预期因素带来的严峻考验，海南省认真落实党中央、国务院决策部署，全省上下坚持“一手打伞，一手干活”，高效统筹疫情防控和经济社会发展，超常规多措并举推动经济恢复提振，全力推进重点项目建设，经济大盘企稳向好，自贸港建设进展明显。海南省金融系统积极贯彻落实稳健的货币政策和助企纾困金融政策，深入推动自贸港金融创新开放，有序处置重点领域风险，金融稳定长效机制进一步健全，金融支持和服务自贸港建设的质效不断增强。但辖区经济金融发展仍面临较多挑战，需持续关注、稳妥应对。

一、区域经济运行与金融稳定

2022年，海南省科学统筹推进疫情防控和经济社会发展，顶压前行，主要经济指标实现“W”走势，经济社会发展呈现总体平稳、质量趋好、优势积累的良好局面。

（一）经济运行总体情况

1. 经济总体逐步企稳向好，累计增速实现由负转正。2022年，全省地区生产总值6818.22亿元，同比增长0.2%，比前三季度（-0.5%）提升0.7个百分点，累计增速实现由负转正；5年年均增长5.3%，高于全国增速0.1个百分点。分产业看，第一产业增加值1417.79亿元，同比增长3.1%，拉动全省GDP增长0.7个百分点，是稳定全省经济增长的“压舱石”；第二产业增加值1310.94亿元，同比下降1.3%；第三产业增加值4089.49亿元，同比下降0.2%，主要是接触式服务业承压，对经济起下拉作用。

2. 工业投资贡献突出，基础设施建设增长较快。2022年，全省固定资产投资较上年下降4.2%（见图1）。其中，工业投资较上年增长33.0%，拉动全省投资增长4.4个百分点，占固定资产投资比重较上年提高5.2个百分点；基础设施投资较上年增长13.0%，拉动全省投资增长3.3个百分点。非房投资项目到位资金充裕，非房投资项目本年到位资金较上年增长3.1%。

3. 消费市场销售短期承压下降，新型消费增势良好。2022年海南省内疫情多点散发、局部规模性反弹使得消费市场持续承压。全年全省社会消费品零售总额2268.35亿元，比上年下降9.2%。其中，商品零售额2007.31亿元，下降9.3%；餐饮收入261.04亿元，下降8.4%。网上零售稳步增长，新型消费潜能释放。全年全省实物商品网上零售额比上年增长23.0%，占社会消费品零售总额的19.6%，占比较上年提高5.2个百分点。

4. 园区重点指标增长较快，引擎作用进一步凸显。2022年，重点园区实现税收收入700.32亿元，占全省税收收入的比重为53.6%，为全省贡献一半以上税收。重点园区全年累计完成固定资产投资 1261.48 亿元，同比增长 6.6%，增速比全省投资高出 10.8 个百分点，拉动全省投资增长 2.0 个百分点，实现逆势增长；占全省投资总额的比重超三成，同比提高 3.5 个百分点。重点园区全年累计实现营业收入 18246.43 亿元，同比增长 31.6%。

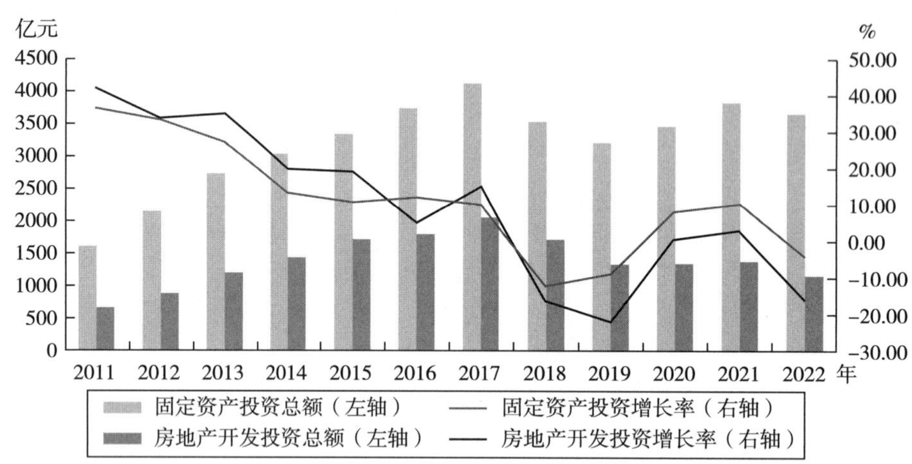

图 1　2011—2022 年海南省固定资产投资和房地产开发完成投资数据统计情况

5. 民生保障保持优良水平，居民消费价格温和上涨。2022 年，全省民生支出比上年增长 5.9%，占地方一般公共预算支出的 73%。全省居民人均可支配收入 30957 元，比上年增长 1.6%；农民收入增长快于城镇居民 6.0 个百分点。居民消费价格指数同比上涨 1.6%，涨幅低于全国平均水平 0.4 个百分点。工业生产者出厂价格比上年上涨 15.0%，工业生产者购进价格比上年上涨 19.8%（见图 2）。

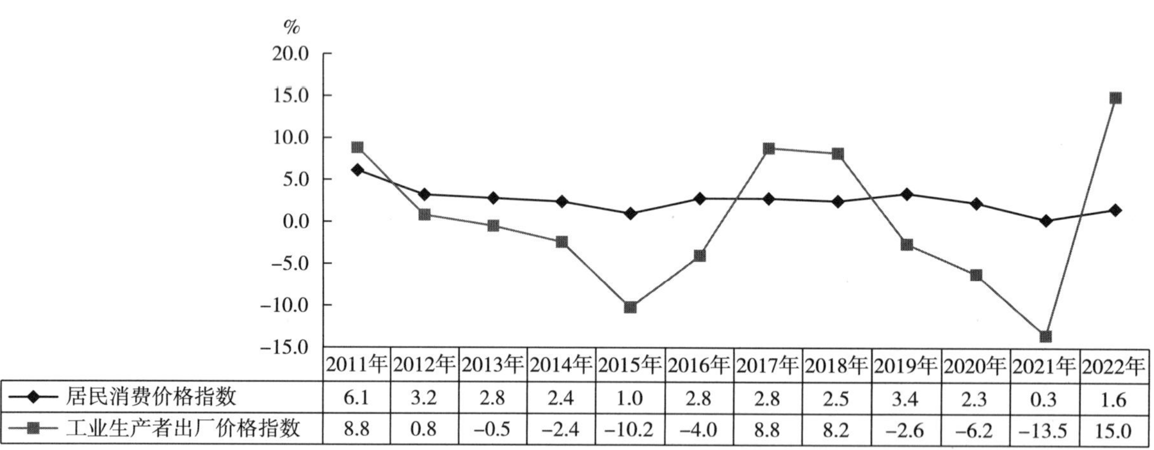

	2011年	2012年	2013年	2014年	2015年	2016年	2017年	2018年	2019年	2020年	2021年	2022年
居民消费价格指数	6.1	3.2	2.8	2.4	1.0	2.8	2.8	2.5	3.4	2.3	0.3	1.6
工业生产者出厂价格指数	8.8	0.8	−0.5	−2.4	−10.2	−4.0	8.8	8.2	−2.6	−6.2	−13.5	15.0

图 2　2011—2022 年海南省居民消费价格和生产者价格变动情况

6. 自贸港建设进展明显，对外贸易快速增长。封关运作准备工作全面启动，25 个封关运作项目全部开工建设。“零关税”和加工增值税自贸港政策效应持续释放，享惠企业快速成长。新增市场主体增长 96.8%，增速连续 34 个月保持全国第 1 位，一批国际知名企业机构落户。外向型特征持续显现，全年全省货物贸易进出口总额 2009.47 亿元，比上年增长 36.8%；服务贸易进出口总额 353.62 亿元，增长 22.9%。经济外向度达 34.7%，较上年提高 7.6 个百分点。

（二）经济运行中需要关注的问题

1. 经济恢复基础有待夯实。2022 年，全省 GDP、规模以上工业增加值、固定资产投资、社会消费品零售总额增速分别低于全国平均水平 2. 8 个、4 个、9. 3 个和 9 个百分点。经济下行压力大，推动经济高质量发展仍面临不少挑战，需求潜力释放制约因素仍较多，实体经济面临较多困难，企业特别是小微企业生产经营面临多重困难，实体领域风险向金融体系传导力度上升。

2. 房地产领域风险需密切关注。2022 年，海南省房屋销售整体量价齐跌，全省房屋销售面积 643. 99 万平方米，同比下降 27. 6%；房屋销售额 1098. 02 亿元，同比下降 29. 6%。房地产开发投资较上年下降 16. 0%。近年来，一些高负债大型房企出现债务违约，房地产金融风险有所暴露；部分前期粗放经营、债务压力较重的房企偿债压力较重；以房地产为抵押的贷款占比大，警惕房地产领域风险向金融体系传导。

3. 外贸产业基础不牢固。从货物流看，拉动出口最大动力为机电产品，同比增长 2 倍，对货物出口增长贡献率达到 40. 9%，但其中的计算机及其零部件、手机、集成电路等主要产品均非海南省直接生产。从资金流看，2022 年离岸转手买卖全年高速增长，但离岸转手买卖业务两头在外，对海南实体经济发展贡献较小。

二、金融业与金融稳定

2022 年，海南省金融业认真贯彻落实稳健的货币政策和助企纾困金融政策，金融服务实体经济质效不断提升，金融风险防范化解成效得到巩固。

（一）银行业与金融稳定

1. 银行业整体运行情况

（1）资产负债规模平稳增长，经营效益显著改善。截至 2022 年末，全省银行业金融机构资产总额 15799. 82 亿元，负债总额 15255. 82 亿元，同比分别增长 5. 13%、3. 97%。2022 年，全省银行业金融机构实现净利润 166. 30 亿元，扭转连续 4 年亏损的局面，经营效益大幅改善。

（2）存款规模稳步扩大，增速趋于放缓。截至 2022 年末，全省银行业金融机构各项存款余额 12321. 58 亿元，比上年末增加 982. 91 亿元，同比增长 8. 67%，增速较上年末下降 1. 28 个百分点（见图 3）。从存款结构看，住户存款和广义政府存款增长拉动效果明显。其中，住户存款余额 6246. 04 亿元，比上年末增加 704. 41 亿元，同比增长 12. 71%；广义政府存款 2127. 81 亿元，比上年末增加 171. 05 亿元，同比增长 8. 98%；企业存款 3643. 50 亿元，比上年末增加 51. 38 亿元，同比增长 1. 31%。

（3）信贷结构更趋优化，重点领域滴灌有效。截至 2022 年末，全省银行业金融机构各项贷款余额 11090. 30 亿元，比上年末增加 483. 24 亿元，同比增长 4. 56%，增速较上年末下降 1. 71 个百分点。信贷结构更趋优化，支持海南金融新发展格局成果显著。一是园区金融大幅增长，全省园区贷款余额 945 亿元，同比增长 26. 6%；二是普惠金融量增面扩，全省普惠小微贷款余额 976 亿元，同比增长 22. 6%，贷款户数 10. 61 万，同比增长 15. 7%；三是绿色金融稳步增长，全省绿色信贷余额 675 亿元，同比增长 30. 3%；四是科创金融蓬勃发展，全省科技中小型企业贷款余额 11 亿元，同比增长 18. 3%。

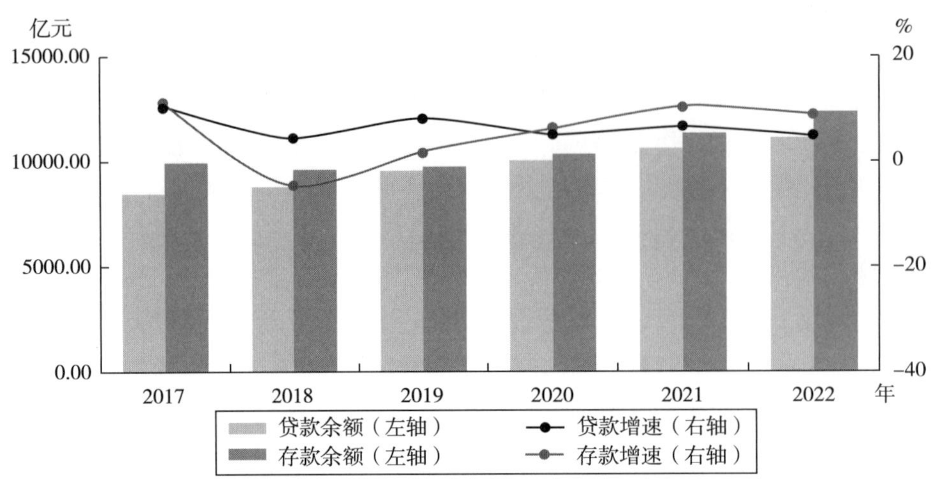

图 3　海南省银行业金融机构近 6 年存贷款变化情况

（数据来源：中国人民银行海口中心支行）

（4）企业融资成本稳中有降，金融让利实体经济成效显著。2022 年，全省银行业金融机构人民币一般贷款加权平均利率 4.80%，同比下降 0.66 个百分点。企业贷款加权平均利率 4.23%，同比下降 0.51 个百分点。2022 年，全省银行业金融机构积极落实"金融 23 条"，为受疫情影响的中小企业纾困解难，共办理延期还本付息贷款 103.7 亿元，涉及企业 1049 家；各支付服务主体累计减免支付手续费 1.35 亿元，惠及小微企业和个体工商户 57.75 万户，金融持续让利实体经济。

（5）房地产金融总体平稳发展，开发贷款增长较快。截至 2022 年末，全省房地产贷款余额 3737.86 亿元，比上年末增加 244.25 亿元，同比增长 6.99%，增速较上年末提高 0.71 个百分点。房地产贷款余额占各项贷款余额的比重为 33.70%，房地产金融发展态势相对平稳。从结构看，个人住房贷款余额 2097.79 亿元，同比增长 0.70%，占比为 56.12%；开发贷款余额 1220.16 亿元，同比增长 7.15%，占比为 32.64%（见图 4）。

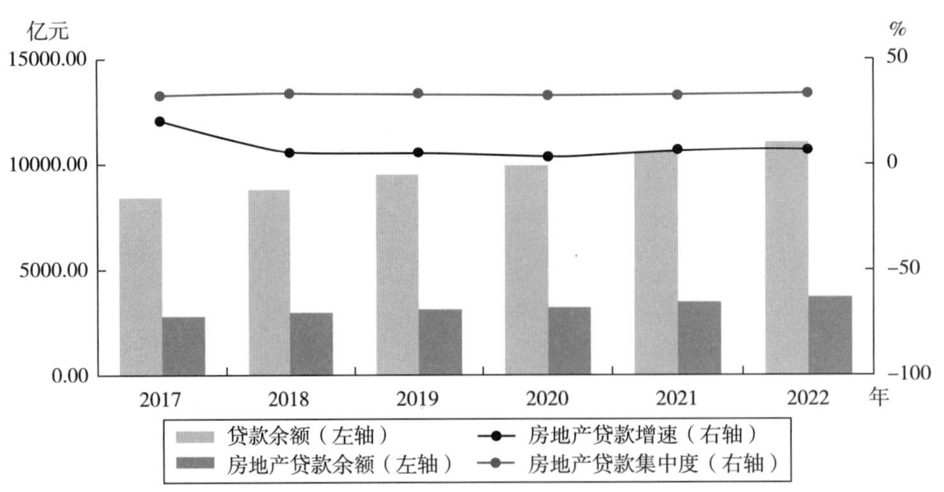

图 4　海南省银行业金融机构近 6 年房地产贷款变化情况

（数据来源：中国人民银行海口中心支行、海南银保监局）

（6）不良贷款同比“双降”，信用风险逐步收敛。2022 年，全省银行业金融机构不良贷款余额同比减少 516. 58 亿元，不良贷款率同比下降 5. 25 个百分点（见图 5）。银行业金融机构资产质量整体呈现上迁态势。从机构类型看，政策性银行（含开发性金融机构）、大型商业银行不良贷款压降幅度较大，主要是受海航破产重整后贷款核销、留债、转股、转信托等操作影响；个别机构不良贷款率仍然高企，信用风险需持续压降。

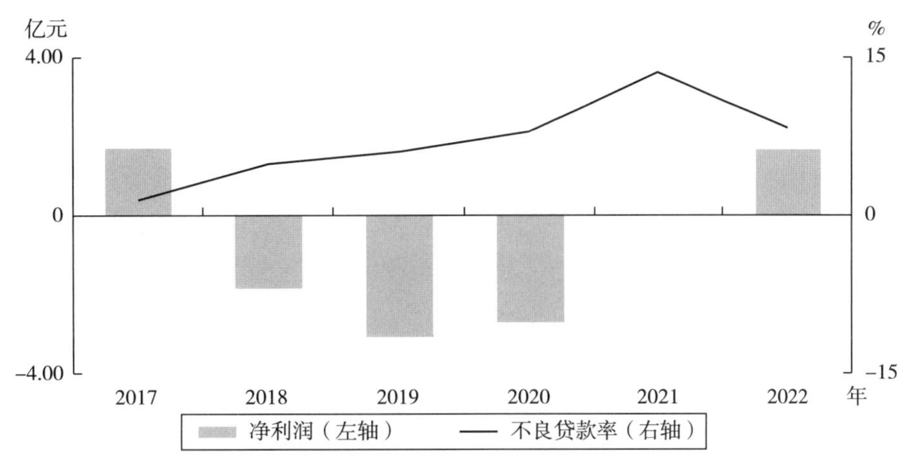

图 5　海南省银行业金融机构近 6 年净利润及不良贷款率变化情况

（数据来源：海南银保监局）

2. 银行业发展中需要关注的问题

（1）信贷稳增长压力较大，市场有效需求不足。一是海航集团破产重整拖累全省贷款增速。海航破产重整引发部分银行总行上收分行业务审批权限和压缩分行信贷规模。2023 年海航存量待处置资产规模仍较大，需持续关注其对未来信贷增长的影响。二是市场主体信贷需求恢复仍需时间。三年来疫情持续反复冲击下，企业以及个人信心仍显不足。部分银行反馈项目储备低于往年，仍存在信贷资产荒问题。短期内银行保持信贷平稳增长难度较大。

（2）信贷对房地产市场黏性较强，房地产信贷风险不容忽视。截至 2022 年末，海南房地产贷款余额占各项贷款余额比重为 33. 70%；以房地产为抵押品的贷款余额占比大，全省金融对房地产市场黏性较强。2022 年末，商业用房开发贷款、其他以房地产为抵押的贷款不良率较高，在 2022 年全省房屋销售面积、销售额大幅下降的形势下，要警惕潜在信贷风险。

（3）信用风险仍较为突出，法人银行风险化解面临多重困难。2022 年末，全省银行业金融机构不良贷款虽实现“双降”，但不良贷款率仍较高，且前期应对疫情开展的部分延期还本付息贷款可能劣变，风险化解包袱依然较重。从地方法人银行机构看，2022 年受疫情反复冲击、海航集团破产重整、恒大债务风险等多重因素影响，高风险机构年内呈现阶段性反弹，通过增资扩股、不良资产清收、核销等多种措施，年末主要经营指标明显改善，取得阶段性成效。但部分法人银行机构仍存在未完全暴露信用风险、资本补充难、存款下滑、公司治理不完善等问题，风险防控任重道远。

（二）证券期货业与金融稳定

1. 证券期货业整体运行情况

（1）行业组织体系进一步完善，证券期货机构经营总体亏损。截至 2022 年末，海南省共有 2 家法人证券公司、44家证券分公司、47家证券营业部和1家证券投资咨询机构，2家法人期货公司、11家期货分公司和10家期货营业部，3家公募基金管理公司分公司，新增1家法人公募基金管理公司（待开业）。2022年，海南证券市场交易额同比下降4.36%，期货机构代理交易额同比增长5.65%。法人证券公司营业收入同比下降61.78%，证券公司分支机构营业收入同比增长21.23%，法人证券公司、证券公司分支机构总体亏损。法人期货公司总资产（不含客户权益）同比增长33.63%，客户权益总额同比增长16.19%，营业收入同比下降32.79%，经营亏损；期货公司分支机构营业收入同比增长63.80%，总体亏损。

（2）资本市场直接融资功能增强，上市公司退市风险逐步出清。截至2022年末，海南省共有沪深证券交易所上市公司28家（主板24家、科创板1家、创业板3家），上市公司总股本829.55亿股、总市值3671.24亿元（见图6）；全国股转系统挂牌公司29家、总股本38.41亿股。全年全省12家企业通过资本市场直接融资169.98亿元，同比增长25.59%，其中股票融资124.21亿元，债券融资（含ABS）45.77亿元。5家退市公司均已完成退市程序，退市风险逐步出清，市场环境进一步净化，为全省上市公司良性发展奠定基础。

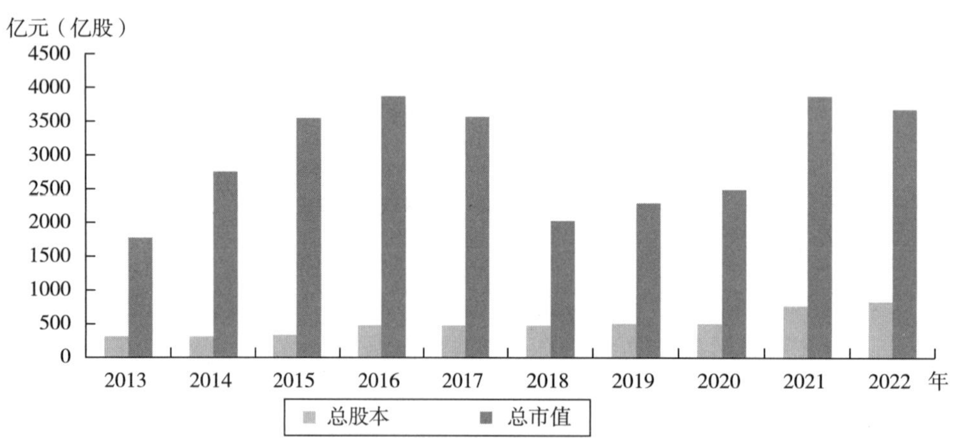

图6　2013—2022年海南上市公司总市值及总股本情况

（数据来源：海南证监局）

（3）法人公募基金公司“零”突破，私募基金规模持续快速增长。2022年，海南省首家法人公募基金汇百川基金管理有限公司获批落户海南（待开业），为海南自贸港建设注入新动力，海南金融业态进一步丰富。截至2022年末，全省私募基金管理人家数同比增长105.23%，管理基金数量同比增长157.18%，管理基金规模（净资产）同比增长39.05%。

2. 证券期货业发展中需关注的问题

（1）上市公司整体质量有待提升，后备上市企业资源匮乏。一是上市公司规模整体偏小、总市值低，发展有待提速。上市公司数量和发展态势与全省金融业“十四五”时期发展规划确定的50家上市公司目标存在较大差距。二是盈利能力不强。根据2022年度业绩预告，近一半上市公司预计净利润为负。三是部分上市公司存在经营风险或大股东高比例质押风险。截至2022年末，全省共有风险类上市公司7家，占全省上市公司总数的25%。四是企业上市进展缓慢。没有IPO在审企业，辅导备案企业2家，企业上市后备资源库中基本符合上市条件的仅6家，部分企业还未启动股改、辅导等前期工作。

（2）私募基金多种问题交织，风险需高度关注。当前省内新设和迁入私募基金数量迅速增长，但存在未登记备案私募基金存量大、违规展业、“带病”迁入、注册地和主要经营地分离情况突出等问题。

（三）保险业与金融稳定

1. 保险业运行情况

（1）保险市场组织体系总体稳定，资产规模稳步扩大。截至2022年末，海南省有2家地方法人保险公司，30家省级分公司。保险公司中介机构240家，同比下降37.82%。保险从业人员5899名，同比下降5.31%。保险业营销人员2.02万名，同比下降29.23%。保险公司资产总额4376亿元（含2家法人机构总公司本级数），同比增长9.37%。

（2）保费收入增速放缓，赔付支出持续增长。2022年，海南省保险公司实现原保险保费收入200.90亿元，同比增长1.31%，其中财产险公司、人身险公司分别实现保费收入89.60亿元、111.30亿元，同比分别增长0.80%、1.73%。保险公司赔付支出81.92亿元，同比增长9.80%，保险保障作用持续发挥，其中财产险公司、人身险公司赔付支出分别为57.12亿元、24.80亿元，同比分别增长3.79%和24.17%。退保金18.84亿元，同比下降9.24%；综合退保率3.20%，同比下降0.73个百分点，退保风险总体可控。

（3）信保业务规模小，保证保险综合成本率上升。2022年末，海南省财产险公司信用保险、保证保险原保险保费收入合计2.79亿元，同比下降42.94%，其中信用保险原保险保费收入同比下降93.46%。赔付支出合计5.02亿元，同比增长23.03%。受疫情反复影响，保证保险综合成本率上升明显达到126.85%，同比提高33.93个百分点；综合赔付率106.80%，同比提高37.64个百分点。

（4）农业保险稳步推进，保障能力持续增强。2022年，海南省持续推进农险领域提标扩面增品，农险助力乡村振兴作用不断凸显。一是持续推进橡胶保险工作，为提升海南天然橡胶的战略保障能力提供有力支撑。二是推动蔬菜保险不断完善，蔬菜收入保险在海口、三亚落地试点。三是引导发展制种保险，支持种业发展。四是推动产品创新，猪饲料“保险+期货”、鸡蛋价格保险等新险种落地开展。2022年，海南农业保险实现保费收入17.09亿元，同比增长17.21%；赔款支出15.86亿元，同比增长23.44%；提供风险保障246.45亿元。

2. 值得关注的问题

（1）财产险公司业务转型承压，利润下滑明显。2022年，海南省财产险公司实现保费收入89.60亿元，同比增长0.80%。其中，车险保费收入45.10亿元，同比增长4.37%，占财产险保费收入比重50.33%，较上年提高1.72个百分点。全年实现净利润1.86亿元，同比下降58.81%。

（2）个别法人保险公司整体实力较弱，业务发展萎缩。一是受互联网保险新规影响，海南省个别法人保险公司线上业务受到约束，部分产品只能通过线下渠道销售，业务规模萎缩，保费收入下滑。二是受制于品牌实力弱、产品同质化严重等影响，个别法人保险公司市场竞争力较弱，转型压力较大。

（3）保险市场秩序需进一步规范。当前海南省保险市场仍存在销售误导、给予合同外利益、虚列费用、违规异地承保、理赔、承保工作不规范等问题。同时，代理退保投诉“黑色产业链”不断变种，目前尚未根除。

三、社会金融活动与金融稳定

2022年，海南省小额贷款公司、融资担保公司、典当行等具有融资功能的非金融机构在服务中小微企业和“三农”等方面继续发挥拾遗补阙作用，但是行业整体发展能力较弱，存在风险隐患仍需关注。

（一）发展现状

1. 小额贷款公司贷款增速下降，不良贷款率处于高位。2022 年末，全省 79 家小额贷款公司资产总额 117.74 亿元，同比下降 7.98%；负债总额 28.04 亿元，同比下降 29.59%。贷款余额 91.93 亿元，同比下降 11.68%，其中涉农及小微企业贷款余额 42.64 亿元，同比增长 0.23%，占全部贷款的 46.39%。不良贷款余额 8.8 亿元，不良贷款率 9.57%。全年业务收入 7.97 亿元，净利润 1.72 亿元。

2. 融资担保公司资产规模快速增长，融资担保倍数仍处于较低水平。2022 年末，海南省共有 59 家法人融资担保公司、6 家分支机构。全省融资担保公司资产总额 81.75 亿元，同比增长 35.53%；负债总额 15.99 亿元，同比增长 81.58%。净利润 0.5 亿元，同比增长 6.85 倍。担保金额合计 99.64 亿元，其中融资担保、非融资性担保金额分别为 87.09 亿元、12.55 亿元。融资性担保主要支持中小微企业、农户以及新型农业经营主体，其融资担保金额合计 61.66 亿元，占比超七成。直接融资担保代偿金额 4.22 亿元；融资担保在保余额放大倍数为 1.36 倍，同比增长 22.53%，仍持续在较低水平。

3. 典当行资产规模扭转下降趋势，典当逾期率攀升。2022 年末，海南省共有 160 家法人典当行、5 家分支机构。全省典当行资产总额 18.78 亿元，同比增长 9%；负债总额 0.73 亿元，同比下降 17%。净利润 1281 万元，较上年减少 458 万元。2022 年累计发放典当金额 17.82 亿元，同比增长 0.51%，其中累计发放动产典当、房地产典当金额分别为 7.55 亿元和 8.76 亿元，分别占典当总额的 42.36% 和 49.16%。典当余额 9.87 亿元，同比增长 7.05%。逾期当金 1.11 亿元，逾期率 11.25%，较上年提高 5.47 个百分点；绝当金额 342.59 万元，绝当率 0.35%。

（二）需要关注的问题

1. 机构“小散弱”特征突出。一是企业数量及注册资本少。2022 年末，海南省已备案的小额贷款公司、典当行数量均位于全国末端；实缴资本 5 亿元以上的小额贷款公司仅 2 家，单家公司平均注册资本不足亿元。二是业务体量小。单家小额贷款公司平均贷款余额 1.16 亿元，低于全国平均水平。三是经营管理能力弱。超过半数的小额贷款公司不良贷款率高于 10%，约 20% 的小额贷款公司和 30% 的典当行处于非正常经营状态，小额贷款公司、典当行亏损面约 20%。2022 年，海南省地方金融监管局联合多部门开展地方金融组织清理整顿专项行动，当年公示取消 5 家小额贷款公司试点资格和公告取消 14 家典当企业经营许可资质。

2. 经营管理粗放。部分小额贷款公司规范经营意识弱，存在偏离主业、重放轻管等问题，不良贷款率居高不下；存在未充分履行披露和告知义务、不规范催收等问题。部分融资担保公司治理体系不健全，仍采用行政化手段进行管理，且自身缺乏专业性人才，存在“不会担、不敢担、不愿担”现象。部分典当行存在超范围融资、超比例放贷、违规处置绝当物、当金利率违规等问题。

四、金融支持海南自贸港建设

2022 年，海南省聚焦全岛封关运作，不断建设完善自贸港金融政策体系，加快重点领域和关键环节改革，优化金融基础设施建设，扎实有序推动一系列创新政策落地。

（一）跨境贸易和投融资自由便利化水平不断提高

一是跨境贸易结算便利化水平不断提升。贸易外汇收支便利化试点银行、企业数分别增加至7家、47家，2022年累计办理试点业务1889笔、涉及5.05亿美元。新型离岸国际贸易收支合计181.91亿美元，同比增长143%。二是多项跨境投融资便利化政策落地。放宽外商投资企业外汇资本金使用范围、取消非金融企业外债逐笔登记、扩大可跨境转出的信贷资产范围和参与机构范围等政策落地实施。截至2022年末，海南自贸港内外债一次性登记金额97.54亿美元，境内信贷资产对外转让业务金额7.61亿美元，非投资性外商投资企业资本划入211.80亿元人民币。三是QFLP和QDLP试点不断深化。84只QFLP股权投资基金累计跨境流入12.75亿美元；10家QDLP基金管理企业登记金额18.20亿美元，跨境流出1.64亿美元。四是探索开展新业务试点。探索开展跨境资产管理业务试点，支持境外投资者投资海南自贸港内金融机构发行的资产管理产品。五是在洋浦经济开放区加快落地跨境贸易投资高水平开放试点业务。截至2022年末，洋浦经济开发区已落地取消结汇待支付账户、跨国公司本外币一体化资金池等9项高水平开放试点政策，累计发生业务124.07亿美元。

（二）金融基础设施功能不断强化

一是自由贸易账户（FT账户）功能进一步彰显。2022年，FT账户收支折合人民币2561.97亿元，同比增长64%。截至2022年末，设立全功能型跨境资金池26个，全年流入资金超过600亿元。二是本外币合一银行结算账户体系试点正式启动。提升开户便利度，提供多币种结算，有效降低涉外市场主体和结算银行运营成本。三是数字人民币试点成效显著。支持数字人民币商户超23万个，覆盖免税购物、旅游景点、重点高校等多个具有自贸港特色的应用场景，线下消费额在15个试点省市中连续4个月排名第1位。

（三）资金流动风险防控持续优化

一是持续开展资金流信息监测系统建设，已实现多维查询、宏观分析、监测预警和大屏展示四大功能的基础数据库和基础监测功能，为海南自贸港资金流动风险防控奠定了数据和分析框架基础。二是完善“宏观审慎+微观监管”风险防控体系，实现对跨境融资资金的全口径监测管理，有效防范跨境资金流动风险。三是开展自贸港洗钱风险评估工作。人民银行海口中支会同省高级人民法院等15个部门建立常态化风险评估工作机制，联合召开海南省区域洗钱和恐怖融资风险评估研讨会，及时化解洗钱以及恐怖融资风险。

五、总体评估和政策建议

（一）总体评估

2022年，面对国内外复杂严峻的环境和疫情反复冲击，海南省坚持以习近平新时代中国特色社会主义思想为指导，认真落实“疫情要防住、经济要稳住、发展要安全”的要求，积极防范重大风险，有序处置重点领域风险，金融体系加大对实体经济的支持力度，金融业综合实力不断增强，金融发展实现稳中向好、稳中有进。全年金融业增加值438.71亿元，同比增长3.0%，拉动GDP增长0.2个百分点。总体来看，全省金融风险进一步收敛，整体风险可控。但是全省经济恢复基础尚不牢固，经济金融体系中仍存在一些影响金融稳定的风险隐患，金融领域稳增长、调结构、防风险压力依然较大，金融稳定发展仍将面临诸多新的困难和挑战。

2023年，海南省金融业将全面贯彻落实党的二十大和中央经济工作会议精神，紧紧围绕海南自贸港建设目标，加大对实体经济的有效支持，推动海南经济重回高质量发展快车道，持续深化金融改革开放，拓展深化海南金融新发展格局，推进中小银行补充资本和改革化险，有效防范化解重大金融风险，推动金融实现高水平开放和高质量发展。

（二）政策建议

1. 优化金融资源配置，助力实体经济稳固复苏。一是认真贯彻落实稳健的货币政策，引导银行业金融机构紧扣“三区一中心”战略定位、“3+1”产业体系构建，积极对接省重点项目投资，优化信贷资源配置，以信贷结构优化带动总量合理均衡增长。二是深化金融供给侧结构性改革，大力发展园区金融、普惠金融、跨境金融、绿色金融、科创金融等金融新发展格局，持续创新金融服务工具和方式，大力支持稳就业、增收入、保稳定，将更多金融资源配置到重点领域和薄弱环节。

2. 持续防范化解金融风险，保障海南自贸港高起点封关。一是严格落实防范化解系统性金融风险“四早”要求，加强对辖区金融风险的监测分析、动态研判，有效识别、预警、防范辖区“灰犀牛”“黑天鹅”风险事件。二是统筹监管资源，强化政策协同和工作联动，坚持“防未病”和“治已病”并举，合力推动全省金融风险有效化解。三是继续加大中小银行风险化解力度，巩固前期风险化解成果，推进农信社改革化险，提升中小银行合规经营和抗风险水平。四是关注大型民营企业经营风险，继续做好海航集团破产重整后续风险化解工作；积极应对房地产行业转型风险，监测评估头部房企风险，推动房地产项目风险化解处置，配合地方政府做好“保交楼”相关工作。

3. 推动证券和保险行业提质，促进辖区金融业健康发展。一是持续开展退市风险排查以及债券违约风险动态监测，抓早抓小，建立健全上市公司退市风险协调处置机制。二是健全多层次资本市场，抓好全面实行股票发行注册制改革的落实工作，提高直接融资比重，依托企业上市（挂牌）工作联席会议机制，推动落实新一轮提高上市公司质量三年行动计划。三是强化央地协作，严把私募基金入口关，全链条开展私募基金监测管理，全力出清“伪私募”“乱私募”。四是持续开展保险市场秩序乱象整治，整治非法“代理退保”“黑产”乱象，加强对虚列费用等违法违规行为查处力度，规范承保和理赔管理，遏制核保“空心化”问题。五是推动保险公司尤其是地方法人保险公司积极探索业务发展新模式，拓宽保险服务领域，扩大保险覆盖面，推动保险公司发展转型。

中国人民银行海口中心支行金融稳定分析小组

组　　长：方　昕

副 组 长：黄　革

成　　员：邱彦华　丁　攀　蓝文兴　陈太玉

《海南省金融稳定报告（2023）》编写组

总　　　　纂：方　昕　黄　革
统　　　　稿：邱彦华　陈太玉
执　　　　笔：侯腊一　段金宝　林平玉　何　山　陈艳颜
参与写作人员：丁　攀　蓝文兴　陈国权　符瑞武　黄　创　祝春盛
　　　　　　　邢福炯　杨　龙　马佳慧　林　萍

重庆市金融稳定报告摘要

2022年，面对需求收缩、供给冲击、预期转弱“三重压力”以及严峻的新冠肺炎疫情，重庆市坚持以习近平新时代中国特色社会主义思想为指导，深入学习贯彻党的二十大精神和中央经济工作会议精神，坚持稳中求进工作基调，统筹疫情防控和经济社会发展，统筹发展和安全，区域经济大盘总体稳定，金融业保持稳健运行，金融基础设施建设进一步完善，绿色金融改革创新取得重大突破，成渝双城经济圈一体化发展持续推进。

一、区域经济运行与金融稳定

（一）经济运行情况

1. 地区生产总值增速放缓，产业结构基本稳定。2022年，重庆实现地区生产总值29129亿元，同比增长2.6%，较全国低0.4个百分点，较上年同期下降5.7个百分点，增速排名全国第16位、直辖市第1位（见图1）。分三次产业看，第一产业增加值同比增长4.0%，对经济增长贡献率为11.1%；第二产业增加值同比增长3.3%，贡献率49.7%；第三产业增加值同比增长1.9%，贡献率39.2%。三次产业占比分别为6.9%、40.1%和53.0%，与上年结构保持基本稳定。以人民币计价的进出口总额同比增长2%，固定资产投资同比增长0.7%，社会消费品零售总额同比下滑0.3%。

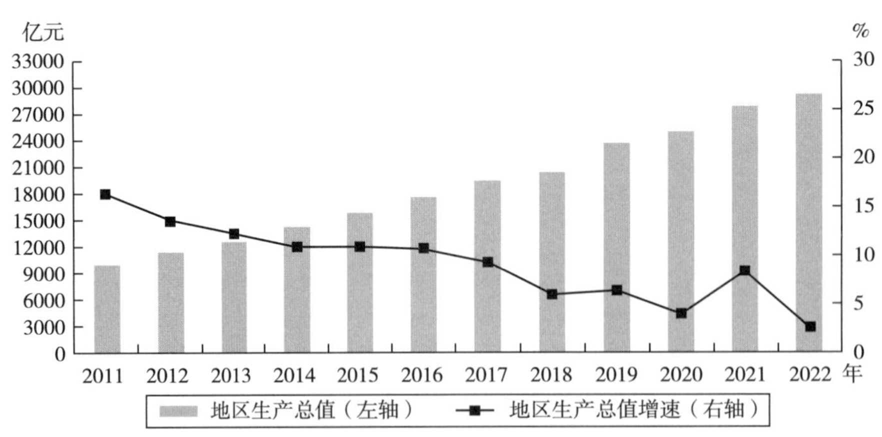

图1 2011—2022年重庆市经济增长情况

（数据来源：重庆市统计局）

2. 工业生产持续发展，战略性新兴产业助力全市经济增长。全年全市规模以上工业增加值比上年增长3.2%。分三大门类看，采矿业增加值增长3.5%，制造业增长2.3%，电力、热力、燃气及水生产和供应业增长 12.4%。从主要支柱产业看，汽摩产业增加值增长 7.1%，快于规模以上工业增加值增速 3.9 个百分点。其中，汽车产业增长 10.2%；材料和消费品产业分别增长 3.9% 和 2.1%；电子产业和装备产业分别下降 3.0% 和 0.3%。全年工业战略性新兴产业增加值比上年增长 6.2%，增速快于全市规模以上工业 3.0 个百分点，占规模以上工业增加值的比重为 31.1%。高新技术产品产量增长较好，新能源汽车、光伏电池、工业机器人、液晶显示模组、服务机器人分别增长 140%、40.1%、31.8%、21.4% 和 19.5%。

3. 住户收入保持增长，企业利润、政府收入明显下滑。从住户部门看，2022 年重庆市常住居民人均可支配收入 35666 元，同比增长 5.5%。其中，城镇常住居民人均可支配收入 45509 元，同比增长 4.6%；农村常住居民人均可支配收入 19313 元，同比增长 6.7%。城乡居民收入比为 2.36，比上年缩小 0.04。从企业部门看，2022 年重庆市规模以上工业企业营业收入同比增长 3.7%，利润总额同比下滑 9.1%。从政府部门看，受企业纳税能力减弱、减税降费等影响，一般公共预算收入完成 2103.4 亿元，同比下降 8%，扣除留抵退税因素后下降 2.5%。

4. 对外贸易持续增长，民营企业贡献突出。2022 年，重庆市进出口总值 8158.4 亿元，同比增长 2%，其中出口 5245.3 亿元，同比增长 1.5%；进口 2913.1 亿元，同比增长 2.9%。分所有制看，民营企业贡献率最高。民营企业进出口值 3741.1 亿元，同比增长 7.1%，占比 45.9%，增长贡献率达 156%；外商投资企业进出口值 3823 亿元，与上年基本持平，占比 46.9%。从贸易类型看，一般贸易仍为外贸增长的主要动力。一般贸易进出口值同比增长 9%，占比 35.9%，同比提升 2.3 个百分点；加工贸易进出口值同比下降 2.5%。从产业结构看，电子信息为重庆外贸支柱产业。电子信息产业进出口值占比 60.7%，笔记本电脑出口量值在全国均保持首位。汽车制造业进出口值占比 3.9%。

5. 固定资产投资平稳运行，重大基础项目支撑有力。全年全市固定资产投资比上年增长 0.7%。分领域看，基础设施投资增长 9.0%，工业投资增长 10.4%，房地产开发投资下降 20.4%。2022 年，全市在建 10 亿元以上基础设施项目 354 个，较上年增加 34 个；合计完成投资增长 19.5%，快于全市基础设施投资增速 10.5 个百分点，占全市基础设施投资比重的 52.6%。其中，全市水利投资增长 28.7%，城建投资增长 11.1%，铁路投资增长 49.0%，民航投资增长 34.4%。

6. 居民消费价格温和上涨，工业生产者价格涨幅收窄。2022 年，重庆市居民消费价格同比上涨 2.1%。分类别看，食品烟酒、生活用品及服务、交通和通信、教育文化和娱乐、其他用品和服务类价格分别上涨 3.9%、1.4%、5.5%、1.6% 和 0.6%；居住、医疗保健价格分别下降 0.1%、0.3%；衣着价格与上年持平。工业生产者出厂价格同比上涨 2.3%，购进价格上涨 4.4%，涨幅分别较上年回落 0.9 个、2.8 个百分点（见图 2）。

（二）需要关注的问题

1. 房地产市场量价齐跌，总体呈低迷态势。受新冠肺炎疫情冲击、经济下行等方面影响，2022 年房地产市场总体疲软，呈现量价齐跌态势，房地产投资也表现低迷。全年全市商品房销售面积和销售额同比分别下滑 28.4% 和 42.5%，根据 70 个大中城市商品住宅销售价格统计，2022 年 12 月重庆市新建商品住宅价格与上年持平，二手住宅销售价格下跌 2.1%。全年房地产开发投资同比下滑 20.4%，成为全市投资增长的主要拖累项。

2. 国际市场不确定性增多，对外贸易挑战加剧。一是全球经济增长放缓，贸易不确定性增加。

国际货币基金组织预计2023年占全球经济1/3左右的国家将发生经济萎缩，国际市场需求趋弱。二是与东南亚等国家竞争加剧，订单获取难度增大。自新冠肺炎疫情以来，跨国企业加速供应链多元化布局，不少代工企业加大对越南等东南亚国家投资，东南亚地区不少企业趁机“抢单”。三是“宅经济”效应进一步趋弱，全年计算机需求放缓。2022年全球个人电脑出货量同比下降16%。据初步调查，重庆六大笔电代工厂预计2023年产值将会下跌。

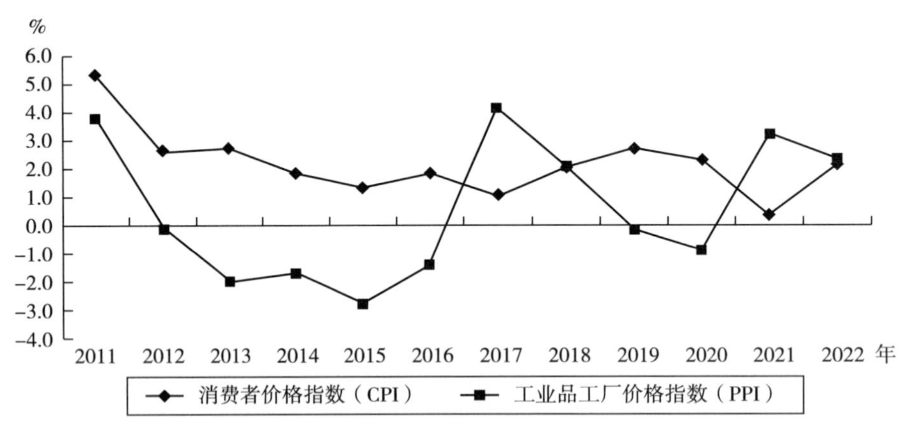

图2 2011—2022年重庆市物价变动情况

（数据来源：重庆市统计局）

3. 城镇失业率较高，稳就业压力较大。2022年，受疫情冲击企业经营下滑影响，全市稳就业压力较大。2022年，重庆市城镇调查失业率平均值达5.4%，城镇新增就业人员70.7万人，同比下滑5.9%。2022年第四季度对284家样本企业调查显示，企业用工总人数29.8万人，同比下降4.8%。其中，工业、建筑业、服务业分别下滑4.9%、0.7%和9.7%；小型企业略增长1.9%，大型、中型企业分别下降4.0%和9.7%。2022年12月全国16~24岁就业人员调查失业率高达16.7%，2023年全国高校毕业生人数将再增加100万人，重点人群就业压力仍然较大。

二、金融业与金融稳定

（一）银行业稳健性

1. 资产与负债规模稳步增长，增速有所回落。2022年末，重庆市银行业总资产70023.74亿元，同比增长6.08%，增速较上年同期下滑5.67个百分点；总负债66693.69亿元，同比增长6.15%，增速较上年同期下滑5.2个百分点。本外币各项贷款余额50051.89亿元，较年初增加3124.28亿元，同比增长6.66%，其中企（事）业单位贷款余额30737.5亿元，较年初增加3246.4亿元，同比多增898.4亿元。全市本外币各项存款余额49567.20亿元，同比增长7.97%，较年初增加3729.2亿元，同比多增675.4亿元，其中住户存款起主导作用，全年住户存款新增3223.6亿元，同比多增1197.5亿元。

2. 信贷结构持续优化，企业融资成本持续降低。全市信贷资源向重点领域倾斜力度加大，2022年末全市制造业中长期贷款余额增长21.1%，其中，高技术制造业中长期贷款余额增长26.2%，科技型企业融资增长11.5%；普惠小微贷款、涉农贷款余额同比分别增长17.2%、11%；企业中长期贷款全年增量占全部企业贷款增量的比重达 56%。2022 年，全市新发企业贷款加权平均利率 4.22%，同比下降 0.36 个百分点，12 月全市新发企业贷款利率为 4.03%，同比下降 0.43 个百分点，其中，小微企业全年新发贷款加权平均利率 4.57%，同比下降 16 个百分点，均处于历史低位，全年通过降低利率等措施为实体经济让利超过 120 亿元。

3. 银行业利润整体增长放缓，不同类型机构分化明显。全市银行业实现税后净利润 553.28 亿元，同比增加 25.99 亿元，同比增长 4.93%，增速较上年同期下降 15.43 个百分点（见图 3）。分类型看，大型商业银行较上年同期增加 3.93 亿元，中型商业银行较上年同期减少 39.73 亿元，政策性银行较上年同期增加 12.7 亿元，城市商业银行和农商行较上年同期增加 13.05 亿元，非银行金融机构较同期增加 36.49 亿元。

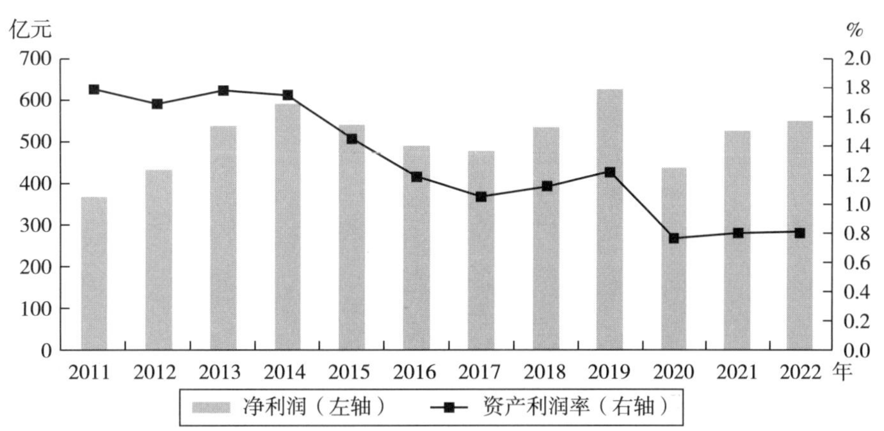

图 3　2011—2022 年重庆银行业盈利水平情况

（数据来源：重庆银保监局）

4. 法人银行整体资本充足情况较好，风险抵补能力较强。2022 年末，法人银行整体资本充足率 14.13%，整体资本充足情况较好。核心一级资本净额在资本净额中所占比例较高，92.68% 的法人银行核心一级资本在资本净额中的占比超过 90%。总体拨备覆盖率 254.40%，总体贷款拨备率 3.55%，缓释风险能力总体较强。

（二）证券业稳健性

1. 证券机构及投资者数量下降，期货机构及投资者数量上升。截至 2022 年末，重庆辖区证券经营机构 254 家，比年初减少 4 家；期货经营机构 39 家，比年初增加 1 家；公募基金管理公司 1 家，证券投资咨询公司 3 家，均与年初持平；私募基金管理人 181 家，比年初减少 11 家。上市公司 70 家，比年初增加 7 家；辖内证券投资者股票账户数 1113.4 万户，比年初下降 5.39%，期货投资者账户数 32.13 万户，比年初增长 13.82%。

2. 市场交易活跃度保持稳定，期货交易保证金大幅增长。2022 年，重庆辖区交易所市场证券交易额小幅增长，2022 年末证券客户资产 8356.87 亿元，同比下降 6.02%；期货交易保证金 370.85 亿元，同比增长 34.39%。全年累计证券交易金额 142971.05 亿元，同比增长 0.61%；代理期货交易金额 187442.85 亿元，同比增长 0.13%。

3. 股权市场融资规模稳步增长，IPO 融资规模同比下降。截至 2022 年末，沪深北股票市场与全国股转系统挂牌公司融资规模分别为 173.25 亿元和 3.94 亿元，同比分别增长 1.24% 和 72.05%。新上市企业 6 家，其中上交所主板 1 家、上交所科创板 1 家、深交所创业板 2 家、北交所 2 家，IPO 融资合计 41. 56 亿元，同比下降 31. 94%。

4. 债券融资规模小幅增长，ABS 规模增长较大。2022 年，辖区企业发行债券（含 ABS）融资 1676. 39 亿元，同比增长 1. 72%。其中，发行公司债券 787. 87 亿元，同比下降 35. 53%（绿色债、乡村振兴债、科创债、“一带一路”债等专项债券共 13 只，发行金额合计 80. 98 亿元）；发行 ABS 694. 70 亿元，同比增长 68. 52%；发行可转债、可交换债共 193. 82 亿元，较上年同期增长 13 倍。成功发行西部首单铁建渝遂高速公募 REITs，融资规模 47. 93 亿元。

（三）保险业稳健性

1. 行业规模稳步增长，保费收入企稳回升。截至 2022 年末，辖内保险机构总资产 2608. 4 亿元，同比增长 8. 6%，保险业积累各种保险责任准备金 3497. 2 亿元，同比增长 11. 9%，较年初新增 372. 9 亿元。全年实现保费收入 986. 2 亿元，同比增长 1. 7%。

2. 赔付保持较高增速，短期险承保利润略微下降。受重庆医保系统改革带来的延后清算影响，重庆市保险业赔付支出增长较快。截至 2022 年末，保险业赔付支出 346. 4 亿元，同比增长 13. 3%，增速高于全国水平 13. 2 个百分点。其中，财产险公司赔付支出 201. 0 亿元，同比增长 9. 19%；人身险公司赔付支出 145. 4 亿元，同比增长 19. 6%。2022 年，重庆市保险业短期险承保利润 17. 5 亿元，同比下降 2. 9%。

3. 丰富保险产品种类，助力企业抗疫情稳就业。保险机构推出面向外卖骑手、快递从业人员、货物运输以及相关人员的保险产品，推出包含新冠责任的保险产品解除复商复市后顾之忧。辖内保险机构通过缓缴保费、延长保险期限、降低保险费率等方式支持困难企业。截至 2022 年末，全市保险业为超 1000 家受疫情影响的建筑施工企业、交通运输企业免费延长保险保障期限。

4. 发挥风险管理作用，民生领域保障加强。一是强化普惠医疗保障。截至 2022 年末，城市定制普惠型商业补充医疗保险“渝快保”累计赔付超 54. 99 万人次、6. 79 亿元，简单赔付率 107. 49%。二是实施车险综合治理。加强警保联动，车险“快处易赔”机制将扩面推广至全市所有区县，更加便利群众获取保险理赔服务。

（四）需要关注的问题

1. 银行业信用风险持续承压。2022 年，重庆市银行业不良贷款余额较年初增长 42. 7%，不良贷款率增加 0. 36 个百分点，信用风险压力较大。

2. 债券市场兑付压力较大。一方面，民营企业经营业绩下滑，普遍面临较大偿债压力，尤其是个别房企偿债压力大，主要依靠展期缓释风险，存在较大不确定性；另一方面，重点企业风险化解形势依旧复杂，大量关注类贷款或加速向不良劣化。

3. 房地产金融风险持续暴露。受疫情冲击、经济下行等影响，房地产市场持续疲软，销售、投资以及新开工等数据降幅持续扩大。涉房资产劣变趋势明显，出险房企风险化解处置困难。

4. 银行经营压力持续增加。金融机构间同质化竞争加剧，经营压力增大，盈利能力受到影响。个别村镇银行仍存在不同程度净资本不足、资产质量劣变压力大、展业能力不足等问题，深入推进风险处置、恢复稳健经营面临较多困难。

5. 非银金融机构持续发展能力不足。辖区法人保险公司市场竞争力不强，信息技术水平较低，综合成本率高，持续发展能力不足。个别信托公司股权结构复杂，公司治理不完善，关联方未进行穿透管理，风险控制滞后于业务发展，面临出险资产处置难、资产质量持续下迁等风险。个别期货机构资管产品偏离主业优势，大量发行定开式固收类产品，投资城投类资产，行业转型发展基础不牢。

6. 非法金融活动处置难。存量非法集资风险化解难度大，增量非法金融活动出现增长势头，个别财富管理公司、律所或咨询公司开展违法金融活动，通过抖音、今日头条、公众号等自媒体营销推广，扰乱行业正常秩序。

三、金融基础设施与金融稳定

（一）绿色金融及成渝双城经济圈建设

1. 绿色金融改革创新动力增强。2022 年，重庆获批绿色金融改革创新试验区，成为全国首个全域开展国家级绿色金融改革创新试验区的省级经济体。绿色金融改革创新成效显著，一是全市绿色贷款余额超 5200 亿元，同比增长 36%。二是全辖 77 家金融机构（较 2021 年增加 6 家）通过“长江绿融通”或其官网开展环境信息披露。三是推动碳减排支持工具、支持煤炭清洁高效利用再贷款和“绿易贷”“绿票通”落地见效，截至 2022 年末，4 项工具累计投放 68.9 亿元。四是创新绿色金融产品和服务，推出“碳排放权质押融资”“排污权质押融资”等 270 余款绿色信贷产品、特色绿色保险产品逾 50 款等。

2. 成渝双城经济圈建设稳步推进。同城一体化融合发展持续推进，成渝两地一次性外债登记试点总额突破 200 亿美元，川渝跨省异地缴税模式在全国推广，云端联播话消保系列直播观看量近 1200 万人次，Ⅱ、Ⅲ类个人银行账户开户验证互联互通成功率达 100%。持续完善“川渝金融信用信息综合服务专区”，畅通企业信用信息异地共享和线上融资对接渠道。印发金融支持高竹新区、泸永江、内江荣昌等多个文件，毗邻地区融合发展、物流金融、金融消费纠纷化解等领域合作成效明显。探索开发建设成渝金融稳定信息共享系统。指导川渝毗邻地区分支机构完善金融风险联防联控协作机制，在金融稳定、金融风险防范化解、反洗钱等方面加强协作。

（二）支付清算体系

1. 多措并举，压实支付系统参与者属地监管责任。强化分类监管，严把支付系统参与者准入审核关，对出现支付业务中断风险问题的机构及时进行监管约谈，开展支付清算系统应急演练，提升银行应急处置能力。2022 年，重庆支付清算系统共处理业务 3.46 亿笔，金额 137 万亿元，同比分别增长 26% 和 4%。

2. 健全“两项机制”，切实提升警银联动实效。建立“市级 + 区县”警银联动两级工作专班机制，完善报警出警联防机制。全市银行网点累计联动公安机关出警 65 次，协助抓获犯罪嫌疑人 105 名，成功劝阻 1600 余名潜在受害人办理业务，避免遭受资金损失。

3. 强力推进，涉赌涉诈“资金链”治理工作取得实效。诈骗资金“清洗”链条被明显压缩，由多达 5 级转账缩减为 1 ~ 2 级。全市单位涉案账户数持续处于全国低位，月均个人涉案账户数较 2021 年峰期下降近 30%。

（三）征信体系

1. 以系统建设推广为抓手，着力缓解中小微企业融资难题。2022 年，3 家机构获得征信中心接入批复，5 家机构开通查询权限，累计共有 276 家机构接入征信系统。成功试点开展机动车、船舶、知识产权等动产和权利担保登记信息统一查询，全年依托登记系统办理各类动产和权利担保登记 3.8 万笔，办理查询 108 万笔，同比增长 341.06%。

2. 维护信息主体征信权益，拓宽征信查询渠道。督促引导接入机构落实受疫情影响四类群体征信权益保护政策，截至 2022 年末，重庆辖内接入机构累计为 137.6 万名个人、2.4 万家企业调整还款安排或征信记录。全市共设立征信自助查询网点 174 个，布放自助查询机 215 台。重庆银联云闪付和 13 家银行提供个人信用报告线上查询，12 家银行提供企业信用报告线上查询。

3. 加强征信市场培育，整治"征信修复"乱象。目前，重庆辖内已备案 6 家企业征信机构。以"政府 + 市场"模式，建设和运营重庆市征信平台，建立数据共享机制。整治"征信修复"虚假网络宣传，协同处置一批组织和个人，持续曝光一批典型案例，"征信修复"乱象问题得到有效整治。

（四）反洗钱体系

1. 加强统筹，大力惩治洗钱犯罪。牵头成立重庆市打击治理洗钱违法犯罪三年行动工作领导小组。印发 2022 年挂案联合督导洗钱案件 54 件，印发 2022 年重庆洗钱典型案例 4 件。全年实现以《刑法》第一百九十一条"洗钱罪"宣判案件 36 件（含自洗钱 22 件），同比增长 33.3%。

2. 强化监测，支持配合专项行动。建立重庆反洗钱情报研判室，移送和通报可疑线索 185 条，公安机关对反洗钱移送线索立案 21 条，破案 11 起。支持配合专项行动，对扫黑除恶、打击地下钱庄、打击网赌电诈、虚开骗税等专项行动的 198 件重大案件开展反洗钱调查协查。

3. 多措并举，提升监管质效。组织对辖内 10 家机构开展反洗钱现场检查、法人机构召开 3 次洗钱和恐怖融资风险自评估工作经验交流会，指导 54 家法人机构完成首次洗钱和恐怖融资风险自评估，完成对 68 家法人机构的监管评估、72 家重点非法人机构的反洗钱履职情况调研。

（五）金融消费者权益保护

1. 金融消费者投诉渠道畅通、运转高效。一是全年通过"12363"咨询电话共计受理投诉 846 件，咨询 27284 件。二是重庆市金融消费纠纷人民调解委员会全年调解各类金融消费纠纷 221 件，调解数量是 2021 年的 4 倍。三是进一步加强金融消费者投诉管理，提升投诉处理质效，强化数据分析和溯源整改。

2. 严格开展各类检查评估。对 6 家机构开展金融消费权益保护工作专项检查，首次适用双罚制，处罚金额创辖内新高。对辖区 87 家金融机构开展金融消费者权益保护评估。

3. 金融知识常态化宣教取得新突破。与当地教育主管部门联合推动金融知识纳入国民教育体系，组织全辖金融机构开展重点宣传，累计进学校 304 所，覆盖学生群体 24.14 万人。开展针对老年人的专项金融知识普及活动，累计进养老服务机构 589 次，覆盖老年消费者超 17.8 万人次。

4. "1 + 2 + N 普惠金融到村"基地建设有序推进。现已建成"1 + 2 + N 普惠金融到村"基地 6005 个，惠及 1060 万人。"1 + 2 + N 普惠金融到村"线上服务平台已在 28 个区县上线，平台访问次数超 70 万次。

（六）需要关注的问题

1. “征信修复”乱象屡禁不止。尽管2022年治理“征信修复”乱象卓有成效，但受经济利益驱动，一些非法个人和组织仍未停止以“征信修复、洗白、铲单”、“征信异议投诉咨询、代理”等为名，骗取人民群众财产或个人信息，治理“征信修复”乱象仍是一项长期工作。

2. 空壳公司转移犯罪资金和非银行支付机构风险亟待关注。犯罪团伙诱骗群众批量注册空壳公司并开立单位账户转移犯罪资金洗钱的趋势更加严重。非银行支付机构为抢占市场份额盲目拓展商户，未严格落实客户身份识别要求，对商户身份真实性审查不到位，易被洗钱犯罪利用。

3. 消费者权益保护有待提升。部分金融机构存在对合作方营销宣传管理不到位、个人信息分级授权制度未建立或执行情况不佳，以及格式合同存在减轻、免除己方责任，加重金融消费者责任的条款等问题。个别金融机构在批量开立银行账户过程中存在擅自代理消费者办理业务等情况。

四、总体评估和政策建议

（一）总体评估

2022年，重庆市坚持以习近平新时代中国特色社会主义思想为指导，坚决贯彻落实中央经济工作会议和党中央、国务院各项部署，坚持稳中求进工作基调，推动经济大盘总体稳定，高质量发展取得新的成效。重庆实现地区生产总值29129亿元，同比增长2.6%，实体经济融资总量稳健增长，信贷结构持续优化，企业贷款成本持续下行；金融体系总体稳健，区域金融生态保持良好，全市金融风险防范化解工作持续推进，央行金融机构评级“优良”机构资产占总资产比重超九成，资产质量持续处于全国较优水平，交叉性金融风险总体趋于收敛，重庆能源集团、隆鑫集团等大型问题企业风险化解取得实质性进展；获批首个全域开展国家级绿色金融改革的省级经济体，绿色金融改革创新取得重大突破，成渝双城经济圈一体化发展持续推进，服务实体经济能力持续提升，金融基础设施建设进一步完善。但受疫情、国际形势以及极端高温天气等超预期因素影响，需求收缩、供给冲击、预期转弱“三重压力”加大，经济领域风险向金融领域传导明显，金融风险防控仍需重视。

（二）政策建议

2023年，重庆将继续贯彻落实好党中央、国务院要求，严格常态化风险防控，秉行总体国家安全观，坚决打好防范化解重大金融风险的持久战。

加强政策合力，推动经济提质增量。进一步加强产业、财税、金融等政策措施的协调配合，更有效地支持实体经济高质量发展。加大对重点领域、薄弱环节和受疫情影响行业主体的支持力度，用好线上线下融资对接平台，做好重大项目及民营小微、制造业、科技创新、乡村振兴、低碳转型等领域融资服务，加强对接触性服务业纾困支持。加快出台系列支持经营主体、提升居民消费意愿和消费能力的相关政策落地显效，加快消费市场复苏。全面激发市场主体活力，在经济高质量发展中防范区域性系统性金融风险。

加强协调联动，进一步建立健全金融风险防控长效机制。推动配合重庆市金融工作领导小组以及金融风险化解委员会有效履职，压实各方责任，推进央地金融监管协作常态化、长效化，强化金融稳定保障体系。主动探索建立健全增量高风险金融机构“限期整改”工作机制和框架，尽早采取有效措施督促新出险机构恢复稳健经营。

聚焦重点领域，严防突出金融风险点。扎实做好中小银行流动性以及日常风险监测，通过多种方式深入摸排评估银行机构真实资产质量等核心监管指标，准确研判风险底数，协调相关部门加大支持银行风险化解，增强风险抵补能力。进一步强化辖区整体风险监测评估的前瞻性和主动性，密切关注经济形势变化对金融体系的影响，定期摸排评估辖区金融风险形势，及时识别预警重点风险。持续加强房地产市场风险监测，扎实做好“保交楼、保民生、保稳定”各项工作，有效防范化解优质头部房企风险，推动房地产业向新发展模式平稳过渡。动态更新问题企业监测名单，持续加强对辖内大型有问题企业的风险监测，有序推动大型问题企业风险处置，推动配合地方政府稳妥处置重点企业，管控地方政府隐性债务风险，维护区域良好金融生态。

深化改革创新，有序推进绿色金融试验区和成渝双城经济圈建设。加强转型金融、绿色金融相关标准研制和落地，推广基于绿色金融的碳账户系统，推动金融机构创新碳市场相关金融产品服务，积极争取参与中新、中欧等绿色金融国际合作机制建设。扎实开展成渝地区双城经济圈金融标准创新建设试点，抓好重点领域改革创新，深化国债和地方债发行管理、信用体系、反洗钱调查、安全保卫等领域合作。提升跨境贸易和投融资便利化水平，加大对贸易新业态发展的支持力度，统筹抓好自贸区、中新互联互通示范项目、西部陆海新通道等金融服务。

中国人民银行重庆营业管理部金融稳定分析小组

组　　长：马天禄
副 组 长：苏　阳
成　　员：卢满生　黄　莉　王　红　陈振祥　江泓洁　陈　迎
万　庆　贺　华　卢晓芸　杨育宏　江　洁　李　理
黄　焱　何仕安　胡国正　顾　胥　刘雨萌　熊乃胜

《重庆市金融稳定报告（2023）》编写组

总　　纂：马天禄　苏　阳
统　　稿：陈振祥　吕峥嵘　易　娟　许峻桦
执　　笔：王迪迪　刘　林　吴　斯　纪宝林　郝　杨　钱东平
田　苗　周禹彤　万秋杉
参与写作人员：冯黎黎　何玲枢　韩琼琼　文　熠　杜　用　汪会敏
张茂思

四川省金融稳定报告摘要

2022年，四川省坚持以习近平新时代中国特色社会主义思想为指导，坚决贯彻落实党的二十大精神和党中央、国务院各项决策部署，努力克服经济下行压力加大、各类风险叠加暴露等多重挑战，坚决落实“疫情要防住、经济要稳住、发展要安全”的要求，完善金融风险防范、预警和处置机制，牢牢“守住了不发生区域性系统性金融风险底线”。全省金融机构整体运营稳健，全年未出现重大突发情况和事故，为稳住四川省经济大盘提供了有力支撑。

一、区域经济运行情况

2022年，面对新冠肺炎疫情多点散发、高温限电、地震洪灾等多重冲击和挑战，四川经济增长呈现由震荡下行到企稳复苏的“V”形特征，消费、投资等主要经济指标恢复快于全国。

（一）经济运行特点

1. 经济增长企稳复苏。2022年，全省实现地区生产总值56750亿元，同比增速2.9%（见图1）。一是第一产业总体稳定。第一产业增加值增长4.3%，全省粮食总产量连续3年稳定在3500万吨以上，全年生猪出栏同比增长3.7%。二是第二产业波动回升。全省规模以上工业增加值增长3.8%，其中规模以上高技术产业增加值增长11.4%，保持较快增长。三是第三产业持续恢复。全年第三产增加值增长2.0%，其中批发和零售业增加值增长2.6%，金融业增长6.1%，信息传输、软件和信息技术服务业增长6.9%。

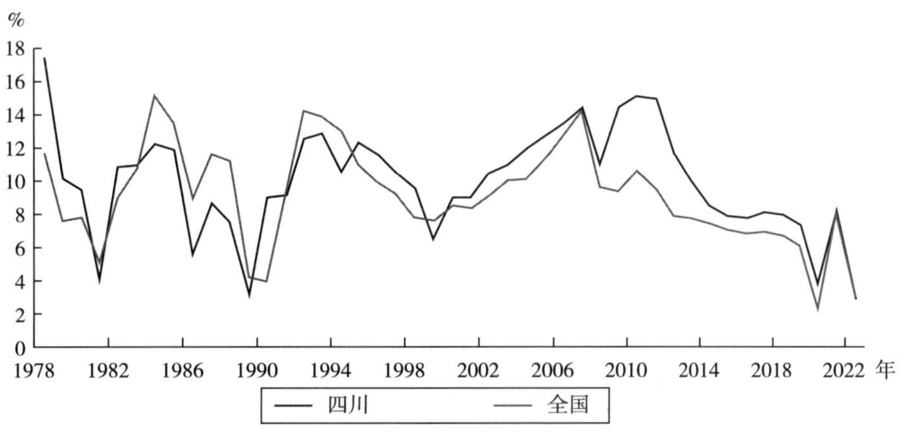

图1　四川省经济增长情况

（数据来源：四川省统计局）

2. 固定资产投资较快增长，消费品市场小幅下降。一是投资成为稳定全省经济大盘的重要支撑。2022 年，全省固定资产投资（不含农户）同比增长 6.0%，高于全国 0.9 个百分点。700 个省重点项目投资完成率达 137.4%。成达万高速铁路、通威太阳能光伏产业基地、白鹤滩至江苏特高压直流输电工程等重大项目开工，对全省经济稳定恢复起到重要支撑作用。二是消费品市场小幅下降。2022 年，全省社会消费品零售总额 24105 亿元，恢复程度略高于全国平均水平。接触性服务业的消费恢复性增长面临消费信心和风险偏好降低的制约，内需潜力短期内难以快速释放（见图 2）。

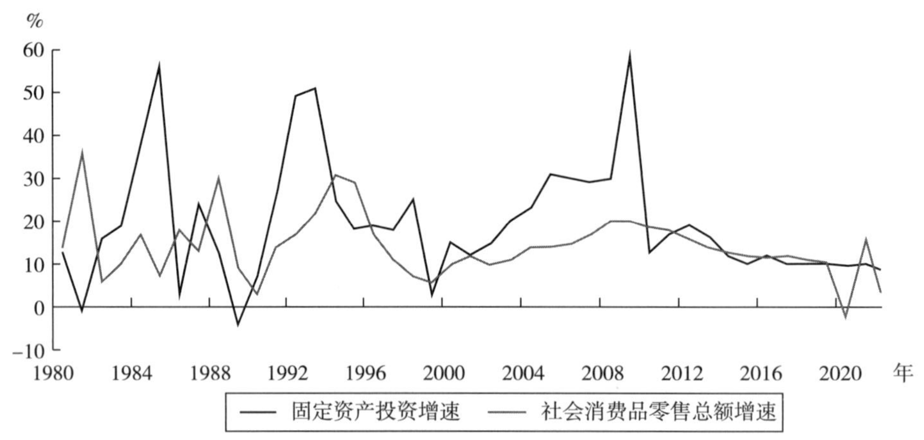

图 2　固定资产投资和社会消费品零售总额增长情况

（数据来源：四川省统计局）

3. 进出口增速放缓，跨境人民币业务增量扩面。2022 年，四川货物贸易进出口总值 1512 亿美元，规模居全国第 8 位，同比增长 2.7%。全省跨境人民币结算金额 2438.3 亿元，同比增长 41.5%。全年共与 71 个“一带一路”沿线国家实现跨境人民币交易 845 亿元，同比增长 22.4%。3791 家企业开展跨境人民币业务，同比增加 680 户。

4. 各部门收入增长趋缓。一是政府财政收入有所放缓。2022 年，全省地方一般公共预算收入 4882 亿元，同比增长 7.5%，较上年下降 4.5 个百分点。二是企业利润增长相对放缓。2022 年末，全省工业企业实现利润总额 4836 亿元，同比仅增长 10.7%。三是城乡居民收入增长放缓。2022 年，全省城镇居民人均可支配收入 4.3 万元，同比增长 4.3%；农村居民人均可支配收入 1.9 万元，同比增长 6.2%。

5. 物价总体保持平稳。2022 年，全省 CPI 上涨 2.0%，其中粮食和能源价格上涨是主要因素，扣除食品和能源的核心 CPI 走势平稳，价格总体温和上涨。2022 年，全球经济发展趋缓及发达经济体金融政策收紧，大宗商品价格承压，PPI 涨幅持续回落，全省 PPI 上涨 2.8%，涨幅比上年回落 3.1 个百分点。在国内“保供稳价”措施下，煤炭价格回落（见图 3）。

（二）需要关注的问题

当前，全国经济恢复的基础尚不牢固，四川省经济发展也面临不少困难和挑战。经济运行仍面临有效需求收缩、市场主体信心不足和区域发展差距等问题。就业市场面临较大压力，农民工、高校毕业生等重点人群存在就业难与职位空缺并存现象。受市场回暖预期不稳、信心有待修复等因素影响，全省房地产市场主要指标持续收缩，同时不同区域房地产市场运行分化较大。地方财政“少收多支”矛盾突出，财政收入增速逐季回落，财政支出势头增长，地方政府偿债能力需持续关注。

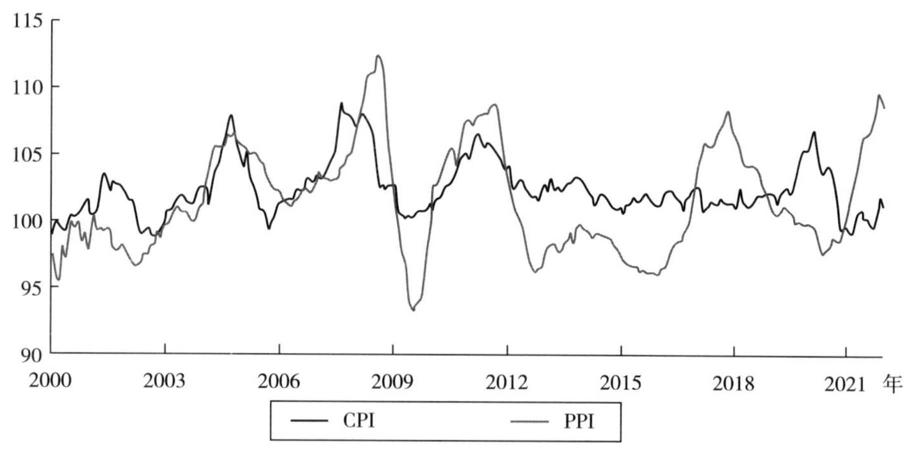

图3 月度同比价格指数

（数据来源：四川省统计局）

二、金融业运行情况

2022 年，全省银行业资产规模保持平稳增长，信贷结构进一步优化；股权融资规模增长明显，产品创新和服务实体经济能力进一步提升；保险业改革创新稳步推进，保障功能和服务作用进一步发挥。

（一）银行业

1. 运行状况

（1）存贷款增速加快，盈利能力持续改善。2022 年末，四川银行业资产总额 13.83 万亿元，同比增长 11.64%，高于全国平均增速 1.44 个百分点，其中各项贷款余额 9.28 万亿元，同比增长 14.66%。负债总额 13.33 万亿元，同比增长 11.71%，其中各项存款余额 10.78 万亿元，同比增长 11.62%。全省银行业全年实现净利润 1154.49 亿元，同比增长 24.19%。

（2）各类机构丰富，组织体系持续完善。2022 年末，四川银行业机构 209 家，其中省外机构一级分支机构 51 家（国有银行 5 家、政策性银行 3 家、股份制银行 12 家、省外城商行 8 家、邮储银行 1 家、外资银行 16 家、非银行金融机构 2 家、金融资产管理公司 4 家），法人机构 158 家（城商行 12 家、农村合作金融机构 83 家、村镇银行 53 家、非银行金融机构 9 家、民营银行 1 家）。全省银行业机构网点 14053 个，从业人员 16.6 万人。

（3）信用风险总体收敛，法人银行风险抵补能力增强。2022 年末，四川银行业不良贷款余额 1104 亿元，比年初减少 49 亿元，不良贷款率 1.19%，低于全国平均不良率 0.52 个百分点，处于近年来较低水平（见图 4）。全省银行业机构关注类贷款率 1.91%，比年初下降 0.4 个百分点。全省法人银行资本充足率 13.51%，贷款损失准备余额 1229.55 亿元，同比增长 14.13%，拨备覆盖率 218.1%，创近三年来新高（见图 5）。

（4）对重点领域和薄弱环节的信贷支持力度加大，区域金融改革与金融创新成效明显。基础设施建设融资保障有力，2022 年末政策性开发性金融工具和新增信贷额度贷款余额均位于全国前列。

交通物流、设备更新再贷款等货币政策工具稳健发力，全省制造业贷款、科创贷款、绿色贷款同比分别增长 17.6%、20.0% 和 40.2%。金融支持乡村振兴持续推进，普惠金融服务乡村振兴改革试验区建设初见成效，全省涉农贷款同比增长 16.3%，较上年同期提高 8.4 个百分点，创近年新高。积极推进成渝地区双城经济圈建设，成渝金融服务一体化加快推进，实现两地小微企业信用信息异地共享、储蓄国债跨省兑付、跨境投融资便利化“白名单”互认。2022 年末，160 个川渝共建重大项目融资中，四川金融机构累计实现授信 2865.7 亿元，发放贷款 552.2 亿元。

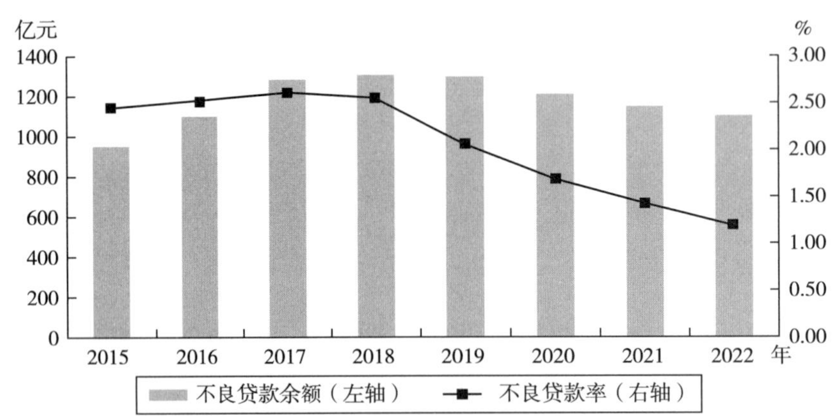

图 4　银行业资产质量

（数据来源：四川银保监局）

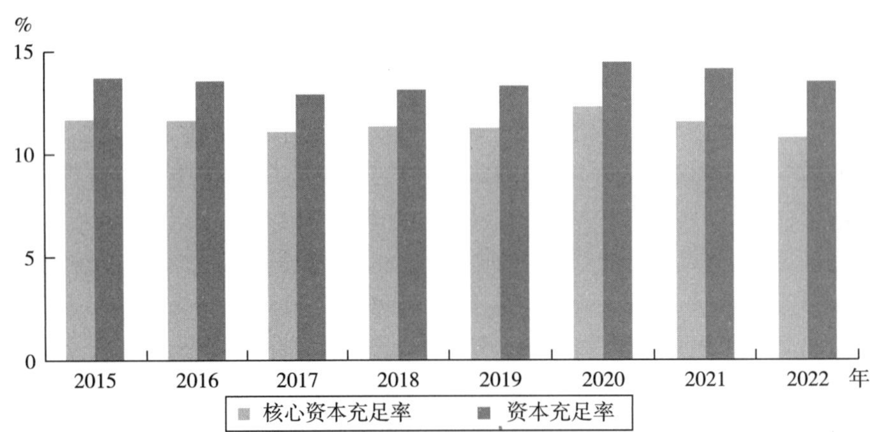

图 5　法人银行业机构资本充足状况

（数据来源：四川银保监局）

2. 需要关注的问题

（1）法人银行流动性总体充足，个别机构存在流动性风险隐患。2022 年末，四川法人银行流动性比例 80.03%，较年初上升 4.28 个百分点，流动性水平总体充裕。但个别城商行流动性比例较年初降幅较大，存在流动性风险隐患。

（2）盈利能力整体提升，盈利水平持续分化。分机构看，2022 年，四川省大型国有银行盈利持续增加，政策性银行盈利明显改善，股份制银行整体扭亏为盈，但过半机构盈利同比下滑。地方中小法人银行盈利水平整体持续回升，全年实现净利润 310.21 亿元，增幅 16.41%，其中城商行和农村合作金融机构（不含成都农商行）同比分别增加 19.25% 和 14.31%，村镇银行同比下降 39.88%（见图 6）。

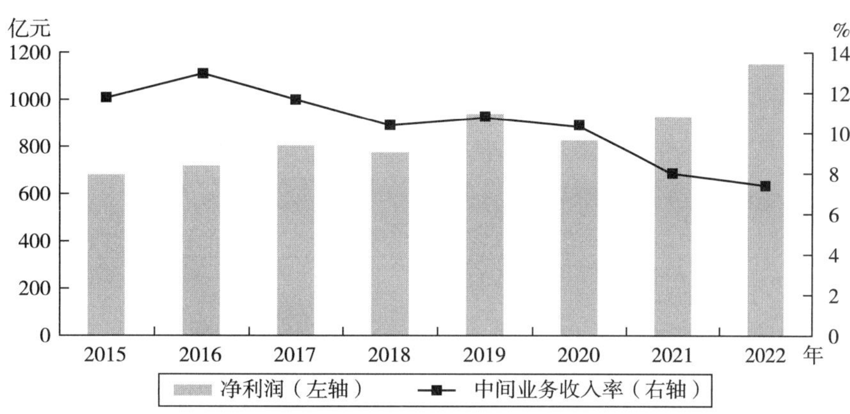

图 6 银行业盈利水平

（数据来源：四川银保监局）

（二）证券期货业

2022 年，四川省资本市场[①]量缩质提，总体保持平稳运行。全省股权融资大幅增长，战略性新兴产业发展势头良好，产品创新和服务实体能力进一步提升。

1. 运行状况

（1）股权融资市场活力持续增强，再融资规模大幅增长。2022 年，四川省资本市场累计实现直接融资 2353.02 亿元，同比减少 52.68%。其中，股权融资[②] 395.1 亿元，同比大幅增长 48.93%；债券融资[③] 1649.34 亿元，同比大幅减少 62.5%；并购重组融资 308.58 亿元，同比减少 0.3%。全省 IPO 融资规模与上年持平，股票再融资增长迅猛，当年新增 15 家上市公司，首发融资 137.12 亿元，28 家已上市公司通过增发股票实现再融资 247.95 亿元，同比增长 102.47%。

（2）新增上市公司科技属性强，战略性新兴产业融资活跃。2022 年首发上市 IPO 公司中科技创新企业占比 66.7%，行业集中在高精尖技术领域。随着科技创新公司的不断增加，省内军工航天、生物医药、高端装备制造等战略性新兴产业占比超过 50%。全年全省战略性新兴产业通过资本市场总体实现直接融资 179.44 亿元，同比增长 36.48%。

（3）证券机构持续加大创新力度，为关键领域直接融资提供有力支撑。2022 年，国金证券成功发行公募 REITs 产品；华西证券助力发行四川省首单科技创新公司债券、泸州首单乡村振兴公司债券；川财证券积极承销、认购绿色债券，助力节能减排和产业结构绿色升级。2023 年初，国内交易所债券做市业务正式启动，辖内国金证券成为全国 12 家首批做市商之一。

2. 需要关注的问题

（1）全面注册制或引起更多“保壳”公司退市。全面注册制落地将为 A 股带来新的市场生态，

---

① 指证券交易所市场，如无特殊说明，下文同。

② 股权融资数包括本年上市公司通过首发、再融资、新三板渠道的融资总额。

③ 债券融资数为资本市场债券融资总额，包括当年新发的公司债、可转债、证监会主管 ABS、地方政府债、区域股权市场的债券融资总额。

新股发行更加简便，“壳资源”市场价值大大降低。在此背景下，以往地方政府助力上市公司“保壳”的现象或将逐步退出A股市场。同时，市场退市机制更趋严格和完善，未来省内业绩长期欠佳的上市公司退市压力或将持续增大。

（2）个别企业债券违约风险化解进程较缓慢。2022年，债券市场整体违约风险大幅降低。但省内个别企业风险处置滞缓，债务重组及债券违约风险化解尚无实质进展，随着涉险企业净资本的持续消耗，其存在退市风险。

（三）保险业

2022年，四川省保险业总体保持良好发展态势，风险保障和社会民生服务保障功能进一步提升。

1. 运行状况

（1）保险资产稳步增长，风险保障规模不断提升。2022年，四川省保险公司总资产5712.13亿元，同比增长11.39%，共管理保户储金及投资款1348.05亿元，同比增长8.57%。全省保险公司共提供风险保障723.14万亿元，同比增长8.32%。保险密度2745元，比上年增加110元；保险深度4.05%，比上年减少0.04个百分点。

（2）承保业务保持稳定，保险市场的活跃度和市场化程度逐步复苏。2022年，四川保险业实现原保险保费收入2297.79亿元，同比增长4.21%。其中，财产险公司实现原保费收入715.11亿元，同比增长9.35%；人身险公司实现原保费收入1582.68亿元，同比增长2.05%（见图7）。全省赔付支出共计763.9亿元，同比减少3.67%，其中财产险公司赔款支出439.89亿元，同比增长4.08%；人身险赔款及给付支出324.01亿元，同比减少12.53%（见图8）。全省产险和人身险市场集中度指标保持稳定并向好发展，上述指标比2021年均呈现小幅下调，扭转了自2021年以来市场份额向头部保险公司集中的趋势，保险市场的活跃度逐步复苏，市场竞争程度有所提升。

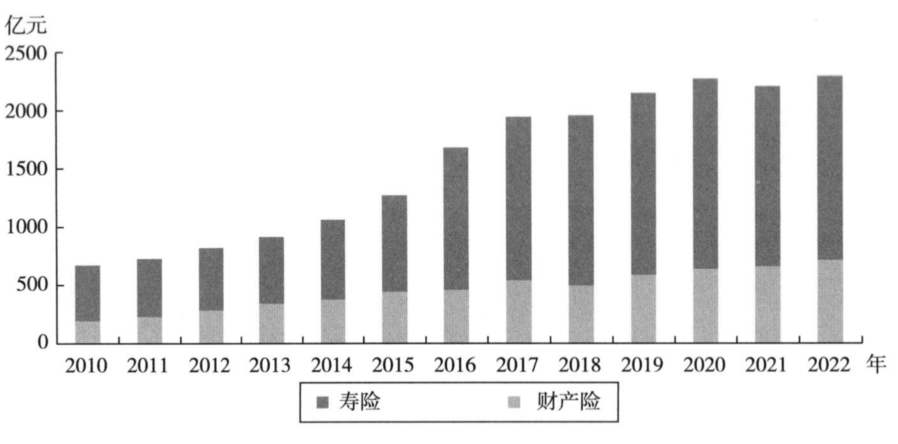

图7　保险业保费收入

（数据来源：四川银保监局）

（3）保险改革创新稳步推进，持续做好社会民生服务保障。2022年，三大主粮完全成本保险在四川省76个产粮大县实现全覆盖，生猪保险赔款支出居全国前列。地方优势特色农产品保险创新发展，争取中央财政特色奖补金额排名全国第2位。农业保险赔款社保“一卡通”在全省推广，支付成功率超过99.5%。第三支柱养老保险发展有序推进。个人养老金先行试点方案在成都顺利落地实施，2022年承办专属商业养老保险保单6437件；在全国范围内率先推出城市定制型新型家庭财产险

"蓉家保"，集中投保期共投保 16.9 万户。

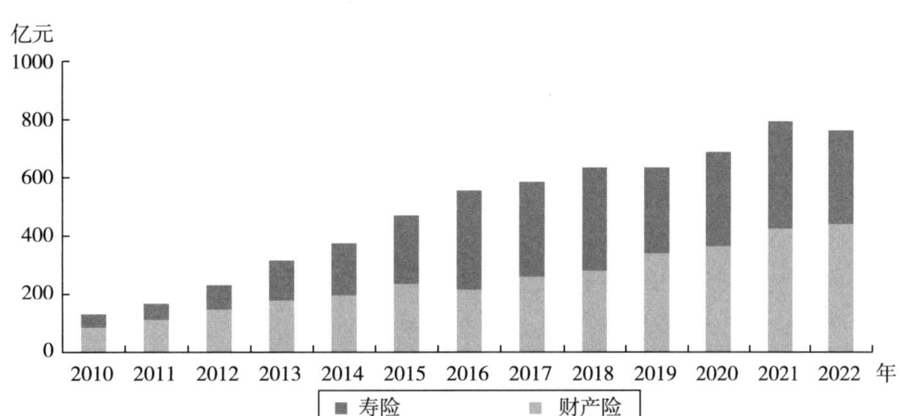

图 8 保险业赔付支出

（数据来源：四川银保监局）

2. 需要关注的问题

（1）人身险新单业务依然疲弱。受新冠肺炎疫情反复、代理人队伍大幅减员等因素影响，2022 年全省人身险公司新单保费收入同比减少 1.46%。人身险公司新单保费业务表现不佳，未来可能会滞缓人身险保费增长，并对中小人身险公司的现金流产生长期压力。

（2）"偿二代"二期监管规则实施对人身险公司的业务发展质量提出更高要求。2022 年"偿二代"二期监管要求实施后，省内个别人身险保险公司的业务发展受到一定程度的考验。有关人身险公司需要做好"偿二代"二期监管规则的衔接落实，优化风险偏好体系，尽快适应监管规则调整要求，不断提升成本收益匹配管理水平和综合投资收益。

三、金融市场运行情况

2022 年，四川省金融市场稳健运行，市场交易活跃度稳步提升，市场利率趋于下降。

（一）货币市场

货币市场成交规模显著上升，市场利率总体下降。2022 年，四川辖内市场成员在货币市场累计成交 61.62 万亿元，同比增长 26.35%，其中同业拆借累计成交 7.81 万亿元，同比增长 30.82%。货币市场净融入金额 6.85 万亿元。辖内市场成员隔夜拆入、拆出资金的加权平均利率分别为 1.54% 和 1.56%，同比分别下降 46 个和 48 个基点。

（二）票据市场

票据规模有所增长，贴现利率趋于下降。2022 年，四川省金融机构累计签发银行承兑汇票 6677.3 亿元，同比增加 1545.9 亿元；累计签发商业承兑汇票 43.2 亿元，同比增加 4.2 亿元。累计办理银行承兑汇票贴现 4406.5 亿元，同比减少 3813.9 亿元；办理商业承兑汇票贴现 368.1 亿元，同比减少 16.4 亿元。票据贴现利率有所下降。12 月金融机构贴现加权平均利率为 1.61%，较上年末下降 62 个基点。

（三）外汇市场

跨境收支平稳增长，结售汇顺差收缩。2022 年，四川省跨境收支总额 2036.33 亿美元，同比增长 7.19%。全年实现跨境收支顺差 36.25 亿美元，同比收缩 74.86%。全年银行结售汇总额 667.74 亿美元，同比增长 19.37%，结售汇顺差 20.77 亿美元，同比收缩 78.02%。

（四）黄金市场

实物黄金交易量明显上涨，账户交易黄金和黄金租赁业务总体呈现下降态势。2022 年，四川辖内金融机构实物黄金销售和回购业务累计成交 29353.81 千克，同比增长 5.67 倍。辖内金融机构参与上海黄金交易所代理交易业务成交 10106.08 千克，同比减少 68.11%。全省黄金租赁业务总成交量 26692 千克，同比减少 4.96%，总成交金额 103.17 亿元。

四、金融基础设施建设

2022 年，四川金融法治环境进一步优化，金融基础设施建设持续完善，各项金融服务向纵深发展，管理安全可靠，为金融业稳定健康运行奠定了良好基础。

（一）金融法治环境建设

1. 金融法治环境持续改善。启动法治央行示范行创建工作；推进行政执法人员培训标准化体系建设试点，建立跨业务综合执法检查队伍，行政执法规范性水平进一步提升。构建多方联动的普法宣传网络，形成宣传合力。认真落实“谁执法，谁普法”责任制，全省组织开展面向社会公众金融法律法规宣传 1628 次，发放宣传资料 40 万余份。

2. 金融综合管理效能不断提升。进一步规范银行业机构综合评价工作，强化重大事项报告执行力度，不断规范和优化银行业机构开业相关事项办理流程和办理事项，切实提升工作质效。

（二）支付体系建设

1. 支付系统平稳高效运行。2022 年，四川支付系统发生业务 5.24 亿笔，金额 225.77 万亿元，同比分别增长 18.02% 和 16.02%。深化“暖心惠民”支付服务专项行动，全面推广小微企业简易开户。推动支付手续费累计降费 14.3 亿元，惠及 258.4 万个市场主体。

2. 支付服务市场监管持续加强。全面构建支付机构立体监管体系，创新以电诈案件为线索，倒查支付机构责任，对风险商户予以处置。组织开展网络支付业务风险整治专项行动，对可疑商户和可疑支付账户持续开展清理。

（三）征信体系建设

1. 创新金融科技应用服务国家重大战略实施。实现川渝 6 个毗邻市州跨区域信用信息资源的有序自由流动。推动市州子平台探索建立企业“碳账户”，运用碳核算、“碳账户”底层算法对企业碳排放进行评分评级，上线四川省首份碳征信报告。银行运用企业碳账户数据推出“减碳贷”，配套实施差异化融资担保增信服务。21 家金融机构通过平台发布绿金产品 82 款，为 1275 家企业放款 72.03

亿元。

2. “征信修复”乱象专项治理成效显著。以“全覆盖自查＋重点核查”方式，累计核查异议记录5000余条，净化市场环境。处置11起“征信修复”网络广告，完成1342家注册名称或经营范围含“征信”字样的存续企业全覆盖摸排。对信贷逾期客户“点对点”精准提示“征信修复”骗局达800余万人次。

（四）反洗钱

1. 反洗钱工作有效性不断提升。2022年，开展打击治理洗钱违法犯罪三年专项行动，洗钱罪判决同比增长106%。对相关机构及责任人予以处罚，开展监管走访、约见谈话，及时发出监管提示函和监管意见书。

2. 反洗钱调查协查力度持续加大。积极配合扫黑除恶、禁毒、反分裂、打击骗取留抵退税等重点专项行动，及时向执法机关移送案件线索，协助有关部门开展案件调查。

（五）金融消费权益保护

1. 金融消费纠纷非诉机制进一步完善。2022年，四川省持续加强“12363”电话运行管理，落实电话接收、转办、处理等各环节标准规范，投诉办结率100%。建立金融消费典型案例库，完善金融消费纠纷非诉机制。

2. 金融教育示范基地建设初见成效。持续完善跨部门金融知识宣传协调机制，重点打造“金兴万家村”“金暖银发族”“金护千万家”“健康金融助成长”系列宣教品牌，建成5家省级特色金融教育示范基地，在川渝毗邻城市共建金融教育示范校园。

五、总体评估与展望

2022年，面对错综复杂的国内外形势和多重超预期因素的冲击，四川省高效统筹疫情防控和经济社会发展，加快落实稳经济“一揽子”政策措施，金融坚决支持全省稳定经济大盘，金融逆周期和跨周期支持效应持续显现，主要经济指标恢复快于全国。总体来看，全省金融运行稳健，金融改革加快成势，金融基础设施不断完善，全省金融风险持续收敛、总体可控，为有效应对疫情冲击、助力全省经济社会发展创造了良好的金融环境。

但同时也应该看到，当前外部环境依然严峻，地缘冲突还在持续，世界经济增长动能减弱，发达经济体通胀仍高位运行，叠加国内需求收缩、供给冲击、预期转弱“三重压力”，四川省经济恢复不均衡、不稳固的局面仍有待实质性改善，金融风险化解基础有待夯实。省内金融风险防控仍然面临挑战和压力，突出表现为：延期还本付息政策到期后，中小法人银行机构不良反弹压力较大；个别城商行流动性风险防控形势依然较为严峻；部分法人金融机构资本水平有待多渠道补充等。彻底消除上述金融风险隐患，需要有力推动经济整体向好发展，在发展中防范和化解相关风险。当前，四川省经济形势同全国形势保持一致，经济韧性强、潜力大、活力足，长期向好的基本面没有改变。随着疫情防控进入新的阶段，消费环境、消费秩序逐步改善，市场预期和信心提振，各项政策聚焦发力，全省经济将持续保持稳中向好态势。

2023年，四川省将深入学习贯彻党的二十大和中央经济工作会议精神，坚持稳中求进工作总基调，全面、完整、准确贯彻新发展理念，助力构建新发展格局，大力提振市场信心，重点做好稳增长、稳就业、稳物价工作，确保精准有力稳健的货币政策在川落地见效，推动四川经济实现质的有效提升和量的合理增长。全省将进一步优化金融服务和管理水平，提升“金融为民”的质量和温度；持续深化金融改革开放，全力支持成渝地区双城经济圈建设乘势跃升，为新时代新征程四川现代化建设开好局起好步提供有力的金融支持。同现阶段四川省经济增长潜力相适应，在保持各类资源要素可支撑的前提下，四川省将努力克服超预期影响和外部不确定性冲击，持续巩固拓展金融风险防范化解攻坚战成果；坚持“治已病”和“治未病”相结合，进一步健全和完善金融风险防控长效机制；补齐金融风险防范化解制度“短板”，筑牢流动性管理防线；压实各方责任，守住“不发生系统性区域性金融风险底线”。

中国人民银行成都分行金融稳定分析小组

组　　长：严宝玉

副 组 长：李　强

成　　员：王　敏　刘　异　杨宇焰　肖安富　孙　炜　肖　丹
范智勇　厉　鹏　谢保嵩

《四川省金融稳定报告（2023）》编写组

王大波　姚玉红　高　翼　潘　晨　霍　帅　徐清韵　李　鑫
黄静雅　党婉平　张　朔　丁惠强　王棚申　刘艳朝

贵州省金融稳定报告摘要

2022年，贵州省深入贯彻党的二十大精神和习近平总书记视察贵州重要讲话精神，充分把握国发〔2022〕2号文件政策契机，为贵州高质量发展和现代化建设注入强劲动力，全省经济基本盘稳定，就业、物价、市场主体总体平稳，经济发展质量效益明显改善。全省金融系统承压前行，克难奋进，顶住了超预期因素冲击，金融运行呈现“总量稳定增长、结构持续优化、融资成本明显下降、风险整体可控”的良好局面，存量高风险金融机构实现“清零”目标，“守住了不发生区域性、系统性金融风险的底线”。

一、区域经济运行

2022年，贵州省实现地区生产总值20164.58亿元，按不变价格计算，比上年增长1.2%。其中，第一产业增加值2861.18亿元，增长3.6%；第二产业增加值7113.03亿元，增长0.5%；第三产业增加值10190.37亿元，增长1.0%。

（一）总体情况

1. 工业生产承压前行，新兴产业蓬勃发展。2022年，贵州省规模以上工业增加值比上年下降0.5%。分行业看，酒、饮料和精制茶制造业增加值比上年增长32.6%，烟草制品业增长6.7%，电力、热力生产和供应业增长2.8%，计算机、通信和其他电子设备制造业增长45.9%。高技术制造业、装备制造业增加值比上年分别增长20.3%和11.0%。新能源电池及材料产业增加值比上年增长84.7%。

2. 实体经济投资增势良好，高技术产业投资快速增长。2022年，贵州省基础设施投资稳定增长，比上年增长2.0%，其中信息传输业、交通运输和邮政业投资分别增长37.9%、19.7%。工业投资较快增长，全年工业投资比上年增长9.1%，其中制造业投资增长28.0%。高技术产业投资快速增长，全年高技术产业投资比上年增长58.1%，其中高技术制造业、高技术服务业投资分别增长102.3%、19.6%。

3. 财政收入保持同口径增长，民生投入力度不减。2022年，贵州省财政总收入3194.18亿元，扣除留抵退税因素后比上年增长6.2%。一般公共预算收入1886.36亿元，扣除留抵退税因素后增长6.8%，其中税收收入1021.70亿元，扣除留抵退税因素后增长5.3%。一般公共预算支出5849.17亿元，比上年增长4.6%。其中，交通运输支出增长10.8%，住房保障支出增长7.7%，卫生健康支出增长7.6%，社会保障和就业支出增长7.1%，文化旅游体育与传媒支出增长5.5%，教育支出增长2.2%。

4. 就业形势总体稳定，居民收入水平不断提升。2022 年，贵州省城镇新增就业 60.92 万人，失业人员实现再就业 15.16 万人，就业困难人员实现就业 7.49 万人。全省居民人均可支配收入 25508 元，比上年名义增长 6.3%。按常住地分，城镇常住居民人均可支配收入 41086 元，名义增长 4.8%；农村常住居民人均可支配收入 13707 元，名义增长 6.6%。

5. 居民消费价格温和上涨，工业生产者价格涨幅逐步回落。2022 年，贵州省居民消费价格比上年上涨 1.6%。其中，交通通信价格上涨 5.4%，教育文化娱乐价格上涨 1.5%，其他用品和服务价格上涨 1.4%，食品烟酒价格上涨 1.0%。全省工业生产者出厂价格比上年上涨 5.7%，比 1—11 月回落 0.5 个百分点。工业生产者购进价格上涨 11.2%，比 1—11 月回落 1.0 个百分点。价格“剪刀差”逐步收窄。

（二）需要关注的问题

1. 受疫情持续反复冲击影响，需求恢复动力不足。居民增收难度大，消费场景短期内难以恢复，消费信心减弱。房地产投资持续负增长，传统基础设施投资增长空间有限，投资下行压力加大。

2. 结构性矛盾与短期冲击并存，实体经济发展困难不少。产业层次低、竞争力弱，产业链供应链运行不畅，新动能接续不够。资源优势产业发展水平不高，旅游设施和服务功能还不完善，研发设计等制造服务业发展滞后，部分市场主体生产经营困难较多。

3. 经济社会风险点增多，保稳定压力大。财政收支矛盾突出，基层“三保”和防范化解债务风险压力大。

二、银行业

（一）运行情况

1. 金融总量保持稳定增长，存贷款增速持续提升。截至 2022 年末，全省银行业金融机构累计获得人民银行各项货币政策工具资金支持超 1800 亿元，全年两次降准释放地方法人金融机构长期可用资金约 59 亿元，为有效支持疫情防控、助力乡村振兴、稳经济促发展等提供了长期、稳定的低成本资金。全省银行业金融机构资产总额 51778.59 亿元，同比增长 8.35%；负债总额 49499.93 亿元，同比增长 8.64%。全省人民币各项存款余额 32761.1 亿元，同比增长 9%，增速为近 5 年较高水平；全省人民币各项贷款余额 40223.1 亿元，同比增长 12.3%，高于全国平均水平 1.2 个百分点，增速居全国第 8 位。

2. 信贷结构持续优化，金融支持力度加大。一是信贷结构持续优化。自 2022 年以来，金融机构对制造业、高新科技、绿色等重点领域和普惠小微、涉农等薄弱环节金融支持不断增强。截至 2022 年末，贵州省投向制造业的中长期贷款、科技型中小企业贷款、绿色贷款余额同比分别增长 60.3%、20.8% 和 28.2%，普惠小微贷款和涉农贷款余额同比分别增长 23.5% 和 14.2%，相关指标增速均高于各项贷款增速。二是企业融资成本持续降低。2022 年，全省贷款加权平均利率 5.32%，同比下降 0.48 个百分点。其中，全省企业贷款加权平均利率 4.77%，同比下降 0.42 个百分点；小微企业贷款加权平均利率 5.18%，同比下降 0.43 个百分点。

3. 风险化解取得实效，风险抵补能力增强。一是实现存量高风险金融机构“清零”。通过近年来风险集中攻坚，贵州省于2022年第二季度完成最后两家高风险机构风险化解，实现存量高风险机构“清零”目标，风险化解取得阶段性成效。二是法人银行风险抵补能力增强。截至2022年末，全省法人银行业金融机构贷款损失准备余额668.33亿元，同比增加66.14亿元，资本充足率13.65%，同比上升0.16个百分点。

（二）需要关注的问题

1. 高风险金融机构反弹压力大。2022年，贵州省存量高风险金融机构虽实现“清零”目标，但受经济下行、疫情冲击等因素影响，全省银行业金融机构资产质量有所下降，不良贷款余额574.90亿元，同比增长24.23%，不良贷款率1.43%，同比上升0.14个百分点。加上全省评级结果为7级机构占比近20%，个别机构评级得分接近高风险临界值，仍有较大反弹压力。

2. 地方政府债务潜在风险持续暴露。自2021年下半年以来，部分市县融资平台资金链十分紧张，一旦政府融资平台发生违约，将对银行资产质量形成较大影响，尤其个别金融机构投向政府类项目余额较大，受冲击更大。特别需要关注的是，个别地方融资平台负面舆情在互联网上持续发酵，一定程度上影响了市场对地方政府融资平台的信心，加剧了当前区域性金融风险防控压力。

3. 房地产风险持续向金融体系传导。在房企贷款端，恒大、融创等全国性头部房企以及贵州本土个别房企涉险以来，尽管已采取展期、重组等方式缓释风险，但还款不确定性仍然较大。在个人住房贷款端，受项目停工、房价下行、收入下降等因素综合影响，全省个人住房贷款不良余额同比增长较快，个人住房贷款质量加速劣变。两项负面影响叠加，将对银行造成持续冲击。

4. 流动性风险隐患仍需高度关注。贵州省金融机构存贷比持续高位运行，资金压力和流动性压力不断加大，信贷增长乏力问题日益凸显，个别中小法人银行过度依赖同业拆借资金，流动性风险隐患加大。尤其是贵州省中小银行数量较多，且风险抵御能力相对较弱，尽管尚未出现挤兑或集中取款等流动性风险事件，但仍面临存款搬家、流动性、衍生舆情等风险隐患。

三、证券业

截至2022年末，贵州省证券经营机构127家（法人机构2家、分公司28家、营业部97家），期货经营机构9家，私募基金管理人73家。证券经营机构资产总额561.1亿元，同比增长3%。

（一）运行情况

1. 风险防控取得一定成效。一是法人证券公司部分监管指标有所改善。截至2022年末，法人证券公司净资本160.3亿元，同比增加16.47%，风险覆盖率348.46%，同比增加43.1个百分点；流动性覆盖率433.73%，同比增加40.73个百分点；资本杠杆率34.69%，同比增加14.91个百分点。二是私募基金风险压降成效明显。截至2022年末，私募基金管理人已完成问题整改195项，私募基金风险产品规模已压降99.92%。全省15家具备“伪私募”特征的机构中，已有7家完成“双注销”，2家完成中基协注销，剩余6家均已纳入中基协异常经营公告。

2. 证券行业经营业绩整体下滑。2022年受经济下行叠加疫情反复因素影响，证券市场经营业绩整体下滑。截至2022年末，贵州省证券市场累计成交额39319.2亿元，同比下降20.2%，证券投资者户均资产 16.38 万元，同比减少 16.64%，期货市场累计成交额 7257.8 亿元，同比下降 14.7%，期货投资者户均资产 2.64 万元，同比减少 17.05%。

3. 证券市场融资规模收缩。2022 年，贵州省证券市场累计融资 1040 亿元，同比下降 43.5%。其中，股票融资 159.4 亿元，同比减少 22.1%；公司债融资 284.45 亿元，同比减少 38.1%；资产证券化产品融资 566.73 亿元，同比减少 51.9%；仅新三板融资规模同比扩大，2022 年 29.3 亿元，是 2021 年融资金额的 97.67 倍。

（二）需要关注的问题

1. 公司债违约风险持续积压。2022 年到期、回售公司债兑付比例仅 51.84%；2023 年到期、回售公司债金额是 2022 年的 1.34 倍，2021 年的 1.89 倍。在融资环境日趋严峻的形势下，若公司债发行人不能足额兑付债券金额，可能会出现债券偿付金额逐渐累积并加大违约信用风险的情况。

2. 法人证券公司风险防控压力较大。受国内外经济形势变化和疫情反复等多重超预期因素影响，2022 年证券市场整体表现不佳，法人证券公司经营业绩承压。截至 2022 年末，法人证券公司营业收入 17.45 亿元，同比下降 58.23%；净利润 -5.76 亿元，同比减少 167.61%。

四、保险业

截至 2022 年末，贵州省辖内保险经营机构 1330 家，其中法人公司 1 家、省分公司 34 家、市（州）中心支公司 199 家、县支公司 676 家、营业部和营销服务部 420 家。全省保险业资产总额 959.3 亿元，全年累计增加 80.9 亿元，同比增长 9.2%。

（一）运行情况

1. 全省保费增速转负为正。2022 年，贵州省保险业实现原保险保费收入 504.24 亿元，同比增长 1.61%，增速较 2021 年上升 4.08 个百分点，自 6 月以来保持正增长。其中，人身险业务原保险保费收入 274.31 亿元，同比下降 2.59%；财产险业务原保险保费收入 229.93 亿元，同比增长 7.11%。

2. 保障功能较好发挥。2022 年，贵州省保险业提供各类风险保障合计 97.89 万亿元，同比增长 43.17%，其中政策性农业保险为 827.7 万户次农户以及各类农业生产组织提供风险保障 2039.1 亿元。全年赔付支出 218.08 亿元，同比增长 5.38%。其中，人身险业务赔付支出 74.34 亿元，同比增长 11.66%；财产险业务赔付支出 143.74 亿元，同比增长 2.4%。

3. “险资入黔”工作取得进展。为充分发挥保险资金长期、稳定的优势，贵州省政府持续推进“险资入黔”工作。截至 2022 年末，保险资金投向贵州实体经济规模 717.94 亿元，较 2021 年增长 75.97%，增速列全国第 9 位、西南地区第 1 位。

（二）需要关注的问题

1. 人身险业务发展仍然滞后。2022 年，贵州省人身险业务原保险保费收入 274.31 亿元，同比减少 2.59%，保费增速持续为负，在全国处于滞后位次，居全国第 33 位、西部第 11 位。

2. 保险市场发展不足。2022 年，贵州省保险深度 2.50%、保险密度 1307.67 元/人，分别较 2021 年下降 0.03 个百分点和 62.08 元，与保险市场发达地区、全国平均水平仍然存在较大差距。

3. 法人保险机构偿付能力充足率持续承压。2020—2022 年，辖内法人保险公司综合偿付能力充足率持续下跌，分别为 181.77%、163% 和 124%，分别低于当年行业平均水平 60.73 个、69.1 个和 100.2 个百分点。

五、地方金融组织

截至 2022 年末，全省各类地方金融组织 385 家，同比减少 43 家，融资余额 2546.9 亿元，同比增加 652.8 亿元。

（一）运行情况

1. 地方金融组织结构优化。2022 年，贵州省强化地方金融组织年度年检工作，取消 55 家违法违规经营地方金融组织，保留地方金融组织 385 家，其中，小额贷款公司 100 家，融资担保公司 178 家，典当行 89 家，融资租赁公司 8 家，地方资产管理公司 1 家，权益类交易所 9 家。

2. 地方金融组织融资规模增加。截至 2022 年末，全省各类地方金融组织融资余额 2546.9 亿元，同比增加 34.48%。其中，小额贷款公司各项贷款余额 83.4 亿元，同比增加 0.7%；融资担保公司各项在保余额 1405.9 亿元，同比增加 19.3%；典当行典当总额 10.7 亿元，同比增加 52%；地方资产管理公司累计收购不良资产投资额 155.6 亿元，同比增加 25%；权益类交易所融资余额 879.7 亿元，同比增加 9.3%；仅融资租赁公司融资余额同比下降，租赁资产总额 11.6 亿元，同比减少 59.7%。

3. 融资担保机构体系改革深化。自 2021 年以来，贵州省深化融资担保机构体系改革，建立健全全省农业信贷担保联盟体系、全省政府性融资担保体系和国有规模化融资担保机构服务体系，推动乡村振兴与实体经济发展。截至 2022 年末，三大体系在保户数 29.12 万户，在保余额 1248.67 亿元，其中，涉农在保户数 26.12 万户，在保余额 747.77 亿元，中小微企业在保户数 1.1 万户，在保余额 377.4 亿元。

（二）需要关注的问题

1. 信用违约风险反弹。一是小额贷款公司客户大都为信用等级低、风险评估难度大的群体，加之经济下行等因素影响，偿还能力进一步承压，信用风险不断加大。二是区域性股权市场、金融资产交易场所等权益类交易场所涉及地方融资平台公司，涉众性强，存在风险隐患。

2. 存在合规风险隐患。一是部分融资担保公司抽借、挪用注册资本金后，留存资金低于注册资本金数额，易引发资金链断裂、代偿纠纷等风险。二是部分典当行存在未经核准擅自变更经营场所、超比例发放当金、现金管理不规范、未按要求办理当物抵质押手续等违规经营行为。三是部分地方交易场所没有形成可持续的合规业务模式，存在风险隐患。

3. 内控制度有待完善。部分小额贷款公司与融资担保公司存在发起人与高管缺乏风险识别意识和管控能力、专业人才匮乏、人员流动性较大、识别和控制风险能力较弱等问题。

六、金融市场

（一）银行间债券市场

2022 年，银行间市场债务融资稳步发展，金融债券发行规模进一步扩大。贵州省企业全年在银行间债券市场发行 27 只债务融资工具，金额共计 213.3 亿元。全省地方法人金融机构发行各类金融债券 120 亿元，较前三年平均发行规模增长 89.5%。重点领域支持力度持续加大，小微金融债发行 60 亿元，绿色金融债发行 30 亿元，资本补充债发行 5 亿元。

（二）货币市场及票据市场

1. 同业拆借市场交易量有所减少，平均利率明显下降。截至 2022 年末，全省共有 72 家地方法人金融机构加入全国银行间同业拆借市场。2022 年，累计发生同业拆借交易 3442 笔，金额 7290.2 万亿元，同比减少 36.7%，其中隔夜拆借交易占比 72.6%。同业拆借全年加权平均利率 1.89%，较上年下降 23 个基点。分期限看，除 4 个月拆借利率较上年小幅上升外，其余期限拆借利率均有所下降。

2. 债券回购市场交易量有所减少，资金流向为净融出。截至 2022 年末，全省共有 67 家地方法人金融机构及部分非法人投资产品加入全国银行间债券市场。2022 年，累计在银行间债券回购市场成交 21.9 万亿元，同比减少 1.7%。其中，质押式回购占比 99.1%，较上年下降 0.5 个百分点；7 天（含）以内的质押式回购交易占比 98.3%，较上年上升 0.1 个百分点。参与银行间债券回购市场交易的利率有所下降，质押式回购加权平均利率 1.51%，较上年下降 48 个基点。全年地方法人金融机构及非法人产品资金累计净融出 1.8 万亿元。

3. 票据市场业务量有所增加，贴现利率持续下降。2022 年，全省票据业务承兑发生额 2079.3 亿元，同比增长 33.2%，其中银行承兑汇票承兑发生额 1754.2 亿元，商业承兑汇票承兑发生额 325.1 亿元。票据贴现累计发生额为 929.2 亿元，较上年增加 37.5%。全年票据贴现加权平均利率 1.87%，较上年下降 82.44 个基点。

（三）外汇市场

1. 涉外收支平稳增长，外汇供求基本平衡。2022 年全省银行代客涉外收付款总额 147.05 亿美元，同比增长 11.47%，顺差 8.02 亿美元，同比收窄 83.85%。分项目看，经常项目、资本和金融项目收支总额实现“双增”，呈“一顺一逆”格局。其中，经常项目收支总额 86.36 亿美元，同比增长 3.78%，顺差 14.60 亿美元，同比收窄 59.23%。资本和金融项目收支总额 60.69 亿美元，同比增长 24.62%，逆差 6.58 亿美元，上年同期为顺差 13.86 亿美元。外汇市场方面，2022 年全省银行结售汇总额 87.15 亿美元，同比增长 6.07%，顺差 0.84 亿美元，同比收窄 97.84%。全年全省银行代客外汇远期、期权签约金额 19.29 亿美元，同比下降 22.86%，企业外汇套期保值比率 22.19%，同比下降 5 个百分点。

2. 跨境人民币量增面扩，支持实体经济发展质效提升。2022 年，贵州省跨境人民币收付 286.9 亿元，为近 5 年最高水平，同比增长 44.3%，占本外币收付的 29.1%，较上年提高 5.8 个百分点。其中，衡量实体经济人民币使用水平的经常项目和直接投资人民币收付 162.5 亿元，同比增长

117.0%，占同口径本外币收付的22.9%，较上年提高11.2个百分点。全省25家具备国际业务资格银行中，开办跨境人民币业务的银行达24家。除城市中心外，全省办理跨境人民币业务的县域增加至30个，较上年增加12个，金融机构网点增加至186个，较上年增加27个。

七、金融基础设施和金融改革创新

（一）支付结算体系

积极推动小微企业支付手续费减费让利，全省支付市场服务主体累计减费让利7.43亿元，惠及小微企业和个体工商户161.94万户。进一步推动移动支付在全省便民场景广泛应用和向县及农村地区纵深发展，全省年内累计移动支付交易8549.86万笔，金额154.54亿元，“云闪付”年内累计新增127.52万户。推动农村支付服务环境提档升级，在助农取款服务点上嵌入社保、医保等其他便民功能，打造“支付服务+政务信息+电子商务”为一体的综合性农村服务站点。截至2022年末，全省共有助农取款服务点20631个，累计交易3625.73万笔、金额260.98亿元。持续优化账户服务和加强账户风险防范，截至2022年末，全省共有各类银行结算账户26101.08万户，同比增长9.56%，增速较上年同期加快0.67%。持续推进电信网络新型违法犯罪“资金链”治理工作，强化综合治理源头治理，不断提升账户风险防控水平。

（二）信用体系

制定《贵州省推进社会信用体系建设高质量发展促进形成新发展格局的实施方案》，进一步建立健全社会信用体系建设工作机制。健全金融生态环境测评工作机制，完善指标体系，持续开展测评，改善地方信用环境。加快地方征信平台建设，强化涉企信息共享，推动省政府成立地方征信平台建设和应用工作领导小组，建成并上线“贵州省大数据综合金融服务平台”，实现全省421.7万户市场主体全覆盖。指导全省开展农村信用工程建设，截至2022年末，已为全省768.7万农户建立信用档案，建档面达100%，信用村、信用乡镇覆盖面分别为84.8%、80.4%。在全省范围内开展“征信修复”乱象专项治理行动，对334家违规企业开展清理整顿。持续扩大金融信用信息基础数据库覆盖面，已覆盖全省200家金融机构，全年提供企业信用报告查询22.40万次。

（三）反洗钱

持续加强反洗钱监管力度，对284家义务机构开展反洗钱行政执法检查，核定并实施处罚10家金融机构以及24名相关责任人，处罚金额合计666.6万元。积极开展法人金融机构洗钱和恐怖融资风险评估，对辖内182家机构开展全面评估，首次实现法人金融机构风险评估全覆盖。全面推进打击治理洗钱违法犯罪工作，联合省公安厅等十部门印发《贵州省打击治理洗钱违法犯罪三年行动计划（2022—2024）》，积极落实“一案双查”，助力贵州省首例保险诈骗“自洗钱”案成功宣判，截至2022年末，推动全省以《刑法》第一百九十一条洗钱罪宣判案件33起，以《刑法》第三百一十二条宣判案件305起。

（四）金融消费权益保护

践行“金融为民”服务理念，畅通投诉咨询渠道，疫情防控期间启动居家接听应急响应模式，确保投诉咨询服务不断档，积极打造金融纠纷多元化解贵州模式，构建金融知识普及全网格。2022年，共接收咨询10066件，投诉495件，办结率100%；调解金融纠纷11467件，调解成功10051件，成功率87.65%。深入开展“蒲絮飞扬”系列专项行动，推动“蒲公英”金融志愿服务行动走深走实。依法开展金融消费权益保护检查评估，切实规范金融营销宣传行为。2022年，共处置涉嫌违法违规金融营销宣传线索37条，对35家金融机构开展2021年度金融消费者权益保护评估，对10家金融机构开展执法检查。

（五）贵安新区绿色金融改革创新试验区

贵州省贵安新区绿色金融改革创新试验区自成立以来，中国银行等3家银行设立贵安绿色金融改革试验区支行，贵阳银行等9家金融机构设立绿色金融事业部，人保财险贵州省分公司在试验区建立全国首个“绿色金融”保险服务创新实验室，初步建成以银行业金融机构为主、非银行业金融机构为辅的绿色金融组织体系。截至2022年末，全省绿色贷款余额5633.9亿元，同比增长28.2%，较同期各项贷款增速高16个百分点。金融机构在管理体制、抵质押模式、担保模式等方面积极探索绿色金融创新，实现绿色金融产品和服务方式创新达100余项，“有效盘活绿色信贷资金支持贵州省绿色发展”等18个典型案例在全国推广。

（六）金融委办公室地方协调机制（贵州省）

金融委办公室地方协调机制（贵州省）聚焦指导和协调定位，及时传达党中央、国务院和金融委相关政策精神，推动落实有关工作部署，持续发挥在服务实体经济、防控金融风险、支持金融改革等方面的积极作用。一是2022年6月推动成立以省委书记、省长任组长的省金融风险化解委员会，推动制定印发防范化解重点金融风险系列方案。联合省市场监管局等部门出台《贵州省涉金融类市场主体登记会商“4+1”工作机制》，探索补齐监管短板。二是按照“稳定大局、统筹协调、分类施策、精准拆弹”的基本方针，持续推进重点突出领域金融风险化解工作，监管协作不断加强，形成风险处置合力，实现存量高风险金融机构“清零”。三是引导金融机构落实好差别化住房信贷政策，推动个人住房贷款利率下行，保持房地产信贷平稳有序投放，满足居民及房地产企业合理融资需求。指导金融机构加大“保交楼”支持力度，为项目复工创造良好条件。指导国家开发银行做好政策性专项借款资金发放工作，贵州成为全国首个完成专项贷款全额发放的省份。

八、总体评估与趋势展望

2022年，贵州省积极应对疫情防控、经济下行、债务约束等多重影响和冲击，全面落实稳经济“一揽子”政策和接续措施，大力推动复工复产复市，顶住了超预期因素冲击，稳住了市场主体、稳住了就业、稳住了经济基本盘。与此同时，贵州省经济金融发展还存在不少困难和挑战，经济下行压力仍然较大，实体经济发展困难不少，债务风险化解承压，中小法人金融机构风险面临反弹，公司债违约风险增加，保险市场发展不足等问题仍需高度重视。

2023年，贵州省金融系统将全面贯彻落实党的二十大和中央经济工作会议精神，继续深入贯彻落实国发〔2022〕2号文件精神，坚持稳中求进工作总基调，持续加大重点领域、薄弱环节信贷支持力度，积极防控重点领域金融风险，严防风险反弹回潮，推动贵州经济运行整体好转，实现质的有效提升和量的合理增长，推动贵州高质量发展实现新跨越。

中国人民银行贵阳中心支行金融稳定分析小组

组　　长：文洪武
副 组 长：谢　艳
成　　员：令狐春荣　李　刚　向　明　毛洪江　李　媛　刘利红
何　炜　舒　勤　秦少华　刘传庆　马　青　陈玉婷

《贵州省金融稳定报告（2023）》编写组

总　　纂：谢　艳
统　　稿：令狐春荣　陈　芳
执　　笔：石　实　冯永佳　石书柏　李　曦　陈　義　季忠艳
陈红宇　陈文杰　李志勇　袁　叶　宋海涛　樊　享
张寒诗　王　姣　滕　潇
参与写作人员：陈旭东　刘　爽　李　睿　孙　怡　王　飞　何补江
刘世波　余　勇　王　肖

云南省金融稳定报告摘要

2022年，云南省金融系统以习近平新时代中国特色社会主义思想为指导，认真贯彻落实党中央、国务院决策部署，在金融委、总行的统筹指挥下，立足本地实际，坚决支持稳住宏观经济大盘，落实好金融支持稳经济工作措施，持续加大重点领域、薄弱环节的金融支持力度；加大重点领域、重点机构风险处置力度，有效防范化解金融风险，着力深化金融改革开放，持续提升金融管理服务水平，各方面取得了极为不容易的新成效。一年来，云南省经济延续稳中加固的态势，金融业总体稳健，金融秩序逐渐向好，金融机构资产质量有所提升，高风险机构数量总体保持在较低水平，金融领域风险得到缓释。但由于内外环境相互交织影响，产业、财政、省属企业潜在风险和隐患向金融领域、金融机构倒灌可能性加大，部分行业和领域的风险仍需高度关注。

一、区域经济运行

（一）宏观经济运行情况

1. 经济总量稳步扩大，第二产业占比提高。2022年，面对复杂严峻形势，云南省经济顶压前行，经济运行稳中有进、进中提质，财政金融运行平稳，物价总体稳定，民生福祉持续改善，高质量发展取得新成效。全省实现地区生产总值28954.20亿元，比上年增长4.3%。分产业看，第一产业增加值4012.18亿元，增长4.9%；第二产业增加值10471.20亿元，增长6.0%；第三产业增加值14470.82亿元，增长3.1%。第二产业占比较上年提高0.9个百分点，经济结构进一步优化。分季度看，第一季度增长5.3%，第二季度增长1.9%，第三季度增长4.3%，第四季度保持良好恢复态势增长5.8%，分别比第一、第二、第三季度加快0.5个、3.9个和1.5个百分点（见图1和图2）。

2. 农林牧渔业保持平稳，工业转型升级进一步加快。在农业方面，2022年云南省农林牧渔业实现总产值6635.80亿元，同比增长5.5%，农林牧渔业综合生产能力显著提升。从粮食产量看，云南省粮食产量实现“十一连丰”，2022年全省粮食总产量1957.96万吨，同比增长1.4%。粮食单产为309.98公斤/亩，同比增长1.0%，粮食产量再创历史新高。在工业方面，2022年云南省规模以上工业增加值较上年增长7.7%。从三大门类看，采矿业增加值增长4.8%，制造业增加值增长8.7%，电力、热力、燃气及水生产和供应业增加值增长5.3%，制造业较快增长引领带动工业高质量发展。其中，高技术制造业增势良好，增加值增长39.4%，高于上年增速4.5个百分点；装备制造业高速增长凸显工业经济韧性，增加值增长49.1%，高于上年增速16.4个百分点，工业转型升级加快，新动能引领作用增强。

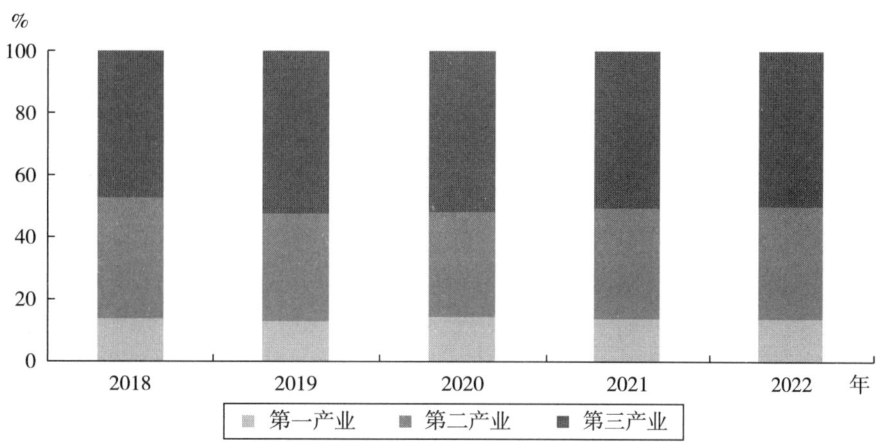

图1　2018—2022年地区生产总值及构成比例

（数据来源：云南省统计局）

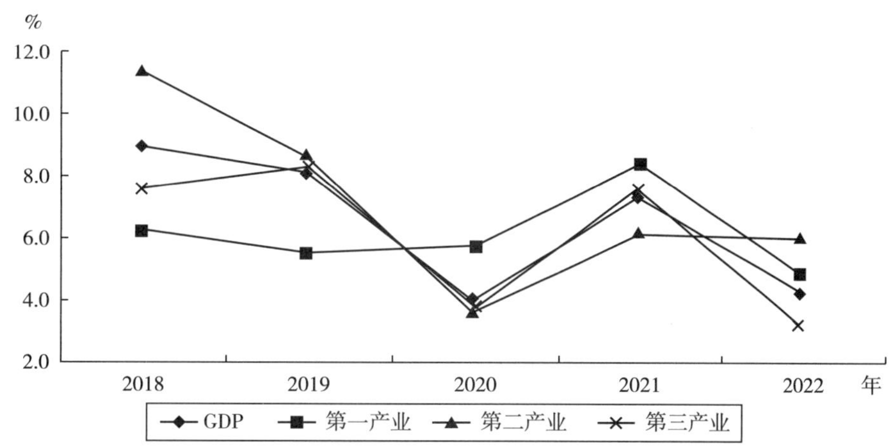

图2　2018—2022年地区生产总值及三次产业同比增速

（数据来源：云南省统计局）

3. 投资结构发生重大转变，经济发展后劲显著增强。2022年，云南省固定资产投资①同比增长7.5%。分产业看，第一产业投资同比增长22.5%，第二产业投资同比增长48.7%，第三产业投资同比下降2.3%。其中，产业投资增速和占比均创历史新高，年内产业投资同比增长42.5%，较上年同期提高30.6个百分点，占全部投资比重的40.6%，较上年同期提高10.0个百分点，成为拉动投资增长的主要支撑。工业投资同比增长48.8%，占比达21.2%，改变“一房独大”投资格局；农业、旅游业、数字经济投资分别增长32.5%、52.7%和24.0%，旅游业投资规模首次突破千亿元大关。地方政府专项债发挥积极作用，水利投资同比增长34.7%，生态保护投资同比增长22.4%，重大基础设施项目建设加快推进。民生投入力度持续加大，社会领域投资同比增长33.0%，社会领域投资活力有效激发。民间投资同比增长5.3%，市场预期明显好转，民间投资信心持续恢复。

4. 市场消费回暖向好，升级类商品销售活跃。2022年，云南省实现社会消费品零售总额

① 不含农户。

10838.84 亿元，同比增长 1.0%。其中，基本生活类商品增势良好，限额以上单位吃类商品零售额总体稳定，同比增长 5.8%，用类商品加快恢复，同比增长 7.1%。升级类商品销售保持活跃。限额以上出行类商品消费市场较为活跃，同比增长 9.5%；新能源汽车补贴政策持续显效，限额以上单位新能源汽车类商品零售额增长 1.5 倍。线上消费保持活跃，限额以上通过公共网络实现的商品零售额同比增长 28.2%。

5. 财政运行总体平稳，民生投入力度持续加大。2022 年，云南省地方一般公共预算收入完成 1949.32 亿元，扣除留抵退税因素后同比增长 2.0%。地方一般公共预算支出完成 6699.74 亿元，同比增长 1.0%。全年退减降缓税费超千亿元，其中完成增值税留抵退税 818.6 亿元，减税降费政策成效显著。财政支出向民生领域倾斜，民生支出占比达 73%，其中，灾害防治应急管理支出增长 18.4%；交通运输支出增长 5.2%，社会保障和就业支出增长 4.0%，教育支出增长 1.9%。

6. 居民收入稳步增长，农村居民收入增长快于城镇。2022 年，云南居民人均可支配收入 26937 元，名义同比增长 5.0%。其中，城镇居民人均可支配收入 42168 元，名义同比增长 3.1%；农村居民人均可支配收入 15147 元，名义同比增长 6.7%。从结构看，居民人均工资性收入 13683 元，名义同比增长 4.7%；经营净收入 6119 元，名义同比增长 5.2%；财产净收入 2492 元，名义同比增长 7.2%；转移净收入 4643 元，名义同比增长 4.1%。城乡收入比值为 2.78∶1，比上年缩小 0.1，城乡居民人均收入相对差距进一步缩小。

（二）外汇收支运行总体情况

1. 跨境收支总规模增长，逆差规模大幅扩大。2022 年，云南省跨境收支总规模 320.77 亿美元，同比增长 8.41%。其中，跨境收入 132.69 亿美元，同比下降 6.3%；跨境支出 188.07 亿美元，同比增长 21.9%。跨境收支逆差 55.38 亿美元，同比增长 3.37 倍。从项目结构看，经常项目、资本和金融项目双逆差。其中，货物贸易逆差增长 176.22%，导致经常项目逆差同比扩大 143.23%；跨境融资偿债流出和境外放款汇出导致资本和金融项目逆差 12.96 亿美元，同比负向变动 17.74 亿美元。

2. 银行结售汇总额保持两位数增长，逆差扩大。2022 年，云南省银行结售汇总额 181.34 亿美元，同比增长 17.62%。其中，结汇 67.2 亿美元，同比增长 9.2%；售汇 114.15 亿美元，同比增长 23.22%。逆差同比扩大 50.97%，达 46.95 亿美元。近两年来，月度银行结售汇基本维持逆差，2022 年 7 月达到峰值 7.18 亿美元。从项目结构看，经常项目结售汇逆差 40.96 亿美元，同比扩大 36.42%，对全省结售汇逆差的贡献度达 87.25%；资本和金融项目结售汇逆差 5.99 亿美元，同比增加 4.91 亿美元。

3. 人民币跨境收支规模和占比“双降”，资金呈净流入态势。2022 年，全省人民币跨境收支规模 96.7 亿美元，同比下降 4.49%；占跨境收支总规模的 30.15%，占比较上年同期下降 4.07 个百分点。其中，人民币跨境收入 52.6 亿美元，同比下降 16.17%；支出 44.1 亿美元，同比增长 14.54%。人民币跨境收支顺差 8.51 亿美元，同比收窄 64.92%。分项目看，经常项目人民币跨境收支总额 55.7 亿美元，同比下降 9.27%；顺差 11.37 亿美元，同比收窄 50.83%。资本和金融项目人民币跨境收支总额 41 亿美元，同比增长 2.87%；逆差 2.86 亿美元，同比负向变动 3.99 亿美元。

（三）宏观经济运行中需要关注的方面

1. 房地产市场低位波动的冲击明显。2022 年，云南省房地产开发投资同比减少 26.9%，新开工施工面积同比减少54.8%，商品房销售额同比减少32.5%，显示房地产市场仍处于深度收缩区间，市场波动加剧也会对金融供给造成冲击。其一，房地产贷款占比回落。2022年末，房地产贷款余额同比增长0.29%，个人住房贷款余额同比增长1.60%，房地产贷款占各项贷款比重22.13%，较2019年末回落2.18个百分点。其二，市场波动的外溢影响加剧。2022年末，建筑业中长期贷款同比减少7.66%，较上年末回落14.76个百分点。同时，财富效应转弱，消费需求受抑制。2022年末，云南省消费贷款同比增长3.69%，较上年末回落8.28个百分点。

2. 消费需求延续弱复苏态势。2022年，国内省内疫情多发散发，消费市场面临超预期因素冲击，社会消费品零售总额同比增长1.0%，继续呈现“弱复苏”态势。其一，居民收入增长放缓制约消费能力恢复。2022年，云南省人均可支配收入同比增长5.0%，增速较上年回落5.2个百分点。其二，预期不稳导致消费意愿不足。人民银行储户问卷调查显示：2022年第四季度，68.0%的居民选择“更多储蓄”，占比较第三季度增加12.8个百分点；仅有21.0%的居民选择“更多消费”，11.0%的居民选择“更多投资”，显示居民储蓄意愿增强，消费和投资意愿下降。

3. 财政收支压力进一步加大。2022年，云南省一般公共预算收入同口径增长2.0%，较上年回落5.6个百分点；一般公共预算支出同比增长1.0%，较上年回升5.9个百分点，在财政收入增长放缓与支出责任增加的背景下，财政收支压力进一步加大。同时，房地产市场低位运行造成相关财政收入持续承压。2022年，云南省土地和房地产相关税收同比减少19.8%，国有土地使用权出让收入同比减少50.8%。

二、银行业

（一）银行业发展运行情况

1. 资产负债规模稳健增长，银行业对实体经济支持力度逐渐加大。在疫情防控措施优化、各项稳经济措施刺激等因素的影响下，云南省银行业金融机构资产负债规模呈现上升态势，对实体经济支持力度逐渐加大。2022年，云南省银行业金融机构资产合计54543.05亿元，同比增长6.94%，较上年同期上升0.75个百分点；负债合计52757.52亿元，同比增长7.38%，较上年同期上升1.2个百分点（见图3）。

2. 各项存款增长明显回升，增量创历史最高水平。2022年，云南省本外币各项存款余额3.96万亿元，同比增长8.38%，较上年同期上升5.95个百分点，全年增速创近6年新高。存款增量较年初增加3060.71亿元，同比多增2193.53亿元，增量创历史最高水平，银行业各项存款明显回升（见图4）。从结构看，居民储蓄意愿边际上升，住户部门存款平稳增长；企业投资意愿转弱，企业存款负增收窄；受财政资金划转、税款支出、增值税留抵退税影响，财政性存款下降明显。截至2022年末，住户存款余额2.18万亿元，同比增长12.71%；非金融企业存款余额8211.74亿元，同比下降0.95%；非银行业金融机构存款余额1269.71亿元，同比增长55.48%；财政性存款余额727.23亿元，同比下降9.47%。从期限结构看，受经济短期不确定性增加影响，存款定期化特征明显。2022年，定期及其他存款比年初新增1956.5亿元，在各项存款增量中的占比达63.92%。

3. 各项贷款增速放缓，信贷结构逐步优化。2022年，云南省本外币各项贷款余额4.26万亿元，同比增长9.5%，增速较上年同期下降1.7个百分点。分部门看，企业有效信贷需求不足，信贷增长主要靠票据拉动；受个人住房贷款增速持续下滑影响，住户贷款增速整体下滑。截至2022年末，企（事）业单位贷款余额2.84万亿元，同比增长10.54%，高于上年同期0.26个百分点。其中，企业短期贷款、中长期贷款同比增速分别低于上年同期2.92个、1.12个百分点；票据融资同比增速高于上年同期11.31个百分点。住户贷款余额1.39万亿元，同比增长7.55%，低于上年同期5.20个百分点。从投向看，2022年云南省普惠口径小微贷款同比增长26.31%，普惠口径小微贷款授信户数同比增长20.46%，小微企业金融服务持续优化；基础设施建设领域本外币贷款同比增长9.77%，基础设施贷款稳定增长；制造业中长期贷款同比增长29.95%，高于贷款平均增速20.45个百分点，制造业中长期贷款较快增长；涉农贷款同比增长14.04%，涉农领域贷款增长加快；房地产贷款同比增长0.29%，房地产市场适度回暖。

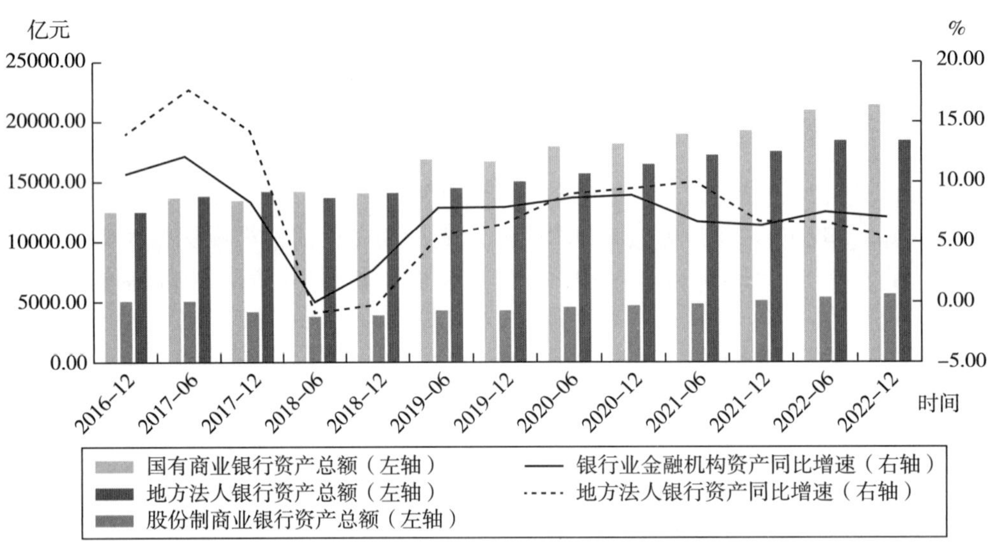

图3　2016—2022年云南省银行业金融机构资产变化情况

（数据来源：中国人民银行昆明中心支行、中国银行保险监督管理委员会云南监管局）

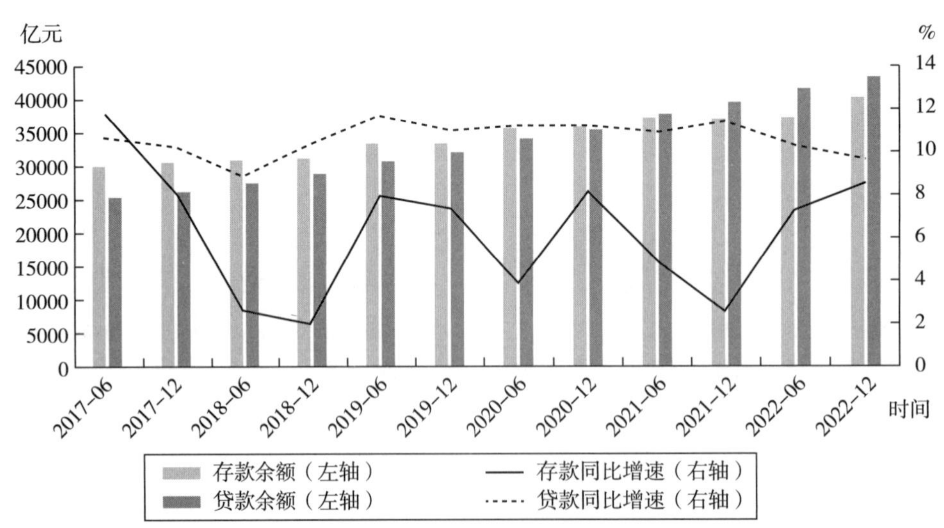

图4　2017—2022年云南省金融机构存贷款变动情况

（数据来源：中国人民银行昆明中心支行、中国银行保险监督管理委员会云南监管局）

4. 银行业资产质量持续改善，部分机构和区域不良水平仍然较高。2022 年，云南省银行业用好用足各项核销政策，通过现金清收、核销、批量转让共处置不良贷款 425.47 亿元；全省银行业资产质量持续改善，总体资产质量保持较好水平。截至 2022 年末，全省银行业不良贷款余额 586.94 亿元，较年初增加 22.50 亿元，不良贷款率 1.37%，较年初下降 0.07 个百分点。从机构类型看，大型商业银行、股份制商业银行和政策性银行（含开发性金融机构）资产质量较好，中小地方法人银行不良贷款率水平依然较高。分区域看，金融生态发展环境异质性对区域间资产质量影响较大。

5. 银行业法人金融机构抗风险韧性不断加强，整体风险可控。2022 年，云南省银行业法人金融机构拨备水平稳步上升，贷款损失准备余额 856.75 亿元，同比增加 9.2%，拨备覆盖率达 271.48%，同比提高 29.08 个百分点；法人机构总体资本充足率保持在 13.77% 以上。从 2022 年第四季度央行金融机构评级结果看，"绿区"① 机构 106 家，"黄区" 机构 98 家，"红区" 机构 1 家，安全边界内资产占比 99.98%，云南省银行业法人金融机构整体经营稳健，风险总体可控。

（二）银行业发展中需要关注的方面

1. 银行信贷资产质量下迁压力明显，信用风险防范形势仍然严峻。一是资产质量恶化趋势逐步显现。2022 年末，云南省银行业机构新形成不良贷款 437.61 亿元，不良贷款余额较年初增长 3.90%，不良贷款规模持续上升。逾期贷款、关注类贷款余额分别较年初增长 50.24%、36.81%，增量信用风险将进一步暴露。二是法人银行信用风险仍然突出。201 家法人银行不良贷款占全省银行业的 51.44%，不良贷款率和关注类贷款率分别高于全省银行业 1.45 个和 0.56 个百分点。叠加风险暴露存在一定滞后性，中小法人银行风险化解难度较大。

2. 中小地方法人银行风险化解进入"深水区"。一是现代金融治理架构不完善，个别机构党的领导弱化、虚化，出现大额关联交易和内部人控制现象，金融腐败案件多发。二是存量高风险机构历史包袱重，风险化解工作中存在不良清收难、诉讼周期长、处置资源不足等问题，风险处置难度较大。三是近三年出险机构普遍存在风险经营指标较差、自身经营不够稳健等问题，劣变回潮压力大。四是中小地方法人银行数量多、体量小，市场认知度低，当前改革化险工作推进缓慢，资本补充困难，资本硬约束制约其高质量发展。

3. 房地产、金融、地方债务风险交织。一是房地产市场预期尚不稳定，对政策反应偏弱，在滇个别房企资金链断裂、工程性"烂尾"、延期交房等风险加速暴露。另外，房地产企业"资金荒"对上下游企业造成一定冲击，金融机构面临的被逃废债风险加大。二是云南省地方政府法定债务超万亿元，部分州市融资平台企业举债形成的地方政府隐性债务规模庞大。地方财政紧张叠加债务约束，部分地区财政难以支撑较大规模的政府债务，个别地区融资平台公司债务违约苗头显现。

三、证券业

（一）证券业发展运行情况

1. 市场主体数量保持平稳，交易活跃度有所下降。2022 年末，云南省共有 2 家法人证券公司、

---

① 评级结果为 1～5 级的机构为绿区，结果为 6～7 级的机构为黄区，结果为 8～10 级的高风险机构为红区。

1 家证券投资咨询公司、35 家证券分公司、146 家证券营业部和 2 家法人期货公司、6 家期货分公司、25 家期货营业部。全年全省累计交易额 34992.29 亿元，同比下降 10.68%；客户资产 4632.37 亿元，同比下降 10.47%；新增资金账户数 17554 户，累计资金账户数 3194777 户，同比下降 1.98%；期货市场累计交易额 40583.54 亿元，同比增长 0.64%。新增账户 181 户，累计期货账户数 51351 户。客户权益 44.61 亿元，同比减少 24.22%。

2. 上市公司融资总额大幅萎缩，再融资及并购重组有序推进。2022 年末，云南省共有上市公司 42 家，同比增加 1 家，总股本 715.58 亿股，总市值 8913.80 亿元，同比下降 18.7%；拟上市公司共计 10 家。2022 年，全省上市公司累计融资 80.73 亿元，同比下降 51.02%，其中 IPO 融资 10.08 亿元，再融资 70.65 亿元；1 家上市公司再融资申请获证监会受理，1 家上市公司再融资申请获得深交所受理，2 家上市公司公告再融资预案。截至 2022 年末，累计 3 家次上市公司完成重大资产重组，交易金额合计 282.57 亿元。

3. “新三板”挂牌公司稳步发展，多层次资本市场体系进一步健全。2022 年末，云南省共有挂牌公司 58 家，其中创新层 18 家、基础层 40 家，做市挂牌交易 6 家、集合竞价交易 52 家。2022 年全省新增 3 家创新层公司，创新层公司达到 18 家，挂牌公司呈现出逐层递进发展的良好态势。全年全省企业累计通过交易所市场发行公司债券 24 只，较上年同期增加 4 只；金额 233.54 亿元，较上年同期增加 109.09 亿元；累计发行资产证券化产品 10 只，较上年同期减少 1 只；金额 11.81 亿元，较上年同期减少 21.38 亿元。2022 年末，云南省股权交易中心共有挂牌展示企业 198 家、登记托管企业 39 家。

（二）证券业发展中需要关注的方面

1. 上市后备资源有限，直接融资规模扩大动能不足。与全国发达地区相比，云南省多层次资本市场建设仍然存在较大差距。产业发展相对落后，存在工业水平不高、传统产业占比大、自主创新能力不足等问题，导致缺乏规模大、质量高的优质企业群体，加上企业资本市场运作意识不强，缺乏相关专业人才，后备上市资源较少，直接融资规模持续扩大的后续动能不足。

2. 退市、股权质押融资风险凸显。受经济转型、行业低迷等多重因素影响，云南省部分上市公司、挂牌公司出现不同程度的经营困难，少数公司甚至陷入持续经营困难。上市公司业绩回升的基础仍不牢固，仍需关注盈利水平下滑、经营压力不减、杠杆水平较高等问题。部分上市公司大股东股权质押比例较高，个别证券公司股权质押业务因交易对手方逾期未购回或股价触及质押平仓线，造成证券公司股权质押业务资金回收存在困难。

3. 法人机构资产规模收缩，证券公司盈利能力较弱。2022 年，市场波动剧烈，云南省地方法人机构承压明显，地方法人证券、期货机构资产规模收缩。2022 年末，2 家法人证券公司总资产 591 亿元，同比下降 4.09%；2 家法人期货公司总资产 35.01 亿元，同比下降 17.39%。证券公司风险抵御能力不足，2 家法人证券公司盈利大幅下滑。

四、保险业

（一）保险业发展运行情况

1. 保险公司资产规模持续扩张，保费收入由降转增。2022 年，云南省保险公司资产总额

1533.03 亿元，同比增长 8.69%。[①] 其中，财产险公司资产总额 314.71 亿元，同比增长 5.60%；人身险公司资产总额 1218.32 亿元，同比增长 9.52%。累计实现保险保费收入 725.02 亿元，同比增长 5.04%。从公司分类看，财产保险公司累计实现保费收入 335.31 亿元，同比增长 5.66%；人身险公司累计实现保费收入 389.71 亿元，同比增长 4.52%。从保险分类看，财产险保费收入 277.47 亿元，寿险保费收入 271.17 亿元，健康险保费收入 150.42 亿元，意外伤害险保费收入 25.97 亿元。

2. 赔款与给付继续增长，保障功能持续增强。2022 年，云南省保险公司赔付支出 314.36 亿元，同比增长 9.91%，延续近 6 年增长趋势。其中，财产险业务赔付支出 170.23 亿元，同比增长 5.81%；人身险业务赔付支出 144.13 亿元，同比增长 15.19%。财产险业务中，非车险赔款支出同比增长 26.77%，高于上年同期 24.65 个百分点，保证险、工程险、农业险赔款支出同比分别增长 28%、23.01% 和 25.49%，非车险在重点领域的风险补偿作用有效发挥。人身险业务中，寿险、健康险、意外伤害险赔付支出同比分别增长 13.58%、17.40% 和 4.60%。保单件数 3.93 亿件，同比增长 28.85%。普惠型商业健康保险产品“春城惠民保”承保 105 万人，同比增长 22%。

3. 财产险公司险种结构持续优化，承保利润减少。一是财产险公司车险保费收入扭负为正。2022 年，财产险公司车险业务实现保费收入 209.46 亿元，同比增长 4.13%，为车险综合改革后首次实现正增长，增速高于上年同期 17.29 个百分点。二是非车险业务占比持续提升。非车险业务实现保费收入 125.85 亿元，同比增长 8.33%，增速低于上年同期 0.38 个百分点，非车险保费收入占财产险公司保费收入比重为 35.73%，高于上年同期 0.92 个百分点。三是财产险公司承保利润大幅下降。保险公司预计 2023 年车辆出行恢复，车险赔款支出将增加，加大未到期责任准备金计提，提取未到期责任准备金同比增加，车险承保利润同比减少 1.34 亿元，叠加非车险赔款支出同比增长 26.77%，2022 年财产险公司实现承保利润 7.51 亿元，同比下降 43.28%。

4. 人身险公司渠道结构变化，储蓄型产品需求提升。一是个人代理人规模持续缩减，银邮渠道保费持续快速增长。受疫情影响，个人代理人业务拓展难度加大，佣金收入稳定性下降，个人代理人数量连续 4 年下降。截至 2022 年末，人身险公司营销员同比减少 1.13 万人，较 2018 年峰值减少 5.24 万人；个人代理保费同比下降 0.9%，占人身险公司保费比重同比降低 3.43 个百分点。银邮渠道持续发力，保费同比增长 31.69%，占人身险公司保费比重同比提高 4.62 百分点。二是储蓄型寿险受到市场青睐，健康险增长乏力。受新冠肺炎疫情以及权益市场波动较大的影响，居民储蓄意愿增长，保本储蓄型产品需求提升，终身、两全寿险保费同比分别增长 38.95%、14.58%，拉动寿险保费同比增长 7.8%，成为人身险公司保费唯一正增长险种。健康险受个人代理人减少、居民收入增速下滑、前期高增长下市场饱和度较高等因素影响，保费收入同比下降 1.06%，为近十年来首次负增长。

（二）保险业发展中需要关注的方面

1. 财产险公司非车险转型滞后。2022 年，财产险公司非车险保费收入增速 8.33%，低于全国平均增速 4.42 个百分点，非车险转型相对落后。在保险标的风险管理中，专业手段和技术不足，赔款支出大幅增长导致承保亏损 3.28 亿元，承保利润较上年大幅减少 4.39 亿元。

---

① 相关数据不含天安财险、易安财险和华夏人寿，计算同比变动时使用同口径数据，下同。

2. 人身险公司保费收入增长压力较大。个人代理人队伍的缩减，客观上有助于倒逼人身险公司提升营销员管理水平，转变前期粗放式增长模式，但营销员队伍缩减过快也给业务增长带来较大压力。人身险公司转而加大银邮代理渠道投入以缓解保费增长压力，2022 年银邮代理渠道手续费及佣金支出 6.07 亿元，同比增长 31.39%，竞争明显加剧。

3. 部分保险机构存在经营管理不规范问题。主要表现在销售误导、承保理赔不规范、虚列费用等方面。一是销售误导行为时有发生，如电话销售、微信朋友圈宣传等存在误导性内容。二是承保理赔审核管理不规范，理赔档案存在虚假资料、档案不完整等问题仍然理赔通过。三是虚列费用问题屡禁不止，部分机构通过虚列中介费、广告费等方式套取资金给予业务团队补贴或变相返还投保人。

五、金融基础设施

（一）支付体系建设稳中有进，监管规范有序

2022 年，云南省支付清算系统高效稳定运行，支付清算系统共处理业务 3.04 亿笔，同比增长 29.26%；清算资金 52.20 万亿元，同比增长 0.78%。大力拓宽支付服务民生广度深度。建设惠农支付服务点 14621 个，其中普惠金融服务站 7670 个，发生交易笔数 388.4 万笔、金额 49.39 亿元、查询 375.85 万笔。支付服务主体累计实现支付手续费减费让利 5.22 亿元，累计惠及小微企业和个体工商户 124.19 万户次。严监管维护支付市场良好秩序。依法审慎开展辖内法人支付机构续展以及退市工作。推广核验机制以来，累计核验 1714.73 万笔，拦截涉案可疑人员开户行为 22477 次，全省新开账户涉案占比由 50% 下降至 15%。

（二）持续强化监管协调，反洗钱工作取得丰硕成果

2022 年，组织开展反洗钱综合评价 596 家，法人机构分类评级 219 家，监管走访 494 家，约见谈话 104 家，法人机构风险评估 36 家，发布监管提示函 78 份。共对 24 家机构开展反洗钱执法检查，对 1 家支付机构开展案件调查，对 20 家义务机构实施行政处罚，合计处罚 1065.52 万元。行政处罚双罚率 100%，处罚公示率 100%。与省公安厅、省税务局稽查局等部门建立常态化协作机制。2022 年，接收处理重点可疑交易报告 816 份，向有关部门移送可疑案件线索 196 条；配合有关部门对各类案件开展反洗钱调查 400 余次，调取交易金额超过 1 万亿元。推动司法部门以“洗钱罪”判决案件 38 起 51 人（含 2021 年底判决案件 7 起），其中自洗钱案件 12 起 19 人，实现“洗钱入罪”与“自洗钱”宣判“双突破”。

（三）信用环境建设力度加大，金融生态环境进一步完善

2022 年，云南省共设立 569 个征信服务网点，布放 657 台个人和企业信用报告自助查询机。企业自助查询机布放实现 16 州市全覆盖，布放数量居全国第 4 位。全辖在动产融资统一登记公示系统新增登记 15.88 万笔、新增查询 26.27 万笔；中征应收账款融资服务平台新增成交 2819 笔、融资金额 926 亿元。上线云南省地方征信平台，推动 184 家金融机构入驻平台，上线金融产品 706 款，开立机构用户 1600 多个；平台注册企业达 19.79 万户，已为 1.52 万户企业解决融资需求 135.3 亿元。大

力推进农村信用体系建设。2022 年，累计评定信用县 3 个、信用乡（镇）683 个、信用村 6461 个、信用户 735.5 万户，信用户贷款余额 2932.33 亿元，新型农业经营主体贷款余额 106.28 亿元，抵边行政村农户信用档案建档率达 94%，信贷投放余额达 59.9 亿元。集中开展“征信修复”乱象治理专项行动，分类排查 617 家机构，开展各类现场整治 85 次，整治群众反映强烈的“融联”乱象机构，维护征信信息主体合法权益。

（四）全力保障辖区现金供应，反假币工作成效显著

2022 年，云南省共投放发行基金 968.26 亿元，回笼 771.62 亿元，净投放 196.64 亿元，有效保障辖区现金供应。持续扩大反假人民币宣传影响力。全年累计开展线下反假货币宣传活动 4289 场次，发放宣传资料 150.31 万份，媒体报道 57 次，线上渠道推送量 46.82 万次，点击量 172.77 万次，宣传受众 426.94 万人次。持续推进打击假币违法犯罪专项行动，配合公安机关排查假币收缴信息移交假币收缴信息线索 36 条，配合调取涉案假币冠字号码收缴情况 11 次，公安机关全年假币立案 12 起，破案 14 起（两起为 2021 年留存案件），抓获犯罪嫌疑人 18 人。2022 年，假币收缴总量 982.25 万元，较上年下降 18%；假币浓度 0.32，同比降低 48.38%；流通中人民币整洁度为 87.18%，人民币流通环境得到净化。

六、总体评估

2022 年，云南省经济持续恢复，经济增长稳中向好持续加固，经济总量稳步扩大；涉外贸易总体稳中向好，跨境收支总规模快速增长；金融支持实体质效明显，金融体系总体运行平稳，征信、支付等金融基础设施不断完善，有效打击金融违法犯罪行为，金融秩序逐渐向好；重点领域风险得到有效处置，金融业抗风险韧性不断加强，有效巩固了防范化解金融风险攻坚战以来取得的突出成绩。

2023 年，云南省经济持续恢复、稳中向好、长期向好的良好趋势不变，但目前国内经济恢复的基础尚不牢固，外部环境动荡不安，“三重压力”对高质量发展影响持续深化，经济金融发展困难和风险增多，金融稳定面临较为严峻的挑战。云南省金融系统将继续全面贯彻党的二十大精神和中央经济工作会议精神，深入贯彻习近平总书记考察云南重要讲话精神和国务院关于加快建设我国面向南亚东南亚辐射中心的意见，坚持稳中求进的工作总基调，完整、准确、全面贯彻新发展理念，落实好货币信贷政策，推动经济运行整体好转，持续提升金融服务实体经济质效，突出做好稳增长、稳就业、稳物价工作；全面把握好稳增长与防风险的关系，持续推进重点领域、重点机构风险精准处置；持续深化金融改革开放，为谱写多彩云南现代化建设新篇章开好局、起好步，提供有力的金融支持。

中国人民银行昆明中心支行金融稳定分析小组

组　　长：韩　飚

副 组 长：祁　红

成　　员：陈　果　杨　杰　雷一忠　洪丕莉　朱卫兵　李　琰　张剑昆　王　森　杨长明　黄照影　卢　皓

《云南省金融稳定报告（2023）》编写组

总　　　纂：韩　飚　祁　红
统　　　稿：陈　果　杨百昕
执　　　笔：速　韬
参与写作人员：毛　颖　刘晓丹　任彦君　李　震　李春雪　李珊珊
　　　　　　张琬悦　杨灵语　和治臣　唐滢谨　康晓虹　雷　波

西藏自治区金融稳定报告摘要

2022年是西藏自治区发展进程中极不平凡的一年，经济社会发展经受了新冠肺炎疫情的严峻考验。西藏自治区始终坚持以习近平新时代中国特色社会主义思想为指导，深入学习贯彻党的二十大和二十届一中全会精神、中央第七次西藏工作座谈会精神，认真落实习近平总书记治边稳藏的重要论述和党中央、国务院各项决策部署，贯彻各项疫情防控政策，聚焦稳企业保就业，持续打好防范化解重大金融风险攻坚战，不断加大金融支持乡村振兴力度，维护脱贫攻坚成果，全区经济运行平稳向好，金融运行平稳健康，金融服务实体经济能力进一步提升。同时，受国际国内不稳定不确定因素影响，西藏经济恢复基础尚不牢固；银行业面临的信用风险防控压力有所增大，地方法人银行经营风险需高度关注；法人保险机构公司治理不完善，风险综合评级较低；个别上市公司存在退市风险，部分发债企业偿债能力较弱；金融领域违法犯罪现象时有发生，各类金融风险仍需关注。

一、经济运行与金融稳定

2022年，面对新冠肺炎疫情等超预期因素冲击，西藏自治区坚决落实“疫情要防住、经济要稳住、发展要安全”的要求，聚焦“四件大事”、聚力“四个创建”，最大限度降低疫情对经济社会发展的影响，全区发展呈现出“经济大盘稳、消费价格稳、农牧业生产稳、重点群体就业稳、社会大局稳”和“中央投资增长、居民收入增长、财政支出增长、民生投入增长、优势产业增长”的“五稳五增长”良好态势。

（一）经济运行情况

1. 经济形势保持回稳态势。2022年，西藏自治区经济保持恢复发展，全区实现地区生产总值2132.64亿元，同比增长1.1%。其中，第一产业增加值180.16亿元，同比增长6.2%；第二产业增加值804.67亿元，同比增长5.6%；第三产业增加值1147.81亿元，同比下降2.4%。

2. 工业生产保持快速增长。2022年受突如其来的疫情等多重因素影响，全区各部门积极出台稳企业政策，保障全区工业生产企业保持持续稳定运营，全年全区规模以上工业增加值增长13.0%。

3. 固定资产投资降速收窄。2022年，西藏自治区固定资产投资同比下降8.20%，较2021年降幅收窄6个百分点。

4. 涉外收支保持双向增长态势。2022年，在新冠肺炎疫情冲击和国际产业链、供应链运行不畅等不利形势下，西藏自治区涉外收支保持良好增长态势。全区涉外收支总额4.11亿美元，同比增长25.96%。其中，涉外收入0.53亿美元，同比增长1.14倍；涉外支出3.58亿美元，同比增长 18.75%。

5. 财政支出不断加快。2022 年，西藏自治区实现一般公共预算收入 179.65 亿元，同比下降 16.70%；实现一般公共预算支出 2539.80 亿元，同比增长 27.86%。

6. 城乡居民收入持续提升。2022 年，西藏自治区全体居民人均可支配收入 2.67 万元，同比增长 6.91%，其中城镇居民、农村居民分别为 4.88 万元和 1.82 万元，同比分别增长 4.8% 和 7.5%。

7. 金融支持实体经济力度继续加大。2022 年，西藏自治区社会融资规模增速与名义经济增速基本匹配，较好地支持了经济发展。截至 2022 末，全区社会融资规模存量 7108.86 亿元，同比增长 2.17%，全年社会融资规模增量 150.69 亿元，较好地支撑了宏观经济稳定运行。

（二）经济运行中存在的主要问题

2022 年，西藏自治区克服诸多不利影响稳住经济大盘，稳经济成效明显，但国际国内不稳定不确定因素仍在增加，经济恢复的基础尚不牢固，保持经济高质量发展任务艰巨，经济金融持续稳定运行中仍有一些问题值得关注。固定资产投资收缩带来的影响值得关注。疫情影响还没有完全消除，疫情导致的经商务工人员离藏潮带来的影响仍不明朗，服务业恢复仍面临诸多不确定性因素。需求收缩与供给冲击交织问题突出，经济结构性矛盾和周期性问题叠加，市场主体经营仍比较困难。

二、金融业与金融稳定

2022 年，西藏自治区金融系统着力贯彻落实稳健货币政策，提升金融服务实体经济质效，不断加大对民营小微、基础设施、乡村振兴、民生等国民经济重点领域和薄弱环节的支持力度，全力支持地方经济发展，全区金融运行总体平稳，金融服务质效持续提升。银行业规模进一步扩大，证券业机构保持平稳运行，保险业规模稳中有降，类金融机构稳健运行，金融服务能力持续增强。

（一）银行业与金融稳定

1. 银行业机构及从业人员情况。截至 2022 年末，西藏自治区共有银行业金融机构 18 家，其中银行机构 16 家、信托公司 1 家、金融租赁公司 1 家；法人机构 5 家；共有各级银行业分支机构 745 家。银行业从业人员 8928 人。①

2. 资产负债规模有所增长，净利润略有下降。截至 2022 年末，西藏自治区银行业金融机构资产总额 6731.91 亿元，同比增长 5.99%；负债总额 7005.42 亿元，同比增长 6.95%；全年净利润 37.06 亿元，同比下降 0.15%。3 家地方法人银行资产总额 527.28 亿元，同比增长 0.87%；负债总额 435.44 亿元，同比下降 0.88%；全年净利润 4.37 亿元，同比增长 22.64%。

3. 本外币各项存贷款总量稳步增长，定期存款增长较快，贷款中长期化趋势明显。截至 2022 年末，全区本外币各项存款余额 6361.21 亿元，同比增长 13.67%。分期限看，活期存款余额 1801.26 亿元，同比增长 12.94%；定期存款余额 957.77 亿元，同比增长 31.56%。截至 2022 年末，全区本外币各项贷款余额 5416.37 亿元，同比增长 5.47%。分期限看，短期贷款规模小幅下降，余额 604.77 亿元，同比下降 1.52%；中长期贷款规模稳步增长，余额 4184.24 亿元，同比增长 5.58%。

① 数据来源于西藏银保监局。

3 家地方法人银行各项存款余额 409.79 亿元，同比增长 17.24%；各项贷款余额 234.51 亿元，同比下降 6.18%。

4. 充分运用货币政策工具，稳经济大盘效果显著。2022 年，全区累计发放再贷款 16.01 亿元，同比增长 14.25%。其中，累计发放支小再贷款 8.6 亿元，支农再贷款 0.57 亿元，展期扶贫再贷款 6.84 亿元，有力支持小微企业、乡村振兴等重点领域。累计再贴现 2.56 亿元。累计发放普惠小微贷款支持工具激励资金 229.85 万元，有效加大普惠小微企业信贷支持。

5. 继续做好金融支持巩固脱贫攻坚成果，全面推进乡村振兴建设。截至 2022 年末，累计投放易地搬迁后续扶持建设资金 30 亿元，惠及 73745 名搬迁人口。新型农业经营主体贷款余额 8.19 亿元，支持相关主体 5000 余户。

6. 银行结售汇总额小幅下降，主要原因为大额利润支出使用人民币支付。2022 年，全区银行结售汇总额 2.96 亿美元，同比下降 1.18%；逆差额 2.22 亿美元，同比下降 1.47%。其中，结汇额 0.37 亿美元，同比下降 0.29%；售汇额 2.59 亿美元，同比下降 1.3%。

7. 金融改革发展稳步推进。全区银行机构以乡村振兴、普惠金融、绿色金融、重点项目和金融固边等国家战略建设为重点，进一步优化组织架构以及内部管理，发挥组织活力，加强产品与服务创新，加大信贷投放，持续提升金融服务能力。交通银行西藏分行成立并试营业，六大国有银行均在藏设立了分支机构。部分金融机构加大基层以及边境地区设置营业网点力度，在农牧区逐步形成竞争有序的金融机构组织体系。开发性金融机构、政策性金融机构、国有大型商业银行分行按照人民银行总行和各自总行要求加大内部组织架构、人力资源管理、工资薪酬制度等方面改革力度、提升效能，为增强金融支持经济社会发展奠定良好基础。

（二）证券业与金融稳定

1. 证券期货业机构及从业人员情况。截至 2022 年末，全区共有证券法人机构 2 家，证券期货分支机构 28 家，其中证券分公司 5 家，证券营业部 22 家，期货营业部 1 家。西藏自治区内从业人员 157 人。①

2. 法人证券机构资产负债规模增加，盈利能力保持增长态势。截至 2022 年末，2 家法人证券公司资产总额 1971.61 亿元，同比增长 15.96%；负债总额 1380.49 亿元，同比增长 4.50%；净资产 591.12 亿元，同比增长 55.86%。2022 年，2 家法人证券公司实现营业收入 93.97 亿元，同比增长 9.88%；净利润 56.01 亿元，同比增长 7.88%。

3. 基金管理机构数量及管理规模"双降"。截至 2022 年末，全区共有公募基金管理机构 3 家②；私募基金管理机构 168 家，同比下降 12.50%；独立基金销售机构 1 家。截至 2022 年末，全区在基金业协会登记备案的私募基金 1421 只，同比下降 0.56%，管理基金净值总规模 3306.65 亿元，同比下降 12.15%。

4. 上市公司数量增加，A 股上市公司总市值有所下降。2022 年，西藏自治区新增 1 家深交所上市公司，即恩威医药股份有限公司。截至 2022 年末，西藏自治区共有 A 股上市公司 22 家，H 股上市公司 1 家，新三板挂牌公司 10 家。22 家 A 股上市公司主要集中在医药制造、矿产采掘、食品饮料等行业，其中，国有企业 4 家，民营企业 18 家；主板公司 16 家，创业板公司 6 家；上交所上市公司

① 数据来源于西藏证监局。

② 3 家公募基金管理机构均不在西藏自治区经营，日常监管由经营地证券监管部门履行监管职责。

9 家，深交所上市公司 13 家。截至 2022 年末，全区 22 家 A 股上市公司股本总额 149. 13 亿股，总市值 2285. 28 亿元，同比下降 18. 35%。2022 年，新上市企业在深交所上市融资 5. 23 亿元，5 家企业债券融资 158 亿元。2022 年前三季度，22 家 A 股上市公司净利润为 70. 08 亿元，同比增长 1. 62%。

（三）保险业与金融稳定

1. 保险业机构及从业人员情况。截至 2022 年末，西藏自治区共有地方法人保险公司 1 家①，省级分公司 11 家②，中心支公司 45 家，支公司 29 家，营销服务部 87 家。保险业从业人员 7293 人。③

2. 保费收入及赔付支出均有所下降。2022 年，西藏保险业实现原保险保费收入 39. 44 亿元，同比下降 1. 36%，其中财产险公司原保费收入 33. 10 亿元，同比下降 1. 11%；人身险公司原保费收入 6. 34 亿元，同比下降 2. 65%。赔付支出 27. 86 亿元，同比下降 4. 94%，其中财产险业务赔付支出 22. 97 亿元，同比下降 6. 07%；人身险业务赔付支出 4. 88 亿元，同比增长 0. 87%。1 家法人保险公司全年实现原保险保费收入 6. 08 亿元，同比增长 5. 48%；赔付支出 3. 37 亿元，同比下降 2. 98%；实现净利润 0. 05 亿元，自成立以来首次实现盈利。

3. 保险业风险保障能力有所增强。截至 2022 年末，西藏保险业累计风险保障金额 6. 10 万亿元，同比增长 5. 32%，主要为责任险和健康险中低费率产品增量较多。保险市场保险密度 1077. 59 元/人，同比下降 1. 36%；保险深度 1. 82%，同比下降 0. 1 个百分点。

（四）类金融机构与金融稳定

1. 类金融机构情况。截至 2022 年末，全区共有西藏地方金融监管局监管的地方金融机构 86 家，其中，小额贷款公司 48 家，融资担保公司 18 家，典当行 12 家，融资租赁公司 3 家，地方交易场所 3 家，区域性股权市场 1 家，地方资产管理公司 1 家。

2. 类金融机构业务稳步发展，成为正规金融机构的有力补充。截至 2022 年末，小额贷款公司贷款余额 11. 21 亿元，其中为小微企业放贷 6. 28 亿元，为农户及新型农业主体放贷 0. 14 亿元；融资担保公司担保余额 15. 62 亿元，其中为小微企业担保 10. 7 亿元，为农户及新型农业经营主体担保 1. 33 亿元；典当行典当余额 2772 万元；地方资产管理公司处置不良资产回收资金 25. 35 亿元。

（五）金融业存在的风险隐患

1. 银行业信用风险防控压力有所增大。截至 2022 年末，西藏自治区剔除高风险机构影响，金融机构不良贷款率为 0. 49%，同比上升 0. 03 个百分点，贷款质量呈现下迁趋势。同时，部分受疫情影响的企业信贷风险暴露延后，资产质量信用风险防控压力进一步增强。人民银行分支机构现场评估发现，个别地方法人银行存在信贷资产分类不准确、应计未计不良贷款等问题，影响资产质量。

2. 部分重点监测企业存在偿债风险。从西藏自治区 89 家重点企业监测情况看，部分企业资产负债率高企，营运能力偏弱；个别大企业贷款进入集中还款期，偿债能力不足，债务风险隐患增加；部分中短期贷款即将到期的企业普遍存在经营亏损、营业收入无法覆盖到期债务、偿债能力不足等问题，对金融机构信贷资产质量产生直接影响。

---

① 珠峰财产保险股份有限公司。

② 含珠峰财产保险股份有限公司西藏分公司。

③ 数据来源于西藏银保监局。

3. 地方法人银行经营风险仍应高度关注。地方法人银行公司治理问题较突出，个别机构行长和监事长迟迟没有到位，“三会一层”不够完善，尚未形成分工合作、制约平衡的公司治理模式。法人银行经营管理较为粗放，在资本管理、内控机制、风险管控等方面仍存在合规意识不强、制度执行不到位、经营能力不强、资产规模连年下降等问题。个别村镇银行资本充足率、杠杆率低于监管要求，连续多年出现亏损、利润降幅大，持续健康稳定发展受到一定影响。

4. 个别上市公司经营形势严峻，个别发债企业偿债风险应高度关注。西藏个别上市公司已被实施退市风险警示多年，存在资金占用、违规财务资助、债务诉讼等风险事项，问题复杂、链条较多。该公司预计 2022 年度期末净资产为负值，仍存在被继续叠加实施退市风险警示的风险。个别城投企业在债券市场上频繁发债用于“借新还旧”，自身盈利能力差、偿债能力弱，应高度关注实体企业风险向金融机构转嫁的风险。

5. 法人保险机构公司治理不完善，偿付能力下降，风险综合评级低。地方法人保险公司董事长长期缺任，增资扩股及股权变更等事宜仍无实质进展。该公司自成立以来连年亏损，资本消耗严重，直至 2022 年才实现微利。公司综合偿付能力充足率和核心偿付能力充足率下降严重，公司风险综合评级连续四个季度为 C，处在较低水平。

6. 金融领域违法犯罪现象仍存在。信用卡诈骗出现涉互联网金融机构情况，涉众型经济犯罪利益损失人员持续增加，与涉稳风险交织叠加。2022 年，全区经侦部门共立信用卡诈骗案 9 起，其中涉互联网金融机构信用卡诈骗案 1 起，涉案金额 7 万元。截至 2022 年末，全区各类投资利益损失人员 2510 人，分布全区各地市。

三、金融基础设施与金融稳定

（一）城乡支付产业融合发展，移动支付更加安全高效

一是推进符合条件的“助农取款服务点”向“金融综合服务站”转型升级，补齐无物理网点乡镇金融服务“短板”。截至 2022 年末，累计建设助农取款服务点 5608 个，金融综合服务站 159 个，填补 93 个物理银行网点空白乡镇。推动城乡支付产业融合发展，满足农牧民多样化、多层次的支付服务需求。二是将支付服务与交通出行、政务场景、公共缴费、医疗健康等场景进行无缝衔接，提供实用且经济有效的支付方式。2022 年，全辖新增 19 个移动支付场景，同比增长 12.91%；移动支付交易笔数 1.46 亿笔，同比下降 4.57%；移动支付交易金额 4620.92 亿元，同比下降 4.03%，受疫情封控影响，交易出现小幅下滑。

（二）推进覆盖全社会征信体系建设，为金融稳定营造良好信用环境

一是地方征信平台建设取得实质进展。2022 年，西藏地方征信平台系统（1.0 版）正式上线试运行，15 家银行业金融机构入驻平台，上线融资产品 15 个，累计采集全区 13.12 万户中小微企业，涵盖工商、税务、司法、电力、联合惩戒等互联网公开信息 409.84 万条。二是推进农牧区三级信用评定。截至 2022 年末，全区已评定信用县 47 个（自治区级 22 个），信用乡（镇）584 个，信用村 5022 个，信用户 519832 户。向农牧民共发放“钻石、金、银、铜”卡发证面 89.3%，“四卡”信用贷款余额 292.59 亿元。三是推进信用县优惠政策落地。强化强边固边工作，实施金融戍边示范点建

设，推出“乡村振兴·固边贷”等专属化乡村振兴特色产品。截至2022年末，全区已实现边境地区掌上银行村全覆盖、农牧户贷款证发证面和使用率均达到91%以上；“乡村振兴·固边贷”产品贷款余额达27.76亿元。四是征信服务推出线上和线下查询方式，满足多样化查询需求。2022年，全区共查询信用报告24.64万笔，其中个人查询24.06万笔、企业查询0.58万笔。

（三）发挥监管协调功效，严密防范洗钱风险

一是强化反洗钱监测，加强洗钱案件线索协查力度。2022年，配合相关部门开展案件与线索协查34条，涉及主体377个，协查次数346次，共涉及交易金额3.04亿余元。二是进一步提高异常资金交易的系统识别、筛查，加强对洗钱上游犯罪资金交易规律和特征的人工识别，不断提高监测能力。2022年，西藏自治区共接收重点可疑交易报告40份，涉及可疑主体151个、交易金额20亿元。经分析研判，向公安机关移送可疑线索17条，指导金融机构移送线索12条，上报反洗钱中心研判1条，其中已立案调查7起。调取1起疑似涉地下钱庄可疑交易跨区域账户交易数据，移送1条涉地下钱庄可疑交易线索。

（四）满足市场合理用现需求，净化人民币使用环境

一是保证旺季及敏感期现金合理供应。2022年，全区投放现金141.88亿元，回笼现金67.63亿元，净投放74.25亿元。在疫情期间，为防疫和民生保障单位投放现金3.6亿元，为应急、重点项目和农牧民工资发放单位投放现金6.9亿元。二是持续开展假币堵截工作，假币收缴量持续下降。2022年辖内银行业金融机构收缴假人民币23.29万元，收缴量较上年同期减少9.04万元，同比下降27.96%。

（五）财税关库银横向联网系统运行良好，财税资金安全得到有效保障

2022年，全区通过TIPS（财税关库银横向联网系统）办理收入业务84.13万笔，同比下降28.14%；金额600.44亿元，同比下降2.97%。办理电子退库业务20.37万笔，同比下降30.41%；金额93.47亿元，同比增长232.28%。

（六）金融消费权益保护与普惠金融齐抓共管，金融受惠面不断扩大

一是加强金融监管和司法工作的良性互动，充分利用互联网诉调对接平台，妥善调处金融消费纠纷。二是充分发挥“12363”热线电话作用，维护全区金融消费者合法权益。2022年，西藏自治区共受理金融消费者投诉咨询案件316起，同比增长60%，其中投诉151起，咨询165起，投诉办结率和满意率均为100%。三是充分发挥普惠金融协调机制作用，建立西藏普惠金融指标体系。截至2022年末，西藏自治区个人银行结算账户人均拥有量3.76个，同比增长9.6%；农户信用贷款比例达91.62%，同比上升1.39个百分点；人均个人消费贷款余额14959.02元，同比增长12.74%，普惠金融持续向好发展。

（七）存款保险制度深入实施，有效防范挤兑风险事件发生

一是聚焦重点，全面开展“护航新征程　存保伴您行”主题宣传活动，为农牧区群众量身定制有针对性的宣传内容，增强宣传效果，提高存款人风险意识，为防范挤兑事件发生奠定基础。截至

2022 年末，辖内参与宣传的金融机构网点共 745 家，网点宣传场次达 3900 余次，电子媒介播放次数达 171 万余次，宣传折页发放量 8. 8 万余份，宣传品发放量 3 万余份；基层宣传覆盖行政村、社区共计 3614 个，覆盖率达 75. 92%，同比上升 7. 42 个百分点。二是做好投保机构风险监测、分析、评估，及时收缴保费，确保投保机构安全稳健运行。

（八）发挥金融委办公室西藏地方协调机制作用，完善地方金融风险防范工作机制

2022 年，西藏自治区正式成立了以自治区党委书记、自治区政府主席为组长的西藏自治区金融风险防范化解委员会，建立地方党政主要领导负责的金融风险处置机制，进一步增强地方政府的风险防控责任。落实高风险金融机构通报制度，持续推进西藏自治区防范化解重大金融风险问责办法制定工作，完善以省级政府为问责主体、省级政府有关组成部门以及下级地方政府为问责对象的西藏地方问责机制。吸纳区市场监督管理局为金融委办公室西藏地方协调机制成员单位，为更好履行职责、有效应对地方金融风险奠定坚实基础。印发《西藏自治区涉金融字样市场主体登记前置会商操作指引》，加强全区市场主体登记过程中的风险评估和信息共享，严把市场准入关，从源头上对金融风险进行早期识别和防范，协同高效维护区域金融安全。

四、总体评估与政策建议

（一）总体评估

2022 年，西藏自治区经济运行保持稳中有进、稳中向好的良好态势，各项主要指标延续恢复改善势头。金融业发展稳健，保持了“稳金融”的基本态势，金融服务质效持续提升，金融机构经营运行良好，地方法人金融机构风险总体可控，高风险机构风险处置持续推进。

（二）政策建议

2023 年是全面贯彻落实党的二十大精神的开局之年，是实施“十四五”规划承上启下的关键一年。西藏自治区金融系统将继续执行稳健的货币政策和中央赋予西藏的特殊优惠金融政策，把实施扩大内需战略同深化供给侧结构性改革有机结合起来，突出做好稳增长、稳就业、稳物价工作，推动经济运行整体好转，实现质的有效提升和量的合理增长。统筹发展和安全，有序处置金融领域突出风险，健全金融风险预防、预警、处置、问责制度体系，有效防范化解金融风险，维护金融安全。深化金融体制改革，优化金融管理和服务，为经济社会高质量发展提供精准有力的金融保障。

1. 推动经济高质量发展，为金融稳定运行创造良好的宏观经济环境。坚持稳中求进工作总基调，完整、准确、全面贯彻新发展理念，服务和融入新发展格局，着力推动经济高质量发展，稳定经济社会发展预期，提振加快高质量发展信心，为金融发展创造良好的经济社会环境。加快重大项目建设，积极扩大有效投资。积极培育发展新兴产业，加快调整产业结构，推动产业提质增效。加大招商引资力度，增强经济发展活力。加强生态文明建设，推动绿色低碳发展。全面深化改革开放，持续增强发展动力。

2. 坚持党对金融工作的全面领导，持续推动金融风险防范化解工作。全面学习、掌握和贯彻党的二十大精神，深刻领会党中央对当前经济金融形势的判断，以“时时放心不下”的责任感把党中

央决策部署转化为维护金融稳定工作的实际成效。配合人民银行总行完善金融稳定指数构建方法，健全金融稳定监测评估指标体系，组织开展金融稳定问卷调查，准确把握辖区风险形势及成因，充分掌握辖区金融风险底数，做到各领域金融风险早识别、早预警、早发现、早处置。进一步完善金融风险监测、评估与防控体系，坚持“防未病”和“治已病”并举，持续防范化解重大金融风险，确保金融业稳健安全高效运行。

3. 强化央地协作，推动重点领域金融风险防范和化解工作。有效发挥地方政府金融工作议事协调机制和金融委办公室地方协调机制作用，继续落实好高风险金融机构通报制度，及时向地方党政主要领导通报区域金融风险和高风险金融机构情况。充分发挥西藏自治区金融风险防范化解委员会作用，协调做好区域金融风险防范化解工作，强化“属地责任、主体责任、监管责任”，督促地方法人金融机构强化党建工作，完善公司治理结构，尽快实现法人机构增资扩股，引导地方法人金融机构稳健经营。多措并举，继续推进高风险金融机构风险处置。加强对地方融资平台、房地产等重点领域风险监测，敦促各方履行监管责任。重点关注城投债、信用债等风险，及时做好风险研判和线索分析，防范企业风险向金融系统“倒灌”。

4. 健全金融稳定保障体系，建立维护金融稳定长效机制。坚持标本兼治、远近结合，强化金融稳定保障体系，在稳妥防范化解金融风险的基础上，建立维护金融稳定的长效机制。配合人民银行总行推动《金融稳定法》《金融稳定保障基金管理暂行办法》出台，做好金融稳定保障基金的筹集积累。进一步完善挤兑风险防控和存款保险宣传工作机制，支持存保公司成为我国金融体系中的市场化风险处置平台。围绕重点风险和任务，深化金融改革，强化金融稳定保障体系。

中国人民银行拉萨中心支行金融稳定分析小组

组　　长：王春桥

副 组 长：刘家荣

成　　员：办公室　金融稳定处　法律事务处　货币信贷管理处　统计研究处
会计财务处　支付结算处　反洗钱处　科技处　货币金银处
国库处　外汇管理处　征信管理处　营业部　清算中心

《西藏自治区金融稳定报告（2023）》编写组

总　　纂：王春桥　刘家荣

统　　稿：索　珍　罗布参旦　王书碧　唐双彪

执　　笔：卢立超　扎西坚才　冯　兰　旦增曲珍　沈　吉　申继禄
德吉央宗　格桑央珍　叶贞麟　荀丽敏

参与写作人员：仁青次仁　洛松加永　扎西顿珠　丹增晋美　陈孟星　李　亮
贡嘎央宗　周千驰　徐亚运　普布参拉

陕西省金融稳定报告摘要

2022年，国际国内环境复杂多变，世界经济持续走弱，国内疫情反复冲击，需求收缩、供给冲击、预期转弱“三重压力”不减，稳增长面临巨大压力与挑战。陕西省宏观经济运行平稳，整体呈持续稳定恢复态势，工业、投资、消费增长均好于全国。金融业与金融市场运行总体稳健，社会融资规模同比多增，重点领域资金保障有力，区域金融改革稳步推进，金融基础设施不断完善，地区金融营商环境持续优化，但居民收入增长较慢，非能工业运行趋缓，房地产市场预期有待修复，信贷稳增长压力增加，中小法人机构风险防控压力较大等问题仍需重点关注。

一、区域经济发展与金融稳定

（一）区域经济发展概况

1. 经济发展总体稳健，产业结构基本稳定

陕西省经济发展总体稳健，受影响程度低于全国水平。2022年，陕西省实现地区生产总值32772.7亿元，同比增长4.3%，高于全国1.3个百分点，增速居全国第6位（见图1）。全省规模以上工业增加值同比增长7.1%，高于全国3.5个百分点，增速居全国第7位。

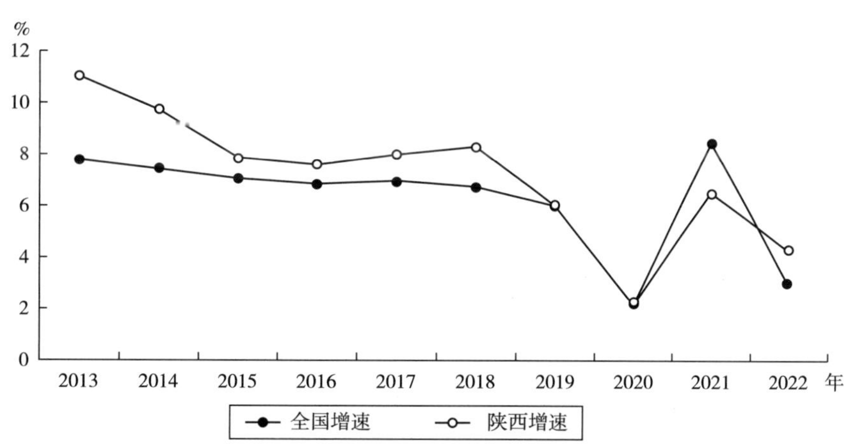

图1　陕西省地区生产总值增速与全国比较

产业结构基本稳定，第二产业对稳经济重要性提升。陕西省第一产业增加值2575.3亿元，同比增长4.3%，高于全国增速0.3个百分点；第二产业增加值15934.5亿元，同比增长6.2%，高于全国增速2.8个百分点；第三产业增加值14262.9亿元，同比增长2.6%，高于全国增速0.3个百分

点。三次产业结构为7.9:48.6:43.5，第一产业、第三产业占比同比分别下降0.2个、2.1个百分点，第二产业占比同比上升2.3个百分点。

2. 投资增速回升，消费市场持续回暖，进出口贸易增速回落

投资增速明显回升，工业投资增势向好。2022年，陕西省固定资产投资同比上升8.1%，高于全国3.0个百分点，增速上升11.1个百分点，增速居全国第8位（见图2）。分三次产业看，第一、第二、第三产业投资分别增长2.7%、8.3%和8.5%。从投资领域看，工业投资同比增长8.7%，高于全部投资增速0.6个百分点，比上年增速提高3.9个百分点，基础设施投资同比增长12.7%，连续10个月保持两位数增长。

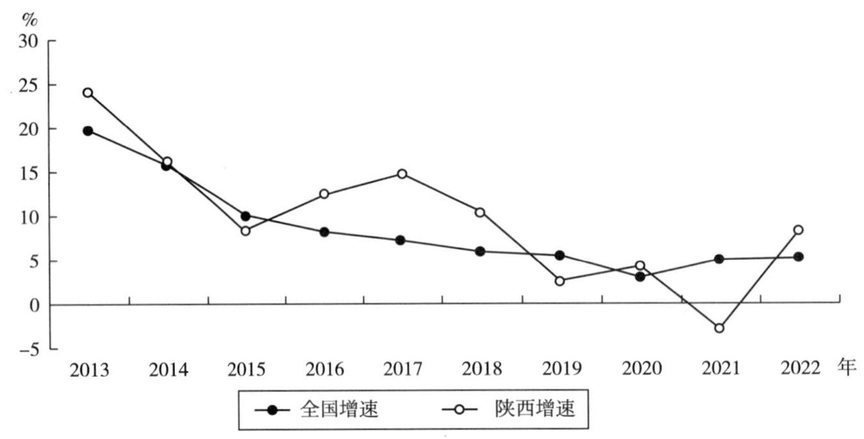

图2　陕西省固定资产投资增速与全国比较

消费市场持续回暖，基本生活类商品需求回升。2022年，陕西省实现社会消费品零售总额10401.6亿元，同比增长1.5%，高于全国1.7个百分点。限额以上单位商品零售总体增长4.4%，其中，基本生活类商品仍是消费的主力，粮油食品类增长13.1%，石油及制品类增长11.5%，中西药品类增长14.5%。

进出口增速回落，出口保持较快增速。2022年，全省进出口总额[①]4835.3亿元，同比增长2.0%，低于全国5.7个百分点。其中，出口3011.4亿元，同比增长17.8%，高于全国7.3个百分点；进口1824.0亿元，同比下降16.4%，低于全国20.7个百分点。进出口贸易顺差1187.4亿元。

全年新设外商投资企业314家，实际使用外资（FDI）14.6亿美元，规模居全国第19位，同比增长37.6%，增速居全国第11位。从行业看，制造业实际使用外资3.3亿美元，占陕西省比重为22.5%；房地产业实际使用外资3.1亿美元，占比21.3%。从资金来源地看，我国香港地区是最大外资来源地，在陕投资8.4亿美元，占比为57.4%；区域全面经济伙伴关系协定（RCEP）成员国在陕投资1.17亿美元，占比为8.0%。

3. 物价涨幅总体回落，PPI涨幅下降明显

2022年，陕西居民消费价格（CPI）同比上涨2.1%，高于全国0.1个百分点。2022年在粮食、猪肉保供稳价政策作用下，全省食品价格涨幅得到有效控制。12月全省食品价格同比上涨1.3%，涨幅较年内高点下降7.8个百分点。随着国际油价下降以及国内煤炭保供稳价等政策的持续实施，

① 数据来源于陕西省统计局。

能源等工业品价格涨势缓解，工业生产者出厂价格涨幅明显下降。2022 年，全省工业生产者价格指数（PPI）同比上涨 7.3%，涨幅较上年下降 9.6 个百分点；12 月全省 PPI 同比下降 0.6%，连续 4 个月负增长（见图 3）。生产资料价格稳中有降，其中采掘价格同比下降 1.8%，原材料价格同比上涨 1.3%，加工价格同比下降 2.4%。

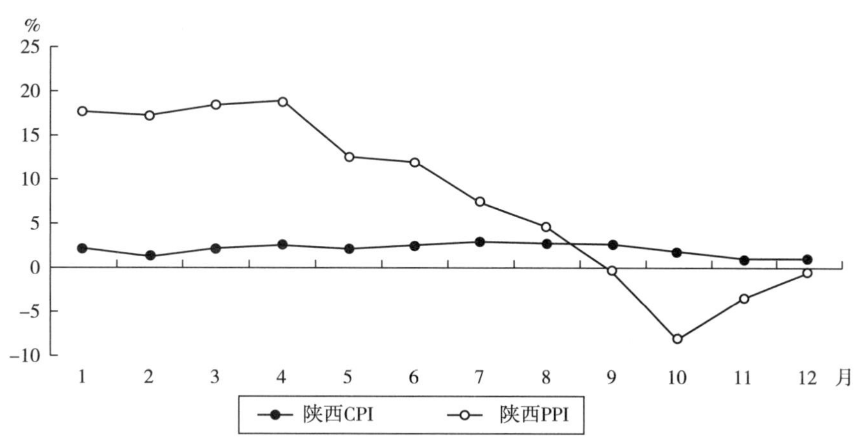

图 3 陕西省当年 CPI 和 PPI（当月同比）

4. 财政收支稳定增长，保障功能持续发挥

2022 年，陕西省公共预算收入 5827.2 亿元，同比增长 20.7%。其中，中央公共预算收入 2515.6 亿元，同比增长 22.4%；剔除增值税留抵退税因素后，地方公共预算收入同比增长 26.9%，增速居全国第 3 位，高于全国平均增速 21 个百分点。一般公共预算支出 6766.3 亿元，同比增长 11.5%，其中节能环保支出、卫生健康支出、科学技术支出增长较快，同比分别增长 31.4%、18.1% 和 18.0%。分结构看，陕西省税收收入 5008 亿元，剔除增值税留抵退税因素后同比增速为 26.1%；非税收入 819.2 亿元，同比增长 36.1%。

5. 房地产开发和销售放缓，房屋竣工速度加快

一是房地产开发投资下降。2022 年，陕西省房地产开发投资 4255 亿元，同比下降 4.2%，降幅低于全国水平 5.8 个百分点。二是房屋竣工速度加快。全年全省房地产开发企业房屋施工面积 28712 万平方米，同比下降 4.2%；房屋新开工面积 4413 万平方米，同比下降 26.1%；竣工面积 1976 万平方米，同比增长 11.7%，增速较上年提高 10.3 个百分点。三是房地产销售放缓，待售面积增加。全年全省商品房销售面积 3309 万平方米，同比下降 22.3%，降幅低于全国水平 2.0 个百分点；商品房待售面积 659 万平方米，同比增长 13.7%，增速较上年提高 15.9 个百分点。四是企业实际到位资金收紧。2022 年，全省房地产开发企业到位资金 4393 亿元，同比下降 18.7%。

（二）区域经济发展中需要关注的问题

1. 居民收入增速偏低制约消费增长

2022 年，全省社会消费品零售总额同比增长 1.5%，如果考虑物价增长因素（CPI 全年上涨 2.1%），消费实际为负增长。全省居民人均可支配收入实际同比增长 3.2%，实际增速低于上年 4.1 个百分点，且低于全省 4.3% 的经济增速，将在一定程度上制约陕西省消费增长潜力。受疫情及经济运行等因素影响，居民消费意愿下降，对消费增长产生影响。2022 年，全省居民人均生活消费支出

占人均可支配收入的比例为65.9%，比上年下降1.8个百分点，低于全国0.6个百分点。此外，新冠病毒变异情况仍存在不确定性，居民避险情绪仍然浓厚，消费回暖复苏程度仍具有不确定性。

2. 经济发展中的结构性问题尚未有效解决

一是经济增长较为依赖能源工业，受阶段性疫情防控、特殊高温天气、国际国内复杂局势等不利因素影响，陕西非能工业运行趋缓。2022年，陕西省规模以上工业增加值同比增长7.1%，其中能源工业增长8.2%，拉动规模以上工业增长4.6个百分点；煤炭开采和洗选业增长9.2%，拉动规模以上工业增长3.4个百分点，能源相关产业对工业增加值贡献较多。同期，规模以上非能工业增加值同比增长5.8%，增速低于规模以上能源工业增加值2.4个百分点，拉动规模以上工业增长仅2.5个百分点。二是民间投资相对低迷。2022年全省民间投资占固定资产投资的比重仅为47.2%，低于全国7个百分点，同比下降0.6个百分点，而同期国有控股投资增长20.8%。

3. 房地产行业仍处筑底阶段，市场信心和市场预期亟须修复

2022年房地产调控政策边际放宽，但陕西省房地产市场仍较低迷，全年全省商品房销售面积和销售额同比分别下降22.3%和21.1%。全国70个大中城市房价统计显示，12月西安市新房环比、同比分别上涨0.1%、2.0%；二手房环比、同比分别下跌0.4%、2.3%。土地交易市场较冷，房地产企业投资以及新楼盘建设的计划放缓或者停滞，地方城投公司拿地较多。同时，房地产开发投资和居民购房意愿也呈下降趋势，2022年陕西省房地产开发投资同比下降4.2%，房屋新开工面积同比下降26.1%；个人住房贷款余额同比增长3.8%，较上年同期回落11.5个百分点，全年新增332亿元，同比少增828亿元。

（三）2023年经济金融形势预测分析

2023年，全省经济将加快恢复，社会融资规模和贷款有望实现平稳增长。一是新冠肺炎疫情对经济运行的影响趋弱。2022年末，自新冠肺炎疫情防控政策优化调整以来，随着各地本轮疫情逐渐达峰并进入低流行水平，生产生活秩序逐步恢复，交通运输、文化旅游、餐饮住宿等领域有望加快回暖。二是经济发展信心明显增强。从各地“两会”情况看，全国31个省（自治区、直辖市）中，有29个省（自治区、直辖市）将今年经济增长预期目标定为5%左右甚至更高。2023年陕西省经济增长预期目标为5.5%左右，较2022年实际增速提高1.2个百分点。三是稳增长政策将继续对经济增长提供有力支持。2022年12月召开的中央经济工作会议指出，要大力提振市场信心，突出做好稳增长、稳就业、稳物价工作，推动经济运行整体好转，实现质的有效提升和量的合理增长，并对财政政策、货币政策、产业政策、科技政策、社会政策进行了全面部署，对经济稳增长形成有力支撑。四是经济恢复将带动市场主体融资需求上升，全省社会融资总量和贷款有望保持稳定增长。

二、金融业稳健性

（一）银行业稳健性

1. 银行业整体运行平稳，资产负债规模高速增长，非银机构经营稳健

2022年末，陕西省共有银行业金融机构185家①，与上年持平。资产负债规模增速均高于上年和

① 银行业金融机构数、地方法人机构数均不包含省联社及资产管理公司。

全国水平，银行业资产总额77711.8亿元，同比增长12.2%，增速较上年上升1.3个百分点，较全国①高2.2个百分点；负债总额75214.6亿元，同比增长12.4%，增速较上年上升1.6个百分点，较全国高2.0个百分点。人民币各项贷款②余额48631.6亿元，同比增长10.4%，增速较上年下降2.8个百分点，较全国低0.7个百分点，在31个省（自治区、直辖市）中排第15位，较2021年末下降8位；人民币各项存款余额61575.6亿元，同比增长13.8%，增速较上年上升3.5个百分点，较全国高2.5个百分点，排全国第6位，较2021年末下降2位（见图4）。

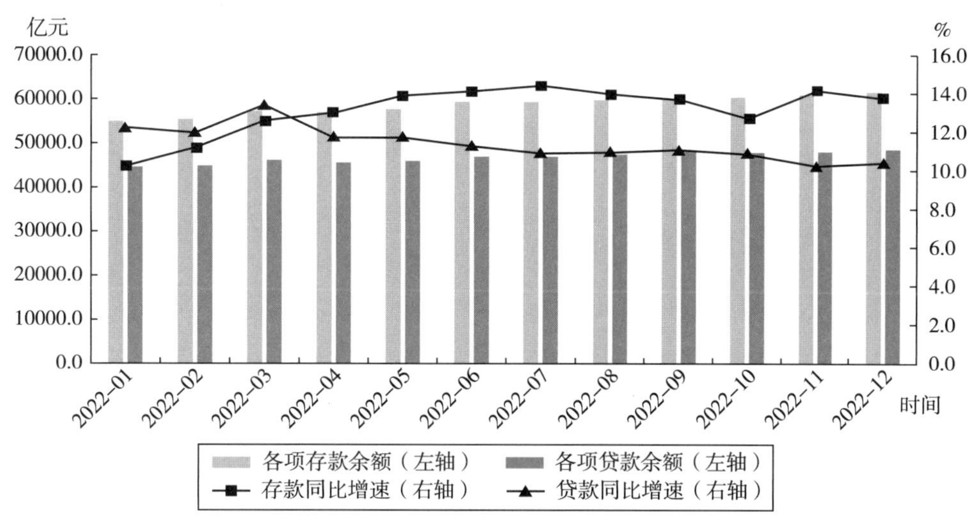

图4　陕西省银行业金融机构存贷款变化趋势

金融支持重点领域力度加大。一是积极支持全省重点建设项目，不断加大稳投资支持力度，2022年末，银行业支持省级重点建设项目融资余额1995.9亿元，当年投放资金1137.3亿元。二是小微金融服务力度不断加强，2022年末，全省小微企业贷款余额10487.5亿元，同比增长21.0%，无还本续贷业务余额300.5亿元，同比增长41.5%，对本年到期的普惠小微企业实施延期偿还本金766.4亿元，延期付息20.4亿元。

非银机构经营发展稳健。信托公司业务规模大幅增长，总资产同比增长7.3%，实收信托资产规模同比增长9.8%。财务公司不良贷款余额仍为零，流动性整体充裕。汽车金融公司保持快速发展趋势，资产规模同比增长78.4%，负债规模同比增长67.9%，净利润同比增长达199.9%，不良贷款率与上年持平。

2. 银行业信用风险暴露增加，风险抵补能力有所下滑，经营效益承压

在地方各级政府、监管部门和金融机构的协同合作下，2022年陕西省银行业金融机构持续推进信用风险化解工作，全年共处置化解不良贷款343.3亿元。但受经济下行压力增加、房地产行业调整、大型企业输入性风险等因素影响，银行业不良贷款“边清边增”，信用风险反弹压力依然较大。全年全省银行业不良贷款余额同比增加134.9亿元，不良贷款率同比上升0.16个百分点（见图5）。其中政策性银行、大型国有银行、股份制银行、城商行不良贷款余额同比分别增长8.4亿元、87.6亿元、10.1亿元和18.3亿元。部分地区信用风险突出，汉中市不良贷款率同比上升0.32个百分点，

① 资产、负债为全国银行业金融机构数据，其他为全国大型商业银行数据。

② 人民币各项贷款余额、各项存款余额均采用中国人民银行统计口径。

关注类贷款率同比上升0.52个百分点；商洛市不良率同比上升0.46个百分点，关注类贷款率同比下降3.49个百分点，两项指标均为全省最高。

风险抵补能力有所下降。2022年末，全省银行业机构贷款损失准备余额同比增长16.1%，增速较上年上升3.7个百分点，但低于不良贷款余额增速8.7个百分点，导致拨备水平下滑。银行业拨备覆盖率203.5%，同比下降15.3个百分点，低于全国2.3个百分点；贷款拨备率2.8%，低于全国0.5个百分点，其中法人银行业拨备覆盖率184.1%，低于全省平均水平19.4个百分点。法人银行资本充足水平有所下降，年末资本充足率14.0%，低于全国1.2个百分点，同比下降0.6个百分点，银行抵御风险能力弱化，2022年第四季度陕西地方法人银行央行金融机构评级稳中略有下降。

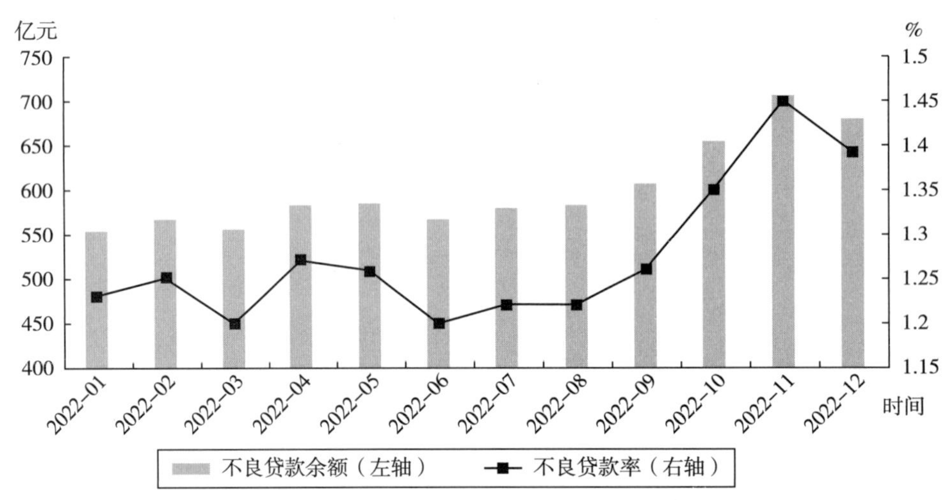

图5 陕西省银行业金融机构不良贷款变化情况

盈利能力有所下滑，法人机构高质量发展受限。2022年，陕西省银行业金融机构实现利润559.4亿元，同比下降1.8%（全国同比增长5.4%），降幅较上年减少0.2个百分点。净息差1.9%，与全国水平基本持平，同比下降0.1个百分点。资产利润率0.8%，与全国水平基本持平，同比下降0.1个百分点。其中，法人银行实现利润89.1亿元，同比增长3.5%，增速较上年下降11.8个百分点；净息差3.0%，同比下降0.2个百分点，降幅较上年基本持平；资产利润率0.4%，与上年同期持平。

房地产领域风险隐患仍需重视。房地产市场整体风险趋于平稳，但下行压力未完全缓解，不良贷款率有所上升。2022年，全省房地产领域不良贷款率较上年上升0.27个百分点。部分金融机构房地产贷款集中度偏高，资产业务转型压力较大。

（二）证券业稳健性

1. 证券交易市场活跃，法人机构平稳发展

证券交易市场活跃，区域股权市场发展稳健。截至2022年末，陕西省累计代理证券交易额110618.3亿元，同比增长14.6%。陕西省股权交易中心挂牌公司1569家、托管公司1867家，同比分别增加80家、85家；企业通过股票增发、股份质押等方式累计实现融资76.3亿元，同比增长3.4%。

法人证券机构资产规模持续增长，盈利水平有所下降。截至2022年末，3家法人证券公司总资产1627.9亿元，同比增长21.2%；净资产488.1亿元，同比下降0.2%。2022年，3家法人证券公司实现营业收入49.3亿元，同比下降28.5%；实现净利润8.5亿元，同比下降58.9%。

法人期货机构业务有所收缩，盈利能力持续下滑。截至2022年末，3家法人期货公司总资产99.6亿元，同比下降0.5%；累计代理期货交易额合计71339.5亿元，同比下降13%；营业收入、净利润分别为5亿元、0.5亿元，同比分别下降25.8%、12.5%。

上市公司资产规模持续增长，盈利水平稳步提升。截至2022年末，陕西省上市公司总数75家（含北交所上市公司3家），数量居全国第15位、西北第1位。截至第三季度末，上市公司总资产17798.1亿元，同比增长15.9%；净资产5874.4亿元，同比增长12.4%；营业收入5529.4亿元，同比增长13.8%；归属于母公司净利润553.6亿元，同比增长25.7%。

2. 法人证券期货公司盈利能力明显不足，个别上市公司风险较为突出

2022年，3家法人证券公司营业收入、净利润同比降幅分别高于行业平均降幅7.1个、33.3个百分点；3家法人期货公司营业收入同比降幅高于行业平均降幅7个百分点，净利润同比降幅低于行业平均降幅7.3个百分点。个别上市公司退市风险、流动性风险、违法违规风险以及大股东相关风险交织，处置难度加大。

（三）保险业稳健性

1. 保险业风险保障功能有效发挥，业务结构持续优化

保险市场规模持续扩大，风险保障功能有效发挥。截至2022年末，陕西省辖内共有法人保险公司2家，省级分公司71家，同比增加1家。保险业总资产3063.6亿元，同比增长11.9%；实现原保险保费收入1102亿元，同比增长4.7%。全省保险业提供各类风险保障102万亿元，支付赔款360.4亿元，同比分别增长22.3%、6.4%，风险保障功能得到有效发挥。

业务结构持续优化，发展稳定性不断提高。2022年，陕西省财产险公司非车险保费收入125.6亿元，同比增长26%；非车险业务占比39.7%，同比上升4.4个百分点。全省人身险公司原保险保费收入785.2亿元，同比增长2%，其中普通寿险业务占比51.8%，同比上升4.5个百分点。

2. 人身险公司退保金额持续增长，退保率大幅上升

2022年，全省人身险公司退保金额120.5亿元，同比增长22.2%；满期给付金额87.7亿元，同比增长22.2%；退保率2.9%，同比上升0.2个百分点。尽管人身险公司整体退保率不高，但个别公司退保风险较为突出，需密切关注其现金流变化情况。

三、金融市场稳健性

2022年，陕西省金融市场运行平稳，市场深度和广度不断扩大，资金利率有所下行。债券市场创新产品相继落地，货币市场流动性合理充裕，票据市场规模平稳增长，服务实体经济能力不断提升。

（一）证券市场融资稳步增长，融资成本继续下行

2022年，全省证券市场融资规模稳步增长，A股首发融资98.9亿元，同比增加53.8亿元，增

长119.2%。12月，全省金融机构一般贷款加权平均利率4.3%，同比下降0.5个百分点，其中企业贷款加权平均利率4.0%，同比下降0.5个百分点。全年非金融企业债务融资工具加权平均利率3.3%，较上年下降0.3个百分点。

（二）债券市场平稳发展，多种创新产品落地

2022年，全省非金融企业通过银行间市场发行债务融资工具158只，累计融资1578.7亿元。陕西延长石油集团注册全国首批主体类科创票据，陕西煤业化工集团发行陕西省首单采取常发行计划的公募债券。全省银行业金融机构累计发行7只金融债，金额66.6亿元。秦农银行发行陕西首笔绿色金融债，实现融资20亿元，有力地支持了绿色产业。

（三）货币市场成交量增长，交易延续短期化特点

2022年，全省金融机构在银行间货币市场累计成交19.7万亿元，同比增长23.0%。其中，信用拆借累计成交1.4万亿元，同比增长83.6%；质押式回购累计成交18.1万亿元，同比增长19.8%；买断式回购成交2749.4亿元，同比增长36.7%。从交易期限结构看，货币市场延续短期化特点，全年信用拆借隔夜、7天以内成交量占比分别为89.2%、8.9%；质押式回购隔夜、7天以内成交量占比分别为86.4%、10.4%。

（四）票据市场快速发展，票据承兑和贴现量均大幅增长

2022年，全省金融机构累计签发商业汇票6144.6亿元。其中银行承兑汇票签发额4922.9亿元，同比增长16.2%；商业承兑汇票签发额1221.6亿元，同比增长8.6%；票据贴现累计发生额15471.3亿元，同比增长24.2%。

四、金融基础设施与金融稳定

（一）金融基础设施建设稳健发展，跨境收支总量保持增长，资金净流出规模大幅收窄

截至2022年末，陕西省金融信用信息基础数据库共收录151.7万户企业和3176.8万个人信息，同比分别增长8.9%和2.5%。全省共有256家机构接入征信系统，较上年新增3家。陕西省征信有限责任公司正式设立，省级地方征信平台——“秦信融”投入运营，连通59家省级单位、采集6930万条企业信息，累计撮合融资319亿元。全年应收账款融资服务平台成交融资1133.5亿元，同比增长46.2%。

2022年末，陕西省支付系统参与者5895家，其中，农村地区支付系统参与者3721家，全年新增86家；全省共建立银行卡助农取款服务点41198个，支付服务覆盖面不断扩大。全年人民银行大、小额支付系统共处理业务3.1亿笔，金额108.6万亿元，同比分别增长20.2%和14.1%，日均处理87.0万笔，金额4271.1亿元。

全省跨境收支总量642.5亿美元，规模达到历史最高水平，同比增长2.7%。其中，跨境收入319.9亿美元，同比增长7.3%；跨境支出322.6亿美元，同比下降1.6%。全省跨境收支累计净流出2.7亿美元，较上年减少26.9亿美元，同比下降91.0%。其中，经常账户净流出6.2亿美元，同比下降76.3%；资本与金融账户净流入3.5亿美元，上年同期净流出3.7亿美元。德国、俄罗斯、美国等对资金净流入贡献突出，净流入分别为11.9亿、8.6亿和3.8亿美元，韩国和新加坡为资金净流出主要国家，全年净流出分别为50.1亿和20.3亿美元。

（二）金融乱象治理有序推进，金融法治环境优化

2022年，陕西省对非法金融活动保持高压严打态势，严格查处“反地下钱庄”“反跨境洗钱”“反跨境赌博”“反虚假跨境贸易”“反骗汇骗贷”“反跨境恐怖融资”等“六反”领域违规行为，全省人民银行、外汇局系统分别罚没1568.9万元和1010.4万元，其中对法人银行机构罚没806.4万元；陕西银保监局对银行机构罚没4562.3万元，其中对法人银行机构罚没2698.6万元。电信网络诈骗和跨境赌博“资金链”治理工作取得阶段性成效，支付市场环境不断净化。2022年共对22家金融机构开展反洗钱执法检查，对103家金融机构开展洗钱风险评估，采取反洗钱监管措施1282次。开展打击治理洗钱违法犯罪三年行动，累计推动37起洗钱罪立案侦查，同比增长85%；15起洗钱罪宣判，其中6起为“自洗钱”犯罪案件。建立“金融广告随手拍”小程序和金融广告监测管理信息系统，全年共办结违法违规金融广告线索216条。“征信修复”乱象专项治理成效明显，累计排查整治涉嫌违规机构995家，有效维护群众的信息与财产安全。P2P平台存量业务持续压降，实现全省网贷机构数量清零、存量资产有序清退。

2022年《陕西省地方金融条例》正式出台，填补了陕西地方金融立法空白，为区域金融风险防范提供了法律保障。加大协调力度，着力推进金融案件司法进程，全年金融案件执结率达96.0%，较上年提升2.7个百分点。强化金融执法和普法宣传，全年共开展执法检查37项，处罚机构17次（不含空头支票），处罚责任人员48次；开展“4·15全民国家安全教育日”“防范非法集资宣传月”“12·4国家宪法日”等金融法治宣传活动，法治思想深入人心。积极推进金融消费权益保护，践行金融为民理念。“12363”呼叫中心共接听电话27139起，办结率96.9%。金融纠纷调解中心共成功调解纠纷662件，成功率78.2%，涉案总金额2475.8万元。

（三）存款保险制度建设深化，金融安全网基础日益牢固

2022年，陕西省进一步推进存款保险制度建设，强化问题机构早纠和挤兑风险防范机制建设，筑牢筑实金融安全网。制定并印发《陕西省金融机构存款保险标识管理指引》《陕西省地方法人银行机构跨区域风险防范化解协调机制实施细则》，组织与金融监管部门签署《关于加强陕西省银行挤兑风险联防联控 共同维护区域金融稳定的合作备忘录》，探索建立异常取款预警指标体系，前移挤兑风险防控关口。对3家机构开展风险早期纠正工作，推进问题机构年内现场核查全覆盖和第三轮投保机构现场核查全覆盖，摸清投保机构风险底数。

组织开展“存款保险我来讲”系列活动，形成“县长话存保”宣传百分百覆盖，聚焦“村长有话说”“行长话存保”等系列节目。制作《陕北说书——存款保险》《守护For ya》等一系列视频、平面、漫画、音乐宣传作品，扩大宣传影响力。2022年累计开展宣传活动26407场次，实现辖区19946个社区、行政村全覆盖。7151个银行营业网点全面实现将存款保险嵌入存款等业务流程。存款保险公众认知评估结果较上年提高1.5分，宣传成效明显提升。

五、地方金融改革与金融稳定

（一）陕西省首个国家级普惠金融改革试验区落地铜川，区域金融发展进入新阶段

2022 年 9 月人民银行联合银保监会等部门向陕西省人民政府印发《陕西省铜川市普惠金融改革试验区总体方案》，铜川普惠金融改革试验区正式落地。“陕西铜川方案”是在农村普惠金融“宜君模式”的基础上，立足典型资源枯竭型城市的发展实际，以探索普惠金融助力经济转型为目标的试验区建设规划。方案提出拓展普惠金融覆盖面、发展数字普惠金融、加大重大领域金融支持、强化保障措施 4 个方面 17 项具体改革措施。试验区的落地对铜川产业转型发展和巩固拓展脱贫攻坚成果同乡村振兴有效衔接具有积极意义，对区域金融稳定和普惠金融发展具有现实意义。

（二）地方法人机构多渠道补充资本，探索改革化险新路径

陕西省持续推动地方法人银行机构补充资本，提升风险抵御能力。省财政、人民银行、银保监会等部门共同发力，协同推进发行地方政府专项债，通过采用阶段性持股或转股协议存款的方式补充中小银行资本。截至 2022 年末，陕西第一批 46 亿元专项债补充资本全部到位，第二批专项债发行工作顺利推进。西安银行股份有限公司于 2022 年 3 月发行 20 亿元二级资本债补充资本。人民银行西安分行会同多部门推动以吸收合并方式化解某农商行风险；探索通过在省内组建市级农商行的方式化解高风险机构；积极借鉴各省经验模式，配合省政府研究探索省联社改革方案，以改革促发展、化风险。

（三）金融支持自贸试验区建设力度加大，金融创新服务能力增强

人民银行西安分行、外汇局陕西省分局持续优化自贸试验区金融创新环境。分局先后向国家外汇管理局申请并获批 7 项试点政策，为企业跨境融资和资金调用提供便利。适当降低优质企业便利化准入门槛，支持全省更多企业享受政策红利。推进外债登记管理改革，快速落地实施非金融企业多笔外债共用一个外债账户政策，大幅降低企业账户管理成本。实施“一三五工程”，支持外贸新业态新模式发展。制订《“丝绸之路经济带征信联盟链”建设方案》，探索开展征信联盟链建设。

在秦创原设立金融服务工作站，支持科技型中小微企业发展。创设“科创票链通”，系统解决科创产业链融资难题。提升中欧班列长安号数字金融综合服务平台服务效能，截至 2022 年末，累计提供资金支持 57. 2 亿元人民币。拓展跨境人民币使用范围。落地陕西首笔中国—印度尼西亚 LCS 业务，为该业务开展一年以来在试点地区外的首次成功。在自贸试验区 7 家银行设立跨境人民币示范网点，2022 年陕西自贸试验区实现跨境人民币收付 57. 7 亿元，同比增长 17. 4%。

六、总体评估与政策建议

（一）总体评估

2022 年，陕西省坚持稳中求进工作总基调，克服需求收缩、供给冲击、预期转弱“三重压力”以及疫情多轮冲击的不利因素，全省经济承压前行，持续恢复，总体呈现统筹协调、稳中有进、动

能集聚的良好态势，为区域金融实现稳定发展奠定了坚实基础。整体来看，2022 年陕西省经济平稳复苏，投资增速等主要经济指标优于全国平均水平。金融体系保持稳健运行，社会融资成本持续下行。银行业稳企纾困支持力度不断加大，重点领域和薄弱环节信贷保障有力；证券业交易市场活跃，证券机构公司治理水平提升；保险业统筹推进回归本源和风险处置，服务经济社会能力质效增强。地方金融改革创新持续激活，改革化险取得阶段性成效，为陕西省经济高质量发展提供有力金融保障。

展望2023 年，虽然疫情对经济运行的影响趋弱，稳增长政策持续发力，经济恢复增长预期增强，但陕西仍需克服消费增长动力不足、外需持续减弱、房地产市场预期转弱等诸多不利因素，经济恢复基础尚不牢固，金融业稳定运行仍将面临新的挑战。银行业金融机构资产质量下行压力加大，抗风险能力分化，证券业盈利稳定性降低，个别上市公司面临退市风险，中小险企偿付能力承压等问题可能对区域金融稳定产生一定负面冲击。

（二）政策建议

1. 加快推进产业优化升级，推动经济质效提升。一是增加对实体经济的贷款投放，推进能源化工产业高端化、多元化、低碳化发展。依托秦创原推进科技创新，突出网络、信息服务、信息化应用等重点，积极推动科技成果转化，加大数字经济牵引力。二是继续加大信贷结构优化调整力度，提升对重大项目和制造业、普惠小微、绿色、涉农等重点领域的金融服务。三是结合最新政策要求和陕西实际，继续发挥结构性货币政策工具稳定宏观经济大盘作用。四是保持房地产融资平稳有序，促进房地产市场平稳健康发展。稳定房地产企业开发贷款、建筑企业贷款投放，支持个人住房贷款合理需求，为“保交楼”专项借款项目提供配套融资，探索为优质房企提供保函置换预售监管资金支持。

2. 前瞻性做好金融风险防控，扎实推进中小金融机构改革化险。一是密切监测地区重点领域、重点机构、重点企业风险，坚持“治未病”，综合运用央行评级、压力测试、早期纠正等手段，前瞻性做好风险防控。二是鼓励中小银行机构多渠道处置不良资产、补充资本，支持地方资产管理公司不断加大不良资产收购处置力度，鼓励符合条件的中小银行通过发行优先股、永续债、二级资本债等方式补充资本。三是通过完善公司治理、内控机制、创新服务等方式，因地制宜推进中小金融机构真实化险。四是强化协调沟通机制，落实区域金融风险化解处置各方责任，妥善处置各类金融风险事件。

3. 强化金融基础设施建设，优化金融生态环境。一是积极创新，改进和完善支付手段，提高支付效率、提升用户体验，为市场提供更加高效、优质的服务。在保障安全依法合规的前提下，鼓励支付服务主体开展有利于降低实体经济交易成本，有利于提升实体经济交易效能，有利于促进实体经济转型升级的市场行为和业务创新。二是通过“大数据 + 征信技术 + 应用服务”的业务模式，研发企业信用评分、深度企业信用报告、企业风险预警等征信产品，推进政府决策科学化、企业融资便利化、银行服务智能化，营造良好的信用环境和融资环境。

中国人民银行西安分行金融稳定分析小组

组　　长：魏革军

副 组 长：李　滔

成　　员：董　琦　钱　皓　陈　军　冯　梅　卫　保　王　宁

古丹娜　肖继五　王　萍　张晓东　马小明

《陕西省金融稳定报告（2023）》编写组

总　　　纂：魏革军

统　　　稿：李　滔　陈　军　王　敏　方　蕊

执　　　笔：高孝廉　刘振强　孟乐元　孙庆卫　石　毅　吴　玓
王　青　王　蓉

参与写作人员：成思杰　黄　丹　来洪渝　刘晨晨　刘佳珍　刘　杰
李　姜　李媛媛　马维华　南　雁　王　岚　王　宇
苑士威　张　莉　张　雯　张左扬

甘肃省金融稳定报告摘要

2022年，面对复杂多变的国内外形势和多轮疫情等超预期冲击，甘肃省全面统筹疫情防控和经济社会发展，经济承压而上，逆势而进。全省金融机构服务实体经济更加精准有力，重点领域和薄弱环节支持力度进一步增强，风险化解深入推进，金融业保持平稳运行。

一、区域经济运行与金融稳定

（一）经济运行情况

1. 经济保持稳定增长，主要指标增速全国排位靠前。全年全省实现地区生产总值11201.6亿元，同比增长4.5%，高于全国平均水平1.5个百分点，增速居全国第2位。其中，第一产业增加值1515.3亿元，同比增长5.7%；第二产业增加值3945.0亿元，同比增长4.2%；第三产业增加值5741.3亿元，同比增长4.4%。

2. 工业对经济增长的支撑作用增强，服务业增长分化。全省实现工业增加值3297.2亿元，同比增长4.1%，占地区生产总值的比重由27.8%升至29.4%，其中规模以上工业增加值较上年增长6.0%，居全国第13位。服务业中交通运输、仓储及邮政业在稳经济政策支撑下增速达到17.7%，批零、住餐等行业受疫情影响增加值增速分别下降0.5%和7.5%。

3. 固定资产投资快速增长，进出口增长较好。全省固定资产投资同比增长10.1%，高于全国平均水平5个百分点，其中项目投资增长15.6%，房地产开发投资下降2.9%，工业投资增长57.0%。全年实现进出口总值584.2亿元，同比增长18.8%。其中，出口总值127.3亿元，同比增长31.4%；进口总值456.9亿元，同比增长15.7%。

4. 消费市场持续疲软，物价保持温和上涨。全省社会消费品零售总额3922.2亿元，同比下降2.8%，低于全国平均水平2.6个百分点。除基本生活消费类和中西药品类增长较好外，大额商品如汽车、家具家电等均增长乏力。居民消费价格较上年上涨1.9%，保持温和上涨水平。居民消费意愿下降明显，全年全省居民人均消费性支出17489元，仅增长0.19%。

5. 财政收支总体平稳，居民收入保持增长。全省一般公共预算收入907.6亿元，同比增长4.9%。其中，税收收入582.7亿元，同比增长4.9%；非税收入324.8亿元，同比增长5.0%。一般公共预算支出4263.5亿元，同比增长5.7%。全省居民人均可支配收入23273元，同比增长5.5%，高于全国平均水平0.5个百分点。城乡居民人均收入比值为3.09，较上年缩小0.08。

（二）经济运行中需要关注的方面

1. 发展不平衡更为凸显。从区域看，生产总值占比近30%的兰州仅增长0.8%，远低于全省生产总值平均增速。从产业看，工业新增长动能不足，高新技术产业、战略新兴产业为代表的新动能增加值同比分别下降 13.5% 和 14.0%；批零住餐等传统服务业受多轮疫情冲击明显，增加值增长为负。

2. 基建和房地产等重点领域投资增长动力弱。自 2022 年以来，全省基础设施投资增长持续低迷，全年投资额同比下降 0.5%，低于全国平均水平 12 个百分点，与全国基建增长趋势形成反差。受房地产市场信心不足影响，全省房地产开发投资增长一路走低、由正转负，同时房地产施工、销售等指标降幅持续扩大的趋势也未出现扭转。

3. 增长信心处于低位。2022 年第四季度全省银行家问卷调查显示，宏观经济热度指数降至 7.9%，创银行家调查开展以来最低值；企业家问卷调查显示，工业企业宏观热度指数降至 19.7%，为除 2020 年新冠肺炎疫情暴发当季外的最低水平，服务业企业宏观热度指数降至 12.7%，为 2013 年统计以来最低水平。

二、金融业与金融稳定

（一）银行业与金融稳定

1. 银行业运行情况

（1）资产负债规模稳步扩大。2022 年末，全省共有银行业金融机构 137 家，其中法人银行业金融机构 119 家。银行业金融机构总资产 3.65 万亿元，同比增长 8.98%；总负债 3.49 万亿元，同比增长 9.24%。各项贷款余额 2.54 亿元，同比增长 6.21%；各项存款余额 2.49 万亿元，同比增长 10.09%。

（2）服务实体经济精准有力。中小微企业贷款同比增长 10.5%，增速同比提高 2.23 个百分点。基础设施类贷款同比增长 8.55%，制造业贷款同比增长 7.66%，涉农贷款同比增长 6.61%。绿色贷款、高技术产业贷款、数字经济核心产业贷款和知识产权密集型产业贷款增速分别为 19.41%、20.74%、29.14% 和 16.52%。

（3）不良贷款处置成效显著。全年银行业机构持续加大不良贷款处置力度，处置金额较上年增长 46.18%，其中农合机构处置量占全省处置总量的 72.98%。全省及 14 个市州银行业不良贷款均实现“双降”，不良贷款率低于 5% 的市州增加两个。

（4）盈利水平有所下降。2022 年全省银行业累计实现净利润 150.33 亿元，同比增长 4.49%，增幅同比下降 2.34 个百分点。资产利润率和资本利润率同比分别下降 0.02 个和 0.12 个百分点，盈利能力呈下降趋势。净息差和净利差持续收窄，同比分别下降 0.13 个和 0.09 个百分点。

2. 银行业运行中存在的问题

（1）住户贷款增长乏力。2022 年，全省实体经济信贷需求出现历史低值，疫情冲击和房地产市场下行双重影响下住户部门贷款持续少增。2022 年末，全省住户贷款余额 6578 亿元，同比增长 0.78%，增速同比回落 7.65 个百分点；全年新增 51 亿元，同比少增 456 亿元。住户部门拉动全省贷款增长 0.21 个百分点，低于全国水平 1.83 个百分点，成为拖累贷款增长的主要原因。

（2）资产质量承压加大。2022 年末，全省关注贷款率 2.95%，高于全国平均水平 0.29 个百分点；逾期贷款同比增长 3.64%，逾期 90 天贷款与不良贷款的比例仍处于较高水平，个别机构风险研判较为滞后，潜在风险有进一步暴露的趋势。

（3）房地产贷款风险有所上升。受“停工断贷”影响，加上疫情反复等多重因素叠加，全省房地产不良贷款同比增长 7.04%，不良贷款率高于全国平均水平 0.17 个百分点。其中，个人住房不良贷款增长较快，同比增长 66.32%，占全省房地产不良贷款的 27.86%，同比上升 9.93 个百分点。

（二）证券业与金融稳定

1. 证券业运行情况

（1）证券期货机构经营平稳。2022 年末，全省共有 1 家法人证券公司，1 家法人期货公司，111 家证券分支机构，6 家期货分支机构。全省累计实现证券期货交易额 2.59 亿元，与上年基本持平。法人证券公司总资产 272.07 亿元，同比下降 3.86%；全年实现净利润 2.91 亿元，同比下降 57.0%。法人期货公司资产总额 9.72 亿元，同比下降 9.02%，全年亏损 703.18 万元。

（2）上市公司发展稳中向好。2022 年末，全省共有 36 家 A 股上市公司，较上年增加 3 家；1 家 H 股上市公司，26 家新三板挂牌公司。36 家 A 股上市公司总股本 640.13 亿股，总市值 3197.52 亿元，全年通过股票市场累计融资 33.91 亿元。

（3）私募基金稳步发展。全省在中国证券投资基金业协会登记的私募基金管理人共 38 家，较年初减少 2 家；备案的私募基金 63 只，较年初增加 3 只；基金净值总规模 190.4 亿元，同比增长 4.98%，其中国资背景私募基金管理人管理的基金净值规模占比达 93.8%。

2. 证券业运行中存在的问题

（1）资本市场发展水平较低。全省上市公司数量占全国上市公司总数的比例不足 1%，新三板挂牌公司占全国总数的比例不足 0.5%。随着注册制的全面启动，受制于省内“硬科技”型企业较少，上市后备资源较少问题更为凸显。

（2）期货业经营压力不断加大。甘肃期货经营机构创新发展水平较低，盈利模式单一，主要依靠经纪业务，缺乏差异化、特色化的产品和服务，在市场竞争中面临较大经营压力，法人期货公司盈利水平持续下滑。

（三）保险业与金融稳定

1. 保险业运行情况

（1）发展增速有所放缓。2022 年末，全省共有法人保险公司 1 家，省级保险分公司 32 家，其中产险分公司 20 家，人身险分公司 12 家。全省保险业资产总额 1456.05 亿元，同比增长 11.07%。全年累计实现原保费收入 492.76 亿元，同比增长 0.09%；累计赔付支出 159.02 亿元，同比下降 9.66%。

（2）险种分化较为明显。在非车险业务快速增长拉动下，全省财产险业务实现保费收入 141.34 亿元，同比增长 6.54%。人身险受疫情以及自身转型改革影响，实现保费收入 351.41 亿元，同比下降 2.29%。

（3）风险保障功能持续发挥。2022 年，全行业提供风险保障 54.4 万亿元，同比增长 19.67%。

车险综合改革成效明显，车均保费较改革前减少22.24%，交强险、“三责险”平均保额分别较改革前提高7.8万元和96.5万元。农业保险参保农户269万户次，提供风险保障960.79亿元。

2. 保险业运行中存在的问题

（1）人身险公司新单业务下滑明显。当前经济恢复基础尚不牢靠，市场长期利率持续下行，可支配收入增长预期下降，居民对商业保险选择意愿下降。2022年，全省人身险新单业务保费收入同比下降13.92%，业务占比同比下降4.17个百分点。

（2）财产险应收保费增长加快。受地方财政收支缺口加大影响，部分政策性险种保费补贴资金拖欠严重，导致财产险公司应收保费较快增长。2022年，全省财产险公司应收保费39.84亿元，同比增长17.47%，其中农业保险应收保费增长49.21%。

（3）融资性信保业务潜存一定风险。2022年，全省保证保险原保险保费收入7.1亿元，赔款支出7.67亿元，承保亏损0.98亿元。当前市场整体信用风险呈上升趋势，保险公司融资性信保业务风险管理机制普遍不健全，需要防范相关风险。

三、金融市场与金融稳定

（一）货币市场

全年甘肃辖内同业拆借累计交易额2391.22亿元，同比增长19.25%，各品种拆借加权平均利率同比下降28个基点。现券市场累计交易额4483.7亿元，同比增长61.09%，各品种现券加权平均到期收益率同比下降77个基点。银行间市场债券回购交易累计交易额19.98万亿元，同比增长50.33%，各品种债券加权平均回购利率同比下降46个基点。票据承兑及贴现交易6608.48亿元，同比增长59.52%，票据加权平均利率同比下降68个基点。

（二）债券市场

受城投企业发债困难影响，全年全省企业发行债务融资工具161.2亿元，同比下降51.37%，加权平均发行利率同比下降66个基点。扣除当年到期兑付金额，全省企业通过发行债务融资工具实现净融资同比减少158.15亿元。全省银行间市场成员持有各类债券余额2837.35亿元，同比增长29.87%，持债结构与上年同期相比基本保持稳定。

（三）黄金市场

2022年，黄金价格冲高回落后于第四季度止跌回升，年末收于410.49元/克，较年初上涨9.8%。受疫情影响以及消费者预防性储蓄意愿增加，全年全省银行业金融机构黄金市场境内交易额165.21亿元，同比下降31.65%。

（四）外汇市场

全年全省跨境收付总额147.3亿美元，同比增长18.52%，为2015年以来最高水平。收入39.19亿美元，同比增长25.70%；支付108.11亿美元，同比增长16.11%。其中，经常项目跨境收付117.71亿美元，同比增长15.40%；资本项目跨境收付29.59亿美元，同比增长32.78%。

四、金融基础设施与金融稳定

（一）支付结算体系

2022年，全省支付系统共处理业务1.71亿笔，同比增长13.2%；金额45.37万亿元，同比增长8.5%。账户分级分类管理全面推开，支付适老化特色服务稳步推广。建立支付手续费降费政策督查、宣贯长效机制，累计减免支付手续费14.09亿元，惠及市场主体90.73万户。深入推进打击治理电信网络诈骗和跨境赌博资金链工作，开展“一人多户”和长期不动户排查，倒查涉案个人银行账户3374户。联合公安部门开展个人银行账户集中整治专项行动，对4619万个异常账户实施管控措施。

（二）征信体系

截至2022年末，企业征信系统收录全省70.9万户企业信息，当年累计受理企业查询服务3.11万次；个人征信系统当年累计受理个人查询服务90.94万次。“陇信通”平台年末注册企业2万多户，入驻金融机构137家，4500余户企业获得融资535.78亿元。15家核心企业通过中征平台累计实现供应链融资6亿元，首笔“政采贷”业务在甘肃落地。

（三）反洗钱工作

2022年，全省法人金融机构完成首次洗钱风险自评估。针对执法检查发现问题共处罚金额400多万元，反洗钱监管的针对性和有效性明显提升。打击治理洗钱违法犯罪三年行动计划扎实推进，累计向公安等部门移送可疑交易线索139条，协助对30起案件开展反洗钱调查200多次，全省洗钱罪立案侦查54起，移送起诉35起，成功宣判17起，较上年分别增长96.1%、20.6%和54.5%。

（四）金融消费者保护工作

2022年，“12363”金融消费者投诉咨询热线共接听并妥善处理投诉咨询13712件。会同省高级人民法院推动金融纠纷多元化解机制建设，全年组织开展案件调解1900件、金额13.92亿元。针对青少年、老年人、新市民等重点人群，开展“线上＋线下”金融知识系列宣传活动，消费者金融素养明显提高。

五、总体评估

2022年，甘肃省经济保持了稳定增长的发展态势，工业和投资充分发挥了经济稳定器作用，重点领域发展优势凸显，省属企业盈利创历史最高水平。银行业金融机构认真贯彻落实稳健货币政策，不断加大信贷支持力度，全省信贷总量保持平稳适度增长；金融助企纾困成效显著，为经济社会高质量发展提供了有力支撑；不良资产清收处置成效明显，不良贷款实现“双降”。保险业务结构持续优化，保障水平不断增强，服务经济社会质效不断提升。证券期货机构经营平稳，上市公司经营稳中向好，资本市场融资功能进一步发挥。金融市场运行平稳，市场流动性合理充裕，各子市场交易价格不同程度下降，交易规模出现分化。外汇市场继续保持平稳运行态势，跨境收支实现基本平衡，收付行业更趋多元，交易对手国别及结算币种范围有所收敛。支付系统安全平稳运行，征信服务水平进一步提升，反洗钱监管不断强化，金融消费者法治意识和金融素养明显提高。

但在需求收缩、供给冲击、预期转弱“三重压力”下，全省经济发展不平衡不充分问题依然突出，推进高质量发展还面临较多问题。支柱产业增长动能分化，新增长动能不足；基建和房地产等重点领域投资增长动力较弱；疫情冲击对居民就业、收入和消费影响深远。信贷稳定增长动力不足，资产质量承压加大，房地产贷款风险有所增大。资本市场发展后劲不足，法人机构市场竞争力较弱。保险业务转型基础不牢固，应对外部形势变化准备不足。

六、相关建议

（一）加强政策协调配合，着力稳增长、稳就业、稳信心，加快经济修复步伐，增强经济增长的内生动力

加快推进产业结构调整，聚焦省内资源优势、比较优势和发展优势，加快构建产业体系新支柱，促进支柱产业迭代升级、提质增效。加大基础设施重点领域和薄弱环节投资力度，提振民间投资信心；加大对新动能产业投资力度，加快促进新旧动能转换。多渠道增加城乡居民收入，改善消费条件，推动重点领域和大额商品消费持续恢复。

（二）稳健的货币政策更加精准有力，多措并举撬动信贷增长

利用好国家层面政策资金，加大对基础设施领域信贷支持。加大对制造业领域中长期贷款的投放，推动制造业转型升级；加大对房地产市场的信贷支持，稳住房地产领域信贷投放；加大金融支持消费金融力度，刺激零售业、住宿业、餐饮业消费需求加快释放。进一步强化金融支持企业稳岗就业，从源头上提振居民消费信心。

（三）推动压实风险防化各方责任，牢牢守住经济金融安全发展底线

持续强化经济运行监测分析，积极引导社会预期，推动全省经济运行保持在合理区间。坚持“房住不炒”定位，落实稳地价、稳房价、稳预期要求，确保房地产市场平稳健康发展。进一步发挥金融委办公室地方协调机制作用，督促金融机构、监管部门、地方党政落实风险化解处置责任，因地制宜加快推进中小银行改革化险。加强金融业监管，督导金融机构强化内部管理，风险防范化解并重，不断夯实稳健经营发展基础。

中国人民银行兰州中心支行金融稳定分析小组

组　　长：黄　富

副 组 长：刘旭华

成　　员：王永恒　杨小亮　王晓红　尚　莉　张拥军　李艳华
刘　刚　王端行　常　晔　李永国

《甘肃省金融稳定报告（2023）》编写组

总　　　　纂：刘旭华

统　　　　稿：王永恒

执　　　　笔：杨　柳　景小娟　安子靖

参与写作人员：张　乾　马哲光　刘永锋　温耀宗　陈　全　孟秋敏
李广正　吕　飞　王丽娟　张　峰　刘海申　李双红
马小华　杜　鹃　王钰樟　杨　琦

青海省金融稳定报告摘要

2022 年，青海省坚持以习近平新时代中国特色社会主义思想为指导，深入学习党的二十大精神，全面贯彻落实习近平总书记重要讲话指示批示精神，坚持稳中求进工作总基调，高效统筹疫情防控和经济社会发展，统筹发展与安全，聚焦打造生态文明高地和加快产业“四地”建设①，加快推进高质量发展。发展质量稳步提升，就业物价基本平稳，粮食安全、能源安全和人民生活得到有效保障，生态环境不断改善，经济社会大局稳定。全省金融业认真落实稳经济大盘政策和接续措施，金融服务实体经济质效明显提升，金融机构整体资产质量下行压力有所缓解，高风险金融机构实现动态清零，金融基础设施建设和服务不断优化升级，金融保持稳健运行态势，风险总体可控。但受国内外超预期因素影响，青海省经济发展环境的复杂性、严峻性、不确定性上升，经济下行压力持续加大，金融风险防控仍将面临严峻挑战。

一、区域经济运行情况

2022 年，全省地区生产总值 3610. 1 亿元，同比增长 2. 3%，低于全国平均增速 0. 7 个百分点（见图 1）。其中，第一产业增加值 380. 2 亿元，同比增长 4. 5%；第二产业增加值 1585. 7 亿元，同比增长 7. 9%；第三产业增加值 1644. 2 亿元，同比下降 2. 5%。

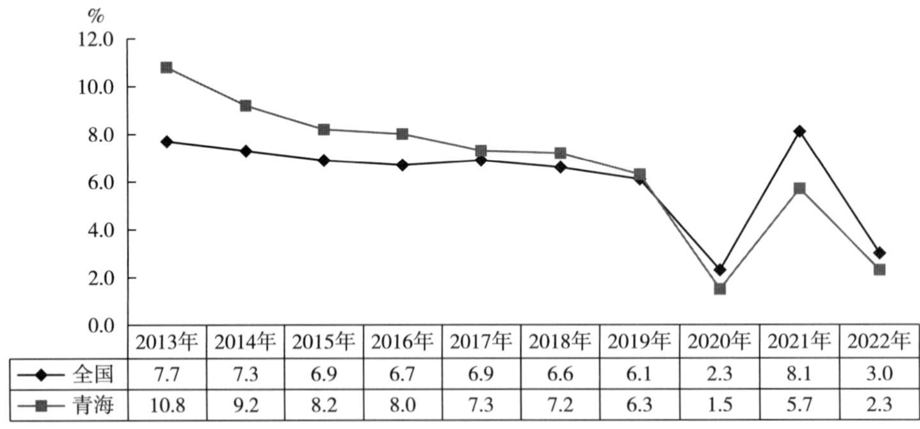

	2013年	2014年	2015年	2016年	2017年	2018年	2019年	2020年	2021年	2022年
全国	7.7	7.3	6.9	6.7	6.9	6.6	6.1	2.3	8.1	3.0
青海	10.8	9.2	8.2	8.0	7.3	7.2	6.3	1.5	5.7	2.3

图 1　2013—2022 年青海省与全国生产总值增速对比情况

（数据来源：国家统计局）

① “四地”建设指加快建设世界级盐湖产业基地、打造国家清洁能源产业高地、国际生态旅游目的地、绿色有机农畜产品输出地。

（一）运行特点

1. 持续扩大有效供给，生产形势总体平稳向好。一是农牧业稳中提质。2022 年，全省粮食总产量 107.3 万吨，连续 15 年保持百万吨以上；经济作物保持稳定，其中蔬菜及食用菌产量 151.8 万吨，同比增长 1.1%；高原特色畜牧业发展势头良好，猪牛羊禽肉产量 40.9 万吨，同比增长 2.6%。二是工业经济支撑有力。重点实施工业经济高质量发展“六大工程”、招商引资“六大行动”，2022 年规模以上工业增加值同比增长 15.5%。从特色优势产业看，高技术制造业同比增长 1.1 倍，装备制造业同比增长 1.6 倍，新材料产业同比增长 1.5 倍，盐湖化工产业同比增长 31.3%；从经营效益看，规模以上工业企业利润总额同比增长 1.7 倍。三是生产性服务业增势较好。2022 年，交通运输、仓储和邮政业增加值 155.2 亿元，同比增长 6.9%；信息传输、软件和信息技术服务业增加值 81.3 亿元，同比增长 12.9%，为全力发展数字经济奠定坚实基础。

2. 着力加大稳定需求，市场预期逐步升温恢复。一是投资承压前行，新动能投资成为“新引擎”。全省 500 万元及以上固定资产投资同比下降 7.6%，总体增速呈升降反复态势；高技术制造业投资同比增长 86.6%，比全部投资增速高 94.2 个百分点。二是消费需求持续下降，线上消费平稳增长。2022 年，全省实现社会消费品零售总额 842.1 亿元，同比下降 11.2%；网络消费保持增长，限额以上批发零售业通过公共网络实现的商品零售额增长 6.7%。三是进出口实现稳步增长，贸易合作不断深化。全省进出口总值 43 亿元，同比增长 35.5%，其中出口同比增长 75.4%，进口同比增长 6.7%；对“一带一路”沿线国家合计进出口 15 亿元，同比增长 58.8%，占全省进出口总值的 34.9%。

3. 居民消费价格温和上涨，工业生产者价格涨幅回落。全省居民消费价格总水平同比上涨 2.4%，涨幅较上年同期高 1.1 个百分点；八大类商品及服务价格呈“全涨”态势格局。工业生产者出厂价格同比上升 12.2%，涨幅较上年同期低 2.3 个百分点；工业生产者购进价格同比上升 14.0%，涨幅较上年同期高 2.5 个百分点。商品零售价格指数同比上升 3.2%，涨幅较上年同期高 1.7 个百分点。

4. 财政收支运行总体平衡，民生福祉领域支出加强。全省一般公共预算收入同比下降 4.3%，其中地方一般公共预算收入同比增长 0.1%，扣除留抵退税后同比增长 19.7%。一般公共预算支出同比增长 6.5%，其中社会保障和就业、城乡社区投入稳定增长，同比分别增长 6.5% 和 27.2%。

5. 居民收入不断增加，就业形势总体稳定。全省居民人均可支配收入 27000 元，同比增长 4.2%。其中，城镇居民人均可支配收入 38736 元，同比增长 2.6%；农村居民人均可支配收入 14456 元，同比增长 6.3%，城乡居民收入比值同比缩小 0.09。2022 年城镇新增就业 6.2 万人，农牧区转移就业 108.6 万人次，城镇调查失业率均值 6.0%。

6. 房地产市场低迷，投资增速降幅较大。全省商品房销售面积同比下降 47.1%，商品房销售额同比下降 50.7%。2022 年 12 月，省会西宁市房价在全国 70 个大中城市中涨幅位居中下游。其中，新建商品住宅价格同比下降 3.6%，位居全国第 44 位；二手住宅价格同比下降 3.2%，居全国第 29 位。2022 年全省房地产开发投资同比下降 33.1%，其中住房投资同比下降 34.4%。

（二）需要关注的问题

1. 部分工业重点行业不景气。受大宗商品市场价格回落、生产资料市场价格小幅上涨以及市场需求不振等影响，部分工业重点行业增速减缓。规模以上工业从行业看，电力热力生产和供应业、有色金属冶炼和压延加工业、石油和天然气开采业、黑色金属冶炼和压延加工业、煤炭开采和洗选业等行业增速分别下降2.0%、5.4%、7.8%、17.7%和24.0%。

2. 服务业遭冲击发展滞缓。2022年青海省遭受多轮疫情冲击，导致服务业部分行业处于深度下降区间。一是客运、旅游、批零住餐等行业持续下降。全年全省旅游业接待游客人数和旅游总收入分别比上年下降45.7%和58.5%，客运量全年下降55.1%，限额以上批发业、零售业销售额分别下降14.1%和19.3%，限额以上住宿、餐饮业营业额分别下降28.7%和38.5%。二是生活性服务业营收下滑。全省规模以上服务业企业营业收入同比下降，尤其是租赁、科学研究、居民服务、文化体育娱乐业营业收入降幅达两位数且呈扩大趋势。三是居民消费意愿不足。居民收入增速放缓，全年全体居民人均可支配收入增速较上半年、前三季度分别回落0.4个和0.5个百分点。收入放缓导致居民消费意愿减弱，全体居民人均生活消费支出下降9.2%，降幅比上半年、前三季度分别扩大6.3个和6.5个百分点。

3. 投资增长动力不足。2022年投资领域面临较大挑战：一是重大项目减少较多。全年亿元以上施工项目比上年减少85个，50亿元以上项目平均规模下降4.2%，100亿元以上项目平均规模下降10.1%。二是到位资金趋紧。全年实际到位资金比上年下降14.4%，主要资金来源中的国家预算内资金、国内贷款、自筹资金均下降。三是房地产开发投资降幅扩大。投资全年下降33.1%，比全国降幅高23.1个百分点，降幅分别比上半年、前三季度扩大12.0个和11.1个百分点。四是民间投资缺乏活力。民间投资全年下降16.5%，近八成行业民间投资呈两位数下降。

二、金融业情况

（一）银行业

截至2022年末，青海省共有银行业金融机构56家。其中，国有大型商业银行6家，政策性银行2家，股份制银行7家，城市商业银行1家，农村金融机构36家，企业集团财务公司1家，信托公司1家，资产管理公司分支机构2家。

1. 运行特点

（1）资产负债规模保持增长。截至2022年末，全省银行业金融机构资产总额9881.3亿元，较年初增加136.34亿元，同比增长1.4%；负债总额9412.09亿元，较年初增加621.14亿元，同比增长7.07%。其中，本外币各项贷款余额7084.76亿元，较年初增加228.22亿元，同比增长3.33%；本外币各项存款余额7621.73亿元，较年初增加884.68亿元，同比增长13.13%。

（2）信用风险持续收敛。2022年，青海省银行业金融机构利用债转股、核销、转让等方式继续加大不良贷款处置力度。截至年末，全省银行业金融机构不良贷款余额138.46亿元，较年初减少26.65亿元，不良贷款率1.95%，较年初下降0.45个百分点（见图2）。

（3）全力支持实体经济回稳向好。截至2022年末，全省银行业金融机构涉农贷款同比增长4.53%，普惠小微企业贷款同比增长10.27%，新发放贷款利率下降0.35个百分点，支农支小作用进一步增强。金融机构推出“生态修复贷”“有机循环贷”等绿色金融产品40余种，截至2022年末，全省金融机构绿色贷款余额1655.1亿元①，占银行业金融机构各项贷款余额的23.36%。2022年各家银行办理延期还本付息贷款186.43亿元，进一步加大对市场主体的金融支持力度。

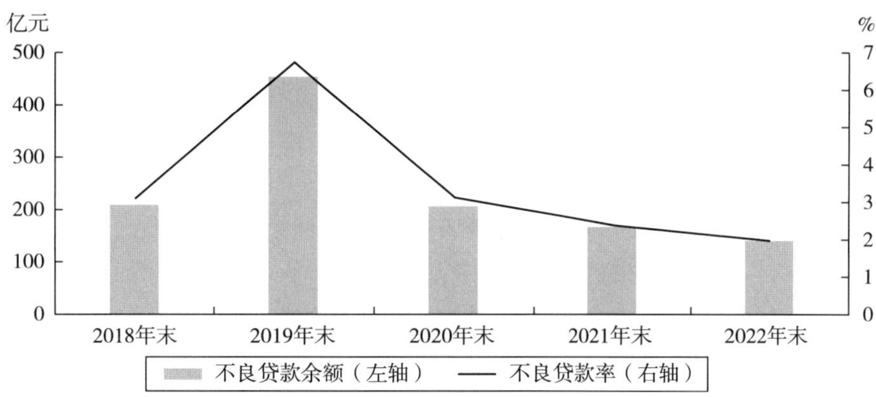

图2　近5年不良贷款余额及不良贷款率变化

（数据来源：青海银保监局）

（4）地方法人银行风险抵补水平较强。截至2022年末，全省地方法人银行核心一级资本充足率14.77%，资本充足率15.98%，资本状况较为充足。城市商业银行拨备覆盖率161.72%，农村金融机构拨备覆盖率159.01%，均优于监管标准。

（5）资管业务发展平稳。截至2022年末，全省地方法人银行发行的非保本理财产品存续余额21.37亿元，较年初下降23.67%，均为净值型产品，不存在到期未兑付的情形，不涉及现金管理类产品。信托公司资管产品余额7064.05亿元，较年初下降3.74%，其中个案处理资管产品余额较年初下降35.63%，整改工作按计划推进。

2. 需要关注的问题

（1）贷款增长缓慢。截至2022年末，全省银行业金融机构人民币贷款增速3.32%，低于全国平均水平7.73个百分点。分项目看，企事业单位贷款中票据融资同比增长23.51%，增加额占贷款增加额的87.18%，中长期贷款同比仅增长0.25%，有效信贷需求低迷。

（2）利润大幅下滑。受利息净收入下降、净息差持续收窄以及省内部分银行因债转股持有青海盐湖工业股份有限公司股价下跌引起公允价值变动等因素影响，2022年全省银行业金融机构净亏损43.33亿元，利润同比下降110.41%。

（3）地方法人银行部分领域风险仍需警惕。一是信用风险防控压力不减。截至2022年末，地方法人银行不良贷款余额42.52亿元，占全省不良贷款总额的30.7%；不良贷款率2.97%，高于全省平均不良贷款率1.02个百分点。二是流动性出现趋紧态势。城市商业银行、农村商业银行流动性比率较年初出现下降，个别机构核心负债依存度低于60%。三是公司治理水平仍需提高。部分机构存在“三会一层”履职不规范等情况，公司治理仍存在诸多“短板”不足。

（二）证券期货业

截至2022年末，青海省共有法人证券公司1家，法人期货公司1家，证券分公司8家，证券营

① 人民银行统计口径。

业部21家，上市公司11家，“新三板”挂牌公司2家。

1. 运行特点

（1）证券期货机构经营业绩有所分化。2022年，全省法人证券公司盈利能力有所下滑；法人期货公司经营业绩好转，代理交易额及营业收入同比有所提升。其中，法人证券公司累计代理交易额同比下降8%，年内亏损1.38亿元；证券营业部累计代理交易额同比下降8.41%，营业收入同比下降23.87%，实现净利润0.58亿元；法人期货公司代理交易额同比增长146.7%，营业收入同比上升8.83%，实现净利润0.58亿元。

（2）上市公司整体经营状况明显改善，市场表现好转。截至2022年第三季度末，青海省上市公司总资产1591.63亿元，较年初增长13.76%；净资产707.34亿元，较年初增长31.72%；整体资产负债率55.56%，同比下降5.04个百分点，债务负担有所减轻。前三季度，全省上市公司实现营业收入825.46亿元，同比增长16.77%；净利润总额184.17亿元，同比增长157.86%。

（3）多层次资本市场建设稳步推进。一是区域股权市场运行平稳。截至2022年末，青海股权交易中心挂牌（展示）企业448家，其中股份有限公司19家；注册投资者10550家，其中机构投资者501家；会员63家。累计为辖区中小微企业融资29.89亿元。二是新三板市场培育企业有所突破。截至2022年末，辖区两家企业完成新三板市场辅导备案，1家将申请挂牌，1家申请辅导验收。三是直接融资渠道进一步拓宽。截至2022年末，全省4家公司债券发行人发行的9只债券处于存续状态，募集资金77.1亿元，存量余额64.4亿元。其中，2022年新增发行公司债17.75亿元，资产证券化融资44.6亿元，发行收益凭证融资4.36亿元。

2. 需要关注的问题

（1）部分证券期货经营机构风险控制能力及合规性需要关注。个别证券公司存量风险依然比较突出，部分证券期货经营机构合规意识有待提升，内部合规管理水平以及风险内控能力有待进一步提升。

（2）部分上市公司存量风险相对较高。一是部分企业资金链紧张，股票质押比例过高，股权风险化解工作进展缓慢。二是部分企业主营业务不突出、转型升级压力较大，盈利能力长期处于微盈或亏损状态。

（三）保险业

截至2022年末，青海省共有省级保险分公司16家，其中财产险公司8家，人身险公司8家。

1. 运行特点

（1）保险业总体实力进一步增强。截至2022年末，全省保险公司资产总额299.21亿元，同比增长12.53%。其中，财产险公司资产总额43.15亿元，同比增长14.1%；人身险公司资产总额256.06亿元，同比增长12.77%。

（2）农业保险保障成效显著。青海省已形成覆盖种养业、林业、渔业等多个领域的农业保险服务体系。2022年，全省实现农业险保费收入10.09亿元，同比增长9.11%，增速同比提升2.65个百分点，高于财产险公司整体保费收入增速7.87个百分点；农业险赔款支出9.4亿元，同比增长23.27%；保障金额620.34亿元，同比增长3.65%；受益农户90.93万人次，同比增长15.7%。

（3）保险保障和普惠作用有效发挥。创新推出城市定制型补充医疗保险“夏都惠民保”，让利消费者将“惠民保”儿童版保费由100元降低至80元，并推进专属商业养老保险成功落地。在全省脱贫地区大力推广“防贫保险”，累计提供风险保障 267 亿元，赔付防贫救助金 40.6 万元。针对“1·8”门源 6.9 级地震、“8·18”大通山洪、互助山体滑坡等自然灾害累计赔付 2.16 亿元，帮助受灾民众减少损失。

（4）保险产品创新成果明显。结合高原实际探索开展小麦、青稞等主粮作物完全成本保险和收入保险，创新推动草原碳汇遥感指数保险、商业性马鹿养殖保险、“活体贷”保险落地。

2. 需要关注的问题

（1）保险市场发展有所滞缓。2022 年，全省保险公司原保险保费收入 106.4 亿元，同比下降 0.46%，低于全国增速 5.04 个百分点。其中，财产险公司保费收入 51.4 亿元，同比增长 1.24%，增速回落 2.53 个百分点；人身险公司保费收入 54.99 亿元，同比下降 2%，增速回落 4.58 个百分点。

（2）财产险公司利润下滑明显。2022 年，全省财产险公司承保利润总额 3.22 亿元，同比下降 23.94%。财产险公司利润下滑的主要原因是成本及赔付增长，其中综合成本率 93.08%，同比上升 2.44 个百分点；赔付支出 29.66 亿元，同比增长 1.42%；综合赔付率 65.69%，同比上升 3.72 个百分点。

（3）人身险公司退保压力增加。2022 年，全省人身险公司退保金额 6.47 亿元，同比增长 20.84%；退保率 2.19%，同比上升 0.12 个百分点。

（4）虚假宣传销售管理问题突出。车险领域虚列费用、变相突破产品条款量率，农险领域虚假承保、虚假理赔等违法违规问题依然存在，个人贷款保证保险投诉举报数量持续攀升，保险销售误导问题仍未清除。

（四）地方金融组织

截至 2022 年末，青海省共有小额贷款公司 61 家，融资担保公司 65 家，典当行 44 家，地方资产管理公司 1 家，融资租赁公司 2 家，区域性股权市场 1 家。

1. 运行特点

（1）小额贷款公司业务收缩明显。2022 年，全省小额贷款公司新发放贷款 5.97 亿元，同比下降 30.48%；营业收入 1.34 亿元，同比下降 15.26%；净利润 0.03 亿元，同比下降 95.67%。

（2）融资性担保公司经营平稳。2022 年，全省融资性担保公司融资性担保总额 9.3 亿元，同比下降 3.94%；融资性担保在保余额 214.75 亿元，同比增长 8.86%；担保代偿余额 35.9 亿元，同比增长 0.42%。

（3）典当行业务实现较快发展。2022 年，全省典当行典当总额 10.75 亿元，同比增长 29.66%；营业收入 0.44 亿元，同比增长 37.06%；净利润 0.14 亿元，同比增长 62.28%。

2. 需要关注的问题

（1）小额贷款公司不良高企。受宏观经济环境影响，客户偿债能力下降，加上自身风险防控能力薄弱，小额贷款公司贷款逾期现象增多。截至 2022 年末，青海省小额贷款公司不良贷款余额 14.55 亿元，不良贷款率高达 37.65%。

（2）地方资产管理公司和融资租赁公司实力弱、规模小。青海省地方资产管理公司注册资本 10 亿元，2022 年实现营业收入 0.87 亿元；融资租赁公司注册资本 1.3 亿元，资产总额 4.68 亿元。两类机构实力偏弱，展业范围较窄，支持经济发展效能有待提高。

三、金融市场情况

（一）货币市场交易活跃

2022 年，全省机构银行间市场交易量共计 18077.46 亿元，同比增长 63%。累计融入 4055.12 亿元，累计融出 14022.34 亿元，净融出 9967.22 亿元。其中，同业拆借累计成交 516.32 亿元，同比增长 151%；质押式回购累计成交 16215.00 亿元，同比增长 71%；买断式回购累计成交 7.31 亿元，同比增长 50%；现券交易量 1338.83 亿元，同比下降 2%。

（二）债券市场运行平稳

2022 年，全省 1 家企业在银行间债券市场共发行 6 只债务融资工具，募集资金 20 亿元，同比下降 60%，1 家银行成功发行 15 亿元普通金融债，全省到期 10 只债务融资工具，共计 85 亿元全部顺利完成兑付，未发生风险事件。

（三）黄金市场交易量分化明显

2022 年，全省金融机构代理上海黄金交易所黄金业务成交量 936.7 千克，同比下降 70.09%；成交金额 3.66 亿元，同比下降 69.26%；账户金业务合计成交量 3103.4 千克，成交金额 10.79 亿元，同比分别下降 56.52% 和 59.48%。实物黄金交易成交量 1239.84 千克，成交金额 4.97 亿元，较上年同期分别上升 73.18% 和 72.28%。黄金租赁业务成交量 178 千克，成交金额 0.66 亿元，同比分别下降 77.47% 和 79.78%。

（四）跨境人民币业务稳步发展

2022 年，全省经常项下和直接投资项下跨境人民币收付总额 18.67 亿元，同比增长 156%，增速较上年末提高 145 个百分点，占同口径本外币之比为 41.16%，较上年末增长 19.59 个百分点，跨境人民币业务服务实体经济能力进一步凸显。重点地区跨境人民币使用规模不断扩大，2022 年全省“一带一路”沿线国家跨境人民币结算额为 3.43 亿元，占全部跨境人民币结算量的 13.57%。自 2011 年试点以来，全省累计办理跨境人民币结算 486 亿元，人民币国际化进程不断加快。

（五）外汇市场平稳发展

2022 年，在复杂多变的内外部环境下，全省涉外经济保持了较好的韧性，银行代客涉外收支总额 7.78 亿美元，同比增长 12.3%。银行结售汇总额 5.23 亿美元，同比下降 11.4%；结售汇顺差 0.37 亿美元，同比增长 1.1 倍，呈“经常账户顺差、资本金融账户逆差、总体顺差”的格局。

四、金融基础设施情况

（一）支付服务体系运行稳健

一是支付系统稳定运行。截至 2022 年末，全省支付系统直接参与者 2 家，间接参与者 954 家，支付系统处理业务 4962.62 万笔，金额 8.79 万亿元，同比分别增长 46.86% 和 15.34%。二是减费让利工作取得新成效。2022 年，超过 22 万家市场主体享受支付手续费减免 5518 万元。三是持续优化银行账户服务。推进优化小微企业、流动就业群体账户服务指导意见落实，建立银行账户分类分级机制，切实解决“开户难”堵点问题。四是深入推进涉诈涉赌“资金链”治理。倒查 2 户涉案账户和 184 户可疑账户，延伸排查 223 户关联账户，对 143 户账户采取管控措施。五是不断改进惠农金融服务。截至 2022 年末，全省累计设立惠农金融服务点 8063 个，升级改建 14 个驿站、68 个中心、425 个站点。六是移动支付促消费撬动作用落地见效。“云闪付” App 成为全省普惠、家电、餐饮、购房等多个民生领域消费券主要发放平台。七是提升支付服务“适老化”水平。全省银行网点设置老年人服务便捷窗口 1029 个，近 99% 的营业网点配备助老基础设施，89% 的网点设置无障碍通道等便老助残设备，较 2021 年分别提高 17 个和 27 个百分点。

（二）金融消费权益保护工作深入推进

一是持续完善监管协作机制。印发《中国人民银行西宁中心支行金融消费权益保护工作内部协作机制》，集中优势、形成合力，推动金融消保工作高质量发展。二是稳步推进金融知识纳入国民教育工作。指导辖区 3 家银行业金融机构分别与省内高等院校、职业学校、初级中学签订“金融知识纳入国民教育体系合作协议”。三是深入推动金融纠纷多元化解机制。联合地方人民法院推动金融解纷方式转型，打通线上调解渠道，实现金融纠纷在线诉调对接。指导全省 5 个地市、4 个县域建成金融纠纷调解组织，共受理案件 247 件，受案总额达 3755 万元。截至 2022 年末，调解成功案件 37 件，金额达 492 万元。四是依法开展现场监督检查。2022 年全省消费者权益保护条线完成对 5 家机构的现场检查，有效督促辖内机构合规发展。

（三）征信管理和服务水平显著提升

一是多样征信需求得到有效满足。深入开展征信服务大厅标准化建设，下沉布放自助查询机，2022 年累计对外提供个人和企业征信查询 55.82 万次，同比增长 36.48%。二是地方征信平台取得重大进展。强化“青信融”平台信息共享、功能优化及场景拓展，成功撮合融资突破 80 亿元。引导青海省企业征信机构搭建“西宁市普惠金融服务平台”，实现线上融资对接 1.77 亿元。三是信用普惠纵深发展成效显著。联合省发展和改革委员会等 6 部门出台《信用体系建设持续助力乡村振兴的实施意见》，实施全省动产融资服务专项行动，成功落地首笔线上“政采贷”业务，累计促成动产统一登记 1.36 万笔，应收账款融资 670.16 亿元。四是征信市场不断规范发展。联合省市场监管局等 6 部门共同治理“征信修复”乱象，累计梳理“征信修复”相关企业 112 家。开展专题宣传活动，累计受众人数突破 21.8 万人次。五是诚信教育和信用知识广泛普及。深入打造诚信文化教育品牌，累计建立“青少年诚信教育基地”456 所，多渠道、多形式开展征信“七进”① 宣传 300 余场，形成了全社会“学征信、懂征信、用征信”的良好氛围。

（四）反洗钱监管效能不断增强

一是全面落实三年行动计划。成立青海省打击治理洗钱违法犯罪领导小组，联合 10 部门出台

---

① “七进”指进企业、进学校、进机关、进小区、进军营、进寺院、进网络。

《青海省打击治理洗钱违法犯罪三年行动计划（2022—2024 年）》。强化与公检法等部门的联合行动，力推“同步审查”“一案双查”责任落实，2022 年全省已涉嫌洗钱犯罪破案 11 起，起诉 4 起，生效判决 3 起，均实现零突破。二是继续改进执法检查效能。2022 年全省共对 5 家义务机构开展反洗钱执法检查，处罚金额是上年度的 2.73 倍。三是积极践行风险为本理念。组织完成 2021 年度反洗钱分类评级，选择 37 家机构采取监管走访措施，对 32 家机构开展约见谈话。指导全省法人义务机构完成首次洗钱风险自评估工作。四是持续提升执法检查能力。组织召开全省反洗钱执法检查经验交流会，把准监管导向，加强能力建设，逐步形成“以执法检查为起点，以有效整改为终点”的执法检查循环机制。

五、总体评估与政策建议

（一）总体评估

2022 年，青海省面对内外部环境复杂多变、疫情延宕反复、历史罕见的极端天气等超预期因素，全省坚持稳中求进工作总基调，高效统筹疫情防控和经济社会发展，加快推进高质量发展。全省工业生产持续增长，就业物价保持稳定，居民收入持续增加，生态环境不断改善，经济社会大局和谐稳定。从整体来看，2022 年全省金融体系平稳运行，银行业资产质量有所好转，存贷款保持增长态势。证券市场整体运行平稳，上市公司整体经营状况有所好转。保险业总体实力有所增长，保险保障和普惠能力持续提升。但是青海省经济金融面临的不确定因素仍然较多，发展不平衡不充分问题依然突出，需求收缩、供给冲击、预期减弱“三重压力”不断加大，民间投资消费意愿低迷，信用风险释放不充分，房地产信贷发展遇困。个别地方法人金融机构风险依然较高，证券公司业绩大幅下滑，保险业销售不规范等问题依然存在，区域金融风险防范任务仍然任重道远。

（二）政策建议

1. 精准有力执行稳健货币政策，强化金融供给侧结构性改革。充分发挥货币政策总量和结构双重功能，着力加大金融资源供给，增强金融服务实体经济质效，推动经济运行整体好转，为经济高质量发展营造适宜的货币金融环境。用足、用好各类货币政策工具，引导金融机构将信贷资源精准瞄向制造业、科技创新、普惠小微企业、绿色低碳、乡村振兴等主要领域。疏通政策传导渠道，增强政策传导有效性，释放 LPR 潜力，推动实际贷款利率稳中有降。

2. 健全风险防控体系，筑牢金融安全防线。一是依托金融委办公室地方协调机制（青海省）和青海省财政金融风险防范化解工作领导小组，加强职能部门之间的工作协同和信息共享，有效整合金融风险管理和处置资源，筑牢金融监管合力防线。二是压实各方责任，补齐监管“短板”。压实金融机构风险管理的主体责任，压实地方政府的属地风险处置责任和维稳第一责任，压实金融监管部门的监管责任，压实人民银行最后贷款人的责任，持续加大金融监管力度，强化金融机构合规经营意识。三是充分利用金融科技加强风险源头监测，将先进的信息技术运用到金融风险的监测、预警，全面掌握金融风险传递途径，前瞻性做好金融风险应对。四是全面摸清辖区风险底数。定期开展金融风险梳理排查，摸清辖区城投债风险情况，强化企业债券监测。密切关注辖区地方政府融资平台、大型有问题企业、房地产等可能引发系统性风险的相关领域。

3. 深化金融改革创新，提高金融服务水平。一是引导金融机构加大金融产品创新，加大重点领域金融服务供给的有效性和针对性，积极探索提供金融差异化细分服务，提升融资质效。二是推动融资担保制度完善，强化融资担保功能，扩大服务小微企业和“三农”实效。三是加快多层次资本市场建设，充分发挥区域股权交易中心作用，提高企业直接融资比重。大力推进企业股改扶持培育、上市挂牌，完善企业上市扶持政策，建立健全培育清单。四是稳步推进农信社改革步伐。在坚持服务“三农”的前提下，加快制定农信社改革重组方案，拓宽农信社风险处置渠道，增强农信社资本实力，为农信社改革奠定坚实基础。五是推进普惠金融改革创新。持续推进区域金融改革试点工作部署，加快推进西宁市国家级普惠金融改革试验区申建工作。

4. 加强金融基础设施建设，营造良好地方金融生态环境。一是扎实开展“青信融”平台提质增效专项行动，优化完善平台融资服务功能，扩大平台服务范围和应用场景，推动平台向征信平台、增信平台、改革平台和生态平台纵深发展。二是持续优化支付环境，创新支付工具，提升支付清算现代化水平。深入推进涉诈涉赌“资金链”治理工作，进一步完善惠农金融服务与社会保障合作共建。三是不断优化征信服务，培育和发展征信市场，持续推进征信体系建设，有效满足多样征信需求。四是建立防范和打击非法金融活动长效机制，严厉打击洗钱、非法集资等非法金融活动。五是加大金融消费权益保护力度，稳步推进金融知识纳入国民教育工作。六是加大存款保险宣传力度，组织开展丰富多彩的存款保险宣传活动，保护存款人合法权益。

中国人民银行西宁中心支行金融稳定分析小组

组　　长：苏　赟

副 组 长：韩涌泉

成　　员：丁　宏　巨丽丽　孙　丽　张云莉　张文娟　冶晓东
张坤霖　省正英　荆海龙　魏　平

《青海省金融稳定报告（2023）》编写组

总　　纂：丁　宏

统　　稿：苏中华

执　　笔：马　婧　王建民　孙亚刚　李宝莹　祁　位　张　强
魏春飞

参与写作人员：马爱琳　李婧婷　李道斌　刘　涛　周　娜　赵爱珍
唐娟娟

宁夏回族自治区金融稳定报告摘要

2022年，面对需求收缩、供给冲击、预期转弱“三重压力”以及疫情反复冲击等超预期因素叠加影响，宁夏坚持以习近平新时代中国特色社会主义思想为指导，全面贯彻新发展理念，主动融入新发展格局，坚持稳中求进工作总基调，高效统筹疫情防控和经济社会发展，深入推进黄河流域生态保护和高质量发展先行区建设，经济总体平稳、稳中有进、稳中向好。金融业运行平稳有序，金融支持实体经济能力稳步提升。银行业认真落实稳健货币政策，资产负债规模稳步扩大，机构经营质效整体向好，不良贷款呈现“双降”，行业盈利水平显著提升；证券业总体经营稳健，融资渠道不断拓宽，梯度培育体系逐步优化；保险业稳步发展，资产规模持续扩大，重点领域险种不断丰富，风险保障功能持续增强。小额贷款公司、融资性担保公司继续发挥市场融资的重要补充作用，有力服务地方实体经济发展。同时，受内外部多重因素影响，信用风险防控压力依然较大、直接融资市场发展滞后、保险市场发展不平衡等问题仍需关注。

一、区域经济运行与金融稳定

（一）经济运行基本情况

2022年，宁夏精准高效落实“稳保促”政策措施及接续政策，持续巩固经济平稳增长基础。2022年上半年，地区生产总值增长居全国第1位，增速排名创历史最好成绩。全年实现地区生产总值5069.6亿元，同比增长4%（见图1）。分产业看，第一产业增加值407.5亿元，同比增长4.7%；第二产业增加值2449.1亿元，同比增长6.1%；第三产业增加值2213亿元，同比增长2.1%。

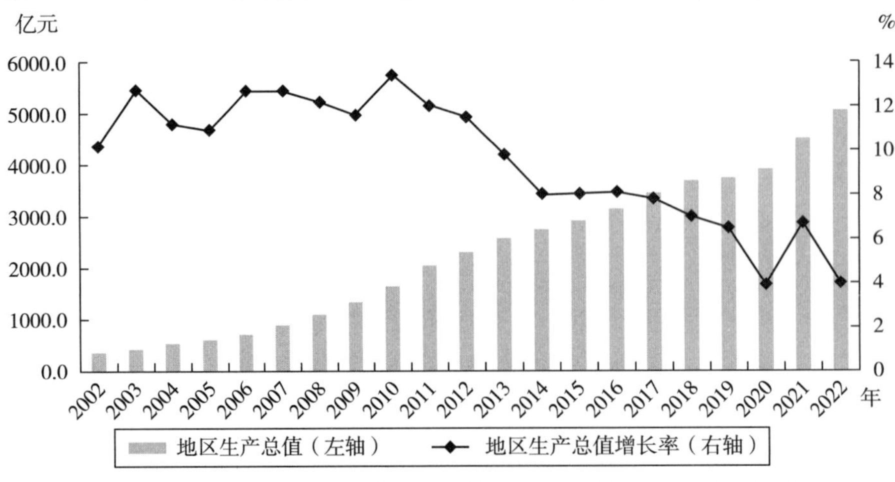

图1　2002—2022年宁夏地区生产总值、生产总值增长率变动情况

1. 工业生产稳定增长，重点产业支撑有力。2022 年，宁夏开展“稳经济保民生百日行动”，制定超过 900 条政策措施，有力推动工业经济高质量发展。全区规模以上工业增加值同比增长 7%，其中轻工业增加值同比增长 13.8%，重工业增加值同比增长 6.4%。全区规模以上化工、冶金、有色、轻纺等主要行业增加值同比分别增长 2.9%、23.3%、6.5%、11.2%。主要产品产量较快增长，其中焦炭、乳制品同比分别增长 18%、29.5%。

2. 市场需求稳定恢复，投资整体持续向好。2022 年，宁夏加大促消费力度，安排扩大消费资金超过 3 亿元，举办各类促消费活动 700 余场，撬动社会消费近 44 亿元，消费复苏态势持续巩固。全区社会消费品零售总额 1338.4 亿元，同比增长 0.2%，其中城镇消费品零售额 1162.8 亿元，同比增长 0.6%。持续扩大有效投资，建设全国单场规模最大的宝丰储能电池全产业链、世界最大的生态型葡萄酒产业园等 20 个重大项目，全年固定资产投资同比增长 10.2%，增速同比上升 8 个百分点。其中基础设施投资、工业投资、民间投资同比分别增长 19.1%、23.2% 和 10.7%。

3. 对外开放稳步推进，财政收支稳定增长。2022 年，宁夏新设外商投资企业 22 家，实际利用外资同比增长 55%。全区货物贸易进出口总额 257.4 亿元，同比增长 23.7%。其中进口 60.6 亿元，出口 196.8 亿元，同比分别增长 54.5% 和 16.6%。财政收支增势良好，全区地方一般公共预算收入 460.1 亿元，同比增长 13.7%，其中税收收入 306.8 亿元，同比增长 22.3%，占地方一般公共预算收入的 66.7%；公共一般预算支出 1583.5 亿元，同比增长 10.9%。

4. 企业效益稳步提升，民生福祉继续改善。2022 年，宁夏加大支持企业力度，实施“双百科技支持行动”，引导企业更好发展。全区工业企业资产总计 64237.4 亿元，同比增长 5.3%，应收账款 5765.8 亿元，同比增长 11.8%。“七项民生工程”取得重大成果，全区居民人均可支配收入 29599 元，同比增长 6.1%。其中，城镇常住居民人均可支配收入 40194 元，同比增长 5.0%；农村常住居民人均可支配收入 16430 元，同比增长 7.1%；城乡居民收入比由上年的 2.5 缩小至 2.45。

（二）经济运行中需要关注的问题

宁夏经济总量偏小、产业结构偏重、质量效益偏低、环境和资源约束偏紧等问题依然严峻，经济结构转型缓慢，消费需求不足，经济增长后劲乏力。截至 2022 年末，宁夏地区生产总值 5069.6 亿元，仅占全国生产总值的 0.4%。全区第一、第二、第三产业增加值同比分别增长 4.7%、6.1%、2.1%，三次产业结构由上年的 8.1:44.7:47.2 调整为 8.0:48.3:43.7，第二产业所占比重继续上升。第四季度人民银行储户问卷调查显示，计划“更多消费”的居民数量占比 13.5%，创疫情以来最低水平，居民消费意愿下降、消费信心不足。

二、金融业与金融稳定

（一）银行业

1. 银行业发展基本情况

（1）资产负债规模稳步扩大，存贷款增幅较大。截至 2022 年末，宁夏银行业金融机构资产总额 11671.3 亿元，同比增长 8%，负债总额 11224.6 亿元，同比增长 7.9%，资产负债增速同比分别上升 3.2 个和 3.6 个百分点。其中，政策性银行和村镇银行资产负债规模小幅下降，其他类型机构资产负债规模呈上升态势。各项存款余额 7986. 8 亿元，同比增长 12. 9%；各项贷款余额 8976. 3 亿元，同比增长 6. 1%。分机构类型看，股份制银行存贷款增长最快，同比分别增长 29. 2% 和 18. 4%；政策性银行存贷款持续萎缩，同比分别减少 3. 6% 和 1. 5%。

（2）货币政策持续发力，融资成本进一步降低。2022 年，宁夏共为 8163 户市场主体办理延期还本服务，其中小微企业占比 99. 6%，金额 160. 2 亿元。截至 2022 年末，全区涉农贷款余额 2855. 1 亿元，同比增长 9. 8%，高于全区贷款增速 3. 7 个百分点。普惠小微贷款余额 793. 4 亿元，同比增长 13. 5%。企业贷款加权平均利率 4. 4%，同比下降 0. 6 个百分点，其中小微企业贷款加权平均利率为 4. 7%，同比下降 0. 7 个百分点。

（3）不良贷款呈现“双降”，行业盈利水平显著提升。截至 2022 年末，宁夏银行业金融机构（不含财务公司）不良贷款余额 120. 9 亿元，不良贷款率 1. 4%，同比分别下降 13. 0% 和 0. 3 个百分点，股份制银行不良贷款降幅最大，同比分别下降 68. 9% 和 0. 8 个百分点。2022 年，宁夏银行业金融机构实现利润 71. 9 亿元，同比增长 250. 9%，其中大型商业银行利润增幅最大，同比增加 32. 7 亿元，占全区利润增量的 61. 6%。

（4）跨境收支大幅增长，人民币业务增量扩面。2022 年，宁夏跨境收支总额 59. 2 亿美元，同比增长 61. 4%，高于全国平均水平 46. 9 个百分点。经常项目和直接投资人民币跨境结算 46. 7 亿元，同比增长 36. 7%，高于全国平均水平 13. 7 个百分点，占同期全区本外币结算比重 20%。全年新增 270 家企业办理跨境人民币业务，业务范围涉及欧美、亚非拉等 82 个国家（地区），其中与“一带一路”45 个国家（地区）发生跨境人民币结算业务，收付金额合计 12. 9 亿元，同比增长 4%。

2. 需要关注的问题

（1）信用风险防控压力依然较大。一是不良贷款水平相对较高。截至 2022 年末，宁夏银行业金融机构不良贷款率 2. 8%，高于全国银行业平均水平 1. 2 个百分点。二是不良贷款处置力度减弱。2022 年，宁夏银行业金融机构处置不良贷款 97. 3 亿元，同比减少 24. 2%。

（2）村镇银行经营发展持续承压。受经济下行、疫情反复以及大型商业银行市场下沉等因素影响，村镇银行经营压力持续上升。截至 2022 年末，宁夏村镇银行各项贷款余额 187. 2 亿元，同比增长 4. 1%，低于全区平均水平 2 个百分点。不良贷款余额 4. 2 亿元，同比增长 8%。

（二）证券业

1. 证券业发展基本情况

（1）机构数量保持稳定，盈利能力有所下降。截至 2022 年末，宁夏共有证券分支机构 55 家，无法人证券机构。其中，证券分公司 15 家，证券营业部 40 家；期货分公司 5 家，期货营业部 1 家；基金代销机构 49 家，同比增加 1 家。已登记私募基金管理人 42 家，已备案私募基金 116 只，同比增长 12. 6%，私募基金规模 213. 8 亿元，同比增长 11. 7%。2022 年，全区证券公司实现净利润 1. 3 亿元，同比减少 38. 1%。

（2）证券市场运行平稳，交易规模小幅波动。截至 2022 年末，宁夏投资者累计开立证券账户（A 股、B 股）259. 7 万户，同比减少 0. 3 万户，实现证券市场交易额 12083. 3 亿元，同比减少 14%。期货投资者开立期货账户 1. 4 万户，同比增长 7. 6%，实现期货市场交易额 9405. 4 亿元，同比减少 16. 7%。基金投资者开立账户 208. 8 万户，同比增长 7. 7%，销售开放式基金 231. 7 亿元，同比增长 25. 7%，基金保有量 146. 5 亿元，同比基本持平。

（3）上市公司发展稳健，后备企业不断扩容。截至2022年末，宁夏共有15家上市公司，同比减少1家，*ST环球平稳退市，其中上交所主板5家，深交所8家，创业板1家，北交所1家。总股本209.2亿股，总市值1619.2亿元，资产证券化率31.9%，全年累计再融资0.4亿元。目前共有拟上市企业11家，其中辅导备案企业9家，同比增加1家；上市后备企业30余家，威力传动创业板上市申请通过深交所审核，上市梯次格局不断凸显。

（4）融资渠道不断拓宽，梯度培育体系逐步优化。截至2022年末，宁夏共有新三板挂牌公司40家，总股本33.7亿股，其中创新层9家，基础层31家，新增创新层公司4家，同比增加80%。宁夏股权交易托管中心挂牌企业1424家，同比增长12.1%，股权登记托管企业432家，托管股权143亿股。区域股权市场“专精特新”中小企业开板，已挂牌企业256家。

2. 需要关注的问题

（1）直接融资市场发展滞后。截至2022年末，宁夏无法人证券公司，证券分公司主要以经纪业务为主，直接融资占比过低，市场发展缓慢。2022年，全区新增直接融资28亿元，其中股权融资2.4亿元，公司债融资25.6亿元。新增直接融资占全区社会融资规模增量的3.8%，低于全国平均水平25.9个百分点。

（2）私募基金风险需持续关注。一是私募资金投资增速过快。截至2022年末，私募基金累计投资本金200.3亿元，同比增长27.6%，高于全国平均水平19.9个百分点。二是个别基金到期兑付压力大。截至2022年末，有2只产品逾期未兑付，实缴规模8680万元，涉及68名自然人投资者。

（三）保险业

1. 保险业发展基本情况

（1）主体数量稳步上升，资产规模持续增长。截至2022年末，宁夏共有保险法人公司1家，财产保险省级分公司12家，人身保险省级分公司13家，同比增加1家；省级以下分支机构452家。保险专业中介机构法人公司7家，省级分公司41家，省级以下分支机构39家；保险兼业代理机构1651家。保险从业人员2.9万人，其中保险公司在职员工6194人。保险业资产总额681.1亿元，同比增长10.9%。

（2）保费收入低速增长，赔付支出整体下滑。截至2022年末，宁夏保险业累计实现保费收入215.8亿元，同比增长2.2%，低于全国平均水平2.1个百分点，规模、增速分别位居全国第34位和第20位。保险业各项赔付支出72.2亿元，同比减少1.2%。财产险公司赔付支出48.7亿元，同比减少4.6%，其中车险赔付支出27.6亿元，同比减少1.5%。人身险公司赔付支出23.5亿元，同比增长6.7%。

（3）财产险公司业务结构优化，人身险公司经营发展承压。截至2022年末，财产险公司保费收入79.4亿元，同比增长7.5%。其中，车险保费收入47.4亿元，占财产险公司总保费的比重降至59.6%；非车险业务增长明显，其中船舶保险和家庭财产保险增速最快，同比分别增长42.4%和37.9%。人身险公司保费收入136.4亿元，同比减少0.6%，其中健康险和意外伤害险同比分别减少6.2%和8.9%。退保金15.6亿元，同比增长6.2%。全年实现利润-19.8亿元，同比减少1.6%。

（4）重点领域险种稳步发展，保障功能持续增强。2022年，宁夏积极引导保险创新，提升保险服务实体经济效能，保险保障作用进一步凸显。农业保险为全区41.9万户次农户农业生产提供377.7亿元风险保障，累计赔付7.9亿元，其中种植险承保各类作物2542.1万亩，养殖业承保大小牲畜 822.8 万头（只）。大病保险覆盖全区 495 万城乡居民，累计为 44.5 万人次报销医疗费用 20 亿元。患者实际报销费用比例 61.7%，在原基本医保基础上总体上升 15.7 个百分点，人均赔付 5905.7 元。

2. 需要关注的问题

（1）保险市场发展不平衡。一是保险经营机构分布不均衡，大部分集中于省会城市，保险资源未能充分发挥作用。截至 2022 年末，银川市保费收入 126.7 亿元，占全区保费收入的 58.7%。二是头部险企效应明显。2022 年，财产险公司保费收入前 2 名的公司市场份额合计占比 74.1%，人身险公司保费收入前 3 名的公司市场份额合计占比 61.3%。

（2）法人保险公司经营压力较大。宁夏唯一一家法人保险机构规模小、起步晚，在公司治理和内部控制等方面仍存在“短板”，随着保险业竞争日益加剧，公司经营发展面临较大压力。2022 年，宁夏法人保险机构营业收入 5.3 亿元，同比减少 4.5%，保费收入 6 亿元，同比减少 9.3%，全年实现净利润 85.6 万元。

（四）具有融资功能的非存款类金融机构

截至 2022 年末，宁夏共有小额贷款公司 93 家，同比减少 11 家。贷款余额 45.1 亿元，同比减少 8.1%，不良贷款率 59.3%，同比上升 14.3 个百分点，实现营业收入 1.6 亿元，净利润 -0.5 亿元。融资性担保机构 48 家，同比减少 14 家，在保余额 376.5 亿元，同比增长 21.0%。典当公司 62 家，典当余额 4.1 亿元，同比增长 23.2%。

（五）防范打击非法金融活动成效明显

2022 年，宁夏坚持多措并举，持续发力，净化区域金融市场。截至 2022 年末，全区共有交易场所 9 家，数量比整治之初减少 60.9%。涉嫌非法集资立案 25 起，涉案金额 4.8 亿元，破获 13 起，挽回损失 1.3 亿元，挽损率 48.3%。移送非法集资陈案积案 76 起，起诉率 84.4%，挽回损失 1.2 亿元。

三、政策建议

（一）加强发挥金融支持实体经济作用

持续完善“政银企”常态化对接机制，引导金融机构加大对民营企业、小微企业、科技创新、绿色发展、乡村振兴等重点领域的金融支持力度，充分发挥金融在现代经济中的“血脉”作用。围绕重点产业布局，加强金融产品和金融服务创新，加大相关产业贷款投放，加快建设高端化、绿色化、智能化、融合化的现代化产业体系，着力推动经济高质量发展实现新突破。

（二）大力督导金融机构合规稳健经营

强化银行业机构风险意识，加强风险管理和内部控制，严格股东行为和股权管理，提高公司治理水平；通过发行资本债、引进优质战略投资者等方式补充资本，优化资本结构，提升抵御风险能力。引导证券业机构不断提升业务规范化水平，贯彻落实投资者适当性管理办法和合规管理规定，筑牢机构合规风险防线。鼓励保险业机构加强承保业务的风险动态管理，不断优化险种结构，提高业务风险防控水平。

（三）打好防范化解重大金融风险持久战

充分发挥金融委办公室地方协调机制作用，加强部门间信息沟通和工作协调，形成工作合力。着力构建“治已病”和“治未病”相结合的金融风险防范化解长效机制，前移防范化解金融风险关口，不断完善各类金融机构和具有融资性功能非金融机构的监测、预警和风险提示，动态掌握金融风险底数，加强风险趋势及变化研判，持续提升金融风险防控前瞻性、全局性、主动性，牢牢“守住不发生系统性金融风险底线”。

中国人民银行银川中心支行金融稳定分析小组
组　　长：李霄峻
副 组 长：姚景超
成　　员：杨　云　晏小红　王立军　李　斌　王　青　刘韶辉
马　飞　冯建宝　李云晖　崔淑娟　王进会　王　谦
冯爱华　庄淑霞　朱　飞

《宁夏回族自治区金融稳定报告（2023）》编写组
总　　纂：姚景超
统　　稿：李　斌　马　娟
执　　笔：宋　渊　张　文　陈银亮　李福华　白家娴

新疆维吾尔自治区金融稳定报告摘要

2022年，新疆金融工作坚持以习近平新时代中国特色社会主义思想为指导，深入学习贯彻党的二十大精神和习近平总书记视察新疆重要讲话精神，全面统筹疫情防控和经济社会发展，经济运行稳中有进，金融业整体稳健，风险总体收敛，为稳定经济大盘提供了有力的支撑。但超预期疫情静态管理对区域经济金融发展造成阶段性冲击，经济增长放缓，有效信贷需求不足，金融业资产质量下迁压力较大等问题仍需关注。

一、宏观经济金融

（一）区域经济运行情况

2022年，新疆实现地区生产总值17741.34亿元，增长3.2%，高于全国0.2个百分点，较上年回落3.8个百分点（见图1）。第一、第二、第三产业增加值分别为2509.27亿元、7271.08亿元和7960.99亿元，分别增长5.3%、4.8%和1.5%，分别拉动经济增长0.8个、1.7个和0.7个百分点。

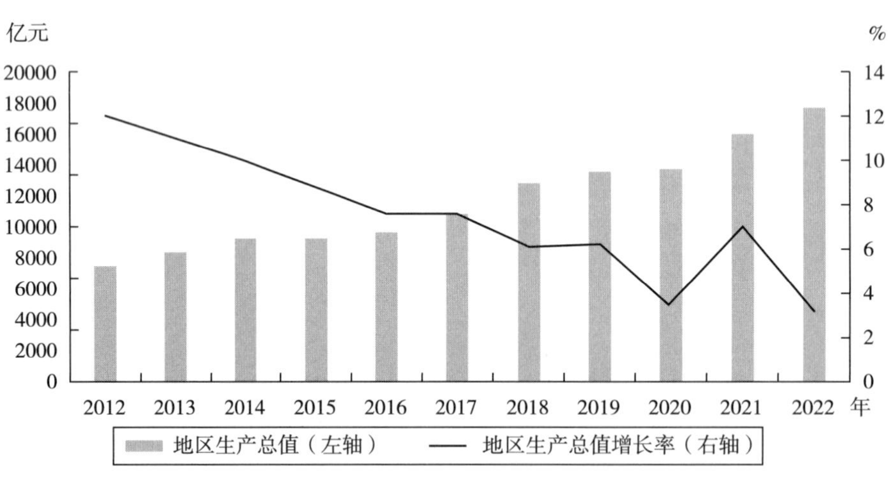

图1　2012—2022年新疆地区生产总值变化情况

1. 农业生产形势稳定，工业经济增长较快。2022年，新疆农林牧渔业总产值5469亿元，同比增长5.8%。粮食面积、总产实现增长，分别增长2.6%、4.5%，棉花产量占全国比重首次超九成（90.2%）。在能源保供等产业带动下，规模以上工业增加值同比增长7.1%，高于全国3.5个百分点。服务业（第三产业）增加值7961亿元，同比增长1.5%，同比下降5.4个百分点。

2. 固定资产投资规模稳步扩大，工业、基建投资拉动有力。2022 年，新疆固定资产投资总额（不含农户）同比增长 7.6%，高于全国 2.5 个百分点，较上年回落 7.4 个百分点。工业投资、基础设施投资拉动有力，分别增长 37.8%、18.6%，分别高于上年 26.6 个、11.2 个百分点，合计占投资比重 81.8%。房地产开发投资同比下降 22.8%，较上年回落 41.9 个百分点。民间投资同比下降 6.0%，低于上年同期 37.3 个百分点。

3. 消费市场整体回落，外贸总额稳步增加。疫情对新疆消费市场冲击明显，2022 年新疆实现社会消费品零售总额 3240.48 亿元，同比下降 9.6%，增速分别低于上年同期、全国 26.6 个、9.4 个百分点，其中限额以上单位实现商品零售、餐饮收入同比分别下降 9.5%、9.9%。全年进出口总额 2463.6 亿元，同比增长 57%，其中出口增长 64.4%，进口增长 25.3%。

4. 财政收支保持增长，消费价格温和上涨，生产价格明显回落。2022 年，新疆一般公共预算收入 1889.2 亿元，增长 14.9%；一般公共预算支出 5726.08 亿元，增长 6.5%。居民消费价格上涨 1.8%，同比上升 0.6 个百分点，低于全国平均水平 0.2 个百分点。工业生产价格指数上涨 12.3%，同比下降 7.1 个百分点（见图 2）。

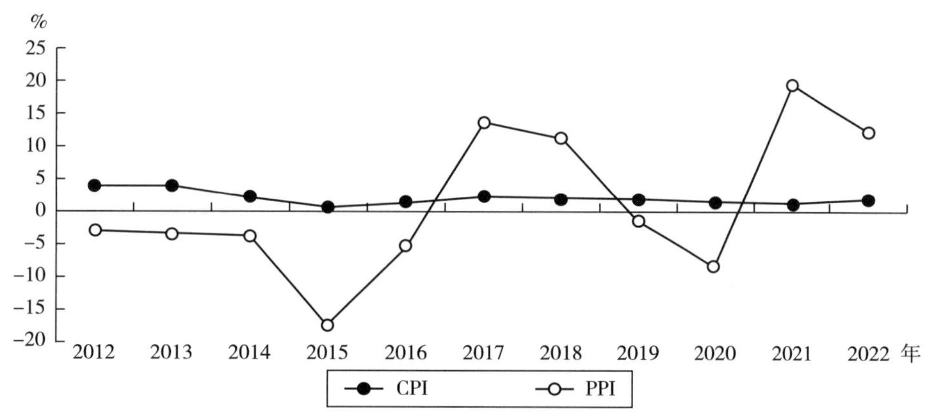

图 2　2012—2022 年新疆地区价格指数变化情况

（二）需要关注的问题

2022 年，新疆经济在农业、工业和投资保持较好增势的支撑和带动下，经受住了超预期疫情因素的冲击，表现出良好韧性，实现了稳定增长。但经济高质量发展基础和动力不足，相关问题仍需关注。

1. 经济增长内生动力不足。经济增长活力不足，投资以大中型国企、央企主导，民间资本参与度不高，2022 年，新疆民间投资增速同比下降 8.5%，低于上年约 40 个百分点。对传统产业依赖程度较高，新疆前十大工业行业中资源、能源行业占据前九，合计增加值占比超八成。高技术制造业、战略性新兴产业虽保持较高增速，但占比较小，带动经济高质量发展的持续动能尚未形成。

2. 消费市场恢复承压。居民收入增长放缓，2022 年全区居民人均可支配收入增长 3.8%，较上年下降 5.6 个百分点，增速居全国后列。居民预防性储蓄需求上升叠加疫情静态管控被动储蓄增加影响，年末新疆住户存款余额同比增长 14.2%，高于上年末 2.9 个百分点。

二、金融业稳定评估

（一）银行业

2022 年，新疆银行业运行稳健，存贷款平稳增长，整体风险可控。但潜在信用风险上升，盈利能力下滑明显，部分法人银行机构信贷风险未充分暴露等问题需密切关注。

1. 运行情况

（1）资产负债规模稳步增长，存款大幅增长。截至 2022 年末，新疆银行业资产总额 4.2 万亿元，增长 8.3%，低于全国平均水平 1.9 个百分点；负债总额 4.02 万亿元，增长 8.4%，低于全国平均水平 2.2 个百分点。本外币各项存款余额 3.08 万亿元，增长 15.7%，高于全国平均水平 4.9 个百分点；各项贷款余额 2.79 万亿元，增长 9.2%，分别低于上年末和全国平均水平 2.1 个和 1.2 个百分点（见图 3）。

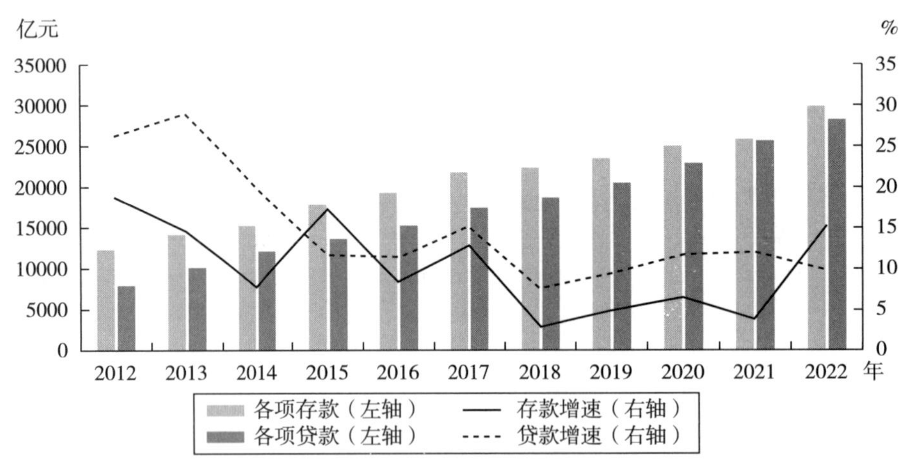

图 3　2012—2022 年新疆银行业存贷款增长变化情况

（2）信贷风险总体收敛。截至 2022 年末，新疆银行业不良贷款余额 331.8 亿元，增长 2.1%，同比下降 4 个百分点。不良贷款率 1.15%，同比下降 0.08 个百分点，创 2010 年以来新低，其中法人银行不良贷款率 2.18%，同比下降 0.02 个百分点。

（3）盈利水平出现下滑。受贷款利率持续下行、贷款增速放缓影响，银行业盈利空间不断收窄。2022 年，辖区银行业金融机构实现净利润 313.62 亿元，下降 1.1%。资产利润率 0.78%，下降 0.07 个百分点，降幅较上年扩大 0.04 个百分点。

（4）法人银行风险抵补能力较强。截至 2022 年末，新疆法人银行资本充足率 14.63%、拨备覆盖率 210.9%，同比分别提升 0.49 个、1.3 个百分点，近半数（49.6%）法人银行的拨备覆盖率高于 200%。流动性较为充裕，流动性比例 73.6%，同比上升 2.3 个百分点。

（5）中小法人银行改革取得积极进展。新疆银行吸收整合库尔勒银行全面启动。启动农信社“一揽子”改革化险工作，成功申请 50 亿元地方政府专项债补充部分农合机构资本金；以地州为单位启动统一法人改革，《阿克苏地区农合机构统一法人改革方案》顺利获批并实施。

2. 需要关注的问题

（1）潜在信用风险上升。受经济下行及疫情冲击影响，辖区银行业关注类、逾期贷款大幅增加。2022 年末，辖内银行业金融机构关注类贷款余额 949.4 亿元，较年初增加 126.2 亿元，同比增长 15.3%，高出上年同期 34.1 个百分点。逾期贷款余额 690.9 亿元，较年初增加 198.1 亿元，增量为上年同期的 5.1 倍，同比增长 40.2%，高出上年同期 31.8 个百分点。

（2）银行盈利能力下滑明显。在利率市场化加快推进及银行减费让利的大背景下，银行负债成本的降幅明显低于资产收益的降幅。截至 2022 年末，全区银行业机构的存贷利差同比下降 0.16 个百分点，成本收入比同比提升 7.89 个百分点，资产利润率同比下滑 0.48 个百分点。

（3）农合机构信贷风险防范化解压力依然较大。2022 年末，农合机构不良贷款率 3.1%，同比上升 0.03 个百分点。2022 年度资产质量真实性评估显示，农合机构实际不良贷款率为 5.98%，高于账面 2.87 个百分点，24 家机构实际不良贷款率超监管要求。自我化解风险的能力下降，近四成农合机构净利润同比下降，八成以上农合机构成本收入比高于监管要求。

（二）证券业

2022 年，新疆辖区证券业保持稳健发展，各项业务运行平稳，证券经营机构数量稳定。但受宏观经济下行叠加疫情影响，证券交易活跃度以及资本市场融资额显著下降，上市公司盈利明显下滑，风险仍需持续压降。

1. 运行情况

（1）资产规模小幅下降，盈利明显下滑。截至 2022 年末，新疆证券经营机构资产总额 268.95 亿元，同比下降 2%。机构数量 32 家，其中法人公司 2 家，证券分公司 30 家，营业部 92 家，与上年持平。全年实现手续费和佣金收入 22.27 亿元，下降 5.1%；净利润 9 亿元，下降 3.7%。其中，法人证券公司实现营业收入 24.43 亿元，同比下降 1.2%；净利润 8.22 亿元，同比下降 1.8%。

（2）投融资规模“双降”。2022 年，新疆证券交易总量 27039.68 亿元，下降 1.1%，同比下滑 16.3 个百分点，其中股票、基金交易分别下降 11.5%、10.8%（见图 4）。新疆企业在资本市场融资 581.25 亿元，下降 62.2%，其中股票市场融资 243.43 亿元，下降 352.67%；债券融资 337.82 亿元，下降 11.7%。

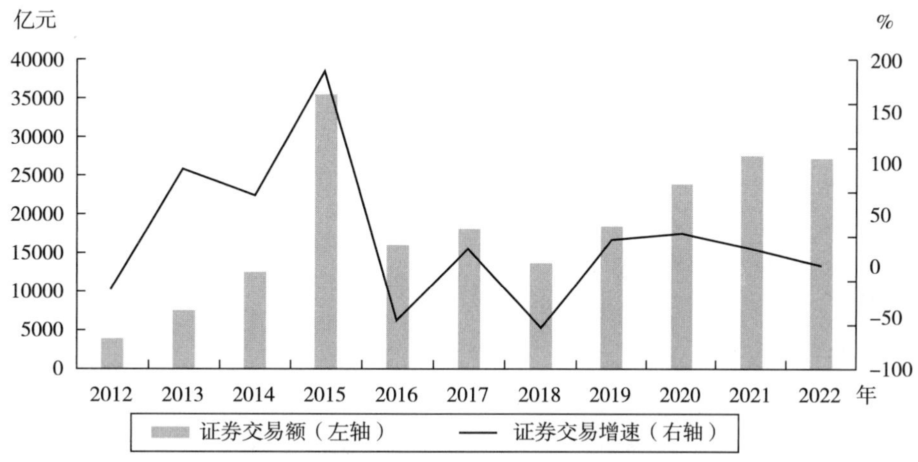

图 4　2012—2022 年新疆证券交易变化情况

（3）上市公司市值有所下降。截至2022年末，新疆辖区A股上市公司59家，较上年增加1家，其中主板50家、创业板8家、科创板1家。上市公司总股本1144.45亿股，同比增加26.41亿股，增长2.36%，总股本保持西北五省区第1位；总市值8681.55亿元，同比减少818.15亿元，下降8.61%，每股市值7.59元，同比减少0.91元，下降10.7%（见图5）。

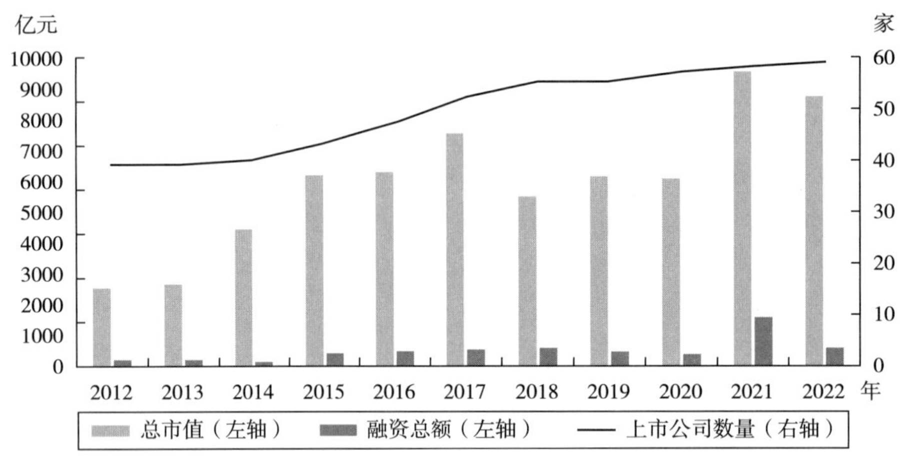

图5　2012—2022年新疆上市公司数量、市值、融资总额变化情况

2. 需要关注的问题

上市公司风险仍需持续压降。2022年末，辖区存续风险类上市公司7家，高比例质押上市公司5家，股票质押比例过高、资金违规占用、违规担保等突出问题和风险隐患尚未有效根除。

（三）保险业

2022年，新疆保险业资产规模稳步增长，保险业运行平稳，未发生重大风险事件，但财产险公司流动性风险隐患较大问题需关注。

1. 运行情况

（1）机构保持稳定，资产增幅下降。2022年，新疆保险主体机构共有34家，其中财产险公司20家（法人财产保险公司2家①），人身险公司14家，较上年未发生变化。保险业资产总额1905.98亿元，增长11.21%，同比下降0.13个百分点。其中，人身险公司资产总额1700.3亿元，增长11.34%，同比下降1.42个百分点；财产险公司资产总额205.68亿元，同比增长10.07%，同比上升9.13个百分点。

（2）保费收入及赔付支出"双降"。受8月以来疫情超长期静态管理影响，新疆社会生产经营活动骤降，保险业务拓展受阻，保险赔付支出发生延后。2022年，新疆保险业累计实现保费收入682.75亿元，下降0.65%，低于上年1.43个百分点，低于全国4.95个百分点；保险业赔付支出259.88亿元，下降9.78%，低于全国9.9个百分点，为近十年来首次负增长。

（3）保障水平稳步提升。2022年，新疆保险机构累计提供风险保障52.34万亿元，增长10.93%，同比下降11.45个百分点。其中，财产保险公司保险金额41.13万亿元，增长6.4%，主

① 两家财险公司分别为新疆前海联合财产保险股份有限公司（简称"前海财险"）和中石油专属财产保险股份有限公司（简称"中石油自保"）。

要是机动车辆险保险金额增长22.84%；人身险公司保险金额11.21万亿元，增长31.46%，主要是健康险保险金额大幅上升，增长40.67%。

2. 需要关注的问题

财险公司应收保费率偏高，流动性管理压力增大。自2017年以来，新疆财产险公司整体应收保费率持续上升。截至2022年末，财产险公司应收保费率15.45%，仅6家低于8%的监管要求。其中，大地财险、太保财险、阳光财险等7家机构应收保费率高于20%，对其现金流形成较多挤占，影响机构财务稳健性，流动性管理难度增大。

（四）地方性类金融机构

2022年，新疆地方性类金融机构运行总体平稳、风险可控。融资租赁公司数量大幅下降，小贷、典当、商业保理公司资产总额持续下降，但普遍存在经营管理不规范、合规意识淡薄等问题，公司治理与内控管理水平有待提升。

1. 运行情况

（1）小额贷款公司业务有所收缩。截至2022年末，辖区小额贷款公司150家，同比减少1家，从业人数865人。注册资本130.21亿元，增长2.19%；资产总额157.42亿元，下降2.12%；贷款余额119.54亿元，同比下降4.1%。

（2）融资性担保业务稳步发展。截至2022年末，辖区共有融资担保公司118家，同比增加3家，其中国有控股参股99家，占比83.9%。注册资金197.03亿元，增长23.14%；净资产213.1亿元，增长22.37%；融资性担保业务余额205.88亿元，增长33.39%；代偿余额30.68亿元，下降5.77%。

（3）典当业业务规模显著收缩。截至2022年末，辖区共有典当行224家，与上年持平，注册资本合计40.15亿元，下降2.36%。资产总额39.48亿元，下降24.4%；典当余额15.53亿元，下降43.87%。

（4）融资租赁公司数量大幅减少。截至2022年末，辖区共有融资租赁公司60家，同比减少15家，资产总额424.44亿元，增长10.07%。

（5）商业保理公司运行平稳。截至2022年末，辖区商业保理公司40家，同比增加2家，其中正常经营机构29家，占比72.5%。注册资本合计50.09亿元，增长19.58%；资产总额94.51亿元，下降9.08%。

（6）股权交易中心融资规模平稳增长。截至2022年末，新疆股权交易中心挂牌企业62家，展示企业869家，托管企业80家，分别较上年增加3家、72家。完成股权转让手续1522笔，股权转让数27.81亿股，同比增加303笔、2.38亿股；累计实现融资81.24亿元，增长8.86%。

（7）互联网金融风险专项整治成效显著。截至2022年末，新疆正常退出类网贷机构存量风险年底前全面出清，存量风险较年初减少1.39亿元，P2P网贷机构清理整顿工作收官。

2. 需要关注的问题

部分融资担保公司代偿风险较高。2022年，新疆融资担保行业担保代偿发生额2.94亿元，代偿额累计30亿元。全区平均担保代偿率1.86%，部分机构超10%，需要关注其经营可持续性。

三、金融市场稳健性评估

（一）运行情况

1. 债券余额平稳增长，新发债券总量收缩。截至2022年末，新疆债券市场余额11748.2亿元，增长12.3%，同比下降2.5个百分点。发行各类债券3658.8亿元，下降7%，同比下滑13.8个百分点，增速低于全国2.9个百分点。其中，地方政府债发行1858.8亿元，下降3.7%，占债券发行总量的50.8%。

2. 货币市场交易活跃度提升，质押式回购交易量由降转增。2022年，新疆地方法人机构存款快速增长，流动性充裕，资金融出需求较强。全年新疆货币市场累计成交金额84665.5亿元，增长12.8%。其中，质押式回购80068亿元，同比增长9.2%，占成交额的94.5%，交易量由降转增。

3. 现券市场交易活跃度提升，价格下降。2022年，新疆金融机构累计发生现券交易8505.4亿元，增长50.3%，累计净融出941.4亿元，为上年同期的3.6倍。全年现券月加权到期收益率低位小幅波动，平均2.72%，同比下降54个基点。

4. 票据贴现业务大幅攀升，贴现利率下行。受疫情超预期静态管制、有效信贷需求下降影响，银行以票冲贷现象突出。2022年，新疆辖内商业汇票承兑发生额3670.6亿元，同比增加184.25亿元，累计发生票据贴现2334.7亿元，同比增加335.98亿元。票据贴现加权平均利率2.33%，同比下降0.94个百分点，低于新发放贷款加权平均利率2.31个百分点。

5. 黄金市场交易量价齐增。2022年，受国际局势动荡、宏观经济下行影响，企业、居民避险情绪浓厚，黄金价格及交易量双增长。全年金融机构黄金业务累计交易量71.3吨，增长4.2%；交易额278.9亿元，增长7.9%；平均交易价格391.3元/克，上涨3.5%。其中，上海黄金交易所代理交易业务交易量41.4吨，增长8.7%，占总交易量的58.5%。

（二）需要关注的问题

城投类企业债务风险需要关注。2023年是新疆城投类债券到期高峰年，债券到期及拟回售规模562亿元，占存量债务的近四成。虽然债券风险整体收敛，但部分大体量、弱资质发行人依旧存在兑付风险，需要特别关注区县城投企业的流动性状况，谨防风险跨市场外溢传导。此外，在信用债市场因理财大规模赎回而波动等背景下，企业再融资压力较大，城投债总体融资接续可能面临较大挑战。

四、地方金融生态

2022年，新疆金融生态环境持续优化，支付系统运行平稳，社会信用体系建设不断完善，打击反洗钱犯罪成效显著，金融消费者保护工作质效进一步提升。

1. 支付便民工程持续深化，人民币跨境支付服务体系建设取得积极进展。巩固优化银行卡助农取款服务，8个试点县市开展乡村振兴普惠金融服务站建设，超1000个普惠金融服务站完成终端非接和二维码升级改造。金融机构建设“丝路跨境综合服务平台”作用有效发挥，2022年平台累计实现近46.16万元人民币跨境支付交易。

2. 社会征信体系建设持续深化，银企对接服务不断提升。农村征信服务体系进一步完善，指导知米征信完善涉农大数据库和融资综合服务平台建设，2022年入库新型农业经营主体数量较上年末增长2倍，7家商业银行与数据库和平台对接。2022年，新疆企业通过中征应收账款融资服务平台融资1386亿元，中小微企业融资占比75%，融资额连续5年突破1000亿元。

3. 反洗钱监管力度持续加强，打击反洗钱犯罪成效显著。2022年，累计对4家金融机构及10名责任人罚款554.5万元；接收并向有权机关移送重点可疑交易线索94条，最终宣判5起、破获4起、立案6起。协助有关部门累计破获涉嫌洗钱及各类上游犯罪案件29起。申请跨区域涉恐案件协查1次，推动公安机关对涉案6名人员立案侦查。

4. 金融消费者权益保护机制逐步完善，工作质效不断提升。2022年，辖内分支机构累计对接35家人民法院，12个调解组织成功入驻人民法院调解平台。全疆金融纠纷调解组织成功调解1626件，调解成功率95.7%。优化“12363”本土接听模式，全年金融消费者投诉量同比减少0.83%，咨询量同比增加57.65%。

5. 持续加强反假币宣传力度，整治拒收现金工作力度持续加强。2022年，全辖累计开展反假货币宣传742场，受众超百万人次，宣传信息被媒体采纳78篇。强化拒收现金线索收集，全年累计受理并核实拒收现金线索52条，依法对3家单位及相关责任人实施行政处罚。

五、总体评估

2022年，面对严峻复杂的国际形势和新冠肺炎疫情挑战，新疆实现经济平稳增长，工业、基建投资拉动显著有效，经济增长基础进一步夯实。新疆金融系统扎实落实党中央、国务院和自治区稳经济大盘决策部署，不断加强金融支持实体经济的力度和服务水平，有效防控金融风险，持续深化中小法人银行业改革，夯实银行持续健康发展基础，牢牢守住不发生区域性风险的底线。当前国内外形势复杂多变，国内经济下行压力仍然较大，超长疫情静态管理对新疆经济的负面影响将逐步显现，实体经济风险向金融领域渗透，防范化解金融风险压力仍然较大。

2023年，新疆经济金融工作将继续坚持稳中求进工作总基调，完整全面贯彻新发展理念，构建新发展格局，积极释放消费需求，着重扩大有效投资，大力提振市场信心，全力推动经济实现质的有效提升和量的合理增长。同时，做好金融风险常态化防控工作，加强金融风险监测预警，压实各方责任，有序推动风险处置。积极推进金融机构深化改革，从源头上提高机构风险抵御能力和可持续发展能力，提升服务实体经济的质量和效率。

中国人民银行乌鲁木齐中心支行金融稳定分析小组

组　　长：王新平

副 组 长：尚　晓

成　　员：王　勇　孙海芹　庞秀萍　张　栋　张国新　张志超
黄公健　李朝辉　热夏提·莫合买提　张丽亚　曹　勇

《新疆维吾尔自治区金融稳定报告（2023）》编写组

总　　　　纂：王　勇
统　　　　稿：毕燕茹
执　　　　笔：何　欣　郭燕芸　高　兴　赵　莹　李国俊
参与写作人员：李爱华　马玉慧　汪　雨　李玉梅　李春丽　胡乐乐
李文全　侯兆辉　梁　艳　肖若晗　田　园　何梦竹
王文宇　马凤山　刘广俊

大连市金融稳定报告摘要

2022 年，大连市经济运行稳中向好，综合经济实力持续增强，实体经济加速发展壮大，“三年过万亿元”实现良好开局，经济发展从整体上为区域金融稳定创造了稳健的外部环境。金融业整体保持稳健运行，金融市场持续运行有序，金融服务实体经济质效提升，金融风险防范意识不断增强。但是经济稳中向好的基础需要进一步夯实，制约振兴发展的体制机制障碍未完全消除，金融发展中仍蕴含着一定风险，金融业平稳运行仍面临较大挑战。

一、区域经济运行与金融稳定

（一）经济运行稳中向好，综合经济实力持续增强

1. 加力推动高质量发展，经济运行提质增效。2022 年，党的二十大胜利召开，开启了以中国式现代化全面推进中华民族伟大复兴的新征程。大连市坚持以习近平新时代中国特色社会主义思想为指导，全面落实“疫情要防住、经济要稳住、发展要安全”的要求，紧紧围绕建设“两先区”的战略定位和当好新时代东北振兴“跳高队”的政治使命，奋力开创振兴发展新局面，较好完成市十七届人大一次会议确定的年度目标和十项重点任务。全年实现地区生产总值 8430. 9 亿元，按可比价格计算，同比增长 4. 0% （见图 1）。其中，第一产业增加值 563. 0 亿元，同比增长 3. 2%；第二产业增加值 3712. 5 亿元，同比增长 4. 5%；第三产业增加值 4155. 4 亿元，同比增长 3. 7%。

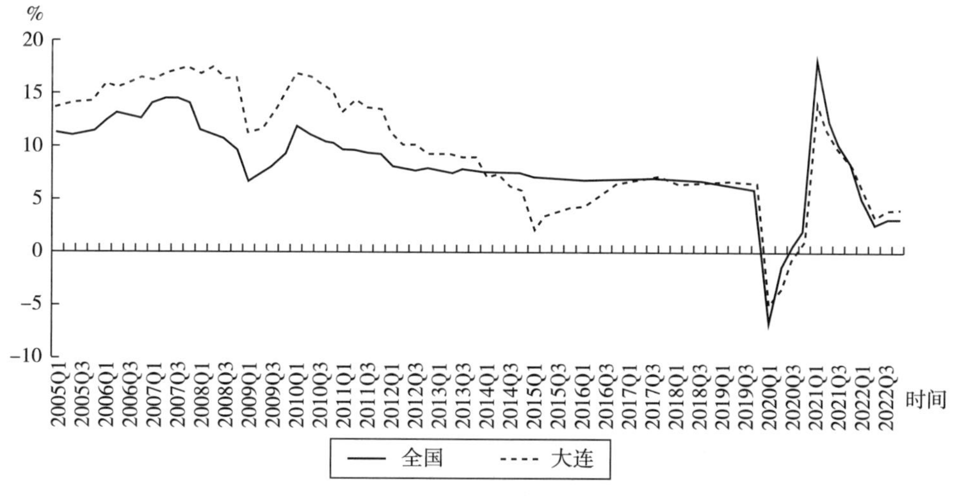

图 1　大连市生产总值（GDP）累计同比增速

（数据来源：国家及大连市统计局）

2. 制造业加速迈向中高端，固定资产投资稳步增长。2022 年，大连市固定资产投资（不含农户）同比增长 6.5%（见图 2）。“三篇大文章”扎实推进。加快“老字号”转型“蝶变”，大船集团易地升级改造项目正式签约并启动搬迁，瓦轴集团风电主轴轴承项目开工建设。加快“原字号”全链条延伸，大石化将在西中岛新建 1000 万吨炼油、120 万吨乙烯项目工程，预计新增产值 1500 亿元；恒力年产 260 万吨聚酯、160 万吨高性能树脂以及 BDO 等系列延链项目开工建设，预计新增产值 1100 亿元。加快“新字号”梯次化培育，SK 海力士项目主体工程完工，项目达产后将新增芯片产能 48 万片、总产能达到 148 万片，带动集成电路产业发展壮大；全年战略性新兴产业增加值占地区生产总值比重 12%。加强数字新型基础设施建设，累计建设开通 5G 基站 14451 个，重点场所 5G 网络覆盖率达 97%，大连市进入“千兆城市”行列。

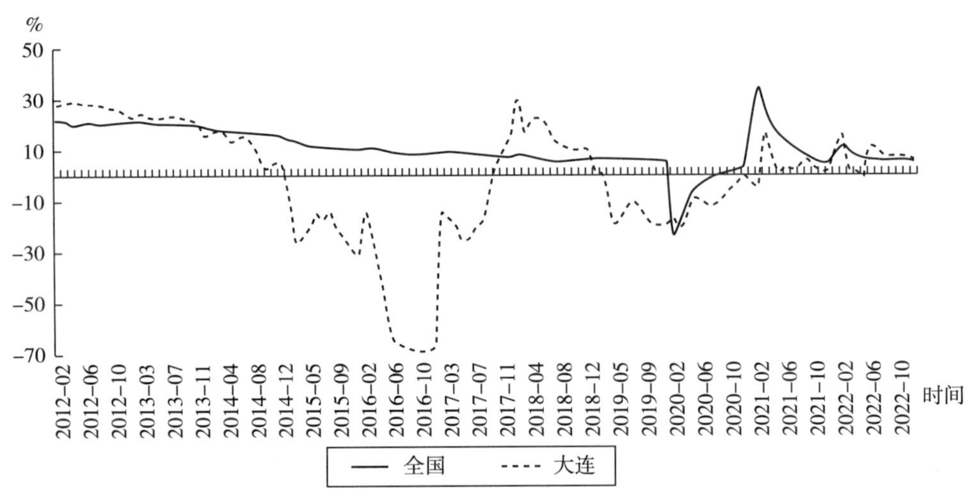

图 2 大连市固定资产投资累计同比增速

（数据来源：国家及大连市统计局）

3. 积极扩大对外开放合作，发展空间持续拓展。2022 年，大连市多措并举稳外资稳外贸，全年外贸进出口总额增长 12.8%，实际利用外资增长 15%，外资外贸增速均居计划单列市前列（见图 3）。打造自贸试验区升级版，推出制度创新成果 89 项，2 项列入国务院新一批复制推广清单、6 项在国务院官网刊发、14 项在全省推广。国际经贸合作进一步深化，RCEP（大连）国际商务区建成启动，加快打造区域经贸合作新平台。高质量共建“一带一路”，对沿线国家进出口总额占全市 44.4%。全年新开集装箱班轮航线 7 条，大连口岸集装箱航线达 103 条，实现 RCEP 成员国核心港口全覆盖，集装箱吞吐量增长 22%，增速居全国港口前列。提升金融中心建设水平，大商所实现豆类产业链期货和期权工具全覆盖，在“全球金融中心指数报告”中排名提升 33 位，上升幅度居内地城市首位。

4. 坚持创新驱动发展，科技创新能力有效提升。2022 年，大连市规模以上工业增加值同比增长 5.1%（见图 4）。创新平台加快建设。4 个全国重点实验室获批，全市新认定市级以上重点实验室、技术创新中心、工程研究中心 53 个。创新主体不断壮大。新增“雏鹰”“瞪羚”“独角兽”企业 453 家，增长 51.5%。组建产学研联盟 510 家，新认定高新技术企业增长 36.6%，新注册科技型中小企业增长 38.2%。创新成果加速转化。实施重点科技研发计划 68 项、“揭榜挂帅”项目 43 项，万人有效发明专利拥有量达 30.75 件，全市登记技术合同成交额超过 400 亿元、增长 19%，在连高校院所科技成果本地转化率达40%，获批全国首批知识产权强市示范城市。创新人才持续集聚。全年引进高层次人才近600人，新增专业技术人才5.1万人。

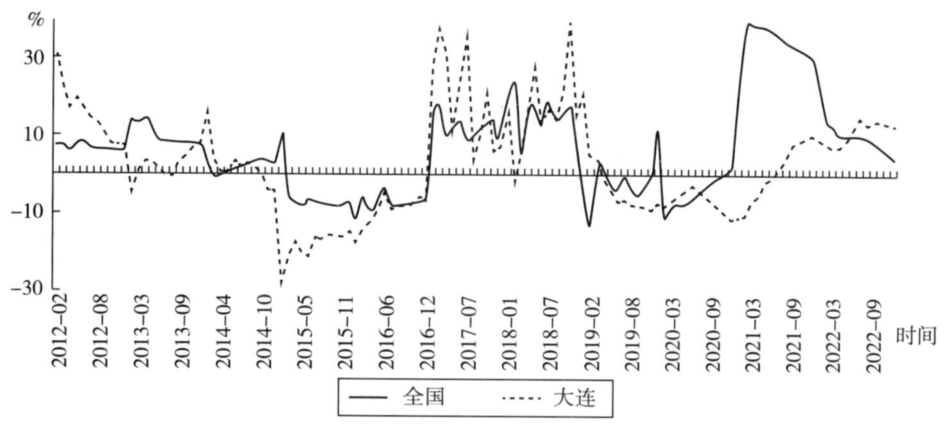

图3　大连市进出口总额累计同比增速

（数据来源：国家及大连市统计局）

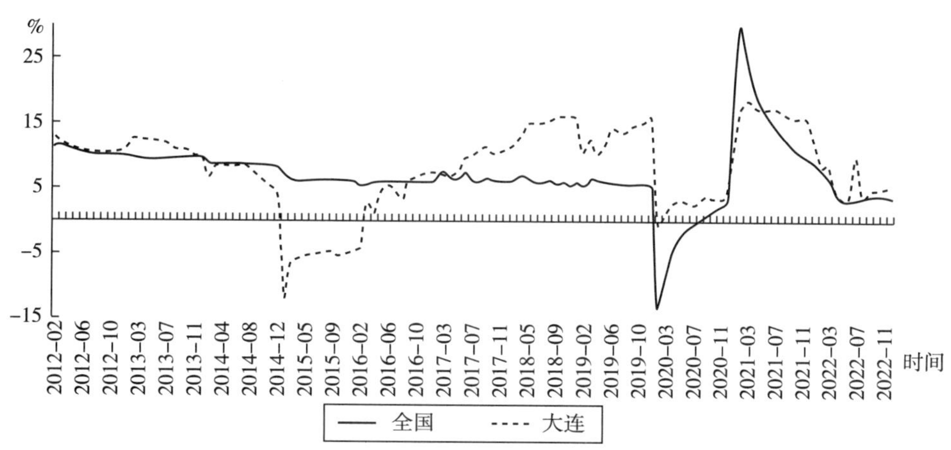

图4　大连市规模以上增加值累计同比增速

（数据来源：国家及大连市统计局）

5. 扎实推进共同富裕，民生社会事业全面发展。2022年，大连市城镇居民人均可支配收入51904元，同比增长2.7%，农村居民人均可支配收入24759元，同比增长4.2%。居民消费价格涨幅平稳，CPI上涨2.2%（见图5）。就业优先政策提质加力，城镇新增就业12.25万人，零就业家庭动态为零，稳就业主要指标居全省第1位。社会保障水平全面提升，城乡居民基础养老金标准居全省首位。重点民生事业成效显著。民生投入占财政支出比重达88%，15项35件重点民生“实事儿”高质量完成。改造老旧小区700万平方米、惠及10万户居民，完成老旧供热管网、排水管网和燃气管网改造1660千米，主城区天然气置换工作全面完成，办证难、用气难、出行难、上学难等一批群众急难愁盼问题得到妥善解决。

（二）区域经济运行中不利于金融稳定的因素

2022年，大连市经济运行提质增效，综合经济实力持续增强，实体经济加速发展壮大，科技创新能力有效提升，不断向高质量发展迈进。但是，经济发展同样面临矛盾和问题。一是稳住经济大盘的基础需进一步夯实，有效投资的关键作用、消费的基础作用有待提升，房地产市场支撑作用有待加强。二是制约振兴发展的体制机制障碍未完全消除，要素配置市场化程度还不够高，优化营商环境任重道远，重点领域改革还有不少硬骨头要啃。三是科技创新支撑能力需加快提升，新兴产业集群偏少，科技成果转化率亟待提升，高端创新人才不足，产业结构转型升级仍需加大力度。四是市场主体生产经营困难依然较多，中小微企业、个体工商户面临市场需求不振等难题。五是民生和社会治理领域还有"短板"，群众在就业、教育、医疗、托育、养老、住房等方面面临不少难题。应坚持稳中求进工作总基调，完整、准确、全面贯彻新发展理念，服务和融入新发展格局，更好统筹疫情防控和经济社会发展，更好统筹发展和安全，坚持把高质量发展作为首要任务，大力提振市场信心，完善科技创新体系，发展壮大优势产业集群，做实做强新增长极，坚持全面深化改革，推进更高水平开放合作，开创大连高质量高速度发展之路。

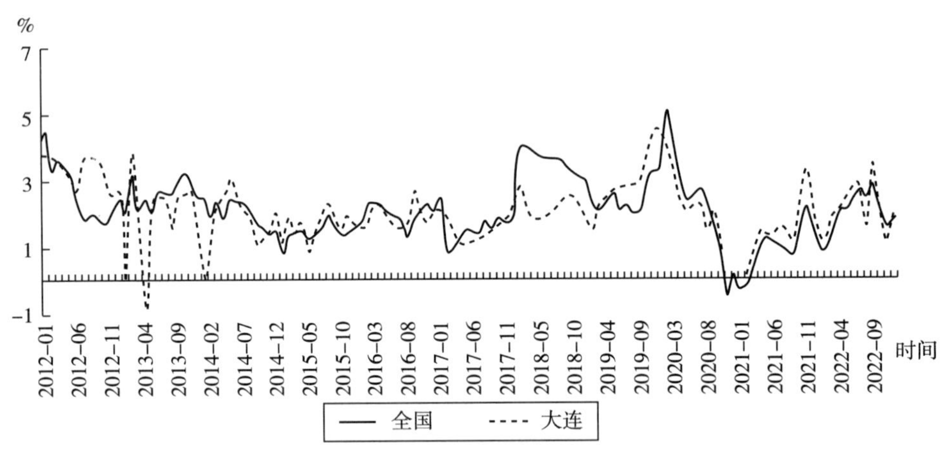

图5 大连市 CPI 走势

（数据来源：国家及大连市统计局）

二、金融业与金融稳定

（一）银行业运行状况及风险分析

截至 2022 年末，大连市共有银行业机构主体 69 家，其中地方法人银行业金融机构 12 家，分行级机构 44 家。全年银行业金融机构存款增势创新高，贷款平稳增长，贷款利率下行成果持续巩固，资产质量压力仍然存在。

1. 银行业运行状况

（1）金融机构存款增势创新高。截至 2022 年末，大连市银行业金融机构各项存款余额 16000.51 亿元，比年初增加 1565.19 亿元，增幅 10.84%，比上年多增 797.62 亿元，增长 5.23 个百分点，增量、增速均为 2013 年以来最高水平。其中，单位存款 5361.10 亿元，比年初增加 4.48 亿元；个人存款 10267.91 亿元，比年初增加 1401.8 亿元（见图 6）。

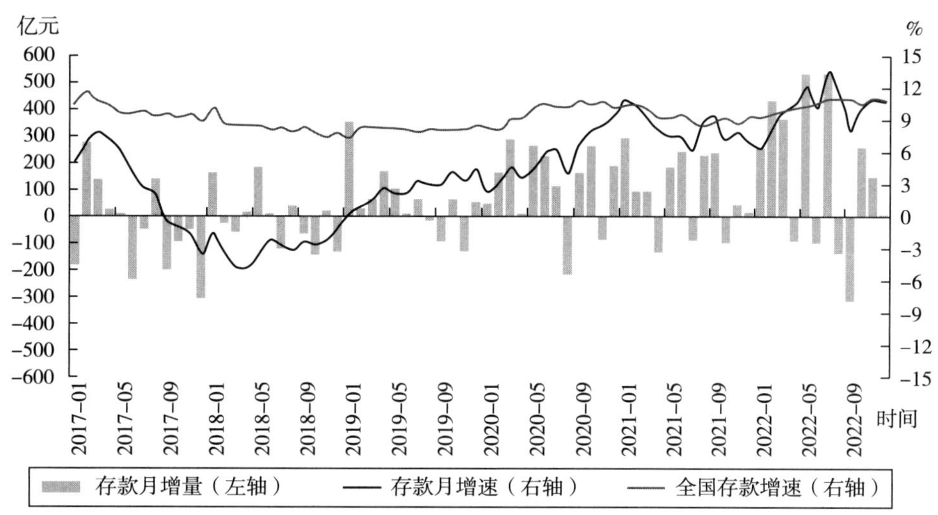

图6 大连市金融机构存款增量、增速走势

（数据来源：中国人民银行大连市中心支行）

（2）金融机构贷款平稳增长。截至2022年末，大连市银行业金融机构各项贷款余额14224.96亿元，比年初增加690.70亿元，增幅5.1%，比上年多增114.35亿元，增长0.66个百分点，增量、增速均为2016年以来最高水平。其中，企（事）业单位贷款余额10105.42亿元，同比增长6.84%；住户贷款余额4021.61亿元，同比增长0.21%（见图7）。

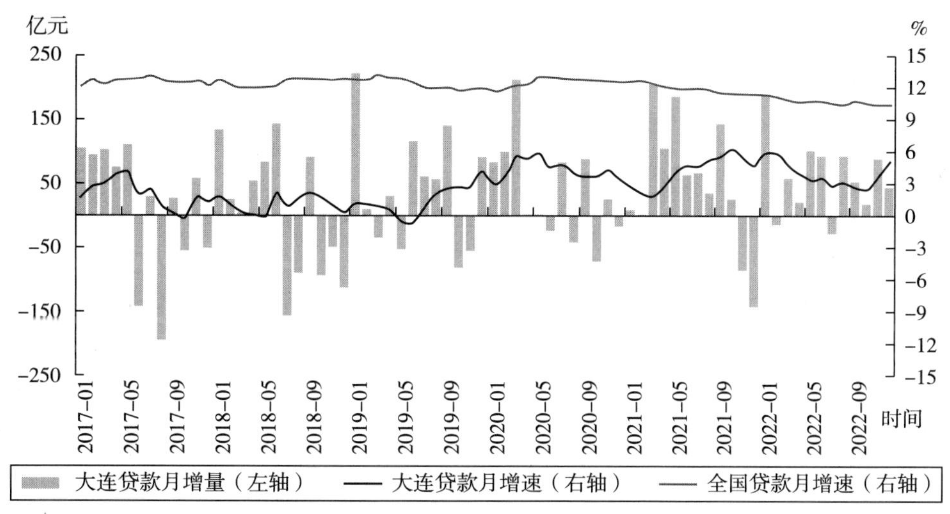

图7 大连市金融机构贷款增量、增速走势

（数据来源：中国人民银行大连市中心支行）

（3）巩固实际贷款利率下行成果，引导贷款利率持续下行。2022年，人民银行大连市中心支行持续落实贷款市场报价利率改革成果，实体经济融资成本稳中有降。新发放一般贷款加权平均利率4.28%，同比下降56个基点；贷款加权平均利率4.16%，同比下降57个基点。

2. 需要关注的问题

（1）银行支持实体经济仍存痛点。市场主体经营活力尚未恢复，地区项目储备以及成熟度不足，信贷投放不及预期，辖区重大项目授信转化率仍较低。重点领域发力不充分，制造业贷款增速较低，金融机构服务的主动性以及项目对接能力仍存在不足。个别银行票据业务投放量显著高于贷款投放量，部分资金囤积在金融市场内部，实体经济融资难问题仍较为突出。

（2）部分金融机构公司治理水平仍需提升。大连市银行业经营基本稳健，但部分中小法人机构风险需要关注。部分机构公司治理水平不高，股东大会、董事会、监事会未能真正发挥制衡作用；个别机构关联交易管理未纳入全面风险管理，留下利益输送或规避监管的隐患；部分法人金融机构尚未完全适应经济从高速增长到高质量发展的要求，发展方式仍较为粗放，市场定位存在偏差，提供金融产品和服务的专业化、差异化、特色化不足，绩效考核和尽职免责设置不尽合理。

（3）重点领域风险向银行体系传导需重点关注。一是部分银行房地产贷款集中度偏高，不利于机构自身可持续发展，易造成风险积聚，同时也对其他行业信贷资源构成“挤出效应”。二是债券市场债务到期偿还压力较大。部分存量债券附加有回购、提前偿还、交叉保护等条款，易引发债务违约连锁反应。受疫情叠加以及个别企业债务违约事件影响，辖区企业发债难度加大，借新还旧难以为继。部分发债企业都存在相当规模的银行贷款、非标融资，如若处置不当，风险将可能向银行机构传导。

（二）证券业运行状况及风险分析

2022 年，大连市资本市场总体运行较为平稳，证券机构盈利水平有所下降，期货机构利润下降，上市公司融资平稳，证券市场交易活跃度有所降低。上市公司经营压力依然存在，债券市场违约风险需予以关注。

1. 证券业运行情况

（1）证券经营机构盈利下降。截至 2022 年末，大连辖区有证券公司 1 家，证券公司分支机构 108 家。证券经营机构资产总额 224.65 亿元，同比下降 4.25%，负债总额 158.42 亿元，同比下降 5.92%。全年证券分支机构累计实现营业收入 12.87 亿元，同比下降 23.48%，全年累计实现利润 1.24 亿元，同比下降 61.13%。

（2）期货经营机构代理交易量下降。截至 2022 年末，大连市共有期货公司分支机构 78 家，期货经营机构开户数 13 万户，全年累计期货代理交易量 3.58 亿手，同比上升 39.23%，累计期货代理交易额 22.99 亿元，同比下降 15.48%。期货分支机构营业收入 0.28 亿元，同比下降 56.3%，净利润 -363.81 万元。

（3）上市公司融资平稳。截至 2022 年末，大连辖区共有境内上市公司 31 家，总股本 760.67 亿股，总市值 4311.82 亿元。全年辖区 4 家上市公司年内股票融资额 25.5 亿元，其中沪深再融资募集资金 6.86 亿元、首发融资 18.46 亿元；新三板挂牌公司 53 家，其中 2 家新三板挂牌公司年内股票融资 0.17 亿元。

（4）证券市场交易活跃度降低。2022 年，大连辖区合格资金账户数 206.14 万户，证券交易额 3.48 万亿元，同比减少 8.4%。全年辖区期货开户数 13.04 万户，同比减少 6.19%，成交额 22.99 亿元，同比增长 48.32%。

2. 需要关注的问题

（1）上市公司经营压力依然存在。2022 年，大连辖区新增 1 家上市公司，退市 1 家上市公司。

截至2022年第三季度末，辖区31家上市公司中，12家上市公司扣除非经营性损益后净利润为负，个别公司前期高杠杆高溢价并购形成的商誉可能存在减值风险。股票质押风险个案突出，个别公司面临股票质押违约被司法拍卖的风险。4家公司被实施风险警示，退市风险仍不容忽视。

（2）行业机构存在违规风险仍需警惕。辖区证券期货基金经营机构服务实体经济能力偏弱，法人机构规模偏小，业务线较短，业态不完善。法人证券公司大股东兑付危机仍在化解，其持有的部分股权受到影响，不排除风险进一步传导的潜在可能。金融资产交易所存量产品需要逐步兑付，部分产品已经逾期，正在延期兑付。私募基金风险仍在化解，引发群体性事件，“伪私募”混杂其中，给监管和行业自律带来较大挑战。

（3）债券市场违约风险需予以关注。大连辖区公司债仍处于到期兑付（回售）高峰，到期或行权只数多。叠加疫情等外部因素，接续融资难度增大，其中个别债券发行人受股东和所属行业影响，偿债资金具有很大的不确定性。除天神娱乐经破产重整得以化解公司债券风险外，其余尚在化解之中。

（三）保险业运行状况及风险分析

2022年，大连市保险业把握机遇、开拓创新，在疫情冲击、经济运行压力较大时期，保险市场运行依旧保持稳中有进的发展态势。但受地区经济发展动力不足影响，保险市场仍存在增速较慢、违规风险加大等潜在风险。

1. 保险业基本运行情况

（1）资产规模有所提高，机构数量保持稳定。2022年，大连辖区保险业资产总额1307.44亿元，同比增长11.24%。共有保险法人机构3家，省级保险分公司47家，其中财产保险公司分公司23家，人身保险公司分公司24家。保险从业人数40367人。

（2）保费收入小幅上升。2022年，大连辖区保险业实现保费收入400.76亿元，同比增长5.96%，增速较上年同期增加3.02个百分点。其中，财产险业务实现保费收入93.19亿元，同比增加11.66%；人身险业务实现保费收入307.57亿元，同比增长4.35%。

（3）赔付支出有所下降。2022年，大连辖区保险业赔款与给付支出109.44亿元，同比下降14.64%。其中，财产险业务赔款支出55.75亿元，同比下降26.6%；人身险业务赔款及给付支出53.69亿元，同比增长2.75%；车险赔款支出33.19亿元，同比下降12.31%；责任险赔款支出4.2亿元，同比增长12.6%；农业险赔款支出3.72亿元，同比增长35.16%。

2. 需要关注的问题

（1）保险公司治理水平依然不足。部分保险公司存在资金运用不审慎、关联交易和资金运用管理不足、公司治理主体履职不到位、内控管理较为粗放、风险分类不规范、违规开展关联交易等问题。

（2）行业转型发展有待深入。辖区保险业转型升级压力加大，中小保险公司在人才储备和数字化转型方面面临压力。中小保险公司队伍中高端人才缺口仍然较大，传统粗放型“人海战术”已不再适用，高质量发展的新动能尚未建立。中小保险公司在运用互联网思维和大数据信息赋能公司经营方面同样面临劣势。数字化转型工作在框架设计、人才储备、技术赋能等方面均面临一定困难，未来竞争力和发展空间将受到影响，转型压力有所增加。

（3）机构发展中的违规问题需关注。目前，辖内公司尚未完全建立科学经营理念，日常经营行为存在不少违规问题。有的机构没有形成有效的盈利模式，基本还是粗放式发展，拼规模、抢份额；有的机构脱离公司发展基础和市场承受能力，不计成本、不惜以短期亏损为代价获取业务，开展不正当竞争，扰乱市场秩序。

三、金融市场运行与金融稳定

2022 年，大连市金融市场继续保持规范发展态势，金融机构同业拆借市场规模持续下降，债券市场交易量涨价跌，票据市场交易量增价降，黄金交易规模明显下降。多重因素影响下金融市场风险偏好进一步分化。

（一）金融市场运行分析

1. 同业拆借市场规模持续下降。2022 年，大连市开展银行间市场同业拆借业务的法人机构数量共 3 家，比上年减少 1 家。受部分法人机构经营调整影响，全年成交金额 652.85 亿元，同比减少 55.2%。其中，拆入资金 126 笔，成交金额 321.2 亿元，同比减少 63.18%；拆出资金 258 笔，成交金额 331.65 亿元，同比减少 43.31%。年内同业拆入和拆出加权平均利率分别为 2.17% 和 2.79%。

2. 债券市场交易量涨价跌。2022 年，大连市金融机构共参与全国银行间债券市场交易 6.8 万笔，成交金额 9.8 万亿元，同比下降 11%。从资金流向看，金融机构参与债券市场交易仍呈现净融入，规模 1.7 万亿元。从利率走势看，质押式回购融出资金加权平均利率 1.79%，较上年同期下降 33 个基点，利率波动区间为 1.75% ~4.84%；融入资金加权平均利率 1.59%，较上年同期低 48 个基点，波动区间为 1.5% ~2.29%。现券交易融出资金加权平均利率 2.74%，较上年同期低 41 个基点，波动区间为 2.57% ~3.2%；融入资金加权平均利率 2.67%，较上年同期低 46 个基点，波动区间为 2.36% ~3.12%。

3. 票据市场交易量增价降。2022 年，大连市金融机构累计签发银行承兑汇票 1773.1 亿元，同比下降 11.0%；银行承兑汇票直贴规模累计 1444.0 亿元，同比增长 19.7%。截至 2022 年末，银行承兑汇票签发余额 944.4 亿元，同比下降 11.7%。票据贴现利率持续下行，全年金融机构票据贴现利率 1.68%，较上年下降 95 个基点。从月度走势看，票据贴现利率于 4 月首次破 2%，并于 5 月、8 月、12 月经历“断崖式”下跌，其中 8 月票据贴现利率为 1.37%，创有数据统计以来新低。

4. 黄金交易规模明显下降。2022 年自营交易成交量 1109 千克，成交金额 4.24 亿元。全市商业银行代理上海黄金交易所场内黄金交易成交量 558.55 千克，成交金额 2.17 亿元，同比下降 90.71%。商业银行实物黄金成交量 8184.37 千克，成交金额 8.42 亿元，同比下降 23.7%。人民币账户金成交量 1666.88 千克，成交金额 7.08 亿元，同比分别下降 72.99%、70.37%；美元账户金成交金额 0.09 亿美元。

（二）金融市场中需要关注的问题

2022 年，受新冠肺炎疫情和房地产市场低迷影响，债券市场整体震荡下行。金融市场风险偏好进一步分化，辖内企业发债难度增加。大连市企业信用债整体发债规模同比下降，受政策及市场波动影响，下半年发债节奏趋缓。2023 年，辖内部分民企、弱资质城投企业仍将是债券市场风险监测重点，应予以充分关注。

四、金融基础设施与金融稳定

（一）支付体系平稳运行，支付服务提振消费活力

2022 年，大连辖区支付系统平稳运行。大额支付系统处理业务 249. 2 万笔，金额 20. 5 万亿元；小额支付系统处理业务 1799. 7 万笔，金额 8121. 8 亿元；同城票据交换系统清分票据业务 51. 7 万笔，金额 1002. 9 亿元。开立单位银行结算账户 7. 9 万户，办理销户 4. 4 万户。支付服务组织较为稳定，取得支付业务许可证的法人支付机构 2 家，已备案非法人支付机构 32 家。银行卡服务基本稳定，全市银行卡发卡总量 6510 万张，同比增长 1. 8%；活动商户 10. 8 万户，同比下降 10%；银行卡 POS 机清算笔数 6436 万笔，同比下降 17. 2%，POS 机交易金额 2632 亿元，同比下降 14. 5%。支付促进市场复苏，提振消费市场活力。全市累计发放 1 亿元汽车消费券、1. 1 亿元家电消费券以及 1 亿元购物优惠券，累计拉动销售额 123. 3 亿元；累计发放 100 万元文旅消费券，惠及景区、博物馆、影剧院、书店等商户，拉动消费交易 180 万元。推动支付服务乡村振兴。全市共建成银行卡助农取款服务点 2567 个，其中加载电商功能的有 1095 个，累计办理取款、转账、缴费等业务 75. 64 万笔，交易金额 2. 16 亿元；推动建成大连首家“农村普惠金融综合服务点”，打造“服务点 + N”支付服务场景模式。

（二）坚持以防风险为本，切实履行反洗钱职责

2022 年，大连辖区反洗钱工作有效性不断提升。一是强化要案联动，凝聚打击合力，成功推动辖内 7 起洗钱案宣判、9 起立案起诉，同比分别增长 2. 5 倍和 8 倍；成功推动 1 起贪污贿赂自洗钱案宣判，为辖区首起以《刑法修正案（十一）》定罪的自洗钱案件，标志着大连地区在打击“自洗钱”犯罪方面取得新的突破。二是创新监管走访工作方法，开展摸底分析与平行审查，突出反洗钱监管的风险导向。三是探索“大数据 + 系统”双向核验，锁定实质风险，找准问题成因，深挖问题根源，全年开展执法检查 3 家，专业化水平进一步提升。四是线上线下同步发力，举办反洗钱线上小课堂和知识答题活动，5 万余人参与；深入海岛一线，贴近群众开展答疑解惑，反洗钱宣传的深入度和有效性不断提高。

（三）深入推进信用体系建设，进一步提高社会信用水平

2022 年，大连辖区进一步完善企业与个人征信系统建设，接入企业征信系统和个人征信系统的机构分别达到 55 家和 49 家，覆盖银行、信托、小额贷款、资产管理以及融资租赁公司等类别。全辖累计布放自助查询机 67 台，设立人工查询网点 7 个、信用报告自助查询网点 61 个，覆盖大连各个市、区、县；辖区人民银行各级查询网点对外提供个人信用报告查询服务 36. 3 万余人次，企业信用报告查询服务 2500 余笔，为各类信息主体了解自身信用状况、参与经济活动等提供了便利；为 3100 余户新设社会组织配发机构信用代码证，持有机构信用代码证组织达 46. 8 万余户。对 2 家接入机构进行综合执法现场检查，开展各类培训 6 场，参训机构 70 余家、370 余人次，进一步规范接入机构

征信业务。持续开展征信宣传，提高社会信用水平，全年共发动辖区1200余个金融机构网点、6家征信机构和评级机构，联合十余个政府部门，举办各类宣传活动300余场，普及210余万人次，在全社会形成“知信、用信、维信、守信”的浓厚氛围。

（四）完善金融服务平台建设，畅通中小微企业融资服务

2022年，大连辖区中小微企业融资服务水平进一步提升。一是深入开展小微金融服务能力提升工程，组织小微民营金融服务推进会，落实小微金融服务责任清单。二是在全辖推广金普新区“首贷中心”成功模式，实现市、县两级“首贷中心”全覆盖，累计向484家小微企业发放首次贷款5.5亿元。三是依托“一平台、一系统”，提升服务担保融资能力。全年应收账款融资服务平台新增注册用户159户，达成融资笔数1191笔，融资金额63.8亿元。动产融资统一登记公示系统新增审核常用户56户，累计审核常用户382户，并推动大连商品交易所大宗商品仓单登记中心与动产融资统一登记公示系统达成对接。

五、总体评估及对策建议

（一）总体评估

1. 定量评估结果。2022年，大连地区金融稳定综合评分65.63分，较上年下降3.38分。自2013年国内经济发展步入新常态，大连地区主要经济指标出现了一定波动，金融稳定状况受到经济的影响，得分呈现持续下降趋势。2020年，受新冠肺炎疫情冲击影响，大连地区金融稳定综合评分达到历史低点。随着各项稳经济大盘政策逐步实施，大连地区经济金融各项指标逐步向好，金融稳定状况回升到疫情前水平（见图8）。

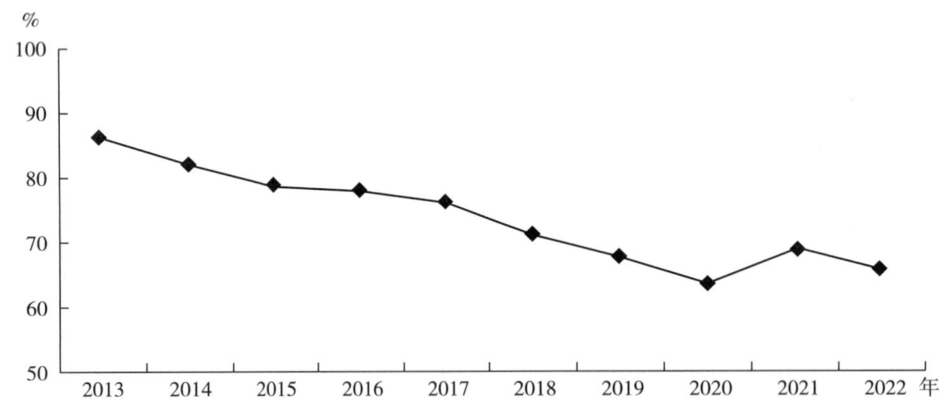

图8　大连市金融稳定综合评估得分趋势

2. 定量评估结果分析。具体来看，宏观经济、金融机构和金融生态环境三部分指标分项得分呈现出不同的变化趋势。宏观经济分项得分23.70分，较上年下降3.55分。宏观经济分项得分主要反映经济指标变化，2013年以来最高得分出现在2017年，得分34.42分；最低得分出现在2020年，得分19.66分。金融机构分项得分29.14分，较上年增加0.36分。受金融风险逐渐释放影响，金融机构分项得分整体呈波动下行趋势，2017年得分降幅达到19.9%。随着金融风险化解工作逐步开展，金融机构分项得分趋于平稳。金融生态分项得分 12. 80 分，较上年下降 0. 18 分。2016 年，受大型企业债务违约影响，金融生态分项得分降幅较大，达到 25. 8%。随后金融生态分项得分持续回升，但在 2021 年和 2022 年，得分出现小幅度下降（见图 9）。

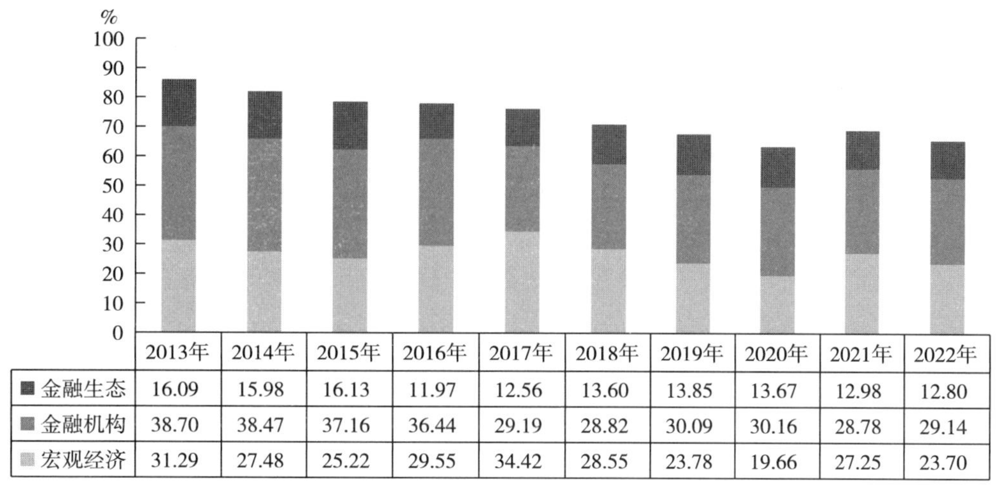

	2013年	2014年	2015年	2016年	2017年	2018年	2019年	2020年	2021年	2022年
金融生态	16.09	15.98	16.13	11.97	12.56	13.60	13.85	13.67	12.98	12.80
金融机构	38.70	38.47	37.16	36.44	29.19	28.82	30.09	30.16	28.78	29.14
宏观经济	31.29	27.48	25.22	29.55	34.42	28.55	23.78	19.66	27.25	23.70

图 9　金融稳定定量评估三方面指标变化趋势

具体细分金融机构指标，从宏观经济、银行业、证券业、保险业和金融生态环境五方面，得到雷达图（见图 10）。

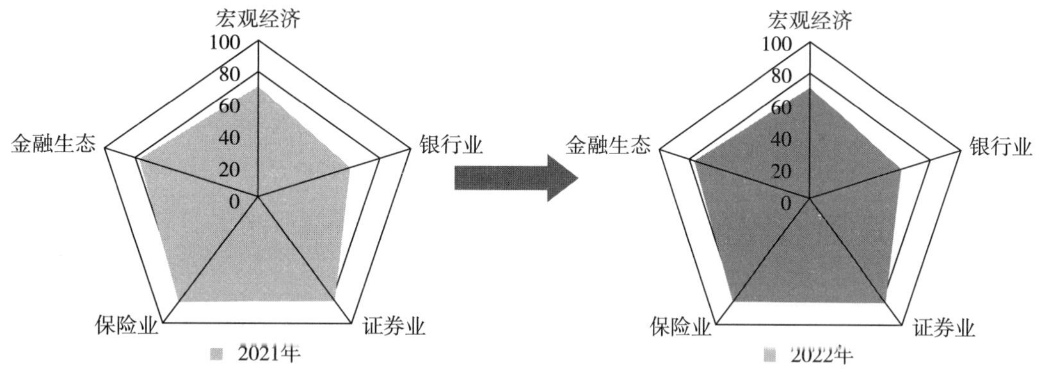

图 10　2021 年和 2022 年大连市金融稳定定量评估雷达图

按百分制定量评估结果来看，2022 年宏观经济发展和金融生态环境得分下降，金融机构得分整体上升，其中银行业和保险业得分上升，证券业得分下降。宏观经济得分 60. 76 分，低于 2021 年 9. 11 分。仅有固定资产投资、对外经济两类指标得分高于上年，就业情况得分与上年持平，经济增长、消费增长、人均收入、房地产市场等指标得分均低于上年。金融业发展方面，银行业得分 62. 21 分，高于 2021 年 1. 32 分，其中资产质量、对市场风险的敏感度得分有所提升，资本充足性、资产流动性、盈利能力等指标得分与上年持平。证券业得分 80. 97 分，低于上年 2. 83 分，其中行业资本充足性得分有所提升，资产安全性和资产流动性等指标得分与上年基本持平，行业盈利能力得分有所下降。保险业得分 83. 59 分，高于 2021 年 0. 49 分，其中行业盈利能力得分好于上年，资产充足性、资产安全性和资产流动性等指标得分与上年基本持平。金融生态环境得分 75. 27 分，低于 2021 年 1. 08 分，其中市场体系完善程度得分好于上年，地方政府财政得分低于上年，地方法治环境和信用环境完善等指标得分与上年基本持平。

（二）对策建议

1. 坚持加强党的领导，增强金融工作的政治性。2023 年是全面贯彻落实党的二十大精神的开局之年，是实施“十四五”规划承上启下的关键之年，是大连加快“三年过万亿元”的攻坚之年。全面加强党对金融工作的领导是做好新一年金融工作的根本保证。要坚持以习近平新时代中国特色社会主义思想为指导，全面贯彻落实党的二十大精神，深入贯彻落实习近平总书记关于东北、辽宁、大连振兴发展重要讲话和指示批示精神，认真落实中央经济工作会议精神，坚持稳中求进工作总基调，完整、准确、全面贯彻新发展理念，服务和融入新发展格局，全面推进服务实体经济、防控金融风险、深化金融改革“三项任务”，着力推进大连金融业高质量发展，为大连实现全面振兴新突破、加快“两先区”建设贡献金融力量。

2. 坚持深化改革创新，促进金融业高质量发展。引导金融机构围绕深化金融供给侧结构性改革目标，持续完善公司治理、股权管理和经营理念，通过深化改革的办法解决深层次问题，提升内生增长动力和核心竞争力，向高质量发展转变。推动指导中小金融机构完善公司治理架构，着力健全现代金融企业制度，强化内部监督制衡，严格执行股东资质管理。全面优化市场体系，充分发挥政策银行“当先导、补短板、逆周期”调节作用，有效服务国家战略和薄弱环节。积极发挥全国性商业银行“头雁”作用，加大重大项目、普惠金融支持力度；激发城市商业银行发展新动能，明确差异化发展定位，主动融入地方发展需求。推动农村中小机构立足支农支小定位，扎根“三农”广阔市场，优化金融服务。引导保险公司向更加注重质量和效益的内涵式增长转变。持续推动金融机构数字化转型，强化科技赋能，引导加强与金融科技企业合作，持续创新金融服务模式。

3. 坚持金融服务地方，带动经济运行整体好转。着力支持加快消费市场恢复，要把支持恢复和扩大消费摆在优先位置，合理增加消费信贷，扩大消费贷款规模。围绕医疗、教育、文化、体育等重点领域，加强对服务消费的综合金融支撑。支持培育假日经济、夜间经济、首店经济、银发经济等消费新业态，创新优化消费场景。服务现代化产业体系建设，围绕大连市“十四五”规划重点项目，扎实推进结构调整“三篇大文章”，提升“三率两化”① 水平。支持大连市“2 + 2 + 2”产业集群②做大做强，提升金融供给质效。巩固小微民营企业金融服务，引导开展小微金融服务能力提升工程。围绕区域产业结构调整优化、新旧产业动能转换、产业布局补链延链强链等制造业，提供高质量金融供给。加大对农产品保供、农业基础设施、农业科技等涉农领域的信贷投放。推动绿色产业数据库建设，激励创新绿色金融产品和服务。

4. 坚持改善金融生态，畅通支持实体经济通道。强化金融领域法治环境和信用环境建设，依法加大失信行为打击力度，维护债权人利益，提振投资者对辖内企业的信心。推动金融法庭建设，改革完善金融矛盾纠纷多元化解机制，提高金融司法和执法水平，促进金融市场主体行为的规范化。积极发挥媒体宣传作用，将正面宣传与舆论监督相结合，加大诚信教育和宣传工作力度，努力营造褒扬诚信、惩戒失信的社会环境。加快发展政府性、商业性和互助性等多层次担保机构体系，鼓励

---

① 三率：提高头部企业本地配套率、提升科技创新成果本地产业化率、提升科技型企业增长率；两化：产业数字化和数字产业化。

② 两个万亿级别产业集群：绿色石化产业集群、海（农）产品预制菜产业集群；两个两千亿级产业集群：高端装备制造产业集群、新一代信息技术产业集群；两个一千亿级产业集群：新一代汽车产业集群、中高端消费品工业集群。

社会团体、企业法人和自然人等民间资金依法创办中小企业信用担保机构。支持属地企业开展多元化债券和资产支持证券融资，鼓励符合条件的企业通过优先股、可转债、永续债等创新工具丰富融资手段，拓展融资渠道。

5. 坚持统筹发展与安全，构建金融新发展格局。充分发挥金融风险化解应急响应机制作用，切实管控重大项目信用风险，实行项目化、清单化、责任化，“一案一策”化解风险。强化金融监管部门与司法、市场监管等执法联动，强化金融监管协同，有效监管跨行业、跨市场、跨部门金融创新活动，提升金融风险管理水平。加强重点领域监管，加大对大型企业债务、非法集资等领域风险排查化解力度，支持重点金融机构风险化解和重点金融领域改革化险。加强政府性债务风险防范化解，遏制新增政府隐形债务，稳步化解存量债务。扎实做好“保交楼、保民生、保稳定”各项工作，确保房地产市场平稳发展。坚持把社会风险评估作为政府重大决策必经程序，做到“管决策”必须“管风险”，牢牢守住不发生系统性区域性风险底线。

中国人民银行大连市中心支行金融稳定分析小组

组　　长：周　海

副 组 长：周　豪

成　　员：王　军　王宇峰　黄晓静　张　伟　钟　相　吕雪蓉　蔡　群　林　君

《大连市金融稳定报告（2023）》编写组

总　　纂：周　豪

统　　稿：王　军　单晓丽　刘威岩

执　　笔：尹　航　陈家宁　姚　宁　胡海涛　杨　洋　孙梦遥　谭明煜

参与写作人员：赵娜娜　王　雪　邵　婷　刘冬冬

青岛市金融稳定报告摘要

2022年，青岛市坚持以习近平新时代中国特色社会主义思想为指导，坚持稳中求进工作总基调，坚决落实“疫情要防住、经济要稳住、发展要安全”的部署要求，高效统筹疫情防控和经济社会发展，积极服务和融入新发展格局，突出绿色低碳高质量发展，挖掘内需潜力、增强产业实力、激发经济活力、提升转型动力，奋力开创新时代社会主义现代化国际大都市建设新局面。全市金融机构坚持以推动高质量发展为主题，坚决支持稳住经济大盘，聚焦有效需求牵引、实体经济振兴、新旧动能转换、重大战略落实和民生改善，更好地服务全市经济平稳健康发展与社会和谐稳定。

一、区域经济运行

（一）经济运行总体平稳

1. 经济增速处于合理区间，经济结构持续优化。2022年，全市生产总值14920.75亿元，按不变价格计算，比上年增长3.9%。分产业看，第一产业增加值478.05亿元，比上年增长2.2%；第二产业增加值5197.34亿元，比上年增长2.8%；第三产业增加值9245.36亿元，比上年增长4.5%。经济结构持续优化，三次产业结构调整为3:35:62。

2. 农业经济总体良好，畜禽生产保供无虞。2022年，全市粮食生产保持稳定，粮食总产量311.3万吨，连续5年稳定在300万吨以上，其中夏粮产量141.5万吨，秋粮产量169.8万吨。全年猪牛羊禽肉产量52.0万吨，增长3.1%；牛奶产量29.6万吨；禽蛋产量26.9万吨。年末生猪存栏159.4万头，能繁殖母猪存栏16.8万头，全年生猪出栏256.1万头。蔬菜及食用菌总产量659.9万吨。水产品产量99.3万吨。

3. 工业生产平稳增长，新动能继续发挥引领作用。2022年，全市规模以上工业增加值比上年增长3.8%。分行业看，在35个大类行业中，有22个行业实现增长，行业增长面为62.9%。民生消费品保供有力，食品制造业、医药制造业、酒饮料和精制茶制造业增加值分别增长11.3%、7.9%、7.5%。新产品快速增长，太阳能工业用超白玻璃、锂离子电池、多晶硅产量分别增长490%、65.6%、30.6%。新动能继续发挥引领作用，高技术制造业增加值同比增长17.3%，快于规模以上工业增加值增速13.5个百分点；其中，计算机及办公设备制造业、医疗仪器设备及仪器仪表制造业分别增长68.3%、19.8%。

4. 工业成本压力有所缓解，高技术制造业效益明显好转。2022年，全市规模以上工业企业每百元营业收入中的成本为85.6元，较上半年减少0.6元。其中，制造业为85.1元，较上半年减少0.6元，运营成本有效降低，企业负担进一步减轻，有利于企业利润恢复和改善。2022年，高技术制造业利润同比增长7.3%，增速高于全市平均水平17.8个百分点，是利润增长最快的工业行业板块。全年高技术制造业实现利润占规模以上工业企业的比重为14.7%，比上年提高1.3个百分点，助推全市工业利润结构不断优化。

5. 消费市场承压运行，新型消费生机勃勃。2022年，全市社会消费品零售总额5891.8亿元，比上年下降1.4%。按经营单位所在地分，城镇消费品零售额4862.2亿元，下降1.4%；乡村消费品零售额1029.6亿元，下降1.2%。按消费类型分，商品零售5286.1亿元，下降1.1%；餐饮收入605.7亿元，下降3.5%。“宅经济”持续火爆，限额以上单位网上零售额增长10.9%，占限额以上社会消费品零售总额比重30.7%。绿色升级类消费需求持续释放，限额以上单位新能源汽车、能效等级为1级和2级的家用电器和音像器材类商品零售额分别增长120%和10.3%。

6. 固定资产投资稳中向好，重点领域投资持续发力。2022年，全市固定资产投资比上年增长4.5%。分产业看，第一、第二、第三产业投资分别增长1.0%、15.6%和0.8%。重点领域投资持续发力，在城市更新和城市建设行动的带动下，全市基础设施投资增长23.2%，连续7个月保持两位数增长。产业升级发展态势明显，战略性新兴产业投资、高技术产业投资分别增长18.3%和36.2%。社会领域投资增长加快，社会民生投资增长17.1%，其中卫生和社会工作投资增长48.3%，教育投资增长16.1%。

7. 货物进出口平稳增长，新兴市场较为活跃。2022年，全市外贸进出口总值9117.2亿元，比上年增长7.4%，占全省进出口总值比重27.4%。其中，出口5361.1亿元，增长9.0%；进口3756.1亿元，增长5.1%。民营企业活力较强，全年民营进出口6366.1亿元，增长11.6%，占全市进出口总值比重69.8%，占比提升2.6个百分点；对新兴市场进出口增长明显，全年对“一带一路”沿线国家、上合组织其他成员国、RCEP其他成员国进出口分别增长21.0%、20.1%和11.4%。

8. 居民收入稳步增长，物价水平保持在合理区间。2022年，全市全体居民人均可支配收入53735元，比上年增长4.9%。按常住地分，城镇居民人均可支配收入62584元，增长3.9%；农村居民人均可支配收入27701元，增长6.0%。城乡收入比为2.26，比上年同期缩小0.05。从收入来源看，全体居民人均工资性收入、经营净收入、财产净收入、转移净收入分别增长4.7%、3.9%、3.0%、8.6%。消费价格运行在合理区间，全市居民消费价格（CPI）比上年上涨2.0%。分类别看，食品烟酒价格上涨3.0%，衣着价格上涨0.8%，居住价格上涨0.8%，生活用品及服务价格上涨1.4%，交通通信价格上涨5.8%，教育文化娱乐价格上涨0.3%，医疗保健价格上涨0.7%，其他用品及服务价格上涨1.5%。

（二）需要关注的问题

总体来看，2022年全市经济顶住压力、负重前行，总体运行在合理区间，稳的态势进一步夯实，新动能不断培育，高质量发展的力量在集聚，发展的含金量在提高，但经济运行中仍然存在不少困难和挑战。

1. 市场经济主体活力有待进一步激活。一是居民消费倾向有待提高。随着疫情管控措施放开，居民消费水平有望回升，但需关注疫情对消费产生的“疤痕效应”，居民预防性储蓄上升，消费倾向下降。2022年末，全市居民存款余额同比增长21.07%，其中定期存款增速更是高达34.54%，居民存款呈现超常规增长态势。二是企业扩大生产意愿不足。2022年，疫情持续反复冲击，产业链供应链运行不畅，生产经营活动受阻，新动能接续不够，企业生产经营偏谨慎。2022年末，企业用于支付结算等日常经营使用的活期存款仅增长 3.35%，而用于理财生息的定期存款增速则高达 38.98%，应采取措施调动企业生产积极性。

2. 工业整体盈利水平不高，利润率偏低。分行业看，在全市 35 个工业大类行业中，31 个行业盈利，4 个行业亏损。在盈利行业中，仅有 11 个行业利润总额同比增长或扭亏为盈，其余 20 个行业下降；在亏损行业中，仅有 1 个行业减亏。2022 年，化学原料和化学制品制造业等 10 个行业利润大幅下降，降幅均在 30% 以上。2022 年末，全市规模以上工业企业每百元营业收入中的费用为 9.6 元，高于全国平均水平 1.4 元；营业收入利润率 4.3%，低于全国 1.8 个百分点。

3. 外需增长面临较大压力。当前，外部环境更趋复杂严峻，海外通胀高位运行，全球经济下行压力加大，给我国经济带来的影响加深，外需增长压力加大。外贸进出口额增速较前三个季度回落 0.7 个百分点，低于全省 6.7 个百分点，其中出口低于全省 6.9 个百分点，主要是集装箱和家电出口分别下降 26.5% 和 9%。进口低于全省 6.2 个百分点，主要是机电产品、铁矿砂分别下降 10.5% 和 50.4%。

4. 地方政府平台企业债务问题值得关注。青岛市地方政府平台企业及其子公司在非标融资、银行贷款、承兑汇票等债务方面已经出现风险苗头，部分平台企业因承兑汇票逾期被上海票交所列入最新一期的承兑人逾期名单，也有部分平台企业出现信托计划本息逾期。若承兑汇票、信托计划持续逾期，相关企业商票承兑、银票出票、承兑票据贴现、质押、保证以及发债等业务会受到较大影响，面临较大的再融资压力，流动性紧张将进一步加剧。

二、金融业运行

2022 年，全市实现金融业增加值 990.88 亿元，同比增长 6.9%，高于 GDP 增速 3 个百分点，金融业增加值占 GDP 的比重为 6.6%，与上年持平。全年金融业实现税收 225.3 亿元，同比减少 1.4%，金融业占全市税收比重为 13.3%，较上年提高 1.8 个百分点。

（一）银行业

2022 年末，青岛市银行业金融机构共有 71 家，其中银行机构 58 家，包括开发性金融机构 1 家，政策性银行 2 家，国有大型商业银行 6 家，股份制商业银行 12 家，城市商业银行 8 家，农村商业银行 4 家，村镇银行 8 家，外资银行 17 家；非银行业金融机构 13 家，包括金融资产管理公司 1 家，信托公司 1 家，金融租赁公司 1 家，企业集团财务公司 6 家，消费金融公司 1 家，理财公司 3 家。2022 年新设立 1 家理财子公司（恒丰理财子公司）。

1. 银行业运行和发展情况

2022 年末，辖区银行业贷款余额 2.7 万亿元，比年初增加 2753 亿元，同比增速 11.4%，比全省低 0.3 个百分点；存款余额 2.39 万亿元，比年初增加 2750 亿元，同比增速 13%，比全省高 1.1 个百分点。不良贷款余额 322 亿元，比年初增加 59 亿元；不良率 1.19%，比年初上升 0.11 个百分点，比全省和全国分别低 0.08 个和 0.52 个百分点。全年实现净利润 297 亿元，比上年增加 9 亿元。

（1）存款增量创近 5 年新高。在疫情限制消费、理财资金回流、购房需求降低等因素作用下，年内存款同比多增 1016 亿元，增量创近 5 年新高，增速较年初提高 4.1 个百分点。从存款主体看，单位存款比年初增加 748 亿元，同比增速 6.4%；个人存款增加 1937 亿元，同比增速 21.1%，个人存款增长明显快于单位存款。从业务品种看，单位定期存款、个人定期存款较年初分别增加518.8亿元、1481.8亿元，同比增速分别为20.1%、25.6%，分别高出各项存款平均增速7.1个、12.6个百分点，存款定期化趋势明显。

（2）贷款增速创近5年新低。受疫情影响实体需求、房地产市场萧条、互联网贷款监管政策收紧等因素制约，年内贷款增速明显下降，同比少增336亿元，增速比2021年降低3.2个百分点，创近5年新低。从业务品种看，短期贷款增加482亿元，增速9.6%；中长期贷款增加1766亿元，增速10.6%；贴现及转贴现增加317亿元，增速26.6%；贸易融资增加70亿元，增速6.5%。

（3）资产质量下迁压力不减。年内新暴露不良贷款286亿元，比上年增加60亿元；由正常类贷款下迁为关注类贷款金额为112亿元，比上年增加4亿元；逾期贷款余额357亿元，比年初增加69亿元，逾期60天以上的贷款中仍有10.5亿元尚未划入不良，上述情况均反映出资产质量仍面临较大下迁压力。

（4）利润受利差缩小影响较大。年内实现账面利润总额（税前拨备后）342亿元，比上年增加6亿元，增速为1.9%，比上年下降1.6个百分点，明显低于存贷款增长速度。利润增长低主要是由于机构间存贷款竞争进一步加剧，存贷款净利差持续缩小。年内平均存款利率1.88%，比上年上升6个基点；平均贷款利率5.15%，比上年下降19个基点；存贷款净利差3.27%，较上年下降24个基点，利差缩小影响利息净收入约55亿元。

2. 需要关注的问题

（1）信用风险管控面临压力。部分企业前期经营已发生恶化，只能通过多次办理延期还本付息避免资产质量恶化，随着相关支持政策到期退出，相关贷款真实风险将陆续释放，资产质量存在进一步下迁压力。部分大额风险企业处置难度大、进展缓慢，化险进程以及协调推进情况需持续关注。疫情对资产质量的影响仍处于释放阶段，资产质量劣变压力加大。

（2）村镇银行抗风险冲击能力下滑较大。近三年，青岛市8家村镇银行不良贷款连续增长，2020—2022年不良贷款合计分别为1.28亿元、1.86亿元和2.63亿元，同比分别增长73.8%、46.02%和41.03%，远超同期贷款增速。2022年末，8家村镇银行不良资产率2.9%，较全市银行业金融机构高出1.7个百分点。受业务增长放缓、资产质量不断下降等因素影响，银行盈利减少，资产抵补能力与资本充足水平下降。2022年，8家村镇银行净利润-784万元，同比降低124.17%；拨备覆盖率165.84%，较上年末降低36.88个百分点；资本充足率17.45%，较上年末下降2.46个百分点。

（3）合规管理有待进一步加强。在合规理念方面，部分机构风险合规文化建设严重滞后于风险形势需要，内控要求常常为业务发展让路。在内控制度方面，部分机构内控制度尚未全面覆盖各类业务、各个层级、各个岗位，制度执行不严格、贷款“三查”不严等问题屡禁不止。在人员管理方面，轮岗和强制休假制度落实、员工异常行为管理等仍有不少漏洞。

（4）房地产市场恢复情况不及预期。当前房地产市场预期尚不稳定，对政策反应偏弱，下行压力较大。2022年全市个人住房贷款新增97亿元，同比少增491亿元。12月，个人住房贷款增加4亿元，结束了连续4个月的净下降趋势，房地产市场有一定回暖。但从历史数据来看，个人住房贷款月度增量平均在50亿元左右，当前增量明显偏低。房地产市场恢复缓慢，需关注其对地方财政、金融体系产生的“溢出效应”。

（5）声誉风险管理难度日益增大。辖区声誉事件呈现点状频发态势，但总体热度相对较低，未形成明显的"由点及面"全网大规模传播和舆论跟风热议情况。但近两年来，房贷"断贷""提前还贷"事件、村镇银行事件等全国性声誉事件对辖区银行业的声誉风险状况影响较大。辖区部分机构存在监测报告不及时、应对处置能力不强、声誉风险管理工作基础薄弱等问题。有的一味寻求"删堵封"的策略，未开展有效引导，不能从根本上解决隐患，引起舆情反复；有的对声誉事件反应迟缓，延误应对时机；有的舆情应对观念不科学，盲目采取"不作为"的策略，影响舆情应对质效。

（二）证券期货业

2022 年末，青岛共有证券基金期货经营机构 230 家。其中，证券公司 2 家，公募基金管理公司 1 家，期货公司 1 家，证券投资咨询公司 1 家，独立基金销售机构 3 家；证券分公司 39 家，证券营业部 123 家；证券投资咨询分公司 5 家；公募基金分公司 4 家；期货分公司 27 家，期货营业部 24 家。

1. 证券期货业运行与发展情况

（1）企业上市挂牌跑出"加速度"。2022 年，新增上市及过会企业 12 家，境内上市公司达 65 家，居省内第 1 位、北方城市第 3 位；拟上市公司 33 家，其中待发行/注册公司 4 家，在审公司 9 家，辅导备案公司 20 家；新三板挂牌公司 65 家；青岛蓝海股权交易中心挂牌企业 2133 家，全国排名第 6 位。2022 年前三季度，青岛境内上市公司营业收入和净利润总额增速均超过 10%。在近期已发布 2022 年度业绩预告的 27 家公司中，17 家预计盈利，9 家预计净利润涨幅超 50%，筑牢实体经济"基本盘"。

（2）直接融资规模实现"新突破"。2022 年，青岛境内资本市场直接融资 754. 11 亿元，其中股权融资 135. 94 亿元，债券融资 618. 17 亿元。青岛市首单创新创业公司债券发行。青岛水务集团海水淡化与污水处理 REITs 项目申报国家发展和改革委员会。股权创投机构投资青岛企业 588 家，投资规模 955 亿元。12 家上市公司并购重组 44. 14 亿元，10 家公司推出股权激励及员工持股计划，1 家公司推进分拆上市，资本运作更加活跃。

（3）稳步推进股票发行注册制改革。积极做好全市场注册制的政策宣传和正向引导，不断凝聚改革共识，扎实开展首发企业辅导监管，落实常态化退市机制安排，深入开展上市公司治理专项行动，推动上市公司规范治理，完善优胜劣汰、进退有序的市场生态。

2. 需要关注的问题

（1）资本市场发展尚不充分。目前，青岛市上市公司家数相较其他计划单列市仍有不小差距，且缺乏行业龙头企业，创新引领示范效应不足。兴华基金、港信期货、联储证券等多家具有示范意义的法人机构加速在青聚集，行业业态基本完善，但新设立的法人机构如何在激烈的行业竞争中打好基础、立住脚跟，已有发展基础的法人机构如何发挥示范和聚集效应、提高财富管理影响力，所有分支机构如何破局同质化发展、实现差异化发展，这些问题的解决尚需深入探索。

（2）重点领域风险防范化解工作任务依然繁重。通过全市上下共同努力，青岛资本市场风险持续收敛，总体可测可控。但全国其他省市面临的私募基金、地方交易场所、交易所债券等重点领域风险在青岛辖区内仍不同程度存在。辖区尚有部分风险私募机构，需进一步发挥好青岛市私募投资基金风险防范处置机制作用，扎实推进分类整治；金交所债权类业务存量尚未清零，"伪金交所"存在风险隐患，需进一步压实责任，摸清风险底数；年内到期交易所债券规模创历史新高，需紧盯弱资质区市和大体量发行人，督促按时完成兑付。

（三）保险业

2022年末，青岛共有保险机构70家，其中，法人保险机构1家（中路财险），政策性保险机构1家（出口信保），财产保险分支机构34家，人身保险分支机构34家，2022年新设立2家人身险分支机构（英大人寿青岛分公司、交银人寿青岛分公司）。

1. 保险业运行与发展情况

（1）保费收入保持较快增长。2022年，辖区各保险公司累计实现保费收入502亿元，同比增长8.8%，增速高于全省（3.2%）和全国（4.6%），较2021年同期提升2.6个百分点。在15个副省级城市中，保费规模排名第9位，增速排名第4位。在财产险公司方面，全年实现保费收入170亿元，同比增长8.5%，增速低于全省（8.7%）和全国（9.5%）；在人身险公司方面，全年实现保费收入333亿元，同比增长9%，增速高于全省（0.8%）和全国（2.8%）。

（2）财产险发展情况。一是保费规模稳步增长。2022年青岛财险行业实现保费收入171.35亿元，同比增长8.36%。其中，车险保费收入91.24亿元，同比增长5.51%；非车险保费收入68.94亿元，同比增长12.37%。二是费用结构持续优化。2022年青岛财险公司综合费用率较上年同期下降3.64个百分点至22.44%，业务及管理费下降3.44个百分点至19.73%，手续费下降1.35个百分点至9.40%，实现“费用三降”。三是盈利能力大幅提升。2022年青岛财险公司实现净利润4.56亿元，较上年同期多盈利1.92亿元。

（3）人身险发展情况。一是调整转型特点较为明显。近年来，辖区个人代理渠道持续清理虚弱人力、提升队伍质量，代理人规模压缩至49636人，同比减少28.65%。同时，主要归属个人代理渠道的支公司以下分支机构布局进一步精简优化，2022年共撤销弱体和“僵尸”机构24家。二是服务民生保障方面进一步扩面提质。5家共保体公司对“琴岛e保”产品保障方案进行持续优化，进一步下调起付线，降低理赔门槛。截至2022年底，该项目累计承保近400万人，提供了16.63万人次、1.72亿元保险赔付，个人累计最高赔付金额达60万元。城乡居民大病保险、长期护理保险业务为899万名市民提供优质保险保障服务。2022年，大病保险赔付47.49万人次，赔付金额7.01亿元；长期护理保险赔付21.54万人次，赔付金额6.02亿元。第三支柱养老保险试点顺利落地，辖区专属商业养老保险累计承保1508件，覆盖政企员工、灵活就业人员以及新市民等群体，保费收入2123万元。

2. 需要关注的问题

（1）保险业聚集效应未能充分显现。目前，青岛市法人保险公司仅有1家中路财产保险股份有限公司，盈利能力较弱，行业聚集效应以及对上下游产业链的带动作用不明显，也不利于高层次金融人才的引进和培养。在政府统计中，保险公司分支机构不纳入当地经济统计，尽管保费规模较大，但是对青岛市GDP的贡献度偏低。

（2）市场乱象仍不同程度存在。虽然近年来人身险行业整体合规管理水平有了一定提高，但销售误导、给付合同外利益等行为仍然比较突出，财务业务数据不真实、销售可回溯管理不规范等情况仍然不同程度存在。2022年，青岛辖区人身险公司上报业外涉刑案件2起、案件风险事件7起。其中，代理人利用自身从业经历实施诈骗、引诱原保险客户或社会公众参与非法集资的问题比较集中，行业销售人员素质提升和风险管控仍然任重道远。

（3）部分中小机构车险转型困难。部分机构忽视自主渠道搭建，长期依靠投放车船税奖补资金来收揽业务，难以适应当前严监管的市场环境。如果不及时完成渠道转型，预计相关机构后续仍将面临车险经营困局。

三、金融基础设施建设

（一）金融消费者权益保护工作进一步深化

银行保险消保乱象整治取得实效。坚持发扬斗争精神，围绕消费者适当性、营销宣传、承保、理赔等10个方面39类问题，分3个阶段开展为期9个月的专项整治。自专项整治行动开展以来，共自查发现问题813个，涉及业务10437笔，金额1.61亿元，整改完成率99%，清退赔付消费者6602万元。通过综合施策和全辖共同努力，溯源治理成效逐步显现，投诉居高不下态势得到有效遏制。从投诉对象看，大型银行、农村中小金融机构、外资银行投诉同比下降均超过50%，股份制商业银行、财产保险公司投诉下降约30%。

银行领域违规收费问题得到改善。聚焦“减轻企业负担”目标，重点覆盖与国计民生密切相关的制造业、受疫情影响较大的服务行业等领域，围绕服务价格管理、与信贷融资相关收费事项等4个方面明确25项整治要点。按照“横向到边，纵向到底”的工作要求，开展现场动员督导14次。共发现问题80个，涉及企业814户，涉及不当收费206万元，问题整改率98%，清退费用187万元，实施内部纪律处分、经济处罚26人次。矛盾纠纷多元化解体系日益健全。2022年累计调解案件928件，调解成功613件，签订协议金额1.1亿元。综合调解成功率达到69.11%，为行业消费纠纷化解工作作出突出贡献。

（二）账户管理与支付结算体系平稳高效运行

做深做实“反诈打赌”资金链治理，进一步压实各机构风险防控主体责任。首次实施“4+58”金融机构账户风险管理评估，逐行、逐项分解落实责任。开展多维度风险排查，2022年累计倒查涉案账户102批次、2540个；排查存量账户1140万个，11.63万个账户经核实确认可疑，分类采取限制非柜面业务、不收不付等管控措施；联合公安成立区域性反诈联盟15个，组织10家银行入驻市反诈中心，配合止付冻结涉案账户3万余个、嫌疑资金10亿余元；堵截异常开户631个，协助侦案1391起，抓获犯罪嫌疑人1697名。围绕落实“优化营商环境”“六稳”“六保”，持续提升账户服务便利度。在全省率先实现电子营业执照、电子印章与银行账户服务高度融合应用，全市近90%的银行网点支持电子营业执照开户核验，2家银行137个网点首批参与电子印章开户应用试点，证照审核效率提高57%，开户时长缩短20%。审慎支付机构监管，规范透明开展执法检查，妥善处置支付领域投诉举报。建立人民银行、清算机构和备付金银行“三位一体”备付金监督管理机制，同时推动支付手续费12项减免措施全面落地实施。

（三）征信服务和管理水平有效提升

加强自助查询服务推广与管理。在全市布设58个商业银行个人征信自助查询网点，为市民提供自助查询62.3万次；积极推进商业银行企业征信自助查询模式。目前已开通工商银行、农业银行等13家商业银行网银查询权限。持续推进青岛市信用综合服务平台完善信息采集共享机制，优化征信产品与服务，2022 年为 4679 户企业累计发放贷款 644.2 亿元，该项工作走在全省前列。多渠道拓展动产权利融资，全年通过动产融资公示系统累计完成登记 4.9 万笔，通过应收账款平台促成融资 224.6 亿元，对 510 家企业减免登记费用 57.2 万元，帮助企业减负纾困。

（四）稳步推进反洗钱风险为本监管转型

积极落实中国人民银行、公安部等联合开展的《打击治理洗钱违法犯罪三年行动计划（2022—2024 年）》，加强公安、检察、法院等部门合作，建立案件信息共享、案情疑点共商的常态化协作模式。联合市级司法机关对辖区各区（市）在办、在诉洗钱案件开展会商，为基层办案单位侦办洗钱案件提供专业指导，推动全市首例走私野生动物洗钱罪审查起诉。综合运用监管走访、培训等方式，督促金融机构不断提升可疑交易报告质量，关注异常资金流动带来的风险点，有效发挥金融机构洗钱风险预警防范作用，降低金融体系被不法分子利用的风险。2022 年向公安机关移送线索 32 起，涉及交易 584.72 亿元。

（五）反假币与现金管理进一步加强

筑牢假币堵截防线，稳步推进货币鉴定体系建设。督促辖内金融机构升级防伪机具，2022 年金融机构收缴假人民币 16717 张，合计金额 136.8 万元，同比分别下降 19.7% 和 24.24%。加强现金库存管理，保障全市现金供应安全。科学开展分析预测，有序组织发行基金调拨充实发行库各券别库存，提升现金供应能力，组织金融机构按计划进行现金投放、回笼以满足社会现金供需，制定重大传染性疾病事件下对外现金服务保障预案，并开展模拟演练。2022 年发行基金投放 315.07 亿元，同比减少 1.48%；回笼 146.86 亿元，同比减少 38.89%；净投放 168.21 亿元，同比增加 111.64%。多形式开展虚拟货币知识宣传，引导市民树立正确的货币观念和投资理念，自觉远离各类非法金融活动。

四、总体评估与政策建议

（一）总体评估

参照人民银行上海总部定量评估方案，采用专家调查法、层次分析法等技术方法，对青岛市金融稳定状况进行了综合评估。评估结果显示，青岛市金融稳定状况良好。宏观经济层面，2022 年全市经济顶住压力、负重前行，经济总体运行在合理区间。金融机构层面，银行业资产负债规模稳步增长，风险抵御能力稳步提升，不良率保持低位运行，金融服务实体经济质效进一步提升，证券业和保险业运行平稳，金融基础设施不断完善。但仍有一些问题需引起关注，如受国内经济下行叠加外需急剧减少、新冠肺炎疫情反复等因素影响，内部产业结构和产业基础还存在“短板”弱项，重点领域风险防范化解工作任务依然繁重，资本市场发展有待完善，金融服务实体经济能力仍需进一步提升。

（二）政策建议

1. 全力以赴支持经济高质量发展。以“稳总量、优结构、降成本”为抓手，全面提升金融服务实体经济高质量发展质效。在稳总量方面，一是强化政策引领。出台金融服务全市经济高质量发展

“质效巩固提升年”活动实施方案，指导银行机构加大信贷投放。二是加强法人信贷调控。强化“日调度、旬督导、月分析”，加强对重点法人机构“一对一”窗口指导，同时充分用好再贷款、再贴现等货币政策工具和MPA评估结果，强化对法人机构的激励约束，推动补充资本和发行专项金融债，争取法人贷款实现较大增长。在优结构方面，一是加大对普惠小微的金融支持。深入推进小微企业金融服务敢贷、愿贷、能贷、会贷长效机制建设，力争实现普惠小微贷款增量不低于上年水平。扎实推进“首贷、信用贷”服务中心建设，引导金融资源直达普惠小微市场主体。二是聚焦“制造业、科技、乡村振兴、绿色”四大领域，加强信贷支持。优化“白名单”企业金融服务，动态优化完善24条重点产业链、科技型企业和“专精特新”中小企业、绿色发展领域和碳减排领域、新型农业经营主体等各类企业“白名单”，完善银行常态化走访对接机制，提升金融服务水平。持续打造重点领域特色工作品牌，出台金融支持制造业发展专项政策，联合市工信局开展制造业金企对接活动；推动科技金融投（保）贷增量扩面，探索科技特色支行建设新模式。在降成本方面，一是在贷款端，督促金融机构继续发挥好贷款市场报价利率（LPR）改革成效，巩固实际贷款利率下降成果。二是在存款端，强化利率自律管理，严格规范各类存款创新产品，加大对金融机构存款违规定价行为的监督管理，为金融系统向实体经济让利营造良好利率环境。

2. 毫不放松防范化解金融风险。继续按照“稳定大局、统筹协调、分类施策、精准拆弹”的基本方针，抓好风险处置工作。摸清风险底数，定期开展风险客户及风险业务摸排，全面掌握重点风险业务，严防大额信贷风险积聚。要求银行机构做实资产分类，严格落实金融资产风险分类办法，从严认定重组贷款，不得以非洁净转让、违规出表、调整计息方式、频繁展期或借新还旧等形式掩盖不良贷款。积极争取总行（或股东）支持，加大不良贷款处置力度。防控新增不良贷款风险，夯实贷款“三查”工作基础，加强客户风险评估，做好统一授信，从源头防范新增不良。认真开展气候风险、传染性风险等压力测试，警惕重点行业、重点领域潜在风险。实现存款保险宣传的制度化、规范化、常态化，切实防范挤兑风险事件。加强债务融资工具全周期管理和风险监测，做好企业债务融资工具注册前报告、企业重要财务指标定期报告和重大事项实时报告制度。加强地方金融监管协调，厘清地方金融监管部门的职责边界和各部门责任，稳妥处置金融风险，营造良好金融生态。严防舆情和案件风险，健全应急管理工作。

3. 加强金融基础设施建设，优化金融生态环境。统筹做好优化服务和风险防控，持续提升账户服务便利度和安全性。切实践行“支付为民”，深入推进农村支付环境建设，以优质的农村支付环境大力推动发展地方新型农业经营主体和社会化服务，持续提升支付服务实体经济及民生保障质效。持续推进金融消费者权益保护工作，确保信访投诉等纠纷解决渠道的畅通，落实首办主体责任，积极回应消费者关切，防止问题积累、矛盾激化。强化反洗钱“穿透式”监管，综合运用监管走访、培训等方式，督促金融机构不断提升可疑交易报告质量，关注异常资金流动带来的风险点，有效发挥金融机构洗钱风险预警防范作用，降低金融体系被不法分子利用的风险。扎实推进反假货币和现金管理工作，加强现金供应保障体系建设，提高金融机构应对各类风险事件的处置能力，同时加强对金融机构反假货币培训、假币收缴监测以及关注类假币分析等管理，建立反假货币网格化管理机制，督促落实好假币收缴制度，切断假币流通路径。推进金融业数字化转型，建立适应数字化建设的组织架构、激励机制、运营模式和风控体系，稳妥发展数字信贷与线上保险，合理运用互联网、区块链、大数据、云计算、人工智能等技术手段，拓展金融数字化经营生态场景。

中国人民银行青岛市中心支行金融稳定分析小组

组　　　　长：张文武
副　组　长：顾延善
成　　　　员：杨培和　于　兵　郝龙敬　孙利大　万利华　于洪平
鞠正忠　高　翔　于　海　代　靖　岳隆庆

《青岛市金融稳定报告（2023）》编写组

总　　　　纂：顾延善
统　　　　稿：杨培和　王　峰
执　　　　笔：吴　晗
参与写作人员：赵映光　王冉冉　翟泉明　孙恺男　王　晶　路　娟
郑云雪　阮佳佳　段　超　刘培鑫

宁波市金融稳定报告摘要

2022年，宁波地方经济承压、增长放缓，金融业运行稳健，服务实体经济能力不断提升，普惠金融改革试验区建设继续深化，区域金融生态持续优化，信用风险处于低位。根据定性和定量评估，2022年辖区金融总体稳定，个别领域出现风险抬头苗头但可控。

一、区域经济运行与金融稳定

（一）经济运行概况

地区经济增长放缓。2022年，宁波市实现地区生产总值15704.3亿元，按可比价计算，同比增长3.5%，增速虽较前两年平均值低2.2个百分点，但分别高于全国、全省0.5个和0.4个百分点（见图1）。分产业看，第一、第二、第三产业分别实现增加值382.0亿元、7413.5亿元和7908.8亿元，同比分别增长4.1%、3.2%和3.8%，三次产业增加值之比为2.4:47.2:50.4。按2022年末常住人口961.8万人计算，全市人均地区生产总值16.3万元，同比增长5.84%。

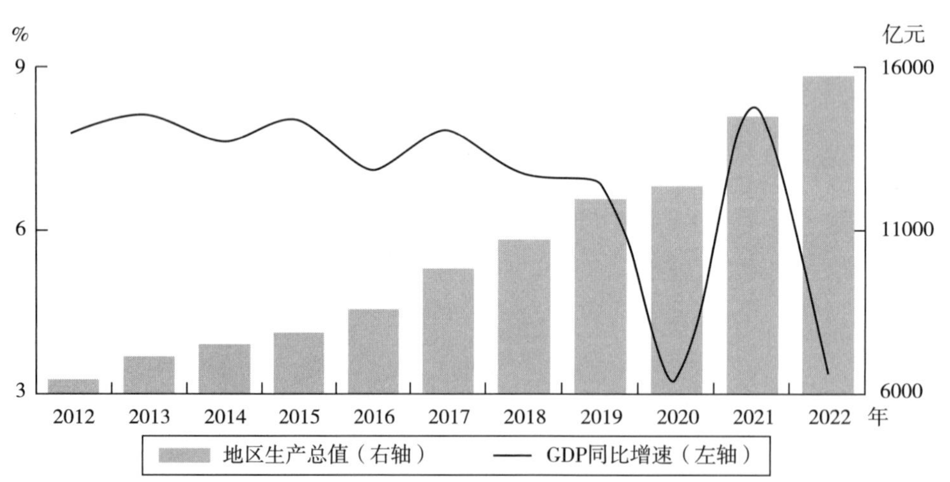

图1　2012年以来宁波市地区生产总值增长走势

工业经济指标回落。2022年，宁波市工业增加值6681.7亿元，同比增长3.3%，较上年同期回落7.7个百分点，其中规模以上工业增加值同比增长3.8%，较上年同期回落7.2个百分点。规模以上工业企业实现销售产值、利润总额同比分别增长6.6%、下降18.2%，较上年同期分别回落15.0个、28.4个百分点。

投资消费增长平稳，外贸增速回落明显。2022年，宁波市固定资产投资同比增长10.4%，高出全省 1.3 个百分点，其中基础设施、制造业投资同比分别增长 14.1%、14.8%。社会消费品零售总额同比增长 5.3%，高出全省 1.0 个百分点，其中新能源车销售增长 80.3%。进出口总额同比增长 6.3%，较上年同期回落 15.3 个百分点，低于全省 6.8 个百分点，其中出口、进口同比分别增长 8.0%、3.4%。

财政减收增支，居民增收放缓。2022 年，宁波市一般公共预算财政收入、支出分别为 1680.2 亿元、2187.8 亿元，同比分别下降 2.5%、增长 12.5%。居民人均可支配收入同比名义增长 4.5%，较前两年平均增速低 2.6 个百分点，其中城镇居民、农村居民分别增长 3.8%、5.9%。

消费价格稳定，生产价格回落。2022 年，宁波市区居民消费价格指数（CPI）同比上涨 2.3%，比上年提高 0.2 个百分点。生产者出厂价格指数（PPI）上涨 5.3%，购进价格指数（IPI）上涨 10.8%，较上年分别回落 3.2 个和 10.4 个百分点。

房地产市场低位运行，新房量跌价增、二手房量价齐跌。2022 年，宁波市新建商品住宅成交面积同比减少 49.4%，较上年回落 33.7 个百分点，12 月新建商品住宅价格指数同比上涨 1.8%。二手住宅成交面积同比减少 24.3%，较上年回升 5.7 个百分点，12 月二手住宅价格指数同比下降 1.6%。

（二）区域经济运行中影响金融稳定的不利因素

2022 年，地缘危机、能源断供、大宗商品价格波动、美联储快速加息等因素叠加，全球通货膨胀高企、经济减速，同时东南亚产能快速恢复、海外大型商超库存较充足，外贸“订单困境”凸显；进口入关速度减慢，货款账期延长，外贸经济增速大幅放缓，外贸依存度（进出口总额/地区生产总值）为 80.7%，较上年回落 1 个百分点，2022 年地方经济增速不如上年。12 月，随着疫情防控政策调整，疫情快速过峰，其扰动因素影响弱化，全市超六成企业认为中长期构成利好，企业用工、投资需求总体小幅上升。但经济下行压力未见减弱，经济回升及可持续增长的基础并不牢固。一是外需持续疲弱，美国全面遏制影响加深。2022 年第四季度以来，外需急转而下，对外向型经济的拉动进一步弱化，甚至可能形成拖累；该季度出口订单预期指数 43.2%，为近 36 个季度以来最低，出口企业应外商要求将生产转移至东南亚。二是消费提升空间不大。疫情三年城镇居民收入平均增速较疫情前三年平均降低 1.8 个百分点，其中工资性收入增速降低 2.1 个百分点。2022 年全市个人存款大幅增长，同比增长 25.0%，主要是中高收入群体投资风险偏好降低；叠加存款期限加长，超额储蓄用于消费的可能性较低。三是投资对经济增长边际贡献减弱。在内外需疲软、国内消费动能不足的背景下，2022 年宁波市地方经济增长对投资的依赖加大，全年安排项目 420 个、总投资 1.11 万亿元，同比分别增长 8.8%、14.2%，基础设施投资同比增长 14.1%，但投资对 GDP 增长拉动有限，且边际贡献逐步减弱。

二、金融业与金融稳定

截至 2022 年末，宁波市共有各类金融机构 386 家，其中银行业 66 家，证券期货业 255 家，保险业 65 家；地方金融组织 174 家。2022 年，地区社会融资规模新增 5668.0 亿元，同比多增 146.4 亿元。

（一）银行业运行状况

银行业机构数量略增。截至 2022 年末，宁波市共有银行业机构 66 家，同比增加 1 家，其中地方法人银行24家（包括城商行3家，农商行8家，农信联社1家，村镇银行12家），市级分支机构38家（新增外资银行分支机构1家），信托机构1家，集团财务公司1家，金融租赁公司2家。

存贷款提速带动资产负债较快增长。截至2022年末，宁波市银行业资产总额4.64万亿元，同比增长14.9%，其中各项贷款余额3.30万亿元，同比增长13.6%。负债总额4.38万亿元，同比增长15.2%，其中各项存款余额3.13万亿元，同比增长15.0%。

信贷加大对稳经济重点领域支持力度。2022年末，全市普惠小微贷款余额4910.1亿元，较年初新增1236.3亿元，同比多增254.9亿元；同比增长33.7%，高出全部贷款增速20.1个百分点。制造业贷款余额5931.3亿元，同比增长16.0%，其中制造业中长期贷款占全部制造业贷款比重41.7%，占比较上年同期提高8.4个百分点。涉农贷款余额8691.3亿元，较年初新增1224.4亿元，同比增长16.4%，同比多增298.7亿元。全年累计发放碳减排贷款82.5亿元，支持项目276个；绿色贷款余额3079.5亿元，比年初增加940.5亿元，余额同比增长44.0%；商标权、专利权知识产权质押融资“甬知E贷”余额48.5亿元，增长81.4%。

企业贷款利率稳中趋降。2022年，全市新发放企业贷款利率4.27%，较年初下降0.33个百分点，其中小微企业贷款加权平均利率4.35%，较年初下降0.58个百分点，对实体经济减费让利成效稳固。

不良率降至历史最低。2022年，宁波市银行业金融机构不良贷款余额213.9亿元，比年初减少69.2亿元、下降24.4%；不良贷款率0.65%，比年初下降0.32个百分点，创历史新低（见图2）。各项资产减值损失准备余额933.5亿元，同比增长3.2%，风险抵御能力较强。

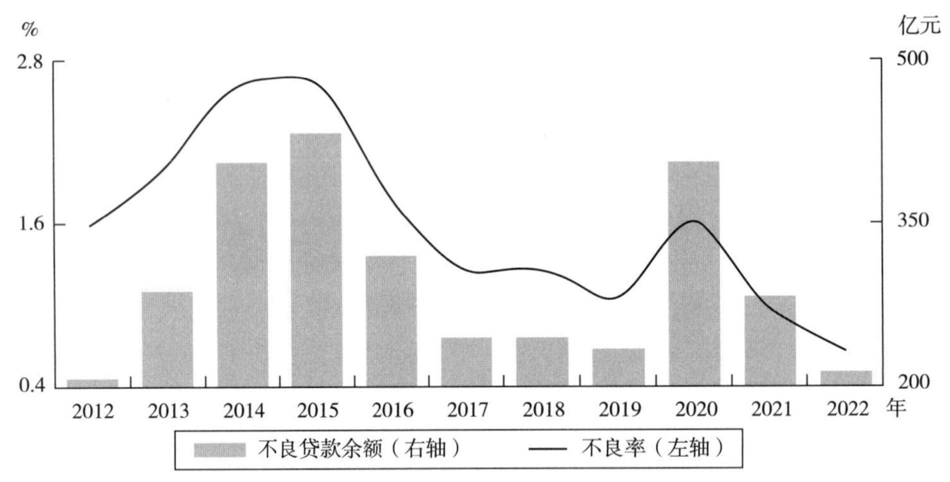

图2　2012年以来宁波市不良贷款余额与不良率走势

法人银行运行基本稳健。2022年，宁波市法人银行央行评级均在7级（含）以上，无高风险机构。截至年末，24家法人银行资产总额3.04万亿元，同比增长15.7%；负债总额2.81万亿元，同比增长16.1%；资本利润率、资产利润率分别为12.37%、0.93%；资本充足水平略有下降，法人银行的核心一级资本充足率、一级资本充足率和资本充足率分别为9.90%、10.89%和14.97%，较上年末分别下降0.47个、0.48个和0.06个百分点，但仍分别高出监管标准2.40个、2.39个和4.47个百分点。

（二）证券期货业运行状况

证券期货业机构数量同比略增。截至2022年末，宁波市共有证券期货业机构255家，其中证券经营机构201家，同比增加1家；期货经营机构54家，同比增加1家。证券经营机构包括法人证券公司1家，证券分公司32家（同比增加3家），证券营业部167家（同比减少1家），证券投资咨询公司1家。期货经营机构包括法人期货公司1家，期货分公司13家，期货营业部40家（同比增加1家）。

资本市场融资规模略降。2022年，宁波市资本市场融资总额972.72亿元，同比减少2.5%，增速回落16.8个百分点。其中，公司债融资518.76亿元，同比减少9.1%；占比53.3%，较上年下降3.9个百分点。此外，上市公司定向增发（含股权激励）融资226.27亿元，同比增长147.8%；ABS、IPO分别融资77.16亿元、69.56亿元，全球存托凭证（GDR）融资21.53亿元。

证券交易趋冷，机构收入利润减少。2022年，宁波市证券交易成交总额12.0万亿元，同比减少2.7%。证券投资者开户数285.99万户，同比增加10.2%；客户保证金余额252.79亿元，同比增长3.0%。证券经营机构营业收入22.91亿元，同比减少22.3%；利润总额2.29亿元，同比减少72.6%。

期货交易活跃，收入利润减少。2022年，宁波市期货代理交易金额9.38万亿元，同比增长24.1%；代理交易量1.34亿手，同比增长17.9%。期货投资者开户数7.40万户，同比增长35.0%；客户保证金余额234.89亿元，同比增长101.1%。期货经营机构交易手续费收入3.10亿元，同比减少47.0%；利润总额0.418亿元，同比减少42.5%。

（三）保险业运行状况

保险业机构数量略有减少。截至2022年末，宁波市共有保险机构59家，同比减少1家，其中法人产险机构1家，市级及以上保险分支机构56家（包括产险30家、寿险25家，产险同比减少1家），保险资管公司1家，保险互助机构2家。

保费收入增速回升。2022年，宁波市保险机构原保费收入416.09亿元，同比增长10.9%，较上年提高9.4个百分点。保险深度2.64%，提高0.07个百分点；保险密度4326元/人，同比增长9.3%。分险种看，财产险保费收入190.65亿元，同比增长8.5%。其中，车险保费收入124.61亿元，同比增长8.3%；人身险保费收入225.45亿元，同比增长13.1%。

赔付支出增速回落。2022年，宁波市保险机构赔付支出163.42亿元，同比增长2.3%，较上年回落7个百分点。分险种看，财产险赔付支出117.72亿元，同比减少2.2%。其中，车险赔付支出84.86亿元，同比增长3.3%；人身险赔付支出45.69亿元，同比增长16.1%。

（四）主要地方金融组织运行状况

地方金融组织机构数量持续减少。2022年，宁波市共有地方金融组织174家，同比减少9家。其中，小额贷款公司33家（同比减少4家），融资担保公司33家，典当行73家（同比减少2家），融资租赁公司30家（同比减少3家），商业保理公司2家，金融资产管理公司1家，地方交易场所2家。

小贷业加快“汰劣”，不良率有所下降。截至2022年末，宁波市小额贷款公司贷款余额41.89

亿元，同比减少 21.7%；全年累计发放贷款 132.82 亿元，同比减少 3.5%，行业规模持续萎缩。逾期贷款余额 11.01 亿元，同比减少 39.0%；不良率 19.9%，较上年同期下降 5.7 个百分点，资产质量有所改善。

融资担保行业注册资本大增，担保实力显著提升。截至 2022 年末，融资担保公司注册资本总额 84.49 亿元，同比增长 58.8%。业务规模快速扩张，年末融资担保业务在保余额 527.11 亿元，同比增长 102.5%。

典当业务涉房比例仍较高，经营利润快速增长。截至 2022 年末，宁波市典当企业典当总额 77.53 亿元，同比增长 21.5%，其中房地产典当总额 40.39 亿元，占总额的 52.1%，同比回落 5.3 个百分点。逾期当金余额 1.31 亿元，同比增长 19.1%。净利润 0.30 亿元，同比翻两番。

（五）金融业运行中需要关注的问题

存贷息差收窄，银行利润压缩。自 2022 年以来，存贷利差进一步收窄，据调查年末辖区银行存贷款平均利差 2.26%，较 2021 年、2020 年分别下降 0.18 个、0.39 个百分点。相对大型国有银行和全国性股份制商业银行，辖区中小银行存贷利差空间更小，以农合机构为例，2022 年存贷款平均利差 1.87%，较 2021 年、2020 年分别下降 0.25 个、0.41 个百分点。部分中小银行贷款利率甚至在盈亏平衡点附近。此外，第四季度起个人按揭贷款作为高利资产，不断被经营贷、公积金贷款等低利资产替代，银行利润增长持续承压。2022 年辖区法人中小银行利润同比增长 14.3%，较上年回落 11.6 个百分点。

缺乏规模效应的金融机构面临经营风险。随着普惠金融不断深入，银行业务不断下沉，偏远、农村地区金融供给从匮乏转为过剩。村镇银行、小贷公司等缺乏规模效应的金融机构，规模小、成本高、风控差，同质化严重的业务被银行挤占，造成机构盈利能力弱，存在信用风险隐患。

部分跨市场业务风险仍需关注。一是股市、债市行情波动加剧，基金、理财产品收益超额下降，产品出现“破净”风险以及后续的挤兑风险。12 月末，宁波市法人机构理财产品平均破净率升至 29.79%，高出全国平均 9.86 个百分点。二是上市公司股权质押风险，银行传统上将公司股权质押作为授信增信措施，股权质押成为上市公司重要融资来源。2022 年末，辖内有 41 家上市公司大股东开展了股权质押融资业务，其中控股股东股权质押比例大于 70% 的有 8 家，同比减少 4 家，仅 1 家企业存在一定风险。

三、金融市场与金融稳定

2022 年，宁波市同业拆借、债券回购、现券交易、债券发行和外汇交易等金融市场业务健康发展，市场流动性充裕，利率走势平稳，新型债券品种不断出现。

（一）金融市场运行状况

同业拆借平稳增长。2022 年，宁波市法人金融机构完成同业拆借业务 5606 笔，同比增长 6.9%；交易金额 2.80 万亿元，同比增长 3.3%。其中，拆入交易 2.39 万亿元，同比增长 27.1%，占比为 85.4%；拆出交易 0.41 万亿元，同比减少 50.6%。

债券回购稳定增长。2022 年，宁波市法人金融机构参与债券回购交易 10.7 万笔；交易金额 33.6

万亿元，同比增长 7.7%；净回购融入资金 14.6 万亿元，同比增长 31.7%。

拆借和回购利率略有回落。2022 年，加权平均拆借利率 1.49%，同比回落 0.53 个百分点，其中加权平均拆出、拆入利率分别为 1.79%、1.44%。加权平均回购利率 1.75%，同比回落 0.16 个百分点，其中加权平均正回购、逆回购利率分别为 1.59%、2.15%。

现券交易较快增长。2022 年，全辖 19 家法人主体和多个资管账户累计交易现券 12.4 万笔，交易金额 7.13 万亿元，同比增长 17.5%。其中，同业存单为第一大交易品种，交易规模占比 31.62%，同比下降 2.15 个百分点；政策性金融债和国债交易占比分别为 29.64%、19.12%，同比分别提高 0.52 个、4.85 个百分点。

新型债务工具不断推出。2022 年，支持 6 家法人银行发行各类金融债券 13 笔，发行金额 708.5 亿元。支持 39 家非金融企业发行债务融资工具 123 笔，发行金额 610.4 亿元，同比减少 4.9%。监管部门审核通过辖区企业公司债 518.8 亿元，同比减少 9.1%。慈溪农商行发行首单农商行绿色金融债 3 亿元，宁波舟山港集团等 2 家物流运输企业发债融资 43 亿元，富邦控股、奥克斯发行两期民企债券融资支持工具项目 11 亿元，信用风险缓释凭证成交 10.22 亿元。

股权交易中心平稳运行。2022 年，宁波股权交易中心为 103 家企业提供 32.38 亿元融资服务。截至年末，该中心有 167 家挂牌公司，较年初减少 10 家；295 家托管公司，较年初减少 17 家；3143 家展示公司，较年初增加 436 家。

收支顺差出现下降。2022 年，宁波市跨境收支 2339.3 亿美元，顺差 584.3 亿美元，同比下降 1.3%，现 2016 年以来首降，增速大幅下降 37.3 个百分点。其中，货物贸易收支顺差 592.4 亿美元，同比增长 1.7%；服务贸易累计顺差 15.8 亿美元，同比下降 4.8%。银行代客结售汇顺差 457.3 亿美元，同比增长 2.1%，续创历史最高水平。其中，银行代客结汇 1046.7 亿美元，同比增长 7.3%；银行代客售汇 589.4 亿美元，同比增长 11.7%。

跨境人民币业务稳步增长。2022 年，全市跨境人民币结算量 2518.7 亿元，同比增长 37.9%。其中，经常项下跨境人民币结算量 1428.5 亿元，同比增长 51.3%；资本项下人民币跨境收付 1090.1 亿元，同比增长 23.7%，人民币已成为对外贸易投资的重要推动力。

（二）金融市场运行中需关注的问题

辖区金融市场保持健康稳健运行，但同时不规范情况仍存在，地方交易场所等存量风险需积极化解，2022 年已清退地方交易场所 1 家，并叫停某交易所“委托债权”业务。同时，辖内私募基金、第三方财富公司等整治仍在推进，风险尚未出清。

四、金融基础设施、金融生态与金融稳定

（一）金融基础设施持续完善

支付清算体系业务量减少，移动支付快速增量。2022 年，宁波市支付系统处理业务 4.65 亿笔，同比减少 24.6%；金额 105.82 万亿元，同比减少 0.7%。支付系统日均处理业务 127.43 万笔，同比减少 25.0%，清算资金 2899.20 亿元，同比减少 21.8%。全年“云闪付”App 新增绑卡用户数 71.45 万个，居全省第 1 位；已有移动支付示范商圈（街区）83 个，实现“云闪付”交易 416.62 万

笔、26.81 亿元，同比分别增长 278% 和 127%。

区域信用体系建设进一步完善。截至 2022 年末，宁波已建成个人自助查询代理点 147 个，较上年增加 12 个；个人自助查询机 169 台，企业自助查询机 2 台；全年共计查询 54 余万笔，台均超过 3000 笔。对 1466 家企业进行央行企业评级，其中 1445 家通过评级，评级通过率达 98.6%。

（二）金融生态持续改善

金融消费者权益保护落到实处。2022 年，宁波市“12363”暖心热线累计处理咨询 6632 件，同比增长 15.1%；处理各途径投诉 1108 件，同比增长 35.3%，办结率 100%。宁波市金融消费纠纷人民调解委员会全年受理调解 854 件，同比增长 1.5%；调解成功 625 件，同比增长 23.5%；涉及金额 8432 万元，完成司法确认 159 件。

反诈骗反假币反洗钱工作成效显著。2022 年，辖区银行柜面成功劝阻拦截电信诈骗案件 1042 起，同比增长 83.5%，累计挽回群众损失 2380 余万元，同比减少 12.3%。全年累计对公安机关认定的电信网络诈骗潜在受害人进行止损，涉及人员 2.2 万名，账户 2.9 万个，金额 5.1 亿元。全年共收缴假人民币 34944 张（枚），同比下降 46.7%，总面额 255.62 万元，同比下降 22.6%。反洗钱部门全年移送涉洗钱可疑线索 78 条，移送率同比增长 27%，协助破案 23 起，推动以“洗钱罪”宣判 7 起；截至 2022 年末，全市洗钱罪在侦 4 起、在诉 2 起、在审 6 起。

存款保险制度在辖区加速扎根。2022 年，宁波市开展存款保险宣传工作取得成效，全年各类线上、线下宣传活动分别覆盖 119.8 万、173.9 万人次；截至 2022 年末，2870 个社区/行政村开展了存款保险宣传，并建成存款保险宣传工作站 187 个，宣传覆盖率、建成率均达 100%；存保宣传嵌入银行业务流程已实现全覆盖。积极开展存款保险公众认知评估，收到评估样本 6289 份，从评估结果来看，公众对存款保险宣传效果总体评价较好，认可度达 72.5%。

（三）金融领域改革试点

宁波市普惠金融改革试验区建设深入推进。2022 年，迭代升级宁波市普惠金融信用信息服务平台，纵横贯通国省市县 4 级数据平台，累计查询量超 657 万次，已支持 2.4 万户企业通过线上申贷渠道获得融资超 1000 亿元。创新推出数字普惠金融产品 90 余项，普惠小微贷款余额增速 33.7%，居全省首位；获数字人民币试点资格，推动数字人民币在亚运场景、交通出行、智慧消费、乡村振兴、医疗卫生、智慧校园、民生领域等各类场景的应用；跨境金融区块链服务平台和人脸识别线下支付安全应用持续保持全国领先。梳理提炼融资支持、支付服务、风险防控、金融教育等方面的 24 个改革创新标志性成果，组织发布 13 项普惠金融团体标准。

国家保险创新综合试验区建设稳步推进。2022 年，推进保险数字化改革，“浙里甬 e 保”改革成果进一步显现，健康保险数智服务累计覆盖城市达 14 个，连接医院超 1.6 万家，服务人群达 5500 万人。加强服务实体、服务民生，出口信用保险稳外贸作用充分发挥，全年为 9588 家外贸企业提供 423 亿美元的风险保障，同比增长 10.9%；全国率先试点普惠型学生平安保险“甬学保”；“稳业保”“灵活保”稳就业促共富，覆盖 5700 户企业 30.1 万名职工，服务超 20 万名灵活就业者；政策性农业保险累计达 123 个，覆盖 6 大产业领域、58 项保险品类，产品数量、保费规模、保障金额均居全省第 1 位。

国家文化与金融合作示范区创建加快。截至 2022 年末，宁波市文旅产业贷款余额 1465.1 亿元，同比增长26.5%，贷款余额连续3年超千亿元。设立规模3500万元的文化信贷“风险池”，引入保险机制提供增信支持，文化信贷“风险池”贷款累计发放2.53亿元、139笔。先后创设20亿元文化产业发展基金、宁波股权交易中心“文创版”，打造“文化+金融”展会平台、文化（文旅）金融服务中心，改组成立文创小贷公司等多维度、一体化市场支持体系，为文旅行业提供专业精准的金融服务。目前全市专营文旅金融机构超过16家，形成文化金融叠加融合共生的文旅金融服务模式。

五、总体评估及形势展望

（一）总体评估

评估显示，2022年在疫情影响持续、供应链紧张等大背景下，宁波市地方经济向下运行压力陡增，主要指标弱于上年、不及预期。全市金融业运行总体稳健，银行业服务实体经济能力持续提升，不良贷款“双降”，不良率处于历史新低，辖区已连续3年无高风险法人机构。资本市场融资规模略有下降，期货交易活跃，但证券期货经营机构总体利润减少。保险机构保费收入增速回升，赔付支出增速回落，经营状况总体好于上年。金融市场流动性充裕，利率稳中有降，新型债券品种不断涌现，有力支持经济新发展、新动能。金融基础设施持续完善，金融生态持续改善，金融改革持续推进。

同时，国际地缘危机、美联储快速加息等外部环境不稳定因素仍在增加，国内经济面临需求收缩、供给冲击、预期转弱“三重压力”不减。结合宁波实际，外贸订单下滑影响工业生产，产能进一步向外转移；居民资产负债表受损，收入停滞，储蓄倾向上升，消费提升空间有限；政府财政减收，债务规模仍在扩张，加上房地产市场遇冷等，风险极易向金融部门倒灌。辖区部分中小法人机构的法人治理、流动性、盈利能力等方面潜在风险仍需关注，跨市场金融风险仍需要高度重视。

（二）2023年区域金融稳定形势展望

境内外不确定不稳定因素持续增加。2023年，中美各领域各层次战略博弈仍激烈，两岸紧张局势在美欧插手下可能升级；全球供应链从强调“效率”遽然转向强调“安全”，“链战”态势难消，产能外移态势明显；美欧日经济增长放缓，海外需求收缩。从国内看，外需减弱对出口的冲击将加剧，疫情“疤痕效应”、居民高杠杆率、人口老龄化加速将压制消费表现，对国内经济带来不利影响。但随着疫情防控政策调整，存量政策与增量政策叠加发力，2023年经济将保持向好态势。

防范化解辖区金融风险任务需时刻关注。一是信用风险存在反弹空间，随着政策回归常态化，部分企业将面临风险“浮出水面”的境地，同时房地产市场长期扩张后开始收缩，银行信贷资产质量有劣化可能。二是中小银行面临生存压力加大，一方面利差缩小短期难以改善，同时个人按揭贷等高利资产不断被经营贷等低利资产取代，盈利能力下降；另一方面与大型银行在金融科技投入方面差距明显，竞争力差距将进一步拉大。三是信托业风险提升，高风险“影子银行”业务存在死灰复燃的可能。四是房地产市场仍处下行收缩通道，对政府收入、房企经营、下游产业带来负面影响，辖区金融资产质量、金融机构稳健性将面临挑战。

中国人民银行宁波市中心支行金融稳定分析小组

组　　　长：祁　东
成　　　员：田国良　金小平　张超群　应姬臣　詹旭波　徐惠良
　　　　　　鞠志杰　陈　达

《宁波市金融稳定报告（2023）》编写组

总　　　纂：祁　东
统　　　稿：田国良　陈　达
执　　　笔：周　刚
参与写作人员：黄　健　陈　钟　林　荫　蒋智渊　俞佳佳　胡晓敏
　　　　　　楼贤珍　龙腾飞　孙诗雄　周炽炽　邵国璠

厦门市金融稳定报告摘要

2022年，厦门市统筹推进疫情防控和经济社会发展，主要经济指标保持平稳增长态势。金融业总体稳健，银行业资产负债结构继续优化，盈利和资产质量保持良好，支持经济稳大盘成效显著；证券期货市场交投相对平稳，上市公司队伍进一步壮大；保险业务规模继续增长，业务结构保持较好；金融市场平稳运行，金融基础设施持续完善。但是厦门市经济金融运行仍面临一定挑战，部分领域风险隐患需要关注。

一、区域经济运行与金融稳定

（一）区域经济运行情况

1. 经济运行稳中向好，产业结构保持稳定。2022年，厦门市统筹推进疫情防控和经济社会发展，主要经济指标保持平稳增长态势。全年实现地区生产总值（GDP）7802.66亿元，同比增长4.4%。其中，第一、第二、第三产业同比分别增长1.4%、3.8%和4.7%，三次产业结构为0.4:41.4:58.2。

2. 工业经济提质增效，服务业稳步复苏。2022年，厦门市规模以上工业增加值同比增长4.3%。35个工业大类行业中，18个行业实现增长，其中黑色金属冶炼和压延加工业成为主要拉动行业。高新技术产业快速发展，高技术产业增加值占规模以上工业增加值42.2%，新能源、新材料等战略性新兴产业产值分别增长40.7%、16.4%。同期，全市服务业实现增加值4539.83亿元，同比增长4.7%。生活性服务业呈现回暖态势，住宿业和餐饮业分别增长6.5%、10.1%。金融业实现增加值893.78亿元，增长5.8%，占地区生产总值比重的11.5%。

3. 投资增长韧性较强，使用外资结构优化。2022年，厦门市完成固定资产投资2971.08亿元，同比增长10.2%。制造业投资高速增长，大项目引擎作用凸显，新增项目投资后劲较足。全年制造业投资增长28.5%，项目投资增长17.2%，新开工入库项目数增长38%，但同期房地产投资回落0.5%。全市实际使用外资结构优化，制造业合同外资和实际使用外资分别增长16.3%和17.7%。

4. 消费需求逐步回暖，房地产市场总体平稳。2022年，厦门市完成社会消费品零售总额2665.36亿元，同比增长3.1%。限额以上消费拉动明显，主要生活消费和汽车消费增势平稳，互联网零售增长强劲。此外，房地产市场总体平稳，全年商品房销售面积增长2.9%，增速居全省第1位。

5. 进出口基本稳定，新市场持续拓展。2022年，厦门市外贸进出口总额9225.6亿元，同比增长4%。其中，出口4657.4亿元，增长8.2%；进口4568.2亿元，增长0.1%。民营企业为最大外贸主体，全年民营企业进出口增长13.9%，占同期全市外贸进出口总额的40.3%。出口以机电产品和劳动密集型产品为主，进口产品则主要为金属矿砂、机电产品和农产品。东盟、美国和欧盟为前三大贸易伙伴，对其进出口分别增长12.3%、9.9%和12.5%。与金砖国家贸易往来持续深化，对其进出口增长29.9%。

6. 财政收支稳步增长，民生福祉持续提升。2022年，厦门市一般公共预算总收入1493.76亿元，同比增长4.9%，其中地方一般公共预算收入883.77亿元，同比增长6.6%。一般公共预算支出1088.66亿元，同比增长2.7%。全年全市新增城镇就业17.69万人。全市居民人均可支配收入67999元，同比增长5.7%，其中城镇、农村居民人均可支配收入分别增长4.9%、8.1%。

7. 物价涨势温和，住宅价格有所回落。2022年，厦门市居民消费价格同比上涨1.8%。其中，服务项目价格上涨1.2%，八大类居民消费品中交通通信类涨幅最大，交通工具燃料类价格上涨21.0%。12月，厦门市新建商品住宅和二手住宅价格同比分别回落3.9%和1.6%。

（二）区域经济运行需关注的问题

1. 外贸增长不确定性犹存。2022年，厦门市外贸进出口保持正增长，但增速分别低于全国、全省7.5个和3.6个百分点，在全省占比较上年回落1.52个百分点。受国内外政治经济形势影响，厦门市涉外企业订单不足、业务风险上升的问题凸显，投融资信心尚未恢复，稳外贸形势仍较严峻。

2. 稳外资压力较大。2022年厦门市实际使用外资同比下降15.1%，直接投资项下资本金涉外收支同比下降29.36%，其中外国来华直接投资（FDI）资金本流入下降29.67%。在国际引资竞争加剧、外资企业预期不稳背景下，叠加中资企业境外上市减少趋势，稳外资压力较大。

二、金融业与金融稳定

（一）银行业

1. 银行业运行情况

（1）银行业资产负债规模继续增长。截至2022年末，厦门市共有银行业金融机构48家，机构数与上年持平。其中，中资银行27家，外资银行14家，外资银行代表处2家，信托公司1家，财务公司2家，消费金融公司1家，金融租赁公司1家；法人机构11家。银行业资产总额2.39万亿元，同比增长7.9%；负债总额2.25万亿元，同比增长7.8%，增速较上年均有所下降。

（2）金融支持稳经济大盘成效显著。2022年，厦门市银行业全面落实“疫情要防住、经济要稳住、发展要安全”的工作要求，深入学习贯彻党的二十大精神，积极推进稳经济大盘工作。一是社会融资规模快速增长，信贷投向直达性精准性更强。2022年末社会融资规模存量2.56万亿元，同比增长11.3%。全年贷款增量2003亿元，创历史新高。为实体经济直接注入央行低成本资金705亿元，占全省的45%。普惠小微贷款、制造业中长期贷款、绿色贷款增速高于同期本外币贷款增速15.05个、9.36个和41.65个百分点，而房地产贷款余额占本外币贷款余额比重较上年末下降3.34个百分点，连续6年稳步下降。二是降价让利成效明显。全年人民币一般贷款加权平均利率4.32%，同比下降0.47个百分点，其中，普惠小微企业贷款全年加权平均利率4.38%，同比下降0.37个百分点，均低于全国、全省平均水平。金融系统通过降低贷款利率等方式向实体经济让利约55亿元。

（3）资产负债结构继续优化。2022年，厦门市银行业资产负债结构持续优化。资产端，各项贷款同比增长13.1%，贷款余额占全部资产比重72.57%，较上年提高3.35个百分点，保持历史高位；同业融出业务同比增长25.2%；投资同比增长4.5%，其中债券投资同比增长3.2%，其他投资同比增长7.4%。负债端，存款同比增长9.5%，定期存款贡献主要增量。存款余额占全部负债比重72%，较上年提高1.38个百分点。在表外方面，银行承兑汇票和信用证等担保类业务同比增长33.9%；"影子银行"持续压降，金融同业通道余额同比下降156亿元，3家主要法人银行类信贷业务余额同比压降68亿元。

（4）盈利和资产质量保持良好。2022年，厦门市银行业实现税后利润226.3亿元，同比增长34.64%。年末银行业不良贷款余额126亿元，不良贷款率0.73%，同比下降0.41个百分点；拨备覆盖率281.57%，同比提高82.22个百分点；贷款拨备率2.05%，同比下降0.22个百分点。

（5）法人银行资本与流动性相对充裕。截至2022年末，厦门市法人银行业金融机构核心一级资本充足率10.38%，同比下降0.72个百分点；资本充足率12.95%，同比下降0.79个百分点。年末全市法人银行流动性比例102.48%，同比下降7.38个百分点。

2. 银行业运行需要关注的问题

（1）存贷款增量结构反映实体经济有效需求不足。2022年，厦门市贷款增量主要集中在企业短期贷款、票据融资以及个人中长期经营贷款，相比之下，企业中长期贷款增量占比同比下降近40个百分点，反映出实体经济有效信贷需求尚缺乏持续内生动力。另外，企业和个人定期存款成为同期存款增量主要来源，活期存款尤其是企业活期存款同比收缩，说明实体经济资金使用效率相对不足。

（2）中小法人银行风险需要关注。一是公司治理存在薄弱环节，"三会一层"机制作用待进一步发挥。二是盈利增长空间不足，受行业竞争加剧以及不良资产处置影响，个别法人银行利润增速显著放缓。三是信用风险防控压力较大。部分法人银行不良资产呈"边清边冒"态势，不良资产处置受财务能力制约还需一段时间消化，且资产分类准确性存在一定程度偏离。四是流动性风险管理还需强化，部分法人银行存款稳定性有待提升。

（3）信用风险防控不可松懈。尽管目前厦门市不良贷款率仍处于较低水平，但监测显示存在一定规模已暴露风险但暂未纳入不良的问题贷款，涉及房地产、化工、批发零售等受市场周期和疫情冲击较大的行业。随着延期还本付息、接续融资等过渡性政策到期，不良反弹及其处置压力将随之加大。

（二）证券期货业

1. 证券期货业运行情况

（1）经营主体数量保持稳定。截至2022年末，厦门市共有证券、期货、基金经营机构合计193家，较上年增加2家，其中法人证券公司2家、证券分公司38家、证券营业部103家，证券咨询机构1家；法人期货公司2家、期货分公司25家、期货营业部20家；法人基金公司2家。登记备案的私募基金管理机构达339家。

（2）市场交投相对平稳。2022年，厦门市证券交易总额7.72万亿元，同比下降6.47%；年末投资者股票账户数243.74万户，同比下降9.56%。全市期货交易总额9.45万亿元，同比下降6.38%；年末期货账户数10.91万户，同比增长48.39%。证券机构营业收入17.62亿元，同比下降

10.67%；期货机构营业收入8.72亿元，同比下降28.06%。

（3）上市公司家数与营业收入继续增长。截至2022年末，厦门市共有上市公司64家，较上年增加2家，其中主板42家、创业板19家、科创板3家。上市公司本年累计融资310.51亿元，其中首发融资61.70亿元、再融资248.81亿元。非上市公司本年累计公司债融资237.4亿元。2022年前三季度，已披露财务数据上市公司营业收入合计16671.85亿元，同比增长12.8%；归属母公司净利润230.54亿元，同比下降2.5%。此外，新三板挂牌企业89家，全年累计融资2.49亿元。

2. 证券期货业运行需关注的问题

（1）法人证券期货机构实力有待增强。厦门市法人证券期货机构规模不大，盈利渠道单一，综合实力不强。个别新成立机构尚未扭亏，个别机构经营难以起色，且面临信用风险化解与资产管理“老产品”处置的双重压力。

（2）上市企业后备资源相对不足。一方面，主板上市梯队可能出现“断层”。受疫情影响，部分辅导备案企业因业绩不佳导致申报延期，拟申报企业数量下降明显。另一方面，北交所上市企业还未实现“零突破”。目前，厦门市仅1家企业申报北交所挂牌，新三板挂牌企业数量也在持续下降，未来还需推动更多企业积极对接我国多层次资本市场发展格局。

（三）保险业

1. 保险业运行情况

（1）保险市场整体平稳。截至2022年末，厦门市共有各类保险公司39家，其中财产险公司21家，人身险公司18家，法人财险与寿险公司各1家。全年保险业共实现保费收入271.83亿元，同比增长11.47%。其中，财产险保费收入80.1亿元，同比增长10.75%；人身险保费收入191.74亿元，同比增长11.77%。保险公司赔付支出82.72亿元，同比下降1.0%。保险密度5095元/人，同比提高373元/人，保险深度3.5%，同比持平。

（2）业务结构保持较好。2022年厦门市车险、非车险保费收入分别为54亿元、38亿元，非车险占比41.6%，较上年提高1.13个百分点。寿险保费收入142.1亿元，占比为74.11%，较上年提高3.1个百分点。

（3）经营效益有所回落。2022年，厦门市寿险业务新单期缴率55.40%，同比下降12.49个百分点；APE折标率68.14%，同比下降11.52个百分点；退保率1.64%，退保金14.99亿元，同比增长27.04%。财险业务方面，车险综合费用率23.92%，同比提高0.61个百分点；综合赔付率74.19%，同比下降0.53个百分点。保险业整体承保利润1.82亿元，同比下降52.38%。

（4）保险资金运用快速增长。2022年，保险公司在厦资金运用余额590.2亿元，同比增长38.7%。其中，投向地方政府及企业债券占比32.4%，同比增长61.0%；投向基础设施建设占比27.3%，同比增长48.8%。

2. 保险业运行需要关注的问题

（1）中小法人保险机构经营压力较大。面对保险市场激烈竞争，叠加疫情影响，地方中小法人保险机构经营压力加大。2022年，厦门市两家法人保险公司盈利能力与偿付能力充足性维持低位，传统个险渠道业务收缩。受自身规模限制，在牌照获取以及渠道合作中的自主性和话语权弱，市场占有率难有提升。

（2）市场乱象推升机构声誉风险。保险机构案件风险呈多发态势。2022年厦门市涉保险业案件超过10起，包括保险诈骗等均涉及基层人员违法违规。受此影响，机构声誉风险上升，投诉数量居高不下，银保合作、营运车辆投保难等业务领域问题尤为突出。

三、金融市场

（一）银行间市场

2022年，厦门市法人金融机构继续通过银行间市场开展流动性管理。8家参与全国银行间市场同业拆借的法人金融机构同业拆借业务合计成交13732.96亿元，同比下降0.6%。从拆借方向上看，以拆入资金为主，成交量占67.55%；从拆借期限看，以隔夜拆借为主，成交量占比78%。

厦门市3家主要法人银行债券市场交易相对活跃，债券投资和资金调剂功能进一步发挥。债券回购交易12.71万亿元，同比增长13.78%，质押式回购占比99.89%，买断式回购占比0.11%。3家主要法人银行在银行间市场发行金融债合计255亿元，同比增加55亿元，同业存单累计发行2293亿元，同比减少158.1亿元。非金融企业运用银行间债务融资工具合计融资1281.17亿元，同比减少83亿元。

（二）黄金市场

2022年，厦门市共有22家商业银行开展黄金市场业务，合计成交1016.76亿元，同比下降38.15%。从业务结构看，黄金掉期业务占比最大，成交630.52亿元，占成交总量的62.01%；其次为黄金远期，成交143.36亿元，占比14.1%。

（三）外汇市场

2022年，厦门市结售汇总额和逆差规模持续增长。全年银行结售汇总额1264.1亿美元，同比下降2.76%。其中，结汇498.11亿美元，同比下降4.82%；售汇765.99亿美元，同比下降1.37%；逆差267.89亿美元，同比增长5.78%。具体来看，货物贸易结售汇总额1168.83美元，占比为92.46%；逆差252.81亿美元，占比为94.37%，是全市结售汇总额和逆差的主要来源。受汇率风险中性理念推广影响，外汇衍生产品总额较快增长。全年外汇衍生品（含远期和期权）结售汇签约总量415.24亿美元，同比增长1.13%；外汇衍生品（含远期和期权）结售汇履约275.21亿美元，同比增长20.55%。企业外汇套期保值比率21.81%，同比提高4.21个百分点。

四、金融基础设施

（一）支付体系

2022年，厦门市支付服务环境总体良好，服务质量持续改善。一是支付清算系统运行总体稳健，通过大小额支付系统和同城资金清算系统业务共发起业务笔数785.46万笔，金额41.78万亿元，笔数同比增加19.52%，金额增加3.07%。二是非现金支付工具使用保持平稳，全年签发票据8669.45亿元，同比增加3.64%。三是截至2022年末备案支付机构分公司39家，法人支付机构2家，合计

41 家。

（二）征信体系

2022 年，厦门在推动征信二代系统升级、聚焦便民利民助力和支持营商环境优化等方面取得积极成效。一是征信系统建设不断完善。成功完成 3 家法人机构二代征信系统的数据采集切换工作，推动 2 家地方性机构对接征信系统，全国金融信用信息基础数据库累计收录厦门辖区 474 万名借款自然人和 39.56 万个借款企业的信用信息。二是征信查询服务稳步提升。全市征信自助查询机达到 53 台，实现全市各行政区全覆盖，全年提供线下信用报告查询 30 万笔。截至 2022 年末，全市共有 13 家金融机构及银联云闪付实现网上银行、手机 App 等线上查询功能，累计提供线上信用报告查询约 53.46 万笔。三是地方营商环境持续优化。主动对接市场监督管理部门，顺利承接四类动产登记业务，实现动产和权利担保统一登记。全年厦门市在动产融资统一登记公示系统登记各类业务 3.7 万笔，查询 32 万笔，助力厦门市营商环境再提升。

（三）金融消费权益保护

2022 年，人民银行厦门市中心支行编制《厦门市金融知识宣教白皮书》，统筹谋划全辖金融教育工作。创设《消保闽南之声》宣教品牌，定期推出金融知识音频节目。兴业银行厦门分行建成并获批“福建省金融教育示范基地”，平安银行厦门分行“平安知识村镇”获批省级乡村金融教育基地，金融教育向阵地化建设迈进。专设“12363”金融消费权益保护热线话务室，扩增话务席位，着力开展“12363”热线宣传推广，让“12363”热线服务更多群众。围绕重点领域加强执法监督，进一步规范金融营销行为，营造清朗、和谐的金融消费环境。金融监管与司法调解协同推进，全国首家“府院协同”的厦门市地方金融纠纷调解中心成立一年来共接收案件 4262 件，标的额 24.64 亿元，为金融消费者节省诉讼费用等 1500 余万元，被评为福建自贸区第 19 批创新举措。

中国人民银行厦门市中心支行金融稳定分析小组

组　　长：王彦青

副 组 长：黄　涛

成　　员：李世荣　于宏凯　梁志瑾　陶文立　郑紫萍

《厦门市金融稳定报告（2023）》编写组

总　　纂：黄　涛

统　　稿：于宏凯　刘雅珣

执　　笔：翁舒颖

参与写作人员：李康宁　吴学福　陈育敏　柯玉琴　蒋相宜　陈　腾　吴　沙　张志杰　王　炯

深圳市金融稳定报告摘要

2022年，深圳市金融工作以习近平新时代中国特色社会主义思想为指导，全面贯彻落实党的十九大和二十大精神、中央经济工作会议精神，认真落实国务院金融委会议精神，全力支持粤港澳大湾区和深圳中国特色社会主义先行示范区建设，推动经济运行逐步恢复。2022年，深圳金融运行整体平稳，金融体量合理增长，金融结构不断优化，金融风险总体可控，守住了不发生区域性系统性金融风险的底线。

一、区域经济运行

（一）经济运行稳步恢复

2022年，深圳市经济社会发展稳步恢复，质量效益同步提升。全市实现地区生产总值（GDP）3.24万亿元，总量在全国城市中居第3位；同比增长3.3%，增速高于全国和广东省，居一线城市首位；全年四个季度（累计）增速分别为2.0%、3.0%、3.3%和3.3%，呈稳步恢复态势。从产业种类看，第二、第三产业占比分别为38.3%和61.6%，较上年分别上升0.6个和下降0.6个百分点。全口径工业增加值1.14万亿元，首次跃居全国城市第1位，规模以上工业总产值4.55万亿元，连续4年稳居全国城市首位，两个工业指标首次实现“双第一”。制造业增加值1.02万亿元，迈上万亿元新台阶。

1. 固定资产投资较快增长。2022年，深圳市固定资产投资总额8942.07亿元，同比增长8.4%，增速高于全国和广东省，居一线城市首位。工业投资同比增长19.2%，其中制造业投资增长15.4%，大幅高于固定资产投资总体增速。房地产开发投资同比增长13.3%。

2. 消费持续复苏。2022年，深圳市社会消费品零售总额9708.28亿元，同比增长2.2%，增速自2013年以来首次高于全国，分别高于全国、广东省2.4个和0.6个百分点；全年四个季度增速分别为-1.6%、0%、1.7%、2.2%，呈逐季复苏趋势。其中，网络零售额1482.66亿元，同比增长20.9%；限额以上单位实现汽车零售额1492.80亿元，同比增长13.5%。

3. 货物进出口保持增长。2022年，深圳市进出口总额3.67万亿元，同比增长3.7%。其中，出口总额2.19万亿元，出口规模连续30年居内地城市首位，同比增长13.9%，其中对美、欧、东盟出口增速均超过20%；进口总额1.48万亿元，同比下降8.5%。

4. 金融业支撑作用增强。2022年，深圳市金融业增加值5137.98亿元，突破5000亿元，同比增长8.2%，增速较GDP增速高4.9个百分点，高于全国和广东省。自2020年以来，深圳市金融业增加值保持较快增长，占比逐年提高，对GDP增长的支撑作用持续增强。

5. 价格指数温和上涨。2022年，深圳市居民消费价格指数（CPI）同比上涨2.3%，涨幅较上年扩大 1.4 个百分点，总体运行在合理区间。分类别看，食品烟酒、交通通信、教育文化娱乐价格指数分别上涨 3.4%、5.5%和 2.6%，医疗保健价格指数与上年持平。工业生产者出厂价格指数（PPI）同比上涨 1.7%，涨幅较上年下降 0.2 个百分点，其中建筑材料、纺织工业价格指数分别下降 2.5%、3.4%。

6. 宏观杠杆率[①]边际回落。初步测算，2022 年末，深圳地区宏观杠杆率为 332.0%，较年初上升 5.3 个百分点，但较第三季度末下降 5.7 个百分点，连续两个季度回落。分部门看，企业部门杠杆率为 230.0%，较年初上升 5.7 个百分点，较第三季度末下降 1.7 个百分点；居民部门杠杆率为 95.6%，较年初下降 2.2 个百分点，连续三个季度回落；政府部门杠杆率为 6.4%，较年初上升 1.8 个百分点。

（二）需要关注的问题

1. 民间投资活力不足。2022 年，深圳市民间投资同比增长 1.4%，增速虽较上年提升 9.3 个百分点，也高于全国、广东省和其他一线城市，但仍明显低于总体投资增速。民间投资占固定资产投资总额的比重为 38.5%，占比较上年回落 2.7 个百分点，远低于 2014 年的历史最高比重（61.7%）。

2. 行业发展不均衡。2022 年，工业、金融业、建筑业增加值保持较快增长，但住宿餐饮、交通运输以及房地产等行业增加值明显下降。37 个大类行业中，前 10 大行业、中间 17 个行业、后 10 个行业增加值下降面分别为 30%、71% 和 80%，中小行业下降面更大。

3. 财政收支平衡压力增大。2022 年，深圳市一般公共预算收入同比下降 5.8%，其中税收同比下降 9.7%；一般公共预算支出同比增长 9.3%。地方自有财力[②]同比下降 10.55%，近五年首次增速为负。2022 年，一般公共预算收支累计负向差额为 984.9 亿元，较上年扩大 672.5 亿元。随着积极的财政政策加力提效，减税降费政策继续实施，财政收支平衡压力将进一步加大。

4. 进出口增速放缓。2022 年，深圳市进出口增速较上年下降 12.5 个百分点，其中进口增速较上年下降 28.0 个百分点。随着全球经济预期持续走弱，主要经济体货币政策不断收紧，海外需求下行压力增大，消费电子产品需求下降、美国出口管制等因素仍未消除，深圳市出口高速增长存在不确定性，进口仍有下降压力。

5. 房地产市场不够活跃。2022 年，深圳市房地产业增加值 2593.40 亿元，同比下降 4.4%。2022 年，房地产市场成交低迷，商品房销售面积 694.15 万平方米，同比下降 15.5%；虽然首批推出的 4422 套可售型人才房有价格优势，但选购率仅为 43.6%。2022 年 12 月，深圳市新建住宅价格指数同比下降 0.2%，二手住宅销售价格指数同比下降 3.7%。

二、金融业运行

（一）银行业稳健性评估

1. 运行情况

（1）资产负债规模稳步扩张。2022 年末，深圳法人银行 19 家，中资银行深圳分行 32 家，外资

---

① 宏观杠杆率按债务余额与 GDP 的比值测算。企业部门债务包括单位贷款、债券、信托贷款、企业委托贷款、未贴现银行承兑汇票，居民部门债务包括住户贷款、个人委托贷款。

② 地方自有财力 = 一般公共预算收入 + 政府性基金预算收入 + 国有资本经营预算收入

（含外国）银行深圳分行32家。银行业金融机构资产总额12.22万亿元，同比增长8.47%，增速较上年提高0.63个百分点；负债总额11.86万亿元，同比增长8.57%，增速较上年提高0.60个百分点；净利润1044.82亿元，同比下降0.99%。

（2）存贷款规模平稳增长。2022年末，深圳银行业金融机构本外币各项存款余额12.34万亿元，同比增长9.65%，全年新增1.09万亿元；本外币各项贷款余额8.34万亿元，同比增长8.00%，全年新增6182.21亿元。

（3）信贷结构持续优化。2022年末，深圳银行业金融机构普惠小微贷款、制造业中长期贷款、绿色贷款余额同比分别增长23.8%、41.8%和43.8%，高新技术企业、科技型中小企业、专精特新“小巨人”企业贷款余额同比分别增长16.9%、28.3%和81.1%。

（4）贷款利率稳中有降。2022年，深圳银行业持续释放贷款市场报价利率（LPR）改革效能，促进企业融资成本稳中有降。全年，新发放企业贷款加权平均利率同比下降53个基点，新发放普惠小微贷款加权平均利率同比下降69个基点，下降幅度均大于1年期和5年期LPR下降幅度。

（5）地方法人银行整体稳健。2022年末，深圳17家地方法人银行平均贷款拨备率3.16%，同比提高0.13个百分点；资本充足率23.40%，同比提高1.64个百分点；拨备覆盖率335.60%，流动性比例70.79%，人民币超额准备金率5.12%，均明显高于全国平均水平。

2. 需要关注的问题

（1）资产质量存在下降压力。2022年，深圳银行业不良贷款处置总额同比增长33.22%，但年末不良率为1.62%，仍较年初上升0.10个百分点，其中房地产贷款不良率为1.09%，全年上升0.61个百分点。受房企债务影响，上下游企业风险逐渐暴露。

（2）声誉风险有所上升。2022年，因内外部多重不利因素叠加，深圳银行业机构出现多起负面舆情，声誉脆弱性有所上升。例如，个别机构高管涉案引发市场担忧，股价发生剧烈调整；因在建楼盘停工、代销产品违约等问题，多家银行面临业主、投资者群访维权等不利局面；河南安徽村镇银行事件爆发，叠加反诈行动中账户管控问题，对中小银行信誉产生一定冲击。此外，部分网络媒体为吸引流量，频繁报道不实负面消息，也对银行声誉造成一定扰动。

（3）信贷稳增长难度增大。因经济预期走弱、投资收益下降，企业投资和居民消费意愿减弱。2022年末，深圳市企业贷款余额同比增长11.4%，增速处于近年低位；住户存款大幅增长，提前还款现象增多。

（二）证券业稳健性评估

1. 运行情况

（1）资产规模保持增长。2022年末，深圳辖区证券公司法人机构22家、分支机构574家；资产总计2.70万亿元，同比增长1.6%。期货公司法人机构14家、分支机构85家，资产总计2744.94亿元，同比增长27.11%。基金管理公司32家，管理基金2933只，基金总规模6.29万亿份，同比分别增加320只和0.51万亿份。

（2）经营情况相对较好。① 2022年，深圳辖区证券公司实现营业收入997.52亿元，净利润388.94亿元，均居全国第1位。期货公司营业收入57.21亿元，净利润17.41亿元，同比分别增长

① 证券、基金、期货数据均采用注册地口径。证券公司数据仅为母公司数据，非合并报表口径。

7.40%和7.50%。基金管理公司实现净利润113.94亿元，同比增长8.67%。

（3）股权融资规模显著增长。2022年末，深圳市有A股上市公司405家，同比增加33家，沪深交易所上市公司总市值7.60万亿元，仅次于北京，北交所上市公司总市值居全国第1位。全年，股权融资（IPO和再融资）总额1137.03亿元，同比增长8.76%，其中IPO融资金额同比增长39.30%。

（4）债券融资规模下降。2022年，深圳企业在公开市场发行债券融资10484.95亿元，同比下降32.83%。其中，交易所债券市场融资4504.62亿元，同比下降37.57%；银行间债券市场融资5980.33亿元，同比下降28.76%。

（5）私募基金规模较大。2022年末，深圳辖区在中国证券投资基金业协会登记备案的私募基金管理人共3871家，已备案私募基金2.16万只，位列上海和北京之后，居全国第3位。

2. 需要关注的问题

（1）股票质押情况增多。2022年末，深圳辖区共有148家上市公司存在大股东股票质押情况，家数占辖区上市公司总数的37.37%，质押总股数和融资总额同比分别上升2.87%和6.64%。股票质押比例超过80%的公司共22家，全年增加3家，质押股数同比上升36.00%。

（2）私募基金风险相对复杂。2022年末，深圳到期未兑付私募基金1449只，合计规模1672.5亿元，涉及627家私募机构。部分私募机构存在空壳失联、到期不能清算，甚至涉嫌非法集资、合同诈骗等风险。

（3）上市公司退市风险上升。截至2022年末，沪深证券交易所共有53家上市公司被实施退市风险警示，其中深圳上市公司有7家，家数同比持平，多于上海（4家）、北京（3家），仅次于广东（8家，不包括深圳）。

（三）保险业稳健性评估

1. 运行情况

（1）资产负债规模较快扩张。2022年末，深圳辖区法人保险业机构29家，其中保险控股集团3家、人身险公司7家、财产险公司13家、再保险公司1家、保险资产管理公司5家。深圳保险业资产总额（深圳地区口径，下同）5928.19亿元，同比增长11.25%；负债合计6757.15亿元，同比增长11.78%。

（2）保费收入保持增长。2022年，深圳保险业实现保费收入1527.65亿元，同比增长7.09%，增速高于全国2.51个百分点。分机构看，财产险公司实现保费收入460.44亿元，同比增长6.31%；人身险公司实现保费收入1067.21亿元，同比增长7.43%。分险种看，机动车辆保险、人寿保险、健康保险保费收入同比分别增长4.05%、8.19%和3.85%。

（3）赔付支出同比下降。2022年，深圳保险业赔付支出440.61亿元，同比下降5.46%，增速低于全国4.66个百分点。分机构看，财产险公司赔付支出245.57亿元，同比下降0.91%；人身险公司赔付支出195.04亿元，同比下降10.63%。分险种看，机动车辆保险、人寿保险、健康保险、意外伤害保险赔付支出同比分别下降3.31%、1.92%、19.23%和0.93%。

（4）保险保障功能持续增强。截至2022年末，深圳保险业积累寿险及长期健康险责任准备金余额4570.90亿元，同比增长14.06%。大病保险参保人数达832万人，参保覆盖率49.9%，累计赔付15.77亿元，超过13万人受惠。医保专属医疗险上线后参保人数已达100万人。

2. 需要关注的问题

（1）偿付能力水平整体下降。[①] 2022年末，辖区14家法人保险公司平均核心偿付能力充足率为211.81%，平均综合偿付能力充足率为255.95%。其中13家保险公司核心偿付能力充足率和综合偿付能力充足率同比下降（2家不达监管标准）。

（2）利差损风险上升。2022年，深圳保险业净利润为－126.75亿元，亏损金额同比扩大11.2%。法人保险公司中，16家公司综合投资收益率同比下降；平均综合投资收益率为2.12%，较上年下降2.49个百分点，5家公司低于1%，个别公司甚至为负。

（3）代理退保情况增多。2022年，深圳保险业退保金额126.94亿元，同比增长29.05%，其中代理退保情况较多。2022年上半年，辖区某保险公司涉“黑灰产”代理退保投诉占比46.7%，下半年占比甚至超过60%。

（4）人身险公司渠道竞争压力较大。截至2022年6月末，全国人身险公司执业登记销售人员为401.4万人，较上年末减少15.10%，代理人渠道持续收缩。2022年，深圳辖区某人身险公司月均代理人数量同比下降39.54%。渠道竞争加剧导致盈利能力下滑，辖区7家法人人身险公司中，6家公司净利润下降，其中4家公司亏损。

三、地方金融组织

（一）运行情况

1. 行业运行总体平稳。2022年末，深圳市获准开业的小额贷款公司125家，注册资本同比增长17.5%；持经营许可证的融资担保公司90家，平均实收资本同比上升7.7%，净资产同比上升7.4%；典当行130家，净利润同比增长26.4%。

2. 服务实体经济能力提升。2022年末，小额贷款公司贷款余额同比增长10.9%，其中个人贷款占比65.4%，小微企业贷款占比34.5%。有数据统计的380家商业保理公司融资余额2523.3亿元，全年发放保理融资款本金5234.8亿元。典当余额同比增长8.3%。

3. 机构数量明显下降。2022年末，深圳市各类地方金融组织5994家，同比减少1137家。其中，商业保理公司3609家，同比减少851家；融资租赁公司2028家，同比减少275家；地方交易场所10家，同比减少1家。

（二）需要关注的问题

1. 清理规范任务较重。深圳市地方金融存量失联空壳机构仍然众多，需进一步加强清理规范。据深圳市地方金融监管局初步统计，疑似从事私募投资咨询、财富管理、资本管理等商事主体、机构数量达13.7万家，此外还有其他大量公司变相从事类金融业务。

2. 新型互联网金融风险冒头。截至2022年末，深圳市纳入整治的431家P2P网贷机构全部停业，存量机构数量、借贷余额、出借人数大幅压降。但以科技创新、区块链、虚拟货币、元宇宙等为噱头的非法互联网金融活动仍持续冒头，形式更加隐蔽，存在涉众风险。

---

① 3家保险公司豁免报送偿付能力充足率数据，2家保险公司不适用风险综合评级。

3. 部分地方金融组织面临经营困难。2022 年末，融资担保公司直保余额同比下降 18. 6%，地方资产管理公司存量不良资产管理规模同比下降 2. 5%，全年营业收入和净利润为负。受行业清理整顿影响，地方交易场所缺乏可持续发展的业务路径，普遍存在亏损现象。

四、金融生态与金融基础设施

（一）支付清算系统稳定运行

2022 年，深圳各支付系统业务量变化平稳。其中，大额支付系统共处理支付业务 987. 87 万亿元，同比增长 12. 84%；小额支付系统共处理支付业务 24. 43 万亿元，同比增长 8. 58%；网上支付跨行清算系统共处理支付业务 55. 15 万亿元，同比小幅下降 1. 64%。

（二）征信体系持续优化

截至 2022 年末，深圳辖内 178 家金融机构（含地方金融组织）接入央行征信系统。辖内设有个人信用报告代理查询网点 52 个，配备 56 台自助查询机，网点全面覆盖深圳市各区（新区）。深圳地方征信平台完成 37 个政府部门和公共事业单位 9. 9 亿条涉企信用数据的归集共享，覆盖深圳 380 多万个活跃商事主体。珠三角征信链建设大力推进，深圳地方征信平台、百行征信以直连方式完成上链，累计 5 家市场化征信机构接入“珠三角征信链”。2022 年，大力支持深圳市开展营商环境创新试点，推动深圳市机动车、船舶、知识产权担保信息与动产融资统一登记公示系统共享互通，实现相关担保登记信息统一查询。

（三）打击洗钱犯罪再上新台阶

2022 年，深圳市建立打击洗钱犯罪“几家抬”工作格局，全年推动 20 件洗钱案件成功宣判，同比增长 4 倍。深圳经济特区金融学会成立反洗钱专业委员会，引导 72 家成员机构提升反洗钱工作质效。2022 年，人民银行深圳市中支共接收反洗钱义务机构上报重点可疑交易报告 392 份，依法向侦查机关移送线索 253 份，协助有关部门开展反洗钱调查 90 件。

（四）金融消费权益保护工作持续推进

2022 年，人民银行深圳市中支指导金融机构累计开展金融宣传教育活动近 1. 3 万次，发放宣传资料 150 余万份，通过官方网站、微信公众号等线上渠道发布金融宣传教育作品 99 万次。人民银行深圳市中支与深圳市地方金融监管局、深圳银保监局等部门联合发起“深圳市居民金融素养提升短视频活动”，活动共收到 1360 个投稿作品，在抖音平台点赞量逾 140 万次，转发量逾 16 万次，评论量 13 万次。

（五）地方金融生态总体良好

2022 年，深圳市信用环境、法治环境以及政策环境总体良好，未发生重大区域金融风险事件。地方政府对具有融资功能的非金融机构进行有效管理，落实防范地方金融风险的职责，未发现地方政府对金融机构进行行政干预的现象。在金融委办公室地方协调机制推动下，深圳市成立金融风险化解委员会，金融风险防范化解统筹力度进一步增强。人民银行深圳市中支与深圳银保监局签署防范化解地方法人银行风险合作备忘录，合力推动风险化解工作，央行金融机构评级下高风险机构数量持续为零。

2022 年，深圳市非法集资发案数下降 80.95%，发案数连续 4 年下降；金融案件执结率 94.31%，同比上升 3.95 个百分点。但存量非法集资活动较多，网络赌博、地下钱庄、电信网络诈骗、涉税犯罪等手法也日趋多样化、专业化和隐蔽化，亟待加快清理整治。

五、金融改革创新

（一）人民币国际化“排头兵”地位不断巩固

2022 年，深圳跨境人民币收付规模和占比均创历史新高，收付金额合计 3.25 万亿元，同比上升 4.8%，规模稳居全国第 3 位。深圳与香港间人民币跨境收付额达 2.6 万亿元，占同口径本外币跨境收付额的 51.3%，人民币连续三年成为深港间第一大跨境结算货币。更高水平贸易投资人民币结算便利化试点办理业务 2976.4 亿元，占同口径人民币跨境收付金额的 29.2%，比重较上年提高 16 个百分点。截至 2022 年末，深圳“跨境理财通”便利 1.95 万大湾区个人投资者跨境投资，业务总量约占粤港澳大湾区的 1/3。

（二）数字人民币应用场景不断丰富

自数字人民币试点以来，深圳不断优化受理环境、创新应用场景、扩大用户基础、普及基础知识，充分发挥政、银、企等多方合力，协同推进数字人民币研发试点工作。2022 年，深圳创建全国首个数字人民币预付式消费平台，落地全国首个数字人民币公积金缴存线上场景，打造全国首个黄金珠宝行业产业链全覆盖应用场景，实现首次数字人民币供应链全流程应用。截至 2022 年末，深圳数字人民币试点场景达 129.9 万个，全年累计开展 73 场数字人民币促消费活动。

（三）本外币一体化资金池业务试点持续深化

深圳是开展跨国公司本外币一体化资金池业务的首批试点城市之一。2022 年，全国 8 个地区 40 家企业开展第二批试点，深圳共 10 家大型实体跨国集团入选。截至 2022 年末，深圳试点企业集团达 15 家，业务量累计达 501 亿美元。自试点落地以来，助力企业实现“两增两减一打通”，即“增加财务收入、增加业务规模，减少税费、减少人工，打通意愿购汇途径”。

（四）各项外汇便利化政策提质增效

2022 年，深圳首批开展“专精特新”中小企业外债试点，上调高新技术企业便利化试点额度上限，12 家高新技术和“专精特新”中小企业试点金额合计 1.1 亿美元。创新优化“银行 + 外综服企业”模式，服务企业超 7.3 万家（95% 为小微电商），为企业节省费用超 1.6 亿元；拓展银行跨境电商结算，全国 14 家试点银行中 7 家落地深圳。贸易外汇收支便利化试点扩面提质，全年新增 449 家企业、5 家银行，截至 2022 年末，业务累计收支 922.2 亿美元，全国排名前列。

（五）支付创新试点不断深化

截至 2022 年末，香港居民代理见证开户业务试点扩大至 5 家银行共 77 个内地网点，为香港居民代理见证开立账户 19. 75 万户，其中已激活 18. 15 万户，激活率达 91. 88%，累计发生交易 1329. 95 万笔、96. 02 亿元。港澳版“云闪付”、微信电子钱包等进入粤港澳大湾区使用，惠及香港用户超 61. 34 万人，累计交易金额超 22. 75 亿元。本外币合一银行结算账户体系 5 家试点银行共开立本外币合一单位银行结算账户 4. 47 万户，累计发生交易折人民币 2. 14 万亿元。

（六）绿色金融发展纵深推进

2022 年，深圳金融机构环境信息披露持续推进，绿色金融专营机构新增 10 ~ 21 家，绿色金融发展基础进一步夯实。运用碳减排支持工具，激励引导金融机构加大碳减排贷款、绿色信贷投放。2022 年，银行间市场绿色债券发行规模同比增长 260. 7%，全国首单“乡村振兴”绿色金融债券和银行间市场粤港澳大湾区首单蓝色债券落地；深圳市政府赴香港发行 50 亿元离岸人民币地方政府债券，其中绿色债券 15 亿元、蓝色债券 11 亿元。

（七）金融控股公司顺利批设

2022 年 8 月，辖内招商局金融控股有限公司经中国人民银行批准设立。这是自《金融控股公司监督管理试行办法》实施以来的北京地区外首家、全国第三家金融控股公司。招商局金融控股有限公司为央企金融控股相关企业，业务覆盖银行、证券、保险、资产管理等多个金融领域，注册资本 77. 78 亿元，资本实力雄厚，公司治理机制较为完善，风险管理能力较强，风险总体可控。

六、展望

当前经济金融形势复杂多变，外部环境动荡不安，国内经济恢复的基础尚不牢固，需求收缩、供给冲击、预期转弱“三重压力”仍然较大。但要看到，我国经济增长的韧性增强、确定性提高。疫情防控取得决定性胜利，稳健的货币政策效果日渐凸显，积极的财政政策继续加力提效，存量金融风险得到有序化解，增量金融风险得到有效防范，经济活力加快释放的宏观环境持续改善，市场信心逐渐增强的内在基础不断巩固。

2023 年是全面贯彻落实党的二十大精神的开局之年，也是新一届政府带领全国人民实现二十大擘画的宏伟蓝图的开局之年，做好金融工作至关重要。深圳是改革开放前沿阵地，也是科技创新高地，具有引领示范作用，更离不开优质的金融服务、稳定的金融环境、健康的金融生态。2023 年，深圳金融工作将坚持党的集中统一领导，迎难而上、长风破浪，坚定信心、砥砺前行，充分把握国内形势稳定向好的有力条件，充分发挥毗邻港澳的区位优势，充分发扬披荆斩棘、埋头苦干的拼搏精神，以粤港澳大湾区和深圳中国特色社会主义先行示范区建设为指引，牢牢守住不发生区域性系统性金融风险底线，全力支持经济社会高质量发展。

中国人民银行深圳市中心支行金融稳定分析小组

组　　长：陈元富

副 组 长：余　钢

成　　员：张　婉　宋洁章　吴　燕　刘川巍　孙春广　孙荣建

李晓霞　李立宪　刘　博　王洪波　贺瑞士　朱松涛

华继旺　熊　伟　葛金锋

《深圳市金融稳定报告（2023）》编写组

总　　　纂：余　钢

统　　　稿：皮　智

执　　　笔：舒　磊

参与写作人员：刁宇绮　万　欣　刘　洋　刘絜莹　李　菡　肖　晶
张　腾　李子亚　宋李文　郑创新　黄日画　黄镇海
巢姗姗　谢　青